PRINCIPLE IN MICROECONOMICS

A CHINA'S PERSPECTIVE

于鸿君 余淼杰 ◎ 著

微观经济学原理

中国视角

图书在版编目(CIP)数据

微观经济学原理:中国视角/于鸿君,余淼杰著. —北京:北京大学出版社,2022.8
ISBN 978-7-301-32940-5

Ⅰ.①微… Ⅱ.①于… ②余… Ⅲ.①微观经济学 Ⅳ.①F016

中国版本图书馆 CIP 数据核字(2022)第 045412 号

书　　　名	微观经济学原理:中国视角 WEIGUAN JINGJIXUE YUANLI: ZHONGGUO SHIJIAO
著作责任者	于鸿君　余淼杰　著
策划编辑	李　娟
责任编辑	周　莹
标准书号	ISBN 978-7-301-32940-5
出版发行	北京大学出版社
地　　　址	北京市海淀区成府路 205 号　100871
网　　　址	http://www.pup.cn
微信公众号	北京大学经管书苑（pupembook）
电子邮箱	编辑部 em@pup.cn　总编室 zpup@pup.cn
电　　　话	邮购部 010-62752015　发行部 010-62750672　编辑部 010-62752926
印刷者	河北文福旺印刷有限公司
经销者	新华书店 787 毫米×1092 毫米　16 开本　27.75 印张　753 千字 2022 年 8 月第 1 版　2025 年 7 月第 3 次印刷
定　　　价	72.00 元

未经许可，不得以任何方式复制或抄袭本书之部分或全部内容。
版权所有，侵权必究
举报电话：010-62752024　电子邮箱：fd@pup.cn
图书如有印装质量问题，请与出版部联系，电话：010-62756370

前　言

经济理论是由经济概念、范畴与逻辑体系组成的关于经济领域的知识体系,是对经济实践活动规律的科学认识和系统总结,是反映经济实践的客观规律。经济理论来源于经济实践,又在指导新的经济实践中得到进一步发展。同时,经济实践检验着经济理论,又在修正以往经济理论中创造出新的经济理论。因此,经济实践为经济理论分析问题提供视角或背景,经济理论又对具体特定的经济实践进行系统总结和抽象提炼。传统的西方经济学教材,从概念、范畴到逻辑体系,都是基于西方特别是美英经济实践活动视角,以英美国家经济活动为背景题材,反映的是通过对西方经济实践系统总结和抽象提炼而形成的经济理论。然而,随着时代变化和实践发展,经济活动变得越来越复杂,经济实践与经济理论的契合度越来越差,经济理论的解释力及其对实践的指导作用越来越弱。比如,目前的经济理论很难解释或指导贸易保护和经济逆全球化现实,更难解释中华人民共和国成立 70 多年来在两种经济体制下取得的经济社会发展奇迹,很难为中国今后经济社会发展提供有效的理论指导。这就是说,立足中国、借鉴国外,挖掘历史、把握当代,关怀人类、面向未来,探索构建中国特色经济科学,大力推进中国经济学学科体系、学术体系、话语体系建设和创新,具有重大的理论和实践意义。本套教材结合中国经济实践,从中国视角系统阐释经济学原理,是必要可行的,也是这项工作初步探索的开始。

中华人民共和国成立后,中国人民自力更生、发愤图强,创造了社会主义革命和建设的伟大成就,实现了中华民族有史以来最为广泛而深刻的社会变革,实现了从一个一穷二白、人口众多的东方大国大步迈进社会主义社会的伟大飞跃。在变革过程中,中国建立起独立的比较完整的工业体系和国民经济体系,农业生产条件显著改善,教育、科学、文化、卫生、水务、体育事业有很大发展。中国人民在社会主义革命和建设中取得的独创性理论成果和巨大成就,为在新的历史时期开创中国特色社会主义提供了宝贵经验、理论准备和物质基础。

自中华人民共和国成立以来的二十多年中,中国人民进行了生产资料所有制的社会主义改造,这是中华民族历史上最伟大的变革。中国人民在一张白纸的基础上,以奇迹般的速度建成了独立的比较完善的工业体系和国民经济体系,在保持经济快速增长的同时,优先发展重工业,建成了一系列支柱产业和重大工程,为改革开放后的经济发展和社会进步奠定了根本基础。这一时期的经济建设虽然有过波折,但成就依然巨大,堪称创造了中华民族经济社会建设史上的发展奇迹。具体来看,工农业总产值由 466 亿元上升到 5 690 亿元[①],按照不变价格计算,年均增长 9.45%;国内生产总值(GDP)年均增长 6.7% 以上,接近亚洲"四小龙"黄金时期 8.8% 的平均增速,大大高于 1966—1990 年英国、美国、德国 2%—3% 的年均增长速

[①] 《中华人民共和国国家统计局关于一九七八年国民经济计划执行结果的公报》,国家统计局,1979 年 6 月 27 日。

度,在世界各国同期发展中少见;工业总产值年均增长10%以上①。到1978年,工业总产值占工农业总产值的比重已经达到74.4%②,实现了由初级产品阶段向工业化初级阶段的转变。仅在第一个五年计划期间(1953—1957)取得的经济建设成就,就超过了过往中国一百年的总和。到1980年,中国的工业规模超过世界老牌工业强国英法两国并已接近联邦德国,到20世纪80年代中期,中国的工业产值已经超过德国跃居世界第三位。

自中华人民共和国成立到改革开放,中国持续进行了一系列可以载入中华民族史册的大规模工程建设:水利建设从根本上实现了中华民族治水用水的梦想——兴建各类水库8.6万座,整治了大江大河,不仅基本根治了水患、扩大了灌溉,而且满足了中国90%城市人口的饮用水需求;土地开垦大大拓展了中华民族生存、生活、生产的空间——耕地面积从解放初的16.2亿亩增加到1980年的21.0亿亩,净增4.8亿亩,增长31%,净增加的耕地不仅保障了中华民族的"饭碗",也为20世纪90年代以来大规模的建设提供了空间。③ 人口增长、国民扫盲与教育普及极大提升了中华民族的人口规模和素质,并成为改革开放以来人口红利的根本来源——从1949年到1978年,中国总人口由5.42亿增长到9.63亿,增长4.21亿,普通高中招生人数从7.1万增长到629.9万,年均增长率为17.11%;普通初中招生人数从34.1万增长到2 006万,年均增长率为15.09%;成人文盲率从80%下降至34%。④ 公共医疗设施建设则使关乎老百姓生老病死的医疗救助得到前所未有的改善——国民平均预期寿命由1949年的32岁提高至1978年的67岁,延长了35岁,这一数字是全球有史以来最长最持续的增长。农村居民自发互助进行了大规模住宅建设,自制、自产、自用了大量农业用品和农产品,等等。由于当时全社会义务劳动的盛行,加上广大农村建设和农业经济的自给自足、互帮互助的特性,上述各项创造的大量价值没法按照市场经济原则被统计在当时的GDP内。

从中华人民共和国成立到改革开放,中国人民对社会主义革命和建设进行了艰辛探索,虽然付出了很大代价,但历史地看,无论是生产资料所有制的社会主义改造还是大规模的社会主义建设,都取得了伟大的历史性成就,称得上是彪炳中华民族史册的壮举和奇迹。

改革开放以来,中华民族全面启动并推进了波澜壮阔的改革运动。习近平在发表的《在庆祝改革开放40周年大会上的讲话》中指出:"改革开放是中国人民和中华民族发展史上一次伟大革命,正是这个伟大革命推动了中国特色社会主义事业的伟大飞跃!"他进一步论述道:"40年来,我们始终坚持以经济建设为中心,不断解放和发展社会生产力,国内生产总值由3 679亿元增长到2017年的82.7万亿元,年均实际增长9.5%,远高于同期世界经济2.9%左右的年均增速。我国国内生产总值占世界生产总值的比重由改革开放之初的1.8%上升到15.2%,多年来对世界经济增长贡献率超过30%。我国货物进出口总额从206亿美元增长到超过4万亿美元,累计使用外商直接投资超过2万亿美元,对外投资总额达到1.9万亿美元。我国主要农产品产量跃居世界前列,建立了全世界最完整的现代工业体系,科技创新和重大工程捷报频传。我国基础设施建设成就显著,信息畅通,公路成网,铁路密布,高坝矗立,西气东输,南水北调,高铁飞驰,巨轮远航,飞机翱翔,天堑变通途。现在,我国是世界第二大经济

---

① 1974年12月17日晚上,邓小平陪同毛泽东会见扎伊尔总统蒙博托后向毛泽东汇报四届人大政府工作报告起草工作时说:"工业十年来增加了一点九倍,每年递增百分之十一点几,这个数目还可以。"(《毛泽东年谱》第六卷)这说明,即使在"国民经济遭到重创"的"文化大革命"的主要时期,中国的工业总产值增长率平均每年也在11%以上,这是很了不起的成就。
② 《中华人民共和国国家统计局关于一九七八年国民经济计划执行结果的公报》,国家统计局,1979年6月27日。
③ 《国民经济主要指标1949—1978》,国家统计局,1979年5月。
④ 国家统计局网站(http://www.stats.gov.cn),访问时间:2019年11月;世界银行《1980年世界发展报告》。

体、制造业第一大国、货物贸易第一大国、商品消费第二大国、外资流入第二大国,我国外汇储备连续多年位居世界第一,中国人民在富起来、强起来的征程上迈出了决定性的步伐!……我国贫困人口累计减少7.4亿人,贫困发生率下降94.4个百分点,谱写了人类反贫困史上的辉煌篇章。教育事业全面发展,九年义务教育巩固率达93.8%。我国建成了包括养老、医疗、低保、住房在内的世界最大的社会保障体系,基本养老保险覆盖超过9亿人,医疗保险覆盖超过13亿人。常住人口城镇化率达到58.52%,上升40.6个百分点。居民预期寿命由1981年的67.8岁提高到2017年的76.7岁。"

改革开放是决定当代中国前途命运的关键一招,中国特色社会主义道路是指引中国发展繁荣的正确道路。改革开放和社会主义现代化建设的伟大成就举世瞩目,中国实现了从生产力相对落后的状况到经济总量跃居世界第二的历史性突破,实现了人民生活从温饱不足到总体小康、奔向全面小康的历史性跨越,推进了中华民族从站起来到富起来的伟大飞跃。

一、中国视角下的经济学

经济活动和经济实践是经济理论最丰沃的土壤。本套教材包括《微观经济学原理:中国视角》和《宏观经济学原理:中国视角》两册,以习近平新时代中国特色社会主义思想为指导,以中国经济社会建设的伟大成就为素材,根植于中国社会主义经济实践和中国基本经济体制、经济运行,借助经济学基本分析工具,从微观经济行为和宏观经济运行两个方面系统展现当代经济学原理,力求体现出马克思主义政治经济学的底色。具体而言,不同于传统的西方经济学教材,本套教材力求在中国经济实践的框架下诠释经济学的基本概念和重要理论,突破西方新古典主义经济学中政府作为"守夜人"的居民—企业"两位一体"框架,构建了企业生产者、居民消费者、政府"三位一体"的微观经济活动和宏观经济运行模式,建立了"有为政府与有效市场结合、国有经济与民营经济并存、中央顶层设计与地方合作竞争互动"的发展驱动模式。

本套教材力求采用权威的数据、真实的案例和缜密的理论模型阐明制度红利、改革红利、开放红利、人口红利是中国经济发展的四大原动力。在西方体制下,传统西方经济学中兼顾"公平"与"效率"的两难问题在我国社会主义制度下可以有效地实现辩证统一、并行发展。

本册即《微观经济学原理:中国视角》以中国经济实践为视角,以微观经济学基本知识为基础,以大量微观经济主体的经济活动为案例,试图从中国经济社会发展视角来阐释一般化的微观经济学理论,分析微观经济活动的内在规律,也试图结合中国经济的基本特征介绍评鉴微观经济学的基本原理,逐步推进中国特色社会主义微观经济学知识体系的建立。《微观经济学原理:中国视角》一书由七部分组成:经济学基本原理、消费者选择理论、企业生产理论、要素市场分析、政府行为理论、市场福利与外部性和经济学前沿理论。开篇对微观经济活动的概述旨在帮助读者形成一个全面系统的认知,之后的章节顺序安排遵循从消费到生产、从市场到政府、从理论到实践、从部分到整体的原则。在每一章的内容安排中,力求先介绍已广为接受的经济学理论,再介绍相对应的中国经济现状和政策安排,有些章节还介绍了中国经济社会方面的改革与变迁,目的是让读者对此有更全面和动态的把握。

在图序-1中,我们用一个简单的逻辑框架将各章联系起来,并标明了各部分内容所在的章节,不同部分存在十分紧密的联系。接下来,我们将对每一部分做单独介绍,并抓住关键因素阐述各部分和章节之间的联系。

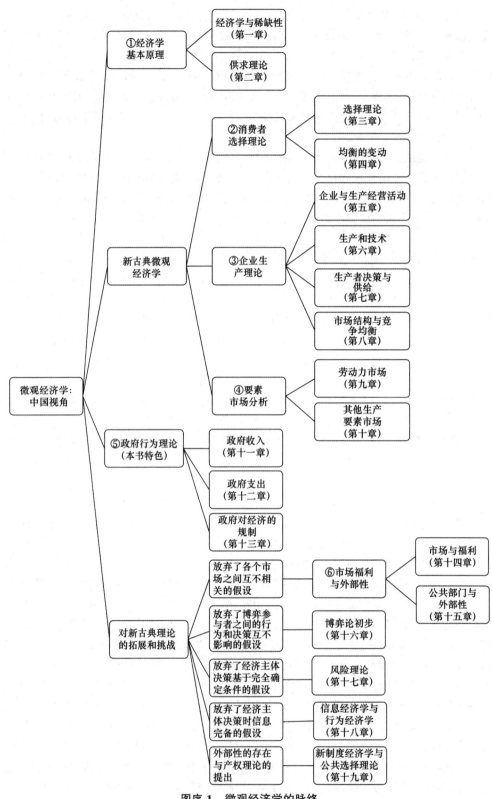

图序-1 微观经济学的脉络

二、本书逻辑框架

(一) 经济学基本原理

第二章介绍微观经济学的基础理论:需求理论和供给理论(合称"供求理论")。供求理论在微观经济学中具有重要地位。在本章,我们分别介绍了居民、厂商和政府这三个微观经济主体的内涵、收入、支出及行为标准;市场的内涵、分类、功能和作用机制;需求理论中的需求函数和需求弹性,供给理论中的供给函数和供给弹性;市场均衡及引起均衡变动的因素;最后讨论了市场不能解决的问题以及应该禁止市场涉足的领域。特别要注意,把政府也作为微观经济主体,是本书的重要特色和创新,在一些重要市场(如生产要素市场)和特殊产品(如信息、技术、军品等)市场,政府是需求者;而在另外一些重要市场(如公共物品和准公共物品市场),政府又是供给方。

(二) 消费者选择理论

第三章主要介绍了选择理论,它在经济学中非常重要,因为通过它可以探究需求曲线、供给曲线、最优选择,是理解理性人行为的重要基础。本章首先介绍了偏好与偏好假定,解释了人在面临选择时做出的倾向性决定。接着,介绍了无差异曲线,包括形状良好的无差异曲线和特殊的无差异曲线,揭示了在消费者效用不变的情况下消费组合变化的关系。另外,本章介绍了效用和边际效用,量化了无差异曲线刻画的消费者的满足水平。本章还介绍了预算约束,并探讨了价格和收入变化对预算约束线的影响。税收、补贴和配给是现实生活中改变消费者预算约束的例子。最后,结合偏好和预算约束,本章推导出消费者的最优选择。

第四章主要介绍了收入、价格等变动所引起的消费者均衡的变动和在每个收入水平下的消费量和收入的关系即收入需求曲线。根据需求相对于收入变动的敏感性,即需求收入弹性可以把商品分为劣等品、正常品、奢侈品和必需品。本章还介绍了价格变化对均衡的影响,并由此推导出价格需求曲线,以及相对应的价格需求弹性,包括自价格需求弹性和交叉价格需求弹性。此外,本章介绍了消费者剩余,即消费者愿意支付的货币与实际支付货币的差额,并利用马歇尔消费者剩余、无名氏消费者剩余及希克斯消费者剩余进行了解释。最后,本章介绍了收入效应和替代效应,来详细讨论价格和需求的关系。

(三) 企业生产理论

市场经济的一个重要组成部分为商品的供给方,而商品市场的供给者一般为厂商或企业。个体生产者通过整合成企业的方式克服生产中的交易费用,并在企业家的组织下将社会创新固化为实际利润,再借由市场的力量传递给需求方。从要素购买到生产再到市场推广,虽然现实生活中很多企业无法实现理想中的利润最大化,但企业始终向着更高利润的方向努力。我们将在第五章详细讨论企业的概念。

第六章将介绍与企业生产技术有关的概念。经济学中可以将企业的生产过程模型化为生产函数,这是一个无法看到里面的"黑箱子",企业投入的要素在这个"黑箱子"中最终变成产品。企业在生产中可能遭遇时间瓶颈,于是短期与长期是有所差别的。在短期生产中,企业总是有要素固定不可变,而长期生产中可以任意调整要素配比。短期生产中实际是存在不可变要素的,为了简化,我们分析单要素可变情形。我们会了解平均产量与边际产量的概念,边际产量会随着投入增加而下降,原因是边际收益递减规律,这是一个很重要的概念。长期中要素均可变。描述长期成本的是等产量线,它指恰好足够生产出同一产出数量的劳动力投入与资本投入的组合。因为要素是可变的也是可以替代的,为了研究要素的替代我们介绍了边际技术替代率。不同技术下的要素变动会对产量产生不同的影响,也就是规模收益的差别。企业的技术可以分为规模收益递增、规模收益不变和规模收益递减三种状态,它们的成因需要我们去理解。

第七章重点分析企业在生产过程中的决策问题。企业决策中最重要的就是尽可能地减少生产成本。在短期生产中,企业的生产成本中总是存在不随产量变化的固定成本,它会影响企业的生产决策。对于企业来说,区分固定成本与可变成本非常重要。企业的长期成本与短期成本是不同的,因为长期生产中是不存在固定成本的。企业在长期会选择投入来实现成本最小化,它们需要保证对每一种要素,增加1单位要素支出带来的产量增加是相同的。企业的长期平均成本和边际成本曲线依然是U形的,但是原因不是边际收益递减,而是规模经济与规模不经济的转变。企业的长期成本总是小于短期成本。

企业是根据利润最大化原则来选择产量的,竞争性企业在短期决策中会选择使得市场价格等于边际成本的产量。企业在短期虽然不能自由进入或退出市场,但是可以选择停产关闭,当价格小于平均可变成本时企业会停产,这就是"关闭原则"。长期竞争市场在均衡状态下,每个企业的超额利润都是零,这是一个有趣的结论。我们还将讨论企业供给的内容,短期内,企业总是以关闭点以上的边际成本曲线为供给曲线,每个企业都会拥有生产者剩余。行业的短期供给则是每个企业短期供给的加总。长期内,行业的供给曲线与行业特征有关。成本不变行业的供给曲线是一条水平线,成本递增行业的供给曲线则是向上倾斜的曲线。当企业成本随着其他企业的进入而增加时,要素的供给者会获得长期生产者剩余。

在现实生活中,我们很多时候要从市场整体的角度来理解企业行为。具体而言,经济学中常用竞争、垄断、寡头及垄断竞争的概念对市场进行描述。在不同竞争环境下,即便企业的行为目标均为利润最大化,市场的均衡结果与市场效率也不尽相同。一般而言,市场竞争程度越高,垄断程度越低,其市场效率就越高。因此,经济学中常使用一系列指数对市场进行描述,通过制裁企业抑制竞争的行为来维护市场运行的高效率。有关市场整体的讨论,我们将在第八章详细介绍。

(四)要素市场分析

中共十九届四中全会强调,"推进要素市场制度建设,实现要素价格市场决定、流动自主有序、配置高效公平"。要素市场包括劳动力市场、资本市场、土地市场、企业家才能市场等。在第九章我们讨论劳动力市场,我们用收入—闲暇模型来刻画居民的劳动力供给,从而推导出劳动力市场的供给曲线。再从厂商的生产角度出发推导出劳动力市场的需求曲线。在此基础上,我们分析了影响工资水平的几个因素,包括补偿性工资、人力资本投资等。针对加班费、最低收入水平和最低工资以及负所得税等政策效应,我们结合现实案例进行了分析。最后,我们简要介绍了劳动力市场里的歧视现象,分析了收入和歧视的关系。

第十章具体阐述了土地、资本和数据这三类生产要素及其市场理论和我国的实际情况。为什么这三类生产要素值得具体讨论?举一个例子,当科学家在研发新产品时,投入要素包括科学家的时间(劳动)、实验室所用的物理空间(土地)、实验设备(资本)和实验样本(数据)等。特别地,随着我国数字经济规模的不断扩大,且已在经济总量中占据了较高的比重,数据这一生产要素对我国生产活动的贡献与日俱增。具体地,本章将分别从供给曲线推导、要素市场均衡、我国要素市场实际情况这三个方面阐述土地、资本和数据这三类生产要素。

（五）政府行为理论

本书认为，除了厂商和居民，政府也是经济社会中不可或缺的重要微观主体。在政府各种各样的行为中，政府的财政收入行为是极为重要的一方面。第十一章集中介绍了政府收入的基本概念与实践。通过本章的学习，读者将会看到，政府收入（筹资）行为会通过改变市场均衡和收入分配，影响厂商和居民的经济决策和社会福利。因此，政府收入不仅仅是资源从私人部门到公共部门的简单转移，在这个过程中还会产生许多看似"不必要"的代价。但是考虑到政府筹资的终极目标是用于政府支出，以维持经济社会的稳定运转，这些代价又是一个现代文明社会所必须承担的。尽管如此，在进行税制设计时，政策制定者仍然应该综合考量税收的效率和公平，以期尽量降低税收对经济的负面影响。本书认为，政府税收是政府提供公共物品应该获得的报酬，政府支出是政府在要素市场和产品市场的采购。

通过有计划的政府支出，政府可以保证经济的稳定发展，并为居民提供合适的公共资源。根据不同的分类标准划分政府支出，有助于我们更好地讨论政府支出的具体目标和实际作用。此外，政府在谨慎、细致地使用财政资金的过程中，需要对政府支出本身的一些经济学理论有所了解，才能使政府支出的使用事半功倍。此外，财政资金的使用必须要经过严格的评估程序才可以正式实施，从不同的角度来评估公共投资项目有助于财政资金更合理地使用。虽然各国的政府支出规模各有差异，但结构上依旧有很高的相似度，主要的政府支出类别在各国政府支出计划中都有所体现。有关政府支出的讨论，我们将在第十二章详细介绍。

第十三章是政府对经济的规制。在当今世界，各国政府在经济发展中所发挥的作用十分重要，而且有越来越强化的趋势。垄断势力、外部性、公共物品、信息不对称等因素导致市场失灵，这为政府干预经济提供了理论依据。本章具体介绍了政府规制的两个常用手段：支持价格和限制价格，我们分别阐述了二者的内涵、优缺点和替代方案。本章还具体讨论了政府对国际贸易的干预，从保护幼稚工业论、保护就业论、改善国际收支论、保护公平竞争论、分享国外垄断企业的利润、战略性贸易保护政策六个方面阐述了政府干预国际贸易的理论依据，介绍了出口补贴、倾销、产业政策等鼓励出口的政府干预措施，以及进口关税、进口配额、其他非关税壁垒等限制进口的政府干预措施。

（六）市场福利与外部性

在第十四章中，我们讨论了市场与福利。在第一节中，我们讨论了市场效率和福利的衡量，介绍了一些现实中资源配置扭曲、低效率的示例。读者能了解什么是帕累托效率、如何衡量无谓损失、如何在效率与公平之间权衡。我们还讨论了福利经济学定理与福利的衡量方法。在第二节中，我们梳理了市场失灵与政府失灵的原因。其中，市场失灵的原因包括垄断、非信息对称、公共物品、外部性；政府失灵的原因包括政府缺乏准确信息、政府干预存在时间滞后性、政府干预能力有限、政府缺乏有效监督机制。

到目前为止，我们的分析一直存在的一个隐含假定是，进行生产和消费的经济主体间的全部联系都是通过市场发生的。然而现实生活中，许多跟我们没有直接经济联系的主体，其行为也可能对我们产生影响，因而需要分析外部性的后果。第十五章首先介绍了外部性及其经济结果，分析具有正外部性或负外部性的产品的社会成本，并引入消除负外部性的相关政策，如科斯定理、庇古税等。此外，本章重点分析了具有外部性的公共物品和公共资源，并介绍了公共物品中存在的"搭便车"问题，以及公共资源中常见的"公地悲剧"问题，探讨其相关的解决措施。

（七）经济学前沿理论

第十六章作为经济学前沿理论的开篇,介绍的博弈论在动态世界中为我们提供了互动的视角。相较于前面的优化理论,博弈论关注个体与个体之间的策略互动,而不是把目光放在整体。我们可以以逻辑推演来得出一个博弈的纳什均衡,它在博弈论中是类似于市场均衡的概念,但纳什均衡并非是完美无缺的。一方面,纳什均衡并不意味着社会福利的最优;另一方面,现实世界中的博弈往往存在多重均衡解,解的实用性就下降了许多。总的来说,博弈论提供了另一个观察问题的视角,一个更贴近现实的视角。

在进一步学习中我们将认识到,微观经济主体的决策受许多因素的制约。许多无法在决策前被经济主体认识,或只能考虑其一定的可能性的因素,会给经济决策带来不确定性,并由此产生风险问题。在第十七章中,我们首先探讨了风险的度量,介绍了不确定性、概率与风险的定义。其次,我们介绍了风险偏好,引入了期望值、方差及期望效用的定义,同时讨论了不同风险偏好者的差别,从中引出风险溢价的概念。最后,我们在风险分析的基础上介绍了赌博市场、保险市场与股票市场这三个与风险相关的市场,并对各大市场运行原理及相关理论进行了深入讨论。

在第十八章中,我们讨论了信息经济学和行为经济学。在对微观经济世界的探索中,我们一步步从抽象世界进入到更为现实的领域。第一节介绍了信息经济学。根据隐藏的信息不同,我们将信息不对称分为道德风险和逆向选择两类。保险市场同时涉及道德风险和逆向选择问题;委托—代理问题则涉及道德风险。我们还讨论了信息不对称的可能解决方法。在第二节中,我们开始了解行为经济学中三类较为典型的发现:非标准偏好、非标准信念和非标准决策。这些理论为新古典主义经济学无法解释的一些现象提供了新的诠释视角,为新古典主义经济学提供了有益补充。

传统的经济理论为经济学创造了一个温床,在这个温床上,我们控制了制度、政治等因素。但社会的各个要素是相互融合的,要解释一个方面,必然要厘清其他方面的影响,所以现实世界的经济分析往往离不开这些因素。新制度经济学和公共选择理论是经济学与其他社会科学交叉的典型例子。科斯的研究引发了"科斯革命",新制度经济学应运而生,产权、交易成本、制度等概念被纳入经济学的范畴。公共选择理论则是政治学的经济学分析,我们主要介绍了民主政治,如投票在经济分析中的优势与缺陷。了解资本主义国家的政治体制,是树立社会主义制度自信的必然要求。有关内容的讨论,我们将在第十九章详细介绍。

最后要强调,本套教材是关于构建中国特色经济学体系的初始探索,存在的问题和错误一定较多,诚恳接受读者的批评指正,相信在读者和我们的共同努力下,这样的探索一定会逐步显现出效果。

三、致谢

本书是集体努力的成果。北京大学相关院系老师以及多名博士后、博士研究生、硕士研究生和往届毕业生都对本书做出了贡献,他们分别是朱露莎、郑纯如、黑烨、卢鑫、蓝锦海、郭兰滨、王吉明、高恺琳、梁庆丰、钟腾龙、王霄彤、杨龙见、赵浚竹、王震、马庆林、姚志国等,这里一并表示感谢。

于鸿君　余淼杰

2022 年 5 月

目　　录

第一篇　经济学基本原理

第一章　经济学与稀缺性 (3)
- 第一节　经济物品 (3)
- 第二节　稀缺性 (4)
- 第三节　经济资源 (5)
- 第四节　选择与机会成本 (6)
- 第五节　基本经济问题 (8)
- 第六节　经济学、微观经济学和宏观经济学 (9)
- 第七节　经济理论与经济学的分析方法 (10)
- 第八节　经济学分析的前提：经济人假定 (13)
- 第九节　计划、市场与资源配置 (14)

第二章　供求理论 (18)
- 第一节　微观经济主体 (18)
- 第二节　微观经济活动模型 (24)
- 第三节　需求理论 (27)
- 第四节　供给理论 (33)
- 第五节　市场均衡：供求均衡模型分析 (36)
- 第六节　小结 (44)
- 内容提要 (44)
- 关键概念 (44)
- 练习题 (45)

第二篇　消费者选择理论

第三章　选择理论 (49)
- 第一节　偏好与偏好假定 (49)
- 第二节　无差异曲线分析法 (52)
- 第三节　效用与边际效用 (58)
- 第四节　预算约束 (63)
- 第五节　消费者均衡 (71)

第六节　小结 ……………………………………………………………… (77)
　　内容提要 …………………………………………………………………… (77)
　　关键概念 …………………………………………………………………… (77)
　　练习题 ……………………………………………………………………… (78)

第四章　均衡的变动 ………………………………………………………… (80)
　　第一节　收入变化对均衡的影响 ………………………………………… (80)
　　第二节　价格变化对均衡的影响 ………………………………………… (89)
　　第三节　消费者剩余 ……………………………………………………… (95)
　　第四节　收入效应和替代效应 …………………………………………… (100)
　　第五节　小结 ……………………………………………………………… (104)
　　内容提要 …………………………………………………………………… (104)
　　关键概念 …………………………………………………………………… (104)
　　练习题 ……………………………………………………………………… (105)

第三篇　企业生产理论

第五章　企业与生产经营活动 ……………………………………………… (109)
　　第一节　企业与企业家 …………………………………………………… (109)
　　第二节　企业的生产经营活动 …………………………………………… (116)
　　第三节　企业退出行为 …………………………………………………… (123)
　　第四节　利润最大化的质疑 ……………………………………………… (129)
　　第五节　小结 ……………………………………………………………… (132)
　　内容提要 …………………………………………………………………… (133)
　　关键概念 …………………………………………………………………… (133)
　　练习题 ……………………………………………………………………… (134)

第六章　生产和技术 ………………………………………………………… (135)
　　第一节　生产函数 ………………………………………………………… (135)
　　第二节　单可变要素的生产 ……………………………………………… (137)
　　第三节　两种可变要素的生产 …………………………………………… (141)
　　第四节　规模收益 ………………………………………………………… (144)
　　第五节　小结 ……………………………………………………………… (147)
　　内容提要 …………………………………………………………………… (148)
　　关键概念 …………………………………………………………………… (148)
　　练习题 ……………………………………………………………………… (148)

第七章　生产者决策与供给 ………………………………………………… (150)
　　第一节　成本曲线 ………………………………………………………… (150)
　　第二节　利润最大化与企业供给 ………………………………………… (158)
　　第三节　竞争性市场中的企业供给 ……………………………………… (163)
　　第四节　小结 ……………………………………………………………… (167)

内容提要 ··· (168)
　关键概念 ··· (168)
　练习题 ·· (168)

第八章　市场结构与竞争均衡 ··· (169)
　第一节　完全竞争市场 ··· (169)
　第二节　垄断市场 ··· (176)
　第三节　寡头市场 ··· (184)
　第四节　垄断竞争市场 ··· (191)
　第五节　市场结构与市场竞争程度的衡量 ································ (194)
　第六节　小结 ··· (199)
　内容提要 ··· (200)
　关键概念 ··· (200)
　练习题 ·· (200)

第四篇　要素市场分析

第九章　劳动力市场 ·· (203)
　第一节　劳动供给和劳动需求 ·· (203)
　第二节　劳动市场的政策效应分析 ·· (216)
　第三节　收入与歧视 ·· (222)
　第四节　小结 ··· (223)
　内容提要 ··· (224)
　关键概念 ··· (224)
　练习题 ·· (224)

第十章　其他生产要素市场 ··· (225)
　第一节　土地 ··· (225)
　第二节　资本 ··· (231)
　第三节　数据 ··· (238)
　第四节　小结 ··· (243)
　内容提要 ··· (243)
　关键概念 ··· (244)
　练习题 ·· (244)

第五篇　政府行为理论

第十一章　政府收入 ·· (247)
　第一节　政府收入概述 ··· (247)
　第二节　税收的基本概念 ·· (250)
　第三节　税收制度设计 ··· (254)
　第四节　不同税收制度设计的经济影响 ···································· (260)

第五节　土地出让金对房价影响的分析 ··· (264)
　　第六节　小结 ·· (266)
　　内容提要 ··· (267)
　　关键概念 ··· (267)
　　练习题 ··· (267)

第十二章　政府支出 ··· (269)
　　第一节　政府支出概述 ··· (269)
　　第二节　政府支出评估 ··· (275)
　　第三节　中国的政府支出实践 ··· (277)
　　第四节　小结 ·· (285)
　　内容提要 ··· (285)
　　关键概念 ··· (286)
　　练习题 ··· (286)

第十三章　政府对经济的规制 ··· (287)
　　第一节　政府干预经济的理论依据 ··· (287)
　　第二节　政府规制的内涵 ··· (291)
　　第三节　支持价格和限制价格 ··· (295)
　　第四节　政府对国际贸易的干预 ··· (299)
　　第五节　小结 ·· (305)
　　内容提要 ··· (306)
　　关键概念 ··· (306)
　　练习题 ··· (306)

第六篇　市场福利与外部性

第十四章　市场与福利 ··· (311)
　　第一节　市场效率与福利的衡量 ··· (311)
　　第二节　市场与政府 ··· (322)
　　第三节　小结 ·· (327)
　　内容提要 ··· (327)
　　关键概念 ··· (327)
　　练习题 ··· (328)

第十五章　公共部门与外部性 ··· (329)
　　第一节　外部性 ··· (329)
　　第二节　公共物品 ··· (337)
　　第三节　公共资源 ··· (339)
　　第四节　小结 ·· (341)
　　内容提要 ··· (341)
　　关键概念 ··· (341)

练习题 ·· (341)

第七篇 经济学前沿理论

第十六章 博弈论初步 ·· (345)
  第一节 基本概念 ·· (345)
  第二节 纳什均衡及其应用 ·· (350)
  第三节 动态博弈与承诺 ·· (360)
  第四节 小结 ·· (363)
  内容提要 ·· (363)
  关键概念 ·· (364)
  练习题 ·· (364)

第十七章 风险理论 ·· (365)
  第一节 风险的度量 ··· (365)
  第二节 风险偏好 ·· (367)
  第三节 与风险有关的市场分析 ································· (372)
  第四节 小结 ·· (379)
  内容提要 ·· (379)
  关键概念 ·· (379)
  练习题 ·· (380)

第十八章 信息经济学与行为经济学 ································· (381)
  第一节 信息经济学 ··· (381)
  第二节 行为经济学 ··· (392)
  第三节 小结 ·· (409)
  内容提要 ·· (410)
  关键概念 ·· (410)
  练习题 ·· (410)

第十九章 新制度经济学和公共选择理论 ···························· (412)
  第一节 新制度经济学与科斯革命 ······························ (412)
  第二节 新制度经济学理论 ······································· (413)
  第三节 公共选择理论 ·· (419)
  第四节 公共选择理论的定理 ···································· (421)
  第五节 经济学向其他社会科学的渗透 ························ (425)
  第六节 小结 ·· (425)
  内容提要 ·· (426)
  关键概念 ·· (426)
  练习题 ·· (427)

第一篇　经济学基本原理

第一章　经济学与稀缺性

微观经济学是经济类和管理类学生的必修课程，非常重要。微观经济学是一种分析和解决经济社会问题的思维方法和分析工具，恰如高等数学对理工学科所发挥的基础性作用一样，微观经济学也可以为经济、政治、社会和法律等领域提供独特的思维方式和分析工具。

要理解微观经济学，必须首先认识经济学的概貌。

我们经常提到"经济学"，不少学生觉得经济学有用，有的甚至认可所谓"经济学是社会科学的皇后"的说法。那么，经济学家解决什么问题？经济学研究什么？经济学研究的基本方法是什么？

本章将通过介绍经济学的基本概念，如经济物品、稀缺性、经济资源、选择与机会成本，来引出经济学的基本问题及其定义，然后转向经济理论与经济学的分析方法，以梳理和勾勒出经济学的大致框架和图景。

第一节　经济物品

我们每天的生活中，充满了各种各样的物品：清晨的第一缕阳光、呼吸的新鲜空气，出门时乘坐的交通工具、工作时用到的电脑，以及一天工作学习中产生的废纸和垃圾。这些看似毫不相关的物品全部可以划归为三类，即以阳光、空气为代表的自由物品，人类为满足衣食住行用等需求而生产的经济物品，以及对人类生存、健康和发展不利的有害物品。

具体而言，自由物品(Free Goods)是指大自然中可供人类使用的、对人类生存和发展有用的物品，其主要特点是数量近乎无穷，"取之不尽，用之不竭"，不存在买方和卖方等市场交易主体，物品价格可以视为零，即人类不用花费什么代价就能免费使用。

经济物品(Economic Goods)是人类在长期的生产和生活实践中，为满足自身需要而生产出的物品，它们既可以来自对大自然的开采利用(如矿产资源等初级产品)，也可以来自人类社会的加工制造(如衣服、汽车等最终产品)。有用性、稀缺性和价格正是经济物品的三大特点。其中，有用性使得人类对经济物品总是有正的需求；而稀缺性是指，与自由物品相比，经济物品的数量总是有限的，买方需要向卖方付出一定的代价才能获得，因此也被称为稀缺物品(Scarce Goods)；经济物品的有用性和稀缺性，共同决定了其价格必定为正。

有害物品(Harmful Goods)的特点与经济物品正好相反，它是对人类生存、健康和发展不利的物品，通常是人类在生产经济物品过程中出现的副产品。这类物品的特点是，无比有好，少比多好。为了减少或消除有害物品，这类物品的生产者往往愿意付出一定的代价。例如垃圾是有害物品，居民向清洁工付费，请清洁工收走垃圾，这意味着卖方向买方付费，因此有害物品的价格一定为负。

表1-1给出了三类物品特征的比较。

表1-1 三类物品特征的比较

物品分类	稀缺性	价格	经济功能	取得的代价	举例
自由物品	不具有稀缺性：取之不尽，用之不竭	0	有用：经济主体能够广泛自由地享受	无代价获得	空气、阳光、天然水等
经济物品	具有稀缺性：有比无好，多比少好	正	有用：付费者享受，收费者让渡	有代价得到	衣服、食品等
有害物品	具有反向稀缺性：无比有好，少比多好	负	有害：付费者让渡，收费者承担	无代价获得或有代价消除，通常是副产品	垃圾、汽车尾气、噪音等

需要说明的是，对生活中的物品进行上述归类，需要因时因地、视具体情况而定。例如，空气对于低海拔地区的居民是自由物品，然而在海拔非常高的地区，空气变得很稀薄，此时其同时具备了有用性和稀缺性，就可能成为经济物品；快递的包装盒可能被普通居民归为废纸等有害物品，但对于造纸行业的工厂来说可能就是经济物品。

在以上三类物品中，除自由物品外，其他两类都是经济学的研究对象。其中，经济物品的生产、交换、分配和消费四个环节构成了社会经济活动的全部内容，是经济学的主要研究对象。在生产环节，以企业为代表的厂商追求利润最大化，即以尽可能少的资源投入和生产成本，获得尽可能多的产品；在交换环节，主要表现为从事专业化生产的企业之间，以及企业和劳动者之间的互动，前者是指企业需要与上游供应商和下游客户进行原材料和中间品贸易，后者是指企业雇佣劳动者从事生产，并为其支付工资报酬；在消费环节，人们追求的往往是物美价廉的商品，以较小的代价获得较大的享受；在分配环节，人们决定经济成果由谁享有，古人云："不患寡而患不均"（《论语·季氏》），其中就体现了深刻的经济学道理。

如何处置有害物品是一个重要的经济学问题，经济学家通常从制度设计的角度进行研究，通过明确界定有害物品的产权，建立有害物品交易市场，以改变人们对待有害物品的动机和行为，最终达到减少有害物品、降低其负面影响的目的。例如，在解决化工厂过度排放污水而对环境造成污染的问题时，经济学家引入排放污水许可证制度，要求化工厂在排放污水时，必须购买对应数量的排放权，从而提高工厂排放污水的成本，进而抑制企业的过度排放，实现保护环境的目的。而对于排污权的定价，完全是由市场交易双方确定的，拥有排污权的企业选择出售排污权赚取收益，而需要排污权的企业根据需要进行购买，排污权的价格直观地反映出环境保护在全社会的价值。

第二节 稀 缺 性

稀缺性（Scarcity）总是指经济物品的稀缺性。自由物品数量近乎无穷，而有害物品则越少越好，对它们来说都不存在稀缺性的问题。之所以说经济物品是稀缺的，是因为相对于人类的需求而言，有限的经济物品总是无法同时满足所有人的欲望，这一组矛盾是稀缺性存在的根本原因。经济物品可以分为消费品和生产要素(经济资源)两类,消费品直接用于满足人类的需求,而生产要素用来生产消费品,两者都具有稀缺性。其中,生产要素的稀缺决定了消费品的稀缺,试想如果生产要素是数量近乎无穷的自由物品,那么所有人都将获得任意数量的消费品,就不存在稀缺性的问题了,也就没有经济学的用武之地了。

第三节　经济资源

经济资源(Economic Resources)也叫生产要素(Factors of Production),顾名思义就是在生产产品过程中所用到的投入,例如常见的土地、资本、劳动,以及近年来愈发受到重视的企业家才能、知识和公共物品等。由于经济资源具有稀缺性,因此经济学研究的重要问题就是如何把有限的经济资源做最优化配置,以生产出尽可能多的物品。接下来分别介绍每种经济资源的含义。

土地(Land)的概念有广义和狭义之分,其中:狭义的土地是指陆地,由土壤、森林、草原、矿藏与河流等组成;而广义的土地除陆地外,还包括大气、海洋等所有可用于生产活动的自然资源。例如,对渔民来说,土地就是打捞鱼虾的江河湖泊和海洋;对牧民来说,土地就是放牧牛羊的草原;对从事种植的农民来说,土地就是开垦的农田;对生产企业来说,土地就是城市中用来修建厂房的工业用地。

资本(Capital)可以按照是否以物质形态存在,分为有形资本和无形资本。其中:有形资本又包括两类,一类是物质资本(Physical Capital),如机器设备和厂房等,另一类是金融资本(Financial Capital),如货币资金和股票债券等;而无形资本包括人力资源、专利和商标等。

劳动(Labor)包括脑力劳动(Mental Labor)和体力劳动(Physical Labor)两类,是人类在生产过程中付出的劳动数量和劳动质量的统称。劳动者既可以通过投入更多的劳动时间、提高劳动效率来增加劳动数量,也可以通过学习更高的技能、培养更强的能力来提高劳动质量。在市场经济中,劳动者付出劳动以获取报酬,用于购买商品和服务,分享经济发展的成果。

企业家才能(Entrepreneurship)是指企业家在经营管理方面特有的个人素质,包括组织协调各类生产要素完成生产活动、发现和满足新的市场需求、引领技术革新和发明创造,以及承担投资经营风险等。因此,企业家是市场经济中社会生产的主要组织者、领导者和风险承担者。

知识(Knowledge)是无形的经济资源,在很大程度上决定了生产活动的效率。伴随着人类知识的增加和科技的进步,人类社会的生产力不断提高,逐步从原始社会发展到农业社会、工业社会,直至步入信息社会。

公共物品(Public Goods)是在使用上不具有排他性和竞争性的物品,即所有人都可以使用公共物品,且一个人的使用不会影响其他人的使用。典型的公共物品有国防、司法、灯塔等。公共物品的特点决定了其不以营利为目的,因此需要由政府而非企业来提供。政府生产公共物品的资金来源于税收。由于个人、企业和其他经济主体都能从公共物品中获益,因此有义务向政府缴纳税收。

以上六种经济资源(生产要素)是人类社会组织生产的物质基础。按照"多种生产要素共同参与分配"的观点,在实现销售收入后,企业要把收益分配给各种经济资源的所有者。例如,根据劳动力市场的工资率水平支付劳动者工资;根据银行的借贷利率确定资本收益;根据企业家市场的行情决定其薪酬等。进行上述收益分配后剩余的部分即企业利润(亏损),归企业投资者所有。需要指出的是,在社会主义全民所有制国有企业中,企业家与劳动是融为一体、不宜分割的。

随着社会的发展和技术的进步,不同的生产要素在生产活动中所创造的价值也在不断发生变化。

资本主义社会以工厂为主要的生产组织形式,用机器代替劳动;资本成为最主要的生产要素,主导了社会产品价值创造的过程。因此,资本所有者在生产关系和产品分配中占据了强势的地位,获得了大部分的社会产品,成为工业社会的主导力量。20世纪以来,随着科学技术的突飞猛进,特别是当今社会人工智能的快速发展导致劳动在价值分配中的占比快速下降,资本与劳动的新一轮对立正在加剧。

20世纪60年代以后,市场中涌现出一批以跨国公司为代表的超大型企业,这些企业不仅生产规模巨大,而且组织形式也非常复杂,需要拥有经营管理才能的专业人员来领导企业进行生产,这些专业人员就被称为企业家。在比较成熟的市场经济体系中,企业家往往是职业经理人,他们专门从事企业的经营管理,主导了社会产品价值创造的过程,因此在产品分配中占据了较高的份额。

从20世纪90年代开始,西方国家出现了一股以知识经济为主要特点的新经济浪潮;高新技术、先进管理和发明专利,成为跨国公司参与全球市场的核心竞争力,提高了其从事原创性研发活动的热情。知识密集型产业开始高速发展,知识所有者在社会生产中的贡献大大增加,与此同时在分配中所获得的社会产品也逐渐增多。

上述经济资源都属于经济物品,故也具有稀缺性。一方面从绝对量来看,全世界的土地、资本、劳动、企业家才能、知识和公共物品的存量规模都是有限的,企业无法在不付出任何代价的情况下无偿地获取这些经济资源,这是它们与自由物品的最大区别。另一方面从相对量来看,人类对消费经济物品的欲望总是无止境的,在无限的需求面前,有限的经济资源总是相对稀缺的。因此,无论在任何社会,经济学研究都要解决怎样选择的问题,即如何在给定的生产条件下,最大化利用现有的经济资源,获得最多的产出,达到物尽其用的目的。

第四节 选择与机会成本

选择(Choice)就是权衡取舍,人类在面临有限的经济资源时,必须要考虑如何最优分配或使用这些资源。由此可见,选择是稀缺性的结果,稀缺性是选择的原因,它们是一体两面的。选择存在于经济活动的方方面面。例如,土地既可以作为农业用地来种植农作物,也可以作为工业用地来建造工厂,具体如何使用就取决于人们对其经济后果的考量。又比如资本既可以用在重工业部门生产国防所需的飞机和大炮,也可以用在轻工业部门生产人们日常生活所需的衣服、食物等物品,此时人们就需要决定如何分配有限的资本,以求获得较好的结果。

选择可以从宏观和微观两个层面进行分析。宏观层面有两种制度安排,一是计划经济体制,即用行政指令的方式来将经济资源调配到特定的地区和部门。在这个过程中,计划者根据社会经济发展目标，统筹所有经济资源的使用，例如为发展国防事业，集中资源优先发展资本密集型的重工业等。二是市场经济体制，即由市场中的供求双方共同决定资源的流向。例如当人们对汽车的需求量很大时，汽车市场初期会出现供不应求的局面，此时汽车价格上升，行业利润增加，于是吸引更多的汽车厂商进入；随着生产规模的扩大，各类经济资源被投入该行业，资源实现了有效配置。在微观层面，依据选择主体的不同可以分为企业选择和个人选择。企业经常需要决定是否扩大原有产品的产能，或者开发新产品、淘汰旧产品等。而对于个人来说，选择更加丰富多彩，例如：在周末是出去和朋友吃饭还是一个人留在学校自习；本科毕业后是参加工作还是读研；求职意向是政府部门还是高校或企业……这些选择无时无刻不在发生，学会用经济学的视角去看待和分析这些选择，将会对我们的个人生活和发展有所助益。

经济物品和经济资源的稀缺性导致选择的必要性。相反，由于自由物品具有"取之不尽，用之不竭"的特点，人类可以尽情享用，因此不涉及选择的问题。可见，选择是指对经济物品和经济资源的选择。

具体来说，选择就是把有限的经济资源分配到一种或几种用途中加以利用的过程，而没有被选中的用途意味着放弃，这是选择需要付出的代价。可见，选择就是权衡取舍各种可能的用途，以实现收益的最大化。

在经济学视角下，选择的机会成本（Opportunity Costs）就来自那些被放弃的用途。被放弃的用途并非都毫无价值，有些也能给选择者带来一定的收益，但却因为被放弃而无法实现。选择的机会成本就是在放弃的所有用途中可能给选择者带来的最大收益。

理解机会成本，主要有三个要点：一是机会成本考虑的是被放弃的用途；二是被放弃的用途通常不止一种，它们可能带来的收益也不尽相同，而机会成本是所有被放弃用途中可能带来的最大收益，并不是各收益的总和；三是最大收益并不是真实发生的，只是一种存在的可能性，因为一旦确定最优选择，所有被放弃的用途就不会发生，因此这种收益是潜在的。

接下来，以实际例子说明机会成本。小李计划将工资收入 50 万元用于投资理财，各投资渠道及其对应的收益率如表 1-2 所示，假定不考虑投资成本和投资风险等因素。

表 1-2　不同投资渠道及其对应的收益率

投资渠道	股票	债券	基金	储蓄	房地产	民间借贷
收益率(%)	25	8	20	3	15	18

如果小李是理性的，那么他只会投资股票，因为股票的收益率最高。而在所有放弃的投资渠道中，基金能给小李带来的收益最大（50 万元×20% = 10 万元），所以小李选择的机会成本是 10 万元。

决策者在做出选择后，可以通过比较实际收益和机会成本的大小，确定选择是否正确。如果实际收益比机会成本大，那么说明选择是正确的；否则，选择就出现了失误。

有些选择属于重大选择，如战争与和平，一旦选择错误，将导致灾难性后果；有些选择则属于跨代选择，当代付出，后代收获。中华人民共和国成立初期，全国人民勒紧裤带搞建设，优先发展重工业，快速实现工业化，日子过得十分清贫，但为今后的发展打下了良好的基础。

第五节 基本经济问题

由于经济资源总是稀缺的,因此人类必须在经济资源的各种用途中做出选择,这个过程被称为资源配置。资源配置需要解决三个基本经济问题:一是生产何种产品,以及生产多少数量;二是怎样生产;三是给谁生产。以下分别对它们加以说明。

1. 生产何种产品,以及生产多少数量

经济资源的稀缺性决定了人类在生产产品时必须有所取舍:选择生产某些产品的同时,就要放弃生产其他产品,或者选择生产某些产品的数量多一些,而生产其他产品的数量少一些。具体来看,人们需要选择是把有限的经济资源用来生产衣服、食品,还是飞机、汽车,抑或两者都生产,但数量占比有区别。在不同的经济制度下,做出生产决策的主体是完全不同的。例如,在计划经济体制下,生产决策者是经济发展计划的制订者,他们根据经济发展目标,集中决定生产何种产品,以及生产多少数量。而在市场经济体制下,决策者是所有参与市场交易的企业,它们数量更多,决策过程也更加分散。企业根据市场需求,选择生产那些最能够满足人们消费需要的产品。在企业生产决策中,最重要的信号是产品价格,那些市场需求量大但供给量少的产品,价格往往较高,这就会吸引企业生产更多数量的这类产品,以最大化自身收益。此外,在不同的社会经济条件下,生产产品的种类和数量也不尽相同。高收入社会对珠宝、汽车等高档产品的需求量更大,因此这类产品的产量更高;而低收入社会首先要解决的是人们的吃穿用等基本生活问题,因此生活必需品的产量就更高。

2. 怎样生产

接下来要回答怎样生产的问题,即在具体生产过程中,要怎样合理配置各种经济资源,以实现收益最大化。一是给定企业经济资源总量,通过选择土地、资本和劳动等的投入比例,达到产出数量的最大化;二是给定企业产出数量,通过配置各种经济资源使得企业生产成本最低。其中,技术和资源禀赋是决定企业生产方式的主要因素。例如,在早期技术水平较低时,汽车生产线上有许多工人从事生产;而随着自动化技术的不断发展,现在汽车生产线上的工人数量已经大大减少,很多工种都被机器人替代。另外,即使技术水平接近,不同企业在资源投入方面也不一定相同。例如,同样是生产纺织品,印度企业会使用较少的资本而雇佣较多的劳动力(劳动密集型的生产方式);相反,美国企业会使用较多的资本来替代劳动(资本密集型的生产方式)。这是因为美国企业的资本禀赋更加丰富,资本成本相对较低;而印度企业的劳动力资源更加充裕,劳动力成本相对较低。

3. 给谁生产

最后解决给谁生产的问题,即完成生产以后,还要决定如何把社会产品分配给社会成员。前文提到,生产产品通常要使用六种经济资源(生产要素),即常见的土地、资本和劳动,以及近年来愈发受到重视的企业家才能、知识和公共物品。这些经济资源的所有者都将在完成生产后获得相应的社会产品作为报酬,谁取得报酬,就意味着给谁生产。具体分配的比例取决于各经济资源所有者在生产中的贡献。问题在于,应该如何确定贡献份额?这是一个非常基本但也很难回答的问题,对此经济学家们有不同的答案,由此形成各种各样的分配理论。

以上三个问题并不是相互独立的,而是具有内在的联系。"生产何种产品,以及生产多少数量"决定了"怎样生产"和"给谁生产",例如:飞机、汽车的生产方式必然不同于衣服、食品,前者依靠先进的科学技术和密集的资本投入，因此在分配时知识与资本的所有者获得了大部分社会产品；而后者可以使用劳动力进行手工生产，此时产业工人获得了大部分报酬。同时，"怎样生产"反过来会影响"生产何种产品，以及生产多少数量"，进而影响"给谁生产"，这是因为技术条件制约着人们的生产选择。

第六节 经济学、微观经济学和宏观经济学

经济学（Economics）是一门研究如何把稀缺的经济资源有效配置到各种用途，以实现经济活动效率最大化的学科。

经济学的研究对象是经济物品的生产、交换、分配和消费。在生产环节，经济学研究以企业为代表的生产者如何配置各种经济资源，以尽可能低的生产成本，获得尽可能多的产品，不仅涉及产品的类型和经济资源的投入数量，还涉及企业的组织模式和经营管理制度。在交换环节，经济学既研究从事专业化生产的企业之间的交换行为，也研究企业和劳动者之间的交换行为。前者是指专业化生产的企业需要与上下游企业进行原材料和中间品贸易，后者是指企业雇佣劳动者从事生产，并为其支付工资报酬，这些行为往往涉及制度和交易费用等问题。在分配环节，经济学研究如何切割社会财富蛋糕的问题，即哪些经济资源所有者可以享有蛋糕以及获得多少蛋糕的问题。分配的重点在于公平和效率，公平合理的分配可以防止社会贫富差距扩大，维护社会和谐稳定；有效率的分配则有助于激发人们从事生产活动的积极性，做大社会财富蛋糕的总量。在消费环节，经济学解决消费者如何以尽可能少的支出获得尽可能大的效用的问题。

经济学的研究目的是优化资源配置，对可能存在的阻碍经济资源发挥作用的问题进行分析和解决，以最大化经济活动的效率。可以说，效率是经济学研究的核心。

1776年，亚当·斯密（Adam Smith）发表《国富论》①（*An Inquiry into the Nature and Causes of the Wealth of Nations*），标志着经济学从其他社会学科中分离出来，成为一门独立的学科。根据所研究的经济主体的不同，经济学可以分为微观经济学和宏观经济学两大分支。其中：微观经济学主要是由亚当·斯密之后的阿尔弗雷德·马歇尔（Alfred Marshall）等经济学家发展起来的；宏观经济学一般认为是由约翰·梅纳德·凯恩斯（John Maynard Keynes）于1936年发表的《就业、利息和货币通论》（*The General Theory of Employment, Interest and Money*）中创立的。

微观经济学（Microeconomics）研究厂商、居民、政府等微观经济主体的决策行为。例如，在给定生产技术和生产要素的市场价格后，厂商应该使用何种生产要素来生产多少产品？给定物价和工资水平，居民应该消费哪些产品以及工作多长时间？市场是通过什么机制调节厂商的生产来满足居民消费需求的，又是怎样确定产品价格水平的？贸易为什么对双方都是有好处的？等等。

微观经济主体决策的过程其实就是在既定选择中权衡取舍的过程。如果一项选择的收益大于其机会成本，那么它就是较优选择。这里说的收益并不仅仅局限在经济物质领域，也可以发生在包括内心幸福感等在内的精神领域。同样，成本也不只是指经济成本，还可以是

---

① 又译作《国民财富的性质和原因的研究》。

健康成本和时间成本等。因此,微观经济学的研究和应用范围是非常广泛的,拥有诸如劳动经济学、健康经济学、环境经济学、政治经济学、法律经济学等众多分支。由于经济学的这些研究扩张到其他社会科学领域,因此被称为"经济学帝国主义扩张"(Expansion of Imperialism Economics)。

宏观经济学(Macroeconomics)对宏观经济主体如一国乃至全球经济进行研究。例如:在封闭经济下,宏观经济学关注的是政府的财政政策和货币政策如何影响一国的经济增长,以及就业、利息和价格等宏观经济指标之间的关系;在开放经济下,除封闭经济的研究内容外,宏观经济学还要研究汇率变化以及不同国家经济之间的相互影响等。

凯恩斯因为成功解释了20世纪30年代发生在资本主义国家的经济危机并提出了相应的对策,被誉为"宏观经济学之父",他创立的宏观经济理论被称为"凯恩斯主义"(Keynesianism)。

概而言之,微观经济学研究微观经济主体的行为方式,宏观经济学研究宏观经济主体的活动和行为特点。传统观点认为,政府参与宏观经济活动并对宏观经济进行调节,理当属于宏观经济主体而非微观经济主体。需要指出的是,微观经济主体与宏观经济主体不是根据规模大小来划分的,具有微观经济行为特征的经济主体就是微观经济主体,它可能规模很大,如美国的通用公司;具有宏观经济行为特征的经济主体就是宏观经济主体,它可能规模很小,如梵蒂冈。[①] 其实,在现代市场经济体制中,政府同时也在参与一系列微观经济活动,在微观结构层面对经济施加影响。特别是混合经济体制中的政府延伸机构,在大量地、直接地参与微观经济活动的同时,也发挥着宏观经济调节作用。因此,本书认为,政府具有宏观经济特征和微观经济特征的双重属性,既是宏观经济主体,也是微观经济主体。这样同时把政府作为微观经济主体进行研究,有别于其他经济学教材,是本书最重要的特色。

第七节 经济理论与经济学的分析方法

一、经济理论

在市场经济体制中,经济主体不仅数量众多,而且非常分散,数以万计的企业、数以亿计的家庭都是经济活动的主要参与者和决策者,这就导致现实中的经济问题是复杂多样的。

经济学家创立了一套经济理论(Economic Theory)来描述经济规律、解释经济现象。在这个过程中,经济学家通常剔除一些不重要的、弱相关的经济因素,只保留主要的经济变量,并建立起它们之间简洁明了的因果关系。例如,在经济学家眼中,消费者总是希望以尽可能少的支出获得尽可能大的效用,生产者总是希望以尽可能低的生产成本获得尽可能多的产品;至于现实生活中不同消费者之间以及不同生产者之间可能存在的诸多差异,他们一般是不予考虑的。

经济理论有如下三个特点:第一,经济理论研究的是因果关系,而非相关关系。因果关系

---

① 美国通用公司一度是世界上最大的公司,其所属员工超过美国海军和海军陆战队人数之和,拥有的资产超过世界上许多国家的资产规模。梵蒂冈全称"梵蒂冈城国",截至2020年9月,常住人口为618人,面积为0.44平方公里。

强调"前因后果",即由什么因素导致什么结果;而相关关系是指两个经济变量之间存在某种关联,但这种关联不一定表现为因果关系。例如,产品价格上升导致厂商扩大生产供给、消费者减少消费需求,这是因果关系;而看电影和吃爆米花之间只是相关关系,虽然二者经常同时出现,但看电影既不是吃爆米花的原因,也不是吃爆米花的结果。

第二,经济理论必须符合实际并且简单明了。经济学是经世致用的学问,理论要能够用来指导实践,否则就背离了经济学的宗旨。好的经济理论一定是简单易懂的,而现实的经济问题往往是复杂多样的,因此经济学家要有简化问题的能力,能够抽象掉研究问题中并不重要或者互不相关的因素。例如,在研究关税变化与企业出口的因果关系时,企业出口目的国和出口产品种类就是重要因素,而企业出口产品的颜色和形状等就是非重要因素,研究时可以忽略不计。

第三,经济理论既可以描述和解释特定范围内的经济现象,也可以对整个经济社会的现状和趋势进行描述和解释。例如:亚当·斯密解释了专业化的劳动分工是如何通过提高工人熟练度,进而提高劳动生产率的;马克思解释了资本主义制度必将被社会主义制度代替;这些经济理论在整个经济社会范围内都是成立的。

二、经济模型

经济模型(Economic Model)是一种描述、分析、研究和验证经济理论的手段和方法,能高度概括和总结经济规律。

经济模型可以分为文字模型(Word Model)、数学模型(Equation Model)和图形模型(Graph Model)。例如,鸡蛋单价从0.3元下降为0.2元时,人们的需求从2个增加到3个,这是文字模型。用数学模型表示为:

$$Q = 5 - 10P, \quad (P > 0, Q > 0)$$

或

$$P = 0.5 - 0.1Q, \quad (P > 0, Q > 0)$$

图 1-1 是用图形模型表示。

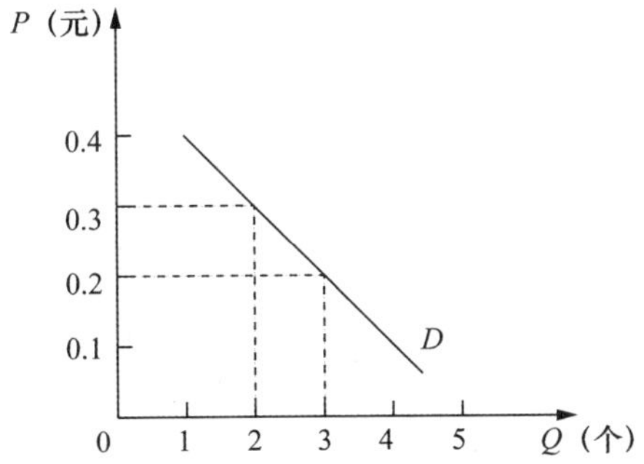

图 1-1 某人对鸡蛋的需求曲线

在上述三种模型中,文字模型的特点是内容丰富、叙述全面,但不够直观简洁;数学模型的特点是逻辑性强、严谨准确,但较难理解;图形模型的特点是容易理解、直观易懂,但精确性较差。由此可见,三种模型各有特点,经济学家在描述经济理论时一般会结合起来使用。

三、经济学的分析方法

构建经济学理论应采用科学的原则,遵循基本的分析方法,基于对经济问题严谨和规范的分析,而不能凭空猜测。

经济学的基本分析方法是成本收益法,经济学家把收益和成本的核算作为研究微观经济主体行为的抓手。经济主体要实现自身利益最大化,就要对决策的实际收益和机会成本进行对比,以达到收益最大化或成本最小化。这里所指的收益和成本既包括物质利益等经济因素,也包括快乐健康等非经济因素,因此是广义的概念。例如,研究家庭生育问题时,收益包括养育子女的幸福感,以及子女长大成人后对父母的关心和照料等,而成本至少包括妻子生育时付出的辛劳和时间,以及为子女成长和教育等花费的各类支出等。通过比较上述收益和成本,一对夫妻就可以做出是否要生育、何时生育以及生育几个等决策。需要强调的是,理性的经济主体在做决策时考虑的是边际收益和边际成本,以生育为例,如果多生一个孩子带来的边际收益大于其边际成本,那么夫妻会选择继续生育;反之,如果继续生育的边际收益等于或小于其边际成本,那么夫妻就不会选择继续生育了,此时生育的数量达到均衡水平。

图1-2是经济学分析的框架图,给出了分析经济现象和建立经济理论时需要遵循的基本程序,主要步骤如下:一是选定想要研究的经济现象;二是对复杂的现象做简化,即抽象掉不相关的、次要的变量;三是使用成本收益法分析经济主体的行为,并提出假设;四是搜集数据对假设进行实证分析,检验假设是否成立;五是如果假设不符合实际情况,那么对假设进行修正,重复第二至第四步,直到建立的经济学理论符合实际为止。

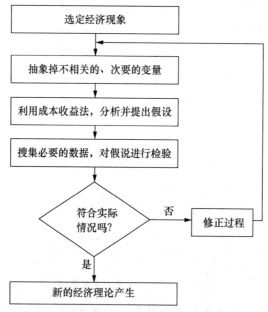

图1-2 经济学分析的基本程序

任何经济理论的成立都是以特定条件为前提的,在不同的时间和经济条件下,经济理论的正确性并不总成立,需要不断发展和完善。例如,西方经济学理论用来解释欧美资本主义国家的经济现象时表现良好,但在中国可能就水土不服,这是因为中国的经济条件与欧美不尽相同。因此,不能对西方经济学理论盲目照搬,而应该知其短处、用其长处,发展创造出新的适用于中国的经济理论。

四、经济学的实证分析与规范分析

实证分析(Positive Analysis)聚焦于解决经济现象和经济规律"是什么"的问题,并不涉及价值判断,其重点在于准确、客观地描述和解释现实生活中经济的运行方式。而规范分析(Normative Analysis)主要解决"应该是什么"的问题,需要对经济现象和经济政策做出"对"与"错"、"好"与"坏"的价值判断。

例如,就中国发展高端制造业问题进行经济学研究,经济学的实证分析重点研究的问题是:中国是否具备发展高端制造业的技术条件和投资能力?中国发展高端制造业对经济增长的拉动效应及对其他产业的带动作用如何?对全球产业链的重塑有什么影响?等等。而规范分析重点研究的问题是:在全球产业高度细分的情况下,发展高端制造业势必推后贫困地区经济社会的发展,这值得吗?高端制造业的发展会导致劳动密集型行业就业人数减少,以及全社会劳动收入水平下降,这是好政策吗?如果高端制造业的发展导致人工智能水平失控,那么人类会逐步被机器控制吗?要不要限制高端制造业的发展?等等。

规范分析的结果往往取决于经济学家的价值判断标准,并没有一致的答案,一般无法用实证方法进行检验。因此,经济学家们在规范分析方面得出的经济理论往往有较大分歧,见仁见智。据此,有些经济学家认为,规范分析没有用或规范分析不如实证分析有用的结论。另一些经济学家则认为,规范分析是用来解决经济学中的重大问题的,而实证分析只能解决一些小问题。而且,经济学家们基于共同的价值判断标准,通过严谨客观的规范分析,也能得出科学的、令人信服的经济理论。

本书的观点是,这两种分析方法互为补充,应客观看待二者的关系和作用。一方面,规范分析要对经济政策做出"对"与"错"、"好"与"坏"的判断,就必须首先知道制定这些政策的原因和后果是什么,而这恰是实证分析的内容,因此,实证分析是规范分析的依据和基础。例如,规范分析经常探讨的问题是,政府到底应该维护公平还是促进效率?关于这个问题,实证分析能告诉我们的是,政府可以采取何种政策手段达到上述目的,以及这些政策的收益和成本分别是什么。只有基于实证分析的结论,规范分析的研究才是严谨和科学的。另一方面,规范分析的结论发挥着"指挥棒"的作用,影响着实证分析的主题和范围。例如,规范分析认为应该保护环境,那么实证分析就会更多地研究论证什么样的环境政策能够促进企业实现绿色发展和节能减排,以及这些环境政策对经济发展的速度和质量的影响如何等。

第八节 经济学分析的前提:经济人假定

经济人(Economic Man)假定是西方经济学分析的前提,也被视为西方经济学研究的基础。

经济人假定包含三条基本内容。一是经济人的范围:个人、企业、政府、非政府组织等经济主体在社会经济生活中都是经济人。二是经济人的特征:经济人是自利的,他会在给定的约束条件下,追求自身利益的最大化,最大限度地趋利避害。三是经济人的贡献:当每个单独的经济主体自发地实现自身利益最大化时,也将客观上提高整个社会的福利水平。即自利行为会使得各个经济主体做出最优决策、努力工作,最终推动社会的经济发展。

首先,社会经济生活中,各个经济主体都是自利的。消费者追求在有限的可支配收入下,实现消费效用最大化;或者说用最少的支出,达到一定的效用水平。企业追求在成本既定的情况下,最大化产出;或者说用最小的成本,达到一定的产出水平。投资者则追求在投入一定资金的情况下,实现利润的最大化。消费者、企业和投资者等经济主体的正当自利行为,是现代社会中市场经济运行的逻辑和哲学基础。如果经济主体不是自利的,而是利他的,那么市场就不可能达到相对均衡的状态。但是追求自身利益最大化的同时,不能欺行霸市、假冒伪劣、坑蒙拐骗,必须遵纪守法。

其次,经济人假定中所说的"利己"不能建立在"损人"的基础之上,"损人利己"是市场经济制度所不允许的,除非利益既得者补偿利益受损者,使得利益受损者的处境至少不比原来变得更差。除"损人利己"外,经济人的行为后果还包括以下三种:一是"损人不利己",即不仅没人从中获益,而且有些人的福利还会严重受损,这显然会导致社会总福利水平的降低,应坚决予以反对。二是"既不利己也不损人",即所有人的福利都不发生变化,但经济学认为在这种情况下没有任何人有动力开展经济活动,因此不能持久。三是"利己也利人"(或"利己但不损人"),那些获益的个体有充足的动力从事生产和建设活动,从而促进社会经济的快速发展,导致社会总福利水平的提高。为保证市场经济能达到"利己也利人"(或"利己但不损人")的合意结果,需要加强法治建设,为经济主体提供完善的制度保障和法律保障。

市场经济条件下,自利的经济主体应该得到支持和鼓励。只有在经济主体追求利益最大化的行为被允许和得到保护时,他们才有动力去积极地开展经济生产和消费活动,社会经济也才能发展。并且,自利的经济主体提高其效用或利润的行为,在不损害其他人利益的前提下,是会带来社会总福利水平的提高的,并且有些经济活动既利人也利己。也就是说,只要每个经济主体都是在法律法规允许的范围内追求自身利益的最大化,那么社会就会更加繁荣昌盛。

最后,我们讨论一下利他行为。首先,利他行为违背了经济人假定吗?笔者认为,利他行为也是追求自身利益的最大化。在这种情况下,利他行为被纳入了经济主体的效用函数。也就是我们常说的"助人为乐",即利他行为能提高个体自身的效用水平。所以,利他主义者和自利者的不同,就是利他主义者将更多的"利他行为"放入了自己的效用函数,利他可以增进自身利益;而自利者将更多的"自利行为"放入了自身的效用函数,利他不能或很少能增加自身利益。所以,利他主义和利他行为也符合经济人假定,其实也是自利行为,只是利他者和自利者的偏好和效用函数不同而已。在经济学中,与其说利他者是高尚的,不如说利他者的偏好是高尚的。

第九节 计划、市场与资源配置

经济学研究的一个核心问题是稀缺资源的最优化配置,即资源配置(Resource Allocation)。分配形式包括区域间分配、部门间分配、企业间分配、社会成员间分配,最终的目标是实现经济效益最大化。

资源配置效率的评价标准,是稀缺的资源是否被分配到社会经济发展最需要的地方。资源配置无效率或低效率,将直接损害社会的经济利益,包括短期利益和长期利益。一个有效的人力资源配置,代表劳动力市场的充分就业;一个有效的资本配置,代表投资充足和经济繁荣。

资源配置的目标是在有限的经济资源条件下,实现经济效益的最大化。即在计划、市场或其他机制的作用下,经济资源自发地流向发展最快速的部门、行业和企业,流向对社会贡献最大的个人和家庭。其中涉及的经济资源包括劳动、资本(物质)、土地三大要素。当劳动力资源得到最优配置时,所有人都能人尽其才;当资本(物质)资源得到最优配置时,所有的钱财和物品都"花在了刀刃上";当土地得到最优配置时,没有土地再被闲置。另外,最优化资源配置还需要其配置过程成本最小化,即最小化交易成本。概括起来,可将最优化资源配置称为"人尽其才,物尽其用,地尽其利,货畅其流"。

资源配置分为宏观和微观两个层面。宏观层面是指,经济资源在各区域、部门、企业和家庭之间进行分配,其分配结果决定了经济运行的宏观效率,主要依靠计划机制和市场机制实现。微观层面是指,经济资源在企业和家庭内部的分配,其分配结果决定了企业和家庭运行的微观效率,主要依靠计划和习惯实现。

资源配置手段或方式是决定配置效率的核心,分为计划机制、市场机制、习惯机制三种。据此,可以将资源配置制度分为计划经济体制和市场经济体制。前者取决于政府计划和调控;后者则取决于市场调节。另外,从古到今沿袭下来的传统风俗习惯,也可以作为调节手段进行资源配置。

在现代化进程中,人类选择过两种经济体制,即计划经济体制和市场经济体制。关于两种经济体制在资源配置效率和促进经济社会发展中孰优孰劣的争论,在国际学术界已经持续了近百年。学者们从理论与实践、历史与现实、公平与效率、宏观与微观、长期与短期等多个维度进行了深入研究,这些研究充分证明:我们不能离开历史发展的条件,不能离开人们在特定历史条件下的主动选择,对历史做出抽象的是非判断。

计划经济体制的调节方式,通常是自上而下的。以产品的生产和分配为例,政府首先将用于生产的经济资源和指标任务分配到各个地区和部门;各个地区和部门再将其分配到各个企业和单位,由这些组织完成产品的生产;而后,生产出来的商品又会由政府统一分配给各个家庭和使用者。计划经济体制要实现高效率的运行,就需要分配者拥有足够的信息,并建立以经济效率为目标的决策机制和激励机制。此外还需要建立灵活的预案机制,以应对计划经济中出现的失误和不足,如执行不力、信息传达失误等。基于这样的体制和机制,计划经济得以实现经济学的三大基本内容:生产什么,生产多少数量?怎样生产?给谁生产?以公有制为主体、控制力和执行力很强的政府和主人翁意识主导的社会核心价值观,是计划经济体制建立和运行所需要具备的三个基础条件。

马克思主义政党领导人民夺取政权后,要建立社会主义制度,计划经济体制就是其最可能选择的经济体制。在国家建立初期,以及全面推进工业化进程的初期,计划经济体制可以集中力量办大事,推进重大工程和重大项目建设;可以快速完成工业化所需要的初始资本积累;可以合理布局国民经济基础框架;可以全面调动人民群众建设国家的主人翁意识。在社会主义经济制度确立后,当时的苏联和中国都采取了计划经济体制,并在初期都取得了举世瞩目的建设成就,不断铸就经济发展的奇迹;国家面貌日新月异,计划经济体制的举国优势得以充分发挥。但是,进入工业化中后期,当社会发展的中心任务由以重大工程和重大项目为主的基本建设转变为满足人民不断增长的物质文化和精神文化需要时,计划经济体制就开始暴露出它的弊端:人民群众的偏好和社会需求复杂多样,制订、执行、控制、修正分配计划所需的信息量越来越大;劳动者的主人翁意识随时间流逝而减弱,工作积极性也逐步衰退。因此,应该适时进行改革,把计划经济体制改革为市场经济体制;把适用于基本建设的集中决策机制转变为市场机制下众多企业和消费者参与的分散决策机制,市场机制的激励效应也会逐步取代主人翁意识下的劳动自觉。据此,苏联体制失败和中国转型成功的原因可能就在于苏联贻误了推进市场化改革的最佳时机,而中国在步入工业化的中后期阶段后,适时开展了社会主义市场经济体制改革。

从理论出发,历史原则、重点原则、平均原则和优先原则是计划的制订和执行通常需要满足的四个原则。历史原则强调现在的资源配置方式需要参照过去的资源配置方式,即"过去怎么做,现在就怎么做"。随着社会的发展,适合过去的资源配置方式不一定适用于当下和未来的新经济环境,照搬照用可能会造成资源的浪费。依据历史原则,资源配置效率由过去的做法多大程度上适用于当下的环境所决定。重点原则强调对部分地区、部门和行业进行重点照顾,给予优先发展的机会,体现在分配给它们更多的经济资源。由于重点照顾对象往往是人为决定的,没有一个绝对的标准,各个地区、部门和行业都会为自己争取尽可能多的资源,因而各方的谈判力量和计划者的正确判断,就成为影响资源配置效率的重要因素。平均原则强调"雨露均沾,人人有份",即将经济资源平均地分配给各个地区、部门和行业。但是,不同地区、部门、行业的发展程度和经济效益往往是不等的,平均分配很可能是低效的。最后,优先原则强调先到先得,即将经济资源分配给先到的地区、行业和部门。但是先来的也不一定是最高效的,结果可能会损失效率。

市场经济体制与计划经济体制的资源配置方式正好相反,是自下而上的。企业为了实现其利益最大化,常常会自发地生产或多生产消费者需要的产品,以实现较好的企业业绩,进而吸引优质投资和人力资源流入该企业。在这种资源配置方式下,企业是核心,它们拥有被法律保障的独立经营权,并以经济利益为目的进行决策。政府此时扮演守夜人的角色,不再干预企业的行为,而是成为企业合法权益的保障者。市场经济体制拥有诸多优点,资源配置效率高,但也会出现失灵的情况。比如当市场存在垄断、信息不对称或外部性时,市场机制的资源配置效率就会下降,甚至不再起作用。这时,就需要政府进行干预和调控。

除了计划机制和市场机制,资源配置也受到社会风俗和习惯的影响。路易斯·亨利·摩尔根(Lewis Henry Morgan)认为,在既没有市场机制也没有计划机制的原始社会,社会主要依靠社会风俗和习惯的调节而正常运行。一方面,部落之间会互相达成隐性契约,以和平稳定地占有各自领域内的经济资源;另一方面,部落之内的食物和物资会被分配给各个族人,以防止人冻死饿死。正是这些非正式的社会风俗和习惯,使得原始社会持续运行了百万余年的时间。虽然现代社会出现了计划机制和市场机制,但社会风俗和习惯仍然在资源配置方面发挥着作用,并渗透着社会的方方面面,是对计划机制和市场机制的一个有益补充。可以说,社会风俗和习惯虽然调节力量不如计划机制和市场机制,但却是资源配置的基础,是又一只"看不见的手"。比如在计划体制和市场体制被破坏的战争时期,传统的习俗和墨守的规则使人们互相尊重对方的产权,倡导的道德品行使人们互帮互助、互相救济,以实现资源的配置。再比如在计划机制和市场机制正常运行的和平时期,道德、价值观等影响着资源配置作用的发挥,例如在座位有限的公交车上,先来后到和尊老爱幼指导着座位资源的有效分配。

从辩证唯物主义和历史唯物主义的角度来看,发展和完善中国特色社会主义制度、推进国家治理体系和治理能力的现代化是目标,而计划机制和市场机制都只是实现这些目标的手段。因此,在中国发展市场经济,也需要紧密围绕中国特色社会主义制度的发展和完善这个总目标来开展。从中国经济和社会发展的历史来看,计划经济体制与市场经济体制不是简单的对立或替代关系,而是相容与承接关系。两种经济体制在经济发展的不同阶段会显现出各自的优势和劣势:在工业化的初期阶段,计划经济体制具有推动经济发展的明显优势;在工业化的中后期阶段,市场经济体制则焕发出持久的活力。自中华人民共和国成立至改革开放前,以及改革开放至今这两个阶段正好遵循了这样的经济体制选择的逻辑,因此创造了中国经济发展的奇迹。这也从经济体制变迁视角印证了,中国改革开放前后两个阶段具有逻辑的一致性,因此不能互相否定。[①]

[①] 于鸿君:《经济体制选择的逻辑》,载于《政治经济学研究》2020年第1期。

第二章 供求理论

本章主要介绍微观经济主体及其活动过程,并在此基础上重点介绍微观经济学的基础理论:需求理论和供给理论(简称供求理论)。

第一节 微观经济主体

微观经济主体(Economic Units)主要包括居民、厂商和政府三个组成部分。

一、居民

居民(Households)一般指具有相似决策行为的个人(Individual),是微观经济活动中最基本、最活跃的主体之一。

(一)居民的收入

居民的收入来源于自身所拥有的经济资源,居民通过向厂商出售的形式,将经济资源转化为生产要素从而获得收入。

居民拥有的经济资源主要包括劳动、土地、资本、企业家才能、知识以及数据。

(1)劳动:居民劳动可以分为脑力劳动和体力劳动,居民向厂商提供劳动,厂商向居民支付工资报酬。

(2)土地:居民拥有土地占有权,可以通过出售土地财产权给厂商,从而获得货币收入,这部分收入也被称为地租。

(3)资本:居民将剩余货币收入存入银行或者用其购买有价证券的过程,也是资本转化的过程,资本收入主要包括银行利息和投资收益两部分。

(4)企业家才能:有一部分居民成为企业家,获得额外的报酬,经济学家称之为企业家才能报酬。它不同于一般的劳动工资收入。

(5)知识:居民可以通过将所学知识产权化(如发明专利权、著作权等)获取收入。

(6)数据:居民本身就凝聚着大量数据,也可以通过合理途径收集数据资源出售给厂商,从而获得相应的报酬。

为了让读者对居民收入及其来源有一个直观的了解,图2-1绘制了2013—2019年我国全体居民可支配收入来源。从总体来看,居民各类人均可支配收入都呈现稳定增长的态势,但增速存在较大差异,这也就导致各类人均可支配收入占比处于动态的调整过程中。具体来看,工资性收入占比最高,基本稳定在55%左右,且增速最快,2013—2019年年均增速为8%。其他三类收入也基本呈现稳定增长态势,但相对占比也处于动态变化中。转移净收入在2016年实现了对经营净收入的反超,跃居可支配收入来源第二。综上所述,我国居民的可支配收入来源多样,不仅有工资性收入,还有财产净收入,例如利用土地、知识、数据等要素获取的收入。

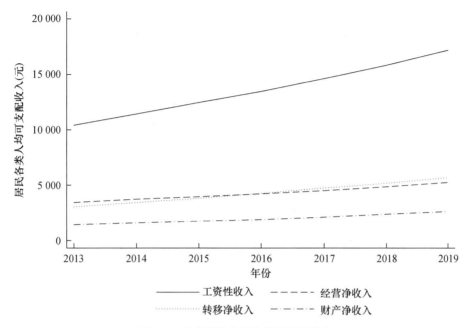

图 2-1　全体居民各类人均可支配收入

资料来源:国家统计年鉴。

(二) 居民的支出

居民的支出主要有向政府纳税和消费支出两部分。

(1) 纳税。居民有向政府缴纳各种税款的义务。

(2) 消费。日常生活中,居民购买各种商品、劳务,获得教育机会、医疗服务和家政服务等均需要支付费用,这一系列经济活动可以统一归纳为消费支出范畴。

为了让读者对居民消费支出有一个直观的了解,图2-2绘制了2013—2019年我国全体居民各类人均消费支出曲线。从整体来看,居民各类人均消费支出也呈现稳步增长的态势,但增长幅度差异较大,因此人均消费支出占比动态变化比较明显。具体来看,食品烟酒是居民最主要的支出类别,2013年占人均消费支出总额的比重为31.2%,2019年为28.22%。这表明,食品烟酒类的人均消费支出在居民人均消费支出总额中的比重下降,居民的消费层次上升。进一步,教育文化和娱乐以及交通和通信等类别的人均消费支出上升明显,表明我国居民消费层次向高级化转型的趋势明显。其中,居民教育文化和娱乐类的人均消费支出占比从2013年的10.57%上升到2019年的11.65%,提升了1个百分点。第二、第三大人均消费支出类别分别为居住、交通和通信。人均消费支出最少的三类分别是医疗保健、衣着、生活用品及服务。需要指出的是,2017年后我国居民的医疗保健支出也迅速增长。

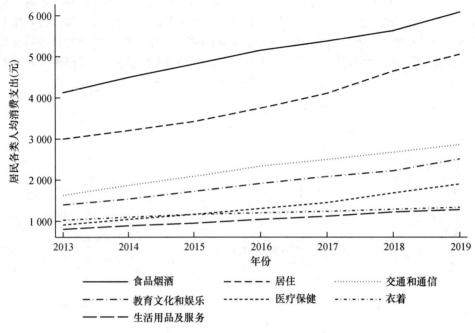

图 2-2　全体居民各类人均消费支出

资料来源:国家统计年鉴。

(三) 居民的行为标准

但凡微观经济主体一般都具备经济理性的特征,居民当然也不例外。居民在实际支出过程中,总是希望支出少、收益多,用经济学语言可以概括为:支出一定,获得的效用最大;或者效用一定,实际支出最少。

二、厂商

厂商(Firms),具有明显的生产者特征。值得注意的是,在经济学分析中,厂商的身份是由其经济行为决定的,为企业提供商品和劳务的居民、政府以及社会团体,在经济学家看来也属于厂商。

(一) 厂商的收益

厂商作为微观经济活动中的基本主体之一,通过向居民出售商品和劳务,获得营业收入,这便形成了厂商的收益。在丰富多彩的经济生活中,厂商提供的商品和劳务体现在居民衣食住行的方方面面,可谓无处不在。比如,居民日常生活中需要的服装、饮用水和食品等商品,分别由服装企业、自来水企业和食品企业提供;而住房、交通和旅游度假等服务则分别由房地产企业、铁路航空企业和旅游企业提供。

(二) 厂商的支出

厂商从事生产经营活动,自然要向居民购买生产要素;此外,为了获得良好经营的外部条件,还需要向政府购买相应的公共物品,如安全保障、基础设施以及良好的营商环境等。

厂商向居民购买的劳动力、土地、企业家才能、知识和数据等生产要素,需要相应地支付工资、地租、企业家才能报酬、知识产权费用和数据使用报酬。而厂商向政府购买的外部条件则需要向政府缴纳税款,与此同时,厂商还可能要向政府环保部门支付破坏周围环境的额外费用。

(三) 厂商的行为标准

厂商符合经济学理性人的假定。其行为标准是:支出预算约束一定时,获得的生产要素最多;或生产要素投入一定时,获得的产出最大。然而,厂商的行为标准的实施一方面受限于自身的生产管理能力,另一方面受到居民和政府行为标准的制约。

回顾前文居民的行为标准,我们很容易发现,居民和厂商同时作为微观经济活动中的两个基本主体,其行为标准存在明显的利益冲突,因此需要发挥价格的市场调节作用,通过市场机制缓解利益冲突,而政府介入就有可能产生权力寻租等腐败行为。

为了让读者对我国厂商有一个直观的印象,图2-3绘制了我国2000—2019年各类企业数量曲线。其中,规模以上工业企业数量占比最高,说明我国制造业始终保持较好的发展势头。需要说明的是,2011年企业数量突然下降,并非真正的企业数量下降,而是因为"规模以上"的界定标准发生了变化:2011年之前的界定标准是年度主营业务收入大于或等于500万元,2011年则变为大于或等于2 000万元。事实上,我们可以看到,2011年之后的企业数量也呈现上升趋势。批发和零售业法人企业数量在2008年超过了建筑业企业数量,此后二者之间的差距迅速扩大。批发和零售业法人企业数量的快速增长说明我国消费市场发展迅速。

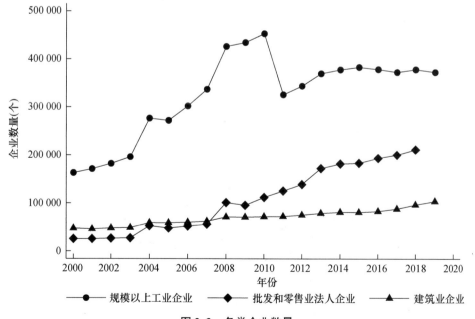

图2-3 各类企业数量

资料来源:国家统计年鉴。

三、政府

政府在宏观经济领域的供给分析,呈现于本系列教材的宏观分册部分,这里重点分析政府在微观经济领域中的供给行为。

(一) 政府的收入

在微观经济领域,政府主要为居民和厂商提供服务,基本都可以归为公共物品范畴,具体包括:

(1) 维护国家安全和社会治安;
(2) 发展公共设施和完善基础设施;
(3) 保障法律平等和人权;
(4) 提供电视塔、卫星等企业无法提供的公共物品;
(5) 创造条件帮助居民实现个人价值和保持身心健康。

上述服务同样有助于厂商的生产经营活动,此外,政府还向厂商提供诸如国有土地、国有资本等国有生产要素。

政府的收入主要包括税收、报酬、其他国家提供的援助和捐赠,以及对违法犯罪分子罚没的财产等。

其中,税收是政府收入的最大组成部分。图2-4绘制了我国2000—2019年国家财政收入、国家税收收入和国家非税收入曲线。近二十多年来,国家财政收入增长速度迅猛,尤其是2010年之后,增速明显加快,年均增速超过15%。国家税收收入是国家财政收入的主要组成部分,其占比甚至超过85%,并且进一步增长的趋势明显。国家非税收入年增速相对缓慢,并且在财政收入中的占比一直很低,而且有进一步下降的趋势。

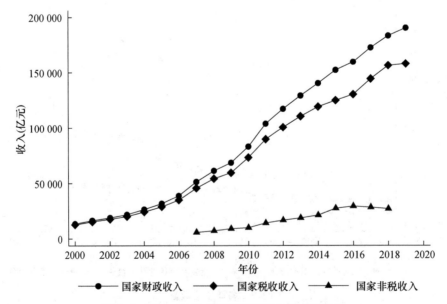

图2-4 2000—2019年国家财政收入及主要类别

资料来源:国家统计年鉴。

(二) 政府的支出

政府在微观经济领域的支出主要包括购买商品和劳务、提供良好环境、提供公共物品、提供公共服务,以及给予其他国家援助和捐赠等。

图 2-5 绘制了我国 2000—2019 年国家财政支出曲线。近二十多年来,伴随着我国财政收入的不断增加,可以看出,我国财政支出呈逐年上升的趋势,该时期的年均增速为 15.47%,略高于我国财政收入的年均增速(15.24%)。

根据《2019 年国家统计年鉴》,在列明的 2019 年国家财政支出的具体类别中,教育、社会保障和就业、科学技术以及节能环保等支出类别之和占总财政支出的比例为 79.79%。其中,教育、科学技术的支出占比基本呈现逐年增长的态势。由此可以看出,我国在不断推进实施"科教兴国"战略,努力将经济资源分配到最具有创造力的领域和行业。

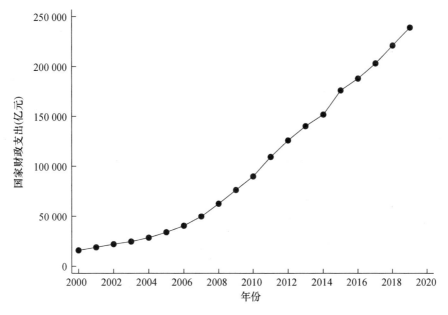

图 2-5 2000—2019 年国家财政支出

资料来源:国家统计年鉴。

(三) 政府的行为标准

政府作为微观经济活动的主体之一,同样符合经济学理性人的假定。一方面,政府要通过向居民和厂商征税,以及向厂商出售生产要素尽可能实现收入最大化;另一方面,政府也要保证支出最优化,最终实现自身利益最大化。不同于其他微观经济主体,实现公众利益最大化应该是政府的终极目标。但是,政府的利益并不等同于社会利益,因此政府的利益协调能力就显得尤为重要,既要保证社会利益、短期利益和公众利益,又要兼顾社区利益、长期利益和少数特殊群体利益。

利益的协调离不开政府灵活运用税收政策、支出政策和收入分配政策,同时需要民主选举制度、有效的舆情监督和良好的法治精神对政府进行强有力的约束。在微观经济学分析中,必须将政府作为自利的经济活动主体看待,只有这样才能做出理性的判断。

第二节 微观经济活动模型

一、市场

市场(Market)既是市场价格形成的物质载体,也是资源配置的基础手段;它是微观经济活动分析的重要内容,更是经济学的核心概念之一。

(一) 市场的分类

目前市场分类的方法众多,本书按照属性简单分类如下:

(1) 有形市场(Visible Market)和无形市场(Invisible Market)。

有形市场是指那些具有固定场所的市场,如超市、农贸市场等。无形市场则通过交易媒介包括电报、电话、互联网以及中介机构等进行交易,如产权交易市场、网上拍卖市场、外汇市场、住房租赁市场等。

(2) 局部性市场(Local Market)、全国性市场(National Market)和全球性市场(International Market)。

局部性市场具有区域化和本地化特征,只在有限的范围内进行交易,如房地产市场。全国性市场的交易范围覆盖整个国家,如证券交易市场。全球性市场交易的商品流通性最好,如期货交易市场和黄金市场等。

(3) 要素市场(Factor Market)和产品市场(Product Market)。

要素市场的交易对象是各种要素,如知识产权市场、数据买卖市场等。产品市场的交易对象自然就是各式各样的产品,如家电市场、日用小商品市场、食品市场等。需要特别指出的是,微观经济活动分析中经常用到要素市场和产品市场。

(二) 市场的功能

方便交易是市场的第一个功能。市场作为媒介将买卖双方集聚到一起,增加了买卖双方选择对象的机会,提高了交易的成功率,从而使得交易成本大大降低。此外,市场不仅是交易的场所,同时也是信息交换和传递的场所,具有很大的扩散效应。

发现价格是市场的第二个功能。商品和劳务的定价需要在市场交易的过程中逐步产生,买方和卖方的数量在其中起到很大的作用:卖方数量大于买方数量,价格下降;反之,价格上升。只有当买卖双方的数量相对稳定时,均衡价格才能产生。

优化资源配置是市场的第三个功能。资源有效配置是市场经济所追求的目标之一。这一目标的发挥需要市场的合理引导,例如就要素市场而言,如果某种产品在市场中受到欢迎,那么经济效益相对较好的厂商必定愿意出高价购买品质优良的生产要素。因此，商品和劳务在不同市场之间的连接、转换，能够使其流向作用发挥最大的领域和群体，最终实现资源的优化配置。

提供公平的环境是市场的第四个功能。市场有利于公平环境的营造体现在以下三个方面：第一，市场给了买卖双方讨价还价的空间，有利于合理价格的形成；第二，市场价格也是各生产要素分配比率的反映，减少了要素之间恶性竞争的可能性；第三，市场提供了大量的工作机会，有助于一个人通过自身的不断努力实现境遇的改善。

（三）市场的价格

市场为买卖双方提供了交易的机会，特定数量的商品会对应一定的交易价格。完全竞争市场中，同一种商品的价格在同一时间的不同地区应该相等或基本相等，例如某只股票、某种外汇、钻石的价格在一定时间和空间范围内基本保持一致。但在垄断竞争市场中，交易商品的价格往往具有很大的波动性，例如电脑和手机的芯片价格，因其个别厂商在市场中的垄断地位，其价格会在短期内出现较大的变化。另外，地域间的市场分割是影响价格的重要因素之一，例如某服装品牌具备一定的市场垄断地位，那么其在成都和北京的销售价格就很可能存在较大的差异。因此，在微观经济学分析中，我们一般采用交易对象的平均价格。

事实上，市场价格波动才是常态，在竞争性市场中，价格波动往往是由于供求发生了改变。例如，谷物丰收之年，农民的总收入却较往年减少了，这主要是由于丰收年份谷物供给量大幅增加，需求量却没有发生大的改变，因此导致价格下降明显，最终损害了农民的利益，这便是"谷贱伤农"的原因。此外，不同市场中的商品波动幅度也存在较大的差异。例如，钻石作为奢侈品，其价格变动往往比较缓慢，而机票价格往往随着需求量的变化，呈现季节性变化特征，股票价格则波动迅速且剧烈，几乎每分钟都在发生变化。

市场价格分为名义价格（Nominal Price）和实际价格（Real Price）。名义价格就是我们通常看到的商品绝对价格，例如：超市里某种面包的价格是每个 6 元，某品牌笔记本电脑的价格是每台 5 000 元。实际价格是剔除了总体价格波动因素后的价格，需要通过计算得出。

我们需要剔除总体价格波动因素之后，再进行市场价格的比较分析。消费者价格指数（Consumer Price Index，CPI）用来度量一段时间内消费品总体价格水平的变化。例如，2005 年某品牌矿泉水（500ml）的价格为每瓶 1.5 元，2015 年的价格变为每瓶 3 元，我们可以通过测算比较矿泉水实际价格的变化。

在以矿泉水为例的测算过程中，我们假定以 2000 年为基期，2005 年的 CPI 为 130，2015 年的 CPI 为 300，则 2015 年矿泉水的实际价格为如下计算所得数值：

$$P_{2015} = 3 \times 130/300 = 1.3$$

虽然 2015 年矿泉水的名义价格是 2005 年的 2 倍，但是，经测算后的 2015 年矿泉水的实际价格相当于 2005 年的 1.3 元，较 2005 年矿泉水 1.5 元的价格，不是上升了反而是下降了。扩展一下，我们根据基期和报告期的 CPI_0、CPI_1，得到实际价格 P_r 与名义价格 P_n 的换算公式如下：

$$P_r^1 = P_n^1 \cdot CPI_0/CPI_1 \tag{2-1}$$

二、微观经济活动中的实物和货币循环

本书第一节分别就居民、厂商和政府三个微观经济主体的收入、支出及行为标准进行了详细介绍。商品、劳务和生产要素在各个经济主体之间的相互转换,形成了产品市场和要素市场。居民、厂商和政府三个微观经济主体在两个市场中的社会经济活动,伴随着实物和货币流动,构成了经济运行的循环过程。图2-6是包括居民和厂商两个经济主体的微观经济循环模型。图2-7则进一步将政府引入进来,构建了一个包含居民、厂商和政府三个经济主体的微观经济循环模型。在微观经济活动中,生产要素和商品、劳务参与实物的循环,收入和支出主要是货币的循环。

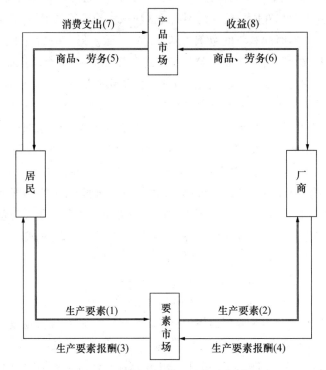

图2-6 两部门的微观经济活动循环

注:双线表示实物循环,单线表示货币循环。

根据图2-6,箭头(1)和箭头(2)表示在要素市场上,居民向厂商提供生产要素;箭头(3)和箭头(4)表示厂商向居民支付工资、技术使用费和数据报酬等;箭头(5)和箭头(6)表示在产品市场上,厂商向居民提供商品和劳务;箭头(7)和箭头(8)表示居民向厂商支付货币,厂商由此获得货币收入。

根据图2-7,箭头(9)和箭头(10)分别表示政府向厂商提供公共物品和生产要素,以及厂商向政府纳税和支付政府生产要素报酬;箭头(11)和箭头(12)分别表示政府向居民提供公共物品和生产要素,以及居民向政府纳税;箭头(13)和箭头(14)、箭头(6)和箭头(8)表示政府、厂商和居民在产品市场上的各种交换;箭头(15)和箭头(16)、箭头(1)和箭头(3)表示政府、厂商、居民在要素市场上的各种交换。

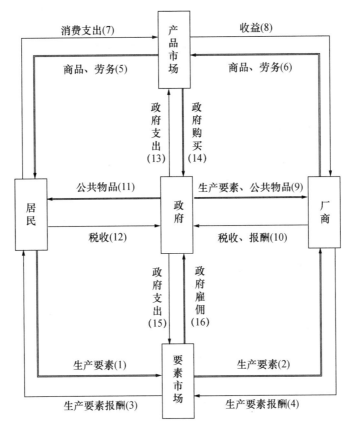

图 2-7 三部门的微观经济活动循环

注：双线表示实物循环，单线表示货币循环。

第三节 需 求 理 论

一、需求与欲望

需求(Demand)的微观经济学研究，离不开对欲望(Wants)的深入了解。人的欲望的多样性决定了需求的多层次性，既然人具有如此多层次的需求，也就相应地要求生产具有多样性。

需求是指在给定约束条件下，消费者有支付能力的购买愿望。需求这一概念有一个前提和两个要点：一个前提是必须在给定的约束条件下，换句话说，消费者的需求不能脱离现有技术水平的制约，例如唐代的人不可能具有坐飞机旅行的需求。两个要点包括购买愿望和支付能力。超市一捆白菜物美价廉，但消费者 A 没有购买愿望，不能构成需求；支付能力就是实现欲望的能力，一栋高档别墅地理位置优越，消费者 B 很想拥有，但其收入不足以购买，也不能形成需求。

在微观经济学分析中，我们要正确区分欲望和需求。其一，欲望是无穷的，但需求是有限的。商品价格可以很好地调节需求，只有同时具有购买愿望和支付能力的人，才能形成对某种商品的有效需求。其二,市场的规模是有限的,欲望和需求之间的转化过程往往是漫长的,例如目前中国有14多亿人口,家庭数量也有几亿户,即使每户都有购买汽车的欲望,但居民的可支配收入水平有限,现实的汽车市场的有效需求远远低于家庭户数。

二、需求函数

需求函数(Demand Function)反映了某一商品的需求量 Q 与其各种影响因素之间的相互关系。

(一)需求的影响变量

(1)商品的价格 P。在其他条件不变的情况下,某种商品的价格 P 与对该商品的需求量 Q 呈负相关关系。

(2)消费者的收入 M。消费者的收入 M 与其对某种商品的需求量 Q 呈正相关关系。

(3)相关商品的价格 P_c。互补品(Compensation Goods)是指两种商品只有形成共同组合,才能满足消费者的某种需求。例如,笔记本电脑价格下降,会增加消费者对笔记本电脑的需求量,进而会增加无线鼠标的需求量。类似笔记本电脑和无线鼠标这类关系的两种商品在经济学上被称为互补品。

替代品(Substitution Goods)是指两种商品可以分别单独满足消费者的同一需求。例如,矿泉水和纯净水就属于可以相互替代的商品。矿泉水价格上升,消费者对矿泉水的需求量会减少,对纯净水的需求量则增加,因此矿泉水的价格和纯净水的需求量呈正相关关系。市场上既然存在相关商品,那么就存在不相关商品,经济学上称之为独立品(Independent Goods)。矿泉水和飞机基本是可以看成是独立品,即矿泉水的价格变化几乎不会影响到消费者对飞机的需求量。

(4)预期价格 P_e。预期价格指消费者通过预判来确定某种商品的未来价格。我们可以以此解释为什么通货紧缩反而会造成商品滞销,通货膨胀会造成供不应求。由此可见,某种商品的预期价格和需求量呈正相关关系。

(5)时间、季节 t。时间和季节的变化也是引起许多商品价格变化的重要因素。比如在冬季,羊毛衫的需求量很大,夏季需求量就很小,而冰激凌则正好相反,导致时间和季节的价格差异。

此外,消费者个人偏好 R、市场饱和程度 B 等变量均可能对商品的需求量产生影响,在此不再一一赘述。

(二)需求函数

在分析了商品需求的影响变量之后,接下来我们通过建立需求函数进行更为准确的定量分析。微观经济学中,通常把某种商品的需求量和影响变量的关系抽象成一般需求函数(General Demand Function)。

其表达形式为:$Q = Q(P, M, P_c, P_e, t, R)$。其中,字母 Q 表示某种商品的需求量,括号里的字母 P、M、P_c、P_e、t、R 均为影响需求量的变量。

收入需求函数(Income Demand Function)表示商品的需求量与消费者收入之间的关系,用公式表示为:$Q = Q(M)$。

价格需求函数(Price Demand Function)表示商品的需求量与其自身价格之间的关系,用公式表示为:$Q = Q(P)$。

价格需求函数是微观经济学分析的重点,并且为了分析的方便,价格需求函数的反函数也被广泛使用,用公式表示为:$P = P(Q)$。

此外,交叉需求函数(Cross Demand Function)表示某种商品的需求量与其相关商品(替代品或互补品)价格之间的关系,用公式表示为:$Q_1 = Q_1(P_2)$或$Q_2 = Q_2(P_1)$。

(三) 需求表与需求曲线

需求表(Demand Chart)或需求曲线(Demand Curve)也可以表示商品价格和需求量的关系。例如,对于需求函数$Q = 10 - 2P$,需求表见表2-1,需求曲线见图2-8。

表2-1 需求表

价格 P	需求量 Q
0	10
1	8
2	6
3	4
4	2
5	0

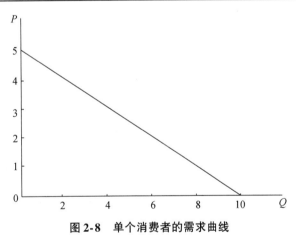

图2-8 单个消费者的需求曲线

值得说明的是:需求函数的横轴表示因变量(商品的需求量),纵轴表示自变量(商品的价格),这在经济学分析中是惯用的曲线表达方式,与原有的数学曲线习惯有所不同,但并没有本质的不同。

(四) 单个需求与市场需求

市场需求函数(Market Demand Function)通常采用把单个消费者的需求函数叠加起来的方法得到。例如,假设市场中有两个不同的需求函数,分别为$Q_1 = 10 - 2P$,$Q_2 = 30 - 3P$。

根据它们的单个需求函数,可得市场需求函数如下:$Q = Q_1 + Q_2 = 40 - 5P$。市场需求表如表2-2所示：

表2-2　市场需求表

价格 P	需求量 Q_1	需求量 Q_2	$Q = Q_1 + Q_2$
0	10	30	40
1	8	27	35
2	6	24	30
3	4	21	25
4	2	18	20
5	0	15	15

市场需求曲线如图2-9所示。

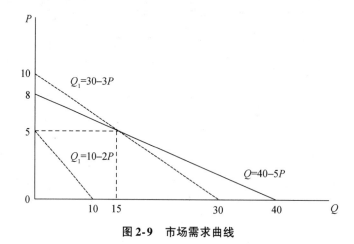

图2-9　市场需求曲线

扩展开来，如果市场有 n 个消费者，则市场需求为：

$$Q = \sum_{i=1}^{n} Q_i(P) \tag{2-2}$$

三、需求规律与需求变动

（一）需求规律

从前文单个消费者和叠加得到的整个市场需求函数、表格和曲线中，我们获得需求规律（Demand Law）的概念，即市场的需求量与商品价格呈现反方向变动趋势。

需求规律形成于两个原因：替代效应（Substitution Effect）和收入效应（Income Effect）。例如，土豆原价格为每千克6元，现上涨为每千克10元，白菜的价格没有发生改变，一方面消费者自然会增加对白菜的购买，减少对土豆的需求；另一方面假定消费者的收入为120元，原来可买土豆20千克，涨价后仅可买12千克，所以消费者自然会减少对土豆的需求。

正常品（Normal Goods）即符合需求规律的商品，日常生活中的大部分商品都属于正常品。不符合需求规律的少量商品，经济学家称之为吉芬商品（Giffen Goods），该类商品的价格和消费者对其的需求量呈正相关关系。例如,饥荒时期,消费者的收入极低,买不起粮食,只能消费可食树叶;在这种温饱尚不能保证的情况下,即便可食树叶的价格上升,消费者仍将增加对该商品的需求。

(二)需求变动

前文给出了需求函数的具体表达形式:$Q = Q(P, M, P_c, P_e, t, R)$。影响需求的变量也来源于两类:一类是由商品自身价格引起的需求量的变化;另一类是除价格以外其他影响变量引起的需求的变化。图2-10和图2-11正是反映了以上两种变化。

图2-10初始需求点的 A 点显示,当某种商品的价格为4时,消费者对其的需求量为2,随着该商品的价格下降到2,消费者对其的需求量变为6,新的需求点 B 点随之形成。商品自身价格的变化只是引起需求曲线上需求点的移动(从 A 点到 B 点),这便是需求量的变化过程。

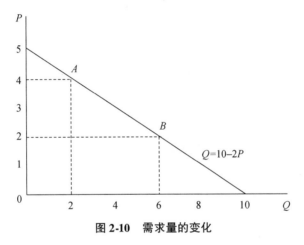

图2-10　需求量的变化

在图2-11中,当商品自身价格以外的变量发生变化时,例如消费者的实际收入上升,此时会使得同等价格下,消费者可以购买更多的商品数量,表现在图2-11中便是初始需求曲线 D_1 整体外移到 D_2,这便是需求的变化过程。

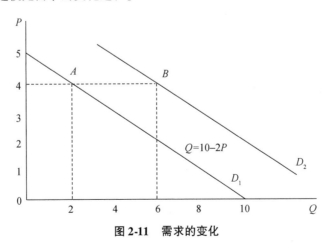

图2-11　需求的变化

四、需求弹性

假设我国从澳大利亚进口铁矿石,根据需求规律,当铁矿石的进口价格上升时,我国对澳大利亚铁矿石的进口量就会减少。但是,到底会减少多少?对于这个问题,需求价格弹性能够帮助我们回答,也就是说它能够给出价格变化导致需求量变化的具体数值。

(一)弹性的一般概念

弹性(Elasticity)是指具有相互依存关系的经济变量之间变化的敏感程度。弹性分析是微观经济学分析中极其重要的一部分,有助于解释微观经济活动,其一般表达式为:

$$E = \frac{\Delta Y/Y}{\Delta X/X} \tag{2-3}$$

(二)需求价格弹性

需求价格弹性(Price Elasticity of Demand)主要用来反映商品的需求量对自身价格变化的敏感程度,其表达式为:

$$E_P = \frac{\Delta Q/Q}{\Delta P/P} \tag{2-4}$$

需求价格弹性具有很强的经济学含义,变化范围一般是$[0, +\infty)$,如果弹性区间为$[0,1]$,则属于必需品;如果弹性区间为$(1, +\infty)$,则属于奢侈品;如果弹性为0,则属于完全无弹性商品,表示商品的需求量基本不受价格变动的影响,例如食盐基本上就属于完全无弹性商品。

事实上,有多种因素影响需求价格弹性的大小。第一是该类商品的可替代性。例如,某家商场的平价服装进行打折低价处理的时候,销量往往很高,但是因为平价服装门店数量很多,可替代性强,其需求价格弹性大。第二是消费者对该类商品的依赖程度。例如,大米、食用油和调味品等日用品需求价格弹性就很小,需求量受价格变动影响比较大的往往是钻石、别墅、游艇等奢侈品。第三是该类商品在消费者总支出中所占比例的大小。例如,矿泉水、面包和茶叶等商品的需求价格弹性肯定小于住房、汽车和医疗保险等。当然还有其他因素(如商品市场饱和度等)也会影响到需求价格弹性,在此不再一一赘述。

(三)需求收入弹性

需求收入弹性(Income Elasticity of Demand)主要用来反映商品的需求量对消费者收入变化的敏感程度,其表达式为:

$$E_I = \frac{\Delta Q/Q}{\Delta I/I} \tag{2-5}$$

通常情况下$E_I > 0$,但也存在$E_I < 0$的特殊情况。例如,经济危机时期,低收入消费者每天只能买土豆充饥;危机过后,随着收入的增加,这类消费者会选择肉类、蛋类和蔬菜等多样食物,对土豆的需求量反而减少了。

根据需求收入弹性的取值范围对商品进行分类:如果$E_I \in [0,1]$,则该商品属于必需品;如果$E_I \in [1, +\infty)$,该商品属于奢侈品;如果$E_I \in (-\infty, 0)$,则该商品属于低档品。

（四）需求交叉弹性

需求交叉弹性（Cross Elasticity of Demand）主要用来反映一种商品的需求量对另一种商品价格变化的敏感程度，其表达式为：

$$E_C = \frac{\Delta Q_1/Q_1}{\Delta P_2/P_2} \tag{2-6}$$

同前文一样，根据需求交叉弹性的大小，我们可以判断出两种商品的关系：如果 $E_C>0$，则两种商品属于替代品；如果 $E_C<0$，则两种商品属于互补品；如果 $E_C=0$，则两种商品互不相关或互为独立品。

需要指出的是，无论两种商品是什么关系，其需求交叉弹性的绝对值越大，两者之间的关系越紧密。

第四节 供 给 理 论

一、供给与生产

生产是供给的来源，供给是生产的目的。经济学中，生产（Produce）是人类为了获得满足各种需求的商品和劳务，通过劳动将各种经济资源和物品转化为市场价值增加的过程。供给（Supply）是在现有的约束条件下，生产者有能力并愿意提供的商品数量。

供给这一概念也有一个前提和两个要点。一个前提便是在给定的约束条件下，换句话说，生产者的供给不能脱离现有技术水平的制约，例如清朝的人不可能生产出笔记本电脑供给市场。两个要点包括愿意供给和有供给能力。愿意供给简单来说就是指生产者的供给要有利可图；有供给能力就是生产者需要相应的技术以生产出商品，形成现实的供给。

二、供给函数

供给函数（Supply Function）反映了某一商品的供给量 Q 与其各种影响因素之间的依存关系。

（一）影响供给的变量

（1）商品的价格 P。在其他变量不变时，某种商品的价格 P 与对其的供给量 Q 呈正相关关系。

（2）商品的成本 C。某种商品的成本 C 与对其的供给量 Q 呈负相关关系，即供给量随着商品成本的增加而减少。

（3）技术水平 E。技术水平的上升意味着单位成本的减少，所以某种商品的技术水平 E 与对其的供给量 Q 呈正相关关系。

（4）政府税收 T。政府税收对政府来说是收入来源，对企业来说则是成本。因此，生产者对某种商品的供给量会随着政府税收 T 的增加而减少。

(5) 预期价格 P_e。在其他变量不变时,某种商品预期价格 P_e 的上升,意味着生产该商品在未来会获得比现在更大的利润,生产者自然会增加该商品的供给量。

此外,还有其他影响变量,例如时间、季节、政策因素等。

(二) 供给函数

接下来,我们通过建立供给函数进行更为准确的定量分析。微观经济学中,通常把某种商品的供给量与其影响变量之间的依存关系抽象成为一般供给函数(General Supply Function),其表达形式为:$Q = Q(P, C, E, T, P_e)$。其中,字母 Q 表示供给量,括号里的字母 P、C、E、T、P_e 分别表示商品的价格、成本、技术水平、政府税收、预期价格等影响供给量的变量。

价格供给函数(Price Supply Function)是指某种商品的供给量与其价格之间的关系,用公式表示为:$Q = Q(P)$。

成本供给函数(Cost Supply Function)是指某种商品的供给量与其成本之间的关系,用公式表示为:$Q = Q(C)$。

此外,交叉供给函数(Cross Supply Function)是指某种商品的供给量与其相关商品(替代品或互补品)价格的关系。用公式表示为:$Q_1 = Q_1(P_2)$ 或 $Q_2 = Q_2(P_1)$,P_1、P_2 分别表示商品1和商品2的价格;Q_1、Q_2 分别表示对商品1和商品2的供给量。

(三) 供给表与供给曲线

同理,供给表(Supply Chart)或供给曲线(Supply Curve)也可以表示商品价格和供给量之间的关系。例如,对于供给函数 $Q = -2 + 2P$,其供给表见表2-3、供给曲线见图2-12。

表2-3 供给表

价格 P	供给量 Q
1	0
2	2
3	4
4	6
5	8

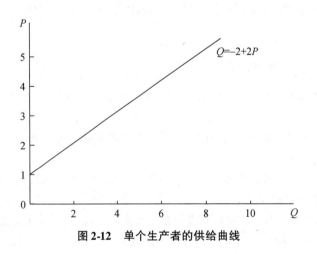

图2-12 单个生产者的供给曲线

(四) 单个供给与市场供给

市场供给函数(Market Supply Function)通常采用把单个生产者的供给函数叠加的方法得到,其表达形式为:

$$Q = \sum_{i=1}^{n} Q_i(P) \tag{2-7}$$

三、供给规律与供给变动

(一) 供给规律

经济学中,供给规律(Supply Law)同样是非常重要的概念,从前文单个生产者和叠加得到的整个市场的供给函数中,我们可以看到商品的供给量与价格呈现正方向变动的趋势。据此,我们便得到了供给规律的含义:商品价格与其市场供给量呈正方向变化,即市场供给量随商品价格的上升而增加。

供给规律的形成有两个原因:生产者对自身利益的追逐,以及潜在生产者的加入或者劣势生产者的退出。生产者追逐利益很好理解,因为厂商是以营利为目的微观经济主体,商品价格上升,对其的供给量自然增加。与此同时,利润的增加伴随着生产者数量的增加;竞争加剧的过程也是优胜劣汰的过程,随着低生产率生产者退出行业,市场供给量会减少。

(二) 供给变动

前文给出了供给函数的具体表达形式:$Q = Q(P, C, E, T, P_e)$。供给变化来源于两类:一类是由商品自身价格引起的供给量的变化;另一类是除价格以外其他影响变量引起的供给的变化。图2-13和2-14分别反映了以上两种变化。

图2-13中,初始需求点A点显示,当某种商品的价格为2时,生产者对其的供给量为2;随着该商品的价格上升到4,生产者对其的供给量变为6,新的供给点B点随之形成。商品自身价格的变化只是引起供给曲线上供给点的移动(从A点到B点),这便是供给量的变化过程。

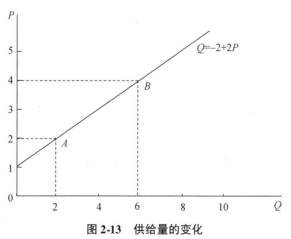

图2-13 供给量的变化

图2-14中,当商品自身价格以外的变量发生变化时,例如生产者单位成本减少,此时会使得同等价格下,生产者可以供给的商品数量更多,表现在图2-14中便是初始供给曲线 S_1 整体外移到 S_2,这便是供给的变化过程。

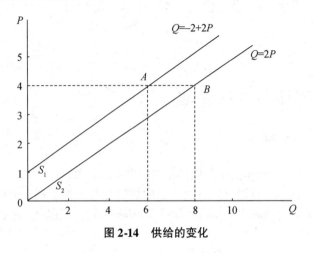

图2-14 供给的变化

四、供给弹性

(一)供给价格弹性

供给价格弹性(Price Elasticity of Supply)主要用来反映商品的供给量对自身价格变化的敏感程度,其表达式为:

$$E_{SP} = \frac{\Delta Q/Q}{\Delta P/P} \tag{2-8}$$

通常情况下 $E_{SP}>0$,但也存在 $E_{SP}<0$ 的特殊情况。例如在战争时期,某些商品的价格上涨,但由于生产能力遭到破坏,供给量反而减少了。

(二)供给成本弹性

供给成本弹性(Cost Elasticity of Supply)主要用来反映商品的供给量对生产者成本变化的敏感程度,其表达式为:

$$E_{SC} = \frac{\Delta Q/Q}{\Delta C/C} \tag{2-9}$$

通常情况下 $E_{SC}<0$,但也存在 $E_{SC}>0$ 的特殊情况。例如在经济危机时期,劳动力成本大幅下降,某品牌汽车的生产成本降低,但由于销量不佳,供给量反而减少了。

第五节 市场均衡:供求均衡模型分析

前文介绍了微观经济学中描述经济活动的两支基本力量——需求和供给。这一节,我们将把这两种力量放在一起,考察经济活动中的交易数量、交易价格及其调整。对于商品的需求方,给定效用函数和收入,交易价格越低越有利;对于商品的供给方,给定生产技术水平和生产要素成本,交易价格越高越有利。当交易价格给定时,供需双方将各自选择对自己最有利的交易数量。那么,存在使得供需正好相等的价格吗? 一般而言,市场会形成这样一种价格。

一、均衡的建立

前文已经对市场需求和供给函数做了介绍,接下来,我们将说明市场均衡是如何产生的。为了与前文的叙述保持一致,我们继续使用前文中列举的例子。

市场需求函数:$Q_D = 10 - 2P$;

市场供给函数:$Q_S = -2 + 2P$。

表2-4为模型对应的供求表,描述了不同价格下市场上的供给量和需求量,以及由此带来的供需之间的相对关系。

表2-4　某种商品的市场供求表

价格	需求 Q_D	供给 Q_S	$Q_D - Q_S$
1	8	0	8
2	6	2	4
3	4	4	0
4	2	6	-4
5	0	8	-8

从表2-4中我们可以看出:当商品价格为1时,商品需求量为8,供给量为0,这意味着这个价格无法激励生产者向市场提供任何数量的商品,所有的需求都无法满足;消费者为了提高自身的效用水平,需要接受更高的价格激励生产。当商品价格上升为2时,商品需求量为6,供给量为2,虽然供给量增加,但仍然供不应求。为了提高自身的效用水平,消费者将接受价格的进一步上升。当商品价格为4时,供大于求,商品价格将趋向回归低价,增加消费者对商品的需求。当商品价格为3时,供给和需求正好相等(等于4),这意味着供需双方对价格达到了合意,彼此都不希望价格发生变动。一旦商品价格超过3,这时消费者的部分需求将无法得到满足,而市场上还存在无法销售的商品,降低价格不可避免;反之,一旦商品价格低于3,这时生产者没有动力去满足市场上所有消费者的需求,接受更高的市场购买价格将是消费者相对理性的选择。

由此可知,当商品价格为3时,经济活动的两支基本力量实现了平衡,任何一方都不愿做出改变,这就是经济学中所说的市场均衡。

如物理学中的多力平衡一样,经济学中的均衡(Equilibrium)指经济活动的各参与主体都没有积极性去做出改变的相对稳定状态。

在均衡状态下,均衡价格(Equilibrium Price)便是 $P = 3$;均衡数量(Equilibrium Quantity)便是 $Q = 4$。在微观经济学中,需求量与供给量之差($Q_D - Q_S$)大于零时,被称为超额需求(Extra Demand),小于零时被称为超额供给(Extra Supply)。根据均衡的定义,在均衡时,超额需求或超额供给均为零。

正如前文中需求模型和供给模型可以借助几何图形来进行描述和解释一样,几何图形同样可以解释将二者结合起来的供求均衡模型。

上例中,代数分析为:令 $Q_D = Q_S$,则有 $10 - 2P = -2 + 2P$,求解得:$P = 3$,$Q_D = Q_S = 4$。

如图2-15所示,供求曲线的交点反映了均衡状态,其纵坐标为均衡价格,而横坐标表示均衡数量,E 点为均衡点。

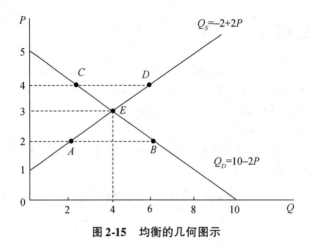

图2-15 均衡的几何图示

当商品价格不等于均衡价格时,供求模型将处于动态调整之中。例如当 $P = 2$ 时,市场的超额需求为 AB,市场上存在愿意接受高于2的价格的消费者,生产者从自身成本和收益角度出发,也愿意向市场提供更多数量的产品。这样,超额需求的市场格局将推高商品价格并逐渐缩小超额需求的规模。当 $P = 4$ 时,市场的超额供给为 CD,市场上存在可以接受低于4的价格的生产者,消费者从自身效用最大化的目标出发,也愿意增加对商品的购买量。这样,超额供给的市场格局将压低商品价格并逐渐缩小超额供给的规模。上述动态调整过程直到 $P = 3$ 时为止,此时供需双方都没有动力去改变现有状态。

二、均衡的变动

当然,与物理学相似,经济学中的任何均衡都是相对的,如果使得均衡成立的前提条件发生了变化,那么在原来的均衡点,经济系统就不再稳定,经济活动的各参与主体将离开这个均衡点,在市场经济的原则下寻找新的均衡点。当具备一定的条件时,经济活动的各参与主体将找到新的均衡点并在此建立新的均衡。从上面的描述中可知,经济系统总是处于原有均衡的瓦解和新均衡建立的过程中。

那么,影响均衡成立的前提条件是什么呢?在供求均衡模型中,其实存在这样的隐含假设:除商品价格以外的其他变量都是外生给定的,如消费者的效用函数和收入、产品的生产技术水平、生产要素的价格以及该商品的替代品或互补品等都是外生给定的。如果这些外生因素发生变化,将会引起需求曲线和供给曲线位置的变化。这样,经济系统就无法在原有的均衡点继续保持稳定,市场将寻求新的均衡。

为了分析价格以外的因素对供求均衡的影响,通常有以下三个程序:第一,确定要分析的发生变动的曲线;第二,确定被影响的曲线的移动方向;第三,根据相应曲线的价格弹性来判断发生变动的因素给均衡带来的影响。

(一) 需求曲线移动

如图2-16所示,在初始条件下,需求曲线和供给曲线分别为D_0、S_0,均衡点在E_0。假定其他条件与初始均衡状态相同,当需求方的收入增加时,需求曲线将由D_0移动到D_1,即购买相同数量的该商品,需求者可以付出的价格上升。此时,均衡点将从E_0移动到E_1,可以发现,与E_0相比,E_1在其右上方,其横坐标和纵坐标均较大,这意味着在新均衡下,均衡数量和均衡价格都上升了。

假定其他条件与初始均衡状态相同,当需求方的收入减少时,需求曲线将由D_0移动到D_2,即购买相同数量的该商品,需求方可以付出的价格下降。此时,均衡点将从E_0移动到E_2,可以发现,与E_0相比,E_2在其左下方,其横坐标和纵坐标均较小,这意味着在新均衡下,均衡数量和均衡价格都下降了。

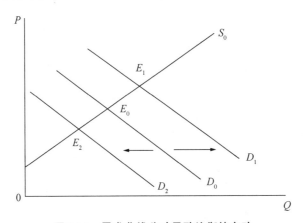

图2-16　需求曲线移动导致均衡的变动

现实生活中存在很多引起需求曲线发生变动的事例。例如,房屋限购令限制了人们的购房需求,导致人们对房子的需求曲线向左移动;关于吸烟会伤害身体的广告宣传会降低人们吸烟的需求,导致人们对香烟的需求曲线向左移动;政府对提升职业技能的补贴以及企业的绩效奖励等均会提升劳动者对技能培训课程的需求,导致劳动者对技能培训课程的需求曲线向右移动。

(二) 供给曲线移动

如图2-17所示,在初始条件下,需求曲线和供给曲线分别为D_0、S_0,均衡点在E_0。假定其他条件与初始均衡状态相同,当供给方的成本下降时,供给曲线将由S_0移动到S_1,即提供相同数量的该商品,供给方可以接受的价格下降。此时,均衡点将从E_0移动到E_1,可以发现,与E_0相比,E_1在其右下方,其横坐标较大而纵坐标较小,这意味着在新均衡下,均衡数量上升了而均衡价格下降了。

假定其他条件与初始均衡状态相同,当供给方的成本上升时,供给曲线将由S_0移动到S_2,即提供相同数量的该商品,供给方可以接受的价格上升。此时,均衡点将从E_0移动到E_2,可以发现,与E_0相比,E_2在其左上方,其横坐标较小而纵坐标较大,这意味着在新均衡下,均衡数量下降了而均衡价格上升了。

现实生活中存在很多引起供给曲线发生变动的事例。例如,夏天到了,冰激凌生产企业

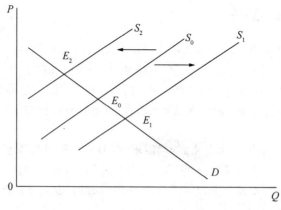

图 2-17　供给曲线移动导致均衡的变动

会增加冰激凌的供给,导致冰激凌的供给曲线向右移动;相反,冰激凌生产企业在冬天会减少供给,导致冰激凌供给曲线向左移动。出口补贴会降低出口企业的出口成本,企业从而增加出口,导致该企业在出口市场的供给曲线向右移动。

(三) 需求曲线和供给曲线共同移动

前文分析了单一的需求曲线和供给曲线受外生因素变化而发生移动的情形,现在继续以需求方的收入和供给方的成本为例,考虑二者同时发生变化时经济系统的变化。由于收入和成本各有两个变化方向,所以全部的情形应当有四种,本部分将对其中的两种情形进行详细分析,剩余的两种情形请读者依据本节所学的知识自行分析。

(1) 需求方的收入增加,供给方的成本减少。如图 2-18 所示,需求方的收入增加会使得需求曲线向右上方移动,即需求曲线由 D_0 移动到 D_1;供给方的成本减少会使得供给曲线向右下方移动,即供给曲线由 S_0 移动到 S_1。若两条曲线同时移动,则均衡点将从 E_0 移动到 E_1。与原有均衡点 E_0 相比,新的均衡点 E_1 横坐标较大而纵坐标的大小则不确定,这意味着均衡数量上升,均衡价格则无法确定。具体来看,如果需求量的增幅大于供给量的增幅,则均衡价格上升;否则,均衡价格将下降;而当两者的增幅相等时,均衡价格不变。E_1 点相较于仅仅单一需求曲线向右上方移动,具有更低的均衡价格和更高的均衡数量;相较于仅仅单一供给曲线向右下方移动,则具有更高的均衡价格和均衡数量。

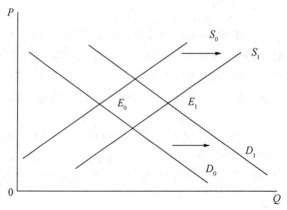

图 2-18　需求曲线和供给曲线均右移

（2）需求方的收入减少，供给方的成本增加。如图 2-19 所示，需求方的收入减少会使得需求曲线向左下方移动，需求曲线由 D_0 移动到 D_1；供给方的成本增加会使得供给曲线向左上方移动，供给曲线由 S_0 移动到 S_1。若两条曲线同时移动，则均衡点则将从 E_0 移动到 E_1，与原有均衡点 E_0 相比，新的均衡点 E_1 的横坐标较小而纵坐标的大小则不确定，这意味着均衡数量下降，均衡价格则无法确定。同上，均衡价格的变化取决于需求量和供给量变化幅度的相对大小。

农业技术的进步，尤其是品种的改良可能同时增加某农产品的供给和需求。例如，云南甜玉米、东北有机大米均属于改良品种，政府对使用改良品种发放补贴，会影响到需求曲线和供给曲线的移动。

综合本小节关于均衡点移动的内容，读者需要总结在分析某一事件对供给和需求以及均衡点的冲击时，应按照怎样的逻辑顺序进行。

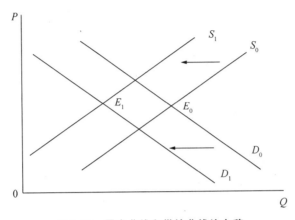

图 2-19　需求曲线和供给曲线均左移

三、关于市场机制的讨论

经济学中有一个著名的比喻，将市场机制比作一只"看不见的手"。在市场机制下，各项经济活动并没有一个统一的组织计划者，经济活动的参与者看起来各行其是，但是整个经济又能够有条不紊地运行。本节讨论的供求均衡模型可以对这个比喻提供一个初步的解释。

第一，在一个局部市场上，当市场处于供不应求的状态时，市场机制可以帮助消费者实现商品资源的优化配置。依据自身的效用函数和收入，消费者决定对商品的需求量，当市场价格使得所有消费者的需求量之和超过市场的现有供给量时，市场机制开始发挥作用：消费者为了获取商品，会倾向于提高购买价格，消费者之间的竞争性购买会使得最终成交的商品价格不断提高。在给定的技术水平和生产要素价格下，生产者提供给定数量商品的成本是确定的，一旦市场价格提高，提供更多的产品就变得有利可图。于是，市场的供给量就会增加。这种供求关系的变动直到供求相等，即市场达到均衡状态时才会停止。这时，市场上所有的超额需求都会消失，因为由市场价格决定的需求恰好等于市场价格下的供给。从经济学的角度来看，经济体的资源配置达到了最优。

第二，在一个局部市场上，当市场处于供过于求的状态时，市场机制可以帮助生产者实现经济资源的优化配置。依据自身的技术水平和生产要素价格，当市场价格使得所有生产者的供给量之和超过市场的现有需求时，市场机制开始发挥作用：生产者为了销售商品，会倾向于降低销售价格,生产者之间的竞争性销售会使得最终成交的商品价格不断降低。在给定的技术水平和生产要素价格下,生产者提供给定数量商品的成本是确定的,一旦市场价格下降,生产者就会倾向于提供更少的产品。这种供求关系的变动直到供求相等,即市场达到均衡状态时才会停止。这时,市场上所有的超额供给都会消失,因为由市场价格决定的供给恰好等于市场价格下的需求。最后,只有那些技术水平具有优势的生产者能够存活。这样一来,经济资源同样得到了优化配置。从经济学的角度来看,经济体的资源配置达到了最优。

第三,市场机制发挥作用的前提是市场上有大量的参与者。而垄断现象会对市场机制作用的发挥造成明显的破坏,从而导致经济资源配置效率低下,远离帕累托最优的理想状态。由以上分析可知,市场机制在提高资源配置效率、降低资源配置扭曲方面具有优势,能够使参与经济活动的每个个体掌握的信息都得到发掘和利用。因此,当市场机制能够解决问题时,不需要过度发挥政府干预这只"有形的手"的作用。

第四,市场机制运行的最优结果是实现市场的均衡。然而,现实经济运行情况不像经济学模型简化的那样,由于大量随机性事件的发生,现实经济运行中的不均衡往往是长期的、绝对的,而均衡是暂时的、相对的。因此,现实生活中像供求均衡模型中那种相对静态的均衡是不存在的,资源配置过程中也不可避免地存在效率的损失。

四、市场不能解决的问题

正如前面关于市场机制的讨论中所指出的,如果处于完全竞争市场,市场机制调节具备有效性。事实上,消费者和生产者之间也存在不同程度的垄断和信息不对称现象。此外,具有外部性和公共物品属性的商品或行业也大量存在,对于这些商品或行业的市场机制调节则可能会导致不同程度的低效率。下面具体阐述市场机制调节不能解决的问题。

(1) 垄断。垄断企业,其产品的价格要高于边际收益,因此其定价往往高于边际成本,其产量也往往较少。当市场上存在大量垄断时,市场机制调节的效率将降低。在现实生活中,由网络平台垄断所造成的负面影响几乎波及所有的消费者。比如,早期网约车平台的不断增加,对原有出租车企业的垄断地位产生了极大的冲击,并且这些平台之间也存在激烈的竞争。然而,随着大型网约车平台的建立,其市场份额越来越大,网约车平台市场也出现了垄断现象。在消费者一端,则表现为网约车的价格和服务由原来的低廉和快捷逐步转变为高昂和迟缓。

(2) 信息不对称。信息不对称会导致市场机制失灵和经济无效率。其一,在产品市场上,消费者可能不知道某种商品的真实价格,但生产者或产品销售者知道其真实价格。在这种情形下,生产者具有比消费者更多的价格信息,信息垄断能力使得他们能够收取较高的价格。其二,信息不对称将导致逆向选择。在信息不对称领域有一个著名的柠檬市场模型,这一模型由乔治·A. 阿克尔洛夫(George A. Akerlof)在20世纪70年代提出。这一模型主要描述了二手车市场的情形。假设二手车市场上存在质量较高的车和质量较低的车,这些信息由销售商掌握,而消费者无法从外观上判断一辆车的质量,因此,消费者将给出一个期望的质量,并根据这个期望的质量决定自己购买的二手车的价格。由于这一价格是考虑所有二手车质量之后的平均价格,其势必低于高质量二手车的价格,因此导致高质量二手车退出市场。另外,由于国内生产企业之间的生产技术和品控流程存在很大差异,导致国产产品的质量参差不齐,消费者在选择国产产品的过程中只能依赖自身经验,给国产产品一个相对较低的价格,这样,高质量国产产品的市场份额将不断降低,这不利于国产产品整体质量的提升,也使得国内消费者转向国外品牌。

(3) 道德风险。道德风险常常发生于保险市场。例如在机动车保险市场，一旦车主与保险公司签订了保险合同，他们在驾驶的时候可能就没有那么小心了。因此，交通事故发生和理赔的概率会明显增加。这就导致市场机制的失灵。

(4) 公共物品。公共物品的提供不能避免"搭便车"问题，所以公共物品的供给量总是小于最优供给量，这就导致市场的低效率。比如，如果路灯由私人提供，那么即使所有潜在用户愿意为照明付出的价格之和超过了安装路灯的成本，路灯也有可能无法提供，因为私人提供物品取决于物品的价格是否超过本人的保留价格。

(5) 外部性。外部性依据其对他人收益的影响分为正外部性和负外部性。事实上，正（负）外部性并没有严格意义上的优劣之分，都有可能扭曲资源的配置：正外部性导致经济主体减少经济活动，结果是供给量少于社会最优供给量；负外部性则导致经济主体增加其经济活动，结果是供给量超过社会最优供给量。

由于垄断、信息不对称等导致市场机制失灵的因素的存在，市场经济运行的有效性必定受到影响。因此，政府需要发挥一定的作用，来缓解单纯依靠市场机制调节所造成的资源配置扭曲和经济无效率。本书第十三章"政府对经济的管制"将具体介绍这一内容。

五、市场应有所为，有所不为

根据前文的讨论，市场的作用不可替代，即使垄断、信息不对称等会导致市场机制失灵，但是仍然不能完全放弃市场机制。

但是，对于某些特定的物品，是不能让市场机制发生作用的，也就是市场应有所不为。例如人体器官、毒品、枪支弹药、爆炸物品等。因为放任这些物品在市场上的交易，将严重威胁和损害人们的生命健康和社会稳定。我们以人体器官交易作为案例来对此进行简要介绍。

2011年4月，一位家住安徽省的刘小姐注意到她的儿子小郑购买了全新的iPhone和iPad。当她质问他如何能买得起这些昂贵的产品时，他承认是用卖掉肾脏的钱买的。刘小姐对儿子的行为感到不安，于是联系了警察。原来小郑在网上遇到了一个愿意支付20 000元买肾的人，两人约在郴州某地见面。摘肾手术是在当地一家医院进行的，但不是由医院的医护人员执行的。在这个案例中，小郑不惜卖肾以获得全新的iPhone和iPad，其行为已经对自身的身体健康产生了不可挽回的损害，也给从事人体器官交易的犯罪分子提供了可乘之机。更有甚者，有些不法分子以侵犯他人生命的极端残忍的方式来窃取人体器官。因此，任何形式的人体器官交易市场均会损害人类生命安全、产生极其恶劣的社会影响，以及违反法律规定和伦理道德，是必须禁止市场机制发生作用的。

非法分子常常猎杀大象、犀牛等野生动物，其目的是获得象牙和犀牛角，因为其供不应求、市场价值高昂，从而导致消费者愿意出高价购买。猎杀大象、犀牛等野生动物是违法行为，也对野生动物的生命安全和人类赖以生存的自然环境构成了严重的威胁。我国在积极利用法律手段打击捕杀野生动物的违法犯罪行为的同时，也通过公益广告等方式劝告人们不要购买象牙等野生动物制品。对象牙需求的禁止，自然会减少象牙供给，从而象牙交易市场也不会存在。因此，野生动物及其制品的交易也是市场有所不为的领域。

第六节 小 结

本章重点讨论了供求理论,它是分析微观经济学问题和现象的主要工具之一。

与已有微观经济学原理教材只考虑居民和厂商两个微观经济主体不同,本书将政府也作为微观经济主体,构建了包括居民、厂商和政府三位一体的微观经济学原理分析框架,并将政府的角色贯穿到每个章节中,这是本书的一大特色。

市场是经济学的核心概念。居民、厂商、政府两两之间和三者之间的交易行为形成了市场。根据不同的属性划分,市场可以分为要素市场和产品市场等多种类型。市场能够根据供给和需求的关系确定最优的价格和数量,从而实现资源的最优配置。

接下来,本章具体阐述了需求理论与供给理论。需求是指在给定效用函数和收入水平下,人们有支付能力的购买愿望。需求函数反映了一种商品的需求量与其影响因素(如价格、收入等)的依存关系。需求曲线表示一种商品的价格与消费者对其需求量的关系,通常为一条向右下方倾斜的曲线。

供给曲线表示一种商品的价格与生产者对其供给量的关系,通常为一条向右上方倾斜的曲线,供给曲线的变动受多种因素的影响。

阐述完需求理论和供给理论后,需要将二者放在一起来分析,也就是研究市场均衡及其变动。均衡是指经济活动的参与者基于其他参与者保持现状的假定,均没有改变现状的激励,但是均衡点不是永恒不变的。

市场机制在优化资源配置中发挥了不可或缺的作用,但是当存在垄断、信息不对称等情形时,市场机制便不能有效地发挥资源配置的作用,进而发生扭曲。最后,市场应有所为,有所不为。对于人体器官、毒品、枪支弹药、爆炸物品等威胁人类生命安全、社会治安稳定等物品的交易则不能让市场机制发挥作用,也就是必须禁止市场进入这些领域。

内容提要

- 微观经济主体包括三个部门:居民、厂商和政府。三个经济主体组成了微观经济活动循环模型。
- 市场是微观经济活动分析的重要内容,更是经济学的核心概念之一。
- 影响需求变动的因素很多,代表性的因素有收入、消费者偏好等。
- 影响供给变动的因素很多,代表性的因素有要素成本、技术水平等。供给价格弹性也存在小于 0 的特殊情况,例如在战争时期,虽然某些商品价格上涨,但由于生产能力遭到破坏,其供给量反而下降了。

关键概念

微观经济主体	市场	需求函数
居民	要素市场	替代品
厂商	产品市场	互补品
政府	需求	预期价格

收入需求函数	需求交叉弹性	供给成本弹性
价格需求函数	供给	市场均衡
交叉需求函数	供给函数	垄断
需求曲线	价格供给函数	信息不对称
需求弹性	成本供给函数	道德风险
需求价格弹性	供给曲线	公共物品
需求收入弹性	供给价格弹性	外部性

练习题

1. 请阐述市场的主要功能。
2. 请分别绘制需求和供给的变化示意图。
3. 请阐述交叉需求函数的主要类型和含义,并以现实生活中的消费品来举例。
4. 请阐述需求价格弹性的主要类型和含义,并以现实生活中的消费品来举例。
5. 请绘制市场均衡的示意图,并阐述市场均衡变动的各种情形。
6. 请阐述影响需求的因素。
7. 请阐述影响供给的因素。
8. 市场不能解决什么问题?并阐述原因。
9. 应该禁止市场干什么?并阐述原因。

第二篇　消费者选择理论

第三章 选择理论

在前面两章,我们从一般性角度对经济学中人们如何在给定的环境中做出最优的选择进行了分析。在这一章,我们基于已有的偏好理论,分析个人选择及决策的实现过程。

我们的生活中充满选择,大到影响终身的伴侣和职业,小到每天的时间和金钱分配,都需要我们做出适当的选择。在这种情况下,学习理性经济人是如何做出选择的就具有极大的现实意义。

而偏好是选择的基础,因此本章的分析首先从定义偏好开始。

第一节 偏好与偏好假定

一、个人偏好关系

1. 选择束

偏好说明当消费者面临选择时,应该选择哪一个。在日常生活中,我们既需要对商品做出选择,也需要对行为做出选择。因此,偏好既包括商品及其组合,也包括行为及其选择。

选择束则是偏好的具体化,其为包含相应商品、行动或其组合的普遍表达,也是微观经济学中常用的一个术语。为了简便分析,我们考虑两种商品或行为的选择。

以时间分配为例进行分析。假设一个下午你只有四个小时的空闲时间,你可以选择运动,也可以选择学习,则至少存在下列三种选择束:

A:运动,不学习;

B:学习,不运动;

C:学习两小时,运动两小时。

选择束是每个人可以选择的各种物品的组合。面对多种多样的选择束,消费者在两种乃至多种物品之间应该如何取舍?这就涉及偏好问题。

2. 偏好的表述

定义3-1:设 $A=(x_1^A, x_2^A, \cdots, x_n^A)$,$B=(x_1^B, x_2^B, \cdots, x_n^B)$,则 A 和 B 的关系如下:

如果 $(x_1^A, x_2^A, \cdots, x_n^A) \gtrsim (x_1^B, x_2^B, \cdots, x_n^B)$,则选择束 A 至少和选择束 B 一样好;

如果 $(x_1^A, x_2^A, \cdots, x_n^A) > (x_1^B, x_2^B, \cdots, x_n^B)$,则选择束 A 严格好于选择束 B;

如果 $(x_1^A, x_2^A, \cdots, x_n^A) \sim (x_1^B, x_2^B, \cdots, x_n^B)$,则选择束 A 和选择束 B 无差异。

选择束偏好排序是选择理论得以成立的前提,在经济学中,通常有两种方法:

定义3-2:综合式排序是指同时考虑 A 和 B 这两个选择束中的每一个元素,然后,得出其对于这两个选择束的综合偏好关系。

例如,毕业后,某君需要在备选单位 X 和 Y 中选择一家作为他日后工作的单位。如果他的思考方式遵循综合式排序,则他会综合考虑两个单位的上班时长、薪水、离家距离、发展前景等许多因素。

定义 3-3:字典式排序是指只对 A 和 B 中的某一相同的元素进行比较,由此得出其偏好关系。

字典式排序是通过在一系列因素中选择某一重要因素,并进行比较得出排序的方式。例如,小明只喜欢吃鸡肉,对其他肉类完全不感兴趣。在这种情况下,其他肉类的数量对他的选择完全没有影响,他在考虑中只对比是否有鸡肉或鸡肉数量的多少,据此做出最优的选择。

二、个人的决策过程

决策过程分为三个步骤:第一,回答"我要什么"的问题,对偏好做出排序;第二,回答"我能做什么"的问题,明确当前存在的内外部约束条件;第三,将二者结合起来得到最优决策。

约束条件指的是限制消费者选择范围的主客观因素。内部约束条件指消费者的自身因素,如:该消费者收入是否充足,消费者是否有足够的消费时间等;外部约束条件主要指影响该消费者能否按其选定消费束进行消费的客观限制条件,如:中国公民禁止私自携带枪支弹药,禁止消费毒品等。

在明确了个人偏好和内外约束条件后,消费者就可以理智地做出最优决策,如图 3-1 所示。

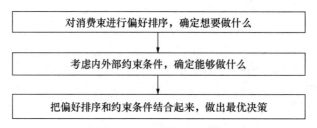

图 3-1 个人的决策过程

值得注意的是,最优决策往往仅存在于理论分析中。在实际生活中,由于信息获取成本极大,我们难以获取完全信息,因而更难做出最优决策。因此,现实中具体消费者的决策通常是次优决策。次优决策广泛存在于我们生活中的大多数决策选择中。

三、理性消费者的偏好假定

理性经济人假设是传统微观经济学分析的基础,这一假设要求偏好符合以下几个假定:

假定 1:完备性假定

对两个消费束 $(x_1^A, x_2^A, \cdots, x_n^A)$ 和 $(x_1^B, x_2^B, \cdots, x_n^B)$,必然存在 $(x_1^A, x_2^A, \cdots, x_n^A) \geqslant (x_1^B, x_2^B, \cdots, x_n^B)$ 或 $(x_1^B, x_2^B, \cdots, x_n^B) \geqslant (x_1^A, x_2^A, \cdots, x_n^A)$ 或二者同时成立。完备性假定根植于经济学的理性经济人假设,如果消费者在选择过程中无法对两个乃至多个消费束做出价值排序,就无法在外部环境不断变化的情况下做出理性选择。因此,完备性假定是消费者理论的根基。

假定 2:反身性假定

给定消费束 A,则 A 只能和它自身一样好。即必有: $(x_1^A, x_2^A, \cdots, x_n^A) \geqslant (x_1^A, x_2^A, \cdots, x_n^A)$

且$(x_1^A, x_2^A, \cdots, x_n^A) \leqslant (x_1^A, x_2^A, \cdots, x_n^A)$,即$(x_1^A, x_2^A, \cdots, x_n^A) \sim (x_1^A, x_2^A, \cdots, x_n^A)$。反身性假定同样是消费者理论赖以成立的重要基础。

假定3:传递性假定

对所有的消费束A、B和C,使得$(x_1^A, x_2^A, \cdots, x_n^A) \geqslant (x_1^B, x_2^B, \cdots, x_n^B)$和$(x_1^B, x_2^B, \cdots, x_n^B) \geqslant (x_1^C, x_2^C, \cdots, x_n^C)$,一定有$(x_1^A, x_2^A, \cdots, x_n^A) \geqslant (x_1^C, x_2^C, \cdots, x_n^C)$,这就是传递性假定。

消费者偏好的传递性假定是保障消费者的财富不会因混乱的比较标准而流失。我们可以用一个例子来证明为何传递性假定如此重要。假设X、Y两人都承认$A \geqslant B$且$B \geqslant C$,且假设A和B,B和C之间的差距都可以用1元人民币来衡量。但X认为$A \geqslant C$,Y却认为$C \geqslant A$。假定初始分配是X拥有B、C,Y拥有A和B,则X用C换回Y的A并得到1元钱,接着用A换回Y的B再得到1元钱(由于Y认为$C \geqslant A$且$A \geqslant B$,这两次交换得以成立)。之后,X又可以用B换回Y的C并得到1元钱的补偿(因为Y认为$B \geqslant C$),以此类推。在这一过程中,X和Y经过三轮交换,二人拥有的物品与之前一致,但是X却由于三轮交换获得了Y的3元钱。而当这一过程不断循环时,Y的财富经过这种交换流入X手中,消费者的理性经济人假设将无法维系。

假定4:非满足性假定(单调性假定)

这一假定也叫单调性假定,即对于非有害品,有好于无,多好于少。给定$A = (x_1^A, x_2^A, \cdots, x_n^A)$和$B = (x_1^B, x_2^B, \cdots, x_n^B)$,如果$x_i^A \geqslant x_i^B$对所有$i$成立,则必有$(x_1^A, x_2^A, \cdots, x_n^A) \geqslant (x_1^B, x_2^B, \cdots, x_n^B)$。$x_i^A$、$x_i^B$分别表示消费束$A$和$B$中的一个元素。

我们模拟了一个现实的决策情境,并将其结果绘制在图3-2中,由此加深我们对这一性质的理解。

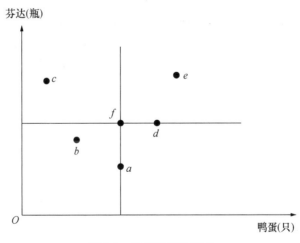

图3-2 偏好排序示意图

图3-2一共标注了6个可能的消费束,即a、b、c、d、e、f,对这六个消费束存在:

$f > a$,因为鸭蛋数量相同时,f有更多的芬达;

$f > b$,因为f有更多的芬达和鸭蛋;

$d > f$,因为芬达数量相同时,d有更多的鸭蛋;

$e > f$,因为e有更多的芬达和鸭蛋。

但f和c,以及a和b都无法比较,因为相比于f和a,c和b的芬达多但鸭蛋少。

通过上述图形,我们对消费者的偏好有了一定的了解。至此,我们定义了偏好并了解了其假定,为之后的学习奠定了基础。

第二节 无差异曲线分析法

一、无差异曲线的导出

在日常生活中,消费者面临多种多样的消费品,消费者自身消费需求也是多层次的。因此,消费者的选择呈现多样化的特点。换言之,在收入水平确定的情况下,由于消费组合中包含的商品种类繁多,每种商品可供消费的数量也各不相同,消费者会产生多个可能的消费束。首先,我们假定消费者在两种商品(本书选择的例子为芬达和可乐)之间进行选择。在明确分析思路后再逐渐推广到包含多种商品的情况,这种简化分析的思路可以使假定仍不失一般性。值得说明的是,非现实的假定往往并不是坏的假定,它们帮助我们在较为确定的环境中做出科学的选择,因而被经济学分析广泛运用。

假定消费者 X 对芬达和可乐有不同的偏好,但一天同时想喝这两种饮料。为了达到让自己满意的满足水平,他在一天中需要喝 3 瓶芬达和 4 瓶可乐。现在和 X 商量,如果减掉 2 瓶可乐,再给他增加 2 瓶芬达才能让其满足水平达到原有的状态。X 的消费束由(3 瓶芬达,4 瓶可乐)变为(5 瓶芬达,2 瓶可乐)且二者无差异,即 $A \sim C$(见图 3-3)。

同样,也可以这样和 X 商量:如果减掉 1 瓶芬达,可增加 2 瓶可乐以保证其满足水平不变。X 最初的消费束为(3 瓶芬达,4 瓶可乐),在这一过程后将变为(2 瓶芬达,6 瓶可乐)。这一变化过程并没有改变 X 的满足水平,即 $A \sim B$(见图 3-3)。而由 $A \sim B$ 且 $A \sim C$,我们可以由传递性假定,得到 $A \sim B \sim C$。

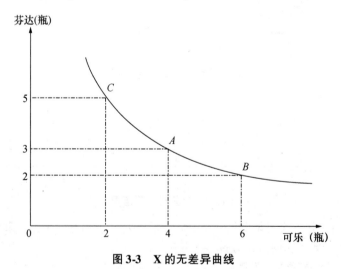

图 3-3 X 的无差异曲线

当芬达和可乐以一个无限小的变化单位反复增减变化时,这个平面里将会出现许多和 A 点满足水平相当的消费束。用平滑的曲线连接这些消费束代表的点,即形成了 X 此时的无差异曲线。

定义 3-4:无差异曲线是给消费者效用提供相同满足水平的消费束的集合。

在图 3-3 中,为保证消费者的满足水平(U_0)不变,我们可以通过改变两种商品消费量的相对关系,得到消费数量不同但消费效用相同的不同消费束,由此找到无差异曲线上的点。

你可能会好奇一个问题,为什么我们不能直接比较两个消费束带给人的满足水平,而要在这里定义无差异曲线呢?这是因为无差异曲线是你觉得无差异的两种商品的所有组合,方便你在所有组合中整体比较。

根据无差异曲线的定义,在不考虑消费者内外生约束条件的情况下,该消费者存在一系列不同的消费水平,各消费水平对应不同的满足水平。把不同满足水平的无差异曲线描绘在同一幅图上,形成无差异曲线簇,如图 3-4 所示。

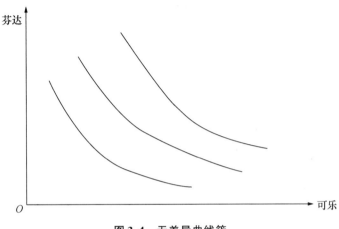

图 3-4 无差异曲线簇

二、无差异曲线的性质

性质 1:经济物品的无差异曲线斜率为负。

性质 1 反映了两种非有害、非自由物品之间的性质,即对于两种非有害、非自由物品,其数量具有一定的替代性。这一性质决定了正常经济物品无差异曲线向右下方倾斜。

我们用反证法给出如下证明(见图 3-5):

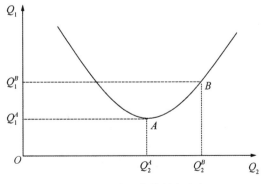

图 3-5 无差异曲线斜率为负

假设无差异曲线斜率为正,在无差异曲线上任取两点 $A(Q_1^A, Q_2^A)$ 和 $B(Q_1^B, Q_2^B)$。

∵ $Q_2^B > Q_2^A$,$Q_1^B > Q_1^A$,根据非满足性假定,必有 $B > A$,但由于 A、B 在同一条无差异曲线上,

故有 $B \sim A$,两者矛盾。

∴ 无差异曲线的斜率只能为负。

性质 2：理性消费者不同满足水平的两条无差异曲线不相交，但也不一定平行。

同样用反证法给出如下证明（见图 3-6）：

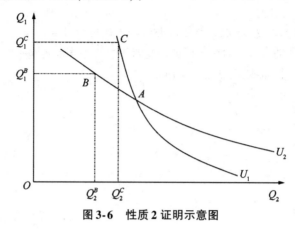

图 3-6　性质 2 证明示意图

假设可以相交，A 为这两条无差异曲线 U_1、U_2 的交点，B、C 则是 U_1、U_2 上的任意两点。

∵ $Q_2^C > Q_2^B, Q_1^C > Q_1^B$,

∴ $C > B$（由非满足性假定得出）。

∵ A 与 B 在同一无差异曲线上，

∴ $A \sim B$。

∵ A 与 C 在同一无差异曲线上，

∴ $A \sim C$。

∴ 由传递性假定可知，$A \sim B \sim C$，与上述内容矛盾。

∴ 无差异曲线不可能相交。

但是，不相交的无差异曲线并非一定平行，如图 3-7 所示。

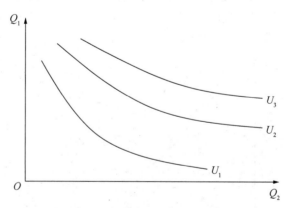

图 3-7　无差异曲线也不一定平行

性质 3：右上方无差异曲线的满足水平更高。

人们通常都想消费更多的东西，靠近右上方，代表该消费者可以同时消费更多的商品 1 和商品 2，因而是更被消费者偏好的。

性质 4：在一般情况下，无差异曲线凸向原点。

我们将在下一节中解释什么是一般情况,也将在下一节证实为何无差异曲线会凸向原点。感兴趣的读者可以先从非有害、非自由物品的性质来进行思考。

三、无差异曲线的特殊情况

1. 自由物品的无差异曲线

自由物品取之不尽,用之不竭,且彼此不存在替代关系。以阳光和雨水这两种自由物品的消费决策为例进行分析。农作物生产必须消费一定数量的阳光和雨水才能持续,但超过某一数量,二者量的增加并不能给人们带来更高的满足水平,甚至因此导致满足水平的降低。为了简便我们的分析流程,我们假设过量阳光和雨水不会对这里的消费者(农业生产决策者)产生负面影响,假设消费者对雨水的必要消费数量为 Q_1,对阳光的必要消费数量为 Q_2,则消费者无差异曲线变成了平面,如图3-8所示。而对于单个消费者来说,阴影区内的各点给他的满足水平相同,即其中各点对于他而言都是无差异的。

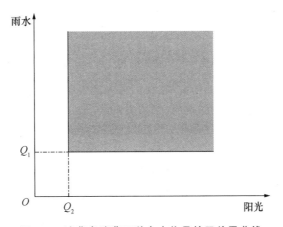

图3-8 消费者消费两种自由物品的无差异曲线

而图3-9则刻画了消费者消费一种自由物品和一种经济物品的无差异曲线。Q_2依然代表阳光的必要消费量。我们看到超过必要消费量的阳光并不能提高消费者的效用,除非我们给予消费者更多的食品,因此无差异曲线平行于代表阳光的横轴;而当给定的食品数量增加时,根据非满足性假定,我们发现当消费者可以获取更多食品的时候,其满足水平更高,因此随着可以获得的食品数量的增加,将会出现一系列平行的无差异曲线,越往上代表满足水平越高。

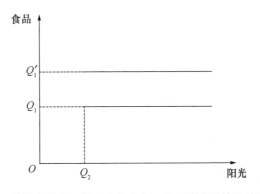

图3-9 消费者消费一种自由物品和一种经济物品的无差异曲线

2. 有害物品的无差异曲线

有害物品即对消费者效用产生负面影响的商品,如污染、二手烟等具有负外部性的产品。消费者消费有害物品不利于消费者的身心健康,会降低其效用水平,因而,随着有害物品消费量的增加,消费者必须消费更多的经济物品,从而保证整体满足水平基本保持不变。因此,有害物品消费量越多,经济物品消费量也越多,如图3-10所示。

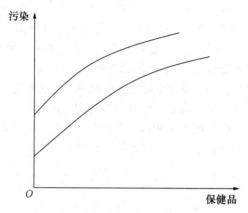

图3-10　消费者消费一种有害物品和一种经济物品的无差异曲线

在分析了只有一种有害物品的情况后,我们考虑消费者同时消费两种有害物品的情况。值得说明的是,在有害物品存在的情况下,消费者的非满足性假定不再成立。消费者对于有害物品的偏好变为"无比有好,少比多好"。因此,随着有害物品数量的增加,消费者的状况将会不断恶化,无差异曲线凸向外部。

此时,无差异曲线越靠右上方,消费者的满足水平越低。同时,我们还要明确,不同类型的有害物品之间存在替代性,且各无差异曲线的满足水平为$C>B>A$。

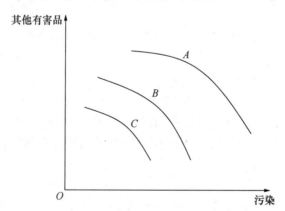

图3-11　消费者消费两种有害物品的无差异曲线

3. 完全替代品的无差异曲线

定义3-5:完全替代品指以固定比例彼此替代的两种或多种商品。

例如,对于没有任何品牌情怀且对可乐口感区别并不明显的消费者而言,他们认为可口可乐和百事可乐是完全替代品。消费者只需消费总量相同的两种可乐即可达到相同满足水平,但对可乐的具体品牌没有要求。

但是,现实生活中的完全替代品其实并不多见。严格分析,百事可乐和可口可乐在很多人眼中也并不是完全替代品,人们会根据口味、个人品牌情怀等在二者之间做出选择。图 3-12 为完全替代品的无差异曲线。

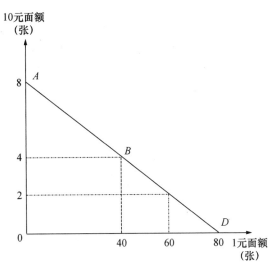

图 3-12　完全替代品的无差异曲线

4. 完全互补品的无差异曲线

定义 3-6:完全互补品是指必须以固定比例搭配才能满足消费者某种需求的两种或多种商品。

例如,左鞋和右鞋就是完全互补品,它们必须成对出现,否则无法达到消费者的满足水平。试想,你很喜欢的一个鞋子品牌举办赠鞋体验活动,但只给你左脚的鞋或右脚的鞋,由于我们无法只穿一只鞋出门,因此获得其中的任何一只鞋都不会带来更高的满足水平。其无差异曲线呈现直角状,如图 3-13 所示。其中,消费束(1 只左鞋,1 只右鞋)的效用与(2 只左鞋,1 只右鞋)相同,而仅有左右鞋数量同时翻倍,如(2 只左鞋,2 只右鞋)才会实现比(1 只左鞋,1 只右鞋)更高的效用值。

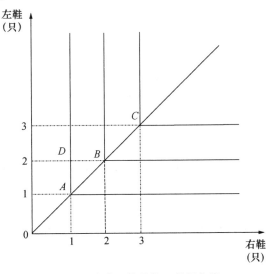

图 3-13　完全互补品的无差异曲线

这些无差异曲线的直角点都在射线 OA 上。几种互补品的搭配比例就是该射线的斜率，在这个左右鞋的例子中，该比例为 $1:1$。

5. 餍足点

在上述四种特殊物品之外，我们会发现生活中还存在一种现象，即某些消费者有一个特定的最优消费束，对某个消费组合尤为偏好：越接近这一消费束，其效用就越高。我们将 $(\bar{x}_1, \bar{x}_2)$ 称为餍足点，围绕这个餍足点，由近至远，分布着一系列满足水平递减的无差异曲线，如图 3-14 所示。其中，无差异曲线越靠近餍足点，其代表的满足水平就越高。

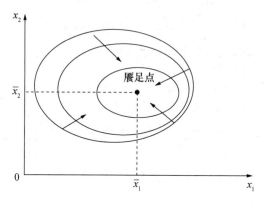

图 3-14 餍足的无差异曲线

在这种情况下，并不是商品消费得越多就越好，而是商品消费要满足消费者需要的那个组合。当消费者对这两种商品的购买量都超过餍足点对应的数量或都少于餍足点对应的数量时，无差异曲线向右下方倾斜；当消费者对其中一种商品的购买量超过餍足点对应的数量，但对另一种商品的购买量远远少于餍足点对应的数量时，无差异曲线向左上方倾斜。这是因为，消费者只想要给定组合的两种商品，而当某一种商品的拥有量超过最优消费束对应的数量时，这种商品将从原本的正常品变为厌恶品；而这两种商品都消费过多时，则需要同时减少这两种商品的消费量以实现其效用最大化。日常生活中，像巧克力、冰激凌这类不是很健康但口感很好的食物，就是很容易产生餍足点的。每天或者每星期，吃巧克力和冰激凌都有一个合适的量，如果少于这个量，消费者觉得无法得到满足；而如果多于这个量，消费者也会觉得不舒服。

第三节 效用与边际效用

在上一节的学习之后，我们对偏好和消费者的满足水平有了一定程度的了解，但随之也产生了很多新的问题。例如：一个人的满足水平应该如何量化呢？不同消费束对应的满足水平又是否可比呢？在本节，我们将引入效用和边际效用，解决这些问题。

一、效用与效用函数

1. 效用

定义 3-7：效用是对从消费一种商品或服务中得到的满足水平或幸福感的测度。

效用取决于经济物品的数量和性质。在非满足性假定成立的情况下，消费数量越多，消费者效用越大。同时，我们也要意识到，同一经济物品对消费者效用的影响是不确定的，可能随时间和环境变化而有所不同。以金子和水为例，在干旱炎热的沙漠中，水显而易见地具有更大的作用；但在你急需用钱、艰难筹措资金的时候，金子会显得更为重要。

此外，消费者心理也会直接影响各个物品带给特定消费者的效用。例如：偏爱美食的消费者会因获得更多食物而感到开心；而偏爱运动的消费者会更在意健身、运动器材等方面的投入。

在明确了消费者对于不同消费束的效用值后，我们可以将各个部分的效用值加总，得到总效用。

2. 效用函数

定义3-8：效用函数是指消费者的总效用与其消费商品数量的函数关系。

例如，我们可以用下式表达一个共消费 n 种商品，每种商品数量分别为 $X_1, X_2, \cdots, X_n$ 的消费者效用函数：

$$U = U(X_1, X_2, \cdots, X_n)$$

而效用函数的具体形式则与消费者偏好息息相关。有些消费者的效用会随着消费量的增加呈现先增加后减少的趋势，图3-15上半部分就描绘出了此类消费者的效用曲线。

二、边际效用

1. 边际效用的经济意义

所谓边际即效用的增量，指的是在各商品消费量给定的情况下，消费者多购买一单位某商品所增加的效用量。

定义3-9：消费者追加的单位商品带来的效用增量叫边际效用。

例如，小明买了1个包子，共得效用10单位；他觉得很好吃，又买了1个包子，但因为有些饱，第2个包子对他只有3单位效用，此时小明的总效用水平为13单位。在这种情况下，他对包子的满足水平有所下降，第2个包子的边际效用为3单位。

2. 边际效用递减规律

上面例子中，我们看到第1个包子对于小明的效用会很大；第2个包子的作用有所减小，如果他再购买第3个包子，其所能带来的效用则将进一步减小。以此类推，到达某一临界点时，随着包子数量的增加，消费者效用不再增大。由此，我们发现随着包子购买数量的增加，同一消费者对于其的满足水平不断下降。该规律即边际效用递减规律，也叫戈森第一定律。

值得说明的是，某些商品不遵循边际效用递减规律。当盲盒收集爱好者在收集同一批次的限定盲盒时，随着获得盲盒数量的增加，个人效用不断增大，到终于集齐全套时，个人效用增大到极大值，在这种情况下，盲盒对于该类消费者的边际效用呈现递增的趋势。

假设效用函数为 $U = U(X)$，在消费者仅消费一种商品时，边际效用可以表示为：$MU = \Delta U / \Delta X$。图3-15刻画了 MU 和 X 的关系，印证了边际效用递减规律。

3. 总效用与边际效用的关系

（1）边际效用累加得到总效用。如表3-1所示：

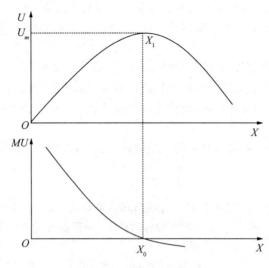

图 3-15　总效用与边际效用

表 3-1　总效用是边际效用的累加

鸭蛋(只)	边际效用	总效用
0	0	0
1	10	10
2	7	17
3	5	22
4	3	25
5	1	26
6	0	26

（2）边际效用为 0 时，总效用最大。

边际效用反映了随着数量增加，增加一单位商品对于消费者效用的影响大小和方向。我们可以用函数中的导数值来理解边际的含义。如果导数值为正，则原函数单调递增；如果导数值为负，则原函数单调递减。因此，导数值为 0 时，取到最大值。类似地，我们可以理解边际效用为 0 时，总效用最大。

三、效用与无差异曲线

1. 无差异曲线与效用

现在我们已经学习了两种描述消费者偏好的工具，即无差异曲线和效用。由此，我们可以更好地理解消费者最优化决策。可以说，效用是对消费者满足水平的一种抽象的衡量，当一种消费组合带来的效用比另一种组合更大时，就意味着消费者更加偏好这种消费组合。而无差异曲线则是具有相同效用值的一系列消费束的连线，看起来更加直观。那么这两个工具之间存在什么关系呢？

我们知道，在一种商品数量发生变化时，消费者可以增减另一种商品的数量，使得消费者的总效用水平保持恒定。同时，效用是消费者满足水平的数量化衡量单位，是其一个工具，因此一连串效用水平相同的消费束的点即为一连串满足水平相同的消费束的点。换句话说,无差异曲线即为一连串效用相等的消费束的点形成的曲线。给定效用函数 $U = U(x_1, x_2)$,$U = U_0 = const$(常数),我们可以联立这两个式子,得到 $U_0 = U(x_1, x_2)$。因为 U_0 是一个常数,我们就可以用 x_2 表示 x_1,或者用 x_1 表示 x_2。因此,我们可以得到 $x_2 = x_2(x_1)$,即为消费者在效用为 U_0 时的无差异曲线,如图 3-16 所示。不同的效用水平对应不同的无差异曲线,在图 3-16 中 $U_1 > U_0 > U_2$,右上方的无差异曲线代表较高的效用水平。

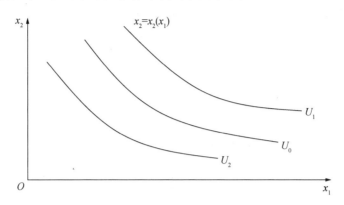

图 3-16 无差异曲线与效用

例如,消费者 X 的效用函数可以表述为 $U = x_1 x_2$,则当其效用水平达到 150 单位时,其无差异曲线可以用 $x_2 = 150/x_1$ 来表示。

2. 边际替代率

假设消费者消费两种经济物品,为维持效用不变,当某种商品的数量增加或减少一单位时,我们必须同时减少或增加另一种商品的相应单位。在经济学中,我们用边际替代率来反映这一相应的替代比率。

定义 3-10:商品 x_1 对商品 x_2 的边际替代率是指为维持效用水平不变,消费者放弃一单位的商品 x_1 需要增加商品 x_2 的数量,用 $MRS_{1,2} = -\Delta x_2/\Delta x_1$ 表示。

两种商品之间的边际替代率取决于二者的边际效用。例如,对于一个消费者,鸭蛋的边际效用是鸡蛋边际效用的 2 倍,那么为了让他少消费 1 单位的鸭蛋,就必须给他补偿 2 单位的鸡蛋,以使消费者的总效用不变,则鸭蛋和鸡蛋的边际替代率为 2,等于鸭蛋的边际效用除以鸡蛋的边际效用。负号表示 x_1 和 x_2 的变化方向相反。为了方便,我们在定义中加入负号,将边际替代率均转化为正数。某点处的边际替代率如图 3-17 所示。

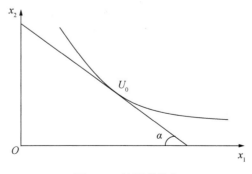

图 3-17 边际替代率

3. 边际替代率递减规律

理性经济人的消费存在边际替代率递减规律(见图3-18)。当消费量较少时,每一单位该商品的增加都会大幅提升边际效用,边际替代率很高;而当消费者的消费量处于较高水平时,额外增加一单位该商品的边际效用锐减,并且随着消费量的增加,新增商品的边际效用更低。这一情况可以用我们与父母两代人对于过年吃饺子的印象来反映。在父母生活的年代,由于物资匮乏,只有逢年过节才能吃到饺子,且数量较少,因此每一单位的饺子带给他们的边际效用极高,他们对此印象深刻;而对于我们这一辈,由于经济发展、物资极大丰盈,饺子成为家常菜,我们对此的印象也就淡薄了,很难再产生像父母那一辈人的感受。

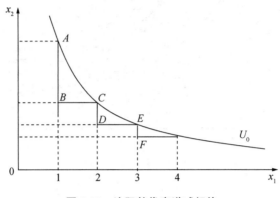

图3-18 边际替代率递减规律

四、基数效用与序数效用

基数效用论最早可以追溯到英国功利主义哲学,但其真正诞生于"边际革命",盛行于19世纪和20世纪。基数效用论主张:测量效用并通过加总得到消费者的总效用。假设在基数效用论的背景下存在代表性消费者 X 和 Y,我们可以用基数(1、2、3……)测度 X 和 Y 从每种消费束中获得的效用,通过加总得到 X、Y 的总效用并比较二人效用的大小。

但基数效用论存在种种不足,例如:效用作为心理现象无法准确测度。因此,后人改进提出了序数效用论,之后被广泛应用于消费者行为的研究。序数效用论的主要观点为:效用只能表现出满足水平的高低和顺序,但其无法计量,也无法加总,只能用序数(第一、第二、第三……)来排序,但无法进行更多数理计算。

我们可以举例来说明基数效用与序数效用的区别,我们假设小明消费一盒巧克力和一盒饼干。基数效用论认为小明消费一盒巧克力得到的效用为1,消费一盒饼干得到的效用为2,也就是消费一盒饼干得到的效用是消费一盒巧克力的两倍,同时消费一盒巧克力和一盒饼干的总效用为3。而序数效用论则认为小明的效用单位的具体数值1和2没有实际意义,不能说明消费一盒饼干得到的效用是消费一盒巧克力的两倍,只能说明消费一盒饼干得到的效用比消费一盒巧克力得到的效用大,消费一盒饼干获得的效用排第一,消费一盒巧克力获得的效用排第二。

第四节 预算约束

前面我们主要分析了消费者进行偏好排序的方法。本节则引入约束概念,分析消费者能做什么选择。消费者的约束主要来自两个方面,外部约束和内部约束。但在日常生活中,外部条件难以在短期内发生较大变动,如生产技术水平、政府政策等为一确定值。因此,本节重点探讨消费者的内部约束——预算约束问题。

一、预算方程与可行集

一个符合常识的想法是,人们都愿意进行更多的消费,无论是购买更多的食物、衣服,还是进行更多的旅游度假。人的欲望是无限的,总是愿意消费得越多越好,然而现实往往是人们消费的实际数量总比自己想的要少,这是为什么呢?因为人们的消费支出是受到其收入限制的。

我们用一个简化的例子来说明这一点。在现实生活中,人们可以消费各种各样的商品,但是为了便于分析,我们假设人们只能消费两种商品,分别是包子和豆浆。并且,我们假设消费者会把所有的收入都用来购买这两种商品。

假设一个消费者每个月的收入是 1 000 元,包子和豆浆的单位价格分别是 10 元和 2 元。我们现在列出一些包子和豆浆的组合,这是消费者的收入负担得起的。其中,有两个极端:一个是消费者只买包子,即可以买 100 个包子;另一个是消费者只买豆浆,即可以买 500 杯豆浆。剩下的包子和豆浆的消费组合,均介于这两个极端组合之间。

表 3-2 给出了消费者可以选择的消费束,将每个代表可选择消费束的点连在一起形成预算约束线。预算约束线到原点的区域就构成了预算约束集。其中的所有组合就是消费者可以买得起的所有消费束,而由于有总收入(总支出)的限制,消费者也需要在两种商品之间进行权衡。

表 3-2 消费束选择

购买包子的数量(个)	购买豆浆的数量(杯)	购买包子的花费(元)	购买豆浆的花费(元)	总花费(元)
100	0	1 000	0	1 000
90	50	900	100	1 000
80	100	800	200	1 000
50	250	500	500	1 000
20	400	200	800	1 000
10	450	100	900	1 000
0	500	0	1 000	1 000

预算约束线的斜率衡量的是消费者用一种商品去替代另一种商品的比率。这个比率可以用两个消费组合来简单计算,比如包子和豆浆(100,0)及(90,50),消费者需要减少 10 单位包子的消费,来达到 50 单位豆浆的消费,替代比率据此可以计算出:$(50-0)/(90-100)=$

-5。因此,包子和豆浆之间的替代比率是5。我们还可以很容易地发现,这个替代比率其实就是包子和豆浆价格的比值,即10元/2元=5。因为1单位包子的价格是1单位豆浆的5倍,所以如果选择了1单位包子,那么损失的机会成本就是5单位豆浆。由此可以得出,预算约束线的斜率反映了市场(即商品在市场上的定价)对消费者施加的一种权衡,使得消费者在做出消费束选择时,心里有一种替代的成本。

给定一个消费n种商品的消费者,x_i代表对第i种商品的消费量,p_i代表第i种商品的价格,M代表收入。

$$\sum_{i=1}^{n} p_i \cdot x_i = M \tag{3-1}$$

在假设消费者会将其所有收入用于其所消费的n种商品的购买时,我们可以得到式(3-1),即其预算方程。而我们假设消费者只消费两种商品,式(3-1)将会演变为二元一次方程,即$p_1x_1 + p_2x_2 = M$,此时的预算方程就是预算约束线。

事实上,消费者还可以选择不在这一次消费中用尽所有收入,即消费量低于其真实收入。此时的预算方程变为$\sum_{i=1}^{n} p_i \cdot x_i \leq M$。与之前的预算约束线不同,这一式子反映了消费者进行选择时所有可能的消费束,因此我们一般将这个式子称为消费者的预算可行集。

而当消费者只消费两种商品时,可行集变为$p_1x_1 + p_2x_2 \leq M$,如图3-19中的阴影部分所示。这一式子是包括其边界部分的,其中所有的点构成了消费者可以选择的全集。而在这一部分之外的任何点都表示$p_1x_1 + p_2x_2 > M$,即消费者在现有收入下无法实现的。当然,随着消费者收入的增加,消费者的预算约束线AB将向右上方扩展,预算可行集也会进一步扩大。

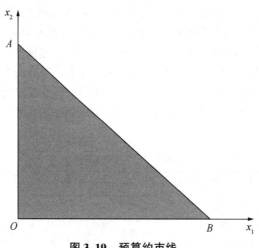

图3-19 预算约束线

二、价格和收入的变化

在日常生活中,商品的价格和个人的收入都不是一成不变的。接下来,我们来讨论当商品价格和消费者收入改变时,预算约束线和预算可行集将产生什么样的变化。

1. 收入变化,价格不变

消费者收入增加并不改变其对于两种商品的偏好,两种商品间的替代率不变,预算约束线斜率不变。图 3-20 描绘了收入增加和收入减少这两种情况。在商品价格保持原有水平的前提下,收入增加使预算约束线外移,变为 A_1B_1;收入减少则会使预算约束线内移,变为 A_2B_2。相应地,预算可行集也会随之扩张或收缩。

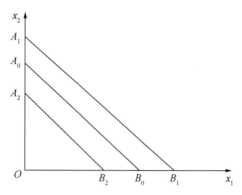

图 3-20 收入变化使预算线变化

2. 一种商品的价格变化,另一种商品的价格和收入均不变

商品价格的变化,意味着获取这两种商品的机会成本都发生变化,因而两种商品的替代关系也会发生变化。将这种替代关系反映在图上,则意味着预算约束线的斜率很可能发生变化。

如果 p_1 不变、p_2 上升,则预算约束线在 x_1 轴上的交点不变,在 x_2 轴上的交点将会下移,预算约束线变得更加平缓,斜率的绝对值会变小;如果 p_1 不变、p_2 下降,则预算约束线在 x_1 轴上的交点不变,在 x_2 轴上的交点上移,预算约束线变陡峭,斜率的绝对值变大。但无论其斜率如何变化,都会得到固定 OB 的数量,新预算约束线必通过 B 点,见图 3-21。总而言之,p_2 的变化会导致预算约束线围绕 B 点上下转动,p_2 下降时向上转动,p_2 上升时向下转动。

类似地,p_2 不变、p_1 变化时,预算约束线会以 A 点为轴,根据 p_1 变化的大小上下旋转,如图 3-22 所示。

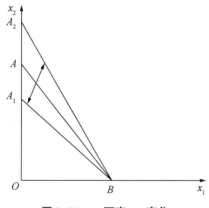

图 3-21 p_1 不变、p_2 变化

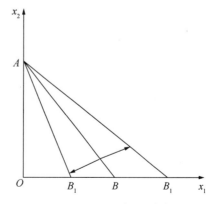

图 3-22 p_2 不变、p_1 变化

3. 两种商品的价格变化，收入不变

此时，预算约束线的变化情况会比较复杂，我们根据两种商品价格变化的方向及幅度分以下三种情况讨论。

（1）p_1、p_2 均上升。

如果商品 x_1 与商品 x_2 的价格以同等幅度上升，则预算约束线向左下方平行移动，斜率保持不变。我们发现，两种商品价格以相同幅度上升将会达到与消费者收入下降完全一致的效果，即预算约束线向内移动，如图 3-23 中的 A_1B_1 线段。当两种商品价格上升比例不同时，预算约束线的斜率发生变化，如 A_2B_2 线段。虽然斜率变化的方向取决于两种商品价格的变动幅度，但有一点是确定的，即随着两种商品价格的上升，消费者的预算可行集变小了。

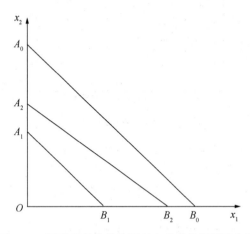

图 3-23　两种商品的价格同时上升时的预算约束线

（2）p_1、p_2 均下降。

类似地，倘若两种商品价格下降幅度相同，则预算约束线向右上方平行移动，而斜率不变。此时，两种商品价格下降的效果与消费者收入上升的效果完全一致，如图 3-24 中的 A_0B_0 线段。当下降比例不同时，预算约束线斜率改变，并向远离原点的右上方移动，如图 3-24 中的 A_2B_2 线段。虽然斜率变化的方向取决于两种商品价格的变动幅度，但有一点是确定的，即随着两种商品价格的下降，消费者的预算可行集变大了。

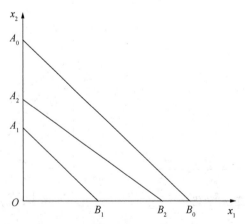

图 3-24　两种商品的价格同时下降时的预算约束线

(3) 两种商品的价格变化方向相反。

此时,原来的预算约束线将围绕某个点旋转,得到新的预算约束线。旋转点即为新旧预算约束线的交点,代表消费者在价格变化前后都可以消费的商品组合。在两种商品的价格变化方向相反的时候,我们需要根据二者价格变化的大小,确定预算可行集是扩大了还是缩小了,如图3-25所示。

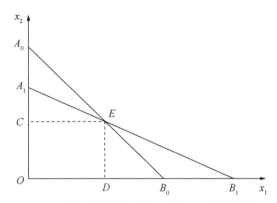

图 3-25 两种商品的价格变化方向相反时的预算约束线

三、多重约束

在分析了收入约束的基础上,我们也要认识到有时消费者会面临包括收入在内的多重约束。例如苏联战时共产主义下,生产力极为有限,国家对粮食、糖、茶、盐等多种重要物资实行垄断管理,实行配额制度,由国家分配站按照工种、地位等进行定量分配。这是短缺经济的重要特点,也是除收入之外的另一种典型的约束。

出于多重约束考虑,我们这里不讨论完全的实物分配制,讨论货币和票证结合的配额制度。在物资短缺的配额制时期,仅仅有货币或者粮票都没有办法购买到你想要的物资,而需要二者结合起来才能购买。在这种背景下,消费者需要同时支付1.6元人民币和0.4斤粮票来购买1斤高粱米;消费者想要购买1斤大米需要同时支付0.8元人民币和1斤粮票。假设这个消费者此时一共拥有32元人民币和20斤粮票,请问他可以选择的消费束有哪些?

首先,我们要明确该消费者目前面临的约束有哪些。按题目中的要求,总共有两种约束,即货币约束和粮票约束。在明确了约束条件的基础上,我们可以对应地列出两个二元一次不等式,并将其交集部分作为该消费者预算束的集合。具体不等式如下:货币约束要求其满足 $1.6x_1 + 0.8x_2 \leq 32$;粮票约束要求其满足 $0.4x_1 + x_2 \leq 20$。将这两条预算约束线画到同一个坐标系并取其交集,我们得到了这种约束条件下的预算约束线,如图3-26所示。

此时,阴影部分即为同时满足货币和粮票双重约束下的预算可行集,预算约束线变为 AB 线段和 BC 线段一起构成的折线段。E 点、F 点等处于阴影部分以外的点都是在现有约束下消费者无法实现的消费束;D 点等处于阴影部分以内的点代表消费者未充分用尽粮票和货币时可以达到的消费束;B 点为两条约束线的交点,表示货币和粮票被同时用完时的消费束。而消费者会在预算可行集中的众多消费束中具体选择哪个点,则与消费者的偏好有关。

一般来说,多重约束(Multiple Constraint)问题通常表现为非线性约束(Nonlinear Constraint)。典型的非线性约束问题还有一种情况,即商品价格随着消费数量变化发生相应变化。假设代表性消费者有两种主要消费品,衬衫 x_1 和食品 x_2。随着消费数量的增加,食品

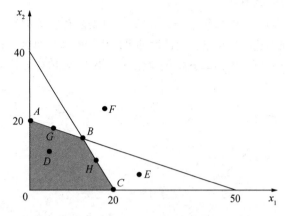

图 3-26　同时满足货币和粮票双重约束的预算约束线

的价格不变,但衣服价格有所优惠,具体表现为:衬衫消费数量超过 3 件但少于 6 件时,这一部分衬衫打 8 折;衬衫消费数量超过 6 件但少于 9 件时,这一部分衬衫打 5 折;而当衬衫数量超过 9 件时,店家出于成本考虑将不再允许消费者购买。此时,预算约束线变成了折线段,如图 3-27 所示。

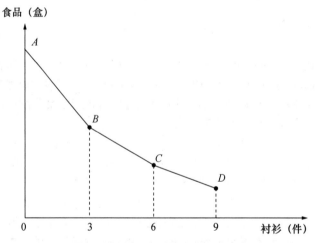

图 3-27　商品价格随消费数量变化时的预算约束线

四、税收、补贴和配给

在实际生活中,有很多经济政策,特别是税收政策,会从外部影响消费者的预算约束。例如税收、补贴和配给等。下文我们将介绍几种常见的税收政策,看看这些政策是如何影响消费者的预算约束线的。

首先,我们来探讨一下从量税。从量税,即消费者每消费 1 单位的商品,都要相应地支付一定比例的税收,例如对汽油征税,消费者在汽车加油站每加 1 公升的汽油,就要支付一定比例的汽油税。那从量税会对消费者的预算约束线产生什么样的影响呢?想要解决这一问题,首先要明确预算约束线的两个主要决定因素,即消费者收入和商品价格。因此,我们首先要判断从量税是影响消费者的收入还是影响商品的价格。很容易看出,从量税作为一种税收,直接影响了消费者消费商品的价格。假设原来商品1的价格为p_1,从量税为t,则征收从量税后商品1的价格变为p_1+t。征收从量税相当于是对商品1变相涨价,因此消费者面临的预算约束线就变陡峭了,预算可行集也缩小了,从而消费者可选择的范围变小了,消费者的满足水平随之降低,如图3-28所示。

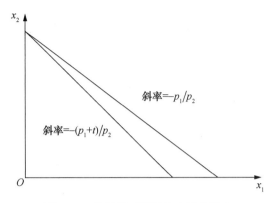

图3-28 从量税对预算约束线的影响

然后,我们来探讨从价税。从价税,即消费者对商品的价格进行征税。例如,销售税就是一种从价税,购买商品后,往往要在支付的金额上再加一定比例的税收。假设原来商品1的价格为p_1,对商品1征收从价税,税率为π,则商品1的实际价格就是$p_1*(1+\pi)$。从价税同从量税一样,也是通过改变商品的价格来影响预算约束线的,由于商品1的价格变高了,消费者面临的预算约束线就变得更陡峭了,预算可行集变小了,从而消费者可选择的范围变小了,消费者的满足水平会随之降低,如图3-29所示。

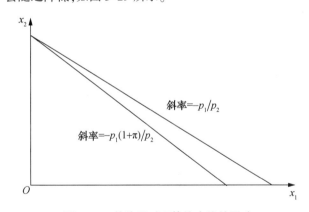

图3-29 从价税对预算约束线的影响

以上,我们讨论了税收对预算约束线的影响,现在我们转而探讨补贴对预算约束线的影响。补贴和征税,实质都是政府和消费者之间的一个利益转化。征税是消费者把一定的资金通过税收的方式上交政府,而补贴是政府把一定的资金又返回给消费者。所以,补贴可以理解为征税的反面。同税收一样,补贴也有两类:一类是从量补贴,另一类是从价补贴。

从量补贴,是指政府根据消费者消费数量,确定补贴标准,补贴金额随消费者消费数量的增加而增加的补贴方式。假设在没有补贴的情况下,商品1的单价为p_1,单位补贴是s元,则政府采取从量补贴后,商品1的价格从p_1降到了p_1-s元,这使得预算约束线变得更平坦了,预算可行集变大了,从而消费者可选择的范围变大了,消费者的满足水平随之提高。

从价补贴是根据被补贴商品的价格制定补贴标准的补贴方式,类似从价税。例如,政府会对购买电动汽车的消费者发放补贴,消费者每购买一定价格的电动汽车,政府就会给予一定的补贴,这就相当于给电动汽车打了一个折。如果电动汽车的价格为 p_1,政府的补贴率为 π,则消费者在政府补贴后实际支付的价格是 $p_1 * (1-\pi)$。

从上文可以看出,无论是从量/从价的税收,还是从量/从价的补贴,政府都是通过采取政策影响商品价格,进而影响消费者的预算约束线和消费者最终选择的消费束。除这种影响商品价格的税收和补贴之外,还有一种总额税收或总额补贴,即无论消费者购买多少商品、商品的价格如何,政府都会从消费者那里征收一定数额的税或者给予消费者一定数额的补贴。这种类型的税收或补贴,不会改变消费者面对的商品价格,而是会直接改变消费者的可支配收入,使预算约束线发生平行移动,如图 3-30 所示。

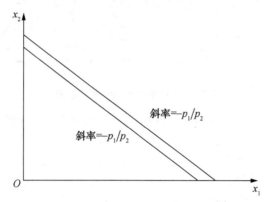

图 3-30 总额税收/总额补贴对预算约束线的影响

而不论是什么方式的税收,都会使消费者的可支配收入减少,进而限制消费者的消费行为,降低其效用水平;而不论是什么形式的补贴,都会使消费者的可支配收入增加,进而促进消费者的消费行为,提高其效用水平。

还有一种政府行为,就是对消费品实行配给。通常,在社会总供给不足时,尽管商品的价格不高,消费者的收入足以购买商品,但是由于供给远远小于需求,生产的商品无法满足消费者的全部需求,政府不得不施行配给政策,即每人可消费的商品数量是有限的,超过一定数量消费者就无法购买了。这在人类历史上出现过多次,我国在计划经济时代,粮食定量供应,人们需要拿着粮票去购买粮食,并且可以购买的粮食是有限的。比如在南方地区,重体力劳动者每月可以购买 40—50 斤的大米,轻体力劳动者可以购买 26—34 斤的大米。

案例 3-1

消 费 券

2020 年暴发了新冠肺炎疫情,对人民的生命健康和全球经济增长都提出了挑战。为了降低经济衰退的风险,缓解居民的生活经济压力,世界多个国家和地区都出台了发放消费券的政策,通过消费券的方式带动消费增长,从而拉动内需促进经济的恢复。消费券的发放其实是通过影响消费者的预算约束线,进而影响消费者的行为。

2020年，中国香港为促进消费，给每位18岁及以上的香港永久性居民发放了1万港币补贴。而北京、山西、江苏、浙江等省份也向居民发放了各种形式的消费券。北京在各类线上线下消费平台中积极发放消费券，在对居民予以补贴，提升居民生活幸福感的同时，促使居民增加了其消费支出，拉动了当地的经济恢复和发展。山西省政府分批次、分产品发放了多轮消费券，金额超过1 000万元。在江苏省和浙江省，其消费券总额政策的力度更大，仅江苏省南京市就发放了超过3亿元的消费券；浙江省更是发放了高达10亿元的文化消费券和1亿元的文旅消费券。这些政策通过影响消费者的预算约束线，进而影响消费者决策，起到了促进消费、拉动当地经济发展的作用。

但消费券却并非这次疫情独有的产物，它已有80多年的历史。大萧条时期，美国推行了最早的消费券政策，"食物券"计划覆盖了美国国土面积的二分之一。该计划开展于1939年5月，为期4年，累计帮扶人数超过2 000万人次。这一消费券补贴计划总计耗资2.62亿美元，增加了美国民众的福利，也帮助美国从大萧条中逐渐走出来并实现振兴。1999年，日本政府在应对亚洲金融危机时，也采用了这一措施以加强内需。日本消费券的名字翻译成中文，叫作"地域振兴券"，其发放总额达6 194亿日元，拉动了日本数年的经济增长。

中国在历史上也采取过这一政策。2008年，金融危机席卷全球，中国也未能在这场金融浩劫中幸免。在此背景下，我国中央政府推出了"家电、汽车下乡"政策，对多种产品和服务提供了补贴。尽管这一政策并不是传统意义上的消费券政策，因为这一政策并未直接采用发放"消费券"的形式，且政策并非针对某一个区域内的所有民众给予同等补贴，但这种以财政资金作为支持，直接针对特定人群、特定商品进行补贴的方式，与发放消费券并无太大的区别。受这一政策的影响，2009年中国农村消费总额增速自1987年以来首次快于城市。受补贴行业的销售产值增速也由负转正，实现了快速增长。

整体来看，消费券主要通过以下两条路径影响消费者的预算约束线，进而影响消费者行为：第一，消费券将改变消费者面临的商品价格，在拥有消费券的情况下，消费者往往只需支付更少的钱就能获得相同数量、相同质量的商品。这一改变大大增进了消费者的福利，使得消费者的预算约束线更为平缓，消费者的预算可行集由此扩大。第二，消费券在改变消费者面临的商品价格的同时，还改变了消费者的收入水平。政府通过发放消费券，直接增加了消费者的可支配收入。在这种情况下，消费者的福利得以改善，相应的预算约束线会向外移动，消费者可以选择的消费束数量也大大增加。

资料来源：https://www.sohu.com/a/375941341_61795；https://www.sohu.com/a/379994790_465270，访问时间：2020年5月。

第五节　消费者均衡

前面我们已经学习了消费者选择理论中一些重要的概念。这些概念都将作为我们接下来进行分析的工具，帮助我们更好地理解消费者是如何实现最优化决策的。

一、消费者的最优决策

上文我们已经探讨了消费者的偏好及其面临的预算约束,现在我们来探讨消费者在预算约束下进行的偏好选择。

在面临的预算约束线一定时,消费者会选择一个合适的消费束以得到尽可能多的效用。我们以上文中的包子和豆浆为例,消费者会选择一个包子和豆浆的消费束,使其既在预算约束以内,又能达到最高的无差异曲线上的效用水平。

由此可知,预算约束线与无差异曲线相切时,消费者实现最优决策。这是因为,如果消费者选择效用水平更高的无差异曲线上的消费束,这些点将位于预算约束线之外,消费者没有足够的收入;而如果消费者选择效用水平较低的无差异曲线上的消费束,消费者因为有更好的选择,即同时消费更多的包子和豆浆,而不会做出如上选择。下面我们将具体通过图形来演示最优决策的含义和推导方法。

二、两种商品的常态均衡

两种商品的常态均衡即为消费者追求效用最大化和消费者必须服从于收入水平这两个限制条件的博弈过程。其中,无差异曲线越靠近右上方,消费者从这些消费束中获得的效用越大(正常经济物品);消费者收入水平越高,所消费商品的价格越低,消费者的预算可行集就越大。因此,分析消费者消费两种商品的常态均衡,就相当于在收入一定、商品价格不变的情况下,寻找令消费者效用最大化的消费束。为了简便分析,我们先考虑两种商品的情况并以此为例加以说明。

预算约束线和无差异曲线仅存在相交、相离和相切这三种可能的位置关系,如图 3-31 所示。

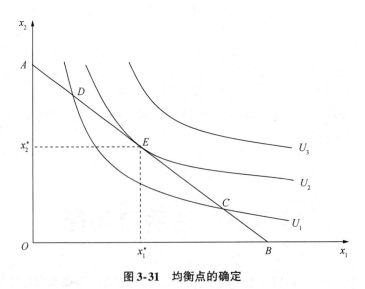

图 3-31 均衡点的确定

根据以往的知识,$U_1 < U_2 < U_3$。如果可能的话,消费者会选择 U_3 上的点。但预算约束线 AB 和 U_3 不相交,这意味着由于收入过低或商品价格过高等限制,消费者在给定条件下永远

无法达到 U_3 的效用值,因此在 U_3 上也不存在可以选择的消费组合。

U_1 是三条无差异曲线中效用值最低的,它与预算约束线 AB 相交于 C 点和 D 点。但我们看到沿线段 CD 向中间移动,在 U_1 和 U_2 之间存在一系列严格优于 U_1 但又劣于 U_2 的点,因此 C 点、D 点都不是这个情境下的最优点。通过调整两种商品的数量,即从 C 点出发,沿线段 AB 将 C 点向上移,或者从 D 点开始,沿线段 AB 将 D 点向下移,就可以在满足预算约束线的情况下使效用值不断增加。

最后看相切的情况。无差异曲线 U_2 与预算约束线 AB 相切于 E 点。此时,x_1 和 x_2 的增减都会引起效用水平的下降。因此,这一点是在这个情境下稳定存在且不会随意变化的点,记作消费者在该约束条件下的均衡点。

案例 3-2

消费者收入或商品价格变动将引起常态均衡的变化

我们在上面的正文中分析了约束条件不变的情况下,如何确定常态均衡。但在日常生活中,约束条件往往是很容易发生变化的。如果约束条件改变,则两种商品的常态均衡也会改变。因此,接下来我们将从比较理论的层面分析这一情况。下一章我们则会从数理的角度更加深入地分析这一问题。

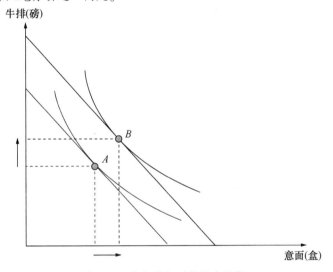

图 3-32 收入增加时的常态均衡

现在让我们一起设想一个情境,消费者共有 300 元人民币,用于购买牛排和意面。假设牛排和意面在一开始的时候均为每单位 30 元人民币,记意面的数量为 x_1,牛排的数量为 x_2,则我们可以列出其预算约束线为 $30*(x_1+x_2)=300$。则在图 3-32 中,我们发现此时的常态均衡点为 A 点。

当消费者由于工作绩效较好而收入增加时,假设其可以用于牛排和意面的总收入从 300 元变为了 450 元,此时预算约束线随之向外平移,变成了 $30*(x_1+x_2)=450$。新的预算约束线与效用水平更高的无差异曲线相切,得到了这一约束条件下的常态均衡,即图 3-32 中的 B 点。对于消费者,这是一个绝佳的消息,因为他感觉到更加富有了,可以购买更多的牛排和意面;而用经济学术语表达,则是收入的增加使得消费者可以购买的消费束增加,增进了消费者的福利。

与收入增加相对的,还有另一种场景,即商品价格改变。假设由于某些原因,市场上的意面突然涨价,从 30 元涨到了 70 元,则预算约束线随之改变,围绕其与牛排所在轴的交点向内旋转,如图 3-33 所示。我们发现此时的常态均衡点由原来的 A 点变成了最新的 C 点,消费者增加了对牛排的需求,而减少了对意面的需求。消费者在达到这一均衡的过程中,遵循如下的思考方式:其一,尽管消费者收入不变,但由于意面变贵,消费者感觉自己更加贫穷了,他只能减少对于意面或牛排的需求量。消费者这样的感觉在微观经济学中被称为收入效应。其二,随着意面价格的上升,消费者感觉牛排相比意面便宜了,因此消费者愿意购买更多相对便宜的牛排来代替意面,微观经济学中将此称为替代效应。这两种效应一起,决定了意面价格上升时两种商品最终的常态均衡点在哪里。

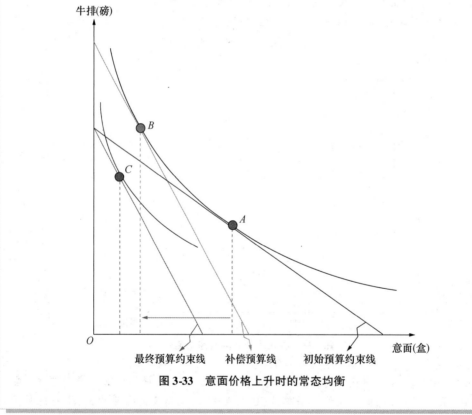

图 3-33　意面价格上升时的常态均衡

三、两种商品的特殊均衡

但是效用函数和无差异曲线并非都是上图中表示的那样,消费者对某些商品的特殊偏好使得均衡分析出现了特例。我们已经在上面对正常商品的常态均衡做了分析，但对于特殊商品，消费者对其的特殊偏好会使效用函数和无差异曲线都呈现出和原来不同的特点。因而，此时消费者均衡状态就会发生改变。下面我们将分别对完全互补品、完全替代品和一些特殊形式效用函数的消费者均衡进行分析。

1. 完全互补品的消费者均衡

完全互补品的预算约束线必然与其一系列呈现直角线形状的无差异曲线交于某一个直角点。这个直角点即为此时的消费者均衡点，如图3-34中的均衡点 E。

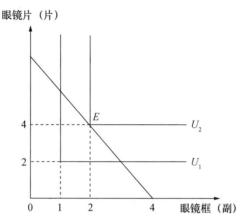

图3-34 完全互补品的消费者均衡

2. 完全替代品的消费者均衡

由于完全替代品的预算约束线和无差异曲线都是直线，且无差异曲线簇为一系列直线，因此直线和直线只可能相切于其坐标轴的交点。此时，消费者的均衡点落在横轴或纵轴上，如图3-35的 A 点。

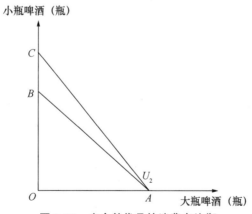

图3-35 完全替代品的消费者均衡

3. 特殊形式效用函数的消费者均衡

还有一种特殊形式的效用函数，如图3-36所示。由于消费者对于 x_2 有特殊的偏好，因此其无差异曲线 AC 与预算约束线 AB 相交于 A 点。消费者在该点达到最大效用水平且完全满足预算约束，所以 A 点必然是均衡点，但此时 $|MRS_{1,2}| < p_1/p_2$。

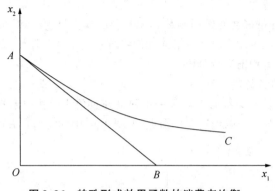

图 3-36　特殊形式效用函数的消费者均衡

案例 3-3

在进行最优决策时，要注意绝对值和百分比的差别

本节之前的内容主要介绍了消费者从理论层面应当如何进行决策，从而在不同的条件下达到消费者均衡，实现最优决策。这里，笔者想提示一个我们在实践中往往会忽略的问题，即混淆绝对值和百分比。

新学期开始，你想买一台新的电脑以更好地开始你的大学之旅。在多方搜集信息并比较的基础上，你发现你中意品牌的电脑在中关村电脑城的售价为 6 000 元，而在郊区的电子用品批发销售市场中的售价为 5 950 元。你在衡量二者差价相对于原价之间的差别之后，你很可能不会选择开车前往郊区购买更加便宜的商品，因为你认为节省的 50 元相对于其 6 000 元的售价而言并不高。

但同样是这个情景，让我们将电脑换成蓝牙耳机，此时选择前往郊区的人可能就会变多。假设此时某品牌蓝牙耳机在中关村电脑城的售价为 200 元，而同样的蓝牙耳机在郊区的电子用品批发销售市场中仅售 150 元。在这一情况下，尽管二者差价的绝对值没有变，但是由于商品价位的降低，你会感觉郊区的商品明显比中关村电脑城的商品便宜，且便宜 25%。为此，更多消费者将选择前往郊区购买。

但学经济的你此时发现了一个问题，这两款商品差价的绝对值完全相同，而从城市前往郊区所需的费用和时间成本也完全相同，这两个决策按理来说应该是有相同的决策结果，即当差价低于前往郊区的费用和时间成本时，你会选择在中关村电脑城购买此商品；而当差价高于前往郊区的费用和时间成本时，你会选择前往郊区购买同款商品。

这一发现告诉我们，在做最优决策的时候，我们应当聚焦于边际收益的绝对值和边际成本，而非边际收益的百分比！

第六节 小 结

第三章主要介绍了选择理论,选择理论在经济学中非常重要,因为通过它可以探究需求曲线、供给曲线、最优选择,是理解理性人行为的重要基础。本章首先介绍了偏好与偏好假定。偏好是人们在面临选择情境下做出决定的基础,它解释了人们为何选择其中一个选项而放弃另一个选项,它在经济学的框架下有很多数学性质,这些性质反映了一个人的理性行为。

之后,本章引入无差异曲线,描绘了一系列能够使消费者效用不变的消费组合;本章还介绍了无差异曲线的各种性质,并给出了证明,刻画了正常无差异曲线的形状。本章还介绍了一些特例,其无差异曲线不符合一般意义上无差异曲线的形状,需要我们根据具体情境进行有针对性的分析。

随后,本章介绍了效用和边际效用,量化了无差异曲线刻画的消费者的满足水平。边际效用递减是效用函数的一个重要特点,它揭示了总效用和边际效用的关系。值得说明的是,边际替代率在图形上即表现为无差异曲线的斜率。

另外,本章还介绍了预算约束。本章前部分重点讨论了"消费者想要做什么",引入预算约束后则讨论了"消费者能够做什么"。本章还探讨了预算约束线在商品价格和收入变动时的变化情况,并列举了税收、补贴和配给等现实生活中改变消费者预算约束的例子加以分析说明。

最后,结合本章介绍的偏好和预算约束,我们可以推导出消费者的均衡,即消费者的最优决策。本章分别介绍了常态均衡和特殊均衡下的均衡解。其中,特殊均衡包括完全互补品、完全替代品及特殊形式效用函数三类。本章还提前介绍了收入效应和替代效应,与后面的章节相呼应。值得注意的是,这一部分是本章的理解性内容,这两个效应的具体分析在后文和之后更高水平的微观经济学学习中会再次强调。

内容提要

- 偏好是个人面临各种选择时,对不同选择做出的倾向性判断。理性消费者的偏好具备完备性、反身性、传递性和非满足性等性质。
- 无差异性曲线反映了消费者效用不变时,两种商品消费数量的相互关系。无差异曲线共有4个性质:斜率为负;不相交也不平行;越靠右上方的效用水平越高;凸向原点。
- 效用是对消费者满足水平的数量化刻画。边际效用具有递减的性质。
- 预算约束为消费者选择提供了一个外部约束。消费者收入和商品价格会影响预算约束线。税收、补贴和配给是政府影响消费者预算约束的实际例子。
- 消费者的最优决策是在预算约束下结合个人偏好做出的。

关键概念

偏好	字典式排序	传递性假定
消费束	完备性假定	非满足性假定
综合式排序	反身性假定	无差异曲线

完全替代品	边际替代率	消费者均衡
完全互补品	边际效用递减规律	非线性约束
效用	预算约束	收入效应
总效用	预算方程	替代效应
效用函数	多重约束	最优决策
边际效用	可行集	

练习题

1. 假设某一代表性消费者面临的预算约束线为 $p_1q_1 + p_2q_2 = w$，面临两种商品选择。如果商品 1 的价格提高了 2 倍，商品 2 的价格提高了 6 倍，收入提高了 3 倍。那么，预算约束线会如何变化？

2. 请问下面哪些函数是单调变换的？
(1) $u = 2v - 13$
(2) $u = -1/v^2$
(3) $u = v^2, v > 0$

3. 请阅读下列描述，用恰当的语言描述或用效用函数来表示下列语句：
(1) 可口可乐和百事可乐一样好喝，我都很喜欢；
(2) 我爱吃麦当劳的薯条，在其他食物一样的情况下，我觉得薯条越多越好；
(3) 在我看来，肯德基的汉堡就是比麦当劳的更加好吃；
(4) 豆浆和油条是绝配，每天早餐我必须食用一杯豆浆和两根油条。

4. 假设一个人总是买一杯豆浆和两个包子。如果每个包子的价格是 p_1，每杯豆浆的价格是 p_2，这个人可以用来买豆浆和包子的钱是 m。那么他可以分别购买多少包子和豆浆呢？

5. 当价格为 $(p_1, p_2) = (1, 2)$，消费者需求 $(x_1, x_2) = (1, 2)$；当价格为 $(p_1, p_2) = (2, 1)$，消费者需求 $(x_1, x_2) = (2, 1)$。这种行为是否符合消费者效用最大化模型？

6. 假设一个人早餐总是需要喝 1 杯牛奶或者 2 杯豆浆，而具体选择牛奶还是选择豆浆在他看来没有差异。如果每杯牛奶的价格是 3 元，每杯豆浆的价格是 2 元，他用于早餐饮品的花销总额为 n，则他将会如何选择他的消费束以达到最优情况？

7. 小明早餐必吃粥、馒头、咸菜和青菜，且他会遵循一种有趣的方式组合食用这些食物，即他喝一碗粥必须配一个馒头，而吃一个馒头就需要一小盘咸菜和两小盘青菜，如果缺少其中任何一种食物，他都不会因这顿早餐而感到开心。我们假设他的效用函数是这四种食物的组合函数，且某一种食物数量增加但其他食物数量不变都不会让他更加开心，试问：
(1) 小明早餐的效用函数满足什么形式？
(2) 如果我们将这四种食物的特定比例视为小明早餐的一种特殊组合方式，假设一个馒头 1.5 元，一碗粥 3 元，一小盘咸菜 1 元，一小盘青菜 1.5 元，请问小明这种特殊组合方式的早餐价格是多少？
(3) 在特殊时期，青菜价格上升，一小盘青菜的价格涨到 2 元（即价格增加 33%），请问该特殊组合方式的早餐价格将会增加的百分比是多少？
(4) 如果小明每个月用于早餐支出的总额为 300 元（一个月按 30 天计算），且小明认为按这个组合方式，他消费的该组合数量越多，他的效用值越高；但如果无法按这个组合进行，其中任何一种食物数量的增加都不会让他感到更加开心。请问他一天会选择消费多少个这样的组合？他一个月用于早餐的支出又是否会全部用完呢？如果钱没有用完的话，请问当月将剩余多少?

(5) 如果小明将每个月用于早餐支出的总金额增加到 600 元(一个月仍然按 30 天计算),且假设小明的效用函数也保持不变,那么他早餐选择消费的食物组合会发生变化吗? 他的月早餐预算是否会用完? 如果钱没有用完的话,请问当月将剩余多少?

(6) 在问题(4)的基础上,如果小明每个月用于早餐支出的总金额不变,但此时咸菜价格上涨了,变为一小盘 1.5 元,请问此时这个特殊组合方式的早餐价格是多少? 小明每天早上将会选择消费多少个这样的早餐组合? 他的月早餐预算是否会用完? 如果钱没有用完的话,请问当月将剩余多少?

8. 你决定这个月在买书和看电影上一共花 120 元人民币,下表显示了你从不同数量的书籍和电影上得到的效用值。假设一本书的价格是 20 元人民币,一场电影的价格为 30 元人民币。

数量	书籍带给你的收益			电影带给你的收益		
	总收益	边际收益	单位人民币的边际收益	总收益	边际收益	单位人民币的边际收益
0	0			0		
1	100			150		
2	190			290		
3	270			420		
4	340			540		
5	400					
6	450					

(1) 请填充表格中空着的各列,并对此进行解释。

(2) 使你的总收益达到最大的消费束是什么? 请对此进行解释。

(3) 假如书店针对学生推出了特惠购书活动,每本书的价格统统变为 15 元人民币,而一场电影的价格仍然为 30 元人民币,请问现在使得你的总收益达到最大的消费束是什么? 用简要的过程解释你的思路。

第四章 均衡的变动

在上一章节中,在假设初始条件不变的背景下,我们围绕消费决策过程,对三个问题进行了回答:消费者选择什么?可以选择什么?如何进行选择?但在日常经济生活中,居民收入、商品价格等各种内外部条件并非一成不变,进而会对消费者的选择决策产生一定的影响,均衡和最优决策选择也会发生改变。

在本章,我们将着重考察由经济条件,特别是收入、价格等变化所带来的消费者均衡的变化。本章分为五节:第一节分析收入的影响,并介绍相关的曲线、需求收入弹性和对应的商品属性,也对两个与收入相关的国际上常用的指标进行分析。第二节关注价格带来的影响,并推导相关的曲线以及计算价格弹性。第三节则重点讨论消费者剩余,包括其概念和作用。第四节考察价格变化时存在的两种效应,并对具有不同属性的几类商品进行说明。第五节为小结。

第一节 收入变化对均衡的影响

一、收入需求曲线

1. 收入消费曲线

先从两种商品的均衡开始分析。在第三章的图3-31中,我们讨论了如何确定消费者的均衡点。现在,假设对于这两种商品,它们的价格没有变化,也就是在预算约束线的斜率不发生改变的情况下,我们分析消费者收入的变化对均衡点产生的影响。

从图4-1可以看到,收入增加时,消费者的预算约束线向外平行移动,预算可行集持续增大。图中的切点E_1、E_2、E_3、E_4是每条预算约束线对应的均衡点。该点对应的消费束使消费者在对应收入下能够实现效用的最大化。如果把收入的变化看作连续的过程,即假设收入的变化能够无限细分,那么收入变化带来的均衡点的变动轨迹可以形成收入消费曲线(Income Consumption Curve),简称IC曲线。

2. 收入需求曲线

收入变化的时候,x_1的消费量也在发生改变。x_1^1、x_1^2、x_1^3、x_1^4分别为不同收入对应的x_1消费量。由此,基于收入消费曲线,我们可以将均衡时的收入M和相应的商品x_1的最优消费量相对应得到另一条曲线——收入需求曲线(Income Demand Curve),简称ID曲线。如图4-2所示。

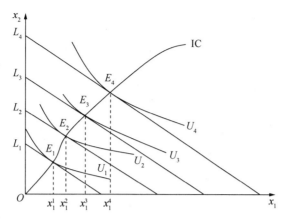

图 4-1　收入变化对均衡的影响

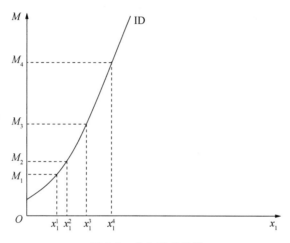

图 4-2　收入需求曲线

3. 效用曲线

从图 4-3 中可以看出，在收入变化的过程中，消费者的效用也在发生改变，对应从 U_1、U_2、U_3 到 U_4。因此，由消费者的最大化效用 U 和 x_1 的最优消费量的对应关系可以得出第三条曲线——消费者关于 x_1 的效用曲线。效用函数的形状在第三章的图 3-16 中已进行相关的介绍。

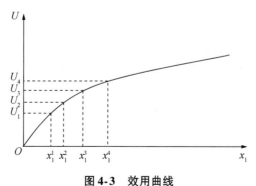

图 4-3　效用曲线

读者可以基于以上的方法同理推导出关于商品 x_2 的三条曲线。但要注意：因为在图 4-1 中，横轴是对应商品 x_1，纵轴是对应商品 x_2，所以 x_1 的三条曲线是通过对图形的纵向排列得到的，但对于推导 x_2 的相关曲线，则需要对图形沿横向排列的形式来分析。

二、需求收入弹性与商品的属性

收入的变化会影响需求的变动，那么如何进行定量的分析？我们在这一部分结合图形对需求收入弹性进行分析，并讨论商品的分类。

1. 需求收入弹性的计算和范围

图 4-4 中，ID 曲线是消费者对 x_1 的收入需求曲线。过 A 点作 ID 曲线的切线 NA。由图可得到 A 点对应的收入是纵轴上原点到 M_A 的距离。x_1 的需求量则是横轴上从原点到 x_1^A 对应的距离。A 点的需求收入弹性表达式如下：

$$E_M = \frac{\Delta x_1/x_1}{\Delta M/M} = \frac{\Delta x_1}{\Delta M} \cdot \frac{M}{x_1} = \frac{\Delta x_1}{\Delta M} \cdot \frac{M_A}{x_1^A} \cdot \text{tg}\alpha = \frac{OM_A}{Ox_1^A} \cdot \frac{Nx_1^A}{x_1^A A}$$

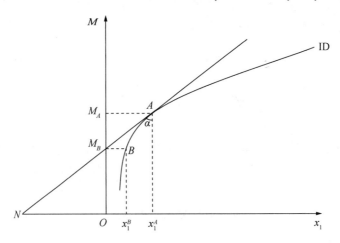

图 4-4　需求收入弹性大于 1

因为 $OM_A = x_1^A A$，所以 $E_M = Nx_1^A/Ox_1^A > 1$。

A 点的需求收入弹性大于 1。这表明，在 A 点收入变动 1 个单位时，消费者对 x_1 的需求变动超过 1 个单位，所以可以说 x_1 的需求量对收入的变化较为敏感。这其实是奢侈品的特性。

不同的商品有不同的 ID 曲线，同一条 ID 曲线也可以选择不同的点计算需求收入弹性。因此，接下来我们继续讨论其他情形。

在 A 点向下移动的过程中，过 A 点所作的切线与横轴的交点 N 点会向右移动，直到 N 点与 O 点完全重合，如图 4-5 所示，此时 $Nx_1^A = Ox_1^A$，可以推出 $E_M = 1$。也即在这个位置，消费者需求量变动的比例等于其收入变动的比例。

A 点继续下移，N 点右移且跃过 O 点时 $Nx_1^A < Ox_1^A$，此时 $0 < E_M < 1$，这是必需品的特点，如图 4-6 所示。

但此时，N 点依然在 x_1^A 点的左侧，故 $Nx_1^A > 0$，即 $E_M > 0$。综合起来得到：$0 < E_M < 1$。

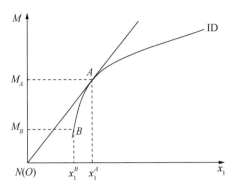
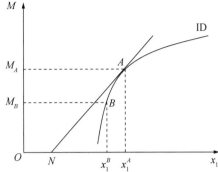

图 4-5　需求收入弹性等于 1　　　　图 4-6　需求收入弹性介于 0 和 1 之间

我们把收入需求曲线的形状变化一下并使 A 点上移，N 点随之右移到和 x_1^A 重合，此时 $Nx_1^A=0$，即 $E_M=0$，如图 4-7 所示。此时，收入的变化并不影响消费者对 x_1 的消费需求。

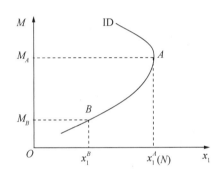

图 4-7　需求收入弹性等于 0　　　　图 4-8　需求收入弹性小于 0

从此时起，使 A 点继续上移，则 N 点越过 x_1^A 点，此时 $Nx_1^A<0$，即 $E_M<0$，这是劣等品的特点，如图 4-8 所示。

综合以上分析，对于收入需求曲线，我们可以发现：第一，在无明确规定的情况下，其形状并不单一，它可能是多种多样的；第二，同一条曲线上不同的点的弹性不一定相同；第三，不同的曲线由于对应的弹性范围不完全相同，反映出不同的商品属性。

2. 商品属性的变化

收入变动的过程中，商品的属性也可能发生改变。图 4-9 对此进行了展示。

在 LM 段，消费者收入较低，x_1（如汽车）的需求收入弹性较大，$E_M>1$，这时的汽车是一种奢侈品。正如汽车目前在中国的情况。

在 MP 段，消费者收入有了提高，汽车的需求收入弹性较小，但大于 0，即 $0<E_M<1$，这时汽车变成了一种必需品，如汽车目前在美国的情况。

在 PQ 段，当收入有更进一步的增长时，汽车的需求收入弹性小于 0。此时，随着收入的增加，汽车的需求量反而下降，汽车变为劣等品。这是因为，在未来，对于有足够高收入水平的个体，他可以借助各类电子设备居家办公、远程操作，购买商品则可以由第三方代为服务，所以不再那么需要汽车作为代步的工具。只有较低收入者才需要借助汽车处理自己的生活事务。

关于随着收入的变化，商品由奢侈品变为必需品等属性改变的例子有很多，比如黑白电

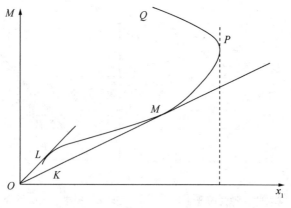

图 4-9　商品属性的变化

视机从传入中国到最后退出市场,有很多商品是最后被市场淘汰的。结合中国近些年的发展,读者可以仔细想想其他例子以加深理解。

三、正常品、劣等品和奢侈品的弹性解释

在经济学中,经济物品可以大致划分为正常品和劣等品两类,正常品包含奢侈品和必需品,它们有不同的需求收入弹性,我们结合不同形状的收入需求曲线予以分析。

1. 正常品(Normal Goods)

正常品的需求收入弹性大于0。收入提高时,消费者对其需求量也有相应的提高。其收入需求曲线可见图4-2。

当然,我们日常所见的很多商品都是正常品。

2. 劣等品(Inferior Goods)

相反,劣等品是收入增加但消费量反而减少的商品。其需求收入弹性小于0。但从图 4-10 中我们可以发现,劣等品一开始是正常品。在收入低于 M_0 时,随着收入的增加,x_1 的消费量也在增加。但当收入继续上升超过 M_0 时,x_1 的消费量反而降低了。对收入超过 M_0 后的 x_1,有:

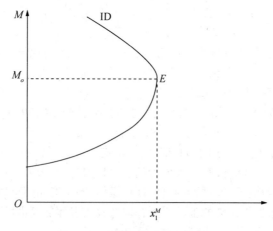

图 4-10　劣等品的收入需求曲线

$$x_1 = x_1(M)$$
$$\frac{\Delta x_1}{\Delta M} < 0$$
$$E_M = \frac{\Delta x_1}{\Delta M} \cdot \frac{M}{x_1} < 0$$

对于劣等品,有三点需要注意:第一,劣等品不是有害物品。虽然在收入增加时,其消费量减少,但劣等品仍然可以满足人们的部分需求,所以它也属于经济物品。第二,劣等品是收入达到一定水平的产物。在达到此收入水平之前,它也是正常品。比如,对从较低层次的工作开始的个体,在工资很低时,便宜的方便面对他而言可能是正常品。但随着工作晋升带来工资的上涨,此时个体的饮食可以选择海鲜、牛肉等各种营养食材,则便宜的方便面可能变为劣等品(类似的例子还有很多,鼓励读者自行思考)。第三,劣等品的定义是与收入紧密相关的,它是收入与消费量的变动方向相反的商品。

3. 奢侈品(Luxury)

在经济物品的分类中,奢侈品也是重要的一类。其需求量变化幅度大于收入变化幅度,也即对收入的变化较为敏感,因此收入需求曲线相对较为平坦,如图4-11所示。因为它的需求量和价格的变化同方向,所以属于正常品。

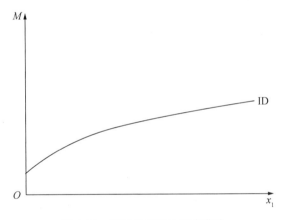

图4-11 奢侈品的收入需求曲线

4. 必需品(Necessities)

相对于奢侈品,也有商品虽然需求量和价格二者变化方向相同,但需求量变化的幅度小于收入变化的幅度,被定义为必需品。因为这类商品是消费者所必需的,所以即使收入有大幅度变动,需求也不会有太大的改变。这种商品需求量的变化对收入的敏感度较低,需求收入弹性介于0和1之间。举个简单的例子,对于大多数家庭而言,纸巾是必需品,不论是突然中彩票变富翁,还是很不幸丢了一大笔钱,纸巾都是日常所需。对于不同的个体,其必需品也存在差异。对于喜欢油条作为早餐的人,油条是必需品。但要注意,不能仅仅因为某商品的消费量随着收入变化的幅度较小就称之为必需品,还需要考虑特定收入水平。换句话说,收入对需求收入弹性的影响相当大。举个简单的例子,现阶段,不论海上私人岛屿的价格降低多少,人们对岛屿的需求量也不会有较大程度的增加,即其 E_M 几乎为0,但不能因此说岛屿是一种必需品。

总结一下,基于收入这一衡量标准,将经济物品分成下面几类:

$$\text{经济物品}\begin{cases}\text{正常品}(E_M \geq 0)\begin{cases}\text{必需品}(0 < E_M < 1)\\ \text{奢侈品}(E_M > 1)\end{cases}\\ \text{劣等品}(E_M < 0)\begin{cases}\text{一般劣等品}(E_M < 0,\text{且} E_P < 0)\\ \text{吉芬品}(E_M < 0,\text{且} E_P > 0)\end{cases}\end{cases}$$

E_P是指需求价格弹性,在第二节我们会专门进行介绍。其中,吉芬品的$E_P>0$,也即需求量随着价格的上升而上升,随着价格的下降而下降,这是违背需求规律的特殊商品。

四、恩格尔系数与基尼系数

与收入有关的指标有很多,在国际上最常讨论的是以下两个指标:恩格尔系数和基尼系数。

1. 恩格尔系数

消费者的支出往往涉及各个方面,比如食物、衣服、耐用消费品、出行、教育、娱乐等。

经济学中常将总支出中食物支出所占的比例称为恩格尔系数(Engel's Coefficient)。

一般而言,不论是国家的宏观层面,还是细化到家庭或个人,恩格尔系数会随着收入的增加而持续降低。因为在收入处于较低水平时,温饱总是排在首位,所以大部分的收入都花在食物上。但随着收入水平越来越高,消费者在满足基本的温饱后,可以把更多的收入投入到其他方面。所以当收入增加时,食物支出占比通常降低。因此,恩格尔系数越小,对应的国家、家庭或者个人越富裕。

除了恩格尔系数,国际上通常还有另外两个指标用以衡量富裕程度。一是耐用消费品的拥有量,如家具、私人交通工具、住房等耐用消费品的量越多,越富裕。二是旧衣服崭新程度,一个国家的居民平时废弃不用的旧衣服越新,该国家居民生活的富裕程度就越高。

案例 4-1

中国居民恩格尔系数连降 8 年

根据商务部的数据,2019 年中国居民恩格尔系数是 28.2%,已经连续 8 年下降。消费者也日益重视商品的品质,个性化、多样化的消费格局业已形成。各类智能产品也越来越受到广大消费者的追捧,销量快速增长。

改革开放四十多年来,中国居民恩格尔系数一直在稳步降低,已经下降了一半多,日常饮食消费早已经不是多数中国人消费中的"大头"。

1978 年,中国城镇和农村居民家庭的人均生活消费支出分别是 311 元和 116 元,恩格尔系数分别是 57.5% 和 67.7%。2017 年,中国居民恩格尔系数首次跌破 30%,降到 29.39%。经济合作与发展组织(OECD)国家或发达国家的该系数都是低于 30%。这也说明,我国告别了温饱型的消费层级阶段,正在走向更加富裕、更高质量的生活。

恩格尔系数的降低也体现了居民收入水平的提高、消费结构的转型升级和消费观念的转变。

首先,人们赚得更多了。国家统计局数据显示,2019 年中国居民人均可支配收入实际增长 5.8%。1978 年,中国城镇居民人均可支配收入为 343 元,而农村只有 134 元;到了

2000年,两个指标分别增长至6 256元和2 282元。进入21世纪,政府采取了一系列措施,包括推动收入分配改革、取消农业税等,使百姓的"钱袋子"逐渐鼓了起来。到2019年,中国城镇居民和农村居民人均可支配收入分别提高到了42 359元和16 021元。随着收入水平的提高,居民的生活质量进一步提高,中等收入群体规模也持续扩大。2018年,我国的中等收入群体数量已经超过4亿人次。

与此同时,消费结构逐渐升级。恩格尔系数的降低代表着我国居民生活消费中非食物性支出呈上升趋势。2019年服务消费持续增长,国内游客数量比上年增长8.4%,国内旅游收入的增长率超过10%,总票房超过600亿元。其他类型的消费,包括文化、信息、教育培训和健康卫生等都在快速增长。

但要注意到,恩格尔系数只是单一的指标,其降到30%以下,能否说明中我国已经进入到发达国家或富裕国家的行列?这需要更进一步的全面分析。

判断国家是不是成为发达国家,除了恩格尔系数,还有很多其他的指标需要考虑。只有通过结合我国的人均经济收入水平、收入分配情况、受教育水平等其他指标,我们才有可能做出中肯的判断。

其一,中国的恩格尔系数较为复杂,分析时不能只看整体层面的数值,还要考虑到自身经济发展存在不平衡、不充分的问题。虽然恩格尔系数总体呈降低的趋势,但东部地区与中西部地区、发达地区与贫困及老少边穷地区的恩格尔系数仍存在比较大的差别。

其二,关于农村的恩格尔系数降低的讨论和分析,要将农村的特殊性纳入考虑。农村有相当多的居民自给自足,可以直接将自己种植的粮食作为食物,不太需要从市场上购买和支出,这一定程度上导致恩格尔系数向下偏离。

其三,恩格尔系数还和当地居民的消费习惯有密切的关系。广东等沿海地区在经济总量和发展程度上领先于东北和西北地区,但恩格尔系数并不相对更低。这与当地人对食物的热爱和对食物消费的投资意愿不无关系。

资料来源:人民网,"统计局发布2019年国民经济和社会发展统计公报",https://baijiahao.baidu.com/s?id=1659744407335391013&wfr=spider&for=pc,访问时间:2021年6月;人民网,"恩格尔系数再创新低对中国意味着什么",http://finance.people.com.cn/n1/2019/0220/c1004-30806275.html,访问时间:2020年5月。

2. 基尼系数

基尼系数是反映收入分配的平均程度。将居民或个人的收入水平按照从低到高的顺序进行排列,可以得到各部分居民收入总和在总体收入中的占比。如图4-12中的 A 点,代表占总人口4/5(=80%)的居民或个人的收入之和在社会总收入中只占2/5(=40%)。可以理解成,将总收入与总人口都均分为5份的话,占总人口中4份的人群只有2份的收入,因此这部分人是低收入者。其余1/5(=20%)的居民或个人拥有社会总收入的3/5(=60%)。对应人口百分比列出相应的收入占比,就得到收入分配的洛伦兹曲线(Lorenz's Curve),即图4-12中的弧线 OAM。

对角线 OM 是收入绝对平均线,是指居民或个人拥有与自己人口占比相同的收入。比如在 B 点,占总人口60%的居民或个人的收入总和在社会总收入中占60%。折线 ONM 为收入绝对不平均线。从图4-12中可以看出,此时全社会的收入集中在最后一个人手中,其他人的收入均是0。因此从 OM 向折线 ONM 变化,也即洛伦兹曲线越凸向右下方,社会分配会越不

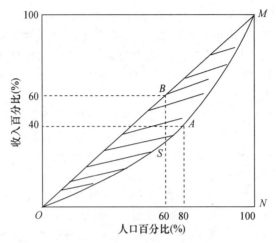

图 4-12 洛伦兹曲线和基尼系数

平均;离 OM 越近,社会分配越平均。

经济学家把图 4-12 中阴影部分面积和三角形 ONM 的面积之比称为基尼系数(Gini's Coefficient),即

$$g = \frac{S}{S_{\triangle OMN}}$$

阴影面积占比越大,基尼系数就越大,社会分配越不平均;基尼系数越小,则社会分配越平均。基尼系数取值在 0 和 1 之间,因为两种极端情况——$g=0$(社会分配绝对平均)和 $g=1$(社会分配绝对不平均)均不可能在现实生活中出现。

基尼系数除了用于探究收入的平均程度,还能够用于分析其他经济变量的集中程度,比如市场垄断程度、人口分布的情况等;也可以用于考察政策的效果,比如对比政策出台前后的基尼系数,在一定程度上可以知道这项政策对收入分配平均程度的影响。

但是,基尼系数也只是反映经济变量的平均或集中情况,只涉及实证分析,但不涉及价值判断,因此它不反映分配或分布的公平与否。

关于上述两个指标,有相当多的研究进行讨论,感兴趣的读者可以自行查阅。

案例 4-2

世界各国基尼系数排名

联合国每年会公布各国的基尼系数①,以反映社会财富分配的悬殊程度。在 2018 年的全球贫富差距排名中,瑞典成功当选全球贫富差距最小的国家,排名前 10 的国家都来自欧洲。欧洲发达国家居多,并且社会保障、福利高,出现这样的排名也是意料之中。排名第 11 位的是日本,也是唯一一个进入前 20 的亚洲国家,中国排名第 38 位。如表 4-1 所示。

---

① 联合国对基尼系数的划分标准如下:低于 0.2,收入绝对平均;0.2—0.3,收入分配比较合理;0.3—0.4,收入分配相对合理;0.4—0.5,收入分配差距较大;0.5 以上,收入差距悬殊。

表 4-1　2018 年全球贫富差距排名前 20 的国家

名次	国家
1	瑞典
2	比利时
3	丹麦
4	挪威
5	德国
6	芬兰
7	奥地利
8	法国
9	荷兰
10	卢森堡
11	日本
12	冰岛
13	爱尔兰
14	澳大利亚
15	加拿大
16	意大利
17	英国
18	瑞士
19	葡萄牙
20	斯洛文尼亚

基尼系数提供了一个直观的数量界线，衡量一个国家的居民贫富差距程度，为国家政府提供方便的监测指标，能够在国内严重的贫富两极分化现象出现之前进行预警。因此，全球大部分国家都使用基尼系数。

但是，基尼系数也存在缺点。其在计算过程中存在一些问题，比如是否要考虑去除公共援助中获益的群体、非本地的居民，或者是否应该考虑纳入政府的福利。但各国对此并没有完全达成一致。

资料来源：https://www.mrcjcn.com/n/274900.html，访问时间：2020 年 5 月。

第二节　价格变化对均衡的影响

第一节是关注控制价格不发生变化时，改变消费者收入对均衡有什么影响。这一节则假设收入不变，改变商品价格，分析其对消费者均衡产生的影响。

一、需求曲线的导出

关于价格变动带来的影响,我们关注两条曲线。

1. 价格消费曲线

仍然先考虑两种商品的均衡。在收入和一种商品的价格 P_2 不发生改变时,改变另一种商品的价格 P_1。

图 4-13 展示了随着一种商品的价格变动,均衡点如何改变。当 P_1 降低时,预算约束线的斜率绝对值随之下降,因此更为平缓,预算可行集随之扩大。由预算约束线与效用曲线的切点可以得到消费者的均衡点也即最优的消费组合。由均衡点的轨迹得到价格消费曲线(Price Consumption Curve),简称 PC 曲线,如图 4-13 所示。

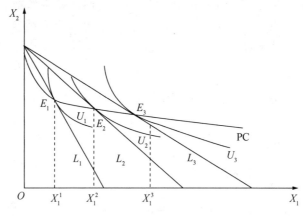

图 4-13 价格消费曲线

2. 价格需求曲线

(1)X_1 的价格需求曲线。

同样我们也看到,在价格变动时,对 X_1 的最优消费量也在改变。价格需求曲线(Price Demand Curve)体现了价格 P_1 和 X_1 的最优需求量的对应关系,实际就是之前提到过的需求曲线。如图 4-14 所示,可用函数表达式表示为 $X_1 = X_1(P_1)$。

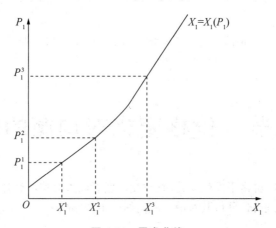

图 4-14 需求曲线

(2) X_2 的价格需求曲线。

P_1 变化对 X_1 需求量的影响可以由此直观得出,那么 X_2 的需求量又会发生怎样的变化呢?

利用图 4-15 则可以进一步画出 P_1 变化对 X_2 需求量的影响,即交叉需求曲线。之前的图 4-13 现在在图 4-15 中的第一象限,将第三象限理解为价格轴 P_1 在纵轴的方向进行倒置,基于价格和需求的对应点可以画出 X_1 的需求曲线 $X_1 = X_1(P_1)$,实际和图 4-14 的曲线相同。同理,我们仍然基于第一象限的图,向左侧第二象限对应画曲线,就可以得到商品 X_2 的需求量和价格 P_1 对应关系的曲线,即 $X_2 = X_2(P_1)$。ON 为 45°线,通过对称和折射确保下方的 OP_1 轴在第二象限的对应。

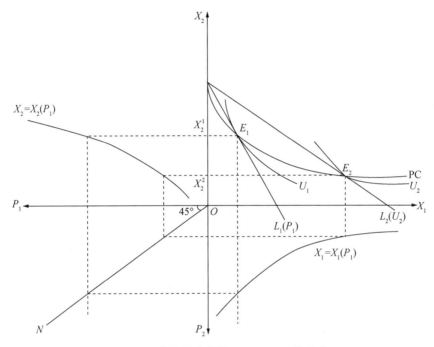

图 4-15 交叉需求曲线 $X_2 = X_2(P_1)$ 的导出

二、需求价格弹性

商品的需求受到本身价格和其他商品价格变动的共同影响。因此,需求价格弹性可以分为两部分内容:一是需求自价格弹性(通常简称为需求弹性),是体现商品的需求量对其本身价格变动的敏感程度;二是需求交叉价格弹性(通常简称为交叉价格弹性),是体现商品的需求量对另外某种商品价格变动的敏感程度。

1. 需求自价格弹性

对于一般的正常品,当其价格降低时,对其的需求量会增加。这是对需求一种定性的讨论,需求自价格弹性就是对这种性质的定量讨论。如果商品的需求弹性相对较大,也就是价格发生变化的时候,需求变动的反应程度比较大,我们会称该商品的需求富有弹性。反之,如果需求弹性较小,则可以说它缺乏弹性。

(1) 影响因素。

那么,在什么情况下,商品的需求弹性会相对较大呢?而又在什么情况下,需求弹性会相对较小呢?需求弹性取决于需求曲线的形状。而需求曲线反映了消费者对商品的偏好,受到很多因素的影响。下文将简单列举几个因素,通过对这些因素的说明旨在给大家一个直观的感觉。

第一,商品是否有相似的替代品?如果有和自己十分相似的替代品,那么当商品本身的价格提高时,消费者会减少对它的购买,转而消费相似的商品也就是替代品。因此,该商品的需求弹性较大。比如馒头和花卷,这两种商品都是人们常见的主食,并且经常在一起售卖,两者之间的替代性很强,假如有一天馒头相对于花卷大幅涨价,人们会转而都去购买花卷。再比如现在层出不穷的各类饮料,很多口味差异不大就构成替代品,当一种饮料价格上涨时,消费者往往会选择其他饮料替代。

第二,商品是必需品,还是奢侈品?对于必需品,即消费者对该商品有稳定的刚性需求,无论什么时候都需要这种商品,那么其需求弹性相对较小。人们基本的日常消费,往往是缺乏需求弹性的,比如卫生纸、大米等。又或者是事关生命安全,非常重要的消费,比如在这次新冠肺炎疫情中,口罩成为大家的必需品,出门在外均离不开口罩。尽管在初期口罩供给较为短缺并在相当长的时间内其供给远远小于需求,口罩的价格快速上涨,但是高昂的价格并没有改变人们对口罩的需求。可见,疫情中口罩的需求弹性很小。而一些奢侈品并不是日常生活所必需的,可能是身份的象征,比如珠宝,或者是给自己的生活带来更好享受的商品则会有很高的需求弹性。比如在经济状况不好的时候、金融危机来临时,对于豪宅、游艇、奢侈品箱包衣物的需求有很大的降低,人们不再有闲置资金来购买这些奢侈品。

第三,商品在长期和短期的需求弹性如何?是否存在差异?有些商品短期内可能需求弹性不算很大,但是长期来看会变大。比如汽油,当汽油价格上涨时,由于汽油在某种程度上是必需品,人们汽车出行需要汽油,短时间内对汽油的需求量不会减少太多。然而,日渐提高的石油价格,会在长期改变人们的消费行为和出行方式,更多的人会考虑选择公共交通甚至骑车、跑步出行,所以从长期来看,汽油的需求弹性较大。

(2) 计算和范围。

对于需求弹性,我们仍然借助图形来计算。见图 4-16,给出 P_1 形成的价格消费曲线 PC 和其中的两个价格水平形成的均衡点 B 和 E。从 B 点到 E 点的变化,可以理解成从原来的 P_1^1 变到 P_1^2,预算约束线从 $L_1(P_1^1)$ 变为到 $L_2(P_1^2)$。价格从 OH 变到 OK,因此得到 $\Delta P_1 = HK$。我们也可以相应看到商品 X_1 的改变量,所以弹性的计算为:

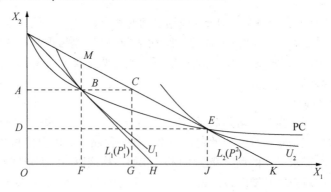

图 4-16 需求弹性

$$E_p = -\frac{\Delta X_1/X_1}{\Delta P_1/P_1} = -\frac{FJ/OF}{HK/OH} = -\frac{(FG+GJ)/OF}{HK/OH} = -\frac{\frac{FG}{OF}+\frac{GJ}{OF}}{HK/OH}$$

$$\because \frac{FG}{OF} = \frac{BC}{AB} = \frac{HK}{OH} \quad \therefore E_P = -\left(1 + \frac{GJ/OF}{HK/OH}\right) \tag{4-1}$$

此时,$GJ>0$,且 OF、HK、OH 都大于0。所以根据式(4-1)有:$E_P<-1$。也就是价格变动的幅度小于需求量变动的幅度,这是我们之前提到的奢侈品。

不同的商品 X_1 有着不同的价格,因此变化后均衡点和价格消费曲线可能不一样。这里的 E 点其实可以继续上移,甚至跃过 M 点。

如果 E 点向上移动到和 C 点重合,则 GJ 等于0。此时,$E_P=-1$。以绝对值来看,是价格变动幅度等同于需求量变动幅度,我们称之为具有单位弹性的商品,如图4-17所示。

如果 E 点在 M 点与 C 点之间,那么 J 点到了 G 点的左方,此时,$GJ<0$,而 OF、HK、OH 均大于0,但 $0 > \frac{GJ/OF}{HK/OH} > -1$(为什么?),由式(4-1)可知:$E_P > -1$。这表明 X_1 是一种缺乏弹性的商品,即价格变化后需求量变化的比例更小,通常这样的商品是必需品,如图4-18所示。

如果 E 点到了 K 点的上方,则此时 $GJ<0$,OF、HK、OH 均大于0,但 $\frac{GJ/OF}{HK/OH} < -1$(为什么?),由式(4-1)可知:$E_P>0$。这表明,X_1 的价格下降后,X_1 的需求量反而减小了,这类特殊的商品叫吉芬品,如图4-19所示。请读者分别作出图4-17、图4-18和图4-19对应的需求曲线。

(3) 中点法。

在真实代入数据计算的过程,我们会发现,以不同点为初始点计算的需求弹性会存在差异。举个简单的例子,比如在 M 点,价格是6元,相应的需求量是80件。而在 N 点,价格是10元,对应的需求量是40件。从 M 点到 N 点,价格提高了66.7%($=(10-6)/6$),需求量的降低是100%($=(80-40)/40$),因此可以计算得到需求弹性是1.5。但考虑从 N 点到 M 点,价格是降低40%($=(10-6)/10$),需求量是提高50%($=(80-40)/80$)。因此此时需求弹性是1.25。可以看到计算的需求弹性不同,那么在描述的时候要采用哪个呢?对相同变化范围的需求价格弹性,不同人采用不同的初始点计算存在不同,这会给表述时带来麻烦和困扰,最好有个统一的方法能够得到相同的值。

为此,我们介绍中点法。在计算价格或需求变化的百分比程度时,均采用变化量除以初始水平与最终水平的中点(也即初始水平和最终水平的平均值)。同样基于上面的例子,对于 M 点和 N 点,价格变化量均为4元,需求量的变化为40件,而价格的中点是8元,需求量的中点是60件,计算得到的需求弹性均为1.33。

2. 需求交叉价格弹性

交叉价格弹性反映的是两种商品之间的价格与需求量的关系,即当一种商品的价格变化时,另一种商品的需求量的反应的敏感程度。其符号的正负,由两种商品是互补品还是替代品的关系来决定。如果它们是互补品,如油墨打印机和墨水、网球拍和网球,两种商品是需要一起才能发挥作用,那么一种商品(比如油墨打印机)的价格上升,不仅会使该商品本身(油墨打印机)需求量减少,还会导致互补品(墨水)的需求量也相应减少。因此交叉价格弹性的符号是负的。(回忆一下,在过去的生活中,你是否有过由于某种商品降价或有折扣,导致你对其互补品的购买也增多的情形。)相反,如果两种商品是替代品,如热狗和汉堡,消费者大多数只会二者取其一,所以一种商品(比如热狗)的价格提高虽然会带来其商品需求量的减少,但同时会带动另一种商品(汉堡)需求量的增加。因此交叉价格弹性的符号是正的。

事实上,价格消费曲线的不同形状也反映了 X_1 和 X_2 之间的关系。在图 4-15 中,交叉需求曲线 $X_2 = X_2(P_1)$ 反映出这样的特征:当 P_1 上升时,X_2 的需求量会增加;反之当 P_1 下降时,X_2 的需求量会减少,即 $\Delta X_2/\Delta P_1 > 0$,说明 X_1 和 X_2 互为替代品。读者可以仿照图 4-15 的方法作出图 4-17、图 4-18 和图 4-19 的交叉需求曲线和相应的交叉弹性,其结果是:

对于图 4-17,$\Delta X_2/\Delta P_1 = 0$,$X_1$ 和 X_2 互为独立品;对于图 4-18,$\Delta X_2/\Delta P_1 < 0$,$X_1$ 和 X_2 互为互补品;图 4-19 留待下一章讨论。

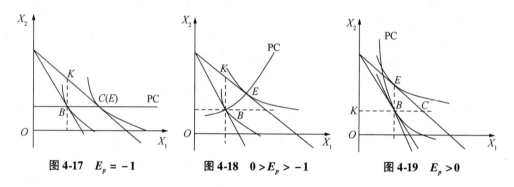

图 4-17 $E_p = -1$ 图 4-18 $0 > E_p > -1$ 图 4-19 $E_p > 0$

案例 4-3

政府的征税和退税

征税对国家至关重要,是政府对经济进行调控所借助的一项重要工具。因为对某种商品征收额外的税费,实际上相当于提高了商品的价格,从而抑制了消费者的需求,损害了消费者的福利。(请读者自行画出描述商品征税后消费者选择受到影响的图形)

然而,如果我们把征收的税费,又在特定的时候以补贴的形式等额返还给消费者,消费者福利是否会发生变化呢?

这个问题,粗略来看,答案似乎非常显而易见。因为征税和退税的数目是相同的,消费者实际支付的资金与被返还的资金数额其实是一样的,那么消费者的福利应该是不会发生变化的。然而,如果我们对需求曲线进行严谨的经济学分析,会得出意想不到的答案。

如图 4-20 所示,我们假设征税是以改变价格的方式施加在消费者身上的,即消费者面临的商品价格由 p 增加到 $p+t$,而另一种商品的价格保持不变,为了方便起见,我们将其价格标准化为 1,假设原本消费者的收入为 w,则原来的预算约束线是 $px + y = w$。征税后,预算约束线变为 $(p+t)x' + y' = w + tx'$。由于征税和退税的数目是相同的,所以等式两边可以同时消掉 tx',使得新的和旧的预算线均为 $px' + y' = w$,没有发生改变,可以发现确实如我们之前的所猜想的,消费者似乎面临相同的情形。然而正是因为预算约束线一样了,我们可以发现,在相同的价格和收入下,消费者在没有征税的时候的消费束是 (x, y),没有选择 (x', y'),这说明消费者效用最大化时会选择原来的消费束,征税后选择的消费束并不是原来最优的,所以消费者的福利是受损了。从这里我们也可以看出,很多事情只凭直觉分析不一定就是对的。

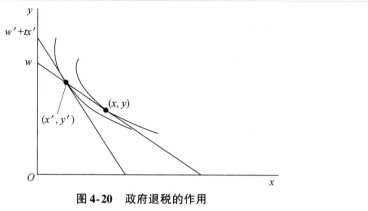

图 4-20 政府退税的作用

如果征税是按照价格的百分比来进行,那么征税后退税的结果是否会相同?这留给读者进行思考。

第三节 消费者剩余

一、消费者剩余的定义

想象一下,假设你肚子很饿,如果这时候有人在叫卖面包,你肯定很想得到一个面包来填饱肚子。第一个面包能带给你的效用相当大,可以一定程度上缓解饥饿感,所以你会愿意对它出很高的价格;对第二个面包的出价次之,但接下来对第三个面包,你就不会愿意付出那么多了,因为饥饿感大致得到了缓解。现在有一家销售面包的便利店,假设店家知道你的心理,他会给每个面包报出不同的价格,你就要为此付出更多的钱。但由于市场竞争与政府的管制,卖家不得不对每个面包定下同样的价格。因此你节省了一笔本来应该也是你愿意支付的货币。消费者愿意支付的货币和实际支付的货币之间存在的差额就是消费者剩余(Consumer Surplus)。它可以理解成消费者在消费交易的活动中额外得到的好处或收益。

我们再用一个例子来具体说明消费者剩余。假设你去参加了一个拍卖会,在拍卖一个古董时,有四位买家甲、乙、丙、丁都对这个古董感兴趣,他们每个人对古董都有一个心理价位,即自己愿意支付的最高价格,高于这个心理价位就不会要了。每个消费者愿意支付的最高价格就是支付意愿(Willingness to Pay),它反映的是消费者心中商品的价值。

我们现在假设甲、乙、丙、丁四个人的支付意愿分别是 100 万元、80 万元、70 万元、50 万元,并且他们的支付意愿在竞拍的过程中不会由于现场氛围或他人的影响而发生改变。拍卖会一般会从低价起拍,竞拍者们会依次要价,逐步把价格抬升上去。假如价格被甲报到了 80 万元以上,那么竞拍就以甲购买古董作为结束,因为除了甲,没有人愿意以高于 80 万元的价格购买这件古董。但是,这并不意味着甲叫出其他人所认为不值得的"高价",甲就是个冤大头,没有"得到好处"。假设最后甲的竞拍价格是 85 万元,尽管价格高出了其他人的支付意愿,但是只要低于甲自己的支付意愿,甲就得到了好处,这里甲得到了 15 万元(= 100 万元 –

85万元)的消费者剩余。这是甲在市场上得到的利益,是市场定价与自己定价的差值。但对于乙、丙、丁三个人,他们的消费者剩余则是0。因为他们和市场之间没有进行过交易,未发生真实的支付,当然也就没有实际支付与支付意愿之间的差值了。

现在我们假设有两个一样的古董,还是甲、乙、丙、丁四位买家参与竞拍。仍然是从较低的价格开始竞拍,价格会随着竞拍者的要价不断提高。不同于只有一个古董,现在市场有两个商品,价格会在高到市场上剩下两个竞拍者时,停止上升。竞拍会在甲和乙报出高于70万元以上的时候停止,此时丙和丁会因为价格已经高于其支付意愿,而退出竞拍。假设最后的成交价格是75万元,甲得到的消费者剩余是25万元(= 100万元 − 75万元),乙得到的消费者剩余是5万元(= 80万元 − 75万元),如图4-21所示。

更多竞拍品或者购买其他商品带来的消费者剩余的推导过程同上,读者可以自行分析。

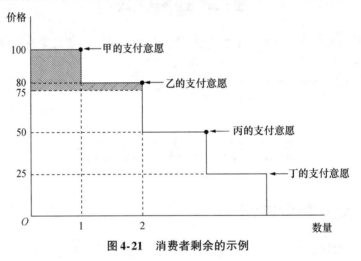

图 4-21 消费者剩余的示例

二、消费者剩余的不同解释

对于消费者剩余,也有不同的解释和相应的理解,我们下面对目前常见的三种解释进行介绍。

1. 马歇尔消费者剩余

图4-22和图4-23分别表示马歇尔消费者剩余在离散和连续情形的度量。还是一开始提到的例子,假设你最多乐意为第一个面包支付10元,吃完后,你最多乐意为第二个面包付出9元。吃完第二个后,你最多愿意为接下来的第三个面包付出8元。吃完第三个后,你最多愿意为第四个面包支付7元(以此类推)……所以,如果一开始一个面包的价格比10元高时,你将不愿意购买任何面包;当价格小于或等于10元,但高于9元时,你只愿意买一个面包;当价格小于或等于9元,但高于8元时,你只愿意买两个面包……于是可以推出你的需求曲线,如图4-22所示的阶梯形折线。

那么进一步地,假设店家每个面包的售价是7元,那么你会愿意买多少个面包呢?你会得到多少消费者剩余呢?容易推断,你愿意购买4个面包,共支付28元。而这4个面包,你实际愿意支付的是34元。所以你得到的消费者剩余是6元,如图4-22所示。

对前4个面包愿意支付的货币34元在图4-22中表示是$OCAJDEFGHI$的面积。但你真实支付的货币28元是长方形$OCAB$的面积。所以可以得到,消费者剩余6元是阴影部分面积。

假设商品消费量能够无限细分,就可以得到图 4-23。那么消费者剩余可以表示为曲边三角形 ABC 的面积。阴影部分表示的消费者剩余被称为马歇尔消费者剩余(Marshallian Consumer Surplus)。上述分析不只是针对面包这种商品,其他商品的讨论也类似。

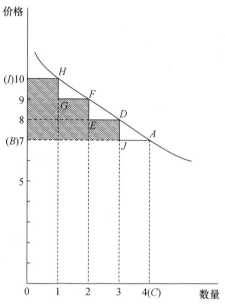

图 4-22　消费者剩余(离散情况)

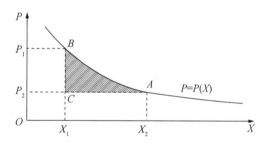

图 4-23　消费者剩余(连续情况)

如上文的例子所述,当成交价格是 85 万元时,有一个古董会被交易;当成交价格是 75 万元时,有两个古董会被交易。根据需求量与价格的对应关系就得到了需求曲线,其度量的实际上可以理解为消费者的支付意愿。消费者剩余则为需求曲线下方,同时又高于价格水平线的那部分面积。当市场上的消费者增多,他们的支付意愿之间的差距会越来越小,从而将一个阶梯式的支付意愿曲线(需求曲线)逐渐变为平滑的需求曲线。

当出现价格降低的情况时,消费者剩余会相应增大。这是因为:一方面,得益于价格降低,原来以更高价格购买商品的消费者的状况会变好,因为他们只需要花比以前更少的钱就可以买到相同的商品,他们的支付意愿和真实支付之间存在的差值被拉大,使得消费者剩余增大。另一方面,由于价格下降,更多的消费者进入了市场,新的消费者因为价格低于其支付意愿,所以参与市场交易,市场的需求量增加,并产生了更多的消费者剩余。

2. 无名氏消费者剩余

对于消费者剩余，无差异曲线提供了第二种解释，如图 4-24 所示。

横轴是某种商品 X。纵轴是货币，将之当作一种特殊的商品。假设 E 点是消费者的均衡点，对应的情况是消费 X_1 量的商品，同时持有的货币量为 OM_1。纵轴的 M_2 点是消费者不消费商品时所持有的货币总量。有一条无差异曲线 U 经过 M_2 点并且与 X_1Q 相交于 K 点。根据无差异曲线，可以知道 M_2 点和 K 点代表的消费组合带来的效用是不存在差异的。这说明消费者愿意使用 M_2H 的货币来换取得 X_1 的商品，且此时效用水平不发生改变。但在达到均衡状态时，消费者实际上只用 M_2M_1 的货币就可以换取得 X_1 的商品。所以纵轴上表示的差值 $M_2H - M_2M_1 = M_1H$，平行对应 X_1Q 线上的 EK，就是我们想知道的消费者剩余，又称无名氏消费者剩余。

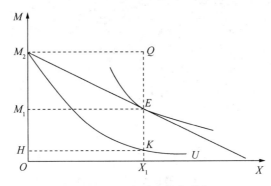

图 4-24　无名氏消费者剩余

3. 希克斯消费者剩余

图 4-25 与图 4-24 的纵轴和横轴相同，纵轴代表货币，横轴表示为商品 X 的需求量。

在 X 的价格降低之前，预算约束线是 M_1A，均衡点是 E_1，在这一点获得的效用水平是 U。当 X 的价格发生降低后，预算约束线会变得更为平缓，是 M_1B。我们可以画出一条虚拟的预算约束线 KL 与 M_1B 平行，也即与 M_1B 的斜率相同，切点是 E_2。如果消费者愿意牺牲部分货币换取 X 需求量，则只需要在 KL 曲线上就可以得到和原来相同的效用，对应 E_2 点。因为商品价格降低，所以消费者可以在效用不发生改变时获得的货币收入剩余是纵轴对应的 M_1K 的量，被称为希克斯消费者剩余（Hicks' Consumer Surplus）。

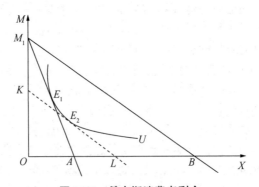

图 4-25　希克斯消费者剩余

三、消费者剩余的作用

消费者剩余看似很简单,但其实具有重要的作用,体现为以下四个方面:

第一,消费者剩余对人们的自由交易起到了极大的推动作用。在市场经济中,数量庞大的买卖双方可以相互间自由交换的原因主要在于:买方希望可以从中得到更多的消费者剩余。假设你必须买一部新的手机,如果这时候你没有一个自由的市场交易权,你就需要购买指定的某种品牌或型号,这可能导致你的消费者剩余部分甚至全部被剥夺。相反,如果你拥有自由交易权,可以自主选择手机,你就能充分寻找最符合自己心意、对自己最有利的产品品牌和最合适的价格,从而获得更多的消费者剩余。同样的情况也适用于厂商作为要素的需求者在市场上进行交易。

第二,消费者剩余是工业革命的重要贡献因素。在市场经济的发展过程中,厂商需要通过降低生产成本,力求为消费者带来更多的消费者剩余、得到更多消费者的青睐从而占据更多的市场份额。因为规模化生产和机械化运作可以更进一步地降低生产成本,所以越来越多的厂商开始使用这些方法并且不断推广开来。可以说,工业革命为消费者直接带来巨大的消费者剩余,不仅提高了消费者的生活品质,同时也促进了厂商的技术进步和效率的提高,对整个社会经济发展起到至关重要的作用。

第三,消费者剩余也在推动经济的全球化发展趋势中发挥了关键的作用。如果某种商品不能为该国的消费者带来满意的消费者剩余,那么其他国家的同类或相似的商品就会"趁虚而入",进入该国抢占市场份额甚至几乎完全占据这个市场,由此推动了国际贸易和跨国经营的出现及范围的不断扩大,推动了全球化,也促进本国厂商的产品不断升级。同时,在全球经济贸易往来中,只有具有比较优势的商品才能为消费者带来更多的消费者剩余。充分挖掘和运用比较优势将对全球资源的合理利用起到直接的促进作用,提高全球经济整体水平。

第四,消费者剩余是衡量经济福利的一项很好的工具。每位学者和政策的制定者,都希望可以促进经济的合理健康发展。而发展经济的最终目的在于增进全社会的总福利。消费者剩余,如前文所说,衡量了消费者支付意愿与实际支付之间的差距,体现了消费者从购买的商品中得到的收益,并且涉及主观上的心理感受。

从以上四个方面可以看出,虽然消费者剩余简单也易于理解,但其发挥的作用不可以忽视,但市场机制能否充分有效地运行是其能否发挥重要作用的关键前提(还有另一个条件是边际效用递减)。因此,缺乏市场竞争机制的计划经济是不会关注消费者剩余的。

请注意,从前文解释的过程中我们可以发现,消费者剩余是通过消费带来的效用而产生的,因此它更多是一种主观的心理感受,并不是客观的度量。这不代表消费者剩余不存在或是虚假的。因为基于哲学思辨角度,主观的心理感受其实就是客观的存在。

此外,对于一些特殊情况下的消费者剩余,我们也不会关注。比如,吸食冰毒的人对冰毒会愿意支付很高的价格。如果有机会能够以较低的价格获得冰毒,那么他们会被认为获得了很高的收益。但实际上他们往往不在意自己的最优收益。因此,我们并不认为他们能够从购买较为便宜的冰毒中得到相当大的收益。我们还要考虑到他们给自己和社会带来的危害。从整个社会的层面来看,这时的支付意愿显然不是度量消费者利益的好的指标,消费者剩余也不是度量经济福利的好的指标。当然,以上是特殊情况。在大多数情况下,消费者剩余是很重要的。

第四节 收入效应和替代效应

一、问题的提出

1. 两种效应

考虑一个情形:某些家庭以海鲜(X_1)和豆类及其制品(比如黄豆、豆腐、豆制品等)(X_2)作为他们主要的副食并进行相应的消费。如果目前海鲜的价格出现下降,那么这些人应该会增加对海鲜的消费。这种消费的增加背后包含了什么原理?进一步地,豆类及其制品的消费会有什么改变?在前文中,我们探讨了需求规律最关键的两个来源:替代效应和收入效应。基于此,我们做进一步的分析。

当海鲜的价格降低时,其需求量会增加,而增加的部分可以分解为两个方面:一方面,海鲜价格降低后,相较豆类及其制品会更便宜,所以人们消费的豆类及其制品会减少,转而多消费海鲜。这是价格变化的替代效应(Substitution Effect)。另一方面,较低的海鲜价格意味着人们能够消费更多的海鲜,相当于实际收入增加了,这是价格变化的收入效应(Income Effect)。而价格变化的总效应(Total Effect)等于两个效应相加。

2. 区分的意义

那么,为什么要区分这两个效应?这是因为,在区分两个效应之后,我们才可以更加准确地分析商品之间的替代关系。分析的过程可以理解为,当X_1的价格降低后,我们实际上是"强行"让消费者在X_1和X_2的需求量中进行调整,从而仍然回到维持原有的"满足水平"。这时,X_1和X_2的变化体现了它们二者的替代关系。然而,由于存在对消费者"满足水平"的不同理解,因此有两种分析方法——希克斯分析法和与斯拉茨基分析法。但对于后者,本书不做介绍,读者可以自行了解并与前者进行对比。

此外,其实在这个例子中,当海鲜的价格降低时,两种效应都是使海鲜的需求量增加;但是对于豆类及其制品,两种效应带来的需求量变动方向是相反的,因此对豆类及其制品需求量的变化并不确定。所以,我们需要对两种效应进行区分讨论。

表4-2列出了海鲜和豆类及其制品这两种商品的三种效应。

表4-2 海鲜和豆类及其制品的收入效应、替代效应及总效应

商品	收入效应	替代效应	总效应
海鲜	海鲜价格降低,消费者变得更富裕,从而可以购买更多的海鲜	海鲜相对于豆类及其制品变得更加便宜,因此消费者愿意购买更多的海鲜	收入效应和替代效应的方向相同,所以消费者愿意购买更多的海鲜
豆类及其制品	海鲜价格降低,消费者变得更富裕,从而可以购买更多的豆类及其制品	豆类及其制品相对于海鲜变得更加昂贵,因此消费者愿意购买更少的豆类及其制品	收入效应和替代效应的方向相反,所以消费者愿意购买豆类及其制品的数量是增加还是减少并不确定

总的来说,收入效应一般会让消费者的无差异曲线移动到更高的位置,效用得到提高。

替代效应则一般会让消费者沿着无差异曲线移动,得到新的均衡点和消费束,但效用水平没有改变。

二、希克斯分析法

在希克斯看来,"满足水平不变"是指消费者的效用水平不变。当 X_1 的价格降低后,"强行"让消费者调整 X_1 和 X_2 的需求量来维持原来的效用水平,得到的变化就是替代效应。变动的过程可以借助图4-26进行分析:

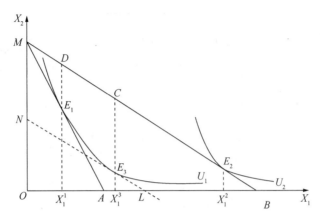

图4-26 希克斯分析法示意

图4-26中,MA 是初始的预算约束线,对应的均衡点是 E_1,效用水平为 U_1。MB 是新的预算约束线(X_1 的价格降低),此时的均衡点是 E_2,X_1 的需求量从 X_1^1 变为 X_1^2。这个是价格变化带来需求量变动的总效用。我们对价格变化带来的总效用进行进一步分解。

希克斯的替代效应强调保持相同的效用水平。因此,MB 向左下平移直到和价格变化前的无差异曲线相切在 E_3 点,从而保持效用水平为 U_1,与 E_1 点相同。这里对收入效应进行了去除。这个过程可以理解成,因为 X_1 的价格降低,消费者需要从 E_1 点移动到 E_3 点从而保持效用水平不变,这使得 X_2 的消费量相对于初始价格不变时的消费量有了减少,X_1 的消费量则增加。因此,X_1 价格变化的替代效应是从 E_1 点到 E_3 点对应的横轴上 X_1 的需求增加量,即 $X_1^3 - X_1^1$。

而另一部分 $X_1^2 - X_1^3$ 则为价格变化的收入效应。同理我们可以分析当 X_1 的价格提高时,总效应如何进行分解,请读者当作练习进行分析。

从图4-26也可以得到:

$$总效应 = 替代效应 + 收入效应$$
$$X = (X_1^3 - X_1^1) + (X_1^2 - X_1^3)$$

基于以上讨论,希克斯推出两个结论:

(1)当市场的商品价格降低时,政府应采取措施(比如征税等方式)拿走消费者的部分收入(对应图4-26中纵轴 MN 数量的 X_2 或横轴 BL 数量的 X_1)。此时,由于消费者的实际效用水平仍然可以达到变化前的效用水平 U_1,所以理性的消费者不会反对政府的措施。当市场的商品价格提高时,政府则应该对消费者进行补贴(对应图4-27中纵轴 MN 数量的 X_2 或横轴 BL 数量的 X_1),从而保持原先的效用水平。

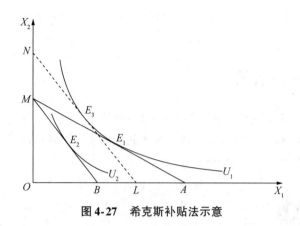

图 4-27 希克斯补贴法示意

（2）需求函数中应该去除收入效应，才是 X_1 和 X_2 替代关系的体现。经济学中，希克斯主张的去除收入效应的需求函数称为希克斯需求函数（Hicks Demand Function），而仍然包含收入效应的需求函数则被称为马歇尔需求函数。你觉得哪种需求函数更好？

三、正常品、劣等品和吉芬品的收入效应和替代效应解释

上述的分析让我们对需求的变动有了更深入的了解。接下来这一部分基于希克斯分析，我们将对前面提到的正常品、劣等品和吉芬品进行解释，便于读者对这三种商品有更深刻的认识。

1. 效应的符号分析

回到图 4-26，商品 X_1 的价格降低带来的三个效应可以从横轴上的变化直观看出。因为考虑的是价格降低的情形，新的预算约束线的斜率较原先的更为平缓，所以与初始无差异曲线的切点 E_3 总会在初始均衡点 E_1 的下方，也即从替代的角度出发，X_1 的需求量总是会增加。由于需求量的变化方向同价格的变化方向是相反的，所以替代效应总是小于 0。

因为从虚线 NL 到新的预算约束线 MB 的平移反映的是收入的变化，所以收入效应的符号看价格变化后 E_2 与 E_3 对应在横轴上的关系。但 E_2 的位置并不确定，其可以是 MB 上的所有点，甚至可能会出现边角解，这需要基于消费者的偏好。因此，收入效应的符号不能直接确定，需要以 MB 上的 C 点为分界点来分情况讨论。如果 E_2 点落在 MB 中的 CB 段，则价格降低，只考虑收入变化带来的影响，X_1 的需求量增加，因此收入效应符号为负。如果 E_2 点落在 CD 段，也即 X_1 的需求量减少，收入效应的符号是正的。如果 E_2 点正好与 C 点重合上，则需求量没有改变，说明收入效应为 0。这也表明收入效应可以大于 0、等于 0 或者小于 0。

总效应等于两个效应相加，所以其符号取决于两种效应的相对大小。总效应从图上看是对应均衡点 E_1 到 E_2 的变化，所以以 MB 上的 D 点为分界点进行讨论。如果价格变化后新的均衡点 E_2 点落在 DB 段，则说明价格下降低后，总的来看，X_1 的需求量是增加的，因此总效应的符号是负的。如果 E_2 点落在 DM 段，则 X_1 的需求量是减少的，所以总效应的符号是正的。如果 E_2 点恰好与 D 点重合，则需求量没有变化，总效应是 0。综上，总效应也可以大于 0、等于 0 或者小于 0。

2. 商品的属性

以上的分析可以进一步对应到正常品、劣等品和吉芬品。

（1）正常品。当 E_2 点落在 CB 段时，三种效应均小于 0，也即价格降低，无论是从实际收

入变化、商品相互替代的角度,还是从总体层面来看,需求量都是增加的。这符合正常品的特性。

(2)劣等品。当 E_2 点落在 CD 段属于 DB 段时,收入效应大于0,替代效应小于0。但是由于正的收入效应能够完全消除负的替代效应,所以总效应小于0(也对应新均衡点在 DB 段内)。所以,当价格降低时,从替代效应来看,需求量增加;而从收入效应来看,需求量是减少的,并且减少量小于增加量。因此在总体层面上,需求量还是增加的,也就是劣等品。

(3)吉芬品。当 E_2 点落在 DM 段时,收入效应大于0,替代效应小于0。同时由于正的收入效应超过负的替代效应,所以可以推出总效应大于0。所以价格变低时,从替代效应来看,需求量增加;而从收入效应来看,需求量减少,并且减少量大于增加量。因此在总体层面上,需求量还是减少的,也即吉芬品。

表4-3展示了以上三种属性的商品价格变低时,新的均衡点所在位置和对应的效应。

表4-3 不同属性商品的效应符号

商品属性	E_2 点位置	替代效应	收入效应	总效应
正常品	CB 段	−	−	−
劣等品	CD 段	−	+	−
吉芬品	DM 段	−	+	+

补充一点,从吉芬品和劣等品的三种效应来看,吉芬品属于劣等品中的一类。也可以说,吉芬品是总效应大于0的劣等品,是非常低档的劣等品,违背了需求规律。

3. 关于吉芬品的提出背景和解释

吉芬品的提出是在19世纪,提出者是罗伯特·吉芬(Robert Giffen),他是爱尔兰的一名经济学家。他在研究中发现,在当时爱尔兰处于灾荒的背景下,当地土豆这种商品违背了需求规律,即出现价格提高但需求量增加,价格降低但需求量减少的情况。因此,后来的经济学家把这类实际需求变动与需求规律相违背的商品称为吉芬品。

为什么会有吉芬品的出现呢?简单以当时爱尔兰的某户贫民为例。由于这些贫民十分贫困,他们只能依靠较为便宜的土豆来填饱肚子,只剩下少部分的收入用来购买和消费价格较高的蔬菜或面包。当土豆变得更加便宜时,他们消费与之前相同数量的土豆所需要的钱变少,所以剩余的钱可以购买更多的其他食物。这种情况下,他们可以用其他食物来替代土豆,不需要再买那么多的土豆,所以土豆的需求量反而减少了。但是当土豆涨价时,由于土豆几乎可以算作最能填饱肚子又最便宜的食物,有较高的"性价比",他们更没有钱去买其他食物了,所以该家庭只能购买更多的土豆,当地相当多的这类家庭加总,就导致土豆市场出现违背需求规律的现象。因此,吉芬品的需求曲线比较特殊,是向右上方倾斜的,如图4-28所示。

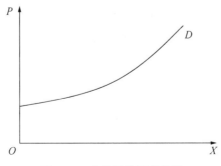

图4-28 吉芬品的需求曲线

其实，在现在的日常生活中，吉芬品非常罕见，但不是说它不存在。读者可以思考是否还有类似的商品。

第五节 小 结

第四章主要介绍了收入和价格等变化带来的消费者均衡的变动。首先，本章探讨了收入变化的影响。把每个收入水平下的需求量和收入的关系描绘出来，可以得到收入需求曲线。在这变动的过程中，需求量相对于收入变动的敏感程度，其实就是需求收入弹性。根据其大小可以进一步地把商品分为劣等品和正常品，对正常品还可以细分为奢侈品和必需品。本章还介绍了恩格尔系数和基尼系数及其在现实生活中的应用。

接下来，本章介绍了价格变化对均衡的影响，并由此推导出价格需求曲线，以及相对应的需求价格弹性。它分为自价格需求弹性和交叉价格需求弹性。不同的商品可能有不同水平的弹性。此外，两种商品的关系(是替代品还是互补品)决定着交叉价格弹性符号的正负。

然后，本章介绍了消费者剩余，还提出三种解释：马歇尔消费者剩余、无名氏消费者剩余和希克斯消费者剩余。最后，本章对收入效应与替代效应进行区分，进一步深入讨论价格和需求的关系，并重点介绍了希克斯分析方法。根据希克斯分析法，可以对正常品、劣等品和吉芬品进行解释。

内容提要

- 根据收入和最优需求量的对应关系得到的曲线是收入需求曲线。
- 根据需求收入弹性的大小，可以对商品进行分类。需求收入弹性大于0的是正常品，小于0的是劣等品，大于1的是奢侈品，大于0而小于1的是必需品。
- 恩格尔系数衡量的是总支出中食物支出所占的比例。恩格尔系数可以反映一个国家或家庭乃至个人的富裕程度，恩格尔系数越小，富裕程度越高；反之则越低。
- 基尼系数可以反映居民或个人收入分配的平均程度，还可以用来分析收入的平均程度，也可以用来分析其他经济变量的集中程度，如市场垄断程度、人口分布等。
- 由价格和需求量的关系可以推导出需求曲线。
- 自价格需求弹性反映了商品需求量对价格变化的敏感程度。交叉价格需求弹性根据两种商品是互补品还是替代品而分别呈现为正值和负值。
- 经济学中把消费者愿意支付的货币与实际支付货币的差额称为消费者剩余。马歇尔消费者剩余、无名氏消费者剩余、希克斯消费者剩余是三种解释消费者剩余的方法。
- 希克斯分析法和斯拉茨基分析法是解释替代效应和收入效应的两种常见方法。

关键概念

消费曲线	价格需求曲线	吉芬品
正常品	马歇尔消费者剩余	收入需求曲线
奢侈品	希克斯消费者剩余	劣等品
恩格尔系数	收入效应	必需品

价格消费曲线　　　　　　替代效应　　　　　　希克斯需求函数
消费者剩余

练习题

1. 有四位买家 A、B、C、D 竞拍一种商品，每个人都想拍到这种商品。假设 A 愿意出 100 元，B 愿意出 80 元，C 愿意出 70 元，D 愿意出 50 元。最终当 A 报价 80 元时成交，那么消费者剩余是多少？假设商品数量变为 2，当 A 和 B 报价 70 元时成交，那么此时的市场剩余是多少？

2. 假设每单位豆浆的价格从 2 元上升到 3 元，早餐店每天豆浆需求量从 1 000 单位减少到 500 单位。那么需求弹性是多少？

3. 公共汽车是正常品还是劣等品？

4. 假设甲很喜欢豆浆和油条，现在豆浆降价了，甲对油条的需求是会增加还是减少？

5. 个体 M 对于烧饼的每月预算是 m，对豆浆的每月预算是 f。M 对两种商品的偏好可以用效用函数 $u = 880m^{0.67}f^{0.33}$ 来表示。如果 M 的每月预算为 336 元，烧饼和豆浆的价格分别为 p_m 和 p_f。那么：

（1）M 对烧饼和豆浆的需求函数是什么？

（2）烧饼和豆浆的边际替代率是多少？

（3）你觉得烧饼是劣等品吗？请进行解释。

（4）请计算烧饼的需求弹性。

（5）假设烧饼和豆浆的初始价格是 25 元和 1.5 元，请画出烧饼的恩格尔曲线。

（6）如果烧饼变贵，现在市场价格是 34 元，应该获得多少补偿才能让 M 保持原有的效用水平？可以只写表达式，不计算结果。

6. 如果个体 R 的效用函数为 $u(o,g) = 15o^{0.5}g^{0.5}$，馒头 o 的价格是 5 元，g 代表其他商品，价格为 2 元，R 的预算为 960 元，那么：

（1）R 对两种商品的消费量分别是多少？

（2）如果馒头价格下降到 2.3 元，R 的消费者剩余是多少？

（3）请画出（2）中的希克斯分析。

7. 个体 T 的效用函数是 $u(b,d) = \ln b + \ln d$，那么：

（1）T 的偏好是什么？请进行描述。

（2）T 如何在 b 和 d 两种商品间实现效用最大化？

（3）商品 b 的属性是什么？请证明其是正常品、奢侈品，还是劣等品？

（4）商品 b 和 d 是互补品吗？还是替代品？抑或以上都不是？

8. 你觉得下面商品的对比中，哪类更有弹性？并进行解释。

（1）考试专用的涂卡笔、普通实用的荧光笔；

（2）学校里老师要求购买的习题册、武侠小说；

（3）欧式风格家具、现代简约风格的家具；

（4）明天骑车去上课、下学期每天骑车去上课；

（5）知名品牌的特级羽毛球拍、普通可使用的羽毛球拍。

9. 假设从 H 地到 T 地的高铁票的价格和对应的不同群体的需求量是：当价格是 244 元时，A 群体的需求量是 2 800 张，B 群体的需求量是 1 900 张；当价格是 360 元时，A 群体的需求量是 2 020 张，B 群体的需求量是 950 张。那么，这两个群体的需求弹性是多少？哪个群体的需求弹性更高？有什么可能的原因？

10. 某种豆制品 F 的需求弹性短期为 0.32,长期为 0.67。如果 F 的价格从 8 元提高到 14 元,那么在短期,F 的需求量变化是多少？长期又是怎样？为什么时间长短会影响弹性？

11. 在 M 地,许多农户种植一种植物 Y,当价格变化时它的需求降低了 24%,但销售的总收益反而提高了 12%。那么 Y 的需求曲线的弹性如何？

12. 楼下的冰激凌店的冰激凌 U 在半个月内价格有很大提升,但经过统计其均衡的数量和之前没有太大区别,可以视为相同。这是为什么？请思考：是需求、供给哪一方缺乏弹性？是哪一方增加了？

13. 个体 Q 很喜欢购买纪念品,每个月的收入中 34.6% 是花在这方面,请计算个体 Q 对纪念品的需求收入弹性、价格弹性。如果现在 Q 的喜好发生改变,开始只将 22.6% 的收入用在购买纪念品上,那么现在两类弹性是多少？

14. 个体 U 花了 192 元买到一串古典风铃,同时得到 86 元的消费者剩余。请计算 U 的支付意愿。过了几天风铃提价到 243 元,如果 U 是在这个时候购买,消费者剩余是多少？（回忆一下,你之前是否有过因为某件商品在你购买后没多久就变得更加便宜而生气的经历）

15. O 地盛产水果 P,但今年因为在生长的过程中多次遭遇恶劣天气,P 的甜度下降,那么该市场上的消费者剩余变动如何？用 P 制作的果酱在市场上的消费者剩余又会有怎样的变化？

16. 现在有 S 和 T 两种商品。对于 S,其需求收入弹性是 -4,它与 T 商品的交叉价格弹性是 2.2。那么当收入增加时,S 的需求量会减少吗？T 商品价格降低对 S 需求量的影响呢？请进行解释。

17. 个体 R 与 U 都是货运司机,他们准备在加油站为自己的货车加油。在看到价格之前,R 想加 150 升汽油,U 想加 150 元汽油。请计算 R 和 U 的价格弹性。

18. 考虑政府出台一项有关 H 商品的政策,因为 H 商品在一定程度上对健康有害,希望借此减少居民对 H 商品的消费：

(1) 假设我们测算得到 H 的价格弹性是 0.35。假设现在 H 的单价是 20 元,如果政府希望能够让 H 的消费量降低 15%,需要将 H 的价格提高多少？

(2) 如果政府对 H 价格的调高是永久性的,那么这对从现在起 6 个月内的消费量影响更大,还是对 3 年内的影响更大？

(3) 对 H 商品,青年人的价格弹性比成年人要更高。请对此进行解释。

19. 个体 R 对 W 商品的支付意愿如下：对第一件 W 愿意支付 12 元,对第二件 W 愿意支付 9 元,对第三件 W 愿意支付 6 元,对第四件 W 愿意支付 3 元。

(1) 那么 R 的需求曲线是怎样的？请画图表示。

(2) 如果每件 W 的价格是 7 元,那么 R 会买多少件？其消费者剩余是多少？请计算并同时在(1)中的图上标出。

(3) 如果 W 商品的单价下降 3 元,那么其需求量如何？消费者剩余的变化如何？请结合画图说明。

20. 由于前来参观的人数不多,D 地某展览馆面临资金短缺,馆长希望能够通过调高展览馆的门票价格来增加总的收益。他向你征求意见,你是否同意这种方法？请解释原因。

21. A 地盛产水稻,因为突发的极端天气导致部分农户损失惨重,而那些水稻没有受到损毁的农民会因这个极端天气获益。请解释原因。如果想要判断 A 地农民这个群体会因为极端天气受损还是获益,你还需要获得什么信息？

第三篇 企业生产理论

第五章　企业与生产经营活动

在之前的章节中,我们学习了微观经济学的基本知识和有关消费者行为的理论。正如之前所学的,市场的另一个重要组成部分为商品的供给方,而商品市场的供给者一般为厂商或企业。一般情况下,企业是通过向社会提供产品或服务实现财富积累和自身利益增加的经济主体,当然,对于经济学而言,企业的含义不仅限于此。一方面,经济学的研究很大程度上源于对企业行为的观察,而在数百年的企业组织形式发展过程中,经济学的研究内容也在不断丰富。另一方面,不断发展的经济学理论也在指导着企业行为,而现代管理学也正是在这样的基础上发展起来的。本章将从企业的概念开始,对当前企业常见的组织形式进行梳理,并逐步介绍有关企业的理论。在此基础上,本章还将初步讨论企业的生产经营活动,为第六章和第七章详细介绍企业的决策问题做准备。

第一节　企业与企业家

一、企业的形成原因

在具体讨论企业时,一个重要的问题是:社会上为什么需要且形成企业?从此前关于市场的学习中我们知道,市场上总会存在需求方与供给方,供给方出售自己富余的产品或服务以获得报酬。但其实这样的行为个人就可以完成,并不需要专门形成一个"企业"。在现实生活中,产品的制作以及服务的提供可能会需要多个环节,但这也完全可以通过多个市场得到解决。比如生产一部手机(如图 5-1 所示),作为个人,我完全可以从个体芯片工程师那里购买芯片,再从个体程序员那里购买操作系统等程序,之后组装成一部手机(虽然很难,但也能做到),最后再雇用销售员帮我销售。然而现实生活中,我们看到的诸如华为、小米等企业,作为手机企业,囊括了以上所有环节,拥有从硬件制造到软件设计、从产品制造到市场销售的全套团队,这又是为什么呢?

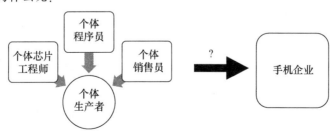

图 5-1　生产手机的两种组织形式

如果现实世界真如我们之前所学的那样拥有完美的供给和需求，换言之，所有的市场都是最有效的，价格能够完全体现需求与供给。那么，上述两种形式在生产一部手机的成本方面应该是相同的，因为两种形式使用的所有要素都是一样的。然而不幸的是，现实生活中的市场交易并非如此简单。试想，如果我们采取左侧的组织形式生产手机，此时市场前景很好，但芯片工程师突然提出要涨价，不多给钱的话就不提供手机适配的芯片。此时销售员已经雇用，程序员也已经制作完成了所有需要的软件，万事俱备，只欠东风。面对这样的情况，为了能够及时将手机成品投放市场，个体生产者也只能支付更高的价格去购买那些芯片，承受这部分"敲竹杠"带来的损失。为了解决这样的问题，个体生产者也许会想办法和芯片工程师、程序员及销售员分别签订一个合同，按照合同来进行交易。这个合同显然并不简单，因为如果仅仅是规定最后的价格，那么芯片工程师总是可以通过降低芯片的质量来实现"涨价"，届时他只要以芯片质量为威胁，就可以继续"敲竹杠"，因此个体生产者需要耗费精力去设计一个完美的合同，才能保障其生产经营活动能够实现。现实生活中，设计这样的合同可能需要投入巨大的时间与金钱，这使得个体手机生产者这种组织形式并不具有吸引力。

然而，如果我们采取右侧的组织形式，由于芯片工程师、程序员和销售员，均是企业的一部分，生产者不再需要同他们就每一个产品或服务进行交易，而只要每个月给他们开工资，他们生产出来的所有产品就直接属于生产者了，这就解决了上面的"敲竹杠"问题。在经济学中，在交易过程中为了解决诸如"敲竹杠"问题而产生的费用，被称为交易费用（Transaction Cost）。正是因为现实生活中处处都有交易费用，企业的组织形式才变得异常重要。

值得一提的是，交易费用的普遍存在不仅使得商业活动中企业的存在变得重要，也使得一个社会中产权的界定变得重要。林场里的枯树枝对于林场所有者而言并没有什么意义，但却是百姓生活所必需的燃料。如果市场的存在没有交易费用，就完全可以构建一个"枯树枝市场"①，百姓通过交易的方式获得这些枯树枝，此时将林场枯树枝的产权分割给林场所有人与将其分割给百姓并没有多少区别。但在一个有交易费用的世界中，如果林场枯树枝的所有权属于林场所有人，由于百姓群体是庞大的，协调一致去"签合约"是非常困难的，因此林场所有者可以抬高价格，对百姓"敲竹杠"，给百姓生活造成困难。1841年的普鲁士莱茵省便出现了上述问题，莱茵省议会将枯树枝的产权分割给林场所有者，更使用严苛的刑罚来惩罚"盗取"枯树枝的百姓以保护林场所有者的利益，如此违背社会福祉的荒谬的私有化，也使得年轻的马克思开始思考财产所有制的相关问题。类似于之前企业形成的讨论，解决"枯树枝"这类交易费用问题的一个大致思路就是将林场整个"内部化"，将林场变为社会的一部分，由百姓直接所有。

二、企业的相关概念

（一）有限责任与无限责任

之前我们讨论了交易费用的存在以及形成企业的必要性。形成企业通过聚合各个部门，在解决交易费用问题的同时，也将风险聚合到了企业内部。而在企业内部对风险分担的不同方式，形成了现实生活中各个类型的企业。

---

① 事实上，由于枯树枝供给几乎不需要成本，供应量也非常大，在一个有效的市场中其价格应当也无限接近于零。因此给枯树枝制定一个价格本身就是非有效的情形。

在生活中,我们时常能够听到"有限责任公司"和"无限责任公司"的说法,而这就是从责任承担方式的角度对企业进行的分类。这里经济学中所说的"有限责任"和"无限责任",在企业方面通常为谁来负责债务。例如"有限责任"就是指如果企业亏损退出市场,企业的所有投资者只对企业负有限责任,即需要完成的责任存在一个上限;而"无限责任",顾名思义,就是说当企业亏损退出市场,投资者需要无限制地对企业债务承担责任。

我们用一个简单的例子来介绍各种所有制的企业。假设张三准备独自创业,经营一家主营包子的食品铺,这在我国会被归类为个体户。一开始只有一个投资人,就是张三自己,假设张三的投资额度为5万元,即食品铺的初始资本就是5万元。那么此时,需要说明的是,张三的这个食品铺就会被当作一个无限责任公司。此时倘若企业盈利,显然张三自己能够获得所有的收益(但不能取回最初的5万元)。如果有一天,张三发现自己的企业不再有经营的前景,准备关门退出市场,假设经过会计部门核算,此时企业所有的财产(包括现金、设备等)最后还值3万元。假设企业还存在负债,例如从其他亲朋好友那里的借款,以及原料(面粉)赊账未还。这些负债的总额小于3万元,那么张三只需要变卖所有的资产,还清所有的债务,剩下的钱还是能够归于他本人的。但是,如果非常不幸,最后企业的负债额大于3万元,则张三不仅要变卖企业的所有资产用于还债,还要用自己的财产(如变卖自己的房屋)去偿还剩余的债务。这就是无限责任制企业。我们可以用图5-2来描述无限责任制企业:企业需要对自己的债务承担无限责任,投资者也需要对企业行为承担无限责任。

图5-2 无限责任制企业的负责方向

下面我们来看另一种情形,如果张三经营食品铺有方,企业效益良好,现金流也通畅,张三就会想进一步把企业做大。此时,那么张三会面临的是资金短缺的问题。这也是当前许多中小企业面临的现状:一方面,银行能够向主营包子的食品铺这种小本经营的企业提供的贷款是有限的;另一方面,作为个体创业者,张三也没有许多有钱的亲戚朋友能够求助。但客观上张三又要扩张规模把企业做大,否则会白白丧失获取更高利润的机会。摆在张三的食品铺面前的另一个问题是,张三的企业仅由张三和极少数家庭成员组成:只有张三和几个人为企业操劳,能够获得的社会资源(例如销售渠道和筹措资金渠道)也是有限的。最后,正如前文所述,由于张三的企业是无限责任制,承担的风险很高,如果企业扩张(例如增售面包)后经营不善(例如面包在当地很不好卖),那么张三很可能无法收回扩张的成本(例如购买面包机、烤箱等)而最终倾家荡产,所以张三在扩大企业规模方面必然束手束脚。基于上述种种不利因素,张三自然而然会觉得找更多的合伙人是个不错的选择,即让李四加入食品铺(当然一般需要李四提供额外的资金),并按照出资比例分享企业获得的利润(在一些特殊情况下,分成比例可能不按照出资比例)。这时候企业也就成为合伙制企业。由于合伙人的加入一般会带来新的更广泛的社会关系,以及促进企业管理能力的提升,从而增加了企业可以动用的社会资源,所以一般认为这是企业的进步。此外,合伙人的加入使得企业拥有更多的资本,从而在企业亏损时更易于偿还债务,企业经营风险得以分散。

倘若合伙制企业也因经营不善而最终亏本且外有负债,而且经过所有合伙人讨论同意终止企业经营,当负债额小于当前企业留存的资产价值时,企业可以使用当前企业资产偿还债务;当企业出现资不抵债的情况时,所有合伙人需要按照协定好的比例来偿还对应的债务。值得一提的是,如果各合伙人间贫富不均,一些贫穷的投资者出现身无分文的情形,则其他有富余资产的投资者需要替贫者偿还债务,即富者对贫者有连带责任。

如果张三的食品铺依然经营得蒸蒸日上,很快,张三会希望有更多的人加入他的企业,从而进一步扩大企业的规模。但对于投资者而言,并不是所有人都愿意对企业负无限的责任,其中有些人,例如张三的亲朋好友,愿意为企业负无限责任,他们以合伙人身份加入(负无限责任),而有些人和张三关系并不好,只是同乡,所以最多愿意以出资为限偿还债务,即以有限股东身份加入。这时,张三的食品铺就是两合公司。

假如张三经营确实有方,企业规模变得更大了,此时企业已经达到了成为有限责任公司的基础条件,而最初的那些无限责任投资人,也就是张三的亲朋好友转成了有限责任投资人(一般投资人都愿意成为有限责任投资人,因为风险更低),此时张三的食品铺也就变为有限责任公司。此时,每个投资人将以其出资额的比例为限对企业负有限责任,同时每个投资人也有权利以其出资比例对企业决策进行投票。例如,假设有一天,转为有限责任公司的食品铺还是因经营不善而倒闭,投资人经过讨论决定破产,最终核算的负债额大于企业总资本折价以后的金额,张三的食品铺也只会按照比例以其当前所有资产抵债,债权人不能要求投资人(包括张三、李四以及后续加入的有限股东)补偿其余的损失。

最后,我们假设张三的食品铺名声大振,张三希望借此机会进一步扩大规模。尽管张三没有那么多资金,但由于有着辉煌的企业经营历史,投资者相信张三的能力,因此张三能面向一定的范围欢迎更广大的投资者群体入股食品铺。通过这样的方式,张三的企业就逐渐成长为股份有限公司。

需要注意的是,直到此时,张三能够筹集资金的范围是有限的,会受到一些法律和规定的限制,总的资金筹集规模还是有限的。在此基础之上,如果张三的食品铺经营状况还能保持良好,常年保持正利润,在满足一些条件之后,张三可以前往一个资本市场,比如上海证券交易所,依照法定程序,进行公开招股。这个公开招股的过程就是人们常说的上市,而此时张三的企业已经完全成为一家上市公司了。

以上所述就是企业的"有限责任"和"无限责任"的概念区分。需要注意的是,虽然我们在以张三的食品铺为例时,从无限责任到有限责任,再到股份公司和上市公司的过程伴随着企业规模的扩大,但有限责任和无限责任本身是从法律角度来界定的,并不总是与企业规模相关。在现实生活中,会计师事务所、律师事务所等机构,虽然可能规模不是很大,但还是多半采用合伙制。这是由于会计师事务所和律师事务所等机构非常依赖于会计师或律师的个人能力,如果会计师或律师自己不是合伙人,他们由于不用承担高风险损失,因而会过度追求高风险背后的高收益。

总的来说,我们可以根据企业所承担的法律责任类型,将企业具体分为若干个类别,如图5-3 所示。

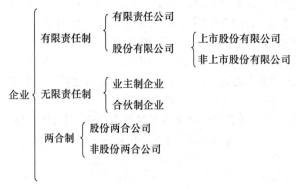

图5-3　企业的分类

从张三创业卖包子的案例中我们似乎能够感觉到,企业的发展过程就是从个体户开始吸收资金,逐步扩大,最后向上市公司发展。现实生活中大多数企业确实也是按照这样的发展模式逐步成长起来的。对于企业发展的"最终"状态——上市股份有限公司,企业初创者可以销售出自己所持有企业的股份,实现股权的变现,因此也成为不少经营不佳企业脱手变现的手段。通过伪造财务信息等手段,这些企业欺骗投资者为其企业融资,在此过程中实现解套,对市场秩序造成了严重干扰。更重要的是,这些通过欺骗手段实现创业变现的企业成为许多创业者争相模仿的模板,对创业氛围产生了严重的负面影响。从根本上来说,虽然上市公司确实能够最有效地调集社会上的资源,但这都是建立在企业需求的基础之上的。换句话说,企业应是发展到了一定的阶段,需要通过上市吸收更多的资金从而实现规模扩张,而不应将上市作为其创业的最终目标。事实上,我国不乏成功的企业没有选择上市融资,例如老干妈和华为。

案例 5-1

"倔强"的"老干妈"

注册于贵州省南明市的老干妈风味食品有限责任公司(以下简称老干妈)是我国著名的辣椒调味品生产加工企业。早在 2013 年,企业产值就已经达到 37.2 亿元,上缴税金总计 5.1 亿元,在全国同类产品中占有约 70% 的市场份额。老干妈制作的辣椒调味品不仅成为贵州省的名片,也因其独特的风味与良好的品质,更成为海内外华人及不少外国人餐桌上必备的调味品。其产品远销欧盟、美国、澳大利亚、新西兰、日本、南非、韩国等 20 多个国家和地区。

2012 年,老干妈的创始人陶华碧在接受凤凰网记者询问关于上市相关问题时,声称"公司坚决不上市"。在问及原因时,陶华碧认为,上市是在欺骗投资者的钱,企业只要有上市的机会就选择上市,把钱圈了,到时候把钱吸走了。此外,陶华碧认为,人有压力,就有动力。她教育儿子,就好生生做人,好生生经商。不要追求入股、控股、上市、贷款,这四样要保证,保证子子孙孙做下去。

在被问及自身成功的原因时,陶华碧回答道:当前党的政策好,只要有本事和努力,以及个人奋斗,创业就能成功。她回忆道,早期她挑着担子卖米豆腐,很多人都耻笑。但她不怕,靠自身的努力,她觉得光荣和自豪。她认为,如果当时选择好吃懒做,就没有后来老干妈的成功。只要有一个好的政策,就好好去做,无论是种地还是做其他。不怕苦、不怕累,才能打拼出金山、银山。现在她仍然还要努力,要把企业做强、做大。

很显然,陶华碧女士作为老干妈的创始人从来就没有把上市作为企业发展的最终目的,而是踏实地生产每一份产品。对于老干妈来说,上等的品质、良好的信誉和踏实的经营是企业做大做强获得今天地位的原因,而不是企业融资规模的大小。

(二) 法人与法人财产权

在有关企业的法律中,常将企业定义为一个具有营利性的法人①。简单来说,就是虽然企业是不是一个生物上的人,但在一些方面,法律赋予其等同于生物人的权利。企业法人有两个重要的特点,首先是企业法人可以独立支配自己的财产,其次是企业法人能够独立承担民事责任,企业的合伙人或股东并不需要直接承担民事责任(但可能会需要承担连带责任)。除此之外,企业法人还可以有自己独立的名称和独立的住所。

以股份公司为例,投资人或股东一旦完成了出资程序,投资的钱就会转为企业法人的财产而不是投资者或股东的个人财产了。这就类似于张三把钱送给李四,法律上张三就无权要回这一部分钱。但投资者或股东对其投资,也具有取得收益和诸如投票决议等其他的相应权利。简单来说,虽然投资者或股东不能要回自己的投资,但是投资者或股东对企业盈利后获得的利润有索取回报的权利,此外投资者或股东有权利通过投票等方式参与企业的决策。总结来说,企业的组建过程也可以被看成是一个自然人(生物意义上的人)和企业法人权利的相互交换过程,即投资者放弃一部分财产的所有权,向企业法人换取索取利润回报和参与决策的权利。倘若一个企业能够盈利,投资者便可以用闲置资金换取长远的利润,此时我们认为该投资是成功的,对投资者也是有利的;但当企业亏损时,这样的权利交换则给投资者带来了损失,我们认为这是失败的投资。现实生活中,投资之前没有人能够准确知道投资结果是怎样的,而这就是投资的风险。

三、企业家与企业家精神

(一) 企业家的含义

我们一般会把企业的初创者称为企业家。显然,对于一个企业而言,企业家是其灵魂人物。在不同的时代,人们赋予企业家的含义也略有不同。

最早企业家一词用于指代那些资本的拥有方。企业家(Entrepreneur)源于法语,最早用于指代从事冒险活动的人,这是因为企业中资本的拥有方需要在各种不确定性与风险中做出选择。西方文化推崇企业家精神,这正是因为人们欣赏企业家所代表的勇敢、坚毅等品质。

约瑟夫·熊彼特(Joseph Schumpeter)用企业家指代那些有胆识、有魄力、富有创新精神和管理才能并能不断发现获利机会的人。在现实生活中,拥有相同要素(员工数量、素质、资本等)的企业却在经营上出现了不同的结果,有些企业能够不断壮大而有些则关门倒闭。以熊彼特为首的奥地利学派将这样的不同归功于企业家的创新精神。

由此来看,虽然企业家的定义在不断演化,但其概念的核心在于直面风险、不断创新,而这是一个企业能够发展的必不可少的要素。

---

① 一般企业会有一个人(一般是大股东或高层管理者)成为法人代表,代表企业参与所有司法活动。有些人将法人代表简称为"法人",这与本文所讨论的企业法人并不是同一个概念。

(二) 企业家职能

以最简单的话来说,企业家的职能就是运作资本。通过自身能力将从社会上吸收来的各类资产通过管理、运作的方式,实现财富的增值。具体而言,企业家成功地发现新的经济增长点,将创新的成果转化成实际利润,最终再次把利润分配给社会中的其他成员。这个过程中涉及两个重要的方面:其一是通过创新寻找新的经济增长点,优秀的企业家总是能够在不确定性与风险中找到未来经济发展的方向。当然这一点并非企业家独有,例如优秀的科学家与经济学家也能通过定量分析等方法判断出未来经济发展的方向。其二是通过建立企业的方式,将创新的成果转化成实际利润,而创新的成果也因此借由市场的力量传递给社会中每一个需要的人,这是社会对于企业家职能的期盼,也是企业家区别于其他职业的关键所在。在这个过程中,企业家不仅需要面对市场风险,还需要怀有一颗锲而不舍的事业心,才能创立出一个优秀的企业。

(三) 企业家的发现与培养

企业家显然是一种特殊的人才,因其素质的差异,企业家也会有不同档次之分。正如前文所说,优秀的企业家一方面要能够敏锐地捕捉商机,另一方面也要能够筚路蓝缕,将创新成果转变为市场能够接受的产品。需要注意的是,虽然企业家是企业的缔造者,但其不一定是资本的拥有方。事实上,制约大多数企业家发挥其才能的原因是其无法获得足够的资金及技术支持,即便其有敏锐的商业嗅觉与经营智慧,也"巧妇难为无米之炊"。

显然,优秀的企业家在社会上永远是稀缺的。我们自然希望能够识别出优秀的企业家,因此我们需要的就是一套能够识别出优秀企业家的机制,通过给予这部分企业家充足的资金与技术,进而由他们的努力推动整个社会的进步。此时风险投资市场的意义便显得尤为重要。风险投资方通过对初创企业进行评估,选拔出那些具备更好前景的企业,通过入股等方式给以资金支持。虽然理想很丰满,但由于企业经营活动的高度不确定性以及巨大的信息不对称性,风险投资市场时常失效,甚至成为套利、洗钱乃至诈骗的灰色地带。因此,如何构建一套有效且良性的风险投资市场机制,一方面避免资本对人们行为活动的异化,另一方面充分发挥其效率优势,高效地识别优秀企业家,成为市场经济体制下我国面临的一大考验。

对于提高企业家的整体素质而言,一方面需要发现并帮助优秀的企业家成长,另一方面便是增加企业家基础数量的供给。固然有一些人是天生的企业家,但企业家并非全取决于先天因素。企业家背后勇于探索的精神可以通过教育的方式习得。受制于落后的整体工商业环境,中华民族传统观念并不强调企业家精神的重要性,也因此失去了一些发展机遇。然而,随着近年来我国国力的日渐昌盛,以及人民素养的不断提高,学习企业家精神的创新创业教育也越来越多地走入高校课堂。成为一名优秀的企业家,不仅需要具备足够的理想信念,还需要积累足够的经验与诸如判断能力与风险管理能力等能力储备。通过分析成功企业的发展案例,聆听成功企业家的经验分享,学习商业、经济学、管理学的基本理论,有助于实现上述目标。这也是当前高校创新创业教育所采取的主要形式。

当然,最重要的是,企业家的发现与培养也离不开一个良好的整体社会环境。我国于2014年首次提出"大众创业、万众创新"的概念。在此指引下,政府为创业创新活动提供了良好的政策保障,推动我国创新创业事业不断朝高水平方向发展。

> **知识链接**
>
> **大众创业、万众创新**
>
> 在我国进入"新常态"的经济环境后,以企业家精神为代表的创新精神的意义更加重大,2004 年李克强总理在达沃斯经济论坛上首次提出"大众创业、万众创新"的概念,由此催生了新供给、释放了新需求,成为稳增长的重要力量。
>
> 李克强总理说道:"我之所以比较多地阐述双创的内容,因为人的创造力无限,中国人的智慧巨大,人类的智慧无穷!推动大众创业、万众创新,需要全面、可及性强的公共产品、公共服务供给。在这方面,也要靠结构性改革。政府不唱'独角戏',鼓励社会资本、外商投资一起干。我们通过推广政府购买社会服务、政府与私营资本合作、特许经营等市场化办法,鼓励和引导民间投资参与公共产品、公共服务领域的建设和运营管理,同时放宽外商投资市场准入,形成了多元供给新模式。今后,我们将继续推进这方面的改革,使创业创新过程更顺畅、经济发展之路更平稳,人民生活水平更提高。"①

第二节 企业的生产经营活动

一、企业的生产经营过程

在我们讨论一个企业的行为时,我们需要考虑的不仅仅是企业生产制造过程。实际上,一个工厂就能够完成生产制造过程,而企业并不能简单地等同于一个工厂。企业的生产经营过程大体可以分为三个阶段:要素购买(第一阶段)、制造生产(第二阶段)、产品销售(第三阶段),如图 5-4 所示。在要素购买阶段,企业需要根据自身的计划,从要素市场上购买所需要的生产要素。在第二阶段,企业需要规划生产需要投入的各要素比例,并将第一阶段购买来的生产要素投入制造生产,生产出符合企业标准的产品。在第三阶段,企业还需要通过自

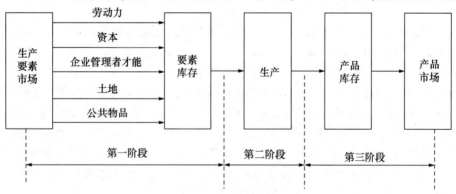

图 5-4 企业的生产经营过程

---

① 李克强力推"大众创业、万众创新"[EB/OL]. http://www.gov.cn/xinwen/2015-09/10/content_2928395.htm,访问时间:2020 年 9 月.

身的销售渠道结合合适的市场营销手段,将实物产品卖给消费者换取货币,以便下一轮的要素购买。

(一) 要素购买

在要素购买阶段,企业首先要做的是从要素市场购买生产要素,包括但不限于劳动力、资本、企业管理者才能、土地和公共物品。下文将主要分析列举的这五种要素投入,其他种类的要素投入分析类似。首先,劳动力的供给方是每一个可能参与企业生产的人。需要注意的是,我们这里讨论的劳动既包括传统意义上的体力劳动,也包括脑力劳动,所以脑力劳动者,如公司白领对应的劳动力也是企业需要考虑购买的。企业购买劳动力的过程,就是在劳务市场雇用员工的过程,即企业通过支付工资的方式购买当地居民一段时间的劳动。在雇佣关系中,企业需要向员工支付工资,在这里我们就认为工资是企业生产的要素成本的组成部分,也叫工资成本。需要注意的是,这里的工资成本中也包括企业家为自己的企业工作获取的收入,即自我雇佣的工资。

企业的资本主要来源有两个方面,一方面是各个投资者对企业的投资,包括资金、设备和技术等;另一方面是企业在实际经营过程中出现的银行贷款以及通过发行股票和债券的方式筹措的资金。需要注意的是,这里我们讨论的资产包括以货币为单位的资本,也包括非货币的资本,例如原材料、专利等。企业需要向资本的所有者支付利息,这是企业生产成本的另一重要组成部分,即利息成本。

除了直接的劳动力,对于一个人数众多的企业而言,如何有效组织多部门协同工作也是一些专业人士特有的能力。所谓"千军易得,一将难求",企业时常需要雇用优秀的管理者才能实现企业的生产经营活动。企业也要支付一定的工资成本。除此之外,倘若企业雇用猎头公司寻找合适的企业管理者,还需要付出更多的管理者成本。需要说明的是,这里我们将管理者和劳动力区别对待,是因为企业管理者不直接参与企业的生产活动(一个企业的首席执行官不需要亲自上流水线生产),但其提供的管理能力也对企业的经营有重大意义。

大多数企业的生产经营活动都需要一定的场所,例如工厂需要厂房,而服务业的企业也需要办公室。这里我们将这些不动产归纳为土地(实际上不一定是需要土地,可能只是房屋的所有权)。企业购买土地或房屋,需要支付地租或房租,这也是企业生产活动的成本。

人们时常忽略政府提供的公共物品所产生的作用。这里我们讨论的公共物品主要包括政策、法律等。企业使用公共物品当然也不是免费的,在现实生活中,企业需要通过纳税的方式向政府支付使用公共服务的费用。但不同的是,税费一般不会计入成本,而是记录在企业当期的利润表中。

需要指出的是,企业在要素购买阶段,通常会购入多余实际生产需求的量,这是因为企业经营需要留有一定量的生产要素库存,以缓冲要素市场的波动。这样能够保证企业在任何情况下都能维持正常生产,不至于因为要素市场波动直接停产从而降低生产效率。但是企业的要素库存量也不宜太多,因为存放要素需要支出额外的费用,而多数要素也是存在折旧的(最典型的便是劳动力,即便没有让工人从事生产活动,今天为雇用劳动力付出的费用也不可能收回)。企业需要根据实际情况决定要素库存的大小,而制定合适的要素库存规划,就依赖于企业管理者科学的管理决策。

(二) 生产

在拥有充足的要素储备后,企业就可以着手将要素投入实际的生产制造活动了。生产本身就是把各要素科学合理地组织起来,按照既定流程,生产出产品的过程。这本身并没有什么值得讨论的,但需要注意的是,企业生产过程中可以进行要素替代,而各种要素一般都是存在可替代性的。例如,当劳动力不足时,许多劳动可以转由机器来完成,企业可以通过投入更多资本的方式来替代一些劳动。当然,具体应当用多少资本替代多少劳动,则取决于要素的相对价格(在这里即工资和利率的相对价格)等因素,而本书将在第六章详细讨论企业在各要素间的最优选择。

(三) 销售

销售指的是企业把生产出来的产品通过市场售卖给消费者,从而将实物产品转换为货币收入。这里说的消费者可以是个人(买回来直接使用),也可以是其他企业(买回来当作原材料)或政府(政府购买行为)。这里,企业可以作为消费者,是因为一个企业的产品可能是另一个企业的原材料,例如,制作轮胎的企业需要从生产橡胶的企业购买橡胶作为原材料。政府也可以作为消费者,是由于小到政府的办公用品、大到建筑设施甚至军火等,都需要政府从企业处购买。政府的购买行为可以是出于需求,也可以是出于宏观调控,我们将在《宏观经济学原理:中国视角》一书中详细讨论。通常,企业为成功销售产品,需要寻找经销商(销售网络),投放广告(市场营销),这些都需要企业付出一定的代价,例如寻找经销商可能需要向它们提供利润分成,而投放广告需要支付广告费用。

与要素购买过程类似,企业在产品销售过程中,同样也需要有一定量的产品库存作为缓冲,此时企业考虑的是如何减少产品市场的波动对企业产生的影响。举例来说,如果产品市场的需求上升,短期内,由于企业生产受到限制,企业便会失去这一部分的潜在利润。与要素库存类似,产品库存也不能太多。如果库存太多的话,卖不出去的产品会占用过多的资源造成浪费,甚至还要为存放产品支出额外的费用,而大多数产品都存在保质期,所以库存太多一定会使得企业的利润下降。

在市场经济中,企业的生产经营活动离不开市场。要素购买过程和产品销售过程的有效性不仅取决于企业自身,而且取决于整体要素市场和产品市场是否有效率,而这也是为什么各国政府都要尽力保证各个市场公平有效的原因。

在传统的计划经济体制中,生产部门并不需要负责要素购买(都由政府计划调拨,给多少,生产多少),也不需要负责产品销售(都由政府统购统销,生产多少,政府包销多少)。这样的生产组织形式显然避免了所有的交易费用,使得社会资源在理想状态下能够实现最有效的分配。然而,由于怎么生产怎么销售的问题全部都由政府负责,工厂也没有太大的积极性。这是因为多生产不会得到什么好处,还需要多付出劳动;少生产与降低质量也不会带来什么坏处,还能减少劳动量,而诸如降低质量等行为是很难被监督到的。在这样的"激励"下,国有工厂生产效率不断降低,实际上反而造成了较大的损失。

在一般情况下,企业建立确实源于企业家对于未来利润的判断与开创事业的坚持,而这确实也可以将创新的成果固化,推动社会不断进步。然而,企业家创业永远受到创业环境的制约,在中华人民共和国建立初期,国家处于一个落后的农业国状态,与以工业为支柱的发达国家相距甚远。历史上,中华民族不乏诸如张謇、荣氏兄弟之类的优秀企业家,但受制于落后的工业实力与恶劣的经商环境,其企业始终难以持续发展。此外,历史告诉我们,仅凭企业家一己之力,是没有办法改变市场与社会环境的。

改革开放之后,为解决企业资金薄弱的问题并保持独立经营,我国借鉴现代企业所有权与经营分离的经验,将国有工厂的经营剥离,使其成为公有制经济体,在这样的基础上建立国有企业。此时国有企业虽然依旧要承担如养老等非企业职能,但一定程度上需要自负盈亏。国有企业虽然所有权归全民所有(即所有人都是股东),但却由企业经理负责从要素购买到生产与销售的所有环节,依据市场环境做出决策,与其他所有制的经济体一同参与市场竞争。

> **知识链接**
>
> **计划经济中的国有工厂**[①]
>
> 国有工厂及其独特的管理方式是我国在特定时期,采取重工业优先发展战略的必然产物。在那时,为了能够在最短的时间内实现从落后的农业国向先进的工业国的转变,我国需要大力发展重工业。此时,由于市场的竞争,对于一个工厂的实际运营状况,政府或第三方很难有一个客观的评价标准。
>
> 在产业间的回报率差异较大的传统经济体制下,由于轻工业的实际回报率较高,如果真的按照市场经济的方式,给予国有工厂经营的自主权,工厂经营者很可能将可支配的资源或明或暗地用于轻工业生产。这与国家费大力气实行重工业优先发展的战略目标背道而驰。换句话说,如果国有工厂拥有了自主权,工厂反而会偏离重工业优先发展的目标,形成对国有资产的侵蚀。
>
> 因此,在计划经济中,只有最大限度地剥夺国有企业的经营自主权,才能有效管理国有工厂。为此,政府需要无条件拨付工厂所需的生产要素;而工厂生产的产品也需要全面实行统收统支。这样,工厂获得的利润全部上缴,亏损全部核销,才能从根本上解决工厂可能追求利润最大化而偏离重工业发展目标的问题。

二、企业的核算

(一) 企业的成本

1. 会计成本与机会成本

成本的概念非常直观,就是为了获得一种物品或服务所需的付出。但对于付出了多少,并非那么显而易见。假设我们可以选择购买一部5 000元的手机,在会计账面上我们可以认为这部手机的成本是5 000元。但实际上,如果我们今天不用这5 000元去购买手机,而将其存入银行,假设定期一年的利率为3%,一年以后我们取出,会拥有5 150元,所以为了使用这一年的手机(假设一年后手机就坏了),我们实际上的付出至少是一年后的5 150元。当然,我们也许可以使用这5 000元获得更高的收益,在经济学上这样的成本被称为机会成本(Opportunity Cost),即为了获得某种物品或服务所付出的金钱或时间能够换取的最大收益。

从这样的观点来看,机会成本似乎永远比以人民币核算的成本要高,那机会成本是否可能比账面成本更低呢?同样以购买手机为例,假设我们为一款尚未上市的手机支付了定金

[①] 林毅夫,李周. 现代企业制度的内涵与国有企业改革方向[J]. 经济研究,1997,3(3):3—10.

2 000元,如果不购买手机,最后这笔定金是不返还的。那么在支付完定金之后,这部手机的机会成本就是剩余3 000元能够获得的最大收益。这是因为即便我们放弃手机,那已经支付的2 000元定金也已经覆水难收,此时我们面临的选择是再支付3 000元获得手机还是不要手机留下3 000元,所以对应的机会成本也是这3 000元能获得的最大收益。对于已经支出的2 000元定金,经济学上称为沉没成本(Sunk Cost),意即该成本已经不再是决策中考虑的部分。

在经济学中,当提到成本的时候,一般而言,我们讨论的都是机会成本,而不是账面记录的成本,这是因为企业或个人在做决策的时候总是站在现在的时点对未来的选择进行权衡。值得一提的是,账面成本也并非一无是处。在讨论机会成本的过程中,我们总是需要说到最大收益,而在现实生活中,何为最大收益是很难讲清楚的。因此对于追求统计严谨性的学科如会计学,账面成本就变得非常重要。

2. 企业的成本核算

总成本(Total Cost)是指企业制造生产所支出的所有花销总额。当然,本章讨论总支出都是从机会成本的角度来衡量的。

显然,总成本取决于所购买的要素的投入。各要素成本的组合最终构成了企业的总成本。这里值得一提的是,不同的要素投入量、要素投入组合都会使得总成本不同。

在经济学的研究中,一般会将总成本抽象成两类:一类称为固定成本(Fixed Cost)或不变成本,如企业里的照明、保安、资产保险的费用,这些支出并不会随着企业的产量上升而发生明显的变化;另一类叫作可变成本(Variable Cost),如产品的原材料、生产产品所使用的水电等费用,它们与企业的产量有直接的关系。一般而言,产量越高,可变成本越高。对于一个已经存在的企业,短时间内,无论是否实际经营,由于固定成本已经付出,因此可以看作企业生产经营的沉没成本,所以企业在实际经营中一般只需要考虑可变成本。这里需要注意的是,站在足够长的时间维度来看,如果企业能够自由选择是否进入一个行业或者灵活调整自身规模,那么就不存在固定成本,所有的照明、保安等费用也成为可变成本,此时所有成本均需要被权衡考量。

(二) 企业的收益与利润

1. 企业的收益

显然,产品的销售收入构成了企业的主要收益,一些企业还能通过投资的方式获得其他收益,但简单起见,本书将关注点放在企业的销售收入上。总收益是指企业在一定时期内所有的收益总额。总收益的计算比较简单,如果产品的销售价格都相同,均为 P,Q 是产品的销售数量,则总收益 R 为:

$$R = P \cdot Q$$

但现实生活中,产品价格肯定是变化的,销售的产品数量增加导致市场上的供给量增多,从之前市场均衡的角度出发,我们知道此时价格会下降;反之,销量减少有可能使价格提高。此时,要计算总收益,就要对每单位产品不同的产品售价与数量进行加总,即

$$R = P_1 \cdot Q_1 + P_2 \cdot Q_2 + \cdots$$

2. 企业的利润

总收益 R 和总成本 C 的差就是企业的利润(Profit)π,即

$$\pi = R - C$$

这个利润是超额利润。当超额利润大于0的时候,企业就出现留存收益,于是可以通过

分红的方式给股东带来回报。

三、企业行为的总体目标

（一）各阶段的企业行为目标

我们仍然以之前的几个阶段分别讨论企业行为的目标。第一阶段即要素购买阶段，企业主要需要考虑的是生产要素的数量和企业的支出。其行为目标可以用下列等价问题加以描述：

(1) 如何在保证支出水平一定时，使生产要素的购买数量最大；

(2) 如何在保证生产要素的购买数量一定时，使企业的支出总额最小。

换言之，企业总是希望以最小的支出购买最多的生产要素。

在第二阶段即生产阶段，企业需要考虑的是要素投入和产品产出。其行为目标可以用下列等价问题加以描述：

(1) 如何在保证投入的生产要素数量一定时，使产品的产出数量最大；

(2) 如何在保证产品的产出数量一定时，使投入的生产要素数量最小。

即，企业还会希望以最少的投入实现最高的产出。

同时，如前文所述，企业还需要保有适量的要素库存与产品库存以应对市场的波动。库存太多或太少都会影响总体效率。

在上述过程中，企业通过不断地最大化销售利润（或者在产出一定情况下最小化成本），再将一部分收益投入到下一轮生产经营过程中去，将一部分利润用于扩大生产规模。企业重复上述的过程，成为社会的生产者，推动社会整体的运转。

（二）企业行为目标的经济学描述

正如上文所述，现实生活中企业的行为是复杂的。对于经济学研究而言，虽然需要具体问题具体分析，但从一般性的角度来看待企业行为决策的问题，从中得到市场运行的规律也是非常重要的。因此从经济学角度而言，我们常将企业面临的总成本、总收益和总利润抽象为成本曲线、收益曲线与利润曲线[①]，定性或定量地研究企业在不同情况下的行为。

显然，企业能够获得收益，是因为进行了生产，不同的生产方式能够带来不同的收益，我们将在第六章详细讨论；与此同时，企业的成本来源于要素的使用，企业也会通过选择不同的要素组合而产生不同的成本，我们将在第七章具体讨论。但无论如何决策，对于任意给定的产量，企业总是面临一条成本曲线[②]。一般而言，产量越高，成本越高，因此这是一条向上倾斜的曲线。此外，对于任意给定的产量，企业总是能够面临一条收益曲线[③]。一般而言，产量越高，收益也越高，所以收益曲线也向上倾斜。需要注意的是，一般而言，随着产量的不断提高，市场上的价格也会降低，因此边际收益会降低，对应于收益曲线的斜率不断下降；与之相反，受到技术、生产线等的限制，随着产量的不断提高，多生产一单位产品的成本也会随之上升，

---

① 在更深层次的经济学研究中，我们将构建企业的成本函数、收益函数和利润函数，借助数学工具对企业的决策进行具体分析。

② 对应于给定产量下，成本最小的曲线。

③ 对应于给定产量下，能够获得最高收益的曲线。

对应于成本曲线的斜率不断上升,如图5-5所示。

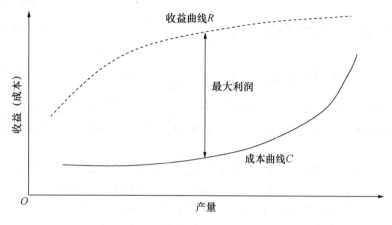

图5-5　成本曲线与收益曲线

而企业行为的总体目标,抽象来说,就是通过选择合适的产量来实现最大的利润。具体而言,我们将企业行为用以下的问题加以描述:

(一)利润最大化

在一般的经济学模型中,企业都是以追求利润最大化为目的的,因此对于企业而言,总是需要通过寻找一个最优产量,以使得企业能够获得的利润最大。当产出水平提高时,可以更多地销售产成品,获得更高的总收益。然而,当产出水平提高后,企业不得不购买更多的要素,甚至扩建自身的厂房,投入更多的生产线……由此带来总成本的上升。每一个市场中的企业总是在平衡这两个方面,从而做出最优的生产决策。

在现实生活中,很多时候企业需要生产的产品数量是受到合约约束的,即企业必须至少生产出多少数量的产品,而企业的收益是由合约直接规定的,此时我们将企业行为通过成本最小化问题加以描述。

(二)成本最小化

对于一个企业而言,如果产量给定,如企业需要完成一笔订单,那么成本越小,总利润也就越大。于是企业的决策问题此时变为维持产量不变的情况下,使所有生产经营过程的成本最小。

很显然,在给定所有外界条件下,企业行为是被唯一确定的,因此上述两种问题描述在某种意义上应该是等价的。在更加深入的经济学课程中,我们将通过数学工具证明这两个问题在数学上存在对偶性(Duality)。总之,企业的生产经营活动总是朝着一个目标努力,即不断提高自身的利润。

第三节 企业退出行为

一、企业应在何时关门大吉?

之前我们已经讨论了一个企业总是致力于提高自身的利润。然而即便是企业努力使自身的利润最大化,倘若市场行情不好,企业面临较低的收益曲线,最大的利润仍然可能为负。如图5-6所示,由于市场行情不好,企业生产产品的单价较低,因此收益曲线总是低于成本曲线。此时,尽管企业努力争取利润的最大化(即对应于两条曲线距离最近的点),企业仍然获得负的利润。

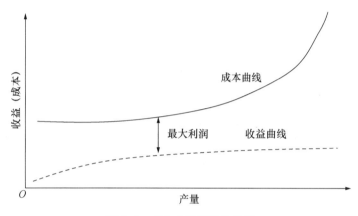

图5-6 成本曲线与收益曲线

在这样的情形下,企业只能关门大吉,退出市场。然而,在现实生活中,很多企业会声称其在"亏本运营",这是为什么呢?要回答这个问题,我们需要从企业行为的周期角度进行讨论,我们可以将企业的行为周期分为"短期"与"长期"两类。

(一) 短期与长期的概念

在短期内,企业能够决策的仅仅是企业的生产行为。此时,根据前文的分析,我们将成本抽象为两类:固定成本和可变成本。之前我们讨论过,在短期固定成本由于无法流转,成为企业运营的沉没成本,而企业实际决策时,仅仅在收益与可变成本之间进行权衡。因此从会计利润上来看,虽然一些企业的账面利润为负,但由于其中的成本有很大一笔属于沉没成本,因此对其未来选择关门与否并无关系。

但如果时间周期足够的长,以至于企业足以将固定成本流转变卖,企业生产中所有投入的生产要素都可以随着产量的变动而变动。即行情不好的时候,企业可以减少所有的生产要素投入和配套设施。此时,企业不存在固定成本,所有的成本都是可变成本,因此总成本等于可变成本。在这样的情形下,如果企业出现负利润,那么企业自然会选择退出市场。

总而言之,短期和长期的区别在于企业是否存在不随产量变化的固定成本。如图5-7所示,在短期内,由于一部分固定成本不能流转,当产量降低时,总是存在大于零的固定成本;而在长期内,由于不存在固定成本,产量接近于零时对应的成本也接近于零。

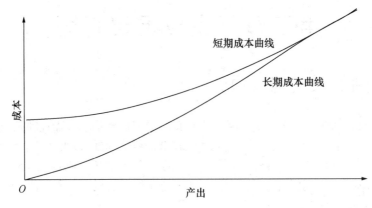

图 5-7　短期成本曲线与长期成本曲线

(二) 短期与长期的界定

以上我们讨论了企业运营周期中短期与长期的概念。那么,两者又是如何界定的呢?从根本上而言,其衡量标准是企业的所有投入要素能否流转。

一方面,短期与长期确实是和时间有关的改变,但它们的界定并不完全取决于绝对的时间长短。对企业而言,如果能调整的时间很长,企业就有更多的机会调整投入要素的规模和比例,适应产量的变化。而如果能够调整的时间很短,企业就很难调整采购计划,也很难改变生产工艺,从而很难调整要素投入的规模和比例。

另一方面,短期与长期同企业自身及其所处行业整体的应变能力有关。假如一个企业及其所处的行业的应变能力很强,能在很短时间内调整产量甚至产品范围,那么就更容易处于长期状态,即更容易跟随市场行情调节要素投入;如果一个企业或者其所属的行业的应变能力很弱,即在短时间内没有办法转产或者机器开了以后就很难停下来,那么它将更容易处于短期状态。

在一般情况下,第一、第二产业的企业由于需要大规模生产,其要素投入的储备量会很大,所以很难短期内改变要素投入的规模和比例,因此更容易处于短期状态,而第三产业,如服务业、金融业、咨询业等,由于其行业特性,较容易处于长期状态。

总之,所谓短期与长期其实仅仅是概念上的区别。所谓的长期状态,本质上只是理想情况。在现实生活中,企业内部总有一部分支出是难以流转的,例如为注册企业手续所花费的支出,无论怎样也无法流转。因此,现实中的大多数企业显然是处于短期状态。但这不意味着长期的讨论是没有意义的。固定成本所占比例越低,企业的行为就越接近于长期状态。只要时间周期足够长,企业的固定费用就会足够小,在这样的情况下企业基本就会按照长期的状态进行决策。毕竟,相比于企业以百万计的盈利与亏损,注册所花的几百元简直轻如鸿毛。

那么,企业在具体周期内,面对具体收益曲线与供给曲线时的行为是怎样的呢?我们结合几个实例加以说明。

二、短期市场中的企业行为

(一) 价格保持不变

当企业面临不变价格时,总收益(TR)曲线由于是销量与价格的乘积,故是一条通过原点的直线。此时,企业的总成本体现在图5-8中的可变成本(VC)曲线和固定成本(FC)曲线,其中VC曲线是一条通过原点的曲线。如图5-8所示,我们可将所有曲线画在一起。

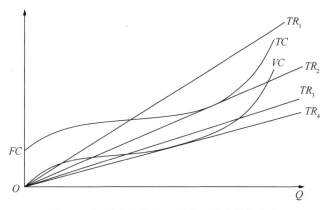

图5-8 短期内价格保持不变时的收益与成本

简单起见,这里我们仍然通过考虑不同市场价格水平时的收益情况来分析企业的行为决策。成本和收益哪个因素变化并不重要,重要的是企业关闭的临界点是由它们的相对位置所决定的。在图5-8中,我们由$TR_1 > TR_2 > TR_3 > TR_4$对应于依次递减的四个市场价格水平。图中将总收益曲线和总成本曲线的差(表示为利润曲线π)画在纵轴,横轴表示产量水平,得到如图5-9所示的曲线。

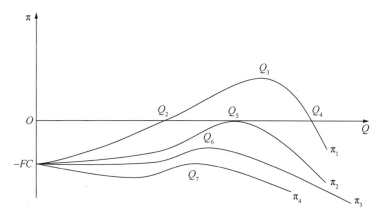

图5-9 短期内价格保持不变时的利润

在市场价格为P_1时(对应于收益曲线为TR_1,利润曲线为π_1)。当产量达到Q_3时,企业能够实现利润的最大化;而当产量为Q_2或Q_4时,企业获得的利润为0。如果企业选择关闭退出市场,由于是短期,企业的净利润为负,其值为$-FC$。显然,此时,企业会选择Q_3的产量水平进行生产。

市场价格为 P_2（对应于收益曲线为 TR_2，利润曲线为 π_2）的情形不如市场价格为 P_1 的情形，此时只有按照 Q_5 的产量水平进行生产，企业才能使利润实现最大化，而且此时最大化的利润为 0。但由于企业处于短期，即便企业能够获得的利润为 0，企业也不能选择停产退出市场。因为如果企业停产（关闭）的话，其利润为 $-FC$。所以，企业不得不选择 Q_5 的产量水平继续生产。

市场价格为 P_4（对应于收益曲线为 TR_3，利润曲线为 π_3）的情形更不如市场价格为 P_2 的情形。在这种情况下，无论企业采取怎样的生产方案，企业都是亏损的。但当产量水平为 Q_6 时，利润达到最大值，尽管仍然为负值，但在绝对值上还是小于关闭企业的亏损额 FC。相比于直接损失 FC，产量水平为 Q_6 的损失还是更少一些，所以企业还是无奈地选择亏本以 Q_6 为产量进行生产。

市场价格 P_4（对应于收益曲线为 TR_4，利润曲线为 π_4）的情形是最糟糕的情形。当产量水平为 Q_7 时，企业确实能够实现利润最大值，但即便如此，企业还是存在亏损，亏损额为 FC。如果企业此时选择停产关闭，企业也会存在亏损，这个亏损额就是所有的固定成本，即 FC。此时选择生产或关闭对企业而言是没有差异的，这便是企业是否停产关闭的临界点。如果市场价格情形继续恶化，两害相权取其轻，企业就会关门歇业。

（二）价格随产量变化

之前我们讨论企业何时选择退出市场，都是基于价格保持恒定这一限制条件进行的。但在现实生活中，产品价格和产品数量一般满足负相关的关系，如图 5-10 所示，从而使得收益曲线不再是过原点的射线而成为过原点的曲线，以下分析均基于此类情形。

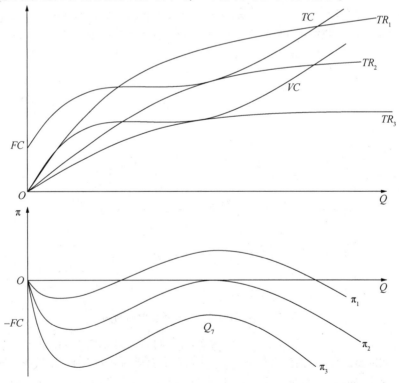

图 5-10　短期内价格随产量变化的情形

当企业的收益曲线为 TR_1 或 TR_2 时,由于分析方式与不变价格的情形类似,故在此省略。当曲线 TR_3 和曲线 VC 相切时,企业可以获得的利润最大。即便如此,企业还是会处于亏损状态,此时的亏损额恰好是 FC。在这样的情况下,无论企业是以 Q_7 的产量水平继续生产还是企业关闭退出市场,最后的结果都是一样的,会使企业最终的亏损额都为 FC。这也对应着此情况下短期企业退出市场的临界点。在这样的基础上,如果市场情形更加恶化(即市场价格更低,总收益曲线下移),则该企业就会选择退出市场。

三、长期市场中的企业行为

(一)价格保持不变

之前的分析中我们都是假设企业处于短期,那么当企业处于长期情形时,企业会何时选择退出市场呢?此时,由于企业处于长期的状态,所以不存在固定成本。当企业产量为 0 时,企业的总收益和总成本都为 0,此时利润也为 0。与之前的讨论类似,我们在这里还是先考虑一个简单的情形,即总收益曲线向上倾斜,此时企业所有的成本均为可变成本(我们以 C 表示),如图 5-11 所示,长期内企业面临的价格不随产量变化。

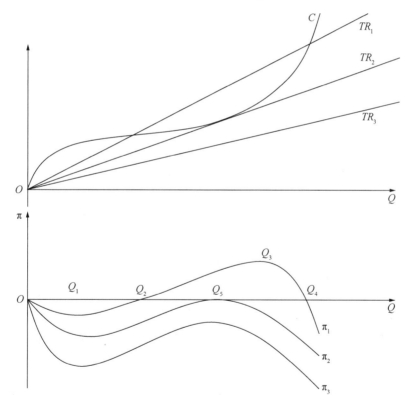

图 5-11 长期内价格不随产量变化的情形

如图 5-11 所示,当市场价格为 P_1 时(对应于利润曲线为 π_1),企业选择产量介于 Q_2 和 Q_4 之间时,企业能够获得正利润,企业只有让产量达到 Q_3 才能使得利润达到最大值。所以在这种情况下,企业会选择以 Q_3 的产量进行生产。

当市场价格为 P_2 时(对应于利润曲线为 π_2),此时企业只有使得自身的当产量达到 Q_5

时,才能实现利润的最大化,但此时的利润仍然为0。而如果企业选择停产并退出市场,由于处于长期状态,企业的利润也为0。此时企业退出市场的临界点就是产量为 Q_5 的点。

当市场价格为 P_3 时(对应于利润曲线为 π_3),非常不幸,此时无论企业选择怎样的生产方案,其能够获得的利润都为负。此时,由于处在长期状态,企业会选择关门歇业。

(二) 价格随产量变化

与上文分析类似,这里我们考虑在长期情况下,如果价格随产量变化,企业会在何时选择退出市场。如图 5-12 所示,此时总收益曲线不再是过原点的射线,而是过原点的曲线。

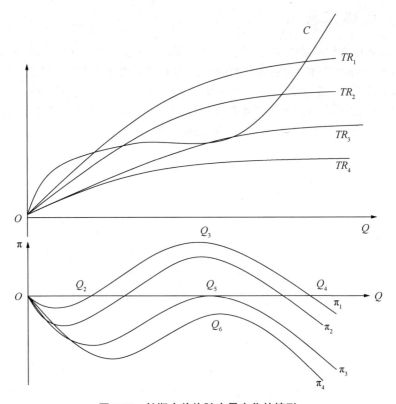

图 5-12 长期内价格随产量变化的情形

从图 5-12 中不难发现,如果企业的总收益曲线为 TR_1,即企业对应的利润曲线为 π_1 时,企业只要选择 Q_3 为产量水平生产就可以实现利润的最大化。但如果市场情况恶化,使得企业面临的收益曲线降低到 TR_4(对应的利润曲线为 π_4)的水平,企业无论怎么生产,最终利润都是负的,所以企业会退出市场。在临界条件上,即这里的总收益曲线为 TR_3(对应的利润曲线为 π_3)时,企业的最大利润为0,是否退出市场对企业而言并无差异。

总结来看,无论市场价格是否会随着企业的产量发生变化,对于一个处在短期状态的企业,只有当亏损额大于其固定成本时,企业才会选择退出市场;但对于一个处于长期状态的企业,只要其利润小于零,就会选择关闭。

至此,我们仍然需要思考这样一个问题:假设企业可以完美地进行固定成本的流转,即处于长期状态,如果企业账面上的利润为负,现实生活中的企业是否就一定会关门呢?答案仍然是否定的。这一方面是因为在记账的过程中,企业利润对应的项目中计算的仅仅是会计成本,而不是机会成本。倘若这家店铺的店主除开店以外没有更好的选择,那么其经济意义上的成本可能会低得多,因此其经济意义上的利润会高得多。另一方面,继续运营在今年虽然可能没有收益,但持续经营能够积累诸如企业名声等隐性财富,从而提高未来的收益,这使得站在当下来看未来所有收益的折现仍然高于未来所有成本的折现,在这样的情况下,企业仍然会保持运营。俗话说的"熬过这个冬天",就是这个道理。

第四节 利润最大化的质疑

通过上述分析,我们得出了结论:企业总是试图将其利润最大化(或者在给定产量的情况下试图将成本最小化)。同时,企业也要对是否以及何时退出市场做出分析,以便能够在市场中实现利润最大化。一个处于长期状态的企业其退出市场的临界点是总利润为0时对应的市场情形;一个处于短期状态的企业其退出市场的临界点是亏损额等于固定成本时对应的市场情形。

我们可以继续之前的问题,倘若我们考虑未来所有收益与成本的折现,企业也可以完美地进行固定成本的流转,此时企业账面上的利润为负,那么现实生活中的企业是否就一定会关门呢?答案还是否定的,我们之前能够分析企业行为的一个前提条件是企业采取了利润最大化的方式进行运营,但现实生活中的企业并不一定是利润最大化的。

事实上,不少经济学家都对企业是否采取利润最大化的行为存在怀疑。具体而言又有以下两个方面:第一,在现实中,企业能够完美地实现利润最大化吗?第二,即便能够实现利润最大化,现实中的企业是否有动机实现利润最大化?

一、企业能够实现利润最大化吗?

回答这样的问题,需要分析研究企业实现利润最大化的现实障碍,如果这些障碍在现实经济生活中普遍存在,那么,企业利润最大化的行为目标就值得怀疑。在现实生活中,企业实现利润最大化的现实障碍主要来自以下几个方面:

(一) 政府的规制

1. 价格规制

政府对要素价格的规制必然使企业的最大利润偏离原来的水平。这是因为规制生产要素的价格会通过影响企业成本的方式影响总利润。此外,企业还会通过要素替代改变生产方式和生产技术,从而应对一些生产要素价格发生的变化。然而,企业依然可以实现利润最大化,这是因为企业只要在新的约束条件下重新求解利润最大化问题,就能够重新找到自身最优的决策。当然,我们这里说的最大利润和产量水平同没有价格规制的情形,已经完全不同了。

如果政府采取的价格规制对象是产品价格而非要素价格,显然,其会通过影响企业总收益的方式影响总利润。同样地,此时企业还是能够实现利润最大化,只要它们在新的约束条件下重新按利润最大化目标确定自己的最优决策。

总的来说,企业在价格规制情况下依然可以实现利润最大化,只是需要根据新的约束条件重新制订各项生产计划。

2. 数量规制

在数量规制的情况下,企业会偏离由利润最大化目标确定的最优产量进行生产。这是因为数量规制中,政府直接对企业生产要素的使用数量或产品的生产数量进行限制,使得企业无法进行最优决策。举例来说,在2020年春节期间生产口罩的企业,由于劳动力短缺(春节返乡),实际最优的口罩产量很低,甚至等于零。但由于疫情防控原因,政府可能会要求企业提供一定产量的口罩。如果不考虑政府的补贴,由于生产口罩所需要的成本非常高,企业在偏离最大利润的水平上进行生产经营。虽然此时企业自身存在效率损失,但对于社会整体而言,由于口罩在疫情中有极高的外部性,偏离企业最优决策生产口罩反而有着极高的社会收益。这也恰恰是在市场调节之外需要实行宏观调控的原因之一。

从企业自身经济效益的角度来看,对一些具体案例而言,例如改变利率、调整产品和要素价格、制定新的工资率等的价格管制,优于限定贷款规模、产品销量或生产量以及雇工数量等。当然,需要注意的是,在现实生活中,企业利润最大不一定代表社会收益最大,上述疫情期间的口罩生产便是一个例子。

关于政府规制的更多内容,需要从政府的视角出发,将政府行为纳入考量,我们将在第十三章详细讨论。

(二) 企业无法准确得知自己产品的市场需求曲线和生产要素的市场供给曲线

到目前为止,我们已经学习到产品的市场需求曲线就是企业的平均收益曲线,后者对公司的总收入边际收入的影响很大,最终会影响到企业的行为决策。但在现实生活中,波动是实际存在的,因此企业很难准确知道市场对其产品的需求曲线是怎样的,从而导致企业难以根据曲线确定最优产出以最大化利润。

从一般意义上来说,需求曲线本身就是经济学家对现实的抽象。很显然,我们在现实生活中只能观察到一笔笔的交易,世界上也根本没有现成的需求曲线。因此,我们根本就无法断言企业会按照上文所述的利润最大化条件进行生产经营。

(三) 企业内部存在效率损失

具体而言,企业内部的效率损失可以分为两类:配置效率损失和X效率损失。前者是指由于时间滞后等原因,企业在实际中投入的生产要素在配置比例上并不是最有效率的。倘若技术永远不发生变化,企业常年的生产经营活动很可能找到一个最优的要素配置比例,并按照这样的比例进行生产。但现实生活中,科学技术总是飞速进步的,而企业决策者的决策又总是要一段时间才能被企业真正执行,因此企业,尤其是技术密集型企业,非常难以保持生产要素配置的科学性,最后也就会导致企业内部的效率损失。

X效率损失主要描述的是由于无法形成对员工的有效监督而产生的效率损失。一般而言,企业员工的生产工作都有很强的自主性(每个员工在工作中的投入和努力程度是其他人很难鉴定的)。而要对企业员工进行实时监督又会耗费巨大的成本。

二、企业愿意实现利润最大化吗?

如果我们进一步认为,只要愿意,企业总能够实现利润最大化,那么我们是否能够断言此时的企业就一定愿意实现利润最大化呢?

(一) 消费习惯的培养

在之前的讨论中,我们静态化了消费者的需求,也忽略了商品的品牌属性。我们一般认为市场上的消费者对商品的需求是不变的,由此企业总是追求当期利润的最大化。然而现实生活中,消费者很多时候并不知道自己是否需要该商品,甚至在一开始就不需要此种商品。对于企业而言,通过刻意降低价格的方式能够更迅速地向消费者推介自己的产品,从而培养消费者的消费习惯。我们日常在超市经常可以看到试吃、试用,企业免费提供产品,就是为了通过"赠送"一部分商品,让消费者的需求上升,从而增加未来的收益。无独有偶,某互联网咖啡企业认识到我国人民没有喝现磨咖啡的习惯后,在推广现磨咖啡产品时也采取了类似的策略,刻意压低产品价格,以期培养人们对咖啡的需求。而这样的策略甚至还得到了股东方面的一致支持,获得了若干轮投资。

(二) 企业存在内部人控制问题

企业的内部人控制问题本质上属于一种委托—代理的问题,即企业的资方和管理方对于企业的经营目标存在差异。简单来说,企业的所有权归股东所有;由于企业的税后利润是股东的收入,所以股东一定愿意企业最大化自身的利润。然而,现代企业的实际经营一般由企业专职管理者负责。不幸的是,管理者与股东的行为目标往往存在差异,企业实际管理者可能持股比例很低甚至不持有企业股份,因此其追求的可能是企业的知名度、规模、管理者的报酬甚至是企业员工收入的最大化,因为这能为企业管理者积累更好的名声使其在管理者市场上的价格上升。倘若股东有办法每时每刻都监控企业管理者的行为,他们就能够以更换管理者为威胁约束管理者的行为,从而维护股东的权益。但是实际生活中,由于企业经营的高度专业性,以及股东人数众多等特点,股东很难形成对管理者的监管。当股东无法监管管理者时,管理者可能会从自身出发对企业行为进行决策,从而偏离股东的利润最大化目标,如:

(1) 不计代价提升企业的知名度和规模。只要企业的知名度高了,规模大了,管理者自身就会有更好的名声,他(她)可能就容易获得下一份高薪工作。至于这个企业最终的利润如何,就和管理者本身没有关系了。所以,企业管理者可能会盲目追求企业扩张,而忽视其中的风险。

(2) 努力增加团队成员的收入。企业的经营管理离不开一个个团队,企业的管理者更是这个团队的领导者。所以,对于企业的管理者而言,企业的利润固然重要,但自身团队的凝聚程度和团结能力也非常重要。企业管理者可以带着整个团队一起跳槽,所以如果企业利润不与企业管理者收入直接相关,企业管理者更会照顾自身团队的利益。

(3) 采取更加冒险激进的策略。对于股东而言,他们总是在风险与收益之间寻找平衡,这是因为他们的收益直接受到企业分红的影响。然而对于企业管理者而言,由于他们得到的是工资而并非分红,因此企业面临的风险并不在其考虑范围内,而冒险的策略一旦成功,管理者会因为自身的管理才能而得到社会的认可,提升自身的价值,从而争取更高的工资回报。

(4) 故意降低努力程度。由于市场总是存在不确定性,所以企业业绩的不好总是可以被解释为"时运不好",这也成为企业管理者懒惰行为的有效掩护。

通过以上分析,我们知道,在很多情况下,企业受到实际约束因而无法实现利润最大化;同时由于种种原因,企业在很多情况下也不会愿意追求利润最大化。这使得我们简单从利润最大化的角度出发分析企业行为,从而得到的经济学理论听起来是不可靠的。这正是近年来许多新经济观点和新经济理论不断补充和修正利润最大化理论的原因。

然而,利润最大化分析也不是完全没有意义。现实生活中的企业也许没法实现利润最大化,但它们总是努力地往利润最大的方向靠近。除此之外,在一般意义上,任何经济学模型与经济学理论都不可能对现实经济现象给出完全充分的描述,都只是对现实经济生活的抽象和总结,试图用一般性的规律去解释复杂的世界。也许经济学模型和经济学理论不是完美的,但只要能够为企业高效生产经营提供参考,就是有意义的。

案例 5-2

"瑞幸"神话的破灭

2020 年春,瑞幸咖啡的市值发生暴跌,从最高时的 130 亿美元跌至 11 亿美元。仅在一天内,瑞幸咖啡在美股盘前的跌幅就超过 80%;当天开盘后,仅在 20 分钟内,瑞幸咖啡的股价就三次触发熔断机制。

在此之前,已有报告指出,瑞幸咖啡夸大了门店商品的销售数量;并通过其研究最终认为,咖啡作为功能性产品在国内的需求有限,虽然在大量补贴下,瑞幸咖啡的销量不低,但其用户群都是价格高度敏感的消费者,因此瑞幸咖啡的商业模式在中国并没有办法盈利。据此认为,瑞幸咖啡在经营数据等方面存在造假和欺诈行为。

简单来说,瑞幸咖啡试图抓住中国咖啡消费市场中的发展空间,通过补贴的方式,不断提高产量,开出更多门店,全力加速扩张。虽然常年处于亏本状态,但其认为最后培养出的消费习惯能够使得企业最终盈利。

资料来源:瑞幸"崩盘"始末 [EB/OL]. 新浪财经, http://finance.sina.com.cn/roll/2020-04-28/doc-iirczymi8794136.shtml, 访问时间:2020 年 9 月。

第五节 小 结

对于市场经济的另一个组成部分——企业或厂商,首先需要了解其形成原因。现实世界中交易费用普遍存在,诸如"敲竹杠"的行为加剧了要素之间交易的成本。在社会发展的过程中,个体之间通过结合形成集体,消除了一部分交易费用,逐步演化成现代的企业。依据对风险分担的不同方式,现代企业可以划分为有限责任制公司和无限责任制公司,其中一些有限责任公司采取股份制,成为股份有限公司。对于股份有限公司,又可依据其是否公开募集资金(上市)加以细分。企业的形成源于企业家的创新与创业,企业家通过发挥自身能力,发现新的经济增长点,并通过艰苦创业,将创新固化为收益,并借助市场的力量推广至社会,在市场经济中扮演着重要的角色。

对于企业而言,其决策目标包括要素的购买、生产的决策以及产品的销售。抽象而言,我们可以使用利润最大化问题研究企业的行为。简单来说,如果企业面临经济意义上的亏损,就会退出市场。具体而言,在短期内,由于企业的固定成本属于沉没成本,此时企业退出的临界点为实现利润最大化后亏损额与固定成本相等的点;而在长期内,企业不存在固定成本(由于时间够长,任何资产都有办法流转),此时退出的市场临界点就是实现利润最大化后利润为零的点。

然而,现实中的企业行为并不一定会严格遵循利润最大化的法则。一方面,现实中的障碍使企业有可能无法实现利润最大化。具体而言,政府的规制、市场的不确定性以及企业内部的效率损失削弱了企业利润最大化行为的可能性。另一方面,现实中的企业可能也不会愿意实现利润最大化,这是因为企业有时因追求产量最大化或者培养消费习惯而不实行利润最大化目标,而内部人控制问题的存在,也成为企业利润最大化目标的一个挑战。

总的来说,现实中的企业多种多样,形成企业的原因和企业行为也需要具体问题具体分析。然而,从一般性的角度来说,企业的出现是为了消除各种各样的交易费用,而企业行为基本都围绕着利润最大化这一目标。

内容提要

- 现实中交易费用普遍存在,企业的出现能够有效地解决交易费用问题;有限责任、无限责任的分类主要描述的是企业内部的风险分担。
- 企业家精神的核心是直面风险、不断创新,而这是一个企业能够发展所必不可少的要素。
- 企业行为过程中考虑的是机会成本,而不是账面上的成本;企业行为总体而言是朝着利润最大化的目标前进的。
- 短期与长期的区别在于固定成本是否能够流转。在长期中,只要最大利润为负,企业就会退出市场;在短期中,利润为负的企业也不一定会退出市场,而只有当其利润最大化后的亏损额大于固定成本时,企业才会退出市场。
- 现实生活中的企业行为可能并不会遵循利润最大化的目标,这是因为现实中的企业可能无法实现利润最大化,而企业自身可能也不希望实现利润最大化。

关键概念

无限责任	企业退出市场	企业家
有限责任	政府规制	机会成本
短期	内部人控制问题	利润最大化
长期		

练习题

1. 企业有哪些类型？它们的关系是怎样的？
2. 试论述企业家对于企业的意义。
3. 考虑一个企业面临的价格曲线为：$P(Q) = 1 - Q$，其中 Q 为企业生产的产品数量，企业的成本函数为 $C(Q) = \frac{1}{2}Q^2$，画出该企业的收益曲线、成本曲线、利润曲线；企业生产多少产品时，能实现利润最大化？
4. 试讨论企业何时会选择关闭并退出市场？

第六章 生产和技术

前面的章节主要关注的对象是消费者,他们代表了市场上的需求方面。从本章开始我们将着重介绍供给方的行为逻辑,也就是生产者理论。生产者理论描述了企业实现其核心目标利润最大化的决策方式,以及企业的产量如何影响其成本水平。这些理论可以有效地帮助我们理解市场中供给方的行为特征,理解企业经营行为的关键问题。有趣的是,随着讨论的深入,你还会发现生产者理论在很多方面都与消费者的最优决策行为有相似之处。因此,熟悉消费者行为理论同样有助于更好地理解生产者理论。

首先,让我们设想这样的情景:如果你是长春一汽公司的企业负责人,你知道生产汽车投入的主要生产要素是劳动力和资本。今年董事会已经决定在一年内生产10万辆轿车,可供选择的生产方式很多:大量的工人和少量的机器设备;大量的机器设备和少量的工人;完全采用人工智能化的机器设备,等等,你会如何选择呢?你会将这些轿车全部都投放在一个企业生产还是会选择与其他企业一同生产呢?每种生产方式的生产成本是多少?这些成本随着技术和投入的变化会发生怎样的变化呢?诸如此类的问题几乎伴随着每一个企业的决策者,他们回答这些问题的一个前提就是所在企业的生产技术情况,也就是本章所讨论的问题。

本章第一节会介绍经济学中描述企业生产技术的方式——生产函数的特性。然后在第二节,我们将讨论只有一种生产要素变化时会对企业的生产过程产生怎样的影响。第三节会继续拓展到更一般的形式,介绍两种生产要素的变化对生产所造成的影响。我们还会关注企业规模,在第四节讨论是否规模更大的企业会具有更高的生产能力。

第一节 生 产 函 数

一、生产函数的含义

企业通过一定的技术组合将投入要素转换为最终产品,这就是企业的生产过程。这里所说的投入要素也称为生产要素,是生产过程中需要使用的全部要素的总集。比如我们常去的餐馆,一般都会雇用厨师提供劳动,采购鸡鸭鱼肉各类食材作为原材料,当然也少不了厨具锅灶等烹饪所需的资本品,这些投入要素组合在一起,就会生产出顾客所需的美味菜肴。

上述例子还说明了一个重要的问题,那就是经济学中一般把投入要素分为资本、劳动力和原材料三类。具体来讲,资本可以包括土地、能源、机械设备等;劳动力还可以细分为企业家精神、熟练工人和非熟练工人,比如主厨、会计师、工程师等就属于熟练工人,而服务员、洗碗工等就属于非熟练工人;原材料包括钢铁、化工制品、木材、肉类等,它们可以直接转化为最终商品。

为了能够更加清晰地表示出企业(上面的餐馆)的生产过程,我们可以使用生产函数将生产过程中投入要素与产出之间的关系表示出来。生产函数(Production Function)表示在一定的技术条件下,投入要素和理论上最大产出之间的关系。为了简化分析,我们可以将现实中纷繁复杂的投入要素简化成为劳动与资本两种,因此可以得到生产函数①:

$$Q = F(L, K) \tag{6-1}$$

式(6-1)描述了投入要素(劳动和资本)与产出 Q 之间的数量关系。比如一台收割机在三户农民一天的劳作下可以收获的粮食产量。式(6-1)中的劳动与资本都是指流量的概念,也就是一段时间内,比如一年,为了收割粮食所使用的资本(收割机)和劳动(农民工作时间)的数量。虽然收割机等机械本身为这些农民所有,但是在流量的概念中我们依然需要理解为这些农民需要为使用收割机而付出成本(机会成本)。为了方便说明,后文所提到的所有有关劳动与资本的概念全部都忽略了时间,只是谈论所使用的要素数量。如果没有特殊说明,我们都假设要素使用时间为 1 年。

生产要素可以以任意比例组合后投入生产。比如现在这三户农民认识到了农业机械化的威力,决定筹资再购入两台收割机,那么相比于开始的情况,粮食的收割就利用了更多的资本,收割同样多的粮食就可以减少劳动力的使用。还需要说明的是,式(6-1)限定了生产技术,但是生产技术确实是可以随着时间变化的。比如这些农民在收割机的使用过程中不断摸索创新,发现了收割机更高效的使用方法,提高了收割粮食的技术手段。那么在使用同样多的劳动与资本时,就可以收割更多的粮食。

生产函数是理论上的概念,它表明了投入要素与其最大产出之间的对应关系。理论上的最大产出在现实中难以实现,因为没有任何技术能够在生产过程中不产生浪费和损耗,因此实际生产的结果几乎都会与理论结果存在一些偏差。但是,考虑一个理论上的最优产出是有意义的,因为现实中企业往往会通过尽可能减少生产中的浪费来减少成本。

二、短期生产与长期生产

企业经常会通过调整要素投入组合的方式来应对要素价格信号以最小化生产成本。比如本田汽车、福特汽车等公司在 20 世纪选择来我国投资设厂,一个重要的原因就是有效利用我国更为廉价的劳动力以降低其车辆生产成本。② 但是,企业调整要素投入是需要时间的,这些新的工厂从规划建设到投入生产需要耗费一年甚至几年的时间。因此,如果我们仅考虑企业的短期生产决策,比如一个月或者一个季度,企业是很难放弃大量的劳动转而使用资本品的。

经济学中通常将一种或多种投入要素不可变的时间段称为短期,将所有要素投入都可变的时间段称为长期。换言之,短期内,企业所使用的生产要素至少有一种是不可变的,而在长期内企业则不会面临这种限制。短期内可变的投入要素被称为可变投入要素,不可变的投入要素则被称为固定投入要素。由于要素投入变化的限制,短期与长期的生产决策是截然不同的。纺织厂可以通过短期调整纺织工人的使用数量(可变投入要素)来调整生产成本,最大化纺织机的产量。这种短期的调整决策是根据纺织厂本身所有的纺织机数量(固定投入要素)决定的,而纺织机的投资数量则体现了之前企业对于市场情况的长期估计。

---

① 一般形式为 $Q = Q(X_1, X_2, \cdots, X_n)$,$X_i$ 表示生产要素。
② 当然,企业进行对外投资的原因很多,例如更好地了解融入当地市场,降低运输成本,规避关税等。

长期和短期的划分并没有一个明确的时间限定,而是依产业特点变化而变化的。飞机生产商更换全自动生产线可能需要几年时间,但是重新买一把拖把可能只需要十分钟就够了。

第二节 单可变要素的生产

本节将讨论企业在短期内如何调节要素投入来最大化生产利润,即固定资本量,通过调节劳动投入来改变产量和成本。企业决定每期投入多少要素生产需要对成本和收益进行权衡。一般来讲,有两种权衡方式可供选择:增量角度权衡和平均量角度权衡。考察增量需要我们知道增加一单位要素投入能够带来的产量提高的数量,而当我们需要考虑大规模要素变化的时候,每单位要素变化带来的平均产量变动就是一个好的借鉴了。

一、平均产量与边际产量

在短期,由于资本量是固定不变的,给定生产技术的企业唯一能够提高产量的方法就是增加劳动投入。假设你是一家咖啡店的经营者,在开业之前购入了3台咖啡机(每台咖啡机需要2人合作操作),现在可以通过雇用更多或更少员工的手段来改变咖啡店的咖啡产量。如果你知道劳动投入与咖啡产量之间具备表6-1的关系,你会决定雇用多少员工呢?

表6-1给出了咖啡店的产量信息。可以看到,当劳动投入为0时,咖啡的产量也是0,虽然咖啡店里还整齐地陈列着你刚刚投资的3台咖啡机。接下来,随着劳动投入的不断增加,咖啡的产量也在逐渐提高,直到员工数量达到了6人,再增加劳动投入反而引起咖啡的总产量下降。如此结果可以很直观地理解,因为开始阶段随着员工数量的增加,每台咖啡机都能够得到越来越充分的利用,所以咖啡的产量自然增加。但是,在员工数量提高到6人后,再增加的劳动投入反而降低了资本(咖啡机)的生产率——可能是因为人多手杂——导致产量下降。

表6-1的第四列描述的是劳动的边际产量(MP_L)。劳动的边际产量描述了当劳动增加一单位时产出的增长量,即劳动投入对于产量增长的边际贡献。用模型表示这一定义为:

表6-1 可变劳动的咖啡店

咖啡机数量 (K)	员工数量 (L)	咖啡产量 (Q)	员工的边际产量	员工的平均产量
3	0	0	—	—
3	1	3	3	3.00
3	2	13	10	6.50
3	3	30	17	10.00
3	4	41	11	10.25
3	5	46	5	9.20
3	6	46	0	7.67
3	7	42	−4	6.00
3	8	35	−7	4.38

$$MP_L = \Delta Q/\Delta L$$

表6-1中,在给定3台咖啡机的情况下,当劳动投入从4提高至5时,产量从41提高到了46,因此新增的单位劳动投入的劳动边际产量就是5(=(46−41)/(5−4))。随着咖啡机数量增加,劳动的边际产量也许会增加,因为此时有更多的资本品可以被劳动力利用来进行生产,从而提高生产率。劳动边际产量呈"倒U形",即随着劳动的增长先提高后下降的趋势。如表6-1所示,劳动边际产量最高的为第3单位的劳动。

另一个描述劳动对产量增长贡献的重要变量是劳动的平均产量(AP_L)。平均产量表示平均每一单位投入要素对于产出的贡献。数学公式表达为:

$$AP_L = Q/L$$

表6-1的第5列给出了咖啡店的劳动平均产量情况。平均产量的计算方法与边际产量不同,它是用总产量(Q)除以劳动投入量(L)。在上面的例子中,当你投入4单位劳动时,产量为41,那么劳动的平均产量就是10.25(=41/4)。与边际产量类似,劳动的平均产量同样呈"倒U形"。

二、生产曲线

根据表6-1中的数据可以勾画出图6-1,该图描述了企业单投入要素变化的产量关系。图6-1(上)描述的是总产量与劳动投入的关系;图6-1(下)描述的是劳动的平均产量和边际产量与劳动投入的关系,其中虚线代表平均产量,实线代表边际产量。

首先来看总产量与劳动投入的关系。图6-1(上)显示,当劳动投入提高到6的时候,总产量达到最大值46(C点),随后再增加劳动投入,总产量将会下降。由于投入劳动要付出相应的成本,但是产量的下降会造成销售收益的降低,因此当总产量达到C点之后再增加劳动投入就不符合企业追求最大利润的目标。

总产量曲线的几何关系反映了其另一个重要特征。曲线上的每个点与原点连线的斜率都表示这个劳动投入数量的平均产量。比如A点总产量为30,劳动投入为3,因此平均产量就为10,也就是A点与原点连线的斜率。此外,总产量曲线的每个点的斜率都表示了此劳动投入的边际产量。再次观察A点,在劳动投入为3时,曲线斜率对应17,即为第3单位劳动的边际产量。类似地,C点是最高总产量点,因此C点斜率为0,第6单位劳动的边际产量也同样为0。

图6-1(下)描述的是劳动的平均产量与边际产量的关系,两条曲线与总产量曲线的关系正如上文所描述。边际产量与总产量的关系为:边际产量为正时,总产量增加;边际产量为负时,总产量下降。图6-1中,当劳动投入为3时,总产量曲线最"陡",边际产量达到了最高水平,对应了边际产量曲线的最高值点。而当总产量在C点(劳动投入为6)时,接下来的劳动增加会降低总产量,所以第6单位劳动的边际产量为0,而且此后每单位劳动的边际产量为负值。平均产量曲线反映了总产量曲线上每个点与原点连线的斜率,在劳动投入为4(B点)时此斜率达到最大值,也对应了平均产量曲线的最高值点。

边际产量曲线呈现"倒U形"的原因在于,给定资本投入量,初始投入的劳动会使资本逐渐得到充分的利用,因此每单位的劳动投入都会带来更高的边际产量。但是,当劳动投入已经达到现有资本投入的最大生产力时,再投入劳动就会引起边际产量的下降,直至下降为0。这种关系实际上是非常普遍的,比如一所学校有10个班级学习一门课程,那么当学校只有1位老师的时候是无法完成这么多班级的教学任务的。现在假设老师数量增加到了3位,课程

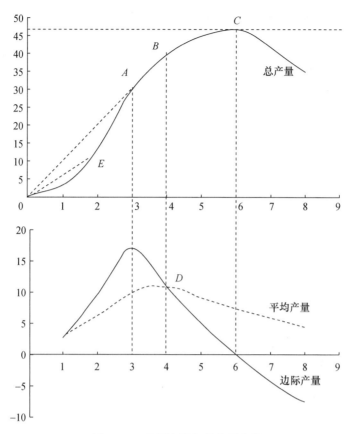

图 6-1　一种可变投入的产量曲线

教学会逐渐步入正轨,但是由于教学任务依然繁重,因而导致教学效率依然可能偏低。此时如果能够再聘请 1 位老师,那么教学效率就可能得到巨大的提升,而这位老师所带来的边际产量就是非常高的。此后如老师数量继续增加,比如增至 10 位老师,尽管老师的边际产量依然为正,但是已经低于之前那位老师的边际产量了。更有甚者,如果学校招聘的老师过多,比如 30 位,就会产生存在部分老师无课可上的情况,甚至会对其他老师的排课和管理带来阻碍,老师数量的增加反而可能会导致学生成绩的下降,即边际产量为负。

平均产量曲线与边际产量曲线之间的关系十分密切。观察图 6-1 所示的关系可以发现,当边际产量高于平均产量时,平均产量曲线呈上升趋势;当边际产量低于平均产量时,平均产量曲线则呈下降趋势。因此,边际产量曲线必然在平均产量曲线的最大值点与之相交,即 D 点。

三、边际收益递减规律

生产要素边际收益递减规律在短期生产中是不可避免的。所谓边际收益递减是指当厂商增加某种可变生产要素时,假定其他生产要素固定不变,那么必然会出现一点,在此之前生产要素的增加会提高要素的边际收益,在此之后要素的边际收益则会逐渐下降。有时我们也称这一规律为边际产量递减规律。图 6-1 中劳动的边际产量显然符合这一规律,不仅如此,在短期生产中,所有其他投入要素也同样符合这一规律。

运用边际收益递减规律的前提是变量投入要素的同质性，如果投入要素的边际收益下降是由于要素本身的质量下降所引起的，就不能用边际收益递减来解释。我们所说的边际收益递减规律是由某种固定投入的产量限制所造成的。比如农民会使用化肥来提高粮食产量，如果同一种化肥使用量过多，超过了土地肥力的限制而导致的增产幅度下滑就可以用边际收益递减来解释。但是如果产量增长减缓是由于更换成了肥力较弱的化肥而导致的，就不属于边际收益递减规律的解释范畴了。

案例 6-1

有限的土地如何供养越来越多的人口？

世界上任何一个国家和民族都不会忽视粮食的重要性，因为无论是繁衍还是发展，基本前提都是填饱肚子。不幸的是，粮食生产同样遵循边际收益递减规律。根据这一规律，英国经济学家马尔萨斯早在18世纪就认识到了人类可能面临的粮食危机，并提出了骇人听闻的人口论。虽然后来的世界没有按照他的预想濒临崩溃，但是粮食安全却同样是人类不得不面对的一个挑战。由于土地资源供给是固定不变的，越来越多的人口数量却不断推高粮食的需求，即便人们可以不断地增加用于农业生产的资本和劳动投入，但是生产要素的边际产量和平均产量终将走到递减的阶段。

针对土地的边际产量递减带来的问题，我们可以从三个方面来着手应对：一是不断地创新技术，提高要素生产率，保证同样的土地供给数量可以产出更多的粮食；二是保留足够多的耕地面积，至少在未来相当长的时间内足够供应人们生存所需要的粮食；三是通过充分利用国际市场提供充足的粮食供给。

农业技术进步带来的粮食增产在我国是很明显的。这些进步包括杂交水稻等高产品种的广泛播种、高效的化肥使用、水利灌溉系统的升级，以及播种收割机械的更新等，我们也将这类技术进步称为"绿色革命"。粮食亩产提高的意义不仅在于可以养活更多的人口，还在于可以节约更多的耕地。节约出来的耕地可以用来盖厂房、建住宅等，也可以用来种植中药、花卉等经济作物从而改善农民的生活质量，当然也可以用于"退耕还林""退耕还草"等。

虽然农业技术进步能够带来粮食的增产，但是依然需要避免其在工业化和城市化发展的过程中产生的过度占用耕地的现象。因为技术进步无法弥补耕地不足造成的粮食减产，进而引发的粮食安全问题并非不可能发生。为了避免耕地减少带来的问题，我国在2006年规定了全国耕地红线为18亿亩，并将之明确为"坚决不允许突破的约束性指标"。根据我们的理论，耕地红线可以缓解边际产量递减引发的问题，但是我们的理论仅适用于同质的土地，现实中土地的质量显然是具有巨大差距的。有研究显示，不少省份开发所占用的耕地50%是水田，而补充的耕地中，水田占比不足20%。有些地区为了赚取土地差价，将补充的耕地开垦在山上，实际上根本不能进行耕作。

保证粮食供给还可以利用国际市场。不同的粮食产生的利润也是不同的，对于我国农民来说，种植玉米、小麦产生的利润就高于种植大豆。因此，对于他们而言，理性的选择就是减少大豆播种面积，从北美、巴西等海外市场进口大豆。国际贸易带来的双赢局面在大豆市场也可见一斑。通过进口大豆，我国农民将原来种植大豆的土地改种玉米、小麦等高产、高利润作物,在同样的耕地上获得了更多的收入。另外,大豆是重要饲料来源,我国农民用进口的大豆养殖鱼虾等水产品和牲畜,随后销售到国内和国际市场,在获取利润的同时也为我们日渐增长的肉类消耗提供了供给。美国、巴西等地区拥有丰富的土地资源,耕种大豆这种土地密集型作物的边际成本很低。对该地区的农民而言,与其让土地荒着,不如种植大豆来供给中国这个巨大的市场。据美国农业部统计,2006 年以前,美国的大豆行业始终处于亏损状态(2006 年亏损 2 330 万美元),如果没有美国政府的长期补贴政策,种植大豆是很难盈利的。自从中国大量进口大豆以后,国际大豆价格大幅上涨,美国的大豆产业也终于扭亏为盈,2015 年美国农民可以从每公顷大豆中获利 241.8 美元。

但是贸易带来的便利不意味着可以放弃国内的耕地红线,毕竟粮食安全如此重大的问题,主动权还需要掌握在我们自己手里。

资料来源:徐滇庆,贾帅帅. 问粮[M]. 北京大学出版社,2014。

第三节 两种可变要素的生产

上一节讨论了短期生产中一种可变要素下产出的变化。在本节,我们将目光拓展至长期生产。企业的长期生产与短期生产的关键区别在于,前者的所有投入要素都是可变的,企业根据自身的利润状况来确定劳动和资本的需求,然后它们会有足够长的时间来实现自己的生产调整规划。比如我们前面所列举的咖啡店案例,在长期生产过程中,咖啡店经营者不仅可以增加或减少店员的雇用,还可以投资更多的咖啡机,扩大门店面积和新增就餐桌椅等。

一、等产量线

对于给定的一个生产函数,如 $Q = F(L,K)$,每一种投入要素组合都会引致一个唯一的最大产量 Q。分析这些特定的生产函数,我们实际上拥有更为直观的工具:等产量线。等产量线是指恰好足够生产出同一产出数量的劳动投入与资本投入的组合。图 6-2 中展示了三条等产量线,产量分别为 Q_1、Q_2 和 Q_3($Q_3 > Q_2 > Q_1$)。

图 6-2 中,A、D、E 三点的劳动-资本组合都可以产生 Q_1 单位的产量,显然为了得到相同的产量,当资本投入从 A 点逐渐增加到 D 点时,劳动投入相应减少。与上文描述的过程一样,当资本固定在 K_1 时,通过劳动投入的增长,比如从 D 点到 C 点,两条等产量线可以清晰地呈现产量的增长,从 Q_1 到 Q_2。最后,在给定技术 $F(\cdot)$ 时,劳动投入和资本投入的增加必然会引起产量的提高,其过程如图 6-2 中 E 点与 C 点所示。

等产量线显示了企业要素投入的灵活性。企业可以通过利用资本替代劳动(或者相反)的方式来获得同样的产量水平。这一性质对于企业非常重要,因为当一种要素的价格发生变

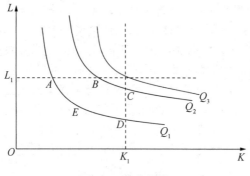

图 6-2 等产量线

化的时候,企业可以根据要素的相对价格变化使用更多变得便宜的要素来替代变得贵的要素,在得到相同产量的同时节约了更多的成本。例如当企业意识到劳动力成本逐渐提高时,会选择使用机器来替代人工生产。下一章我们会更加详细地来讨论有关企业成本最小化和利润最大化的投入组合选择。

等产量线同样受到边际收益递减规律的制约。考虑固定劳动投入 L_1,由于生产要素边际收益递减,当企业增加资本投入时,每一单位的资本增加所带来的新增产量会逐渐下降。因此在这一劳动投入水平下,等产量线会变得逐渐密集。而当使用资本去替代劳动的时候,替代得越多,等产量线就会越平坦;反之,当使用劳动替代资本时,使用的劳动越多,等产量线就会越陡峭。

二、边际技术替代率

长期生产中要素之间是可以相互替代的,但是要素之间替代的效率会如何变化呢?为了解释这一问题,我们引入了边际技术替代率($MRTS$)。边际技术替代率是指在产出不变的情况下,一种要素与另一种要素的替代关系。在我们考虑只有资本和劳动两种要素时,边际技术替代率是指在给定产出水平下,一单位的劳动可以替代多少单位的资本。这一概念与消费者理论中的边际替代率极为相似,类似地,我们可以得到:

$$MRTS_{L,K} = -\Delta K/\Delta L \tag{6-2}$$

式(6-2)中,ΔK、ΔL 表示资本与劳动的变化。观察图 6-3 有助于我们理解边际技术替代率的意义,比如在 $A-B$ 段,当劳动增加 1 单位时,资本减少了 2 单位,此时边际技术替代率为 2。同理 $B-C$ 段,资本-劳动的边际替代率则为 1。实际上,正如我们可以很容易地观察到,随着劳动投入的增加,单位劳动投入能够替代的资本投入将越来越少,等产量线因此变得越来越平坦。这是因为劳动的生产率会随着投入数量的增加而降低,资本的生产率会随着投入数量的减少而提高,因此,对于产出的贡献而言,劳动会越来越小而资本会越来越高。

图 6-3 中还蕴含了一个重要的经济假设——边际技术替代率递减(Diminishing Marginal Rate of Technical Substitution)。即给定某一产量,随着某一种要素的投入增多,其替代另一种要素的能力会逐渐下降。这也说明要素投入的生产率不是永远不变的。因此,为了保证投入

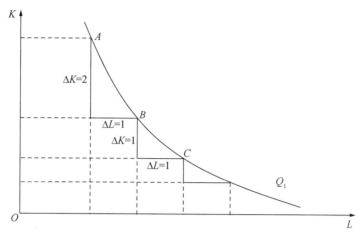

图 6-3　边际技术替代率

的合理使用,应该要尽可能地平衡使用生产要素。另外,图 6-3 中的等产量线的形状是向内凸的,这正是边际技术替代率递减的结果。

边际技术替代率与要素边际产量具有很密切的关系,我们可以将上述的分析过程模型化来得出二者之间的关联。考虑劳动发生微小变化 ΔL,其所带来的产量变化可以写成 $\Delta L \cdot MP_L$,类似地,资本变化带来的产量变化可以写成 $\Delta K \cdot MP_K$。由于我们总是在同一产量水平上来考虑边际技术替代率的问题,因此两种要素变化带来的总的产量变化应该为 0,即

$$\Delta L \cdot MP_L + \Delta K \cdot MP_K = 0$$

于是,我们可以得到边际技术替代率与要素边际产量的关系为:

$$MRTS = -\frac{\Delta K}{\Delta L} = \frac{MP_L}{MP_K}$$

三、等产量线的特殊形式

理论上,企业在决定要素投入组合时会遇到一些极端的情况。如图 6-4 所示的两生产要素完全替代的情况就是其中之一。生产要素完全替代是指生产所用的投入要素始终是以固定的比例来进行替换,而产量保持不变。这说明完全替代生产函数的边际技术替代率始终是一个常数。与完全替代的效用函数类似,经济学中把这类特殊的生产函数表示为:

$$Q = aK + bL \tag{6-3}$$

式(6-3)中,K 和 L 表示任意投入要素,不仅仅是上文提到的资本与劳动。现实中完全替代的投入要素常常不如我们理论上假设得那么完美。比如现代瓷器的烧制既可以使用机器,也可以使用手艺精湛的工匠。如果仅从瓷器的生产数量来看,那么这两种投入要素确实可以看作是完全替代的,但是如果考虑到产品的艺术性和独特性,那么显然机器制造目前还无法与工匠制作相媲美。

图 6-4 为我们提供了另一个故事。假设生产过程需要两种工人,即蓝领工人和白领工人,两种工人存在完全替代关系,一个白领工人的生产能力相当于两个蓝领工人。在这种生产技术之下,等产量线如图 6-4 所示,是一条直线,图中 Q_1 和 Q_2 两条等产量线的斜率是相同

的,为 0.5,这说明边际技术替代率为常数 0.5。

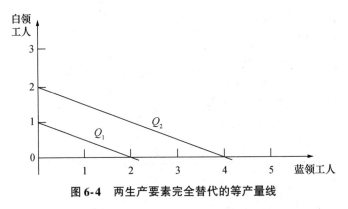

图 6-4 两生产要素完全替代的等产量线

生产投入组合的另一个极端情况是两种投入要素完全互补。投入要素完全互补要求企业将投入要素按照某一固定比例来使用。对应的生产函数称为固定比例生产函数。固定比例生产函数的等产量线呈图 6-5 中的 L 形。参考完全互补品的效用函数,我们可以将之表示为:

$$Q = \min\{aL, bK\}$$

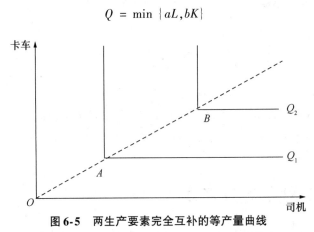

图 6-5 两生产要素完全互补的等产量曲线

图 6-5 讲述的是如下的场景:每辆卡车只需要一位司机,因此,卡车与司机是完全互补的。在这种情况下,上述的完全互补生产函数中 $a=1, b=1$。此时,等产量线是一条折线,直角点 A、B 处的边际技术替代率不存在。

第四节 规 模 收 益

一、规模收益

企业的规模变化要求所有投入要素同比例变化,比如资本和劳动,需要同时扩大两倍才可以用规模变化来描述。显然,这两种要素变化需要保持同一方向,不能一种要素扩张,另一种要素萎缩。另外,当考虑企业规模变化时,我们考虑的是长期生产状态。规模扩大,会导致企业的产出增加;规模缩小则会导致企业的产出下降。

对于生产函数 $Q = F(K,L)$,所有要素同比例变化 t 倍,得到 $Q' = F(tK,tL)$。当 $t > 1$ 时,规模是扩大的;当 $t < 1$ 时,规模是缩小的;当 $t = 1$ 时,规模不变。

随着企业规模的变化,企业的产出也发生变化。比如当协和医院同时将医生数量和医疗设备数量扩大1倍,医院每天所能接纳的病人数量是增长大于1倍还是等于1倍抑或是不足1倍呢?以上三种情况可以分别称为:规模收益递增、规模收益不变和规模收益递减。

规模收益递增是指当生产要素同时扩大 t 倍时,产出的增长幅度会大于 t 倍。即

$$tQ > F(tK,tL)$$

规模收益递增一般体现在企业规模扩大以后形成的更加专业化的分工与管理。比如北京德云社在演员数量逐渐增加的时候,果断放弃传统戏班子的班主管理模式,转型为企业化管理模式,明确了演员与幕后职员的分工,形成了有效的激励机制,企业就会进入规模收益递增的生产阶段。

在具备规模收益递增特点的行业中,更大规模的企业进行生产往往比分散的小企业各自为政更有效率。这些行业内的企业在规模扩大以后通过引进更先进的技术和设备,提高要素的利用率,从而增加产出。我国从2000年开始对全国的小型钢厂进行整顿关停,原因就在于钢铁行业是规模收益递增的。大部分小型钢厂在炼钢时由于设备与技术的落后,炼制的钢材质量低下,环境污染严重。将这些小型钢厂关停可以有效地实现市场集中,淘汰过剩产能,促进钢铁行业实现规模收益递增。

规模收益不变是指生产要素同时扩大 t 倍时,产出增长的幅度会等于 t 倍。即

$$tQ = F(tK,tL)$$

这种情况一般出现在比较容易复制的行业,比如家乐福等大型超市使用的资本与劳动比率与7·11等便利店基本是相同的。

规模收益递减是指生产要素同时扩大 t 倍时,产出的增长幅度会小于 t 倍。即

$$tQ < F(tK,tL)$$

规模收益递减在现实生活中屡见不鲜。原因主要是企业虽然扩大了生产规模,但是无法有效地解决大规模企业带来的管理问题,导致企业内部分工体系破坏,经营效率下降,出现规模收益递减。

二、规模收益的描述

图6-6用图形的方式进一步描述了企业的规模收益。图6-6(a)表示规模收益不变的情况下投入与等产量线的关系,很显然,当投入要素组合为(1,1)时,产出为1。此时,同比例增加要素投入,产量也会同比例地增加。图6-6(b)和图6-6(c)分别表示的是规模收益递减和规模收益递增的情形。在图6-6(b)中,要素投入同时增长2倍时,产量增长显然没有达到原来的2倍。而在图6-6(c)中投入要素同时增长2倍,等产量线则提高到了3倍以上。

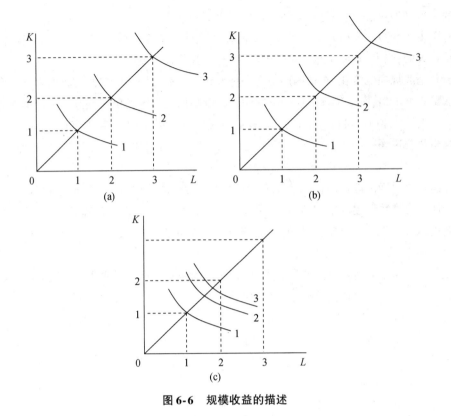

图 6-6 规模收益的描述

案例 6-2

柯布-道格拉斯及其生产函数

现代经济学模型常使用柯布-道格拉斯函数作为生产函数的模型假设。

1927 年,经济学家道格拉斯尝试研究美国 1899 年至 1922 年的制造业数据,受到一般实证研究的影响,道格拉斯将产出(原文以 P 表示)、固定资本(原文以 C 表示)以及劳工数量(原文以 L 表示)分别取对数,发现三者存在较好的相关性。为此,道格拉斯咨询了其同事查尔斯·W. 柯布,并在其建议下以 $Q=bL^kC^{1-k}$ 建模。该生产函数形式本质上是一个简单的一阶齐次的欧拉函数,因此拥有许多较好的性质。

通过最小二乘法估计,他们发现函数中 k 的估计值为 0.75,在排除了经济周期的影响后,他们发现这与其 23 年的数据相吻合。

该函数形式除前文介绍的良好性质之外,另一优势在于可以将工资占产品产值的比例用简单的参数表示。以 $Q=bL^kC^{1-k}$ 的形式为例,假设产品价格为 δ,工资为 w,资本的租金为 r,可以得到:

$$\frac{wL}{\delta Q} = k$$

表 6-2 给出了美国经济研究局(NBER)的研究结果,研究发现 1904—1918 年,第二列所显示的劳动收入占比基本稳定在 65% 左右,尤其是在 1919 年,NBER 的研究结果恰好与柯布、道格拉斯的发现相符,由此奠定了该函数形式在经济研究中的地位。

表 6-2 对美国若干年数据的研究结果

年份	k	k 的标准误	j	j 的标准误	k+j
1904	0.65	0.02	0.31	0.02	0.9
1909	0.3	0.02	0.34	0.02	0.97
1914	0.61	0.03	0.37	0.02	0.98
1919	0.76	0.02	0.25	0.02	1.01
平均	0.66	0.02	0.32	0.02	0.98

柯布-道格拉斯函数具备很多有趣的性质,比如可以计算出其资本对劳动的边际技术替代率为:

$$MRTS_{K,L} = \frac{MP_K}{MP_L} = \frac{\alpha L}{\beta K}$$

可以看到在保持 L 不变的情况下,随着 K 的增加,其边际技术替代率在下降,符合边际技术替代率递减的规律。

另外,在规模收益方面,该函数也具有一定的优势。假设所有要素同时扩大 t 倍,我们可以得到:

$$Q' = F(tK,tL) = A(tK)^{\alpha}(tL)^{\beta} = At^{\alpha+\beta}K^{\alpha}K^{\beta} = t^{\alpha+\beta}F(K,L)$$

因此,柯布-道格拉斯型生产函数是 $(\alpha+\beta)$ 次齐次的,由之前的讨论我们知道:

若 $(\alpha+\beta)>1$,则企业的规模收益递增;

若 $(\alpha+\beta)<1$,则企业的规模收益递减;

若 $(\alpha+\beta)=1$,则企业的规模收益不变。

当然,柯布-道格拉斯函数绝非完美,进入现代之后,其函数形式也遭遇了挑战,具体而言:

(1) 要求所有企业/厂商满足拥有相同的技术因子,显然不符合实际情况;

(2) 要素回报占产值比例与产出弹性相同,虽然这简化了计算,但真实世界中常出现两者不同的情形;

(3) 替代弹性为常数且恒为 1,真实世界并非如此。

资料来源:Douglas P. H. The Cobb-Douglas production function once again: its history, its testing, and some new empirical values[J]. *Journal of Political Economy*, 1976, 84(5): 903-915.

第五节 小 结

本章我们介绍了与企业生产技术有关的概念。在第一节,我们讨论了企业生产函数的问题。经济学中可以将企业的生产过程模型化为生产函数,这是一个黑箱子,企业投入的要素在这个黑箱子中最终变成产品。企业在生产中可能遭遇时间瓶颈,因而短期与长期是有所差别的。企业在短期生产中总是有要素固定不可变,而在长期生产中可以任意调整要素配比。

在第二节,我们讨论了短期生产,也就是一种要素可变时产出与投入的关系。我们了解了总产量、平均产量与边际产量。给定其他投入不变,投入增加会导致边际产量下降,原因是边际收益递减规律。

在第三节,我们放开了短期的假设,研究长期中两种要素均可变的情形。我们介绍了等产量线,它是指恰好足够生产出同一产出数量的劳动投入与资本投入组合。因为要素是可变的也是可以替代的,为了研究要素的替代我们介绍了边际技术替代率,它也是递减的。生产函数有两种非常特殊的形式:完全替代生产函数和完全互补生产函数。

在第四节,我们研究了规模收益。我们将规模收益分为规模收益递增、规模收益不变和规模收益递减三种状态,它们都有各自的成因需要我们去理解。规模收益是同等比例投入变化造成的产出变化,这是与下一节中介绍的规模经济最根本的区别。

内容提要

- 生产函数表示在给定的技术下,投入要素和理论上最大产出之间的关系。
- 经济学中将一种或多种投入要素不可变的时间段称为短期,将所有要素投入都可变的时间段称为长期。
- 短期内可变的投入要素被称为可变投入要素,短期内不可变的投入要素则被称为固定投入要素。
- 劳动的边际产量描述了当劳动增加一单位时产出的增加量,即劳动投入对于产出增加的边际贡献。
- 平均产量表示平均每一单位投入要素对于产出的贡献。
- 边际产量曲线呈现"倒 U 形"的原因在于,给定资本投入量,劳动的边际收益递减。
- 等产量线是恰好足够生产出同一产出数量的劳动投入与资本投入的组合。
- 边际技术替代率是指在产出不变的情况下,一种要素与另一种要素的替代关系。边际技术替代率是递减的。
- 随着企业规模的改变,企业的产出也相应发生变化,存在规模收益递增、规模收益不变和规模收益递减三种情况。

关键概念

生产函数	边际产量曲线	边际收益递减规律
固定成本	平均产量	边际技术替代率
可变成本	平均产量曲线	规模收益
沉没成本	总产量	完全替代生产函数
边际产量	总产量线	完全互补生产函数

练习题

考虑如下的生产函数(被称为常替代弹性函数):

$$Q = F(K,L) = A(K^{-\rho} + L^{-\rho})^{-1/\rho}$$

其中:$\rho \leq 1, \rho \neq 0$。

(1) 计算两种要素的边际产量、平均产量。
(2) 计算两种要素的产出弹性。
(3) 计算资本对劳动的边际技术替代率。
(4) 计算其规模收益。
(5) 分别在以下情况下画出其等产量线:① $\rho = 1$;② $\rho \to 0$;③ $\rho \to -\infty$。

第七章 生产者决策与供给

上一章我们讨论了给定生产技术的情况下,企业投入要素与产出的关系,本章将进一步从企业生产成本的角度讨论企业是如何决定要素投入数量的。

企业决策中最重要的就是尽可能地减少生产成本,在给定产量目标时,更低的成本意味着更高的利润。企业的生产成本主要来自要素投入,但是给定一个产量目标,企业的要素选择几乎有无数种。比如生产100件同样的运动服,印度尼西亚企业可能会使用更多的工人和更少的资本,相反日本企业会使用更多的资本和更少的工人。导致两国企业不同决策的原因在于成本理论,接下来我们将在本章讨论。我们首先会介绍企业在生产中都会面临哪些成本,随后分别讨论在短期和长期两种状态下企业达到成本最小化的手段的异同。

成本理论告诉企业在给定产量目标的情况下,如何实现成本最小化。那么,企业如何决定产量呢?这是本章的另一个重要任务。本章将通过一些简单的模型向大家介绍企业在利润最大化目标之下所生产的产品数量,以及在短期和长期两种状态下企业决策的条件。此外,了解企业在成本变动时如何调整产量也是非常重要的,因为这决定着企业的供给曲线。在得知各企业的供给曲线后,可以通过加总的方式得到行业的供给曲线。企业的短期供给和长期供给存在明显的区别。在短期,企业只能够通过改变供给数量的方式改变利润;但是在长期,企业还要选择是否继续留在市场。

第一节 成 本 曲 线

一、企业成本

一般来说,我们称企业在生产过程中面对的全部经济成本为总成本(TC)。企业的总成本一般可以分为两个部分,其中有一部分成本是随着企业每期生产数量的变化而变化的,这类成本我们称为可变成本(VC)。企业的可变成本与产量相关,包括支付给员工的工资、奖金,也包括每期的原材料采购支出等。

另一部分成本不随企业的产量变化而变化,这类成本我们称为固定成本(FC)。不同企业的固定成本也有所不同,可能包括电费、取暖费、办公用品投资、厂房维护费等。企业避免固定成本的唯一方式就是退出市场。企业不生产任何产品但是又没有退出市场的状态称为关闭状态。当企业遇到不利的市场冲击时,收入不足以补偿可变成本,就需要尽可能地通过减少产量(理论上可以减少为0)的方式降低成本。产出的下降会减少企业支付给工人的薪水(比如计件工资)和原材料支出,但是管理者、值班人员的工资、机器的维护费用等固定成本仍会发生。企业之所以会选择暂时关闭厂房而不是直接通过变卖机器、停电停产的方式关门大吉,是因为一旦想要重新开张,需要重新购置机器修建厂房的成本会更高。

固定成本和可变成本最重要的分界标准是时间。大部分成本在短期内都是固定的,即便是企业所雇用的工人数量和原材料在一周的时间内也可以看作固定成本。而长期内,比如10年或者更长时间,企业的成本基本上可以认为是可变成本。企业可以在这段时间内重新修建厂房,解雇或重新聘请公司经理人,更换更先进的机械设备等。企业清楚地区分可变成本和固定成本是很重要的,因为这关系着企业的投入决策。比如我国铁路运输行业在2020年冬天因为防疫要求受到了短期巨大冲击(从春运结束至复工复产大概4个月),铁路公司很难在这段时间内通过调整列车班次、裁员等手段节约成本,因此在短期内,铁路公司的成本基本都是固定的。但是如果行业内发生了具有长期影响的突破,比如智能手机的出现,那么手机厂商就必须对企业短时间之内很难改变的投入进行再造。企业会在几年的时间内将生产技术进行革新,对企业雇员进行培训,甚至可以利用这段时间将工厂出售或出租出去。在此情况下,企业的成本都是可变的。

与固定成本类似的是沉没成本。沉没成本也同样与产量无关,而且一旦投入,企业是无法回收的。比较典型的沉没成本是企业研发投入的支出,比如华为投资的5G技术。不论5G技术能否最终制造出产品销售,对这部分研发费用华为公司都不可能收回。固定成本与沉没成本的关键不同之处在于,固定成本是每期都需要支付的,因此会影响企业决策,而沉没成本则不会。高额的固定成本会影响企业的利润,企业可能会为了避免固定成本而选择关闭。但是沉没成本是事前的成本投入,一旦5G技术被发现无法应用到生产中,华为公司只能事后发现当初投资决策的失误,但是研发支出已经发生了,企业无论选择关闭与否都无法避免沉没成本的发生。需要注意的是,我们讨论的是实际沉没成本,而不是对于沉没成本的预期,投资前对沉没成本的预期显然会影响企业的未来决策。

二、短期成本曲线

1. 边际成本与平均成本

企业生产投入的增加会提高企业的经营成本,在经济学分析中有两个重要的概念,即企业的边际成本和平均成本。

边际成本(MC)是增量成本,是指企业额外生产一单位产量所引致的成本上升。由于边际成本是由企业的产量变动引起的,因此边际成本实际上与固定成本无关,而是企业产量增加一单位所引起的可变成本的增加。我们可以用公式表示如下:

$$MC = \frac{\Delta VC}{\Delta Q} = \frac{\Delta TC}{\Delta Q} \quad (7\text{-}1)$$

式(7-1)中,ΔVC 和 ΔTC 分别表示企业的可变成本与总成本的变化量,ΔQ 表示企业产量的变化。假设一家奶茶店制作3杯奶茶的总成本是50元,制作4杯奶茶的总成本为60元,那么第四杯奶茶的边际成本就是10元(= (60 - 50)/(4 - 3))。如果企业的固定成本为20元,则可变成本由于奶茶的增产会从30元提高到40元(= $TC - FC$),显然固定成本是不变的,增加的奶茶只是引起了可变成本的增加。

企业的平均总成本(ATC),可以简称为平均成本,是指企业平均生产一单位产品产生的成本。可以通过企业的总成本与总产量的比值得到,即

$$ATC = TC/Q$$

平均成本包括平均可变成本(AVC)和平均固定成本(AFC)。二者的经济意义与计算方式都与平均成本类似,其中:

$$AVC = VC/Q$$
$$AFC = FC/Q$$

上述有关企业边际成本和平均成本的定义无论是在长期还是在短期都适用,但是二者存在一些差别。我们将首先介绍短期内企业的边际成本与平均成本,长期的情况将在下一节介绍。

2. 短期成本曲线概述

与前一章相同,在本章我们依然假设企业短期生产时的资本投入是固定的,所以企业可变成本的变化来自劳动投入的变化。短期内,企业的成本是随着产量的增长而上升的,这是因为边际收益递减规律。在短期生产中,企业为了增加产量只能选择增加劳动投入,但是劳动投入的边际产量是递减的,因而会引起边际收益递减。所以当短期内企业的产量增长时,企业的成本也会大大上升。相反,如果企业能够通过一些经营手段减缓劳动边际产量减少的速度,那么成本的上升也会同样得到减缓。

完全竞争市场中(要素市场和产品市场全部为完全竞争),企业需要向工人支付工资 ω。假设企业为了增加 q 单位的产量需要增加 ΔL 单位的劳动投入,那么新增的可变成本为 $\Delta VC = \omega \Delta L$。根据式(7-1),我们可以得到企业的边际成本为:

$$MC = \frac{\Delta VC}{\Delta Q} = \frac{\omega \Delta L}{\Delta Q} \tag{7-2}$$

式(7-2)中,$\Delta L/\Delta Q$ 正是我们之前定义的劳动边际产量的倒数,即 $1/MP_L$。因此,边际成本等于:

$$MC = \frac{\omega}{MP_L} \tag{7-3}$$

式(7-3)说明,短期内企业的边际成本等于可变投入要素价格与该要素边际产量的比值。当市场上工资为每单位 10 元,每单位劳动的产量为 2 时,每单位产量产生的成本就是 5 元(= 10/2)。劳动的边际产量越低,新增一单位产量需要投入的劳动就越多,当要素价格给定时,每单位产量的边际成本就越高。劳动的边际产量与边际成本负相关,造成这种关系的关键在于边际收益递减规律。

根据上面的分析,我们可以勾勒出短期成本曲线的形状,如图7-1所示。在图7-1的两幅图中,纵轴表示成本,横轴表示产量。图7-1(a)展示了总成本及可变成本与产量的关系,当产量为0时,二者均为0,而且都随着产量的增加而增加。在每个产量水平上,两条曲线垂直方向的差值就是企业的固定成本。固定成本不随产量的变化而变化,因此为一条水平的直线。图7-1(b)显示了平均成本及边际成本与产量的关系。由于固定成本的存在,平均可变成本总是低于平均成本。但是,由于固定成本是一个常数,产量的增加会使平均固定成本逐渐下降,不断趋近于0,因此平均成本与平均可变成本的距离会越来越小。

平均成本与平均可变成本曲线都呈 U 形。与边际产量和平均产量的关系类似,边际成本曲线也会与平均成本曲线相交于平均成本曲线的最低点,原因在于,边际成本高于平均成本时,产量增加会提高平均成本;相反,则会降低平均成本。

可变成本(或总成本)与原点连线的斜率表示平均可变成本(平均成本)。图7-1(a)中的

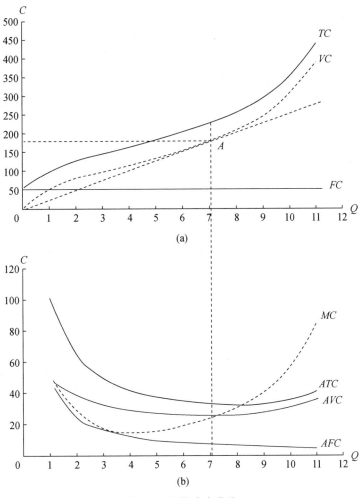

图 7-1 短期成本曲线

A 点在可变成本曲线和原点之间的直线上具有最小的斜率,于是对应于平均可变成本曲线的最低点。但是,由于固定成本的存在,A 点产量并非平均成本曲线最低点的产量。可变成本曲线的斜率则表示生产的边际成本。

三、长期成本曲线

相对于短期生产,企业在长期要素投入的选择上具有更大的灵活性。长期生产中没有要素使用量是固定不变的。企业可以通过扩大或削减劳动力雇用规模、增减机器及土地的持有数量、研发新产品、淘汰旧产品等进行生产调整。

1. 等成本线

在我们的假设环境中,企业的投入有两种:资本和劳动。购买每单位资本所付出的成本叫作租金[①](r);购买每单位劳动所付出的成本叫作工资(w)。企业的总成本 C 由劳动支出(wL)和资本支出(rK)两部分构成,表示为:

---

① 注意,资本的使用成本包括出租的机会成本与折旧,已经在第五章讨论。

$$C = wL + rK \tag{7-4}$$

根据式(7-4),我们可以在图7-2中画出相对应的图形,其中 C_1、C_2、C_3 三条曲线我们称之为等成本线,表示在给定成本水平下企业所能够投入的劳动与资本组合。例如曲线 C_1 就表示当总成本固定为 C_1 时,企业所能购买的所有要素组合。另外,由于要素价格是正的,所以要素投入越多,成本就会越高,三条曲线代表的总成本的大小就会满足 $C_1 < C_2 < C_3$。

使用一点数学知识,我们就能够得到等成本线的斜率为劳动工资与资本租金的比值,即 $\Delta K/\Delta L = -w/r$。类似于消费者理论中消费者预算约束线的斜率,等成本线的斜率是两种投入品相对价格的比值,只不过现在考虑的是投入要素。我们可以按照与预算约束线类似的逻辑来理解等成本线的斜率,它告诉我们如果保持总成本不变,放弃1单位的劳动能够换得 w/r 单位的资本。例如当工资为1、租金为2时,那么在总成本不变的情况下,1单位的劳动可以替换1/2单位的资本。

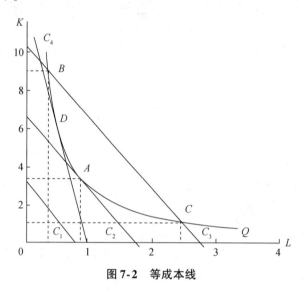

图7-2 等成本线

2. 成本最小化

等成本线是我们理解企业实现成本最小化投入选择的很重要的工具。在图7-2中,当企业计划生产 Q 单位产量时,应该怎么选择要素投入才能实现成本最小化呢? 显然,当企业选择 C_1 所包含的要素组合时,无论如何都是无法生产出 Q 产量的,这一点类似于消费者理论中预算过低而达不到高效用的情形。C_2 和 C_3 两个成本约束可以实现 Q 产量,对应的投入组合分别为 A 点和 B 点。两种投入方案的差别在于 C_2 等成本线与等产量线是相切的(切点为 A 点),C_3 等成本线则与等产量线相交(相交于 B 点和 C 点)。很显然,无论是 B 点的投入组合——更多的资本和更少的劳动,还是 C 点的组合——更多的劳动和更少的资本,都可以进一步改变投入组合,达到更低的成本。图7-2中 A 点的投入组合产生的成本低于 B 点(C 点)投入组合产生的成本。实际上,A 点投入组合产生的成本 C_2 是企业实现 Q 产量所需要付出的最小成本。

当要素价格不变时,企业改变投入时等成本线只是平行地移动,截距会变化但是斜率不会发生变化。但如果此时劳动与资本的相对价格发生了变化,那么等成本线的斜率就会随着要素价格的变化而变化。图7-2中等成本线 C_4 展示了工资上涨时的情形。当 w 上升时,等成本线斜率 $-(w/r)$ 的绝对值会提高,因此等成本线会变得更加陡峭。此时,企业生产 Q 产量的产品时,成本最小化的投入不再是 A 点,而变成了 D 点。企业使用更多的资本替代变得昂贵的劳动正是其对于逐渐上涨的工资做出的反应。

上述分析得出的一个主要结论就是,给定企业的产量目标,实现成本最小化的投入组合要求等成本线与等产量线相切。因此当企业实现成本最小化时,必然有:

$$MRTS = \frac{MP_L}{MP_K} = \frac{w}{r}$$

上式等价于

$$\frac{MP_L}{w} = \frac{MP_K}{r} \tag{7-5}$$

式(7-5)的左边表示增加1单位劳动投入带来的产量增加。假设工资为1,企业每增加1单位劳动会增加产量2单位,那么现在劳动投入每增加1单位,就会提高2(=2/1)单位产量。式(7-5)的右边表示增加1单位资本投入带来的产量增加,与劳动投入有相似的意义。企业的投入决策之所以要满足式(7-5),是因为如果二者不相等,那么企业就会有调整投入从而降低成本的空间。比如,当$w=1,r=2$,劳动边际产量和资本边际产量分别为1和4时,对劳动的每单位投入能够增加1单位产量,而每单位资本投入可以增加2单位产量。此时,如果企业减少1单位的劳动投入,增加1单位的资本投入,成本是不变的,但是产量却有所增加。最终企业会在两种要素新增产量相同的时候停止调整,也就是式(7-5)所表达的意思。

案例7-1

世界工厂的转移

在全球经济发展中,不同的国家其经济发展模式各有不同。通常,发达国家多采用资本密集型的方式进行生产,以服务业为代表的第三产业比较发达;而发展中国家则由于劳动力相对丰富,多采用劳动密集型的生产方式,以中低端制造业为代表的第二产业占GDP的份额较高。为什么会呈现这种特征呢?生产者均衡理论可以告诉我们这个答案。

生产者均衡条件为$MP_K/MP_L = r/w$,即资本与劳动的边际产量应等于其价格之比。如果劳动价格相对于资本价格降低,则根据生产均衡条件和边际收益递减的规律,要达到均衡,劳动边际产量应该下降或者资本边际产量应该上升。一般来说,发达国家由于经济收入高,资本较为充足,资本的价格就相对便宜;但因劳动力缺乏比较优势,劳动价格较为昂贵,因此均衡时发达国家多利用相对便宜的资本进行生产,即采用资本密集型生产模式。发展中国家则相反,由于经济收入较低,资本并不具有比较优势,但因劳动力较为充足,劳动价格相对便宜,因此多利用劳动进行生产,即采用劳动密集型生产模式。

中国被认为是继英国、美国和日本之后新的"世界工厂"。由于我国的人口数量庞大,相对于其他国家,劳动力资源更加丰富,劳动力价格也更加便宜。我国的劳动密集型制造业具有很强的比较优势,许多劳动密集型的产业来华投资建厂,中国制造的产品销往全球,这使我国在全球价值链分工体系中赢得了"世界工厂"的美誉。然而,制造业对要素成本的价格变动极为敏感。随着中国经济的高速发展和人口红利的逐渐消失,劳动力价格逐渐上升,加工制造这种劳动密集型的产业开始寻找新的要素成本更低的地区进行生产。"世界工厂"开始逐渐由中国转向越南、印度尼西亚及菲律宾等具有低劳动力成本比较优势的东南亚地区。

资料来源:林毅夫.解读中国经济[M].北京:北京大学出版社,2012。

企业在长期生产中可以任意调整所有生产要素的投入数量,这一点与短期生产是不同的。本节我们通过介绍企业的长期平均成本与边际成本来了解长期成本曲线的特征。在长期中,企业平均成本的形状是由其投入要素组合与生产的规模收益决定的。对于规模收益不变的企业,比如旅行社(不论规模大小,提供的服务都是类似的),将投入要素同时扩大2倍自然会带来相同规模的产量扩张。在完全竞争市场中,由于要素价格不变,因此企业的平均成本是不变的。在所有产量水平上,企业的长期平均成本和边际成本都是一条水平的直线。

但是,正如短期分析中提到的,企业的生产技术一般是由规模递增转到规模递减的。在此情况下,企业长期平均成本曲线也会呈现"U形"特征。在开始阶段,当企业增加2倍要素投入时,产量的增长是可以超过2倍的。此时由于实现了规模收益递增,企业平均成本随着产量的增长而下降。但是,随着产量增加,继续扩大规模会引起规模收益递减,再次增加2倍的投入,产量增长会小于2倍,企业的平均成本也会随着产量的增长而上升。

图 7-3 显示了基于上述分析的长期平均成本和长期边际成本。LMC 是长期边际成本,LAC 是长期平均成本。LAC 曲线同样是 U 形的,因此造成了 LMC 是先低于 LAC 随后高于 LAC 的。其形成原因在于 LAC 曲线是由规模收益递增到规模收益递减的过程。

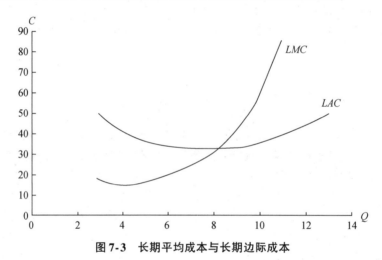

图 7-3 长期平均成本与长期边际成本

3. 长期成本曲线与短期成本曲线的关系

图 7-4 描述了长期成本与短期成本的关系。SAC_1、SAC_2 和 SAC_3 分别表示三个不同规模工厂的短期成本曲线,LAC 为长期平均成本曲线。当一家企业,比如海尔公司,得知其所面临的成本呈现图 7-4 的状态时,它会选择怎么生产呢?如果海尔公司目前计划生产 Q_1 单位的产品,显然选择启用其小型工厂就是成本最低的选择。当海尔公司成功地扩大了产品的市场需求,需要供给 Q_2 单位的产品时,就需要选择中型工厂了。当进一步需要生产 Q_3 产量时,当然要使用大型工厂了。

海尔公司在短期需要选择不同规模的工厂,因为各工厂的生产能力在短期内无法改变,短期的成本取决于公司过去的工厂规模选择。但是长期生产的灵活性可以让海尔公司总是能够通过调整工厂的生产规模来实现最低成本。海尔公司的长期平均成本是永远不会高于其短期平均成本的。从长远来看,海尔可以通过调整规模获得较低的平均成本。另外,短期平均成本曲线的最低点不一定在长期平均成本曲线上,因为它只代表固定规模下平均成本曲线的最低点。

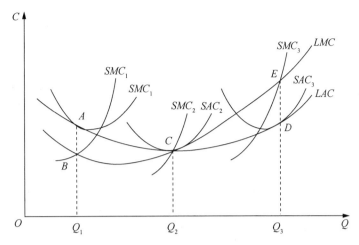

图7-4 长期平均/边际成本与短期平均/边际成本

4. 规模经济

我们已经讨论了企业长期平均成本的特点,即随着产量的上升会呈现出"U形"。导致平均成本下降的原因:可能是企业的大规模生产,有利于工人分工更加专业化,从而提高生产效率;也可能是企业在规模改变的过程中调整投入组合,使组织生产更有效率;还可能是大企业具有更强的讨价还价的能力来降低要素价格,当然这个原因不适用于完全竞争市场。总之,平均成本下降可以帮助企业在扩大生产的同时节约成本,比如企业可以将产量扩大2倍但是成本增长却小于2倍。这种情况我们称之为企业存在规模经济。反之,如果企业的平均成本增加,产量扩大2倍其成本增长却超过了2倍,那么我们认为企业存在规模不经济。

区分规模经济与规模收益是十分重要的,我们继续以海尔公司为例来解释这两个概念的差异。海尔公司在创立之初经营的只有冰箱业务,生产冰箱需要工人、零部件还有厂房等生产要素。更重要的是,由于技术的限制,当时的海尔公司生产冰箱时主要是利用劳动力,而不是机械。为了方便分析,我们因此可以假设20世纪80年代海尔创立初期,完全使用劳动力来组装冰箱。如果每个工人可以生产1台冰箱,那么当投入翻倍,冰箱的产出也将翻倍,显然此时海尔公司是规模收益不变的。

随着公司规模的不断扩大,只用劳动力生产显然不适用于大型企业的生产方式。海尔公司开始通过引进新的生产线实现机械化生产来改进生产技术,提高工人的劳动生产率,降低平均成本,此时海尔公司存在规模经济。当然,如果海尔公司放弃利用机器替换劳动力的方式,仍然只是扩大劳动投入,那么企业依然是规模收益不变的。

总之,规模经济与规模收益不变并不矛盾,而且也可以看到规模经济与规模收益递增同时存在。规模经济强调的是产出与成本的关系,而规模收益强调的是产出与投入的关系。因为投入的变化不一定是按照相同比例变化的,因此规模收益的概念不再适用,此时就需要引入规模经济的概念了。

规模经济通常用成本-产出弹性(Ec)来度量。一般而言,如果企业的平均成本曲线符合U形标准,则企业规模较小时,存在规模经济;而随着规模的扩大,则会出现规模不经济。因为$Ec = (\Delta C/C)/(\Delta Q/Q) = MC/AC$,很明显,在边际成本与平均成本相等的时候,平均成本达到最小值,$Ec = 1$,既不存在规模经济,也不存在规模不经济;而在此前,边际成本小于平均成本时,$Ec < 1$,存在规模经济;如果产量水平再增加,则$Ec > 1$,开始变得规模不经济。

案例 7-2

小黄车的"规模经济"

随着我国城市内公共交通设施的不断完善,长距离的交通出行变得十分方便,然而以往公共交通工具始终难以解决从车站到目的地这"最后一公里"的问题。2014年,戴威与其他4名合伙人共同创立ofo公司,从校园交通出发,致力于使用公共自行车的方式解决"最后一公里"问题。

2015年6月,ofo共享计划一经推出,很快在北京大学校园内大获成功。由于共享单车背后的平台经济与共享经济的概念受到资本方的一致看好,且其确实具备解决"最后一公里"问题的能力,一时间"共享单车"概念成为热点,也使得ofo公司在2016年1月至11月得以不断扩大融资规模,这为其从高校市场进军城市市场提供了可能。

显然,无论是从底层的自行车生产角度,还是从上层的互联网技术角度,共享单车这一产品均具备规模经济的特征。此外,共享单车数量的增多还减少了用户寻找单车的成本,因而,更多的共享单车本身就是最好的广告。基于上述原因,外加人们对"共享经济"概念的支持与充足的融资规模,ofo公司大力扩张,以不计成本、几乎免费的方式进入各大城市。

2016年11月17日,ofo公司宣布进入城市市场,同年12月8日,ofo公司在广州召开城市战略发布会,宣布正式登陆广州。2017年1月至10月,ofo公司疯狂开拓市场,为全球4个国家100多个城市提供共享单车平台服务,成为行业的领军者。

然而,这场狂欢并没能持续,规模的迅速扩张同时迅速提高了ofo公司的运营成本,ofo公司开始进入规模不经济的生产阶段。2018年年初,ofo公司的扩张开始出现颓势。从2月开始,ofo公司旗下企业开始产权抵押,3月份开拓的日本市场,在7月份就难以为继了。7月,ofo公司宣布,"将在未来几周内负责任地退出"柏林市场。10月,ofo公司宣布正式从日本和歌山市退出。

山雨欲来风满楼,很快国内的用户开始担心ofo公司的经营前景,纷纷要求退回押金。而这对本已举步维艰的ofo公司来说是雪上加霜。随着线上退款通道很快被关闭,众多用户前往ofo公司总部要求退还押金。无奈之下,2018年12月17日,ofo公司发布"退押新政",启动押金退还程序。据保守估计,ofo公司需退还的押金总额约10亿元!

资料来源:ofo小黄车的发展历程——探寻创业故事[EB/OL]. https://www.sohu.com/a/281084932_120050550,访问时间:2020年9月。

第二节 利润最大化与企业供给

一、短期利润最大化

1. 短期利润最大化概述

前面讨论的企业成本最小化是在给定产量的基础上进行的,但是企业是根据什么标准来确定产量的呢?完全竞争市场下的企业确定产量的标准是利润,换句话说,企业会通过选择产量来使其实现利润最大化。

企业的利润来自收益与成本的差值,这一点适用于任何情况,不论企业能否影响市场价格。企业收益 R 等于市场价格 P 与产量 Q 的乘积。另外需要介绍的概念是企业的边际收益,它表示每单位产量增长带来的收益增加,这一概念与边际成本类似。生产成本同样与产量有关,因此我们可以将企业的利润表示为产量 Q 的函数:

$$\pi(Q) = R - C(Q) = PQ - C(Q)$$

企业如何确定产量水平可以使利润最大呢?答案就是使产量的边际收益与边际成本相等。再次考虑前面的奶茶店,现在多生产一杯奶茶需要付出边际成本 5 元,如果边际收益大于边际成本,比如可以卖到 7 元,那么这一杯奶茶就值得制作,因为可以带来 2 元的利润。相反,如果新制作的这杯奶茶只能卖到 3 元,显然边际成本高于边际收益,那么继续生产就会导致成本高于收益,结果则是利润受损。如果用 $MR = \Delta R / \Delta Q$ 表示企业的边际收益,那么利润最大化条件可以表示为:

$$MR(Q) = MC(Q) \tag{7-6}$$

2. 竞争性市场的企业利润最大化

正如第五章中介绍的内容,任何企业在竞争性市场中都是价格接受者,因为它们的产量相对于整个市场是微不足道的,不足以影响市场价格。因此,竞争性市场中的企业在决定产量时可以将市场价格视为给定的。企业是价格接受者意味着企业生产的每一单位产品能够获得的收益都是市场价格。比如前面的奶茶店如果处于竞争性市场而不得不将每杯奶茶定价为 5 元,那么每一杯奶茶的销售都会获得 5 元收益。5 元的价格不但等于奶茶的边际收益,也等于平均收益。

图 7-5 展示了竞争性市场中企业的利润最大化决策,纵轴表示成本、价格,横轴表示产量。根据式(7-6),A 点表示的产量 10 显然是企业利润最大的产量,其利润为矩形 $ABHG$ 部分的面积。如果企业将产量减少为 9,此时市场价格高于边际成本,因此会造成 AFE 部分的利润损失。类似地,如果产量增加到 11,利润损失则为 ACD 部分。图 7-6 蕴含的另一个重要信息是 A 点的最优产量处于边际成本上升阶段,这是实现利润最大化的必要条件,因为边际收益同样有可能在边际成本下降的阶段与之相交,此时,增加一单位产量的边际收益不变,但是边际成本下降,增产很显然会提高利润,因此即使 MC 与 MR 相等也不是利润最大化产量。

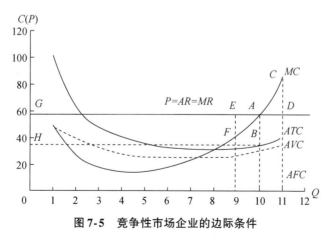

图 7-5 竞争性市场企业的边际条件

根据以上分析,在边际成本曲线的上升阶段,我们可以将竞争性市场企业的利润最大化条件表示为：
$$P = MR = MC(Q)$$

3. 关闭原则

上一章我们提到过，企业在短期无法自由退出市场，但是如果成本过高可以选择关闭。现在我们可以从利润的角度来研究企业什么时候会选择关闭了。图7-6显示了企业另一种短期利润的情况。企业利润最大化的产量在 A 点，但是从图7-6中可以看出，达到 A 点的产量时，平均成本要高于平均收益，所以企业是处于亏损状态，亏损的经济利润为 $ABDE$ 部分。既然企业出现亏损，那么是否还要按照 A 点的产量进行生产呢？答案是肯定的。因为在短期，无论企业是否停产，都需要支付固定成本，如果企业在此时停止生产，那么由于固定成本的存在反而会亏损更多。例如，土地的开垦对于农民来说属于固定成本，现在，如果这位农民发现粮价下降想放弃种地，那么明年重新耕种就需要付出重新开垦土地的固定成本，有可能会使农民遭受更大的损失。

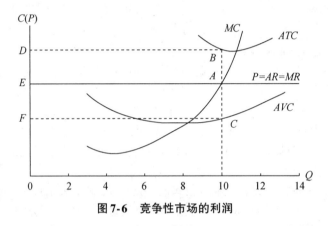

图7-6　竞争性市场的利润

显然，企业选择关闭停产既会节省全部的可变成本，也会失去全部的收益，所以企业决定是否退出市场的关键在于收益是否能够弥补可变成本，或者产品价格是否高于平均可变成本。如果价格低于平均可变成本，继续生产就会让企业损失更大。上述过程就是我们所说的关闭原则：在竞争性市场中，如果市场价格低于利润最大化时的平均可变成本，那么企业就应该关闭停产。市场价格刚好等于平均可变成本的产量，称为企业的关闭点。

案例 7-3

理发店的空闲时光

有时候，尤其是寒暑假，我们会选择在工作日去理发。因为此时理发的顾客会比下班以后少，这种错峰的选择可以帮我们节省很多时间。但是，当我们走进理发店发现里面几乎没有什么顾客的时候，你有没有想过，理发店为什么不选择关闭呢？很明显，这些时段由少量顾客带来的收入几乎无法弥补理发店的经营成本。

理发店老板在工作日依旧选择营业的原因在于，他能够清楚地区分固定成本和可变成本。对于理发店来说，可变成本只有顾客消费时产生的理发师的工资，而大多数理发店都是实行计件工资制,因此理发者支付的费用是必然高于理发师工资产生的可变成本的。根据关闭原则,只有当理发店惨淡到没有任何人光顾的时候,才刚好达到其关闭点,此时可以选择在工作日停止营业。

资料来源:陈岱孙. 政治经济学史(上册)[M]. 吉林:吉林人民出版社,1981。

二、长期利润最大化

1. 长期利润最大化概述

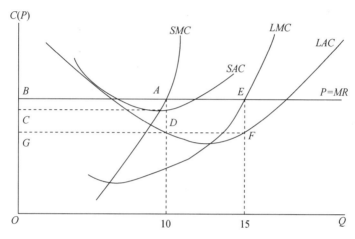

图7-7 竞争性市场的长期利润

我们在前面提到过,企业在长期生产中可以扩大或缩小其生产规模来适应市场的变动,这一点在短期内是无法实现的。因此在同样的市场条件下,长期利润与短期利润会产生差别。图7-7对比了要素自由调整带来的长期与短期产量决策和利润的差异,纵坐标表示价格、成本,横坐标表示产量。竞争性市场中企业是价格接受者,因此企业面临的需求曲线依然是一条水平的直线 $P=MR$。根据边际相等原则,企业在短期会选择生产10单位的产品,即图7-7中A点所处的生产状态,此时企业的短期利润为ABCD。但是,当企业可以在长期调整固定投入要素时,如果市场价格始终维持不变,扩大生产规模至15单位(E点)就是有利可图的,长期利润增长到EBGF。E点的生产决策满足长期边际成本与边际收益相等。原因与短期分析类似,如果产量低于15单位,边际成本低于边际收益,企业就可以继续扩大生产规模,获取利润。反之,如果产量高于15单位,边际成本高于边际收益,企业就需要缩减生产规模来节约成本。

2. 利润最大化与规模收益

企业长期利润与规模收益之间存在很有趣的关系。我们来考虑一家玩具厂,假设这家玩具厂具有规模收益不变的性质,而且生产玩具只需要劳动和资本两种要素,单位成本为工资w和租金r,那么玩具厂的利润可以表示为:

$$\pi = P \cdot F(L,K) - wL - rK$$

因为玩具厂具有规模收益不变的性质,因而同时将两种要素投入增加2倍,利润显然也会增加2倍。如此一来,玩具厂在长期如果拥有规模收益不变的生产技术就可以不断扩大要素投入规模来获取更高的利润,但是这与企业开始阶段的投入选择符合利润最大化是矛盾的。产生这样的悖论原因在于假设暗含着企业长期利润为正,正如图7-7所示。如果企业长期利润为0,那么不论扩大多少倍要素投入规模利润仍然为零,悖论也就迎刃而解了。虽然这种结果很奇怪,但是竞争性市场中的企业长期利润为0确实是长期均衡下的状态。为说明这一问题,我们先要了解一下竞争性市场的长期均衡问题。

3. 竞争性市场的长期均衡

竞争性市场中的企业在长期既可以调整所有投入要素,也可以自由地进入和退出市场。正是由于进入与退出的自由决策,才使得长期竞争均衡中,企业的经济利润为0。继续考虑刚刚的玩具厂,因为我们假设玩具市场是完全竞争的,所以如果玩具厂可以获得图7-7中的长期利润,市场中就应该有其他技术相同的玩具厂进入市场,随着供给者的增加,玩具的供给量也会增加,由此导致玩具的市场价格下降。如图7-8所示,当价格从P_1下降到P_2时,价格与玩具厂的长期平均成本相等时,每一家玩具厂的利润都为0,潜在的玩具厂商也就不再有进入的动机,因为继续增加供给量只会导致玩具的市场价格下降,使得厂商从盈亏平衡变成亏损,此时厂商选择退出玩具市场避免亏损显然是理性的行为。随着玩具厂商的退出,市场供给下降,玩具的价格会重新回到0利润时的状态,此时潜在的厂商没有激励进入,现有企业也没有动机退出,于是达到了市场的长期均衡状态。

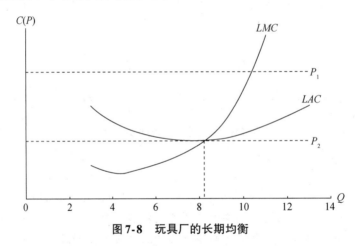

图7-8 玩具厂的长期均衡

竞争性市场在长期均衡下利润为0的结论似乎有些奇怪,因为企业所做的一切努力都是为了得到最大利润。而且现实中,很多市场影响力微弱的小企业确实会实现盈利,大多数农民通过一年的劳作也会在年末留有余粮,从这个角度来看,理论显然与观察到的现实不相符。原因在于,理论中所说的零利润是指经济利润,而实际上在生活中我们关注的往往是会计利润。经济利润中所扣除的成本涵盖了企业所需要支付的机会成本。比如耕种谷物的农民,每年从耕种到收割可能需要支出5万元用于购买化肥、种子及租赁各种各样的机器。如果他在年末可以获得11万元的收入,剩余的6万元确实值得过年的时候做一桌好菜来庆祝一下。实际上他在年初为了耕地放弃了一份年收入为3万元的工作,也放弃了将5万元支出存在银行里可以获得的利息和出租土地的租金。假设租金和利息总计3万元,那么农民每年的机会成本就是6万元。如果这位农民懂得经济利润的概念,就会发现他每年通过耕地获得的11万元收入实际上只是刚好弥补了他的机会成本,但是6万元的会计利润确实足以激励该农民继续从事农业生产了。

第三节 竞争性市场中的企业供给

一、短期供给

1. 企业的短期供给

竞争性企业通过利润最大化的准则确定每期的产量。如果我们把每一个价格下企业的生产数量都确定下来,就得到了企业的短期供给曲线,也就能够确定企业的供给行为了。图 7-9 描述了企业的供给曲线,其中 A 点是企业的关闭点。根据上一节的内容,竞争性企业在关闭点以上会选择边际成本与价格相等的产量。因此,图 7-9 中 A 点以上的边际成本曲线(MC_1)就是产量为正时企业的供给曲线,当价格在 A 点以下时,企业的供给量为 0,供给曲线与纵轴重合。

从图 7-9 中可以看出,企业的短期供给量是随着价格提高而增加的。例如当价格为 P_1 时,企业供给量为 Q_1;当价格下降到 P_2 时,企业供给量为 Q_2。供给曲线向右上方倾斜的原因与边际成本上升的原因是相同的。

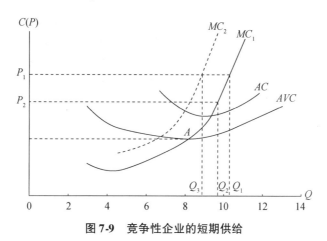

图 7-9 竞争性企业的短期供给

商品价格上涨会提高企业的短期供给量,这是因为高价销售商品可以使企业获得更高的利润。但是企业所面临的价格变化还包括要素价格的变化,如果企业需要的要素价格提高,短期内供给会有什么变化呢?图 7-9 中虚线代表的边际成本曲线 MC_2 同样描述了要素价格上升对企业供给的影响。当要素价格上升,比如工资上涨时,企业的边际成本也会随之提高,因此边际成本曲线会向上移动至 MC_2。当市场价格为 P_1 时,厂商此时的供给量为 Q_3,小于原要素价格下的供给量。因此,要素价格的上升会减少企业的短期供给。

我们之前介绍了消费者剩余的概念,这是表示消费者福利的一个很直观的概念。生产者理论中也有类似的概念即生产者剩余。如图 7-10 中所示,企业在价格为 P 时选择供给 Q_1 单位的产品。但是,Q_1 产量之前,企业的边际成本是低于价格的,所以每销售一单位产品企业都会获取由于价格与边际成本之差带来的剩余。生产者剩余就是全部产品带来的剩余的总和,如图 7-10 中 $ABCD$ 所示。回顾一下,边际成本表示的是每单位产量增加引起的可变成本的上升,因此,将边际成本进行加总,实际上就是可变成本。在图7-10中,当企业生产Q_1单位产品时,可变成本就是边际成本曲线 BD 段与横坐标围成的部分。因此短期生产者剩余也可以表示为企业收益与可变成本的差值,即生产者剩余 = R - VC。有趣的是,我们前面讨论的利润是企业的收益与成本之差,即 $\pi = R - C = R - VC - FC$。因此,短期生产中,生产者剩余与利润之间具有很密切的关系,而且由于固定成本的存在,利润总是小于生产者剩余。

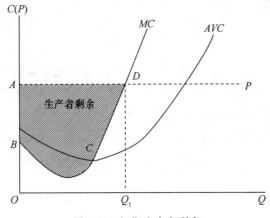

图7-10　短期生产者剩余

2. 行业的短期供给

竞争性市场中存在很多个相同的企业,如果将这些企业的供给加总就得到了整个行业的供给。图7-11描述了存在100个相同企业的行业供给与企业供给的关系。图7-11(a)是某个玩具厂关闭点以上的短期供给曲线,当价格为2时,玩具厂供给2单位的玩具。如果玩具市场有100个相同的企业,市场供给量就是所有玩具厂供给量的总和。通过加总,我们可以得到图7-11(b)表示的行业供给曲线,当价格为2时,全行业供给为200。

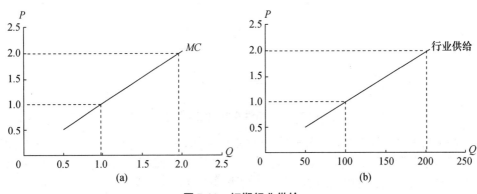

图7-11　短期行业供给

二、长期供给曲线

企业的长期供给曲线与短期供给曲线几乎没有区别,如图7-7中关闭点以上的长期边际成本就是企业产量为正时的长期供给曲线。竞争性市场的长期行业供给与短期行业供给有所不同,因为长期行业供给曲线与行业的成本特征密切相关。

1. 成本不变的行业

图7-12说明了成本不变行业的长期供给情况。图7-12(a)表示企业的长期供给,图7-12(b)则表示行业的长期供给(LS)。最初的均衡点A由行业需求曲线D_1与行业供给曲线SS_1共同确定,A点均衡下的市场价格为P_1。此时,每个竞争性企业提供q_1数量的商品,市场的总供给为Q_1。现在,市场突然受到了一个正向冲击,比如淘宝等数字交易平台的产生,使得市场需求提高到了D_2。新的需求曲线与行业供给曲线SS_1将市场价格提升到了P_2,因此厂商提高产量,而且暂时获得了大于0的利润。潜在的进入者敏锐地发现了正利润的事实,于是大批企业同时涌入了市场,使得短期行业供给曲线从SS_1右移至SS_2。需求与供给的变动使得市场达到了一个新的长期均衡B点,市场价格重新回到了P_1,但是总供给提高到了Q_3。下降的价格让每个企业的经济利润都再次回到了0,新的企业不再进入,而现有企业也不会退出。因此,当企业进入成本不变的行业时,其面临的长期行业供给曲线是一条水平的直线。这条直线所表示的价格与企业的长期平均成本相等,如果价格高于长期平均成本,就有潜在的企业进入市场;如果价格低于长期平均成本,就有企业退出市场。

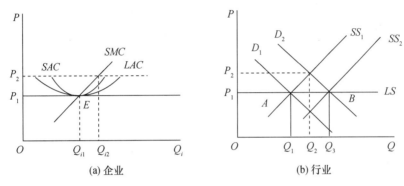

图7-12 成本不变行业的长期供给

企业在成本不变的行业中可以不必为更高的投入需求负担更加高昂的成本。比如一家新的餐馆入驻了美团外卖,为了提供外卖服务这家餐馆必然要雇用外卖派送员,但是由于派送员提供的劳动替代性很强,因此他们的工资并不会因需求的增加而提高。

2. 成本递增的行业

很多行业会随着企业的增多而导致投入要素的价格上涨,也就是我们所说的成本递增行业。比如装修行业,市场上装修公司林林总总,但是不同的公司团队完成装修任务的水平显然是有差别的。有些团队可能比较了解行情,能够使用物美价廉的装修材料,而且工期往往也会更短。无论是装修材料的使用还是工期的控制,都反映了装修团队的成本。成本较低的团队当然会更快地进入市场,但是由于装修服务需求量大,市场不得不允许成本更高的团队也进入装修市场,满足装修的市场需求,因此造成了行业成本递增的特征。

图7-13描述了成本递增行业的长期行业供给曲线的形成过程。与图7-12的过程类似,由于受到了需求冲击,长期均衡点从A点移至B点。不同的是,由于新进入市场的企业成本更高,因此使得行业内所有企业的成本都变得更高,企业的长期平均成本曲线从LAC_1移至LAC_2,而长期均衡点B点代表的价格也提高到了P_2。因此,行业的长期供给曲线向上倾斜。

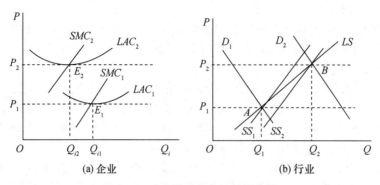

图 7-13 成本递增行业的长期供给

3. 成本递减的行业

在成本递减的行业中,行业长期供给曲线是向下倾斜的。一些行业,比如金融业,会在发展的过程中吸引更多的劳动力储备,从而降低劳动力工资。或者新企业的进入能够带来更高效的物流系统,降低运输成本等。无论什么原因,只要新企业的进入能够降低要素投入成本,就会使得行业的长期供给曲线向下倾斜。如图 7-14 所示,最初的长期均衡处于 A 点,当需求冲击发生,市场价格推高使企业的利润增加时,更多的企业选择进入。企业的进入带来了长期平均成本的下降,于是供给量大幅增加,直至行业中的企业达到零利润,达到 B 点的长期均衡。于是就产生了向下倾斜的长期行业供给曲线。

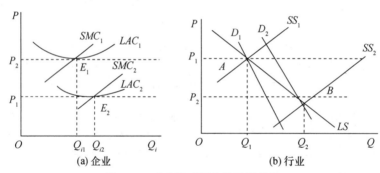

图 7-14 成本递减行业的长期供给

4. 长期生产者剩余

在长期中,企业既不会获得正的经济利润,也没有需要支付的固定成本,因此我们之前讨论过的短期生产者剩余在长期是不存在的。企业在长期均衡时,无论投资进入哪个行业获得的收益都是一样的,但是为企业提供要素投入的要素所有者进入不同的行业,其收益可能是不同的。当然如果要素所有者进入成本不变的行业,要素价格也是固定不变的,那么进入哪个行业并不会产生差别。但是如果要素所有者进入的是成本递增的行业,随着企业的增加要素价格会不断上升,要素所有者也会因此获得更高的收益。基于此,我们可以引出长期生产者剩余的概念。长期生产者剩余是指要素所有者由产量所带来的剩余总和。如图 7-15 所示,在成本递增的行业中,长期生产者剩余即 ABO。对于成本不变的行业,长期供给曲线是一条水平的直线,因此 ABO 部分的面积就变成了 0,也就不存在长期生产者剩余。

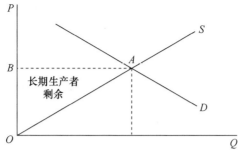

图 7-15 行业长期生产者剩余

案例 7-4

李嘉图地租

19世纪的著名经济学家大卫·李嘉图曾提出过著名的"级差地租"理论,本质上与我们刚刚讨论过的长期生产者剩余是一样的。李嘉图发现,虽然很多土地上都种着相同的作物,但是由于不同土地的肥力差异,种植农作物需要付出的成本大为不同。肥沃的土地可能不需要农民付出太多的劳动就可以得到不错的收成,但是贫瘠的土地却需要农民付出大量的劳动。

当农作物的市场价格比较低时,可能只有肥沃的土地才会被耕种,因为贫瘠的土地会让农民入不敷出。只有当农作物价格上升时,耕种贫瘠的土地才会有利可图。因此,农业生产由于土地的差异产生了向上倾斜的长期供给曲线。

当农作物价格为 P 时,虽然长期内地主可以自由地进入粮食市场,但是拥有肥沃的土地的地主所获得的生产者剩余是不会被侵蚀的。于是在最肥沃的土地上,同样的产量需要的成本最低,从而就能够获得最高的剩余。次肥沃的土地也存在长期剩余,只是变得较少。最后,市场的长期均衡就会产生图 7-15 中的长期生产者剩余。

土地产生的长期剩余会在市场中通过地租的方式体现出来。拥有好地的地主可以将土地以更高的租金租给耕种的农民,或者以更高的地价卖掉,而贫瘠的土地无法得到同样的地租。

第四节 小 结

本章我们研究了企业在生产过程中的决策问题。在第一节,我们介绍了企业成本最小化的问题,因为企业决策中最重要的就是尽可能地降低生产成本。在短期,企业的生产成本中总是存在不随产量变化的固定成本,它会影响企业的生产决策。对于企业来说,区分固定成本与可变成本非常重要。短期边际成本与平均成本是 U 形的,原因正是边际收益递减。

企业的长期成本与短期成本是不同的,因为长期是不存在固定成本的。企业在长期会选择投入来实现成本最小化,它们需要保证对每一种要素,增加一单位要素投入所带来的产量增加是相同的。长期平均成本和边际成本也是 U 形的,但是原因不是边际收益递减,而是规模经济与规模不经济的转变。给定某一规模,企业的长期成本总是小于短期成本。

在第二节,我们介绍了企业的产量选择,企业是根据利润最大化原则来选择产量的,竞争性企业在短期决策中所选择的产量会使得市场价格等于边际成本。企业在短期可以选择停产关闭,但是不能自由进入或退出市场。企业的停产遵循"关闭原则"。在长期竞争市场的均衡状态下,企业都是零利润的,这是一个有趣的结论。

在第三节,我们研究了竞争性企业与行业的供给。在短期,企业总是以关闭点以上的边际成本曲线为供给曲线,每个企业都会拥有生产者剩余。行业的短期供给则是每个企业短期供给的加总。从长期来看,行业的供给曲线与行业特点有关。在成本不变的行业中,其供给曲线是一条水平线;而成本递增的行业,其供给曲线是一条向上倾斜的曲线。当企业成本随着其他企业的进入而增加时,要素的供给者会获得长期生产者剩余。

内容提要

- 在短期,企业的生产成本中总是存在固定成本和可变成本。
- 企业长期生产的成本最小化原则是保证对每一种要素,增加一单位要素投入所带来的产量增加是相同的。
- 长期生产中,规模经济与规模不经济的转变导致企业的长期平均成本曲线和边际成本曲线也呈 U 形。
- 给定某一规模,企业的长期成本总是小于短期成本。
- 企业是根据利润最大化原则来选择产量的,竞争性企业在短期决策中所选择的产量会使得市场价格等于边际成本。
- 在长期竞争市场的均衡状态下,企业都是零利润。
- 在短期,企业总是以关闭点以上的边际成本曲线为供给曲线,每个企业都会拥有生产者剩余。
- 行业的短期供给是每个企业短期供给的加总。

关键概念

可变成本	利润最大化	等成本线
边际相等原则	边际成本	行业供给曲线
固定成本	供给曲线	成本最小化
规模经济	平均成本	生产者均衡
沉没成本	关闭原则	

练习题

1. 何为生产者均衡?它与消费者均衡有什么异同?
2. 企业在规模收益递增的状态下,存在利润最大化的投入组合吗?
3. 你能说出利润最大化和成本最小化的关系吗?它们是对偶的吗?

第八章　市场结构与竞争均衡

在之前的章节中,我们学习了企业的相关概念及其决策行为。本章我们将视角拉远,站在市场整体的角度上研究企业行为的效果。显然,在不同的市场环境下,虽然企业的行为目标均为利润最大化,但其决策结果却不尽相同。在本章中,我们用市场结构的概念描述市场环境。对于市场结构而言,我们主要会考量市场上企业的数量以及市场进入的难易程度,从而对企业的行为进行分析。最后,我们还将对这几种市场结构进行比较并结合实例讨论市场结构的现实意义。

第一节　完全竞争市场

一、完全竞争市场的特征

(一) 完全竞争的概念

从经济学角度而言,最简单的市场结构就是完全竞争(Perfect Competition)市场。在第二章我们讨论供求理论时,基本上也是从完全竞争市场的角度来研究的。具体而言,完全竞争市场的第一个假设是市场上企业的数量趋向于无穷大,即每一种商品均有很多的卖家。第二个假设是市场没有进入和退出的门槛,所有希望进入市场的卖家均能进入。在这样的情形下,市场上所有卖家均为零利润。否则,如果利润为正,就会有新的卖家进入,分走一部分市场份额,使得各卖家利润下降;反之,如果有卖家利润为负,那么它就会退出市场,保持市场上企业的零利润。

此时,每一个卖家都无法左右市场价格。这是因为倘若一个卖家提高自身商品的价格,由于市场上还有其他卖家以低价出售商品,所有的销量都会被价格更低的卖家抢走,得不偿失。因为每个卖家均处于零利润的状态,降低价格意味着亏损,所以也没有卖家愿意降低价格。

严格来说,为了保证完全竞争市场的上述性质,我们还需要一些进一步的假设来保证市场上的企业能够实现完全的竞争。首先,我们需要保证所有生产者提供的都是相同的产品(即便市场上有很多企业,生产水杯的企业不会与生产筷子的企业形成竞争)。其次,我们需要保证生产者之间的竞争完全平等,所有企业的决策完全一致,否则有些企业比其他企业规模更大,就会采取一些策略来争取更多的利润。最后,从信息的角度来看,我们还需要消除所有的信息不对称,即消费者和生产者均对商品和市场有充分的了解,否则企业也会利用信息差,制定有利于自身利益的策略,例如广告的虚假宣传。

基于上述各个假设,我们可以从企业的行为(市场供给)和市场需求的角度得到完全竞争市场的均衡情况。

(二) 企业的收益曲线

简单起见,我们在这里设定价格 P 为一个常数,记产量为 Q,总收益为 R。和之前章节的讨论类似,我们用 AR 表示平均收益,MR 表示边际收益。根据之前我们所学的内容,每个企业的利润满足:

$$R = P \cdot Q$$

很容易算出此时的企业的平均收益与边际收益分别为:

$$AR = \frac{R}{Q} = P$$

$$MR = \frac{\Delta R}{\Delta Q} = P$$

由于此时我们:$MR = AR = P$,我们可得到如图 8-1(b)所示的关系。

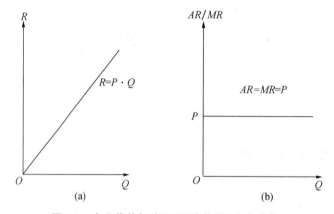

图 8-1 企业收益与边际/平均收益(完全竞争)

(三) 需求曲线与市场均衡

当一个市场满足上述的完全竞争条件时,作为单个企业无法左右市场价格,但市场总体的价格显然与总供给相关。因此,我们需要进行如下讨论。

1. 市场的需求曲线

我们先讨论简单的情况,对于所有完全竞争市场上的企业,当所有企业定出的价格都提高,市场的需求就会减少,因此企业总体面临的市场总需求曲线仍然是一条向右下方倾斜的曲线。

同时,所有企业形成的整体作为市场的供给方也有一条向右上方倾斜的供给曲线,反映了"价格越高,供给越大"的特征。市场的需求曲线与市场的供给曲线相交,就决定了市场均衡价格 P^* 和均衡产量 Q^*,如图 8-2 所示。

2. 单个企业的需求曲线

由于完全竞争市场上的所有企业都是相同的,对于任何单个企业,如果其增加自身商品的价格,由于市场上存在无数其他企业仍然以 P^* 出售相同的商品,该企业的销售量会直接变为零;反之同理,如果该企业降低自身商品的价格,在不考虑收益的情况下,其面临的市场需求会直接趋向于无穷大,因为它抢来了市场上其他所有企业的生意。因此对于单个企业而言,其需求曲线都是水平的,如图 8-3 所示。

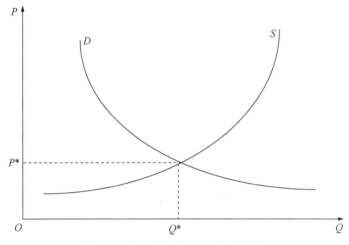

图 8-2 市场需求与供给(完全竞争)

图 8-3 单个企业需求(完全竞争)

(四)需求曲线变动的影响

倘若市场需求曲线发生移动,市场均衡也会随之变动。

如图 8-4 所示,如果市场需求增大(体现在图中就是需求曲线的向右水平移动),即对应于同样的价格,市场的需求总量就会上升。此时,我们可以得到新的市场均衡价格和数量分别为 P'^* 和 Q'^*。类似于之前的讨论,单个企业面临的需求曲线仍然是一条水平的直线,只是此时其与纵轴的截距变为新的市场价格点 P'^*,如图 8-5 所示。

综上,我们可以得到结论,无论市场需求如何变动,在单个企业面临的需求曲线上均会体现为需求曲线的水平移动,当市场情况变好(需求增大)时,体现为向上移动;反之,则向下移动。同样,我们可以利用该分析方法分析市场供给曲线变动(如生产技术升级等)的影响。

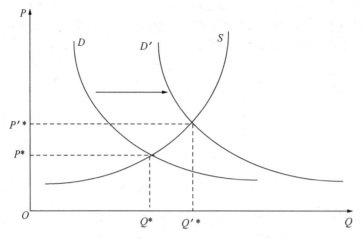

图 8-4 市场需求的变动(完全竞争)

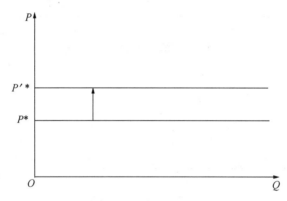

图 8-5 单个企业需求的变动(完全竞争)

二、完全竞争市场的效率分析

对于市场的研究,一个重要的研究方向即分析当前市场结构的效率。市场结构不同,企业利润最大化决策所造成的市场总体效率也是不同的,因此具体管理政策也应有所不同。对于市场效率的衡量,一个简单可行的方法就是比较当前市场自发形成的剩余大小与在此市场情形下最多可能带来的剩余大小。下文将从市场均衡时所得剩余的角度研究完全竞争市场的效率。

(一) 生产者剩余

对于企业而言,每卖出一单位商品的生产者剩余便是价格与边际成本之差。在完全竞争市场,由于价格不受企业影响而保持恒定,因此企业的总生产者剩余就是价格水平线与边际成本曲线构成区域的面积。而这就恰恰就是均衡时企业的利润,因此我们知道企业的生产者剩余与企业利润在数值上是一致的。从之前的学习中,我们知道企业利润的另一种表达方式为销量与价格和平均成本之差的乘积,即

$$\pi = Q(P - AC)$$

因此，我们可以通过计算均衡时的平均成本很快得到企业的生产者剩余。

根据之前的推导，我们知道此时企业的边际收益就是当前市场的均衡价格。此时，对于完全竞争市场中企业的生产者剩余，我们可以通过图 8-6 和图 8-7 中的阴影面积加以表示。

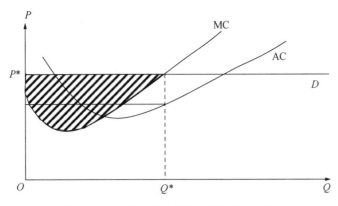

图 8-6　企业的生产者剩余（边际成本表示）

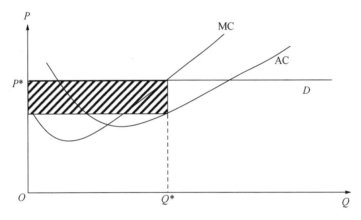

图 8-7　企业的生产者剩余（平均成本表示）

如图 8-6 和图 8-7 所示，阴影面积即企业的利润或企业的生产者剩余。两种表示方式对应的阴影面积应当相同，这是因为表达的均是企业利润。需要注意的是，对于平均成本的图示，企业利润体现为平均成本、价格和产量围成的长方形面积，这在任何情况下都会成立。但如果从边际成本的视角看待企业的生产者剩余（利润），需要计算的应当是每一单位获得收益与每一单位需要成本之差的总和，即应当计算的面积是边际收益曲线和边际成本曲线所围成的面积。但在完全竞争的市场结构中，需求曲线就是边际收益曲线，所以在图 8-6 中阴影部分的上边与需求曲线重合。

当然上述的所有讨论均建立在市场上企业数量不变的情况下。可以做如下的思考，在一个满足完全竞争条件的市场中，如果真的存在一些企业，能够长久地获得正利润，那么会发生什么事情呢？显然更多的企业会选择进入这个市场，增加市场上的总供给，最后使得单个企业能够分到的利润为零，如图 8-8 所示。

在图 8-8 中，需求曲线与平均成本曲线相切（$P = AC$），因此计算出的所有企业的利润均为 0；而从边际成本的角度来看，虽然需求曲线和边际成本曲线在下侧有围成一部分斜纹阴影面积对应于盈利，但边际成本曲线此时有一部分位于价格上方，此时企业处于亏损运营的状态(亏损程度以方格阴影表示)。而当市场达到均衡时,盈利部分与亏损部分刚好相等。

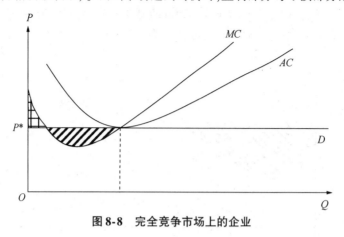

图 8-8 完全竞争市场上的企业

(二) 社会福利

从社会总体的角度而言,在完全竞争市场的均衡处,总是有价格等于边际成本。其中价格 P 可以理解为均衡时消费者对最后一单位产品的支付意愿,而边际成本 MC 表达的是生产最后一单位产品时生产者所需要支付的成本。总体来看即社会对最后一单位产品的支付意愿恰好等于社会生产这一单位产品所需要支付的成本,所以我们认为社会福利达到了最大。事实上,完全竞争市场能够使得福利达到最大化,正是福利第一定律的内容,此时的均衡也称为(社会)第一最优(First Best)。

(三) 政府征税对福利的影响

接下来我们考虑市场管理行为对竞争市场效率的影响。本章我们只考虑最简单的市场管理行为——税收(以及补贴)。关于现实生活中更多的市场管理手段的影响,我们将在政府行为理论部分详细讨论。

为简单起见,我们考虑政府对企业征从量税所产生的效果,即对每单位的产品征税。如图 8-9 所示,征税使得企业成本增加,因此对于企业而言,给定市场价格时,愿意提供的产品

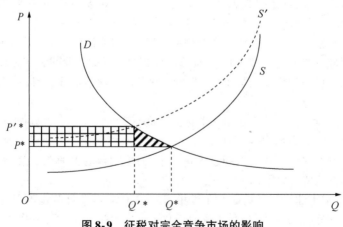

图 8-9 征税对完全竞争市场的影响

数量就会下降。在图8-9中表示为供给曲线向左上方移动,所以最后导致市场均衡价格上升、均衡产量下降。在企业层面,完全竞争市场导致企业的利润均为0。对于消费者而言,由于供给量变少,一部分消费者退出市场,使得消费者剩余减少。即便政府将所得税收(长方形的方格阴影面积)转移支付给消费者,消费者剩余仍然出现了减少(斜纹阴影面积)。因此,税收减少了社会总福利。

三、完全竞争市场的政策建议

(一) 政策建议

如果一个市场是完全竞争的,自发的竞争就能最大化社会总剩余,因此是最有效率的市场。如果政府采取征税的手段管理市场,反而会导致社会总剩余下降。所以此时的最优政策就是"什么也不做"。

然而,需要注意的是,这样的结论非常依赖于我们的假设,诸如:企业数量足够得多,从而使得单个企业行为不会影响价格、企业生产相同的产品、所有要素完全自由流动、消费者和生产者对于市场和产品都完全了解……这些条件十分苛刻,例如在现实中不同的企业可能都会生产手机,但两个不同品牌的手机并不能完全算作相同的产品,因为购买手机的同时消费者还需要考虑配套的穿戴设备、耳机等其他产品,换言之,不同品牌的手机之间并不存在完全的替代关系。因此,政府"无为而治"的建议也仅是"理想中的"。不过,与之前我们讨论企业利润最大化问题相同,完全竞争市场这一理想中的概念不代表其在现实生活中没有意义。如果一个产品的生产厂商足够多、产品足够同质、要素流动足够自由、信息足够对称等,那么这个市场就足够接近于完全竞争。此时,政府如果想实现社会福利的最优,就应当采取非常少的规制措施。

(二) 关于"无为而治"的讨论

亚当·斯密最早主张市场调节可以实现社会的最优,并称市场调节的机制为"看不见的手"。也正是从这里开始,经济学开始作为一门独立的学科受到重视。虽然政府采取一定的手段规制价格可能会带来社会福利损失,但现实生活中的市场往往无法满足完全竞争市场的所有条件,所以时常需要政府一定程度的介入和干预。于是在经济学中,关于自由放任与政府规制的争论就成为经济学上永恒的话题。

从19世纪70年代,里昂·瓦尔拉斯(Léon Walras)、卡尔·门格尔(Carl Menger)和威廉姆·S.杰文斯(William S. Jevons)等人发动"边际革命"[①],到20世纪初马歇尔进行的综合和总结,经济学发展壮大的过程也伴随着"市场自由"学说的壮大。在这样的背景下,"无为而治"的思想被广泛推广至西方社会,普遍流行于各个行业。

然而,20世纪30年代全球性经济"大萧条"的出现,极大地打击了人们对自由放任经济政策的迷信。1936年,约翰·M.凯恩斯(John M. Keynes)发表《就业、利息和货币通论》(*The General Theory of Employment, Interest, and Money*),首次理论化地提出现实中政府干预可以有效解决经济体存在的问题。虽然其理论一直饱受攻击,但大量政府成功调控整体经济的案例帮助凯恩斯及其宏观经济理论迅速奠定了学术与政治地位,一时间成为经济学的主流。

---

① 将边际分析方式引入经济学分析,从而使经济学的关注点从供给侧转向需求侧与市场。

到了20世纪60年代以后,以"滞胀"(Stagflation)①为特征的经济危机使人们又开始想让经济体回到曾经的那个高速增长时代,新古典主义的思想开始出现,它们大力抨击政府干预,而在同时,凯恩斯的后继者们仍在极力发展与扩充凯恩斯的思想。2008年全球金融危机爆发之后,政府对于市场的规制再次被人们接受,而基于凯恩斯思想的新凯恩斯主义学说也不断壮大。

关于市场调节还是政府调控的辩论虽然发端于微观经济学领域,却成为宏观经济学领域一大热点问题,更多的内容我们将在《宏观经济学原理:中国视角》一书中详细介绍。

第二节 垄断市场

一、垄断市场的特征

(一) 垄断市场的概念

从经济学角度而言,仅次于完全竞争市场的市场结构就是垄断(Monopoly)市场,这里我们主要关注供给方的垄断。顾名思义,垄断就是整个市场上只有一个卖家的情形。这使得我们在分析市场供给方时只需要考虑一个企业的行为即可。由于垄断企业所在的市场仅有其一家企业,没有任何竞争对手可以形成有效的危险,因此垄断者一定程度上拥有定价权。

在具体讨论垄断情形下的企业行为与分析该市场的总体效率之前,我们需要明确的是垄断企业为何能够形成垄断。形成垄断可能有多个方面的原因,但无一例外都需要有办法排除其他潜在的进入者,在一般情况下,对于垄断市场,我们需要假设要素流动成本足够大,或者市场进入门槛足够高,或者存在一定的信息不对称。

(二) 形成垄断的原因

相比于完全竞争市场,虽然完美的垄断在日常生活中也少见,但一些行业内还是时常能够看到垄断企业的影子。比如一种新药的市场上基本只有一个医药企业能够成为生产者,其他医药企业如果生产此种药物就是侵权;再比如一个城市的电力系统基本只由一个企业提供,我国的电力由国家电网公司统一提供,这也是一个垄断的例子。具体而言,形成垄断的原因包括但不限于以下几类:

(1) 由于追求更高利润造成的垄断。这是垄断企业最常见的情况,也是所有的反垄断立法出现的原因。通过禁止其他企业进入(包括威胁进入、兼并等方法),可以使得已经在位的垄断企业获得市场定价权,从而追逐更高的利润。

(2) 由于市场进入壁垒较高而形成的垄断。例如大型民用飞机市场,由于大型飞机的研发等成本都非常高,形成了一个技术壁垒,因此波音747产品自1970年推出之后,波音公司

---

① 经济发展停滞与通货膨胀并存。

成为大型民用飞机市场上的垄断者;直到2007年由欧洲各国合作投资的空中客车A380出现,该行业的垄断才被打破。

(3) 自然垄断,也即由于规模经济而形成的垄断。上文提及的电力系统就是这样的例子,对于电网而言,先期组网的固定费用极其高昂,但后续的边际成本并没有很高。在这样的情况下,由一个企业提供产品能够降低社会总成本。

(4) 政府特许所形成的垄断。上述电网的例子便属于此类。此外,在国防安全等具有较大外部性的领域,在本身没有必要形成竞争或者形成竞争会导致一定损失的行业,政府会特许形成垄断。

(5) 由于拥有专利权而形成的垄断。上述医药企业的例子就属于此类。由于创新的先期投入非常高,如果各企业开展完全竞争,最后获得的超额利润为零,则没有企业会愿意进行创新。为了解决这样的问题,需要使用专利保护的方式,给予企业一定时间的垄断权。

(三) 垄断市场中的企业行为

1. 垄断企业的需求与收益曲线

由于垄断市场中只有一个企业,因此市场的需求也即企业需求,几何图形为一条向下倾斜的曲线。显然,该垄断企业的收益可以表示为:

$$R = P(Q) \cdot Q$$

与之前分析类似,研究企业行为最重要的是关注其边际收益。对于一个在垄断市场的企业而言,其边际收益为:

$$MR = \frac{\Delta R}{\Delta Q}$$

对于垄断企业的边际收益,有两点是需要注意的:首先垄断企业所面临的边际收益是递减的,而且企业的边际收益总是低于价格。我们可以借助图形理解这一点。如图8-10所示,由于此时的市场价格随着产量增加而下降,对应的收益曲线斜率也逐渐减小,因此对应于更大的 Q,同样的 ΔQ 所对应的 ΔR 逐渐下降,即 MR 随着 Q 递减。此外,在此图形中,价格是收益曲线的切线的斜率,如图8-10中的实线斜率就是在 A 点的市场价格,而边际收益在图形中表现为 A 点与 B 点之间的割线的斜率,显然在此图形中割线斜率小于切线斜率,即边际收益 MR 小于价格 P。

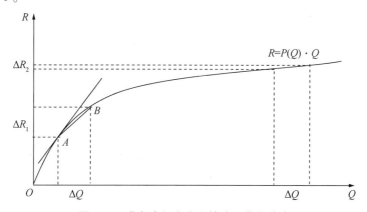

图8-10 垄断市场上企业的边际收益递减

2. 垄断市场均衡

当垄断市场达到均衡时,企业需要实现利润最大化。假设企业的边际成本为一常数水平 C,没有固定成本(此时边际成本 MC 等于平均成本 AC),需求为线性函数①,可以证明此时边际收益曲线的斜率是需求曲线斜率的两倍(这依赖于需求的线性假设②),两条曲线相交于纵轴,如图 8-11 所示。

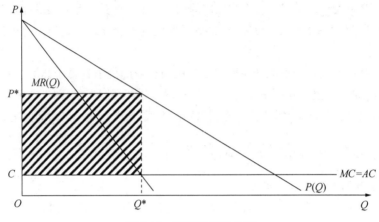

图 8-11 垄断市场的均衡

企业实现利润最大化时 $MR = MC$,由此确定出市场均衡产量为 Q^*。由于企业拥有定价权,它可以提高价格直到当前消费者愿意支付的最高价,对应于市场均衡价格 P^*。注意到此时的均衡价格高于平均成本,因此企业拥有正利润,利润大小如阴影部分的面积所示。

二、垄断市场中的效率分析

(一) 垄断的效率损失

在完全竞争市场的情况下,我们知道 $P = MC$,社会总剩余达到最大,没有效率损失。而在垄断市场的情况下,由于市场达到均衡时 $MC = MR < P$。因此社会对于增加一单位愿意支付的价格高于社会生产一单位的成本,显然存在效率损失。

我们可以借助图形来从社会总剩余的角度研究垄断市场的均衡。如图 8-12 所示,在垄断市场的均衡点,市场均衡价格为 P^*,均衡产量为 Q^*,此时消费者福利可以表示为三角形 abd 的面积;根据之前的分析,此时企业的利润为长方形 $bced$ 的面积,因此社会总福利为四边形 $aced$ 的面积。在社会福利最优时,总是有 $P = MC$,对应于图 8-12 中的 f 点,故社会福利最优的产量为 Q',价格为 C,此时企业由于 $P = MC$ 没有利润,而消费者福利增大至三角形 acf 所表示的面积。所以,垄断市场达到均衡时,社会福利存在损失,损失的大小可以表示为:

$$S_{acf} - S_{aced} = S_{def}$$

---

① 即 $P(Q) = a - bQ$。
② $(P(Q) \cdot Q)' = QP'(Q) + P(Q) = -bQ + a - bQ = a - 2bQ$。

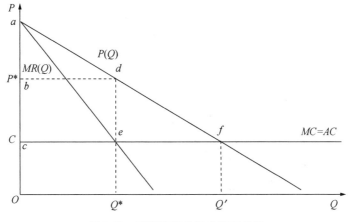

图 8-12 垄断市场的社会福利分析

(二) 政府税收的影响

既然出现了社会福利的损失,那么一个自然而然的想法就是政府能否通过征税的方式使市场重回最有效的状态。同样,为了简单起见,我们假设政府对企业征收一笔从量税,税率为 t。对于垄断企业来说,从量税相当于其生产每单位产品都需要额外支出 t 的成本。如图 8-13 所示,此时企业会减少产量,提高价格,反而减少了社会福利(减少的福利为阴影部分的面积),因此对垄断企业征税的效果适得其反。

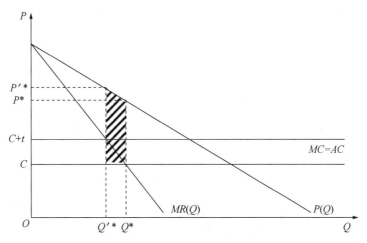

图 8-13 对垄断企业征税的效果

既然征税反而会减少社会福利,那么使用征税的反面——补贴,是否就可以实现社会福利最优了呢?我们同样可以借助图形进行分析,如图 8-14 所示。通过补贴企业的生产,相当于垄断企业的生产成本降低了,此时垄断企业确实会提高产量,最后实现 $P = MC$,从而达到社会福利最优的产量。那么,此时是否就是社会福利最优了呢?从这个市场上来看,确实已经达到了最优,但不要忘了政府此时还需要支付给企业 $t \cdot Q'^*$ 的补贴(在图 8-14 中就是阴影部分对应的面积)。如果政府能够成功将这部分开支转移给垄断企业,那么市场才达到了最有效的状态。

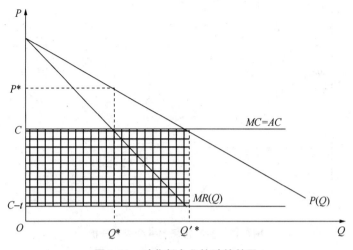

图 8-14 对垄断企业补贴的效果

总结而言,垄断市场的均衡会偏离社会福利最优,而政府的征税不能改善这点,只有补贴才能改善局面。如果想实现社会福利最优,政府需要发放大量补贴,最终还要设法将补贴的支出转移给垄断企业。从图 8-14 中,我们不难看出此时企业的利润和补贴的大小是相同的,即如果想实现社会福利最优,政府最后还需要从企业那里抽走所有的利润。在现实生活中,由于垄断企业生产存在一定的固定成本,企业的利润小于图 8-14 中用阴影表示的长方形面积,此时如果再转移所有补贴的支出,垄断企业就会退出市场使得社会总剩余变为零。因此,在现实生活中,垄断市场的第一最优无法达到,因此经济学家又提出了社会第二最优(Second Best)的概念,即通过政府补贴和征税能够达到的总福利最大值。在此情形下,第二最优为第一最优减去企业生产的固定成本。

(三) 反垄断法

虽然补贴好像能够实现社会福利最优,但给垄断企业实行补贴政策听起来并不是特别合适。既然垄断市场状态下想实现社会福利最优如此困难,一个自然而然的解决思路就是不让垄断市场的格局形成,即反垄断(Antitrust)。

反垄断的目标归根结底就是防止垄断势力的形成,通过强制的方法促使市场结构趋于完全竞争。需要注意的是,反垄断的根本目的在于保护市场有效,如果可以证明在某个市场中垄断的出现反而是效率更高的(例如自然垄断),那么其垄断行为就不应当被制裁。目前,世界各国著名垄断相关的立法有美国的《谢尔曼法案》《克莱顿法案》等。

反垄断法的主要作用方式分为事前与事后两种。由于垄断企业的形成常出现于企业之间的并购与重组,因此反垄断机构会在事前评估企业之间的资产结构调整是否有可能会对市场形成垄断,一旦其评估结果不利于市场效率,该并购行为就会被叫停。此外,对于新兴市场或者漏网之鱼形成的垄断企业,法院可以通过强制拆分的方式,将一个垄断企业分为多个。

三、价格歧视

在图 8-12 中,我们看到垄断市场达到均衡时,消费者仍然存在一定的剩余(图中三角形

abd 的面积)。这是因为一部分消费者对产品有高于价格的估值,对于他们而言,即便价格上升他们也还是愿意购买。对于企业而言,如果能够设法"榨取"这些高估值消费者的剩余,就能获得更高的利润。作为市场上唯一的产品提供者,垄断企业更有动机去"榨取"这部分消费者剩余。而如果想在提高对高估值消费者定价的同时不"赶走"低估值消费者,其势必要对不同消费者采取不同的价格,即价格歧视(Price Discrimination)。

(一) 经济学理论中的价格歧视

1. 第一类价格歧视

在第一类价格歧视中,企业对每一单位产品都制定不同的价格。为了实现利润最大化,显然企业会对每个消费者按照其愿意支付的最高价定价。如图 8-15 所示,当市场需求曲线向下倾斜时,企业会对售出的第一单位产品定价为 P_1,对第二单位产品定价为 P_2,依次递减……最终,最后一单位产品的价格则等于该单位产品的边际成本。

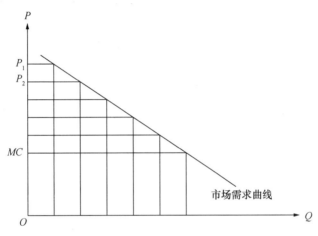

图 8-15 第一类价格歧视

第一类价格歧视下,垄断企业通过制定不同价格的方式占据了全部的消费者剩余,此时社会总剩余就是企业的利润。因此,垄断企业在追求利润最大化的同时,也最大化了社会总剩余,达到社会福利最优的水平。然而,第一类价格歧视在现实中是很难实现的,因为这要求垄断企业能够准确且无成本地掌握消费者对于每单位产品的最高估值,这样的信息要求在实际生活中是非常难以达到的。此外,消费者可能自己也不知道自己的最高估值是多少,又如何能让企业比消费者更了解其估值情况呢?不过,随着电子商务的不断发展,信息的收集成本也在不断下降,说不定哪天就会出现企业通过极小的成本即可获得足够多的估值信息,此时第一类价格歧视就可以大致实现了。

2. 第二类价格歧视

第二类价格歧视是指企业通过让消费者自愿暴露出自身对于产品价值的估计,从而一定程度上实现价格歧视。一个常见的思路是,由于不同估值的消费者对相同产品希望购买的数量是不同的,因而可以通过打包不同数量的产品,区别出不同估值的消费者。值得注意的是,基于可操作性,一般第二类价格歧视只会将消费者分为若干类,而相同类型的消费者都支付同一价格,此外由于需要消费者自愿暴露出估值,企业需要给高估值消费者一定的好处(否则他们会伪装成低估值消费者)。因此,第二类价格其实无法实现第一类价格歧视中的"榨取"

第八章 市场结构与竞争均衡 ▶ 181

全部消费者剩余,也无法实现社会总剩余的最大化。

一个常见的第二类价格歧视是数量套餐优惠。例如电话套餐,可以分为低月租高单位话费和高月租低单位话费两种。对于那些经常打电话、对通信产品需求较高的人,他们会更愿意使用高月租低单位话费的套餐,而那些不经常打电话的人更倾向于购买低月租高单位话费的套餐。需要注意的是,即便两种消费者能够被区分开,电信企业也不能随意制定两种套餐的资费,否则经常打电话的人也会试图伪装成不经常打电话的人以获得更高的消费者剩余(或者相反)。这使得第二类价格歧视其实没有办法实现生产者剩余的最大化。

不过,第二类价格歧视还是能够使得垄断企业获得更多的利润。而且一般情况下,社会总剩余会比单一价格的情形更高,这是因为价格歧视总是能够将一部分消费者剩余转移给垄断企业,从而增大垄断企业提高产量的动机。

3. 第三类价格歧视

垄断企业通过第三类价格歧视也能区分出消费者群体,通过不同的定价实现利润的最大化。但对于第三类价格歧视而言,垄断者能够通过一些客观标准区分出不同消费者。一个常见的例子是由于学生没有收入,一般其对于旅游愿意支付的价格更低,如果采用单一定价的方式,很可能学生不会购买旅游产品。因此,不少景区都设立了学生票的机制,通过降低价格的方式吸引学生前来旅游。需要注意的是,这里成年人是没有办法伪装学生的,因为存在学生证这一客观标准。

同样地,第三类价格歧视能给企业带来更多利润(否则企业可以放弃这一行为)。但这种操作并不一定会增加社会福利,这是因为区别于第二类价格歧视,此时消费者即便面临福利的损失,也会"被迫"分为不同的群体。

(二) 现实中的价格歧视

以上的讨论均是从经济学理论的角度出发探讨区别定价,在现实生活中,常见的区别定价方式主要有:

1. 时间价格歧视和高峰价格歧视

我们在现实生活中时常能够听到"抢先版"与"预售版"等产品,这些产品与正常产品没有本质的区别,只是在提供时间上有所提前,此时便能区分出那些高估值的消费者(因为他们更愿意"提前"获得产品),这就是时间价格歧视。所谓"早买早享受,晚买享折扣"说的就是这个道理。

对某些产品的需求,会在特定的时间出现高峰,其余时间需求则没有那么高。据此企业可以对价格实行"峰-谷"计价的方法实现第三类价格歧视。在我国,电价的制定就实行"峰-谷"计价制,一定程度上形成了价格歧视(当然我国对电价实行价格歧视的主要目的还是促使人们省电)。

2. 二重定价

二重定价是指,一些企业会向消费者提供一系列消费方案,一般要求消费者只要购买这些方案,就先得支付一笔一次性的消费,从而达到消费的门槛。随后对于每一单位商品,消费者还需要支付费用,即在一次性消费之外再根据消费量支付额外的费用。举例来说,对于大多数的游乐场,只要顾客进入游乐场就需要支付一笔费用以支付门票费用。然而对于游乐场里的某些设施,如果需要游玩还得支付额外的费用,而这笔费用与游玩项目数量正相关。

为方便分析,我们将这笔一次性的费用称为入门费 T,而和购买量相关的费用称为购买

费 P。此时,一个垄断企业总是可以通过设定入门费的方式"榨取"所有的消费者剩余。因此,垄断企业的行为目标就转变为最大化社会总剩余(因为此时生产者剩余和"榨取"来的消费者剩余都成为企业的收益)。此时,垄断企业会将购买费 P 定在边际成本的位置,即 $P = MC$,让社会总福利最大。在这个基础上,垄断企业会设定 T 恰好等于 $P = MC$ 时的消费者剩余。

如果消费者群体对于购买该企业的产品具有不同的主观评价,即他们的需求并不同质。企业就可以设定不同的入门费 T 与购买费 P 的消费组合,从而让消费者自我暴露出自己的类别,此时二重定价的行为便属于第二类价格歧视。例如前文提到的,打电话较多的人会选择单位话费低而月租高的通信方案,而打电话少的人会选择单位话费高但月租低的通信方案。

3. 捆绑销售

在有些行业,企业会将自己的若干产品打包出售,而消费者选择的就是一个个商品包,这种销售方式就被称为捆绑销售或搭售。在一般意义上,如果消费者对产品有不一样的主观评价,通过捆绑销售,企业能够识别出不同类别的消费者从而获得更高的利润。

举例来说,小婷和小明对《读者》和《环球科学》所愿意支付的最高价格如表8-1所示,如果单独销售,且要将产品销售给所有消费者,《读者》应该定价为100元,《环球科学》应该定价为150元,企业总共获利500元。因为比较而言,小婷比小明更偏好于《读者》(140 > 100),而小明显然较小婷偏好于《环球科学》(200 > 150),因此如果我们采取捆绑销售,以288元的价格同时出售《读者》和《环球科学》,获得的收入为576元,大于单独销售的收入500元。

表8-1 单独销售收入与捆绑销售收入

单位:元

	《读者》	《环球科学》
小婷	140	150
小明	100	200

四、垄断市场的政策建议

根据上述讨论,如果一个市场处于卖方垄断的状态,则其自发的竞争产量低于社会最优产量,此时市场并不是最有效的。如果政府采取征税的手段来管理市场,反而会导致社会总剩余进一步减少。所以,在垄断市场中,如果政府对垄断企业进行补贴,则有可能带来社会总剩余的增加,当然这样操作会使得劳动和资本的收益进一步失衡。

此外,垄断企业也时常采取区别定价的策略以增加自身利润。如果企业能够实现第一类价格歧视,则其会自发地最大化社会总剩余,从而实现社会福利最优。事实上,如果只考虑市场的效率,价格歧视的存在一定程度上能够增加社会总福利。因此对于垄断企业的价格歧视行为,市场的管理者应当采取辩证的态度加以对待。

最后,杜绝垄断福利损失还可以通过扼制垄断现象的发生,即反垄断。比如通过立法的角度对垄断行为加以打击,从而保护市场的竞争,使得市场充分发挥配置资源的有效性。

需要注意的是,垄断企业的拥有者一般属于富人,而消费者只是普通的百姓,相对来说财富较少。因此即便垄断企业能够实现第一类价格歧视从而实现市场效率,其结果也是财富不断从普通百姓处向富人处聚集,最终加剧社会的不公平程度。因此,各国对垄断企业大多持负面态度,故在实际的社会治理中,同样需要重视市场中的消费者剩余大小。

第三节 寡头市场

一、寡头市场的特征

(一)寡头市场的概念

在现实中,寡头(Oligopoly)市场是最常见的情形。寡头就是市场上有少量(大于一个)卖家的情形。不同于前文所讨论的完全竞争或垄断,如果一个市场中只有几个寡头,不仅这几个寡头企业自身的决策会影响其收益,其他企业的行为也会影响企业本身的收益。因此,在分析单个企业行为的过程中,需要将其他企业的行为一并纳入利润最大化的考量范围。从数学思想的角度而言,无论是完全竞争市场还是垄断市场,企业的行为都只是一个决策的问题,但对于寡头市场,企业的行为变为对策问题。此时就需要借助博弈论(Game Theory)的思维方式进行分析。这极大地增加了寡头市场均衡的复杂性及对寡头市场分析的难度。不过也正是因为这样,对于寡头市场的分析成为微观经济学中最有生命力的一个方向,从博弈论的思想产生[1]至今,不断涌现新的思想与学说。

同样,为了保证上述寡头市场特征的出现,我们一般需要假设要素流动成本足够大,或者市场进入门槛足够高,使得其他潜在进入者无法进入以保证市场上企业数量的恒定。同时,我们需要假设各个企业生产的产品在同一市场(可以有所差异,但需要有相类似的部分)上,不然无法形成竞争。

(二)寡头市场中的企业行为

由于寡头市场中的企业数量有限,每个企业的产量变化仍会直接影响市场的总供给量,因此同之前的分析类似,企业实现利润最大化时应当满足其产品的边际收益等于边际成本。

与之前讨论的完全竞争企业或垄断企业不同的是,寡头企业的需求曲线和边际收益曲线不仅取决于自身的行为决策,而且取决于市场上其他寡头企业的行为决策。由于寡头市场的分析过于复杂,我们将在更深入的课程中详细学习其一般性特征。作为经济学的入门教材,本书将从几个具体的模型出发,讨论寡头市场的特征。

二、寡头市场的模型

对于寡头市场而言,最简单的情形就是市场上只有两个企业,即双寡头(Duopoly)。关于双寡头模型最经典的莫过于古诺模型与伯特兰德(Bertrand)模型。我们将对其逐一讨论。

---

[1] 关于博弈的思想最早可以追溯到安东尼·A.古诺(Antoine A. Cournot)在1838年提出的双寡头竞争模型。

（一）古诺模型

古诺模型讨论的是寡头企业在产品产量方面采取的竞争,每个寡头企业面临的需求曲线依赖于两者产量决策之和。此时,一个企业提高产量的行为会增加自身的收益,但会减少对手企业的收益。为了简单起见,我们考虑市场中只有两个同质的企业,每个企业生产的固定成本与边际成本均为零,即 $MC=0$,需求曲线为线性需求。

由于两个企业完全相同,我们只要研究其中一个企业即可了解整个市场的行为。对于企业 1,假设其需求函数为：

$$P(Q_1, Q_2) = a - b \times (Q_1 + Q_2) = (a - bQ_2) - bQ_1$$

其中,a 和 b 为常数。对于企业 1 而言,Q_2 并不由其决策,因此在其进行决策的过程中,它会将其当作一个外生的常数。因此,对于企业 1 而言,其需求曲线相当于市场需求曲线向下平移 bQ_2 的高度。类似于垄断市场的分析,我们可以借用图形讨论企业的行为(见图 8-16)。

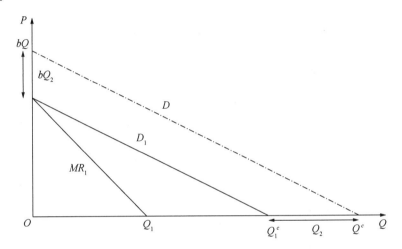

图 8-16 古诺模型中企业 1 的决策

如图 8-16 所示,企业 1 所面临的需求曲线相当于市场需求曲线向左平移 Q_2 单位。与分析垄断市场时类似,线性的需求函数使得企业 1 的边际成本曲线斜率恰好为需求曲线斜率的两倍,且两条曲线相交于纵轴。由于这里我们假设了边际成本 $MC=0$,因此企业 1 的最优产量是需求曲线与横轴交点的 $\frac{1}{2}$,即

$$Q_1 = \frac{1}{2}(Q^c - Q_2)$$

其中,Q^c 是市场中 $P=MC=0$ 对应的完全竞争产量(社会福利最大时的产量),即企业 1 的最优产量决策应当是完全竞争产量与对手产量差的一半。同理,由于企业 2 和企业 1 完全相同,其采取的应当是对称的策略,我们有：

$$Q_2 = \frac{1}{2}(Q^c - Q_1)$$

这种最优决策在经济学中被称为反应函数,我们可以画出反应函数对应的图形。

如图 8-17 所示,寡头企业的产量决策会随着对手企业产量的上升而下降。给定企业 2 的产量(以图 8-17 中的 a 点表示),企业 1 会根据反应函数选择 b 点对应的产量,给定企业 1 的产量为 b,企业 2 又会选择 c 点对应的产量……以此类推,不断循环,直到到达 f 点,此时给定

企业 1 的产量为 f 的横坐标,企业 2 的最优决策为 f 的纵坐标;反之亦然。此时达到的均衡即古诺均衡。

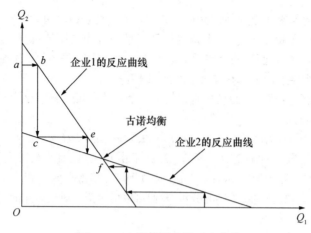

图 8-17　古诺模型中的反应曲线

从数学上,我们可以联立两个反应函数:

$$Q_1 = \frac{1}{2}(Q^c - Q_2)$$

$$Q_2 = \frac{1}{2}(Q^c - Q_1)$$

得到:

$$Q_1 = Q_2 = \frac{1}{3}Q^c$$

此时市场的总供给量为:

$$Q^d = Q_1 + Q_2 = \frac{2}{3}Q^c$$

市场价格为:

$$P^d = a - \frac{2}{3}bQ^c$$

可以看到,此时市场的总供给量还是低于社会最优产量,因此古诺竞争还是非有效的。但相比于垄断市场的产量 $\frac{1}{2}Q^c$,寡头市场的社会总福利水平还是更高一些。

(二) 伯特兰德模型

伯特兰德模型研究的是寡头企业选择价格时的竞争。为了简单起见,假设一个市场中只有两个完全相同的企业,每个企业生产的边际成本 $MC = C$,没有固定成本。市场上存在 1 单位对产品的(无弹性)需求,所以两个企业就是在分割这 1 单位的需求。分割的需求情况如下,如果两个企业设定的价格不一致,那么所有的消费者都会前往更低价格的那个企业处购买;如果两个企业设定的价格完全一致,那么它们会各得到 $\frac{1}{2}$ 单位的需求。

同样地,我们只要从一个企业的视角出发就可以知道市场均衡的结果。对于企业 1 而言,给定企业 2 制定的价格 P_2,如果 $P_2 > C$,那么企业 1 的最优决策为:

$$C < P_1 < P_2$$

同样地,只要 $P_1 > C$,企业 2 也会选择一个更低的价格。由此不断循环,两个企业都不断压低自己的价格,直到 $P_1 = P_2 = C$。此时,两个企业没有利润,但社会福利水平达到最高。

需要注意的是,边际成本定价这一特征非常依赖于边际成本为常数的假设,也非常依赖于市场总需求不变这一假设。

案例 8-1

我国移动通信行业的市场结构

我国通信行业是在政府的主导下建立的,具有国家特许垄断权力与企业市场行为的双重特点。自我国数字通信网开通以来,通信行业历经了一系列变革重组,中国的通信市场主要有中国移动、中国联通和中国电信三大运营商,因此我国通信市场基本可以认为形成了寡头市场的结构。在移动通信领域,近年来,中国联通高速增长,成为中国移动的主要竞争对手,基本形成中国移动和中国联通的双寡头结构①。不过,如图 8-18 所示,由中国移动和中国联通的用户规模还是可以看出此双寡头的地位并不是平等的。

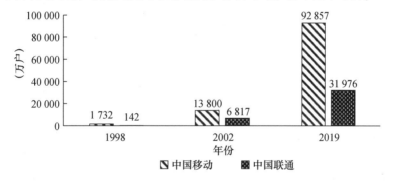

图 8-18 移动通信运营商的用户规模

资料来源:作者根据相关资料整理。

除了常见的寡头市场的缺点,当前我国移动通信行业还存在创新不足的问题。由于中国移动、中国联通两家主要的移动通信运营商在业务品种、服务水平等方面比较类似,而用户在不同企业的网络之间进行转换是有成本的,即中国移动的用户转换到中国联通需要付出一定的代价。因此各大运营商目前竞争的焦点集中于争夺新用户。然而,考虑到移动通信用户趋于饱和的情况,未来我国移动通信运营商不得不着眼于新的业务增长模式。例如 AT&T、Orange、Telefónica 等国外运营商均确立了数字化转型战略,目的是增强用户黏性,构建新的商业模式,提升竞争力。

资料来源:李晓华,谭旭东. 对中国移动、中国联通价格竞争的一种解释——存在转换成本的双寡头价格博弈 [J]. 经济管理,2006(7)。

---

① 中国电信的营业收入、净利润远低于另外两家运营商,因而此处仅分析中国移动与中国联通的竞争博弈。

三、合谋

(一) 合谋的动机

在之前的古诺模型中,我们知道企业总体的利润为:

$$\pi^d = P^d Q^d = \frac{2}{3} a Q^c - \frac{4}{9} b (Q^c)^2$$

而如果这个市场上只有一个企业,称为垄断状态,此时企业完全按照 $MR = MC$ 定价,由于 $MC = 0$,此时我们可以通过计算得到:

$$Q^m = \frac{1}{2} Q^c$$

$$P^m = a - \frac{b}{2} Q^c$$

那么企业总体的利润应该为:

$$\pi^m = P^m Q^m = \frac{1}{2} a Q^c - \frac{1}{4} b (Q^c)^2$$

对于社会最优产量 Q^c,由均衡时 $P = MC = 0$,我们知道:

$$P = a - b Q^c = 0$$

因此 $Q^c = \frac{a}{b}$,代入即可得到:

$$\pi^d = \frac{2}{9} \frac{a^2}{b} < \frac{1}{4} \frac{a^2}{b} < \pi^m$$

即寡头市场上的生产者剩余比垄断市场上的生产者剩余要低。

在之前的伯特兰德模型中,我们知道社会福利水平最高时企业获得的利润为0,但如果整个市场上只有一个企业,其可以将价格定得任意高,因此总是可以获得正利润,我们还是发现寡头市场上的生产者剩余比垄断市场要低。这是因为寡头企业提高产量(或者降低价格)时不仅对自身利润有影响,而且对对手企业存在一些"坏处"(经济学上称为负外部性)。由于企业不用承担这部分的"坏处",所以相对于两个企业的整体最优,它们会决策出"过高"的产量(或"过低"的价格)。因此,生产者剩余的总量无法达到最大化。而对于垄断企业而言,由于提高产量或者降低价格的成本完全由自己承担(经济学上称为内部化了所有外部性),因此能够实现生产者剩余总量的最大化。

显然,如果市场上所有的寡头能够形成一个团体共同决策,它们就能够内部化所有的外部性,从而按照垄断情形下的策略制定价格,实现整体的利润最大化。在现实生活中,寡头企业确实有这样的动机,它们可以选择以下策略:

1. 改变企业资产结构

现实中,企业可以采取并购的方式,将两个寡头企业直接整合成一个企业,从而扩大定价权。显然,这是最简单且直接的方式。如果整个市场上只有两个企业,那么并购的产生就会直接将市场结构从寡头变为垄断。由于一般情况下垄断结构是各个国家都不愿意看到的,因此这种简单的并购行为基本上都会被反垄断机构禁止,在现实生活中基本无法使用。

从根本上来讲,想要实现生产者剩余总量的最大化只要内部化所有的外部性即可,并不一定要将两个企业合并成一个。因此,寡头企业之间可以使用互相持股的方式,将双方的利润挂钩,这样一方行为决策对另一方的影响最后也会通过股权的方式传递回来。当然,各国反垄断机构也在不断与时俱进。就目前而言,寡头企业的互相持股操作也受到了各国反垄断机构的重点关注,因此现实中它们互相持股的行为基本上也很难实现。

2. 选择合谋

由于改变企业资产结构的行为非常容易被反垄断机构观察到,因此在现实生活中一旦寡头企业之间形成资产结构的调整,就会受到反垄断机构的干预。因而,寡头企业在现实中经常采用非资产调整的方式约束自身的行为(保持低产量或者实施高价格),这种行为被称为合谋(Collusion)。合谋的团体一般被称为卡特尔(Cartel),现实世界中一个典型的卡特尔例子便是石油输出国组织(OPEC)。

最简单的合谋方式,就是双方通过一纸合约,规定各自的产量与价格,如果有任何一方违约,就需要向另一方支付罚金。这样的方式对各个企业而言非常简单,但现实中的市场充满不确定性,如果没有有效的监督(看不到各个企业实际制定的产量与价格),违约的企业完全可以将对方收益的变化解释为"意外"。因此在现实中实行合谋,最关键的是有效监督,而最容易的一种方法就是双方互换会计报表。然而,这种方法对企业来说简单,对反垄断机构搜集证据也简单,因此还是难以逃过反垄断机构的制裁。在更多的时候,寡头企业之间会通过更加巧妙的方法达成"互换报表"的操作。例如,各企业代表在接触的过程中各备一个计算器,用计算器敲出当期利润;或者雇用同一个第三方咨询机构,双方都将自己的会计报表交由咨询机构以求获得"建议"[①]。

> **知识链接**
>
> ### 欧佩克组织的前世今生
>
> 石油输出国组织的中文简称是欧佩克,它是各个石油输出国家为对抗控制它们的西方资本而成立的国际组织,成立于1960年9月。该组织成立之初的目的在于协商石油政策、维护国际石油市场价格稳定、确保产油国收入稳定。
>
> 在石油储备上,欧佩克组织的所有成员国共计控制的石油约占全球总储存量的2/3。通过协商以后的统一行动,欧佩克组织的成员国可以在出口石油的商业活动中获得更多的收益,也可以借此争取政治上更多的权益。1973年,欧佩克组织拒绝向支持以色列的西方国家出售石油。而这一举动直接导致当年全球石油价格上涨4倍。
>
> 需要注意的是,欧佩克组织不仅能够通过一致行动为自己谋利,由于其在全球石油市场上占据了巨大的份额,其还可以通过策略性行为维护自身的利益。近年来,随着各类新能源被广泛利用,以沙特阿拉伯为首的欧佩克组织成员国认为应当适度减产、提高价格以"维护市场平衡"。然而,作为非欧佩克组织成员国俄罗斯却从自身利益角度出发不愿意减产。随着2020年新冠肺炎疫情的蔓延,全球对于石油的需求量锐减,两者的矛盾也迅速激化。以沙特阿拉伯为首的欧佩克组织成员国为了惩罚俄罗斯不合作的态度,故意大量开采原油,使得国际石油价格暴跌,原油期货价格一度跌至每桶 -37.63 美元。在这样的压力下,2020年5月,沙特阿拉伯及俄罗斯的能源部长发布联合声明,表示坚定"致力于恢复平衡油市"。

---

① Awaya Y, Krishna V. On communication and collusion[J]. *American Economic Review*, 2016, 106(2): 285-315.

四、囚徒困境——对合谋的挑战

从之前的学习中我们知道,合谋能够帮助寡头企业实现生产者剩余总量的最大化。但在现实生活中寡头的合谋行为并不常见。一方面,"魔高一尺,道高一丈",虽然各个寡头企业会想出各种新奇的行为实行合谋,并雇用经济学家为企业的行为辩护,但反垄断机构也是与时俱进的,它们也有专职的经济学家对寡头企业的"合谋"行为加以分析,并对减少社会福利的行为予以打击。另一方面,企业利润最大化的目标很多时候会与合谋背道而驰。我们仍以古诺模型加以分析。

为了简单起见,不妨假设 $a=b=1$。此时需求曲线为 $P=1-Q=1-Q_1-Q_2$。此时社会最优产量为 $Q^c=1$。在之前的讨论中,我们知道,如果企业按照寡头竞争均衡进行生产,总利润为 $\pi^d = P^d Q^d = \frac{2}{9} \frac{a^2}{b}$。由于两个企业完全相同,均衡时两者利润相等,代入 $a=b=1$,则每个企业的利润为 $\frac{1}{9}$。此外,我们知道此时市场中生产者剩余最大的产量应当是 $\frac{1}{2}Q^c = \frac{1}{2}$,又因两个企业完全相同,因此如果它们形成的卡特尔实行合谋,每个企业的产量应当均为 $\frac{1}{4}$,此时每个企业的利润为 $\left(1-\frac{1}{4}\times 2\right)\times \frac{1}{4} = \frac{1}{8}$。然而如果企业2真的选择合谋产量,从反应函数的角度而言,企业1应当采取的"单干"产量应该为:

$$Q_1 = \frac{1}{2}(Q^c - Q_2) = \frac{1}{2}\times\left(1-\frac{1}{4}\right) = \frac{3}{8}$$

如果企业1背叛了合谋,选择对应的"单干"产量,则其利润为:

$$\pi_1 = (1-Q_1-Q_2)\times Q_1 = \left(1-\frac{3}{8}-\frac{1}{4}\right)\times \frac{3}{8} = \frac{9}{64}$$

而此时企业2的利润为:

$$\pi_2 = \left(1-\frac{3}{8}-\frac{1}{4}\right)\times \frac{1}{4} = \frac{3}{32}$$

我们可以将两个企业在不同策略行为下最后的利润写成表8-2的形式。其中,每个括号内前一个数字代表企业1所能得到的利润,后一个数字表示企业2所能得到的利润。

表8-2 古诺模型的行为收益矩阵

		企业2的决策	
		合谋	"单干"
企业1的决策	合谋	$\left(\frac{1}{8}, \frac{1}{8}\right)$	$\left(\frac{3}{32}, \frac{9}{64}\right)$
	"单干"	$\left(\frac{9}{64}, \frac{3}{32}\right)$	$\left(\frac{1}{9}, \frac{1}{9}\right)$

不难发现,给定企业2选择合谋产量,企业1选择"单干"获得的利润更高 $\left(\frac{9}{64} > \frac{1}{8}\right)$;而给定企业2选择"单干",企业1仍然选择"单干"会有更高的利润 $\left(\frac{1}{9} > \frac{3}{32}\right)$。因此无论企业2

的选择如何,企业1都会选择"单干"的策略;对应地,企业2也总是会选择"单干"的策略。这使得想要达成合谋变得异常困难。

以上的情形被称为囚徒困境(Prisoner's Dilemma),此时卡特尔的行为能够使得集体的收益最大,但个体总是会背离卡特尔的约定,按照自身利润最大化的目标采取行动。这成为现实中卡特尔面临的一大挑战。

> **知识链接**
>
> ### 卡塔尔的"退群风波"
>
> 2018年12月,卡塔尔宣布将于2019年退出欧佩克组织。卡塔尔的"退群"在当时引起了国际石油市场的高度注意。不少人担心卡塔尔的"退群"代表着欧佩克组织内部的各国出现了分裂。
>
> 在历史上,除卡塔尔之外曾经有三个国家退出欧佩克组织,其中的两个后来又重新加入了该组织。而这次卡塔尔退出欧佩克组织之所以引起了国际社会的广泛关注,原因在于卡塔尔成为首个退出欧佩克组织的阿拉伯国家。
>
> 自欧佩克组织成立以来,其在国际石油市场中一直扮演着管理者的角色,多次直接或间接干预了国际油价。然而,进入21世纪以后,国际石油市场的控制权已经渐渐落入美国、俄罗斯和沙特阿拉伯三个国家手中,欧佩克组织的话语权越来越小。与其他欧佩克成员国不同的是,卡塔尔是全球最大的液化天然气生产国和出口国,其液化天然气的出口量占全球的30%。因此,卡塔尔选择"退群",反而能够降低欧佩克协议对它的约束,从而将发展的重点转移到增加天然气产量上。
>
> 资料来源:卡塔尔"退群"有何玄机[EB/OL].环球视野,http://www.globalview.cn/html/global/info_28605.html,访问时间:2020年9月。

第四节 垄断竞争市场

一、垄断竞争市场的特征

(一)垄断竞争市场的概念

在现实中由于产品之间存在一定的差异性,因此每个企业的价格变化会影响其面临的需求,企业可根据边际收益和边际成本选择最优产量。然而由于产品之间存在一定的替代性,且没有市场进入门槛,因此只要企业最后拥有正利润,那么就会不断有新的企业进入,"抢走"现有企业的市场份额,直至所有企业的利润都变为零,这样的情形就是垄断竞争市场(Monopolistic Competition Market)。一般来说,垄断竞争市场上也有很多的卖家,因此每个企业的行为对其他企业几乎无法产生影响。

具体来说,垄断竞争的市场情形常出现在不同品牌的类似商品中。以购买汽车为例,人们可以选择"红旗"牌,也可以选择"比亚迪",前者主要擅长制造传统能源的汽车;而后者主打新能源汽车。社会中一部分人用车场景为长途驾驶(例如往返北京与天津),因而他们非常关注汽车的续航能力,如果他们希望支持国产汽车,会倾向于选择"红旗"汽车;另一部分人的用车场景为在城市中的短距离代步(例如在北京市内上下班),这些人对于汽车的续航能力并不会有太高的要求,宁愿要求汽车的单位使用成本。在这样的情况下,这些人会优先考虑"比亚迪"汽车。无论是"红旗"还是"比亚迪",在一定程度内,它们都具有一定的垄断力量,即提高价格不会丢失所有的市场。

然而,"红旗"与"比亚迪"之间也并非毫无竞争:倘若"红旗"汽车价格非常高,即便人们重视续航能力,他们也会转而购买新能源汽车用其他方法解决续航的问题。类似地,汽车市场上还有"日系车""美系车"和"德系车"等,即便人们希望支持国产汽车,但倘若国产汽车价格太高,人们也会转向外国品牌。整个汽车市场上的品牌非常多①,这使得汽车市场一定程度上体现出了竞争市场的特征。

为了保证上述垄断竞争市场的特征出现,我们一般需要假设要素流动有成本,但成本足够小,或者市场进入有门槛但足够低,使得其他潜在进入者能够进入以保证市场上企业利润为零,但进入市场的行为也是有代价的。同时,我们需要假设各个企业生产的产品,一方面要有差异性,这样企业能够如垄断市场一样定价;另一方面要有可替代性,从而使得不同的企业能够形成竞争。

(二) 垄断竞争市场中的企业行为

1. 剩余需求曲线

由于企业生产的产品存在一定程度上的差异性,某个企业提高价格时,它所面临的需求会下降。因此,每个企业的需求曲线还是向下倾斜的。与之前分析寡头企业类似,其他企业的行为虽然也会产生影响,但由于其他企业的行为不在该企业的决策范围内,因此垄断竞争市场上的企业会将其他企业行为视为给定,只对剩余的市场份额进行决策,此时单个企业面临的需求曲线又被称为剩余需求(Residual Demand)曲线。

如图 8-19 所示,每个企业只是关心自己能够获得的剩余需求(图 8-19 中以 RD 表示),并通过分析边际收益与边际成本决定企业的最优产量。

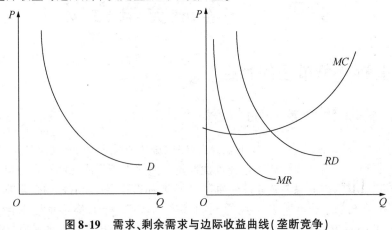

图 8-19 需求、剩余需求与边际收益曲线(垄断竞争)

---

① 需要注意的是,在现实生活中,由于企业之间存在差异(成本函数不同),市场上的汽车企业不一定都处于零利润状态。

紧接着,按照分析寡头市场的逻辑,我们应当分析每个企业决策的反应函数。然而,由于均衡市场上企业数量非常大,其他企业的行为并不会对单个企业自身的决策产生影响,即垄断竞争市场上单个企业的行为只取决于其面临的剩余需求曲线,与其他企业的行为无关。

2. 短期均衡

如果我们忽略企业的进入与退出,将一个市场上所有企业都固定在这个市场上。面对剩余需求曲线,垄断竞争市场上的企业行为更接近于垄断企业。由于剩余需求曲线向下倾斜,垄断竞争企业有一定的市场力量,它会根据边际收益等于边际成本的原则确定自己的最优产量,并根据需求曲线确定最后的价格。

如图 8-20 所示,企业会努力实现利润最大化,即选择产量 Q^*(因为此时 $MR = MC$)。这时候,企业的利润为图 8-20 中阴影部分的面积。

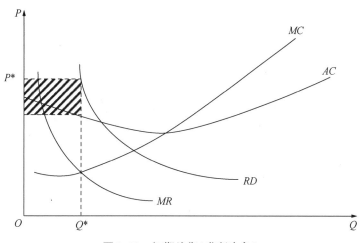

图 8-20　短期均衡(垄断竞争)

3. 长期均衡

在长期,由于市场进入是自由的,正的利润将吸引更多的企业不断进入市场。这使得图 8-20 所示的短期均衡状态不可能长久存在。当更多的企业进入市场,参与到市场竞争中,因为每个企业所生产的商品都存在替代性,所以每个企业的剩余需求均衡会下降。这样的过程不断重复,直至每个企业的利润水平下降为零。此时,每个垄断竞争企业的剩余需求曲线和平均成本曲线正好相切。

如图 8-21 所示,每个企业在长期的均衡价格为 P^*,均衡产量为 Q^*。在出现这样的情况之后,市场上的已有企业不会选择退出,因为企业恰好获得零利润;潜在的企业也不会再选择进入,因为进入之后,市场被进一步分割,每个企业都会获得负利润,得不偿失。所以,站在长期的角度来看,垄断竞争市场上的企业更接近于完全竞争。

所以,垄断竞争市场同时有垄断和竞争的特点。与垄断市场类似,该市场上企业达到最优产量时,边际收益等于边际成本,因此均衡时价格高于边际成本。然而,与完全竞争市场类似,长期均衡时,产品价格等于平均成本,这使得每个企业的利润为零。

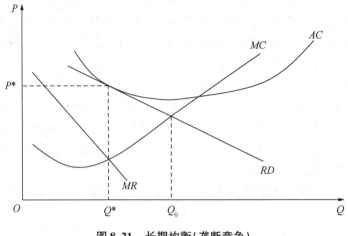

图 8-21　长期均衡（垄断竞争）

二、垄断竞争市场的效率分析

事实上，对于垄断竞争市场效率的讨论远比其他市场结构复杂。这是因为影响该市场效率的有两个因素：价格与市场上企业的数量。

就价格而言，如图 8-21 所示，长期均衡时，产品价格高于边际成本，这意味着生产更多的产品给社会带来的福利增加高于生产更多的产品所增加的成本，因此此时的市场并不是最有效的。事实上，社会福利水平最高的点对应的产量为 Q_0。但需要注意的是，如果此时强行要求企业按照价格等于边际成本进行生产，虽然社会总福利水平达到了最高，但此时企业处于亏损状态，因此企业并不能在此状况下持续生产。

从企业数量的角度来看，一方面，更多的企业进入为社会整体带来了正外部性，即更多的多样性。这是因为我们假设了每个企业的产品不完全相同，所以更多的产品选择能够在市场供给量不变的情况下扩大消费者的选择范围从而增加消费者剩余。但另一方面，更多企业的进入，在市场总体供给量不变的情况下，将减少所有市场上现有企业的份额（或者降低每个企业的剩余需求），这在经济学上被称为抢走业务效应（Business Stealing Effect）。这使得均衡时每个企业最终的产量下降，平均成本上升，导致社会总体生产效率下降。

第五节　市场结构与市场竞争程度的衡量

一、市场结构

在讨论了诸多具体的市场结构之后，我们再回过头来对市场结构本身加以研究。首先我们需要明确的是市场结构的含义，以及它与之前我们所学习的具体结构的关系。此外，一个更现实的问题是，既然之前所学的具体结构都是理想的模型，那么对于市场的实际管理者而言,在现实世界中又要如何去判断一个具体市场的结构类型。

(一) 市场结构的含义

在现实生活中,消费者对于一些产品的可选择范围很大,例如衣服、文具等;但对于另一些产品,如购买计算机设备或大型路由器,我们能想到的可能只有英特尔、AMD、华为和小米这些大品牌。

在一个市场中,如果供给产品的企业非常多,企业之间的竞争较为激烈,我们会认为这个市场趋于竞争。此时,由于单个企业的行为不足以影响市场需求,我们就说企业是没有市场势力的。反之,如果生产产品的企业数量非常少,企业之间无法形成有效竞争,我们就认为该市场趋于垄断。此时,由于单个企业的行为足以影响市场需求,我们就说企业是有市场势力的。由此可见,区分垄断与竞争的关键在于单个企业的行为是否会影响市场的整体需求。

在现实生活中,我们很难看到一个企业的行为完全不会对市场造成影响,也很少见到一个企业的行为直接影响了整个市场。因此介于两者之间,经济学中又提出寡头市场和垄断竞争市场的概念。在寡头市场上,有若干企业进行生产,新企业无法进入或面临的进入壁垒较高;而在垄断竞争市场上,企业可以自由进入和退出,这使得该市场上的每个企业均为零利润。

无论市场结构是垄断的、完全竞争的,还是寡头的或垄断竞争的,其描述的都是一个市场上供给侧的情形。在一般意义上,我们可以通过衡量市场的竞争程度来判断市场结构,从而对市场的发展做出预判。

(二) 市场结构的影响因素

1. 企业的数量

在一般情况下,一个市场上企业的数量越多,企业之间形成竞争的可能性也就越高,出现垄断企业的可能性也就越低。这是因为在企业之间的差异并非很大的情况下,更多的企业数量使得每个企业的市场份额变小,单个企业的行为对市场整体的影响也随之减弱。

2. 产品属性

如果企业数量保持不变,但企业之间生产的产品相似度越高(例如签字笔),整个市场的竞争程度就越高,出现垄断企业的可能性就越低。这是因为产品越同质,企业之间越能相互替代。其中一个企业选择涨价的行为只会导致消费者转向其他企业,而不会直接影响市场需求。

3. 要素流动障碍

如果一个行业的要素流动非常很容易,企业就更容易处于长期,这意味着企业进入或退出的成本更低。所以,即便一个市场上的企业数量不多,但由于存在潜在的其他进入者,已有的企业也无法获得很高的利润,否则就会有新企业进入分割市场。在这里,一个市场上的企业数量可能很少,所以现实发生的竞争可能不多;但由于存在潜在的竞争,所以企业行为还是会趋于竞争性市场下的情形而非垄断市场情形。

4. 信息充分程度

如果一些企业对市场掌握的信息较多而另一些企业掌握的信息较少,那么掌握信息较多的企业在竞争中就会拥有更大的优势,从而更容易将其他企业挤出市场以维持其垄断地位。

所以,如果一个市场是完全公开透明的,那么这个市场会容易接近完全竞争。此外,如果消费者对于各个企业提供的产品掌握信息较少,那么企业会更容易"套住"消费者,从而获得正利润,在这样的情况下,企业行为也会更趋于垄断市场情形。正是基于上述原因,消除信息不对称成为反垄断工作中的重要一环。

(三) 不同市场结构间的比较

如图8-22所示,我们可以从企业面临的需求曲线角度出发,研究我们已经讨论过的四种市场结构特征。当市场处于完全竞争的状态时,每个企业的产量将不影响需求,因此企业面临的需求曲线斜率为零。而随着市场垄断程度不断提高,需求曲线将变得越来越陡峭,这是因为企业垄断程度越高,其更加容易将产量对价格的副作用纳入自身决策的考量。

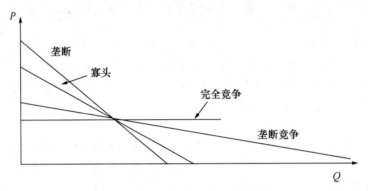

图 8-22　各市场结构的需求曲线比较

随着市场垄断程度的提高,需求曲线变陡峭意味着企业在按照边际收益与边际成本定价时,边际收益曲线会更偏向左侧,会使得均衡产量更小,而由于需求曲线更加陡峭,其对应的价格也就更高,企业能够获取的超额利润也就更多。这也是垄断给市场带来的结果——更少的产量、更高的价格,以及更多的超额利润。

二、市场竞争程度

在学习了几种市场结构之后,一个重要的问题便是如何度量现实生活中的市场到底属于哪一类。当然需要注意的是,之前讨论的均是理想中的情形,现实生活中由于诸多原因,即便是寡头企业与垄断竞争企业,也难以找到。相比于对市场结构进行归类,现实生活中更实际的方法是对一个市场的垄断程度或竞争程度进行衡量。

1. 产业集中指数

产业集中指数是一个行业中产量最大的几个企业在全行业所占的产量比重,即产量明显占优势的几个企业的总产量占全行业总产量的比例。对于最大的 m 个企业,

$$I = \frac{\Sigma_{i \in [1,m]} Q_i}{Q_{总量}}$$

当市场处于完全竞争状态时,$I=0$;当市场处于垄断状态时,$I=1$。

在现实生活中,我们还可以计算排行前几位企业的产值、产量、销售额、销售量、员工人数、资产总额等数值占整个市场或行业的份额,以此来衡量该市场或行业的集中程度。

> **知识链接**
>
> ## 电力行业的市场集中度
>
> 电力行业是与人民生活息息相关的基础设施产业,对国民经济中其他行业的发展及社会进步都起到了极其重要的作用。传统观念认为,电力行业是典型的垄断行业,但是并不是该行业的所有业务环节都具有垄断性质,在发电、输电、配电和售电这四个环节中,有的具有垄断性,有的甚至具有竞争性,但是每个环节的垄断程度和竞争程度又有所不同,如表 8-3 所示:
>
> 表8-3 不同业务的市场结构
>
> | 业务环节 | 概念 | 市场结构 |
> |---|---|---|
> | 发电 | 利用发电动力装置将水能,化石燃料(煤炭、石油、天然气等)的热能,核能以及太阳能、风能、地热能、海洋能等转换为电能 | 完全竞争 |
> | 输电 | 电能的传输是电力系统整体功能的重要组成环节 | 寡头 |
> | 配电 | 在电力系统中直接与用户相连并向用户分配电能的环节 | 垄断竞争 |
> | 售电 | 将电能通过配电装置销售给电力客户 | 垄断竞争 |
>
> 从 2002 年开始,我国电力行业进入市场化改革试点阶段,国家电力公司拆分为 2 家电网公司(国家电网公司和南方电网公司)、5 家发电公司和 5 大辅业集团,还有一部分独立发电公司自主经营,并形成了行业协会这样的自律组织。但是,根据上述产业集中指数公式进行计算,电力体制改革对于电力市场结构的影响不大。发电行业的集中度指标在电力体制改革后反而比改革前提高了,说明电力体制改革对于发电行业摆脱垄断并不明显。虽然国家电力公司被拆分成多个企业,我国电力企业的市场竞争性较原先提高,但是由国家电力公司拆分的国有电力企业仍然具有显著的市场地位,特别是 5 家发电公司,在发电行业中的市场集中度很高。根据《中国电力年鉴》的数据计算,它们的产业集中指数为 40% 左右。因此,不论是以装机容量还是以发电量作为衡量市场集中度的指标,经测算后的市场结构都存在高度垄断,属于寡头市场结构。

2. 勒纳指数(Lerner Index)

勒纳指数定义为:

$$L = \frac{P - MC}{P}$$

越是接近于垄断的企业,由于其市场势力越大,其定价能力也就越强。所谓定价能力就是价格高于边际成本的大小,而勒纳指数就是从这点出发描述市场的垄断程度。显然,勒纳指数越大,市场竞争程度就越低。

知识链接

我国各行业中的市场集中度

利用勒纳指数计算我国每个行业的市场集中度①。测量数据来自历年的《中国统计年鉴》《中国工业统计年鉴》和《中国工业交通能源 50 年统计资料汇编》等,研究企业样本数据均来自各行业中的大中型企业,如表 8-4 所示。

表 8-4 不同行业的勒纳指数

行业名称	勒纳指数
石油天然气开采	0.081
烟草加工业	0.086
石油加工及炼焦业	0.090
煤炭采选业	0.022
机械制造业	0.003
塑料制造业	0.000
电力、蒸汽、热水生产及供应业	0.121
自来水生产和供应业	0.025
电子及通信设备制造业	0.000
金属制品业	0.000
交通运输设备制造业	0.001
电气机械及器材制造业	0.001
纺织业	0.000

以下我们使用中国网上图书市场案例对本章讨论的市场结构内容加以总结。

案例 8-2

中国网上图书市场定价机制分析

就读者的一般感受而言,大众图书市场的价格竞争十分激烈,经常有大力度的价格战,由此可见图书市场的竞争程度很高,买卖双方之间博弈充分,通过供求机制有可能达到完全竞争下的均衡,但实际情况如何呢?我们不妨具体了解一下:

1. 图书价格的决定机制

目前的图书市场中,除中小学教材之外,其他绝大部分的大众类图书的价格是由市场决定的。

2. 买方和卖方的数量

图书市场上,单一买方与单一卖方均不足以决定市场价格,可以视为双方的数量足够多。

---

① 详细计算公式参考胡德宝(2010)。

3. 产品的同质性

理论上讲,虽然每种书都不同,但是对于同一种书,尤其是同一个出版社出版的一种书来说,基本可视为同质的。

4. 信息充分性

在电子商务环境下,目前图书的内容、质量、定价等对买卖双方而言,信息是对称的。而在真实需求的了解方面,生产者(出版单位)和消费者(读者)之间还缺少直接交流的渠道,不容易确定是否信息对称。

5. 进出市场的自由性

国家对设立出版社和出版社的书号申领(图书出版的必要条件)有审批环节,对内容生产者而言进入该市场有一定的限制,但是否出版一本书(如果书的内容不存在审查障碍的话)是自由的。

就图书零售市场格局而言,从2017年开始,图书的线上销售份额已经超过线下,随后的两年线上销售的比例还在继续增长。在定价方面,可以大致分为线下和线上两个体系,线下为实体书店,线上为电商平台。

实体书店由于场地租金、员工薪资等基本开销(固定成本)占比较大,一般销售价格基本为图书原价,偶尔在面向会员销售或开展其他促销活动时进行价格打折,一般为8折以上。

线上的图书电商平台以京东、当当和天猫三家为主。由于图书将定价印制于商品之上,具有标准化程度高、价格可比性强的特点,综合性电商平台常常以图书作为引流工具进行定价,通过低折扣销售图书作为引流手段,引导用户在平台消费其他高附加值商品以实现整体的利润水平。京东的图书价格基本在6.5折左右(加上各种优惠之后),有时价格甚至低至2折、3折,低于图书的生产成本。其他电商平台基本为了保持用户关注度和市场销售规模,也会采取价格跟随战略,从而导致整体上线上图书价格比线下低10%—15%。

综上,我们可以得出结论:图书市场看似具备完全竞争的条件,但由于种种原因,市场的均衡状态并不能通过完全竞争达到,反而还出现了线上线下市场价格分割的状态。

第六节 小 结

消费者在市场上购买产品时,往往会面临不同的企业可供选择,它们都能供给类似种类、类似质量的产品。当一个产品市场上的企业数量非常多,产品替代性非常高,市场进出自由,要素流动阻碍较小时,该市场趋向于完全竞争状态,此时市场上的均衡产量最大、均衡价格最低,每个企业获得零超额利润,而社会总剩余达到最大,政府征税反而会造成社会总剩余的减少。

当一个市场上只有一个企业,市场进出不自由,要素流动阻碍较大时,市场趋于垄断状态,此时市场的均衡产量最小、均衡价格最高,生产者获得最高的超额利润。如果采取单一价格定价,社会总剩余达到最小。然而,此时企业会试图采取各种方式实行价格歧视。如果实行第一类价格歧视,此时生产者剩余达到最大,而消费者剩余完全消失,从总剩余的角度而言,这样的价格歧视反而增加了总剩余。

现实世界中,完美的竞争市场或垄断市场是很难看到的,更多的市场结构是介于两者之间。为此我们又介绍了寡头与垄断竞争两种市场结构。在寡头市场上,存在若干个企业,但企业不能自由进出,此时每个企业均以自身利润最大化为目标,导致生产者剩余低于垄断市场的情形。为此,各寡头企业会试图合谋,形成卡特尔,采取垄断定价,但囚徒困境和反垄断立法的存在制约了它们往这个方向的努力。

垄断竞争市场上的企业同时具有垄断性和竞争性两种特征。一方面,它们会按照边际收益等于边际成本的产量进行生产,由此导致价格高于边际成本。另一方面,由于企业能够自由进出,其长期均衡的价格会等于平均成本,最终每个企业都将获得零超额利润。

在现实世界中,相比于对市场进行分类,更合理的办法是使用指数测量各行业的竞争程度。一种方法是计算前几大企业的市场份额占总行业的比重(产业集中指数),另一种方法是计算其勒纳指数。现实中的反垄断判决及市场管理基本是依据对市场竞争程度的测量而做出的。

内容提要

- 完全竞争市场均衡时,价格等于边际成本,社会福利水平达到最优。
- 垄断市场均衡时,企业的边际收益等于边际成本,此时价格高于边际成本,市场处于失效的状态。
- 在寡头市场上,一个企业的行为会对其他企业产生影响,因此企业会按照其他企业的决策依据——反应函数进行决策,由此达到市场均衡。
- 垄断竞争市场兼具垄断市场与完全竞争市场的特征。
- 经济学理论将市场结构分为完全竞争、垄断、寡头和垄断竞争,但现实中的反垄断判决及市场管理基本是依据对市场竞争程度的测量而做出的。

关键概念

市场结构	效率分析	寡头
垄断竞争	垄断	囚徒困境
完全竞争	价格歧视	

练习题

1. 垄断竞争市场具备哪些特征?为什么会得此名称?如果该市场上的企业有能力推出一种新产品,那么均衡价格和均衡产量会受到什么影响?

2. 假设一个垄断企业能够以边际成本 $MC=0$ 进行生产,没有固定成本,该企业面临的市场需求曲线为 $Q=53-P$。

   (1) 这个企业的最优定价以及对应的最优产量是什么?最大利润是多少?

   (2) 假设第二个企业进入该市场。我们将已有企业的产量记为 Q_1,新进入企业的产量记为 Q_2。假设现在的市场需求满足 $Q_1+Q_2=53-P$。类似于已有的企业,新进入的企业也没有固定成本。请使用 Q_1 和 Q_2 表达这两个企业的利润。

   (3) 假设这两个企业进行古诺竞争(产量竞争),即每个企业都在给定对方产量的情况下最大化自身的利润,此时企业的反应曲线是什么?

3. 什么是产业集中指数和勒纳指数?它们有什么区别和联系?

第四篇　要素市场分析

第九章　劳动力市场

第三章讨论了消费者的选择理论。从消费者的偏好出发，我们绘制出了消费者的无差异曲线。结合消费者的预算约束线，我们得到了消费者的个人需求曲线。通过加总消费者的个人需求曲线，我们可以继续推出社会的总需求曲线。选择理论主要分析消费者的需求行为。

在现实生活中，消费者（居民）在经济运行中扮演着双重角色：一方面，消费者不仅购买生活所需的粮食和蔬菜，也在企业工作以挣取工资、出租房屋以收取租金甚至开设公司以获取利润。从这个角度来看，消费者是在提供各种生产要素以获得收入。生产要素是指用于生产商品和服务的各种投入，包括劳动、资本、土地和企业家才能等。另一方面，企业为了生存和发展，就必须向居民购买各种生产要素，投入到生产经营活动中去。这样，企业不仅是商品和服务的供给者，也是各种生产要素的需求者。消费者在商品市场上是需求者，在生产要素市场上则作为供给者出现。本章我们讨论劳动力市场，下一章我们讨论其他生产要素市场。

第一节　劳动供给和劳动需求

第三章中，选择理论讨论了在既定的收入水平下，消费者是如何在两种商品之间分配收入的。然而，既定的收入水平假设只是一种简化的理想状态。在现实生活中，人们的收入水平并不是既定的，收入水平在很大程度上取决于他们愿意工作多长时间。例如，给定每小时的工资是100元，如果一个人选择工作5小时，他可以获得500元的收入；如果他把工作时间增加到8小时，就可以获得800元的收入。既然收入水平不是既定的，那么什么样的假设才更接近现实呢？任何人一天的时间都是24小时。因此，人们真正既定的变量只有时间。在劳动力市场上，人们首先应该要考虑的问题就是如何在工作和闲暇之间分配时间：是选择将5小时的时间投入工作以享受更多的闲暇（和更少的收入），还是选择将8小时的时间投入工作以获得更多的收入（和更少的闲暇）。

从上面的分析可以看出，人们的劳动供给决策类似于他们的消费选择决策。唯一的区别是，在面临消费选择的时候，人们是在既定的收入水平下将收入分配到不同的商品中，从而实现效用的最大化。而劳动供给决策则是在既定的时间约束下考虑如何将有限的时间分配到劳动或者闲暇中去，从而实现效用的最大化。因此，借鉴消费者行为分析模型的思想，我们就可以对消费者的劳动供给进行类似的分析。

一、收入-闲暇模型

我们用收入-闲暇模型来分析居民的劳动供给。由上面的论述，我们知道居民面临着收入和闲暇(注意闲暇的另一面就是工作)之间的权衡取舍。因此,收入-闲暇模型涉及的商品有两种:收入和闲暇。收入-闲暇模型将货币收入当作相对价格为 1 的 Y 商品,而将闲暇当作 X 商品。如果消费者决定将 1 小时的时间花在同朋友聚会(享受闲暇)上,就意味着消费者愿意放弃 1 小时工作所带来的收入。因而,单位时间内的工资就相当于人们享受闲暇的机会成本,或者可以进一步地理解为闲暇的价格。从理论上看,一种商品的价格会引起该商品需求量的变化。从生活经验上看,劳动者往往会表示,只要工资给得高,即使加班也心甘情愿。因此可以想象,消费者愿意将多少时间用于工作或闲暇与单位时间内的工资①密切相关。描述工资和劳动供给量之间关系的曲线就是劳动供给曲线。那么,如何得到劳动供给曲线呢?回顾下第三章选择理论的思路,想要得到劳动供给曲线,我们需要借助预算约束线以及收入和闲暇的无差异曲线,找到不同工资水平和劳动供给量之间的关系。

首先,我们仔细考察一下收入-闲暇模型的预算约束线。时间对每个人都是公平的,我们每天只有有限的 24 小时,时间将构成我们预算约束线的约束条件。无论我们是否工作,总有部分货币收入 M 已经积累了下来,M 可能来自投资或者父母的赠予也可能来自继承的遗产。我们将这部分收入称为消费者非劳动收入。另外,我们假定工资为 W,劳动供给量为 L,收入水平为 I。这样,我们可以得到收入的表达式为:

$$I = M + WL$$

也就是说,收入可以分为劳动收入和非劳动收入。如图 9-1 所示,考虑两种极端的情形,如果消费者将全部时间(24 小时)用于闲暇,那么他一天的工作时间是零,其可以得到的收入仅仅是 M。以闲暇时间 H 为横坐标,收入 I 为纵坐标,此时预算约束线上的对应点为 $(24, M)$;如果消费者将全部时间用于工作,那么他一天的闲暇时间是零,收入水平为 $M + 24W$,此时预算约束线上的对应点为 $(0, M + 24W)$。由于收入和闲暇之间的关系是线性的,连接极端情形的两个点就可以得到预算约束线,其对应的方程为:

$$I = (24 - H)W + M$$

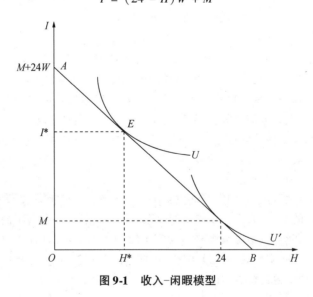

图9-1 收入-闲暇模型

在图 9-1 中,预算约束线是斜线 AB。而 U 代表该消费者的无差异曲线。通常情况下,无

---

① 在不引起歧义的情况下,下文不区分"单位时间内的工资""单位工资"和"工资"。

差异曲线和预算约束线的切点就是消费者选择的最优点 E。在最优点 E，该消费者的闲暇时间是 H^*，劳动时间是 $24-H^*$，相应的收入水平为 I^*，消费者在 E 点获得了最大的效用。类似于前面的消费者行为分析，在消费者的收入-闲暇模型中，最优点处无差异曲线的斜率等于预算约束线的斜率，即收入和闲暇间的边际替代率等于单位工资。其经济学含义是，消费者通过工作得到的边际收入必须等于为获得这一收入而损失的闲暇的边际价值。用数学形式表达为：

$$MRS = W$$

从以上的分析可以看出，人们追求效用的最大化并不意味着要使自己的收入最大化。人们在收入和闲暇之间做出一定的选择和合理安排，当收入和闲暇间的边际替代率等于单位时间内的工资时，便可获得最大的效用。不过，也有可能存在某些特殊情况，此时消费者的无差异曲线如图 9-1 中的 U' 所示，在这种情况下，消费者效用最大化的选择是完全不工作，把所有的时间都花在闲暇上，我们将这种情况称为自愿失业。此时，最优点所对应的收入和闲暇间的边际替代率并不一定等于边际工资。

以上的分析仅限于给定单位工资的情况，让我们分析一下当单位工资发生变化时，人们用于闲暇的时间会有什么变化。单位工资相当于闲暇的价格，价格发生变化会产生价格效应，直观地看，价格效应会引起预算约束线的两个变化：预算约束线的旋转以及预算约束线的平移，而旋转和平移分别对应着替代效应和收入效应。

与一般的消费者行为分析的结论不同，尽管闲暇也是一种正常品，但是其替代效应和收入效应的作用方向却是相反的，具体而言：当单位工资上升时，闲暇变得更加昂贵（收入就是货币，因而可以看作价格始终为 1，不发生变化），替代效应作用的结果是人们减少用于闲暇的时间而将更多的时间用于工作。而单位工资的上升意味着人们收入水平的提高，收入效应作用的结果是人们可以减少一定的劳动时间，将更多的时间用于闲暇，因为在单位工资较高的情况下，人们只需要投入较少的劳动时间就可以维持相同的收入水平。同样的道理，当单位工资下降时，替代效应作用的结果是人们将更少地工作，而收入效应作用的结果是人们更多地工作。替代效应和收入效应的作用方向是相反的。那么，为什么对于作为正常品的闲暇来说，两种效应作用的方向是相反的呢？这主要是因为对于一般的商品而言，个人是消费者，商品的价格上涨将意味着个人的境况变差；而对于闲暇来说，个人是闲暇这种资源的拥有者，因此当单位工资（闲暇的机会成本）上升时，收入效应其实是正的或者说预算约束曲线有向外平移的趋势，工资水平的上升意味着个人的境况变好。

由于替代效应和收入效应作用的方向是相反的，因而在理论上，我们难以确定单位工资的上升对于闲暇需求量（同时也是劳动供给量）的影响。图 9-2 和图 9-3 可以用来说明可能出现的两种情况。

当替代效应强于收入效应的时候，情况如图 9-2 所示。开始时单位工资水平为 W_1（E_1 点所在直线的斜率），最优选择对应于 E_1 点。当单位工资上升到 W_2（E_2 点所在直线的斜率）时，最优选择对应的点为 E_2 点。我们将这个过程分解为替代效应和收入效应：替代效应作用的结果是最优选择点从 E_1 点移动到 D 点，替代效应发生时，消费者的效用水平保持不变，最优点 D 仍然处于原来的无差异曲线上。但是由于闲暇的价格发生了变化，预算约束线的斜率发生了变动，于是替代效应使得闲暇的需求量减少。收入效应作用的结果是最优点从 D 点移动到 E_2 点，最优选择点向着更高位置的无差异曲线移动，从而使得劳动时间减少。但是由于替代效应强于收入效应，因而最终的结果是单位工资的上升引起了闲暇时间的减少（工作时间的增多）。

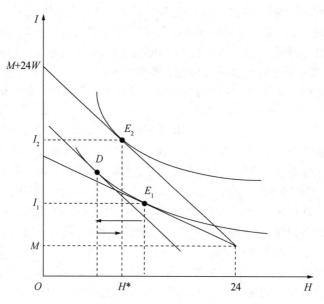

图9-2 替代效应强于收入效应时的均衡变化

当替代效应弱于收入效应的时候,情况如图9-3所示。同上面的分析类似,只不过这时收入效应强于替代效应,最终的结果是单位工资的上升引起了闲暇时间的增多。

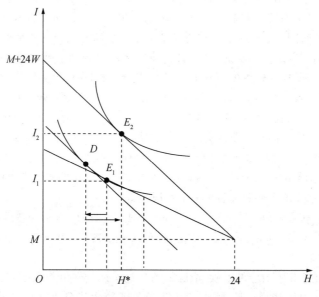

图9-3 替代效应弱于收入效应时的均衡变化

二、劳动供给曲线

由无差异曲线和预算约束线,我们得到了消费者的最优收入-闲暇组合。当工资发生变化时,预算约束线和最优均衡点就会随之发生相应的移动。把点的移动轨迹连接成线,我们就可以得到劳动供给曲线。从前面的分析我们知道,单位工资变动所带来的替代效应和收入效应的作用是相反的。因此,工资的提高可能会增加劳动者的劳动供给,也可能恰恰相反。如此一来,在工资发生变化的时候就可能出现以下两种情况(分别见图9-4和图9-5)。

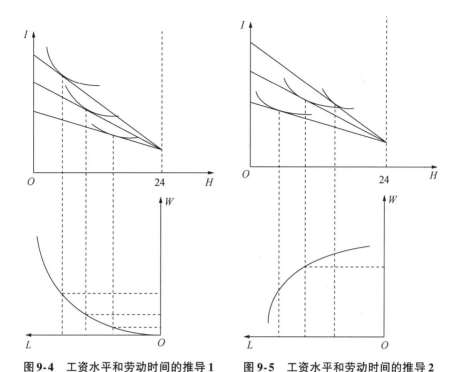

图9-4 工资水平和劳动时间的推导1　　图9-5 工资水平和劳动时间的推导2

图9-4和图9-5分别代表了可能的两种情况,对应于以上两种情况,劳动供给曲线分别呈现为向上倾斜和向下倾斜的态势。

现实情况表明,对于个人劳动供给曲线,往往存在随着工资水平上升而减少劳动供给的区间。一般情况下,在工资水平较低的时候,工资的提高通常会增加人们工作的时间。人们把较高的工资水平看作是提高物质生活水平的机会,而且在较低的工资水平下工资变动所带来的收入变化并不大。也就是说收入效应可能远远小于替代效应。因此,劳动供给曲线的斜率为正,在这种情况下,劳动的供给弹性很小,工资的高低对于劳动供给量的影响很小。但是随着人们工资水平的不断提高,进一步提高工资水平则有可能会造成劳动时间的减少。这主要是因为收入水平达到一定程度以后,人们觉得收入已经可以满足必要的生活需求,因此,他们更愿意牺牲一定的收入来换取更多的闲暇时间。此时,收入效应大于替代效应,因此工资的上升反而会造成劳动供给量的减少。图9-6就显示了一条向后弯曲的劳动供给曲线。

因此,随着工资的不断上升,劳动时间先不断增加;但是当工资上升到一定水平时,继续提高工资将造成劳动供给量的下降,这时曲线开始向后弯曲。究竟曲线在什么样的工资水平下开始向后弯曲则是不确定的,这取决于个人的偏好。但是总会存在一个工资水平使得人们愿意放弃一定的劳动时间和收入来获取一定的闲暇。因而从理论上看,如果不设定工资的变化幅度限制,劳动供给曲线最终会变成负斜率,这是不可避免的。问题只是在于:在工资的适当范围内,是否可以使劳动力供给曲线向后弯曲?实证研究表明,在短期内劳动供给曲线具有正的斜率,而长期劳动供给曲线则是向后弯曲的。在一般的经济学分析中,我们只将劳动供给曲线中斜率为正的部分作为正常的劳动力供给曲线。

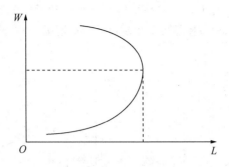

图 9-6　工资水平与劳动时间

案例 9-1

我国 5 天工作制度的施行

自步入工业社会后,我国一直实行的是一周 6 天、每天工作 8 小时的工作制度。中华人民共和国成立后,在全心全意为人民服务的思想动员下,很多党员同志连加班费都不要,广大劳动群众也从未奢想一周能休息两天。这种工作制度一直延续到 20 世纪 80 年代,当时 6 天工作制度已经显现出明显的效率不足的问题。在工作日的上班时间,很多员工处于懈怠状态,聊天、嗑瓜子、出去买菜的情况比比皆是。然而一到周末,积累了一周的家务也把人累得够呛,洗衣、照顾孩子、看望老人,休息日成了"战斗"日。

时任国家科学技术委员会(以下简称国家科委)中国科技促进发展研究中心主任的胡平经常到国外出差,他发现联合国每周工作 4 天半,很多欧美国家也每周工作 5 天甚至 4 天半,因此他提议我国也可以施行一周工作 5 天的制度,这自然遭到了很多人的反对,他们认为很多工作 7 天都干不完,更别说 5 天了,5 天工作制度的想法简直异想天开。但是时任国家科委主任宋健却对胡平的想法表示了支持,他认为 5 天工作制可以研究。在他们的推动下,"缩短工时课题组"于 1986 年 5 月成立。课题小组为不同的调查群体设计的问卷中有相同的一个问题:课题组针对不同调查群体设计的问卷里都有同一个问题:在"增加一天工资"和"不增加工资,增加一天休息"中二选一,你会选哪个?调查结果表明 80% 以上的人选择后者。结合上文的分析,这其实是一个关于工资水平和劳动时间的问题。在"增加一天工资"和"不增加工资,增加一天休息"这两种情景中,"不增加工资,增加一天休息"相当于提高了工资。我们假设在现实情况下工资为 W,那么"增加一天工资"后,工资为 $7W/6$;而"不增加工资,增加一天休息"后,工资为 $6W/5$。因此我们可以看出,在工资上升后,人们偏好于更多的闲暇和更少的劳动时间。

经过大量的调研和论证,1994 年 3 月 1 日,中国人民终于迎来了"单双周",即隔周实行 5 天工作制。经过了 1 年的过渡,1995 年 5 月 1 日,我国开始正式实施每周工作 5 天的制度。后来的实践表明,5 天工作制有效提高了我国工人的工作效率,节约了资源,丰富了人们的生活。

资料来源:中国人是怎么过上双休日的? https://www.guancha.cn/history/2013_05_02_141949.shtml,访问时间:2020 年 9 月。

现在来考察市场上的劳动总供给曲线。前面的分析表明,个人的劳动供给曲线在长期是向后弯曲的,这是否意味着总供给曲线也是向后弯曲的呢?从理论上来说是如此,但在实际上并不太可能。这主要有三个方面的原因:首先,尽管有些人要减少其劳动时间,但是其他人却刚好相反。只要偏好不同,结果就是不确定的。例如,考虑某种特殊偏好,拥有这种偏好的人,工资的上升只有替代效应,收入效应为零。这些人不愿意在较低的工资水平下工作,而当工资提高时他们觉得寻找工作或增加劳动时间是值得的。对于这部分人来说,工资水平的不断提高将大幅增加他们的工作意愿。其次,大多数人的工资水平尚未高到让人们更愿意牺牲收入而去享受闲暇,尤其对于发展中国家的劳动者而言更是如此。最后,从长期来看,由于不断有青年人加入劳动者的行列,以及工资较低者总是设法调整职业,用同样的劳动时间得到更多的收入。因而总的来说,在一般情况下,市场总供给曲线是向上倾斜的。

综上所述,从劳动者的预算约束线和无差异曲线出发,我们推出了劳动总供给曲线。总的来说,劳动总供给受到以下因素的影响:

(1) 劳动的价格,也就是通常我们所说的工资 W。工资水平相当于闲暇的价格或机会成本。工资水平的高低必然会对劳动供给量产生决定性的影响。工资水平对劳动总供给的影响表现为工资水平和劳动总供给量的组合沿着劳动总供给曲线移动。

(2) 劳动者的偏好。从前面的分析我们可以看出,每个劳动者最终决定提供的劳动的数量取决于劳动者对收入和闲暇的偏好。在我国传统观念中,有"男主外、女主内"的说法,自中华人民共和国成立以来,特别是改革开放以来,女性逐渐从专注于家庭事务的角色中解放出来,越来越多地进入劳动力市场。这种现象的一个解释就是性别观念的转变,或者说女性劳动者偏好的转变。劳动者的偏好对劳动总供给的影响表现为劳动总供给曲线的移动。

(3) 人口规模、劳动力的受教育程度等。人口规模越大,加总个人的劳动供给曲线时,供给曲线就越靠右;劳动力的受教育程度越高,技术型工种的劳动供给曲线就越靠右。人口规模和劳动力的受教育程度对劳动总供给的影响表现为劳动总供给曲线的移动。

在以上这些因素中,通常我们把劳动的价格或工资 W 作为主要的内生变量,而把其他各个因素作为外生变量。我们的推导中实际上隐含着一个前提:劳动者可以自由决定自己的劳动时间。而这与现实的状况是不符合的。在现实中,一般是由雇主来决定工作的时间而并非劳动者自身。那么,这个模型是否就失去了意义呢?当然不是。虽然劳动者不可以自由决定自己的劳动时间,但是却可以通过选择工作来选择自己的劳动时间,这样劳动者仍然在一定程度上拥有自由支配时间的权利。而且理论本身也是现实的抽象,所以这并不能否定模型的可用性。相反,在现实中,收入-闲暇模型受到广泛的关注和应用。尤其重要的是,收入-闲暇模型可用来对政府实施的福利政策进行分析,以判断福利制度安排对人们的工作意愿和劳动供给的影响,帮助有关部门不断完善制度安排。

三、劳动需求曲线

在前面两小节中,我们讨论了劳动供给曲线,和商品或服务市场一样,劳动的供给和需求共同决定劳动的价格(工资水平)。现在我们接着讨论劳动需求曲线是如何绘制出来的。劳动力的需求方是企业,我们假设企业是追求利润最大化的。自然地,它的所有决策都出于追求利润最大化的目标——从决定供给多少产品或服务,到决定雇用多少劳动力。

我们假设有一家企业生产冰激凌,且冰激凌市场和劳动力市场是完全竞争的。也就是说,无论该冰激凌厂生产多少冰激凌,都能以给定的市场价格 P 卖出;无论该冰激凌厂雇用多少劳动力,都能以给定的市场工资水平 W 雇用到员工。随着冰激凌厂雇用工人数量的增加,冰激凌的产量也逐渐上升。但是,一般而言,总是存在边际产量递减的区间;当工人数量增加时,冰激凌供给增加的速度会降低。例如,当雇用 10 个工人时,生产的冰激凌总量为 100 个;雇用 11 个工人时,生产的冰激凌总量为 105 个;而当雇用 12 个工人时,生产的冰激凌总量为 108 个。因此,第 11 个工人的边际产量为 5 个,而第 12 个工人的边际产量为 3 个,如图 9-7 所示。追求利润最大化的企业会选择当雇用工人的边际成本和边际产值相等时的雇佣人数。假定雇用工人的边际成本是 W,冰激凌的价格为 P,则雇用工人的边际产值是 $P·MPL$,那么均衡的条件为:

$$P \cdot MPL = W$$

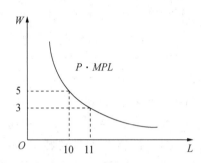

图 9-7 工资水平与劳动需求

同样地,通过加总所有企业的劳动需求曲线,就可以得到工资水平和劳动总需求之间的关系,也就是劳动总需求曲线。

结合以上的分析过程,我们可以得出影响劳动总需求的几个因素:

(1) 工资水平。工资相当于企业雇用工人的成本,工资水平越高,企业对劳动力的需求越低。工资水平对劳动总需求的影响表现为工资水平和劳动总需求的组合沿着劳动总需求曲线移动。

(2) 产品价格。劳动边际产值是产品价格和边际产量的乘积。因此,产品价格的变化必然引起劳动边际产值的变化。当产品价格上升时,劳动总需求曲线向右移动。

(3) 技术变革。劳动边际产值是产品价格和边际产量的乘积。科学技术的进步往往会增加劳动力的边际产量,进而提高边际产值。当科技进步时,劳动总需求曲线向右移动。

四、劳动力市场均衡与工资

我们将劳动总供给和劳动总需求这两条曲线放在同一个坐标系中,就可以确定社会总工资水平,如图 9-8 所示:

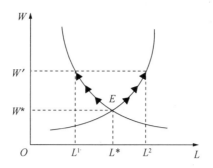

图 9-8 劳动供给与劳动需求

与产品市场的分析一样,当外部因素的影响使工资水平上升时,企业的成本将增加,利润将减少,此时企业将减少对劳动力的雇佣数量。劳动边际产量递减规律表明,企业减少对劳动力的雇用后,劳动的边际产量反而上升。在较高的工资水平上,企业达到了暂时的最优决策,此时劳动总需求是 L^1。此外,较高的工资水平又增加了劳动的总供给,劳动总供给是 L^2。两个方面的作用使得劳动力市场处于供过于求的状况,即 $L^2 > L^1$,这反过来又将导致工资水平的下降,直到市场恢复到原来的均衡为止。

反之,当外部因素的影响使得工资水平下降时,企业的成本将减少,利润将增加,此时企业将增加对劳动力的雇佣数量。劳动边际产量递减规律表明,在企业增加对劳动力的雇用后,劳动的边际产量反而下降。在较低的工资水平上,企业达到暂时的最优决策。一方面,企业对劳动力的需求增加;而另一方面,工资水平的下降又导致劳动力供给的减少。这两个方面的作用最终将促使工资水平不断上升,直到市场恢复到原来的均衡为止。

理论表明,工资水平是劳动供给和需求达到均衡时的劳动价格。然而,现实情况并不都是如此。在某些情况下,例如当最低工资和效率工资存在时,劳动者的工资被设定在均衡工资以上。最低工资使得最不熟练或者生产能力最低的劳动者的实际工资高于不受管制时的均衡工资(进一步的分析见第二节)。效率工资也高于均衡工资,企业提供效率工资的动机在于提高企业的生产效率。这至少有以下几个论点可以支撑:

(1) 效率工资可以降低员工偷懒的风险。有的工作难以监督,缺乏监管可能导致员工偷懒,他们或者少出力,或者工作时三心二意,从而降低企业的生产效率。如果企业给予员工高于均衡工资的报酬,员工偷懒的成本就增加了——一旦他们偷懒被解雇,其损失的收入将高于均衡工资。这种薪资安排有助于员工在想要偷懒时"三思而后行"。

(2) 效率工资可以降低优秀员工的离职率。新员工进入任何一个企业都需要适应新的环境、学习新的技能,企业为此付出的培训成本不可忽视。为了降低离职率和减少重新雇用新员工的培训成本,企业往往有动机提供高于均衡工资的薪酬。此外,那些跳槽频繁的员工往往学习能力也较强,他们自信能够适应新的工作环境、能够在新的岗位上创造更多的价值并获取更多的回报。企业提供较高的工资有助于留住这些优秀员工。

案例 9-2

福特汽车公司与效率工资

福特汽车公司不仅是流水线的推广者,还是效率工资的创新应用者。在汽车产业迅速发展的 20 世纪初,车企对汽车工人有着旺盛的需求,这导致劳动力市场上的机会主义大行其道,汽车工人在车企间频繁跳槽,大大提高了车企的用工成本,也严重阻碍了车企的稳定和发展。数据显示,当时美国工人的日薪只有2—2.5美元,这样的工资水平仅够糊口。很多工人在领到工资的当天便去酒吧喝酒,没人想存钱,因为即使存钱也存不了多少。1914年,福特汽车公司率先大幅度上调了工人的工资,由均衡工资2.5美元提高到了5美元。实行效率工资制度后,福特汽车公司马上吸引了众多求职者,他们纷纷从全国各地赶来,在公司的门口排起了长队。

提高工人工资和降低成本的目标乍一看南辕北辙,但较高的工资却提高了岗位的稳定性和工人的劳动生产率。统计显示:自工资提高以后,福特汽车公司的工人流失率下降了87%,缺勤率下降了75%,辞退率下降了90%。高工资同时也带来了劳动生产率的提高。由于工人流失率的降低和劳动生产率的提高,福特汽车公司反而因此降低了成本,低廉的价格帮助其在汽车市场上占尽优势。

效率工资制度不仅帮助福特汽车公司发展壮大,还卓有成效地推动了社会治理。由于求职者蜂拥而至,福特汽车公司为招聘设置了门槛。公司选择性地雇用那些有社会责任感的工人,包括负担家庭生活的已婚男性、"生活节俭"的单身男性和抚养亲戚的女性。拿到工资后,这些人没有去一醉方休,而是选择了储蓄。当他们的财富积累到一定程度时,他们需要住房、需要穿得更加体面、需要购买更多的生活用品……这样就拉动了当地建筑业、服装业和日用品业等的发展,而在这个地区的经济发展起来后,建筑工人、服装店店主和日用品店老板变富裕了,于是更多的人能买得起汽车了,这样反过来又推动了福特汽车的生产和销售。社会进入了一个良性循环。

资料来源:道格拉斯·布林克利.福特传——他的公司和一个进步的世纪[M].北京:中信出版社,2016。

五、工资水平的差异

通过劳动总供给曲线和总需求曲线,我们可以得到均衡工资和均衡劳动量。但这其中有一个基本的前提假定,即劳动力都是同质的。也就是说,各个劳动力之间不存在劳动能力或技能上的任何差别,这种假定显然是不符合实际的。在现实世界中,劳动力市场并不是一个同质的市场。我们的生活中存在着千差万别的职业,例如医生、老师、电焊工人、环卫人员等。不同职业的劳动者在劳动能力或技能上往往存在着显著的差异。也就是说,劳动力市场可以看作是由劳动能力或技能差异巨大的劳动者所组成的许多分割的市场。不同分割市场上的供给和需求状况决定了不同分割市场上的均衡工资水平。不同的分割市场上,均衡工资水平自然不同。这种均衡工资水平的差异被称为工资的"均衡差异"。造成均衡差异的主要因素有三个:

1. 补偿性工资的差异

这主要是由不同职业的特点所决定的。在人们选择职业时,工资水平是一个重要的因素,但不是唯一的,人们还要考虑职业的非货币性质(非货币收益)。由于非货币收益的存在,要保持劳动供求的平衡,就必须对实际工资水平做出调整,以使工资水平的不同可以弥补职业性质方面的差别,从而最终实现人们的理想工资水平与真实工资水平相等(包括非货币收益)。职业的非货币收益的差别主要体现在:

（1）职业的风险程度。比如警察这个职业，由于其工作内容存在较大的风险，因而相对就需要被给予更高的工资。

（2）工作的辛苦程度。一般而言，工作越辛苦，劳动强度越大，则相对的工资水平就越高。

（3）工作环境。一般而言，具有同等技术水平的劳动者，其工作环境越恶劣，工资水平就越高。例如煤矿工人的工资水平要高于环卫工人。

（4）职业受尊重的程度。例如A和B同样是刚毕业的经济学博士，如果A选择留在高校成为一名经济学教师，而B选择加入基金公司成为一名基金经理。在这种情况下，A的工资水平很可能低于B。相较而言，经济学教师受到的尊重程度高于金融从业者，因此B所获得的高工资就是对这种受尊重程度的弥补。

但是需要注意的是，补偿性工资的差异解释的是那些具有相同劳动能力或技能而不同工资水平的现象。如搬运工人和门卫可能都不需要什么特别的技能，二者基本上可以看作是具有相同劳动技能的工作，但是由于搬运工作比看大门更加辛苦，所以用更高的工资水平才能吸引人们从事这种工作。我们引入非货币性收益以此来刻画具有相同劳动能力或技能而工资水平不同的各种职业之间的差异。那么，我们可以用图9-9来表示：

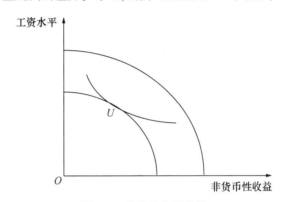

图9-9 等技能水平曲线

图9-9中，由工资水平和非货币性收益的不同组合构成了一条等技能水平曲线。较低的非货币性收益所对应的是较高的工资水平，而较低的工资水平所对应的则是较高的非货币性收益。U所代表的仍然是劳动者的无差异曲线，劳动者可以根据自己的偏好来自由选择相应的等技能水平曲线上的组合，使自己获得最大化的效用。而随着劳动技能要求的不断提高，等技能水平曲线也不断向外移动。

2. 人力资本投资的差异

经济学中的资本往往指实物资本，包括各种生产设备和建筑物等。除实物资本以外，经济中还有一类重要的资本，就是人力资本。对人的投资的积累就是人力资本。常见的人力资本是教育和在职培训。对劳动者个人而言，教育的成本表现为学费支出等直接成本，还有因接受教育而失去的工作机会所带来的收入，即机会成本。这种投资的未来收益则表现为更好的工作以及相应的更高的工资水平。企业的在职培训则出于对未来某一时间的利润最大化，人力资本投资的目的在于积累人力资源，从而增加企业未来的货币收入。通过教育和在职培训，个人的劳动能力或技能得到了提高，从而劳动的边际产量提高，并获得相应的较高的工资水平。

3. 天赋、勤奋、机遇的差异

每个人的劳动能力和技能除受到教育水平、在职培训及工作经验等因素的影响之外,还会受到个人天赋的影响。天赋包括智商、情商、体质、性格等个人特征,天赋对于从事各种职业都很重要。因为这些个人特征能够在很大程度上决定劳动能力或技能的差异,也由此导致工资水平的不同。想要成为数学家,没有很高的数学天分是基本不可能的;想要成为一名优秀的歌唱家,高亢清亮或低沉磁性的先天嗓音条件是必不可少的;想要成为职业运动员则必须有极高的身体天赋,例如中国男子篮球职业联赛的球员平均身高在 2 米左右,如果你的身高远低于这个水平,那么成为职业篮球运动员的概率就会大大降低。

与天赋相对应的是勤奋,在其他条件都相同的情况下,花费更多心思和精力的员工往往有更好的业绩回报。对于那些勤奋工作的人给予高工资是情理之中的事,例如对于销售人员,其收入往往与销售业绩挂钩,这种薪资结构是对其工作勤奋程度的回报。

此外,机遇在工资中也扮演着十分重要的角色。因为时代的变化和科技的进步,机遇有时会比努力更为重要。在研究工资时,天赋、勤奋和机遇这些难以衡量的因素,发挥着十分重要的作用。

案例 9-3

教育与学区房

教育资源的分配一直是我国家长最为关心的话题。能够进入什么样的高校读书,能够拿到什么学历很大程度上决定了子女未来的生活水准。学历越高,平均工资往往也就越高。同一学历水平下,985 和 211 高校的毕业生平均工资水平高于普通高校毕业生。望子成龙的殷切希望促使家长们重视高等教育资源的获取,父母们为了争取优质的中小学教育,拼命购买学区房,希望子女赢在起跑线上。

近年来,学区房的购买热情有增无减。2020 年 5 月,北京市学区房交易大幅攀升,其中德胜片区和金融街片区热度最高。德胜片区的抢手学区房小区以往月份的交易量为 10 套左右,而仅仅 5 月上旬就达到了 50 多套。这波抢购热潮源自西城区的教育改革新规。新规规定,新购房者子女入学由"单校划片"改为"多校划片"。一个学区房原则上六年内只提供一个登记入学学位。这意味着,学区的不确定性在加大,对入学席位的保障力度也在降低。新规充分体现了西城区政府推动基础教育均衡化和降温学区房热度的决心。由于这项规定从 2020 年 7 月 31 日起正式实施,于是学区房需求者纷纷在 5 月开始购房。

学区房的概念和我国"就近入学"的政策密不可分。1986 年颁布的《中华人民共和国义务教育法》第九条规定,各级人民政府应该合理分配学校资源,使得中小学生能够就近入学。但在 1998 年商品房改革前,学区房大多是单位分房,基本无法在市场流动,其价值自然难以被市场发现。2006 年,修订版的《中华人民共和国义务教育法》颁布,并再次强调了"就近入学"原则,学区房的概念开始被炒作起来。此前,国家教育委员会已经连续出台相关文件,明确各校不得招收"择校生"。2014 年,北京市开始实施九年一贯制教育,从小学到初中部分采取直接升学模式,减轻择校压力。学区房的重要性愈发凸显了,价格不断攀升,其涨幅往往超过附近的非学区房。甚至年久失修的老旧学区房也处于紧俏状态,不愁出手。而在新房销售中,"学区"也成为吸引购房者最大的卖点,很多开发商声称将为新校区引入配套的优质学校,借此吸引购房者并抬高房价。近年来,多起引校承诺未兑现招致小区住户的投诉。

目前,由于优质学区房的价格超过10万元/平方米,且居住环境差,不少家庭的解决方案就是买小租大,买一套小户型学区房占据学区,同时在同一个小区里租一套大的房子用于居住,等到子女完成学业后,再换回位置较偏但环境更好的房子来改善居住条件。因为学区房占据了优质的教育资源,家长们也不担心房屋折旧。事实上,很多家长也将学区房视为一种优质的理财产品。

西城区从2020年7月31日起正式实施教育改革新规。短期来看,相信在经历新规实施前的抢购热潮后,北京学区房的热度会有所降温。事实上,截至本书成稿前,西城区炙手可热的德胜和月坛片区学区房热度已经开始降温。但长期来看,政府对教育资源落后地区加大投入才是解决学区房问题的关键。学区房背后的教育公平问题早已引起了社会各方面的关注和思考。教育公平是社会阶层流动的保证,也是社会健康发展的基石。想要真正促进教育公平,需要发改委、住建部、教育部等各部门通力协作。

资料来源:北京房简史,https://www.jiemian.com/article/4433164.html,访问时间:2020年9月。

六、教育与工资——两种不同的看法

如前文所说,教育是一种人力资本投资,更多的教育投入往往会带来劳动能力或技能的提升,从而提高劳动边际产量,进而提高企业整体的生产率。从前面的均衡分析可以得出,员工的均衡工资等于劳动边际产值,所以更多的教育投入,往往带来更高的工资水平。

然而,劳动经济学中对于教育与工资的关系,还有一种普遍的看法——信号传递理论,该理论认为教育并非通过提高劳动能力或技能来提高工资水平。受教育水平是一种传递给雇主的信号,接受更多的教育往往暗含着该劳动者具有更高的劳动能力或技能。

具体来讲,信号传递理论认为,更多的教育投入并不一定会提升劳动者的劳动能力,但可能会反映其本身的劳动能力,因为能力更高的人更容易获得高学位(例如在学习的过程中,痛苦程度更低),他们正是通过接受更多的教育来向雇主传递自己劳动能力更高的这个信号。这一理论表明,教育并没有提高劳动者的劳动能力,所以进行教育方面的人力资本投资本身并不会带来更高的劳动边际产量,但是接受更多教育的人可能自身的劳动能力较高,从而会有更高的劳动边际产量,拥有更高的工资水平。一个典型的例子是,也许研究生教育并没有使得毕业生的劳动能力有本质的提高,很多人通过选择本科毕业后深造来向其雇主发出其本身具有更高生产能力的信号。

综上所述,人力资本理论和信号传递理论是两种关于教育的理论,它们对教育的看法是不同的。人力资本理论认为,受教育水平的提高会带来员工劳动生产率的提高,进而提高员工的工资;信号传递理论则认为,更高的受教育水平没有带来劳动生产率的提升,受教育水平只是传递给雇主的一个信号,这个信号的作用类似于广告效应。

第二节 劳动市场的政策效应分析

一、加班费与劳动供给

在上一节的讨论中我们得到了向后弯曲的劳动供给曲线,即当工资水平超过某一水平后,工资水平继续上升反而会降低劳动者的劳动供给,这样就可能给雇主带来麻烦。雇主试图给员工更高的工资以延长他们的劳动时间,但是向后弯曲的劳动供给曲线只会使工人缩短他们的劳动时间。这时雇主就不得不寻求其他的办法。而加班费则可以解决这个问题,也就是仅仅为额外的劳动时间支付更高的工资。

我们可以用图9-10来说明这个问题。假设在正常的条件下,在没有加班费时,工人要获得最大化效用需正常工作的时间是8小时,对应的是预算约束线上的A点。而如果有加班费的话,这时的预算约束线就会发生变化。正常情况下,加班工资会高于正常工资。预算约束线在8小时的地方就会出现一个转折:在8小时以前,预算约束线的斜率为W_1,而8小时以后曲线的斜率发生了变化,变为W_2(曲线更陡)。在这种情况下,人们可以通过减少闲暇的时间,增加劳动的时间,从而使自己达到更高的效用水平,效用水平从U_1提高到U_2。而人们要想达到更高的效用水平的唯一的途径就是减少闲暇时间,延长劳动时间。从图9-10中我们不难发现,与单纯地提高工资水平不同,雇主提供加班费时,工人的预算约束线会发生偏折,其偏折点的起点是图9-10中的A点。如果按照替代效应和收入效应进行分解,我们可以认为提供加班费时在A点发生了替代效应而没有收入效应①——闲暇更贵了,因此工人们愿意放弃闲暇而更多地投入工作。

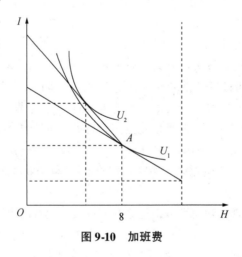

图9-10 加班费

---

① 替代效应有两种定义方式,分别对应斯拉茨基(Slutsky)分解和希克斯(Hicks)分解。斯拉茨基分解是假定可以消费原来的商品组合,而希克斯分解是假定可以保持原来的效应。图9-10的分解对应的是斯拉茨基分解。

二、最低收入水平和最低工资水平

由于自身受教育水平有限、缺乏专业技能以及其他方面的因素,有些劳动者往往不得不从事那些报酬很低的工作,再加上他们家庭的负担很重,其所获得的收入往往不能使他们的生活维持在基本生活线上。为了保障这部分人的基本生活,国家必须通过社会福利体制,向他们发放一定的最低生活保障。在许多国家都有类似的福利制度。但是这样的福利制度是否可以收到预想的效果呢?我们不妨从劳动供给的角度做一个分析,如图9-11所示。

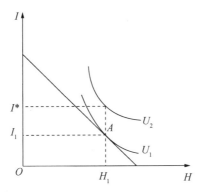

图9-11 最低收入水平与闲暇

从图9-11中我们可以看出,在没有任何福利政策的情况下,某劳动者在正常的情况下为达到自身效用的最大化会选择预算约束线上的A点,闲暇时间为H_1,此时所对应的收入水平为I_1。我们假定国家规定的最低收入水平为I^*,显然,该劳动者所获得的收入要低于国家规定的最低收入水平,因此该劳动者可以享受国家的这种福利制度,即收入由I_1上升到I^*。那么,劳动者在原来的闲暇时间H_1和最低收入I^*的收入闲暇组合下,可以获得更高的效用,效用水平从U_1提高到U_2。由于无论如何劳动者都至少可以保持最低收入水平,所以劳动者可以通过继续减少劳动时间的方式而获得更高的效用水平,甚至出现更加极端的情况,有些人会选择干脆不工作。这最终会导致劳动供给的减少。如此一来,社会福利政策反而起到了鼓励懒惰的作用,从而使福利政策的效果大打折扣。这也可以解释为什么在欧洲很多实行高福利政策的国家,很多人似乎对工作的态度并不积极。

当然,实际中的情况要比理论上的分析更加复杂。因为只有在所规定最低收入水平可以保证其基本生活质量的情况下,我们的分析才是有效的。如果所规定的最低收入水平并不能保证其基本生活质量,劳动者依然有动机增加劳动时间获得更多的收入以维持其基本生活,因此可能并不会出现我们上面分析中所出现的消极后果。在发达国家中,由于福利水平较高,其所规定的最低收入水平基本上可以保障低收入劳动者的基本生活质量,这在某种程度上降低了人们继续求职的积极性;而在许多发展中国家,由于福利制度不甚完善或者由于经济实力有限无法实行高福利制度,其所规定的最低收入水平并不能使低收入人群保持基本的生活质量,因而不会产生使人们减少劳动供给的效果。

除了最低收入水平的规定,有些国家还规定了最低工资。美国国会早在1938年就通过了《公平劳工标准法》,规定最低小时工资为0.25美元,到1988年,最低小时工资上升到3.35美元,到2019年,这一标准进一步上升至7.25美元。最低工资法似乎成为一个社会再分配的办法,以帮助那些缺乏劳动技能的劳动者获得必要的劳动报酬以维持基本的生活质量。但是这样的福利制度又是否可以收到理想的效果呢？我们可以从劳动力市场的角度进行分析（见图9-12）。

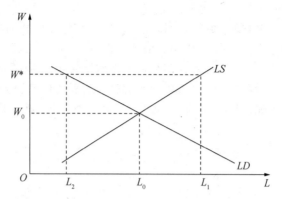

图9-12　最低工资法对于劳动力市场均衡的影响

我们把工人划分为熟练工人和非熟练工人。其中，由于熟练工人具有一定的劳动技能，他们所获得的工资已经处于最低工资水平之上，所以他们并不需要法律的帮助。而另一部分非熟练工人，由于他们缺乏必要的劳动技能，在没有法律帮助的情况下，他们只能获得低于最低工资水平的劳动报酬。我们假定市场上只有一个均衡工资水平。在由非熟练工人所组成的劳动力市场上，劳动的供给和需求共同决定了均衡工资水平 W_0 和均衡劳动量 L_0。我们假定国家规定的最低工资水平为 W^*，且非熟练工人市场上的均衡工资水平还要低于最低工资水平。那么，雇主为了满足政府关于最低工资水平的要求就必须将工资水平至少提高到 W^*。在这种情况下，一方面由于工资水平提高，劳动的供给量将增加，而另一方面由于雇主的成本上升，雇主将倾向于减少对劳动的需求，劳动力市场于是将出现供过于求的局面，从而导致非自愿失业的出现。在图9-12中，非自愿失业的人数为 L_1-L_2。那些设法保住工作的劳动者成为最低工资法的受益者，但另一部分由于雇主减少劳动需求而失业的劳动者则成为最低工资法的受害者。

我们前面假设在非熟练工人的市场上，所有的劳动者都是一样的。但在现实中这是不可能的。即使在非熟练工人中，也还会有技能高低之分。在实行最低工资法后，为尽可能地降低成本，雇主将首先选择解雇那些缺乏技能的劳动者，因为相比较而言他们的劳动边际生产率更低，而企业是不愿意雇用边际劳动生产率远低于最低工资标准的劳动者的。所有这些引发的后果就是那些最应该受到最低工资法保护的对象反而成为最低工资法的受害者。

现实中的情形还要复杂一些。首先在政府规定了最低工资水平后，企业会想方设法地采取各种可能的措施来抵消该政策给企业带来的成本上升，比如在提高单位工资水平的前提下缩短部分工人的劳动时间，以使支付给工人的总劳动报酬实际是减少的。另外企业还可以减少其他福利待遇，使真实的工资上涨的幅度大大低于按规定应该上涨的幅度。其次由于实施了最低工资法，实际的工资水平高于均衡的市场工资水平，市场上会出现劳动力供过于求的局面，大量非自愿失业的劳动力的存在给有工作机会的劳动者带来了更大的压力，也给雇主在选择工人时更多的选择，雇主在选择工人时可以用更加严苛的标准，并且还可以以失业威胁对有工作的劳动者施加压力，使他们不得不接受一些比较苛刻的附加条件。最后随着物价水平的不断上涨，制定的最低工资水平也需要不断地调整，作为一项政策规定本身也要保持一定时间内的稳定性，这也使得对最低工资水平的及时调整变得十分困难。甚至还有经济学家指出，低收入家庭如此贫困，并不是因为他们从事低收入的工作，更多的是因为他们根本就找不到工作，所以自然也就无法得到最低工资法的保护。

> **案例 9-4**
>
> ### 最 低 工 资
>
> 尽管大多数经济学家认为,最低工资制度造成了劳动力市场的扭曲,使得本该被保护的低端劳动者反而处于失业状态,最低工资制度在大多数国家依然是存在的。二十世纪八九十年代以来,我国在最低工资立法、提高最低工资、保障低收入劳动者方面做出了很多努力,取得了一定的成就。
>
> 1993 年 11 月 24 日,中华人民共和国劳动部颁布《企业最低工资规定》(劳部发[1993]333 号);随后还制定了《关于实施最低工资保障制度的通知》《工资支付暂行规定》等配套法规。
>
> 2004 年 3 月 1 日,中华人民共和国劳动和社会保障部颁布的《最低工资规定》正式施行,它对《企业最低工资规定》(劳部发[1993]333 号)做了一些修正和补充。
>
> 《企业最低工资》规定,各地最低工资标准是在综合考虑居民年生活费、职工平均工资水平、经济发展水平、职工缴纳的社会保障和住房公积金水平、失业率和其他因素的基础上制定的。由于不同地区的经济发展水平、物价水平、收入水平存在较大差异,不同地区的最低工资标准也各不相同。最低工资应该根据社会经济的发展水平及时调整。
>
> 2020 年各省对最低工资的调整步伐被新冠肺炎疫情打断,为了降低企业用工成本从而支持企业复工复产,仅有福建、广西和青海三个省份调高了最低工资水平。由于最低工资水平也会随着经济发展而不断调整,我国提高最低工资水平的成果十分显著,截至 2020 年 3 月,上海、北京、广东、天津、江苏、浙江六省(直辖市)第一档的月最低工资标准超过 2 000 元。
>
> 资料来源:全国各地区最低工资标准情况(截至 2020 年 3 月 31 日),http://www.mohrss.gov.cn/SYrlzyhshbzb/laodongguanxi_/fwyd/202004/t20200426_366507.html,访问时间:2020 年 9 月;今年以来,重庆、上海、陕西、北京等地陆续调整最低工资标准——谁在拿最低工资,http://www.society.people.com.cn/n1/2019/0821/c1008-31307136.html,访问时间:2020 年 9 月。

三、负所得税与劳动供给

负所得税计划最早由美国经济学家米尔顿·弗里德曼(Milton Friedman)提出,其目的在于解决美国 20 世纪 60 年代在实行福利制度过程中所遇到的一些问题。当时美国的福利制度向贫困线以下的家庭提供直接现金支付,或者无偿或以高额补贴价格提供商品和服务。但是这种直接的福利制度引发了一些问题,主要是使受到福利保障的劳动者的工作动机迅速减弱,甚至有些受到资助的劳动者根本不主动去寻找工作。与此同时,美国还实行了针对抚养儿童的家庭的帮助计划 AFDC(Aid to Families with Dependent Children)。AFDC 最初仅限于有子女的单亲家庭参加。对于有双亲或无子女的家庭,不论其收入水平如何,都没有资格参加该计划。然而,这项计划存在两个漏洞:一是通常被视为有工作的"穷人"的双亲家庭仍然贫困,其生活条件甚至低于接受援助的单亲家庭;二是家庭能否获得福利取决于该家庭的婚姻状况,这促使人们调整自己的行为以获得 AFDC 项目的资格(例如离婚)。这些问题在60年代开始出现,推动了福利制度的改革,负所得税计划应运而生。负所得税计划的主要内容是给予自身无收入的家庭某些基本收入补助,而且补助的程度与家庭的收入状况密切相关,即家庭收入越高,得到的补助越少。这种方式与征收所得税的方式是一致的,但由于这是一种补助而非税收,因而被称为负所得税。同时负所得税计划与 AFDC 计划还有一个很重要的差别,就是接受补助的条件与自身的家庭状况和婚姻状况无关,而仅仅与家庭的收入水平有关,这样就避免了在政策实施过程中所产生的一些负面影响。

我们可以用一个简单的式子来表明负所得税(Negative Income Tax,NIT)的运行机制。假设政府规定每个家庭最低年收入为 S,而负所得税率为 T,每个家庭实际的收入水平为 I,那么每个家庭可以获得的负所得税的数量为:

$$NIT = S - I \times T \tag{9-1}$$

从式(9-1)中,我们可以直观地看出每个家庭可以获得的补助的数量与该家庭的实际收入水平成反比。我们可以用简单的数字来说明这种关系。假定政府规定的当实际收入为0时的补助 S 为2 000元,再简单地假定负所得税率为统一的0.5,那么我们就可以得到对应于各个收入水平的 NIT,如表9-1所示:

表9-1 统一负所得税率对应的负所得税与总收入

单位:元

实际收入	NIT	总收入
0	2 000	2 000
1 000	1 500	2 500
2 000	1 000	3 000
3 000	500	3 500
4 000	0	4 000

表9-1表明,随着家庭收入水平的不断提高,每个家庭可以获得的补助逐渐减少,直到最后变为零。但是每个家庭的总收入(补助后)是不断增加的。因此,负所得税计划就解决了直接对贫困家庭进行补助所造成的妨碍工作积极性的问题。正如前面讨论过的,如果对收入不足2 000元的家庭直接补助至最终实际收入2 000元,那么收入在2 000元以下的家庭一定是缺乏工作动力的。他们更加倾向于坐享其成,直接领取补助,因为无论他们如何工作最后的收入都是2 000元,那么他们自然不如什么都不干,把更多的时间用于闲暇。而如果实行负所得税计划,情况就不一样了。尽管随着个人收入水平的提高,可以获得的补助在不断减少,但总可以保证最后所获得的总收入是不断增加的。如此一来,人们为了更高的收入就必须要主动去工作,这样负所得税计划就保证了不但可以帮助低收入人群维持基本生活质量,而且不会鼓励人们自愿失业。下面我们从替代效应和收入效应的角度对此做进一步的分析。

我们假设补助是以收入的50%的比率减少,这意味着收入每增加1个单位,目标家庭可获得的补助减少0.5个单位。这实际上表明1小时的工资4元在考虑了福利补助之后只净增加了2元。因而,我们又可以把50%的税率称为补助降低率。现在我们来考虑补助所带来的替代效应和收入效应。一方面,在得到负所得税的补助之后,每个家庭的总收入水平上升了,而收入的增加会鼓励他们消费更多的正常品,因而他们会增加对闲暇的需求。因此,负所得税收入效应的结果是增加闲暇时间,减少劳动时间。另一方面,当人们的收入水平上升后,由于补助降低率的作用使人们的总收入水平上升的幅度远远小于工资上涨的幅度,而我们知道工资水平又可以代表闲暇的价格,那么负所得税的作用实际上是降低了工资的实际上涨水平,也降低了闲暇的价格。因而负所得税替代效应的结果也是增加闲暇时间,减少劳动时间。综上,收入效应和替代效应在负所得税的情况下作用的方向是一致的,都是促使人们减少劳动时间。

我们用图9-13来表示负所得税计划的作用。在没有实行负所得税计划时,预算约束线为直线AB,而在实行负所得税计划后,预算约束线变成了ANC。显然在原来的预算约束线下,某劳动者可以达到的最大的效用水平是最优点E,而在新的预算约束线下,最优点变成了E',意味着人们可以得到更高的收入,并享受更多的闲暇,而劳动时间却减少了。

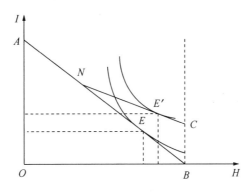

图 9-13　负所得税计划与闲暇

但如果不采取负所得税计划,而采取直接补助(即保证最低收入水平)的政策,效果将如图9-14所示:

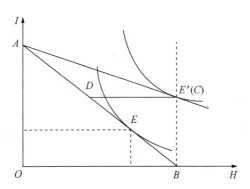

图 9-14　直接补助的政策与闲暇

如果采取直接补助的政策,那么预算约束线将为ADC,在这种情况下,劳动者在新的均衡点E'(或C,此两点重合)达到了效用最大化。此时,劳动者完全放弃工作,而将24小时全部用于闲暇。显然,这要比负所得税计划所造成的影响要严重得多,因为劳动者完全丧失了工作的积极性。

其实任何福利政策都会对劳动者工作的积极性造成一定的影响,这似乎成为一种不可调和的矛盾。但是相对于其他福利政策而言,负所得税的效果毕竟要更好一些。

第三节 收入与歧视

一、歧视的含义

在前面小节中,我们已经讨论了造成工资差异的一些因素。但在劳动力市场上,工资差异还有一个重要来源,那就是歧视。当市场向那些相似个体提供不同的机会时,歧视就出现了。这个定义十分抽象,我们需要进一步深究其含义。首先,什么叫相似呢?在不同的情景下,相似的具体含义是不同的。具体到劳动力市场上,相似就意味着两个求职者的劳动能力或技能一样。其次,歧视可以分为两种,一种歧视是基于偏好的歧视。如果有两个求职者,一位来自大城市,另一位来自农村,两者的劳动能力完全一样(甚至来自农村的求职者能力更强)。在得知两者劳动能力完全一样的前提下,雇主依旧选择雇用来自大城市的求职者,这种歧视就是基于偏好的歧视。另一种歧视是统计性歧视。如果有两个求职者,一位是男性,一位是女性,两者的劳动能力或技能完全一样。在没有其他更多信息的情况下,雇主可能会选择男性工作者。由于这份工作需要长期出差,雇主可能先入为主地认为通常情况下,男性比女性更能忍受舟车劳顿。这样的歧视就是在信息不完全的情况下按照经验(男性比女性更能适应出差多的工作)而得出的统计性歧视。

二、劳动力市场上歧视的衡量

劳动力市场上的歧视对于不同群体的收入影响有多大?这个问题的答案并不显然。譬如,美国白人男性的工资中位数比黑人男性高,男性的收入中位数比女性高,乍看是雇主歧视黑人和女性,但是这不能证明雇主歧视,因为人力资本在不同群体中是不同的;另外导致工资差异的因素可能是补偿性工资差异,因为男性、女性对于工作类型的选取本身就不同,男性比女性工资高可能是因为平均而言男性承受了更加繁重的工作。因此,在考察是否存在歧视时,我们应该控制其他关键的、可以造成工资差异的变量,例如人力资本(通常用教育年限和工作培训时间表示)、工作的辛苦程度(用来反映补偿性工资)等。在这些变量都相同的情况下,如果两个求职者的工资依旧出现差异,我们就可以将这种差异归因于歧视。一个著名的实验经济学例子是,经济学家们制造了一些其他影响变量都相同,而只有姓名不同的简历,因为姓名在很大程度上能反映一个人的种族,通过各大公司的回应(是否进入下一轮面试或者是否雇用)就能看出劳动力市场上关于种族的歧视。然而,进一步地,想要通过这个实验来区分基于偏好的歧视和统计性歧视,就没那么简单了。因为我们无法知道这些公司的人力资源部门是否通过姓名去联想简历之外的信息(例如他可能认为叫这样姓名的人会更大概率地表现出办事不力、玩忽职守),抑或他们真的偏好或厌恶某一种族的员工。

三、雇主、顾客和政府的歧视

按照歧视产生的主体根源,可以归结为雇主、顾客和政府。到底是哪种经济主体应该为劳动力市场上的歧视负责呢?这同样是一个有趣而复杂的问题。

因为雇佣决策是雇主做出的,因此,一个直观的判断是,雇主应该为那些具有相似劳动能力而在招聘过程中受到区别对待的劳动者负责。一旦深入思考,我们就会发现这种观点很难经得起推敲。假设某个城市有两个销售冰激凌的店家甲和乙,甲店和乙店都要招聘员工负责冰激凌销售,甲店的老板偏好城市员工,更愿意雇用城市员工为自己工作。那么反映在劳动力市场上,甲店对城市员工的需求就会高于农村员工;城市员工的工资也因此高于农村员工。相应地,因为员工工资较高,店家销售的冰激凌成本也难免比没有老板不歧视的情况高。作为竞争对手的乙店,此时只要多雇用来自农村的员工就能有效地降低自己的生产成本,就可以用低价的产品夺取整个市场。因此,竞争市场可以据此来对雇主歧视进行自发矫正,直至不存在歧视的水平。在这个情景里,我们要感谢那些没有"偏好"且"唯利是图"的乙店,因为它消除了劳动力市场的歧视。

歧视可能来源于顾客,因为顾客可能本身对某些服务群体或者企业具有偏好。在刚刚提到的例子中,如果城市中的精英阶层更喜欢城市员工的服务,他们可能更偏好去甲店,而那些不在乎员工身份的顾客会偏好于去乙店(因为价格更便宜),市场在这种情况下就会出现分割:尽管销售的冰激凌本身没有什么差异,但是附有不同服务的冰激凌就可以看成是两类不同的产品。精英阶层愿意为他们的偏好支付较高的冰激凌单价,而普通阶层可以享受较低廉的冰激凌。

歧视也可能来源于政府,如果政府颁布禁令禁止农村员工加入冰激凌店工作,那么农村员工可能只能做其他工作,这样城市员工的收入和农村员工的收入就会因为所能够从事的工作不同而出现显著差距。这样的政府禁令的本质是压制自由竞争市场的正常的平等化力量。

综上所述,竞争市场对雇主歧视存在自我矫正的趋势,"唯利是图"的企业有助于消除歧视性的工资差异。只有当顾客歧视和政府歧视存在时,竞争市场中源于歧视的工资差异能持久存在。

第四节 小 结

劳动、资本、土地、企业家才能和知识是重要的生产要素。本章讨论劳动力市场。在第一节中,我们将收入和闲暇作为两种商品来对待,在收入-闲暇模型的框架下推导出了劳动供给。从生产者的角度——劳动的边际产值方面,我们得出了劳动需求。劳动供给和劳动需求共同决定了均衡工资。然而现实生活中,劳动力市场上的工资并不一定等于均衡工资,两个重要的原因就是企业采取效率工资,以及政府推行最低工资法。我们还讨论了影响劳动者工资的因素:补偿性工资的差异,人力资本投资的差异,以及天赋、勤奋、机遇的差异等。在第二节中,我们分析了几种劳动力市场的政策效应:加班费与劳动供给——加班费指为额外工作而提高的工资,可以避免工资上升带来的收入效应,从而提高劳动者的积极性。最低收入水平和最低工资法——可能造成低技能劳动力的失业。负所得税与劳动供给——缓解直接补助所带来的劳动力积极性的减弱。在第三节中,我们讨论了收入与歧视,除了在第一节中提到的几种影响工资水平的因素,歧视也是产生工资差距的来源。我们介绍了两种不同的歧视,并简要讨论了劳动力市场上歧视的度量方法。最后我们讨论了歧视的三种主体来源,并在竞争市场上分析了这三种歧视对工资差距造成的影响。

内容提要

- 劳动是重要的生产要素。在劳动力市场上,劳动需求者是企业,劳动供给者是劳动者。劳动总供给可由劳动者的收入-闲暇模型推导,劳动总需求可由企业的利润最大化目标函数推导,劳动的总供给和总需求共同决定了均衡工资均和衡劳动量。
- 工资水平的差异可以用补偿性工资的差异、人力资本投资的差异,以及天赋、勤奋、机遇的差异等来解释。
- 解释教育与工资之间关系的理论有人力资本投资理论和信号传递理论。人力资本投资理论认为教育可以直接提高个人的劳动能力或技能,而信号传递理论认为受教育水平只是劳动者发给雇主的一个信号。
- 收入-闲暇模型可以用来分析劳动市场的政策效应,常见的政策包括:加班费、最低收入水平和最低工资水平、负所得税计划。加班费高于常规时间的工资,可用来缓解收入效应,从而促进劳动者更多地工作。最低工资水平很可能使得低收入者遭受损失。相比于直接规定最低收入水平,负所得税计划有助于削弱人们偷懒的动机。
- 歧视也是造成工资差异的重要因素。歧视可以分为基于偏好的歧视和统计性歧视。对劳动力市场上歧视的衡量并不简单,需要剔除各种影响工资水平的关键变量。歧视是否通过市场消除需要视其来源而定。

关键概念

工资　　　　　　　　最低工资　　　　　　　　信号传递理论
人力资本投资　　　　补偿性工资

练习题

1. 为什么印刷工人的工资比具有同等教育水平的工人要高?
2. 如果通过接受教育不能提高生产能力,那么为何在劳动力市场上教育程度高的工人往往会有更高的工资?
3. 在什么情况下,提高最低工资会增加劳动者福利?
4. 为什么会存在高于劳动力出清的效率工资?
5. 什么是歧视?歧视可以分为哪两种类别,其本质区别是什么?

第十章　其他生产要素市场

第九章已经具体介绍了劳动这一重要生产要素的微观经济学理论。本章进一步来阐述其他几种重要的生产要素,分别为土地、资本和数据。劳动、土地和资本是三种最为重要的生产要素,也是从事生产活动所必须投入的生产要素。例如,当科学家在研发新产品时,它需要科学家的时间(劳动)、实验室所用的物理空间(土地)与实验设备(资本)。与现有微观经济学教材不同,本书将数据也作为一种生产要素纳入进来分析。这是因为,我们已经进入了大数据时代,云计算、人工智能、互联网等技术的发展提升了数据的可得性和使用价值。在前面的例子中,科学家在研发新产品时,如果能够对旧产品和研发流程等进行大数据分析,这将加快研发进度和提升研发成功率。本章将分别从内涵界定、供给曲线、市场均衡等方面介绍各种生产要素(土地、资本和数据)的基本理论,同时也将结合我国实际情况和政策来对理论进行补充说明。

第一节　土　　地

劳动者提供劳动服务,生产企业购买的是劳动服务,而非劳动者。事实上,劳动者作为人类是不允许买卖的。本书第九章讨论的对象是劳动服务,而非劳动者本身。然而,土地并不同。土地本身和土地所提供的服务均可用于市场交易。例如,对于北京市六环外的一块1公顷的空地,开发商可以购买并将其作为自己的建设用地(购买使用权),这个交易标的就是这块土地本身;同时,开发商也可以选择租赁这块地10年,这时候开发商购买的则是土地提供的服务,而非土地本身。本节以土地提供的服务为分析标的物,而非土地本身。因为土地本身的供给与需求,与本书前面章节讨论的商品是一致的,也就是说,可以将土地理解成为一种商品。

一、土地供给曲线

土地供给者需要在给定数量土地的范围内在供给市场和保留自用之间做出分配,以实现效用最大化。土地供给者提供土地以换取地租收入,从而能够将这些收入用于消费。因此,我们的问题就转化为土地供给者需要在土地供给所获得的收入与保留自用之间做出选择,土地供给者效用函数为:

$$U = U(Y,Q) \tag{10-1}$$

式(10-1)中,Y、Q分别为地租收入和自用土地数量。

进一步,考虑到自用土地所产生的效用微乎其微,而且保留自用的机会成本较高,土地所有者往往不会保留自用。因此,该效用函数可以简化为:

$$U = U(Y) \tag{10-2}$$

土地所有者从土地收入 Y 中获取效用 U。土地数量既定不变,将其设为 $\bar{Q}$,土地只有一种用途,那就是提供给市场,没有机会成本。无论土地价格为多少,为了获得最大效用,土地所有者必须将全部土地供给出去。因此,土地供给曲线是一条垂直于横轴且相交于点 $\bar{Q}$ 的直线,如图10-1所示。

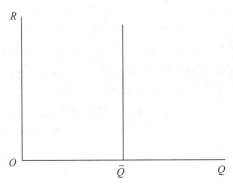

图 10-1 土地的供给曲线

但是,土地可能具有一定的自用价值,即使价值很低。这个时候,土地供给曲线将不再垂直,而是与普通的要素供给曲线一样向右上方倾斜。然而,我们所要研究的供给曲线是针对市场而言的,因而往往将土地留作自用的因素排除在外,所以土地自用价值为零的假设在我们推导土地市场供给曲线时是成立的。

此外,土地可能包括多种用途,除了可以种植农产品,还可以用来修建公路和建造商品房等。因此,当农产品价格下降后,土地所有者会选择减少种植农产品的土地的供给,而将土地提供给房地产开发商(如果存在房地产开发商的需求),这也将导致土地供给曲线向右上方倾斜。简单起见,本书假设土地仅有一种生产用途。

二、土地市场均衡与地租

(一) 土地需求曲线

我们假定土地供给者是消费者,而土地需求者是生产者。在完全竞争市场上,生产者通过选择土地使用量以实现利润最大化,当土地边际产品价值 $VMP(Q)$ 与土地服务价格(地租) R 相等时,生产者实现了对土地要素的最优需求量。

$$VMP(Q) = P \cdot MP(Q) = R \tag{10-3}$$

式(10-3)描述了土地需求曲线,其中:P 为产品价格,在完全竞争市场上为外生给定的。现在我们来看土地需求曲线的倾斜方向。假定土地市场的初始状态为均衡状态,也就是满足式(10-3)。现在假设地租 R 上升,于是就有了 $P \cdot MP(Q) < R$,为了恢复市场均衡,减少土地要素的使用量,能够提升土地要素的边际产品价值,从而重新达到市场均衡。因此,当地租 R 上升时,土地最优需求量减少。土地需求曲线向右下方倾斜,如图10-2所示。

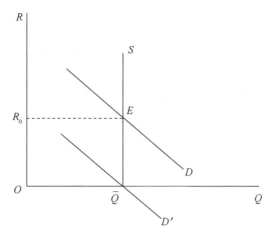

图 10-2 土地市场均衡

（二）土地市场均衡

由图 10-2 可知，地租完全由土地需求曲线的位置决定。当土地需求曲线 D' 与土地供给曲线 S 相交于点 $\bar{Q}$，地租 R 等于 0。也就是说，当市场上对土地不存在需求时，即使存在土地供给，土地所有者也无法获得土地收入。

边际生产力是影响土地需求曲线移动的重要因素。随着土地边际生产力的提升，需求曲线向上方移动。土地所在的位置是重要因素。对于房地产开发商而言，他们对北京市六环附近一块空地的需求远远大于其对四川大凉山脚下一块空地的需求。此外，消费者对土地所生产的产品或者所提供的服务的需求，也是重要影响因素之一。例如，当人们对有机玉米的需求增大时，生产者对用来种植有机玉米的土地的需求会增大，这将导致该类土地的需求曲线上移。

三、我国土地制度演变及其对土地市场的影响

（一）中华人民共和国土地制度的演变历程

我国在土地所有权上实行城乡二元结构，现在分别阐述我国城市和农村土地制度的演变历程。

1. 城市土地制度

我国城市土地制度主要经历了两个阶段的演变历程。第一阶段为 1982 年之前，这期间对城市土地实行征购、征用或者收归国有，并没有清楚地界定城市土地的所有权问题。我国在 1982 年的《中华人民共和国宪法》中首次清晰地提出"城市的土地属于国家所有"，也就是清楚地界定了城市土地的所有权，这就是第二阶段。在该阶段，国家对城市土地享有所有权，城市居民则享有使用权。因此，政府是城市土地唯一的土地所有者，也是土地供给者。

2. 农村土地制度

中华人民共和国成立到《中华人民共和国宪法》（1954 年版）颁布期间，我国规定农村的

土地所有权归农民,这是第一阶段。第二阶段为 1955—1979 年由农民土地所有制向集体所有制转变的阶段,1979 年 9 月通过了《关于加快农业发展若干问题的决定》,农村土地集体所有制被确定了下来。1979 年至今是我国农村土地集体所有制不断发展的阶段。例如,1978 年萌芽于安徽省凤阳县小岗村、1982 年得以在全国普遍推行的家庭联产承包责任制规定,土地所有权仍然归集体所有,而农民享有土地的经营权,并且经营所得中除上交国家之外的部分由农民自己支配。这是我国农村土地制度的重大改革和进步。1986 年 6 月实施的《中华人民共和国土地管理法》、2002 年 8 月颁发的《中华人民共和国农村土地承包法》、2007 年 3 月颁布的《中华人民共和国物权法》等通过法律的形式确定和保护农民的土地承包经营权。

(二) 城市土地管理制度与土地供给

1. 城市土地出让制度

前面已经大致介绍了我国城市土地制度和农村土地制度,尤其是所有权制度。土地政策主要涉及土地市场的供给侧。我国政府通过设置土地出让政策向市场供给土地(土地服务)。

我国的土地出让制度总体是从无偿向有偿转变、从成本价出让向公开市场竞价转变,由此激励地方政府增加土地供给。

图 10-3 绘制了 2007—2018 年我国总体土地出让金收入的变化曲线。该项收入在这一时期呈现快速上升的趋势,从 2007 年的 7 285 亿元上升到 2018 年的 65 096 亿元,年均增幅高达 72.14%。

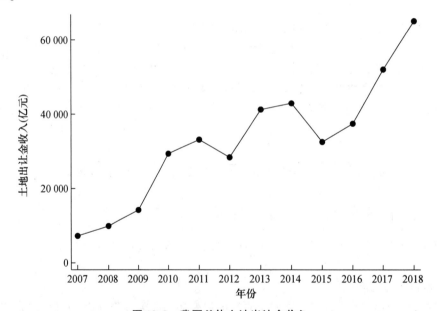

图 10-3 我国总体土地出让金收入

资料来源:中华人民共和国财政部。

国有土地出让金长期以来都是归入政府性基金,政府可以通过直接出让土地使用权从企业或个人那里直接获取资金,也可以通过抵押土地使用权从银行获取贷款。据此,地方政府获得了"经营城市"的动力和财力,这促进了中国城镇化进程。但是,部分地方政府过度依赖于土地财政,案例 10-1 就是这么一个例子。

案例 10-1

襄樊建投①命门——卖地、继续卖地

下了高速,客车即驶进襄樊市(今襄阳市)地界。在最终抵达襄樊城区半个多小时的车程里,触目所及都是脚手架、水泥搅拌机和招商引资的广告牌。襄樊市政府正在这片将近1.3万亩的土地上,修路、拆迁、建工厂,他们计划用几年的时间,造起一座新城。这是整个襄樊市2010年6月底的投资场景之一。在这场投资热潮的背后,从融资到投资,再到最终偿还,几乎全部由一个名为"襄樊市建设投资经营有限公司"(以下简称"襄樊建投")的企业所支撑,而其绝大部分资金来源均指向土地。

襄樊建投是一个典型的地方融资平台公司,土地成为维系公司"贷款、发债、评级、收益、偿还"等一条完整融资链条上的关键所在。

发债

2010年6月2日,2010年襄樊市建设投资经营有限公司债券(简称"10襄投债"),获准在银行间市场上市。发行额度为10亿元,债券期限8年。债券信用等级为AA+,债券票面年利率为5.7%。"10襄投债"将全部用于襄樊市内环线工程项目。该项目总投资51.3亿元,此次发行债券募集资金用于该项目的投资资金占项目总投资额的19.5%。"10襄投债"以襄樊市财政局应收账款80.7亿元作为质押资产,为债券发行提供质押担保。襄樊市内环线工程全长49.5公里,功能定位为城市主干道。该工程于2009年开始建设,计划2012年完工。襄樊建设总经理陈敬东说,"我们很幸运,赶在国务院出台政策前,将10亿发完了"。对于项目全长约50公里、总投资超过50亿元的内环线工程来说,10亿元仅仅是其中的一小部分,大部分的资金还等着陈敬东去解决。

银行贷款

仅靠"10襄投债"的10亿元远不足以填补襄樊造城的大规模资金需求。银行贷款是襄樊建投资金的最主要来源。据悉,从2006年到2009年,襄樊建投银行长短期贷款余额净增45.57亿元。其中,仅国家开发银行一家的贷款就占到了30%。其获得贷款的手段多样,但最主要的仍是土地抵押。陈敬东称,"我们保证做到,贷出的每一笔资金都对应着相应的土地。这样一来,所谓的风险将得到很好的控制"。

命系土地

土地是襄樊建投收入的最重要也是最可靠的来源。对于土地出让金,襄樊市政府则决定在2012年以前,所有的土地出让净收益全部归襄樊建投所有,用于城市建设、对银行还本付息等。

在投资高歌猛进的2009年,襄樊建投的负债也开始激增。2009年,襄樊建投负债总额为62.39亿元,与上年相比猛增了131.33%,资产负债率达到了50.99%。随着2009年下半年中央出台收紧银根的货币政策,襄樊建投的贷款之路开始受阻。陈敬东说,"进入2010年,襄樊建投没有能够从银行贷到过一分钱的款。如果不是去年四季度卖地卖了7个多亿,今年上半年,我们就已经没钱了"。

---

① 2010年12月9日,襄樊市正式更名为襄阳市。襄樊建投为今襄阳建投。

"继续卖地!"陈敬东说。银行贷款被政策切断后,卖地基本上成为襄樊建投不二的选择。面对如此大资金量的还贷压力,襄樊建投只有加快土地的出让速度,缩短抵押贷款的平均周期,才能保证预期的土地增值收益。

地方债务风险如同一个雪球,在土地的支撑下,一路咕咚下去。只是没有人知道,土地能承受的压力究竟有多大,而这个融资链条又将在何时崩开。陈敬东说,"等无地可卖的时候,也就是襄樊建投把账还清的时候,同时也是襄樊乃至全国城市化进程差不多完成的时候"。

资料来源:张向东.襄樊建投命门——卖地,继续卖地[N].经济观察报,2010.07.19(012).

2021年6月4日,财政部等四部门发布《关于将国有土地使用权出让收入、矿产资源专项收入、海域使用金、无居民海岛使用金四项政府非税收入划转税务部门征收有关问题的通知》指出,将由自然资源部门负责征收的国有土地使用权出让收入等四项政府非税收入,全部划转给税务部门负责征收。河北、内蒙古、上海、浙江、安徽、云南等省(直辖市)自2021年7月1日开始以省(区、市)为单位开展征管职责划转试点,并于2022年1月1日在全国全面实施。这意味着地方政府依靠"卖土地"的土地财政成为历史。

土地出让金划转为税务部门征收至少有以下几点用意:其一,有利于刹住地方政府依靠"卖土地"进行过度投资的风气,抑制土地财政;其二,有利于更有效、更合理地使用土地出让金,划归税务部门征收后,也就将划入一般公共预算,从而能以转移支付、专款专用等方式用于支持乡村振兴等领域;其三,这是政府进行房地产调控"顶层设计"的关键一步,有利于全国房地产行业稳健发展。

2. 城市土地政府规制

政府除了设置土地出让制度向市场供给土地,还设置了一系列政府规制措施,规范土地市场。其中,与土地供给最为相关的土地规制措施便是政府建设用地指标分配。2003年后,中央政府建设用地指标的分配偏向内地,中西部省份的土地供应比例明显增加,而东部沿海地区的土地供应却呈缩紧趋势。但是东部沿海地区由于经济发展水平高、人口密度大,其对建设用地的需求更大,而中西部地区对建设用地的需求更小,这就导致需求与供给的地区错配,也成为我国东部沿海地区房价飙升的重要因素之一。

目前,东部沿海地区城市建设用地供不应求,而中西部地区城市建设用地供过于求,为了缓解东部地区房价持续上涨的压力,以及解决中西部地区过度投资和重复建设的问题,我国于2016年开始展开了城乡建设用地增减挂钩工作。第一阶段仅允许省内跨市流动,也就是允许大城市与有节余建设用地指标的城市进行交易,从而增加本市集体建设用地指标,缓解土地供应紧张的问题。第二阶段则不限于省内跨市流动,而是进一步放开跨省流动,也就是允许东部沿海地区从中西部地区购买建设用地节余指标。

在实行了城乡建设用地指标增减挂钩措施后,东部沿海地区的建设用地指标流入量连年上升,以山东省为例,2016年其指标流入量为9 165亩,这一数据到2019年已高达51 165亩,年均增速高达153%。

该办法的实施为东部核心城市建设用地提供了重要的来源保障,也有力地加快了建成区的扩张速度,有利于产业集聚发展。

第二节 资　　本

这一节主要分析资本市场。消费者不仅是劳动和土地的提供者，同时还是资本的提供者。我们将从消费者作为资本提供者的角度出发，对消费者的行为进行分析，并由此对资本市场的均衡进行讨论。这一节的分析主要是围绕资本的货币形态来进行的。

一、消费者的跨期均衡选择和资本供给

消费者可以对手中持有的资本做出两种选择：第一，消费者在当期将所有的资本全部消费掉；第二，消费者选择储蓄。如果选择将当期的一部分资本进行储蓄，实际上相当于把当期的资本转移到未来的某个时期使用。因此消费者在当期和未来期之间的选择。我们把这种经历时间的选择称为跨期选择。而资本的一个重要来源也正是家庭的当期储蓄和累计储蓄。

（一）消费者跨期均衡选择

根据图 10-4 可知，我国城乡居民储蓄存款年底余额由 2000 年的 64 332.4 亿元增长到 2017 年的 597 061 亿元，增长了 8 倍多。居民通过储蓄向社会供给资本。

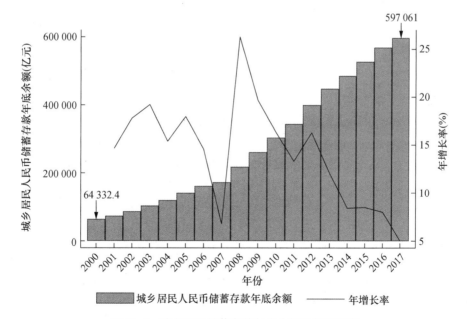

图 10-4　城乡居民储蓄存款年底余额及年增长率

资料来源：中国人民银行。

再来看增长率，2001—2005 年储蓄增长率保持在 15%—20%；2006 年的增速已不足 15%；2007 年的增速则降到 10% 以下。2008 年储蓄增长率蹿升至 26%，此后我国居民储蓄增

长率呈不断下降的趋势,2017年增速已经下降到5%。居民储蓄增长率下降可能有两个重要原因:一是居民的收入增速下降,相同储蓄意愿下,储蓄增速也会下降;二是居民的储蓄意愿减弱。由此可见,我国近些年的资本原始积累面临的难度和挑战增大。

我们假设消费者偏好当期物品胜过未来物品。假设消费者的当期消费为 C_1,而未来期的消费为 C_2,那么消费者在两个时期所获得的效用就是 $U(C_1,C_2)$。我们再假定消费者在当期和未来期的收入分别为 M_1 和 M_2。首先我们假定消费者将当期的货币收入转移到未来期的唯一途径就是通过储蓄,同时我们还假定消费者可以在当期和未来期之间进行借贷,即消费者不仅可以在当期进行储蓄以备未来期使用,同时还可以以借贷的方式将未来期的收入提前进行消费。因而,消费者既可以按照其每个时期的实际收入来分别进行消费,也可以分别作为储蓄者和借款者来自由安排两个时期的消费。由于消费者偏好当期消费,所以要让消费者放弃一部分当期消费而转移到未来期消费就必须给予消费者一定的补偿。我们知道,资本在一定时期内可以升值,其升值的程度可以用利息率来表示。高的利息率代表资本在未来可以给消费者带来更高的价值,而实际上正是资本的这种升值的特性才可以让消费者放弃一部分当期消费进行储蓄而选择未来期消费。反之,如果消费者要通过借贷进行当期消费,就必须支付利息。利息率就成为消费者进行当期消费的机会成本,或者说是当期消费这种商品的价格。

不考虑通货膨胀的因素,用 R 来表示利率水平。首先假定消费者选择在当期将一部分收入进行储蓄,也就是说其当期的消费 C_1 小于当期的收入 M_1,则当期的储蓄就是 M_1-C_1;而由于储蓄的利率是 R,所以消费者在未来可以消费的量就可以用式(10-4)来表示:

$$C_2 = M_2 + (1+R)(M_1 - C_1) \tag{10-4}$$

相反,如果消费者要进行借款,也就是说其当期的消费 C_1 大于当期的收入 M_1,那么消费者就必须支付一定的利息 $R(C_1-M_1)$。而由于未来要偿还借款及相应的利息,所以消费者未来可以消费的量就可以用式(10-5)来表示:

$$C_2 = M_2 - (1+R)(C_1 - M_1) = M_2 + (1+R)(M_1 - C_1) \tag{10-5}$$

实际上,我们可以看出式(10-4)和式(10-5)是一样的,尽管所表达的含义稍有不同。我们将其稍做变换,可以得到式(10-6):

$$C_2 + (1+R)C_1 = M_2 + (1+R)M_1 \tag{10-6}$$

式(10-6)表示的正是消费者进行跨期消费的预算约束。如果我们从时间价值的角度来看的话,这个式子实际上表明消费的未来期的价值等于收入的未来期的价值。简单变换式(10-6),得到式(10-7):

$$C_2/(1+R) + C_1 = M_2/(1+R) + M_1 \tag{10-7}$$

式(10-7)实际上表明,消费的当期价值等于收入的当期价值。所以无论式子如何变换,它们都体现了收入和支出必须相等的思想。这也构成了消费者跨期选择的预算约束。

图10-5中,E 点表示消费者按照其收入来消费的模式,在这一点上,既不储蓄,也不借款。我们把 E 点称为禀赋点。在 E 点之上的预算约束线上的点表示未来期消费大于收入,该消费者是净储蓄者。在 E 点之下的预算约束线上的点表示当期消费大于收入,该消费者是净借款者。预算约束线与坐标轴相交的点代表了两种极端的情形(当期全部消费,以及当期全部储蓄)。预算约束线的斜率为 $-(1+R)$。在不同的利率水平下,预算约束线的斜率是不断变化的,但是预算约束线却始终经过一点,那就是禀赋点 E 点。

如图10-6所示,所有的当期消费和未来期消费的点代表相同的效用。当期消费和未来期消费的边际替代率称为边际时间偏好率(MRS),且在无差异曲线与预算约束线相切时,其

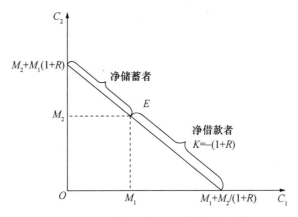

图 10-5　消费者跨期选择的预算约束线

等于预算约束线斜率的绝对值 $1+R$，此时消费者效用最大化。

$$MRS = (1+R) \tag{10-8}$$

该均衡条件意味着在给定利率水平的条件下，消费者跨期均衡的最优选择要满足跨期消费的边际替代率等于贴现率。

我们仍然用图形来说明不同情况下的效用最大化行为，如图 10-6 所示。

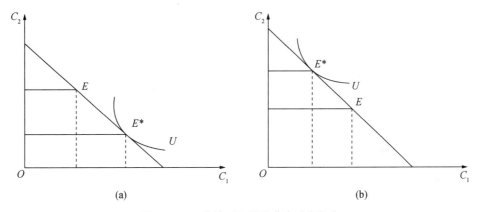

图 10-6　两种情形下的消费者跨期均衡

图 10-6 的两个分图分别代表两种不同的情况。在图 10-6(a)中，无差异曲线与预算约束线在 E^* 点相切，且 E^* 点位于禀赋点 E 之下，这表明消费者是净借款者。而在图 10-6(b)中，两条曲线在 E^* 点相切且 E^* 点位于 E 点之上，这表明消费者是净储蓄者。前面已经提到可以把利率看作当期消费的机会成本，或者其价格。那么当利率水平发生变化时，消费者的跨期最优选择也会变化。其被视作利率的价格效应。价格效应包括替代效应、收入效应，下面将分别对两者进行分析。

（二）利率变动的影响效应

预算约束线的斜率为 $-(1+R)$。利率上升时，预算约束线的斜率的绝对值将变大，也就意味着预算约束线将变得更加陡峭；反之，当利率水平下降时，预算约束线将变得更加平坦。但是无论如何，预算约束线都将通过禀赋点 E 点。预算约束线将围绕禀赋点转动，其转动将引起消费均衡点的变化，这对于净借款者和净储蓄者是不同的。我们以利率水平上升的情况为例来说明利率变动对于均衡选择的影响。

当利率水平上升时,这意味着当期消费的价格上升,因而当期消费变得更加昂贵。替代效应作用的结果显然是促使人们减少当期的消费,而将更多的收入用于储蓄,在未来期进行消费。这对于原来的净借款者或净储蓄者都应该是一样的。对于净储蓄者而言,更高的利率水平意味着储蓄可以带来更高的未来价值,因而他们会更多地储蓄;而对于净借款者而言,更高的利率水平意味着借款消费要付出更大的代价,借款进行当期消费的机会成本大大提高,因而替代效应作用的结果同样是减少当期的消费,也就是减少借款的数量。因此,替代效应对于这两种情况作用的效果是一样的。

但是,收入效应作用的结果不尽相同。对于净储蓄者,更高的利率水平代表更高的未来收益,也就是更高的收入水平,收入效应促使他们增加当期的消费。而对于净借款者,更高的利率水平代表他们要在未来偿还更多的利息,因而他们的未来收益要减少,收入效应促使他们减少当期的消费。

二、资本供给曲线

在一般情况下,当利率较低时,净储蓄者受到的替代效应更强,这导致其储蓄随利率水平的上升而增加;当利率较高时,净储蓄者受到的收入效应更强,这导致其储蓄随利率水平的上升而减少。

利率变化的替代效应和收入效应对于净借款者的作用方向是一致的,都将令其减少当期消费,以及减少当期借款。甚至在比较极端的情况下,有可能促使净借款者转变为净储蓄者,由资本的需求者转变为资本的供给者。基于利率变化对于这两类消费者的共同作用,我们可以得到利率水平和储蓄的关系曲线,如图10-7所示:

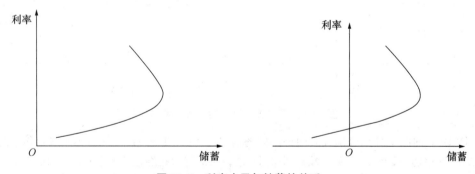

图 10-7 利率水平与储蓄的关系

图10-7中的两条曲线分别描述了净储蓄者和净借款者两类群体所对应的利率水平和储蓄之间的关系。从图10-7可以看出,无论是对净储蓄者而言还是对净借款者而言,在利率水平较低的情况下,利率上升,储蓄增加,即资本供给增加;当利率超过某个临界值时,利率继续上升反而会减少储蓄,即资本供给减少。究竟在哪个利率水平上储蓄开始减少,则取决于消费者个人的偏好。这条描述利率水平和储蓄之间关系的曲线正是资本供给曲线,将所有消费者的资本供给曲线水平加总,得到社会总体资本供给曲线,如图10-8所示,这是一条起始端向右上倾斜,且末端向后弯曲的曲线。

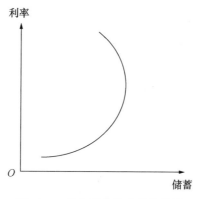

图 10-8 社会总体资本供给曲线

三、资本市场均衡和利率水平

消费者储蓄构成了资本供给的主要来源,而企业投资则构成了资本需求的主要部分。当资本的收益大于成本时,企业对资本具有需求。企业可以用净现值法或内部收益率法来衡量投资的成本与收益。资本的收益率越高,成本越低,企业对于资本的需求就越大;利率越高,成本越高,资本需求越小。综上,企业的资本需求量与利率水平呈负向关系,如图10-9所示。

图10-10表示资本市场均衡。

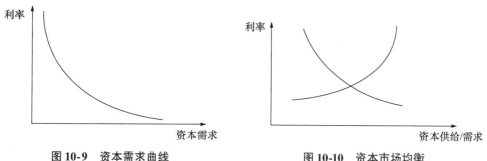

图 10-9 资本需求曲线　　图 10-10 资本市场均衡

当实际利率高于均衡利率时,较高的利率会吸引更多的资金供给,同时高利率将提升企业成本,企业资本需求减少。两方面的共同作用下,资本市场出现资本供大于求的现象,这将降低利率,直到达到均衡水平为止。

当实际利率低于均衡利率时,较低的利率将使人们更偏好于当期消费,减少对资本的供给,同时低利率将降低企业成本,企业资本需求增加。两方面的共同作用下,资本市场上出现供不应求的现象,这将提高利率,直到达到均衡水平为止。

综上,任何偏离最终都会通过市场自身的力量使市场回归到均衡状态。

四、利息税的政策效应分析

在第九章中,我们曾讨论了政府的福利政策对于劳动供给的影响,在这里我们结合利息税的政策效应做类似讨论。我国于1999年11月1日起开征利息税,以促使人们将手中持有的资本进行多渠道的投资,而不是全部用于储蓄。但是,开征利息税究竟能不能取得预期的结果？开征利息税是否可以促使人们减少储蓄呢？我们可以从消费者跨期选择的角度，结合图 10-11 对此做一个简单的分析。

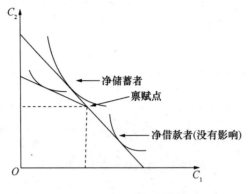

图 10-11 利息税的政策效应

假设利率水平为 R，利息税的税率为 T，则扣除掉利息税之后的实际利率水平应该为 $R(1-T)$。在消费者的跨期选择中，预算约束线的斜率为 $-(1+R)$。在征收利息税之后，预算约束线将在禀赋点处出现转折。因为无论如何，预算约束线都要经过禀赋点，而禀赋点之下的点代表消费者处于净借款者的地位，征收利息税对其并没有影响，所以在禀赋点之下的曲线部分的斜率是不会发生变化的。

而在禀赋点之上的点则代表消费者处于净储蓄者的地位。征收利息税显然会对净储蓄者产生影响。由于征收利息税之后的实际利率水平发生了变化，因此预算约束线上禀赋点之上的曲线部分的斜率也要发生相应的变化，将由原来的 $-(1+R)$ 变为 $-[1+R(1-T)]$，这部分曲线变得更加平坦。这样就得到了征收利息税之后的新的预算约束线，如图 10-11 所示，它是一条经过禀赋点的折线。

如果消费者是净借款者，征收利息税对于均衡并不会产生影响。

如果消费者是净储蓄者，情况将不同。由于无差异曲线与预算约束线相切于禀赋点上，预算约束线斜率的变化将引起均衡点的变化。但是，均衡点究竟要朝哪个方向变化则是不确定的。均衡点最后的移动要取决于替代效应和收入效应的共同作用。所以从理论上来说，我们无法确定征收利息税对于净储蓄者的储蓄行为的影响。当然，实际的分析可能要更复杂一些，因为人们储蓄行为的变化还会受到很多因素的影响。

资本供给与资本需求形成的资本市场均衡很容易受到某些因素的冲击而发生变化，可以说资本市场风云变幻，很难预测。这里列举几个案例以窥一斑。

案例 10-2

资本市场典型案例一览

1. 滴滴、快的合并：减少竞争的资本运作

2015 年 2 月 14 日，滴滴与快的两家公司联合发布声明，高调宣布实现战略合并。合并后，双方采用平行发展的形式，保留各自的品牌和业务独立性，互不干扰。合并后的滴滴快的成功占据了行业 7 成以上的市场份额，成为国内最大的叫车平台。

对于外界来说,这是一个让人始料未及的结果。在此之前,滴滴、快的在腾讯、阿里巴巴的投资下,展开了疯狂的烧钱大战,依靠给予用户的双向补贴,迅速在市场中占据了领先优势。然而,恶性、大规模、持续烧钱的竞争不可持续,在这场大战中,两家并未分出明显胜负。此后,为避免更大的时间成本和机会成本的损失,双方管理层经过反复沟通与交流,最终达成共识,决定进行战略合并。

此前,滴滴打车获得4轮投资,总金额超8亿美元,背后的主要出资人是腾讯,支付接口是微信支付;快的打车获得5轮投资,总金额近8亿美元,背后的主要出资人是阿里巴巴,支付接口是支付宝。合并之后,滴滴快的又在2015年9月宣布完成30亿美元的融资,新投资方包括资本国际私募基金、平安创新投资基金等,阿里巴巴、腾讯、淡马锡、高都资本等现有股东也都追加了投资,创造了全球未上市公司融资的最高纪录。融资完成后,滴滴快的拥有近40亿美元的现金储备,也是迄今为止中国移动互联网公司最高的现金储备。

2. 日本邮政上市:国有企业私有化

2015年11月4日,日本邮政控股公司(以下简称日本邮政)及旗下日本邮政银行、简保生命保险在东京证券交易所主板同时上市,这是日本近30年来最大的国有转民营资产。这三家企业首次公开募股融资达到120亿美元,使之成为2015年全球规模最大的IPO,同时也是历史第二大IPO,仅次于2014年阿里巴巴集团的IPO。此次IPO也被时任日本首相安倍晋三寄予厚望,希望能够借此释放日本国内庞大的家庭存款,并刺激民众投资。

日本邮政集邮政服务、储蓄银行、保险业务于一身,仅其金融分支下辖资产就达205万亿日元(约合1.7万亿美元),相当于日本年均GDP的大约1/3。日本邮政由日本政府支持,是全球第38大公司,总收入超过1260亿美元,在日本拥有24000个网点。日本邮政银行是日本最大的银行,2014年存款高达1.4万亿美元,提供包括房贷、车贷、信用卡在内的一系列服务;而简保生命保险业务规模同样庞大,2014年其核心利润高达近40亿美元。

与美国邮政、英国皇家邮政等西方邮政公司不同,日本邮政过去一直是典型的国有体制。随着民众投递邮件数量的锐减,过于庞大的组织架构和人力成本使其经营艰难。种种困境之下,日本邮政开始寻求变革,但因其特殊的体制牵扯诸多敏感事项,私有化进程一拖再拖,直到2015年才登陆资本市场。尽管身处的大环境不同,但此次日本邮政成功上市,为未来中国邮政改革提供了有益经验。

3. 南北车合并:国企合并新模式

2015年9月28日,由中国南车集团公司(以下简称中国南车)和中国北车集团公司(以下简称中国北车)重组合并而成的中国中车集团公司正式成立。早在2014年12月30日,中国南车与中国北车就双双发布公告,确认合并同时公布合并预案;中国中车股份有限公司于2015年6月1日挂牌成立,6月8日在上海和香港上市。至此,历时将近一年的南北车重组合并宣告收官。此次合并终结了南北车长达15年的竞争,中国铁路"巨无霸"也由此诞生。

中国南车与中国北车的此次重组合并备受瞩目。尤其是两个经营状况良好、实力业绩相当的"A+H"股上市公司之间的重组合并,在国内尚无先例。南北车重组整合工作横跨上海和香港两个资本市场,涉及资产量大,风险因素较多,决策程序复杂。为此,双方在现行法律和政策框架下创造性地提出了"对等合并"的方式,为南北车重组合并扫清了政策障碍,并采取先合并股份公司、后合并集团公司的重组步骤。技术操作路径上,上市公司层面由南车股份吸收合并北车股份,集团公司层面则采用北车集团吸收合并南车集团。

> 2015年,中央政府出台了一系列相关措施,进一步发挥资本市场促进企业重组的作用,加大并购重组融资力度,提升资本市场服务实体经济的能力,为国企合并铺路。2015年12月29日,国资委、财政部、国家发展改革委联合发布《关于国有企业功能界定与分类的指导意见》,标志着作为国企改革重要一项的分类改革大幕就此开启。该案例为深化国有企业改革提供了借鉴、积累了经验,创造了可复制、可推广的改革模式。
>
> 资料来源:李淼.2015年资本市场经典案例分析[J].中国战略新兴产业,2016(02):34-36。

第三节 数 据

我国将数据确定为一种可以参与收益分配的新型生产要素,至少有以下三点好处:一是有利于规范和引导数据要素市场的发展,提升数据要素供给质量,助力数字经济发展;二是有利于鼓励数据的生产和交易,也会带动对数据知识产权保护的立法,保护数据所有者权益;三是有助于人们拓宽收入来源和提升收入水平。

数据要素有其特点。其一,数据形成过程中可能会包括多个市场主体,从而造成数据产权界定难的问题。其二,数据具有"难生成、易复制"的特点,即形成可用于进入生产经营活动的数据需要经历收集、存储、处理、分析等复杂流程,但是数据一旦形成,复制成本非常低,这就给数据产权保护带来了挑战。其三,数据,尤其是关于个人信息的数据,涉及个人隐私,这就滋生了个人隐私保护的问题。由于以上特点,数据供给问题比劳动、土地、资本的供给问题更为复杂。在本节第二和第三小节,我们将尝试讨论这一问题。

一、数字经济与大数据

数据是数字经济发展的主要生产要素和驱动因素。根据表10-1,近些年我国数字经济已经实现了较大的规模,占GDP的比重已经达到三成。与美国等发达国家相比,我国数字经济的绝对规模还相对较小。但是我国数字经济发展速度却明显快于发达国家,近些年我国的数字经济发展速度均超过10%。由此可见,我国数字经济规模还存在较大的发展空间;同时,我国数字经济发展速度很快,这将有力地带动我国总体经济增速,避免陷入中等或中下增速区域。

表10-1 我国数字经济市场规模(2014—2018年)

年份	经济规模(万亿元)	占GDP比重(%)	年度增速(%)
2014	16.16	26.10	—
2015	18.63	27.50	15.28
2016	22.58	30.30	21.20
2017	27.20	32.90	20.46
2018	31.30	34.80	15.07

资料来源:中国信息通信研究院。

数字经济主要包括数字产业化和产业数字化两部分,具体行业见图10-12。

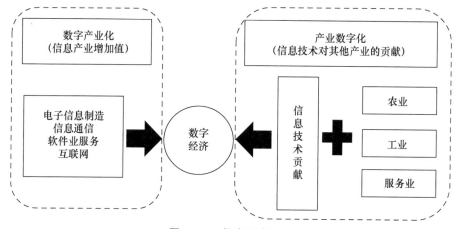

图 10-12　数字经济构成

图 10-13 进一步绘制了 2018 年我国数字经济两大部分的构成比例。产业数字化是数字经济的主要组成部分,占比高达 79.51%;数字产业化是数字经济的另一个重要组成部分,占比为 20.49%。根据这一结构可知,我国三大产业的信息化程度已经处于较高的水平。

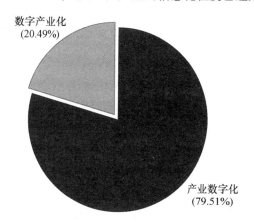

图 10-13　我国数字经济的构成(2018 年)

资料来源:中国信息通信研究院。

我国数字经济市场规模已经处于很高的水平,且还处在不断发展的过程中。数字经济的发展对数据的需求非常巨大。下面我们简要阐述数据(具体为大数据)的现状。

表 10-2 列出了 2016—2019 年全球和我国数据产生量,以及我国的大数据市场产值。2016 年,全球数据产生量为 18ZB(泽字节),这一数据在 2019 年变为 41ZB,增长了 127%;我国数据产生量为 3.42ZB,这一数据在 2019 年变为 10.25ZB,增长了近 200%。我国数据产生量占全球数据产生量的比重约为 20%,且同比增速快于全球。

2016 年,我国大数据市场产值为 2 800 亿元,2019 年达到了 6 200 亿元。2017—2019 年,大数据市场产值年均增幅均为 30% 左右,因此在这三年里,我国大数据市场产值翻了一番。

综上所述,我国的数据规模和大数据市场产值已经处于较高的水平,且呈快速发展的趋势。

表 10-2 数据产生量和大数据市场产值

年份	全球		中国			
	数据产生量(ZB)	同比增速(%)	数据产生量(ZB)	同比增速(%)	大数据市场产值(亿元)	同比增速(%)
2016	18	16.13	3.42	43.00	2 800	28.57
2017	26	44.44	5.20	52.05	3 600	30.56
2018	33	26.92	7.60	46.15	4 700	31.91
2019	41	24.24	10.25	34.87	6 200	29.03

注:1TB=1 024GB,1PB=1 024TB,1EB=1 024PB,1ZB=1 024EB,因此,1ZB=1 024^{4}GB。
资料来源:中国产业信息网。

二、数据供给曲线

与劳动和土地相同,这里同样以数据服务为研究对象,而非数据本身。因此,这里的数据、数据供给与数据价格均分别指数据服务、数据服务供给与数据服务价格。

不同于劳动和土地,数据所有者不会将数据留作自用,因为这不会产生收入和效用;也不同于资本,数据本身不会因为时间的推移而升值或者贬值。因此,数据所有者的效用函数可以表示为:

$$U = U(Y) \tag{10-9}$$

式(10-9)中,Y 表示数据所有者向市场提供数据服务所获得的收入。在数据市场中,数据所有者为了获得更大的效用,就需要获得更多的数据收入,而这就需要数据所有者供给更多的数据。一定时期内,数据所有者的数据量是既定的,将其设为 $\bar{Q}$。由于数据只有供给到市场获得数据收入这一种用途,因而无论数据价格 P 为多少,数据所有者均会供给其全部数据 $\bar{Q}$。因此,数据供给曲线为一条垂直于横轴的直线,如图 10-14 所示。

进一步,数据的收集和积累存在一个时间过程,随着时间的推移,数据所有者拥有的数据量会越来越大。因此在一个新的时间节点 t 上,数据所有者的数据量会变为 $\bar{Q}_t$。在时间节点 t 上的数据供给曲线仍然为一条在 $\bar{Q}_t$ 水平上的垂直线,如图 10-14 所示。

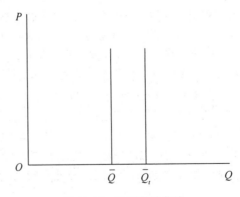

图 10-14 数据供给曲线

当然,在新的时间节点上,数据供给曲线可能还继续停留在 $\bar{Q}$ 水平上,这是因为数据所有者没有随着时间的推移而更新数据。但是,当市场上的其他数据供给者看到这一情况时,他们会进入这个市场,并更新相关数据,从而导致该数据的市场供给曲线仍然会向右移动到 $\bar{Q}_t$ 的水平。

三、数据市场均衡与报酬

与劳动、土地、资本等生产要素一致,当数据边际产品价值与数据服务成本相等时,企业选择了最优的数据需求量,这一原则使得数据需求曲线向右下方倾斜,如图 10-15 所示。

数据供给曲线 S_0 和数据需求曲线 D_0 相交,决定了初始均衡点 E_0。由于数据供给曲线是一条垂直线,均衡价格则由需求曲线决定。当数据需求较大时,需求曲线 D_0 与供给曲线 S_0 在较高的位置上相交,对应较高的均衡价格;当数据需求较小时,需求曲线 D_0 则与供给曲线 S_0 在较低的位置上相交,对应较低的均衡价格。但是,无论两曲线相交的位置是高还是低,均衡数量都是不变的,总是为 $\bar{Q}$。

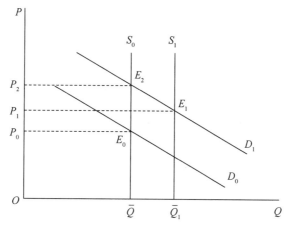

图 10-15 数据市场均衡

随着对数据的市场需求增大,数据需求曲线由 D_0 向上移动到 D_1,与供给曲线 S_0 相交于 E_2,与新的供给曲线 S_1 相交于 E_1。如果在新的时间节点上,数据供给总量没有发生变化,那么数据供给曲线仍然为 S_0,此时新的均衡点 E_2 表示更高的均衡价格 P_2 和相同的均衡数量 $\bar{Q}$。正如我们在前面所分析的,在新的时间节点上,数据更新导致数据供给总量上升到 $\bar{Q}_1$,对应新的供给曲线 S_1。均衡点 E_1 对应的均衡价格和均衡数量分别为 P_1 和 $\bar{Q}_1$。与均衡点 E_2 相比,均衡数量提升了,但是均衡价格却有所下降,下降幅度取决于供给曲线向右移动的幅度。

数据要素具有较长的价值链条。每个环节的参与主体和分工存在差异,因此明确界定数据采集者、数据分析者、数据内容所有者的贡献和产权是生产要素参与利益分配的前提和基础。

能够进入生产流程且能产生效益的数据要素往往是大数据,而且是经过专业技术人员处理过能够直接使用的大数据,这就离不开专门从事数据处理与分析的机构。案例 10-3 就是一个实体企业利用大数据机构提供大数据服务提升企业绩效的案例。

案例 10-3

万科转型凭数据

万科利用三大手机运营商的大数据,精准拿地,精准营销,开创了多项房地产行业大数据的经典案例。

借运营商大数据发现"价值洼地"

2009年9月,在大多数房地产商并未看好北京市房山区楼市的情况下,万科以楼面地价5 726元/平方米与6 443元/平方米的价格分别拿到房山区长阳镇起步区5号地块与长阳镇起步区1号地块。时隔6个月,中粮万科长阳半岛于2010年6月正式开售,销售均价为13 500元/平方米。截至2016年7月,该楼盘销售均价已高达36 500元/平方米。

万科在决定拿地之前运用大数据进行了分析。万科通过联合中国移动、中国联通、中国电信三大手机运营商,在同一时间点检测北京市在网使用人数的数据,来判断北京市的实际人口规模,以此结合当年北京市的新房供应量、存量房数量、房价均价、购房人群年龄结构等众多数据,进行市场和区域预判,并最终判断房山区作为当时的"价值洼地"将拥有巨大的购房群体支持。

用运营商数据来判断拿地项目,数据通过跨界迸发了更大价值。贵阳大数据交易所执行总裁、九次方大数据创始人王叁寿也曾经指出,电信运营商"位置""身份""社交""上网"数据最具有价值,经过清洗、建模、分析后形成的每类数据结论,都蕴藏着极高的商业价值,有助于房地产公司、银行等商业机构精准营销、网点选址和风险警示等。

万科联合BAT(百度、阿里巴巴、腾讯)借大数据实现互联网转型

除了运用大数据对拿地的价值进行评估,万科还频频与拥有数据资源的互联网公司展开合作,开启房地产界的互联网转型,而这一切都基于数据的应用。2014年,万科与百度合作,推出基于LBS(基于位置的服务)技术与大数据的分析系统——V-in,并在万科首个购物中心——金隅万科广场上线试用。根据V-in系统的大数据分析报告,万科商业运营管理团队可以知道周围的消费者从哪里来、顾客到了金隅万科广场后去了哪些店、消费者在离开后又去了哪里,从而做出科学和理性的经营分析和判断,并为商户提供增值服务,尽可能地降低运营风险,提升利润。

同年,万科旗下子公司万睿科技与阿里巴巴旗下云计算服务子公司"阿里云"达成合作意向,双方将通过应用云计算、物联网和大数据技术,打造国内首批联网小区。作为首个合作项目,万科将把在48个城市运行的设备远程监控管理系统,部署至阿里云计算平台,双方将共同建立智能化大数据系统,为居民提供更多增值服务,形成完整的智慧家庭和智慧生活产业链。

万科又借助腾讯大数据开发"城市洞察"大数据系统,从而实现精准投资和精准营销。同时开发数据化的管理系统,通过App(应用程序)建设智慧社区。

资料来源:贵阳大数据交易所。

第四节 小 结

本章具体介绍了除劳动以外的其他三种重要的生产要素：土地、资本和数据。土地、资本这两种生产要素在现有的微观经济学教材中均有涉及，本书基于中国视角对其进行了重新阐述。而数据作为生产要素参与分配是在2019年才进入我国政府官方文件的。本章也对其进行了讨论。

本章在讨论土地、资本和数据这三种要素的供给和需求时，均以其提供的服务为研究对象。因为土地、资本和数据本身可以看作实际的商品或服务，因而能够采用商品市场的供求理论来进行分析。

土地所有者对于土地的处理有提供给市场和留作自用这两个选择。由于经济学分析主要关心生产要素的市场供给方面，因而假设土地留作自用的效用为零，本章也沿用该假设。因此，土地提供给市场不存在任何机会成本，土地供给曲线是一条垂直于土地数量坐标轴的直线。

消费者对手中持有的资本有两种选择：一是在当期消费，二是进行储蓄。如果选择将当期的一部分资本进行储蓄，实际上相当于把当期的资本转移到未来的某个时期使用。如此一来，这就变成了消费者在当期和未来期之间的选择。因此，资本供给的一个重要来源是家庭的当期储蓄和累计储蓄。资本供给来源于消费者的储蓄，资本需求则来自企业，二者共同形成资本市场。

我国确定将数据作为生产要素参与收益分配。研究数据要素的供给与需求理论变得至关重要。假设数据要素留作自用的价值为零，这意味着数据所有者的数据也只有一个用途，因而数据供给曲线是一条垂直曲线，但是数据的供给数量随着时间的推移而更新和增加。因此，随着数据量的增大，数据需求曲线和数据供给曲线都会右移，均衡价格变化方向则取决于二者移动的幅度，如果前者大于后者，则均衡价格上升；如果后者大于前者，则均衡价格下降。

内容提要

- 本章在讨论土地、资本和数据这三种要素的供给和需求时，均以其提供的服务为研究对象，而不是土地、资本和数据本身。
- 土地供给曲线是一条垂直于土地数量坐标轴的直线。土地的位置、土地的边际生产力、土地上所产生的产品或服务的需求等均是影响土地需求曲线的重要因素。
- 消费者对手中持有的资本有两种选择：一是在当期消费，二是进行储蓄。资本供给的一个重要来源是家庭的当期储蓄和累计储蓄。利率变动通过替代效应和收入效应影响消费者的储蓄行为。
- 假设数据要素留作自用的价值为零，这意味着数据所有者的数据也只有一个用途。数据要素具有较长的价值链条，包括采集、储存、清洗、整理、分析、使用等多个环节。

关键概念

生产要素	生产要素市场	土地
资本	数据	大数据
土地供给曲线	土地需求曲线	利息
土地市场均衡	土地出让	资本供给曲线
净储蓄者	净借款者	数字经济
资本市场均衡	利息税	数据供给曲线
产业数字化	数字产业化	数据价值链
数据需求曲线	数据市场均衡	

练习题

1. 为什么土地供给曲线是一条垂直线？
2. 哪些因素能导致土地需求曲线的移动？请举例说明。
3. 哪些因素能导致资本供给曲线的移动？请举例说明。
4. 请写出消费者跨期消费均衡的推导过程和均衡条件表达式。
5. 利率上升对净借款者和净储蓄者的影响效应如何？请结合图形来进行分析。
6. 相对于土地和劳动，资本要素的特点有哪些？
7. 相对于土地、劳动和资本，数据要素的特点有哪些？
8. 哪些因素能导致数据供给曲线的移动？请举例说明。

第五篇　政府行为理论

第十一章 政府收入

作为一个40多年前人民生活水平还极其低下、商品资源还极度匮乏的人口大国,中国经济的高速发展举世瞩目,但是又让世人感到费解。尤其是关于政府在中国经济增长中扮演的角色,充满了各种讨论和争议。但无论如何,不可否认的是,对比西方国家,中国政府作为一个典型的"大政府",一定是做对了什么。

财政收支行为是政府职能的具体体现,影响着我国经济的方方面面,不仅体现在对宏观经济的调控,也实质性地约束和影响着市场中的每个微观经济主体。同时,每一个微观经济主体的行为又不可避免地与政府收支活动联系在一起,潜移默化地影响着政府的财政收支行为。

一个基本的经济学道理是,任何一个微观主体首先需要取得收入,然后才能产生支出。对政府来说也是如此。因此,本章将先对微观经济中的政府收入行为(又叫作政府筹资行为),进行理论和实践两方面的梳理和探索。这一方面有助于把现有的微观经济理论与中国经济的具体实践相结合,丰富微观经济学中的政府收入理论。另一方面,把微观经济主体的运行置于政府收支行为的大背景中,能够更清晰地理解我国经济运行问题的深层次原因。

本章力图在介绍微观经济学中政府收入的基本概念的同时,分析政府尤其是地方政府通过融资活动与其他微观经济主体(主要是居民和企业)的相互作用,并结合当下某些社会经济热点问题,阐述其中的作用机理。具体安排如下:第一,介绍政府收入的基本概念;第二,介绍政府收入最重要的来源——税收的基本概念;第三,探讨税收制度设计中的一些基本问题;第四,分析不同税种的经济影响,其中有关土地出让金对房价的影响部分的分析内容较多,单列为一节;第五,进行本章小结。

第一节 政府收入概述

前面的章节深入探讨了微观经济主体居民和企业的经济行为,这可能使得读者认为对于市场经济下的微观分析已经基本完整了,毕竟一个市场就是由需求方和供给方构成的,而居民和企业分别充当了市场中的需求方和供给方。但是这样的分析实际上是相当简化的,因为在现实的经济运行中,除居民和企业之外,政府同样作为一个重要的微观经济主体,无时无刻不在影响和改变着整个经济的运行。这一论断不仅在社会主义国家成立,在信奉自由市场的资本主义国家也同样成立。事实上,在所有现代文明国家中,政府都是经济中不可或缺的重要组成部分。

如前所述,本章探讨的重点是政府通过筹资行为对经济产生的影响。如果读者稍微联系一下自己的生活体验,很容易就能发现政府筹资行为的影子。比如为某出版社撰写了一本图书,获得的稿费需要按劳务所得上缴个人所得税;在超市或网络购物平台购买的商品,支付的价格实际上包含了消费税的部分;开办了一家企业,获得的营业收入需要缴纳增值税、利润需要缴纳企业所得税。再比如,通过做市商购买了政府发行的国债,由于不遵守交通规则而收到了交通管理部门的罚单,因拥有住房而被征收房产税,等等。我们可以看到,劳动、消费、经营及其他经济活动,甚至是商品,都是政府收入的来源,而税收处于政府收入来源的核心地位。

概括一下这些行为背后的共同特征,政府筹资行为的本质,是将资源的使用权从私人部门重新配置到政府部门。换句话说,通过政府筹资,政府在削弱私人部门对经济资源(通常体现为货币形式)的使用和占有的同时,增强了自身对于经济资源的支配和使用能力。这种自然资源的转移和重新配置,可以通过法律途径(如税收),也可以通过行政命令(如罚款),还可以通过经济手段(如发行国债)。

如果读者还记得前面章节对于只有居民和企业存在的市场行为的探讨,可能会认为那样的市场已经很合理了。那么很自然的问题就是,政府为什么要进行筹资？政府的筹资行为将导致什么样的结果？微观经济学的经典理论关于政府收入有什么样的解释和指导？带着这些问题,我们将进入第一节的学习与讨论。

一、政府筹资的目的

在进入本小节内容之前,让我们先来看一个实际的例子——北京市的政府收入和支出(见表 11-1、表 11-2)。

表 11-1　北京市 2020 年 1—4 月一般公共预算收入

税种	税收金额(亿元)	同比变化率(%)
个人所得税	221.3	12.1
增值税	583.1	−23.7
企业所得税	391.9	−19.4

表 11-2　北京市 2020 年 1—4 月一般公共预算支出

支出项目	支出额(亿元)	同比变化率(%)
卫生健康	199.8	12.8
社会保障与就业	527.7	23.2
科学技术	256.1	11.3
资源勘探信息	54.7	22.5
教育	289.7	19.5
文化旅游体育与传媒	53.0	1.1
城乡社区	397.1	6.7

资料来源:北京市财政局官网。

从表 11-1 和表 11-2 中我们可以看到,政府的一般公共预算收入由各种税收构成,而政府支出(主要组成部分为一般公共预算支出)大体可以分为以下四个部分(其中有一部分是中央政府特有的,比如国防):

(1) 公共基础设施建设;

(2) 社会保障和转移支付；
(3) 国防、科教文卫、环境保护等公共服务；
(4) 政府内部运转。

根据以上用途，我们大致可以总结出政府筹资的两个目的：一是**提供公共物品与服务**以维持经济社会的正常高效运转，二是**进行再分配**以保障社会公平。① 显然，政府要实现第一个目的，需要数额庞大的资金，这是因为政府本身的生产建设能力十分薄弱（想象一下公务人员现场炼钢或修路建桥），生产建设活动终归需要私人部门去完成。但在经济社会中，政府即使拥有执法权和行政命令权，也无法强行要求居民和企业进行某项生产建设活动，而必须给予他们相应的经济回报（想象一下一家建筑企业修建一栋政府办公大楼，没有得到工程款，却只得到政府的"荣誉勋章"，等待这家企业的必然是巨额亏损甚至破产，如果企业预期到这一点，就不会签约盖楼），这就要求政府必须通过某些手段和途径筹集资金。第二个目的的实现从根本上来说就是以政府筹资为前提的，因为政府本身不能产生利润和现金流，所谓"巧妇难为无米之炊"，不从私人部门筹集资金，资金和社会资源的再分配也就无从谈起。

值得一提的是，有的读者可能会认为，前文提到的将资源的使用权从私人部门重新配置到政府部门才是政府筹资的目的，但这并非政府筹资的终极目标而是结果（之一），因为单纯的资源转移和重新配置并不能为政府筹资行为的正当性提供充足的理由（试想如果政府将筹集的资金进行自我挥霍而非用于实现上述目标，社会的稳定性必然遭到威胁），我们应该透过表象看到政府筹资行为背后更深层次的经济学力量。

二、政府筹资的结果

有了以上论述的基础，我们可以清楚地看到，政府筹资的直接结果就是资源从私人部门转移到了政府部门。如果这就是故事的全部，那么我们应该对政府的筹资行为持完全赞成的态度，在缴纳税收或罚款的时候应该兴高采烈甚至欢呼雀跃，因为我们知道自己借由政府之手对整个社会做出了贡献。但事实上，政府筹资在实现资源转移的同时，将会对一系列重要的经济和政治要素造成影响：

(1) 市场均衡和效率。政府筹资将会以各种影响市场均衡和效率的方式改变市场在自由条件下能够达到的结果。以税收为例，直观地讲，赋税相当于在供给曲线和需求曲线之间打入一个"楔子"，同时改变了市场中产品或服务的均衡价格和均衡数量。下文将会详述政府税收是以损害社会总福利和市场效率为代价的。

(2) 收入分配。一方面，社会成员具有不同的税收负担份额，也就是说不同的社会成员缴纳的税收数量并不相同，因而即便忽略再分配和转移支付的政府职能，税收也会直接改变收入分配。另一方面，缴纳更高的税收并不意味着能够享用更多的公共服务，因而特定的征税方式将会影响居民纳税的积极性和社会公平。有关税收对公平和收入分配的影响，将在第三节中进行更为详尽的讨论。

(3) 政治均衡。这一点主要是针对西方民主国家而言。由于纳税较多的选民可能更倾向于支持实行减税轻税政策的政府，因而政府的筹资尤其是税收行为将会影响自身执政权力的稳定性。当然，在我国的政治体制下，这种政治均衡的考量几乎不存在，因为一个普通百姓

---

① 本章将把以上论述作为结论使用，至于为什么这些职能需要政府而非私人部门去实现以及如何实现，是第十二章和第十五章重点讨论的内容，不属于本章的讨论范围。

几乎不会从纳税的角度考量对人大代表的选举。因而,政府收入对政治均衡的影响并非本章讨论的重点内容。

第二节 税收的基本概念

尽管政府筹资的手段和途径多种多样,但毫无疑问的是,税收在整个政府收入中处于核心地位。税收的收入占比高、经济影响大、正当性强、来源稳定,因此对于税收的分析是政府收入行为分析的核心。本节将介绍有关税收的基本概念,包括税收的定义、税基、税率结构、纳税与逃税,顺带介绍一下除税收以外的其他政府收入途径,为本章余下的内容做好铺垫。

一、税收的定义

税收是政府出于提供公共物品和服务的需要,以法律形式对社会成员规定的与特定活动相关的强制性货币支付。 从本质上来讲,税收是消费者和企业等微观经济主体创造的国民收入和国民财富向政府的强制性转移。税收还是一种(非市场化的)交换,即社会成员(居民)向政府让渡部分对自己的经济资源和经济成果的控制权和享有权,以换取政府提供的各种形式的公共物品和服务。

总结来看,税收具有以下三个特点:

(1)目的性。政府征税具有明确的目的,主要是提供公共物品或服务,或者实现某种有利于公共社会的经济或政治目标。

(2)合法性。征税权须由法律赋予,主体必须是政府部门,而且必须依据相关法律,才能征收税收。

(3)强制性。纳税是所有参与了社会经济生活的人的法定义务,带有法律强制性。

为什么微观经济学要研究税收?因为税收会对微观经济主体的经济行为产生至少两方面的影响:一方面,个人支配资源的能力被削弱,因为税收减少了市场上可用于购买产品和服务的收入;另一方面,税收被用于政府提供公共物品和服务或者进行转移支付,使得部分微观经济主体享受到"免费"的产品与服务(消防员和警察从来不向民众收费),部分微观经济主体的收入增加(比如领取最低生活保障补助和养老金的人)。正因为税收对微观经济主体的影响如此之大,对每个国家的政府而言,如何确定一套科学、有效、公平的税收制度才成为一个重要的议题。

二、税基

在征税之前,首先要确定税收的来源。税基就是税收的来源,表示税收从何种经济活动而来、对何种主体进行征收。税基可以分为经济税基和非经济税基两大类。

经济税基,顾名思义,一定与微观经济主体的某种经济行为相联系并且依法应该征收税收,大体可以分为收入、消费(商品交易)和财富三大类。现实中,收入被用作评价税收公平性的常用税基,例如美国的个税填报就是以个人或家庭当年的收入为纳税基准的。当然,对经济税基赋税显然会影响微观经济主体的经济决策,产生所谓的替代效应。

非经济税基则是指与微观经济主体的经济行为没有直接关系的征税对象,譬如一些国家的早期政府对其国民征收的定额"人头税"。对非经济税基赋税虽然不会对微观经济主体的经济行为产生直接的作用，但是会通过改变纳税人的实际收入状况间接影响其经济决策。

三、税率结构

税收是由税基和税率共同构成的，也就是说在确定对哪些经济活动征税之后，还需要确定对这些活动怎么征税，以及征多少税。

税率结构表述了征收的税率与税基之间的关系，其中税率指税收收入与税基价值的比率，又分为平均税率与边际税率。平均税率指总纳税额除以税基总规模，衡量了纳税人平均纳税负担的大小。边际税率是指税基每增加1美元时税收收入的增加值，反映了纳税人最后一单位收入的纳税负担的大小。①

根据不同的税率结构，税收又可以划分为等比例税、累进税和累退税。等比例税的税率是固定的，不随税基规模的变动而变动。累进税的税率随税基规模的扩大而提高。累退税的税率随税基规模的扩大而降低。

为了使读者对税率结构有一个更具体的认识，表11-3以现实经济中最常见的累进税制为例，说明税制结构的设计。作为一个小练习，读者可以根据税基规模和边际税率验算平均税率（注意：在每个等级的起点和终点时，纳税人面临的平均税率是不同的），也可以设定纳税人的应税收入，计算其边际税率和平均税率。

表 11-3 累进税制下的税率结构

税基规模等级	边际税率(%)	平均税率(%)	
		等级起点	等级终点
0～3 600 元	0	0	0
3 600～14 400 元	5	0	3.75*
14 400～30 000 元	10	3.75	7
30 000 元以上	15	7	12.6

* 计算过程：(14 400 - 3 600) × 5% ÷ 14 400 = 3.75%。

除了按照税率结构对税收进行分类，还可以按照课税方式把税收分为直接税与间接税。直接税的特点是其征税对象就是最终纳税人，税收不存在其他的转嫁。间接税的征收对象并非最终纳税人，换句话说，这种税实质上不是由直接缴税对象承担，而是转嫁给了其他主体（如消费税由企业缴纳，但实际上这种税收通过产品加价转嫁给了消费者）。关于税收负担和税收转嫁的问题将在第三节详细讨论。

四、纳税与逃税

根据税收的定义，纳税属于社会成员的法定义务，在法律规定范围内的经济活动和相关参与人员都需要纳税。

---

① 值得注意的是，这里的税率结构是针对收入或财富而言的，如果是针对消费征税，则一般是从从价税和从量税的角度进行区分（见第三节第一部分）。

为什么纳税属于法律义务？这要回到第一节所讲的政府筹资的目的或者说政府的微观职能。在现代民主国家中，政府的存在是必不可少的，原因在于：一方面，政府可以以较低的成本为全社会提供公共物品和服务，如国防、警察、公共卫生等；另一方面，政府还可以有效地解决或缓解市场本身的问题，如外部性、暴力犯罪等。社会的正常运转离不开这些公共物品和服务。政府完成以上职能显然需要支付成本，但政府本身是不能创造产出和收入的，因而政府需要从消费者和企业手中获取收入，而税收是政府收入最重要、最稳定的来源，因此税收是必不可少的，与之对应的纳税也就成为每个社会成员必须履行的义务。

尽管从法律上讲，纳税是每个社会成员必须履行的义务，但是现实生活中逃税（偷税、漏税）的现象却层出不穷。从纯粹的微观经济学意义上讲，在某些情况下逃税可能是个人理性的结果。对于个人尤其是高收入群体来说，他们有可能缴纳了巨额税收，但是享受到的政府公共物品和服务却与其他纳税较少的人没有什么区别，甚至更少（因为他们更多享受自己购买的产品和服务了）；而个人并不会因为多纳税就需要更多的警察或公共卫生服务。但是逃税却可以带来相当丰厚的经济回报。当然，政策制定者充分考虑到了这一点，因此法律会对逃税（偷税、漏税）行为给予十分严厉的处罚。从信息经济学的角度来说，提高监管和惩处的力度，能够降低个人或企业违法的概率。

案例 11-1

厦门远华特大走私案

对于进行国际贸易的企业来说，很大一部分税款都来自货物经由海关出入境时缴纳的关税。20世纪90年代后期，我国进出口监管政策尚不成熟、国内走私之风盛行，一些不法企业主为了偷逃关税以赚取国内外商品价差，不惜买通政府官员协助其大肆走私。其中，厦门远华特大走私案偷逃税款300余亿元，社会影响极其恶劣，成为国内偷税漏税的典型案例。

厦门远华集团有限公司（以下简称远华集团）的老总赖昌星头脑灵活、深谙世事，依靠电脑芯片贸易起家，在成立远华集团之后，专营芯片走私，之后走私范围又迅速扩张到其他产品门类。远华集团一方面通过与厦门企业"合作"的方式，利用其进出口权进行走私；另一方面利用"假转口"进行走私。由于厦门海关为数不少的一线和高层官员被赖昌星买通，海关对此睁一只眼闭一只眼。远华集团在偷逃巨额关税的同时，通过地下走私获取了数额惊人的利润，其中一部分资金用于远华集团的"业务扩张"和赖昌星的个人挥霍，一部分又被用来继续打点和买通政府官员。1996年，高达88层的"远华国际中心"（因其通体呈砖红色，又被称为"红楼"）破土动工，但由于资金问题，最终只修建了7层。

但远华集团看似"一手遮天"的猖狂走私终究难逃法网。1999年4月，远华集团东窗事发，被中央列为代号"4·20专案"的特大案件。2001年9月，"4·20专案"基本尘埃落定。其间，共600多名涉案人员被审查，300多人被追究刑事责任，14人一审被判死刑。这些人既包括远华集团的家族管理层，还包括包庇协助其走私的政府官员。远华特大走私案的主犯赖昌星在1999年8月接到秘密情报，出逃加拿大。但在我国公安机关的持续努力下，赖昌星于12年后被加拿大有关部门遣返回国并被抓捕归案，一审判处无期徒刑。

该案偷逃税款涉及的金额数量之大、面临的刑罚力度之重，有力地说明了履行公民纳税义务的重要性，以及我国法律对偷税逃税行为绝不姑息的态度。

资料来源：作者根据相关资料整理。

五、税收以外的政府收入途径

尽管税收是政府最重要的收入途径,但政府收入也并非完全来自税收。债务筹资、捐款、罚款与收费、政府企业利润所得乃至铸币税,也都是政府的收入来源。与税收相比,这些政府收入途径占比较小、微观经济扭曲程度较轻(铸币税除外),不属于政府收入微观经济分析的核心问题,因此本小节只做简单介绍。

(一)债务筹资

债务筹资指政府通过发行政府债券等方式借入资金为其支出筹资,是除税收以外最常用的、收入最高的筹资手段。我们在现实生活中看到甚至参与投资的国债、地方专项债等都属于政府债务筹资。债务筹资的特点是政府可以通过这种筹资方式推迟民众缴纳税收的时间。譬如,政府需要进行一项时间比较长的建设项目,如果当期向民众征税凑齐建设资金的话,民众需要等待相当长的时间才能享受到这个项目带来的收益。而如果对债权人发债,则可以等到项目建设完成后再通过征税偿还本金和利息,而这时纳税人已经可以享受到项目的收益了。另外,当发生一些突发事件,如战争或重大自然灾害时,政府可以通过债务筹资迅速筹集处理这些事件所需要的资金。

譬如,自 2020 年年初新冠肺炎疫情暴发以来,我国经济面临"前所未有"的下行压力和挑战,为更好地发挥财政政策拉动经济的作用、缓解政府财政收支失衡的压力,债务筹资扮演了重要的角色:中央政府发行了 1 万亿元的特别国债,另外发行了 3.76 万亿元的地方专项债,用于抗疫和支持实体经济。这个规模的特别国债和地方专项债的发行在历史上是罕见的。

(二)捐款

捐款是个人或组织向政府所做的自愿的资金贡献。这些捐款可能是出于个人或企业的爱国情怀,也有可能是为特定的公共项目(如重大自然灾害、突发事件或贫困救助)提供资金。例如新冠肺炎疫情期间,中国红十字会及红十字基金会系统接收到的支持新冠肺炎疫情防控的社会捐赠款物价值接近 210 亿元,为历史之最(数据截至 2020 年 4 月 22 日)。但要注意的是,红十字会实际上是总部设在日内瓦的国际民间团体,因此其收到的捐款并不计入政府收入。

不同的国家捐款主体所在层级不同,譬如在美国捐款主体主要集中在社区,而在中国捐款主体主要集中在国家或省级层面。但无论在哪个国家,捐款都属于政府筹资途径中较为被动和边缘的手段。

(三)罚款与收费

顾名思义,**罚款与收费是政府对于违反法律法规或者参与某些特定经济活动的社会成员实施的强制货币支付**。例如,路边停车超时或闯红灯缴纳的罚款、高速公路上缴纳的过路费等,都属于罚款与收费的范畴。其与税收的不同之处在于,罚款与收费只涉及参与特定的经济活动的小部分社会成员。罚款与收费的一大优点是,它使得违反法律法规的社会成员遭受经济损失,从而抑制了社会成员违反法律法规的动机,或者让某些公共服务的直接消费者定向为这些服务支付成本,同时还为政府创造了收入。相比于税收,它对经济造成的负面影响较小,但是由于其征收对象的局限性,罚款与收费也不可能成为政府收入的主要来源。

(四) 政府企业利润所得

对世界上的绝大多数国家来说,并非所有的企业都归私人所有,即便在英国、美国这样的发达资本主义国家,也**有相当部分的企业属于政府所有,这些政府所有的企业获得的利润也成为政府收入的一个来源**。在我国,政府所有的企业利润所得仍然是重要的政府收入途径。但是相比于前几个政府收入手段,政府所有的企业的利润所得可能是不确定性较大的一个。政府所有的企业由于预算软约束等问题,其经营效率往往(当然并非全部)低于其他所有制的企业,这是导致政府所有的企业利润所得这一收入来源不可靠的重要原因。当然,随着信息统计手段和会计税收体制的不断完善,政府所有的企业的"预算软约束"问题也会得到不断缓解并最终予以解决。

(五) 铸币税

铸币税是指政府通过增发钞票获取的收入。自20世纪初期以来,世界各国都开始脱离金本位转而发行法币(政府通过法律规定价值的货币),也就是说货币的发行权落到了政府的手里。从前面的论述中我们看到,政府筹资的本质是向社会成员索取资金,那么自然而然地,政府可以通过发行货币来为自身进行筹资。尽管掌握财政收支和货币发行权力的政府机构往往不是一家(比如在我国和世界上绝大多数国家,分别是财政部和中央银行),但是在中央银行的独立性(指其行为不会受到政府胁迫)还不高的时代,政府通过"命令"中央银行增发钞票(通过购买国债等方式)支持财政支出的行为屡见不鲜。铸币税看似是一种成本低廉(只是牺牲了中央银行的独立性)的政府筹资手段,但是如果政府不把握好财政收支的平衡,很容易造成通货膨胀的问题,例如解放战争时期国民党政府通过超发货币为军费开支筹资,结果造成了国统区的恶性通货膨胀。①

有趣的是,大名鼎鼎的物理学家伊萨克·牛顿(Isaac Newton)还担任过17世纪末18世纪初的英国铸币局的局长。牛顿在物理学界功成名就之后,却因为受到科学界同僚的排挤而受到孤立,在他的一名家世显赫的学生的推荐之下,他进入了英国铸币局工作。由于牛顿工作出色,不久就被提拔为铸币局局长。牛顿作为一名伟大的科学家,在这一政界要职上也做出了巨大贡献。牛顿通过分析世界主要国家的金银价格情况,得出了英国白银短缺已无法改变的结论,因此建议降低铸造金币的价格,从而固定黄金的价格。英国议会最终采纳了牛顿的建议,没想到却阴差阳错地使得黄金以官方身份与英镑挂钩,并逐渐替代了白银的支付地位,开启了"金本位"时代。

第三节　税收制度设计

前文提到,由于税收对经济影响深远,因此每个国家都必须在制定税收制度时慎之又慎。

---

① 货币超发和通货膨胀实际上属于宏观经济的范畴,请参阅《宏观经济学原理:中国视角》。

本节我们将通过引入一些简单的局部均衡模型,探讨政府在设计税收制度时面临哪些可选项,或者说需要考虑哪些方面的问题。我们将会看到,不同的税种产生的经济影响是不同的;在设计税收制度时,既要考虑税收的效率问题,又要考虑税收的公平问题。需要提醒的是,学习本节的目的,并不限于了解如何设计最优的税收制度,还有懂得如何评价一个已有的税收制度。另外,在回答有关税收制度的问题时,我们必须时刻区分征税的对象,是商品交易、还是收入,抑或是财富。

一、税种分类

(一) 从价税与从量税

从税收与税基的关系上来讲,针对商品交易的税收大致可以分为两类——从价税与从量税。顾名思义,**从价税是指对商品的价格征收一个固定比率的税收,而从量税是指对每一单位商品征收一个固定金额的税收**。在我国现有税收制度下,部分商品的消费税属于典型的从价税,例如根据相关法律,对甲类卷烟征收从价税,税率为56%,也就是说原价为每条200元的甲类卷烟,消费者需要支付312元的含税价才能买到。而车船税则属于典型的从量税,例如发动机汽缸容量在1.6—2.0升的乘用车每辆每年需缴纳360—660元的车船税。

用简单的数学语言表达,在从价税的情形下,假设每单位商品的原价为p,从价税的比率为α,则市场的均衡价格为$(1+\alpha)p$。在从量税的情形下,假设每单位的从量税税额为t,则消费者面临的价格为$p+t$。但值得注意的是,在本节的余下部分我们将看到,由于市场均衡受到赋税影响发生了变化,税收对于价格的影响并非如此简单,我们可能需要重新定义"原价"和"含税价"。在这里,读者只需要区分从价税和从量税就可以了。

(二) 定额税与比例税

从税收与税基的关系上来讲,针对收入或财富的税收大致可以分为两类——定额税与比例税。实际上,我们在第二节的税率结构部分已经提前介绍了这一问题。税基是指可以征税的经济活动的规模;定额税又叫一次总付税,是指无论个人承担的税基大小,都征收相同金额的税收;比例税是指根据税基规模的不同,实行不同的税率,而根据税率与税基规模的变化关系又分为等比例税、累进税和累退税。

一般来说,相较于比例税,定额税对经济的扭曲程度较小(或者说更有效率)[①],但是从调整收入分配的角度来说,比例税又比定额税更加公平。因此,这两种税收制度设计并没有明确的优劣之分,需要视征税的目的而定。

二、税收与效率

如果说税收分析是整个政府收入分析的核心,那么对于税收效率的分析和评价则是整个税收分析的核心。事实上,对于政府税收和税收制度设计最大的争论就集中在税收的效率问题上。本部分将用简单的局部均衡模型解释赋税对市场均衡和社会福利的影响,并探讨如何在税收效率、社会福利和税收收入之间取得平衡。

---

① 对这个结论的数学证明已经超出了本书的范围。

(一) 赋税的无谓损失

如果政府的赋税只是简单地从私人部门或者说市场中拿走一部分资源而不改变其他的结果,那么关于税收的必要性和税收制度设计的讨论和争议相比现在会大大减少。但是经济学的一个基本原理是,人们会对激励做出反应,例如当某种商品变贵,人们就会减少对这种商品的购买。税收无疑会通过直接影响商品的价格改变商品的需求和供给,而通过前面章节的学习我们知道市场均衡是由需求和供给共同决定的,那么税收自然也会影响市场的均衡结果——均衡价格和均衡数量。

那么,如何衡量税收带来的影响?一个简单的方法是对比税收存在与否情况下的市场均衡结果及社会总福利。为了做到这一点,我们需要引入简单的局部均衡模型,并以较为容易分析的从量税为例。如图11-1所示,某个市场中,需求曲线向右下方倾斜,而供给曲线向右上方倾斜。在没有税收时,市场均衡价格为 p_0,均衡数量为 q_0。当政府征收每单位价值 t 的从量税时,其效果相当于在消费者支付的价格 p_c 和企业得到的价格 p_f 之间打入了一个长度为 t 的"楔子",最终使得两个价格之间的差距为 t,有税收情况下的均衡数量也随之减少为 q_t。需要注意的是,"楔子"的长度之所以必须为 t,是因为在新的均衡数量之下,政府对每单位商品征收的税收为 t。

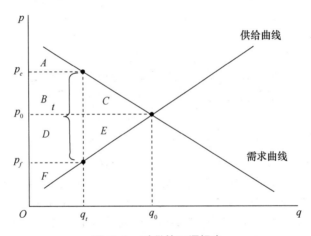

图 11-1 赋税的无谓损失

让我们对这种情况做一点简单的福利分析。首先,政府的税收收入等于税率 t 乘以税基 q_t,也就是图11-1中的 $B+D$。回顾前面章节的内容,社会总福利由消费者剩余和生产者剩余(在没有固定成本时,即企业利润)构成,在没有税收时,消费者剩余为 $A+B+C$,生产者剩余为 $D+E+F$;在有税收时,消费者剩余减少为 A,生产者剩余减少为 F。两种情况下的社会总福利之差为 $(A+B+C+D+E+F)-(A+F+B+D)=C+E$。注意,政府税收收入被用于提供公共物品与服务,因此也算作社会总福利的一部分。但即便如此,**我们发现在有税收的情况下,社会总福利仍然减少了 $C+E$,也就是图11-1中三角形的面积。这就是所谓的赋税的无谓损失(又称超额负担)**。我们可以用简单的三角形面积公式来计算无谓损失的大小,即无谓损失(Dead Weight Loss, DWL)$=1/2 \times t \times (q_0 - q_t)$。

那么,无谓损失是如何产生的呢?从图11-1中我们看到,征税导致消费者支付的价格升高了 $p_c - p_0$,同时企业得到的价格下降了 $p_0 - p_f$,基本的经济学原理是,更高的价格会抑制需求,更低的价格又会抑制供给,因此总的结果是均衡数量从 q_0 下降到了 q_t。而在不征税的均衡状态下,q_0 是供给曲线和需求曲线相交时的产量,这对于整个社会来说是效率最大化的产量。当政府征收税收使得均衡数量偏离最有效率的产量时,必然会造成效率的损失和社会总福利的减少。换句话说,在完全竞争市场情况下效率最大化的数量由于赋税而部分消失,因此消费者和厂商的福利都将遭受损失。

(二) 效率-损失比率

在学习完无谓损失之后,是否可以说,造成无谓损失越大的税收制度设计在效率上就是越糟糕的呢? 爱思考的读者也许会发现,纯粹用无谓损失的大小比较不同税收的好坏是"不公平"的,因为市场规模的大小本身存在差别,规模越大的市场产生的无谓损失越容易偏大。即使针对同一个市场而言,征收不同大小的从量税,在改变无谓损失的同时,税收收入也会变化。因此,经济学家们提出了效率-损失比率来衡量一项税收的效率损失的大小。

效率-损失比率(W/R) 指的是无谓损失 W 与税收收入 R 的比值。在图 11-1 中,效率-损失比率等于三角形 $C+E$ 的面积除以矩形 $B+D$ 的面积。从直观上理解,效率-损失比率衡量了每单位税收所造成的社会福利损失;当税收收入相同时,效率-损失比率更高的税收制度设计会造成更大的无谓损失。这也是评价税收制度效率时,用效率-损失比率比用无谓损失更合理的原因。

为了给读者一个更具体的认识,举一个具体的例子。设 $q_0 = 200, q_t = 100, p_0 = 50, p_c = 55$, $p_f = 45$,则 $t = 10$; $DWL = 1/2 \times 10 \times (200 - 100) = 500$; $R = 10 \times 100 = 1\,000$,则 $W/R = 0.5$。

(三) 税收变动的无谓损失与税收收入

上述都是在税率确定情况下的静态分析。从长期来看,税收很少一直保持不变,包括增值税率、消费税率、个人所得税率、企业所得税率在内的多种税率都时常根据经济环境和宏观政策的需要而发生变化。继续以图 11-1 为例,一个很自然的推论是,税率变动会带来无谓损失和税收收入的变化。有的读者可能会想当然地认为,提高税率一定会增加无谓损失和税收收入,因为现在每单位数量缴纳的税收变多了,对经济的影响更大。但结果究竟如何? 让我们做一个简单的图形推演。假设从量税的税率从 t 提高到了 t',那么税收将在需求曲线与供给曲线之间打入一个更长的"楔子",如图 11-2 所示。

图 11-2 中深色阴影部分代表税率提高后税收收入的减少,浅色阴影部分代表税收收入的增加,显然浅色部分的面积小于深色部分,因此,尽管税率提高,但税收收入实际上是减少了。同时借助一点几何知识,还可以看出税收造成的无谓损失增加了。[①]

税率提高、税收收入下降的结论似乎有点违反直觉,但是只要认识到税率改变的同时税基也在发生变化,这个现象就不难理解了。图 11-2 清楚地显示在更高的税率下,均衡数量进一步减少,如果税率提高带来的税收收入增加不足以弥补税基减少而带来的税收收入减少,最终就会导致税收收入的减少。

基于以上逻辑,美国经济学家阿瑟·拉弗(Arthur Laffer)提出了著名的"拉弗曲线",用以描述政府税收收入和税率之间的关系,其大致的形状(曲线不一定是对称的)如图 11-3 所示。

---

① 事实上,在给定其他市场条件不变的前提下,无谓损失随着税率提高而增大的结论是普遍成立的,严格的证明涉及弹性和比较复杂的数学推理,已经超出了本书的范围。

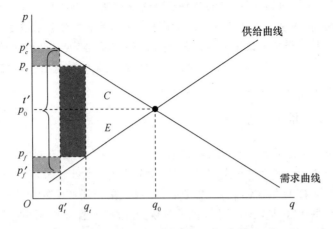

图 11-2　税收变动引起的无谓损失与税收收入变动

拉弗曲线的基本思想是,在税率较低时,随着税率的提高,税基的减少程度不如税率的提高程度快,因此税收收入会增加;但当税率已经较高时,税率再提高会导致税基的减少程度超过税率的提高程度,因而税收收入开始下降。值得注意的是,拉弗曲线不仅适用于针对收入和财产征收的税收,同样也适用于针对商品和服务交易、劳动经营等经济活动征收的税收。

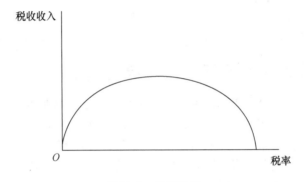

图 11-3　拉弗曲线

在拉弗曲线(代表的经济学思想)的启示下,20 世纪 80 年代美国里根政府时期曾兴起过"供给学派",其主要思想是通过减免税收,反而能使税基扩大(原因是市场中的成交量增加、工人劳动积极性提高等)、经济扩张,从而增加税收。① 显然,这样的推论建立在目前税率已经位于拉弗曲线的顶点右边的假设之上。

有的读者可能会认为,我们可以根据 80 年代里根政府实施减税政策之后美国政府的税收收入是增加还是减少,判断减税之前的税率是处于顶点的左边还是右边。但是这样的想法是有问题的。我们应该对比的是减税之后某年的税收收入和**假如没有实行减税政策**的情况下当年的税收收入,因为这段时间内影响税收收入的不止减税政策(如经济波动等)。然而,由于后一种情况根本没有发生,这个比较是无法直接做到的。②

由于现实中一国的税率变化总是有范围限制,想要用实际数据绘制出一条完整的拉弗曲

---

① 关于拉弗曲线和供给学派的更详尽的讨论,请参阅《宏观经济学原理:中国视角》。
② 这里提到的就是计量经济学中著名的"反事实"的思想,尽管现实世界只有一条路径,但聪明的计量经济学家总有办法模拟出反事实的情况。当然,这些内容不属于本书要讨论的范畴。

线存在困难,这也是一些经济学家反对拉弗曲线和供给学派的原因。但是至少在税率已经十分高(比如80年代的瑞典,其工人面临的边际税率高达80%)的情况下,有研究表明,降低税率的确有助于提升税收收入。

三、税收与公平

效率高低并非评价税收制度设计的唯一标准。由于税收对社会成员的收入分配能够产生直接的影响,税收的公平性也成为评价税收制度设计优劣的一个重要标准。由于同一笔税收,如果取自不同的微观经济主体,会对微观经济主体的收入分配和经济行为造成不同的影响。因此,税收负担(又称税收归宿),即税收最终由谁承担,是税收公平必须研究的核心问题。

(一) 税收负担

我们仍然沿用前一部分图11-1的例子(事实上这个例子非常具有代表性),来说明政府征收从量税时消费者和企业如何分担税收负担。**税收负担即与没有税收时相比,某个微观经济主体实际承担了多少税收**。从图11-1中我们可以很清楚地看到消费者承担了$(p_c - p_0)q_t$的税收负担,而企业承担了$(p_0 - p_f)q_t$的税收负担。因此,两者所承担税收负担的相对大小取决于各自最终支付的价格与没有税收时的均衡价格之间的差距——这种差距越大,则表明税收负担越重。在图11-1中可以看到,消费者和企业的税收负担大致相等。值得一提的是,税收负担显然并非由法定义务决定,也就是说,法律规定这笔从量税是由消费者支付还是由企业支付对最终的税收负担并无影响——税收负担是由市场力量决定的。

为了给读者一个具体的认识,我们在图11-1中画出一条更加倾斜(弹性更小)的需求曲线而保持其他所有条件不变,得到图11-4,以比较税收负担的变化情况。对比两图可以很明显地看出,当需求弹性减小时,相对于企业得到的价格的下降程度,消费者支付的价格的上升程度要高得多,换句话说,消费者的税收负担(相对于企业来说)增加了。显然,不同的税收制度设计会造成不同的税收负担和随之而来的收入分配与社会公平问题。

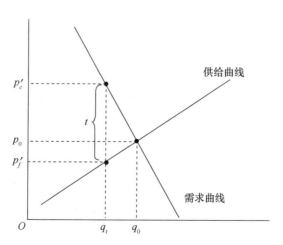

图11-4 需求弹性减小,消费者的税收负担增加

(二) 税收公平的两个原则:受益原则和支付能力原则

如上所述,为保证社会主义市场经济的公平性,政府在征收不同种类的税收时,应充分考虑该供求双方弹性的相对大小,保护较为弱势的群体。

受益原则认为,既然政府筹集资金的目的是为社会公众提供产品和服务,那么税收负担应该由纳税主体从其中享受到的收益的大小决定。受益原则如果能够实施,就可以把政府提供产品和服务的边际成本与边际收益相对应,以达到社会资源的最优分配。但实际上,与市场中交易的产品和服务不同,政府提供的产品和服务具有很强的正外部性,一般来说会导致社会集体福利的增加,因而很难将这种福利增加分配到具体的个人身上。设想一种极端的情况,政府在捍卫主权的自卫战中有了一笔巨额的国防支出(如果政府想要平衡预算,那么这就对应了一笔巨额的财政收入),这一笔支出应该由全国人民平均承担,还是应主要由离战争爆发地比较近的民众承担呢?这个问题的答案是不确定的——如果根据受益原则,答案应该是后者;但如果政府不打响自卫战,全国人民的安全都会遭受威胁,似乎让全国人民都为其"买单"更为合理。

支付能力原则主张,税额应根据纳税人的支付能力进行分配。例如,收入高的人应该比收入低的人缴纳更多的税收(这里隐含的假设是,收入更高的人其支付能力也更强)。乍看之下,支付能力原则十分有利于政府发挥再分配的作用和实现社会公平,但是如果仔细思考一下,支付能力原则的实施依然存在很多问题。譬如,对两个具有相同收入的人实行同样的税率就一定是合理的吗?现实生活中,收入的来源非常复杂并且不能展现经济状况的全貌:假如有两个年收入同为20万元的人,其中一个是依靠自己的双手挣来的血汗钱,而且由于高企的生活成本银行账户空空如也;而另一个则可能是继承了亲人的遗产,并且家境优渥、资产丰厚。现在你还觉得对这两个人实行同样的税率是完全合理的吗?另外,两个具有相同支付能力(赚钱能力)的人,完全可能由于对工作和闲暇的偏好不同,造成收入的差距,那么对相对而言更努力工作的人征收更多的税收不是会抑制微观经济主体的工作积极性吗?显然,税收导致经济倒退是政策制定者最不愿看到的局面之一。这些问题都对支付能力原则的实施提出了挑战。

尽管存在问题,我们还是认为支付能力原则下的累进税制是一种相对而言更公平的税收制度。正如我们即将看到的,我国以及世界上许多国家现行的个人所得税采用的正是(超额)累进税制。

第四节 不同税收制度设计的经济影响

现实生活中税收制度设计名目繁多,由于其针对的征收对象和征收办法不同,造成的经济影响也不尽相同,第三节介绍的从量税只是冰山一角。因此,本节将简单介绍一些常见的税收制度设计的经济影响,如个人所得税、企业税收征管和优惠等,以期对上节内容做一个补充。但是考虑到本书面向的对象及篇幅所限,本节在内容上将会有所精简,并且也不会引入数学模型,读者只需要理解其中的经济学逻辑就可以了。

一、个人所得税与劳动供给

个人所得税是一种十分常见的税种,在我国和欧美等发达国家都有开征,而且这种税收最贴近我们的个人生活——我们的劳务所得、工资薪金等都需要缴纳个人所得税。显然,征收个人所得税会抑制劳动积极性,因为谁也不愿意自己辛苦挣来的钱被扣除一部分,与其如此,不如少劳动一点,多享受一些闲暇。事实上,一些经济学家就将欧洲工人的平均工作时长比美国工人的短,归咎于欧洲较高的个人所得税税率。

另外,个人所得税的税率结构也会在边际上改变个人的劳动供给行为。例如,世界各国的个人所得税几乎都是向高收入群体多征税,向低收入群体少征税,在一定程度上维护了社会公平。但是,它也可能会促使一些人通过调整自己的劳动行为而最大化净收入。试想:如果 A 的收入刚刚超过了高税率的阈值,而 B 的收入刚好没有达到阈值,那么由于 A 适用更高的税率,可能导致 A 的税后净收入比 B 的低。这就促使一些人通过降低自己的劳动供给以保证自己获得的净收入最大。

正因为如此,确定最优的个人所得税税率就显得尤为重要。但如何确定最优的个人所得税税率实际上是一个比较难以回答的问题。以最简单的比例税为例,如果政府目标不是最大化收入,得到的最优税率也不同,这种情况下政府最优税率的确定,不仅取决于弹性(需求价格弹性和供给价格弹性),还取决于每个个体在社会总福利中的重要性及整个社会的收入分布情况。

案例 11-2

2018 年个人所得税改革

前文提到,个人所得税对于劳动供给具有重要的影响,而劳动供给又无疑是经济增长的重要助推力量之一。在我国现行的税收制度下,个人所得税的适用对象包括个人的劳动和经营所得,因此不仅会影响劳动者的劳动积极性,还会影响小微企业主和个体户的经营积极性。为进一步激发经济发展内生力、更好地让利于民、实现社会公平,第十三届全国人民代表大会常务委员会第五次会议通过《关于修改〈中华人民共和国个人所得税法〉的决定》。

这次个税改革力度颇大、亮点颇多,其中最值得一提的两点是:

(1) 建立综合所得税前扣除机制,提高基本减除(从每月 3 500 元提高到每月 5 000 元,也就是常说的"起征点"),增加与纳税人生活息息相关的专项附加扣除;

(2) 优化税率结构,调宽中低税率对应收入级距,减轻中低收入者的税负。

调整后的应纳税额 = 应纳税所得额(工资、薪金所得扣除个人缴纳的"三险一金",并扣除起征点后的数额)× 适用税率 − 速算扣除数。此次个税改革可谓是立竿见影。根据政府官员和业界第三方研究报告的结果,实行此次个税改革后,月收入在 2 万元以下的中低收入群体的个人所得税税负将下降 50% ~ 70%。改革实施首月,全国个人所得税减税 316 亿元,有 6 000 多万个税改革前的纳税人不再缴纳工资、薪金所得个人所得税。

客观地讲,此次个税改革一方面提高了广大纳税人工作和经营的积极性,另一方面降低了中低收入阶层的税收负担,增强了税收制度的公平性,实现了个税改革的初衷。

资料来源:中国政府网,http://www.gov.cn/xinwen/2018-08/31/content_5318232.htm,访问时间:2021-04-06。

二、税收征管、优惠与企业行为

(一) 政府重点税源监管政策对企业税收遵从行为的影响

前述提到政府对个人所得税设定的累进税率,会使得许多在税率阈值附近的个人通过调整自身的劳动供给行为,以使自己的应纳税额刚好不超过税率阈值,由此会导致大量的纳税个人聚集在税率阈值的左侧与阈值处。类似的现象不仅存在于个人所得税征管中,也存在于企业税收征管中。最常见的形式诸如小微企业免征税、大规模企业受到税务部门更严格的监管(更严格的监管同样意味着大规模企业面临的实际税率可能会更高,因为它们避税的难度会更大)等。这类政策是否也会导致大量纳税企业聚集在某些阈值处呢?以同样的思路进行分析,答案应当是肯定的。

案例 11-3

西班牙的重点税源监管政策与企业收入低报

自 1995 年起,西班牙对年营业收入超过 600 万欧元的企业实行重点税源监管政策,被重点监管的企业将面临更严格的收入监管,以及更专业的审计人员的审计。在 1995 年政策实施时,有 11 107 家企业受到监管,到 2007 年已经有 34 923 家企业受到监管。由于受到了更严格的监管,这些企业所面临的实际税率显著地高于未受到监管的企业。因此,很多企业可能会调整自身的会计报表,以使报表中的营业收入低于 600 万欧元,从而避免被重点监管。

现实中的确观察到企业在营业收入为 600 万欧元的阈值以下聚集的现象,并且这些企业很可能会通过高报中间投入或低报员工工资的形式实现低报总收入的目标。由于企业低报总收入的难度还与企业自身涉及的业务相关,因此不同类型的企业对这一重点税源的阈值可能会有不同的反应。例如,上游企业的业务对象往往也是企业,交易过程中会留下大量的记录,因此这些上游企业就很难通过调整报表的方式低报收入。而下游企业的交易对象中有很多个人买家,这些交易可能并不会留下过多的记录,因此就可以相对容易地调整报表收入。

需要指出的是,政府对于企业有很多类似的政策,如后文即将提到的小微企业免征税,或者小微企业适用低税率等政策。这些政策是否都会导致企业产生类似的聚集反应,以及在不同企业之间的影响是否有所差别,特别是在我国现行的税收制度环境之下的表现如何,仍有待进一步的研究。

资料来源:Almunia M, Lopez-Rodriguez D. Under the radar: The effects of monitoring firms on tax compliance[J]. American Economic Journal: Economic Policy, 2018, 10(1): 1-38。

(二) 政府税收优惠政策对小微企业的帮助

数量众多的小微企业是中国经济发展的关键动力之一,如何激发小微企业的活力,是中国各级政府和整个经济社会关心的重要问题,也是实现全面建成小康社会的重要一环。激发小微企业活力,关键的一步在于给企业减负,让小微企业"轻装上阵"参与市场竞争。给小微企业减负,首先就要减轻其税收负担。2019年1月,国务院决定"对小微企业、个体工商户和其他个人的小规模纳税人,将增值税起征点由月销售额3万元提到10万元"。该税收优惠政策的出台将小微企业增值税的起征点提高了3倍以上,无疑是对它们的重大利好。

在实际操作中,这一政策究竟能为小微企业带来多少税收负担的减免,又能为社会就业带来多少效益,是需要进行有效评估的,这将对未来15年中基本实现社会主义现代化目标下的宏观政策制定提供启示。国内经济学者的研究发现,小微企业增值税起征点提高后,将有约94.7%的小微企业不再需要缴纳增值税,约有586.4万家企业享受了税收优惠政策,优惠规模大约为1 590亿元。可想而知,税收优惠将为这些企业的发展提供极大的帮助,同时也可能会使这些企业创造更多的就业岗位。进一步的研究发现,提高起征点将新增就业284.05万人,新增的就业人口将创造2 287亿元的财富。① 因此,小微企业的减税政策带来的社会福利的增加要高于减税金额(即政府税收收入的减少),换句话说,减税的故事刚好与赋税相反——不是造成了无谓损失,而是带来了社会总福利的提升。

当然,这种类型的小微企业税收优惠政策,是否会产生其他的负面影响,仍有待思考。比如,某些企业可能为了享受该优惠政策而通过调整企业的组织形式或调整财务报表等方式将自己的销售额调减至税收优惠的阈值以下,这将会造成整个社会产出的下降。

通过上述例子可以清晰地发现,政府既有宏观经济调控的职责,也具有微观经济主体的身份。政府出台的具体政策会对微观经济主体行为产生巨大的影响。这也警醒政策制定者和研究者,在制定公共政策时一定要慎之又慎,充分考虑其可能的经济影响。

三、政府税收与投资者资产配置

个人(或家庭)的储蓄如何在各类资产间分配,或者说如何配置自己的资产?这个问题之所以重要的原因在于:对于资产的不同配置会决定对不同类型资本的供给及其使用成本。

个人(或家庭)可以配置的资产有多种多样,简单来说,这些不同类型的资产都可以依据不同的风险程度进行划分,如银行存款、债券、股票等。伴随不同的风险程度,这些资产也相应地具有不同的收益率。在确定自身的资产配置时,投资者往往是根据自己所能承受的风险程度及期望的收益程度进行选择。显然,政府如果对这些可配置的资产进行征税,会直接影响资产的收益程度,进而可能影响投资者对资产配置的选择。

政府税收对投资者资产配置选择的影响主要通过对不同类型的资产收益设定不同的税率来实现。对不同类型的资产收益如何设定税率,也成为当今税收体系设计中最复杂的部分之一。从不同类型的资产获得的收益可能适用不同的税率,从同一种资产中获得的不同类型的收益可能适用不同类型的税率,不同类型的投资者从同一种资产中获得的收益可能适用不同的税率,甚至从投资于不同国家的同一种资产中获取的收益也可能适用不同的税率。

政府的税收会通过对不同类型的投资收益征收不同的税率,从而使得不同类型的资产具有不同的收益率,这是影响投资者对资产配置选择的主要因素之一。例如,许多国家都会对利息收入征税,也会对股票分红征税,但这些税率往往是不同的,因此会直接影响投资者对这两类资产的选择。以一个更广义的视角来看待资产配置的问题,财富、房产以及留给下一代的遗产等,都是个人的资产,对这些类型的资产征税同样也会影响个人的选择。虽然世界各

---

① 甘犁,秦芳,吴雨. 小微企业增值税起征点提高实施效果评估——来自中国小微企业调查(CMES)数据的分析[J]. 管理世界,2019(11):80-87.

国中对个人征收财富税的不多,但是房产税(发达国家普遍征收,中国也已经进行了多年试点,全面征收已处于酝酿阶段)、遗产税(发达国家普遍征收,中国还没有征收)的确是很多国家正在实行的税种。从风险-收益的视角进行考量,个人(或家庭)会依据税收水平决定资产的配置情况,譬如开征房产税势必影响居民购买和持有住房的积极性。

第五节 土地出让金对房价影响的分析

中国政府实行分税制改革以后,土地非税收入主要归地方所有,因而土地出让金已成为地方政府最重要的收入来源之一。近年来广为诟病的"土地财政"就是指地方政府通过土地出让获取收入,其在一定程度上成为高房价的重要推手。土地财政涉及三个主题的关系:政府(作为土地供给者)、房地产开发商(作为土地需求者和商品房供给者)和居民(作为商品房需求者),开发商具有双重身份:相对于地方政府,他是需求者;相对于购房者,他又是供给者。政府与购房者之间需要通过房地产开发商才能发生利益关系。

我国地方政府垄断了土地供给,在农民集体所有的土地上建房子是不能作为商品房出手的,开发商要想开发房地产,必须先从地方政府手中获取土地使用权,而地方政府出让的商住用地是从农民手中通过土地收储获得的(即土地"变性"),在一定时期内,土地可以大量供给,供给弹性可以是无穷大。土地在收储过程中会涉及一些成本,包括地上附着物和青苗补偿等征地补偿费,但这些费用远远小于地方政府随后市场化的土地出让收益。凭借对商住用地供给的垄断地位,地方政府不但实现了这些收储成本的完全转嫁,而且还可以获得较高的级差地租,即以土地出让金为主的土地出让收入①。级差地租的实现,还取决于房地产开发商的需求弹性,因为没有其他渠道获取土地,其需求弹性较低。如图11-5所示,供给弹性和需求弹性的差异,决定了级差地租的大小。假设此时土地供给弹性无穷大,土地需求弹性为0,土地出让金的实现就完全取决于政府设定的级差地租的大小。

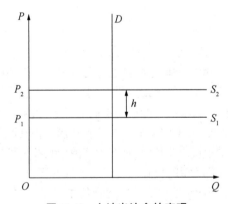

图11-5 土地出让金的实现

---

① 级差地租是指由于耕种的土地优劣等级不同而形成的地租,是农产品的个别生产价格低于社会生产价格的那部分超额利润的转化形式。在农业生产中,土地存在着肥力高低之分。在不同等级的土地上投入同量资本,会有不同的生产率。生产经营条件较差的土地,劳动生产率低,产量少,农产品的个别生产价格高;生产经营条件较好的土地,劳动生产率高,产量多,农产品的个别生产价格低。

此外，根据第三节有关税收负担的结论，开发商能否以及在多大程度上能把土地出让金负担转嫁给购房者，取决于商品房需求弹性的大小。理论上，当购房者对商品房的需求完全无弹性时，土地出让金的上涨将完全体现为房价上涨，房价上涨幅度为单位面积所承受的土地出让金负担。

从需求弹性来看，如果需求弹性比较大，则开发商将承受大部分土地出让金的负担，购房者的负担较少，房价涨幅也较低；反之，如果需求弹性较小，则大部分的土地出让金负担将由购房者承受，房价涨幅较大。但需求弹性本身是内生的，存在着诸多制约因素。一是刚性需求（即购房者的刚性需求，比如到新的城市工作生活的个人或家庭由于住房需求必须在当地买房）制约着需求弹性的大小，刚性需求占比越高，需求弹性越小，反之亦然。我国城市化进程加速以及人口的高流动性决定了刚性需求占比相对较高，因而房地产需求弹性较小。二是商品房与学区挂钩，而学位与未来的工作又有挂钩，无形中造成了教育资本化到房产中，导致需求弹性变小。三是对房地产市场的价格预期制约着需求弹性。近些年来，各地不断上演的限购、限价政策使购房者提高了对房价上涨的预期，由此导致需求弹性较小。综上，由于各种因素制约着住房需求弹性，房地产开发商相对购房者处于较有利的位置。

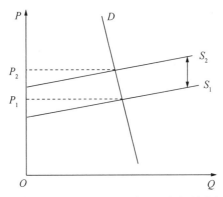

图 11-6　供给弹性大于需求弹性时土地出让金负担被大部分转嫁的情形

从以上角度来看，由于我国较为单一的土地供给渠道以及地方政府追求较高土地出让金的诉求，在土地收储、出让环节变化不大的情况下，房价上涨取决于土地和商品房的供需弹性。实现我国"居者有其屋"，还得从影响供需弹性的各种政策因素着手。

案例 11-4

重庆的"地票"制度

前文提到，"在一定时期内，土地可以大量供给，供给弹性可以是无穷大"，但是如果将时间维度拉长来看，对于某一个特定的行政区域来说，其土地资源终究是有限的。尤其是为了保护农业用地、守住耕地红线，法律对城市建设用地的指标和农村土地的流转做出了严格的限制，比如《中华人民共和国土地管理法》（1998年版）规定农村建设用地只有在破产、兼并等情形才可以转让使用权，而法律规定农村宅基地等仅限于村集体内部流通。

这就导致现实中土地供给的弹性并不大。随着我国城市化进程的加速，许多城市都出现了建设用地指标供不应求的现象，同时购房者和开发商的需求弹性很低，根据前文的理论分析，土地出让金的边际上升就会造成房价的大幅上涨。

为了解决城市建设用地指标和农村集体所有土地之间的流通转换问题,达到控制房价的目的,重庆于2007年创新性地实施了"地票"制度("地票"是民间的叫法,官方称之为"指标交易"):将闲置的农村宅基地及其附属设施用地、乡镇企业用地、农村公共设施和农村公益事业用地等农村集体建设用地进行复垦,变成符合栽种农作物要求的耕地,经由土地管理部门严格验收后产生建设用地指标,由市国土房管部门发给等量面积建设用地指标凭证。这个凭证就称为"地票"。

　　"地票"制度的提出一方面缓解了城市土地指标的紧张,抑制了城镇房价的过快上涨,另一方面有效促进了农村土地使用权的流转,并提高了农民收入,促进了城乡一体化进程。事实上,自2007年实行"地票"制度以来,直到2017年,重庆主城区的房价在中西部核心城市中始终都保持在较低的位置。2016年12月,重庆市平均房价为每平方米7 493元,而相邻的四川省省会成都市当月的平均房价为每平方米8 591元,重庆的房价足足低了14.6%。

　　资料来源:腾讯新闻,https://finance.qq.com/a/20100818/002206_1.htm,访问时间:2021-04-06。

第六节　小　　结

　　本章对于政府财政行为中首要的一方面——政府收入行为做了集中分析,通过引入微观经济学中经典和前沿的概念、理论和简单的数学模型,力求向读者较为全面地展示政府收入涉及的微观经济主体间(中央政府、地方政府、企业和消费者)的相互作用及其经济影响。

　　第一节主要探讨了有关政府收入的一些基本概念。政府筹资的目的主要是提供公共物品和服务与进行再分配。政府筹资的直接结果是自然资源从私人部门转移到政府部门,但同时还会对市场均衡和效率、收入分配和政治均衡这些重要的经济、政治变量产生影响。

　　第二节围绕政府收入中最重要的来源——税收展开,介绍了有关税收的一些基本概念。税收是政府出于提供公共物品和服务的需要,以法律形式对社会成员规定的、与特定活动相关的强制性货币支付,具有目的性、合法性和强制性。税基指政府可以征税的对象,又分为经济税基和非经济税基,共同构成税收收入的基础。税率结构描述了税款与税基之间的关系,其中税率指税收收入对税基价值的比率,又分为平均税率与边际税率。纳税是全体社会成员必须履行的法定义务,偷逃税款将会遭受法律的严惩。除税收以外,政府还可以通过债务筹资、捐款、罚款与收费、政府企业利润所得和铸币税筹措资金。

　　第三节主要探讨了税收制度的设计。税收可以分为从量税与从价税、定额税与比例税,对于这些不同类型的税收应该采用不同的分析方法。引入一个简单的局部均衡模型我们看到,税收会造成无谓损失,但税收效率的衡量指标应该是效率-损失比率而非无谓损失的绝对值;税率变动与无谓损失和税收收入的关系并非一成不变,拉弗曲线就是用来刻画税收收入与税率关系的。税收负担是税收公平的核心问题,它与法定义务无关,而是由需求弹性和供给弹性的大小决定的。

　　第四节探讨了不同税种的经济影响。个人所得税会对劳动供给产生影响,但是确定最优的个人所得税税率并非易事,我国现行的个人所得税税率采用累进税制。政府的税收征管政策可能会造成企业低报收入以及在税率阈值附近聚集，而税收优惠政策对于小微企业起到了实实在在的减负作用。政府税收会通过改变不同资产的收益率引导投资者的资产配置。

第五节在我国的政策环境下，分析了土地出让金对于房价的影响。房价是政府、开发商和居民三方交织互动的结果，土地的供给弹性、开发商和居民对房屋的需求弹性共同决定了土地出让金对于房价的作用大小。由于我国较为单一的土地供给渠道以及地方政府追求较高土地出让金的诉求，在土地收储、出让环节变化不大的情形下，房价变化很大部分取决于土地出让金。而重庆实行的"地票"制度有效地解决了土地供给弹性较小的问题，抑制了当地房价。

内容提要

- 政府收入行为是微观经济学中一个重要的研究问题，政府筹资的最终目的是提供公共物品和服务与进行再分配，但会对社会资源的转移和经济、政治变量产生重大的影响。政府收入行为对于微观经济的影响是本章关注的核心问题。
- 税收是政府收入中最重要的组成部分，理解税基、税率结构等基础概念是了解税收的微观影响和评价税收制度设计的基础。但同时请谨记：政府除税收之外还有其他的收入途径。
- 税收会造成无谓损失，税收的效率可以用效率-损失比率来衡量。税率变动对于税收收入和无谓损失的改变并不像想象中的那么简单。税收负担是研究税收公平的核心问题，它是由经济力量而非法定义务决定的。受益原则和支付能力原则是评价税收公平性的两个基本原则。

关键概念

政府收入（筹资）	税收负担	无谓损失
税基	税收优惠	支付能力原则
捐款	纳税	土地出让金
从量税	政府企业利润所得	税收
拉弗曲线	比例税	债务筹资
税收征管	受益原则	从价税
税率结构	资产配置	效率-损失比率
罚款与收费	逃税	个人所得税
定额税	铸币税	"地票"制度

练习题

1. 简述税基、税率结构的概念，并结合拉弗曲线讨论两者与税收收入之间的关系。

2. 第三节有关税收负担的例子，并没有说明税收（从法律义务上讲）是加征在消费者身上还是供给者身上。给定教材中原有条件不变，试在这个例子和图形的基础上，通过画图，分别说明由消费者支付税收和由供给者支付税收的均衡结果。关于市场均衡与法定税收义务的关系，你得到了怎样的结论？

3. 询问一下自己的父母，过去的一个月或一年他们交了多少个人所得税（提示：可以在个人所得税手机 App 上查到)？你觉得这个税收水平与家庭收入水平是匹配的吗？你认为个人所得税的增减会改变你父母的工作态度吗？

4. 你认为在什么样的情况下，政府才有必要通过税收影响投资者的资产配置？

5. 土地出让金与房价之间的关系是怎样决定的？"地票"制度为何能够在一定程度上抑制房价上涨？这种抑制一定是好的吗？

第十二章 政府支出

第一节 政府支出概述

政府在获得财政收入之后,为了履行对选民的承诺,需要将财政收入进行配置,努力实现公共资源的更优配置。通常来说,政府支出的条目五花八门,如果对政府支出的种类和相应概念没有了解,将不好理解政府工作和支出的具体指向,同时,政府支出作为社会经济发展的关键要素,吸引了经济学界长久的关注,许多理论由此而生。因此,本节将具体讨论政府支出的相关概念与分类,以及政府支出的相关经济理论。

一、政府支出的基本概念

政府支出指政府为履行其公共职能而进行的各类财政资金的支付活动。财政资金配置是为了满足国家社会发展、经济增长、居民保障、国防和行政管理等领域的资金需求。政府支出体现了当前政府的政策安排以及对应活动的范围与方向。此外,政府支出又细分为预算支出与决算支出,这主要由于财政资金在配置过程中需要经历预算安排和正式分配使用两个阶段,前者对应预算支出,即按财政年度估算的支出;后者对应决算支出,即该财政年度实际执行的支出,且两者通常被统称为政府支出。

政府对财政资金的运用,很大程度上会影响国家的发展。具体来说,政府支出的不同规模与结构,会反映出一国政府为实现其发展目标所实行的政策的倾向和相应活动的范围。根据不同区分标准,我们可以将政府支出归为不同类别,接下来将具体讨论不同分类标准下的政府支出。

(一) 生产性支出和非生产性支出

1. 生产性支出

生产性支出指各项与生产直接相关的政府支出。它是一国经济中政府部门参与经济建设的物质基础和财力保障,往往对应着政府对生产建设的投入,因此其比重又大体可以代表政府对生产建设的重视程度。

2. 非生产性支出

非生产性支出指各项与社会物质生产无直接关系的政府支出。这类支出的重要性并不低于生产性支出,虽然它和社会物质生产活动没有直接关系,但它为国家正常运转提供了基本保证,具体包括科教文卫(科学、教育、文化、卫生)等。此外,科技投资、教育投资、医疗保健支出和劳动培训支出等非生产性支出与经济生产活动的可持续发展有紧密的联系,例如医疗条件改善带来的人均寿命提高,将进一步发掘一国劳动力市场的劳动力潜力。

对生产性支出或非生产性支出的偏向在一国的不同发展阶段会有所不同。

> **知识链接**
>
> **中国历史上生产性支出和非生产性支出的分配**
>
> 中华人民共和国成立初期,我国政府支出的首要目标是快速提升国家生产能力,赶超发达经济体、实现体制的优越性。为了满足生产建设的需求,建国初期的政府支出尽量投向生产建设。当时的生产口号"勒紧腰带也要搞建设"就极具时代特征。对生产建设的重视使我国在"一穷二白"的基础上迅速实现了一定程度的工业化;改革开放之后,我国工业化水平进一步提高,单纯重视生产建设而被迫压缩非生产性支出的情况得到大大改善(见图12-1);之后我国政府提出了建设服务型政府的基本政策目标,希望尽快将多年来生产建设的成果转化为居民生活福利的改善。
>
>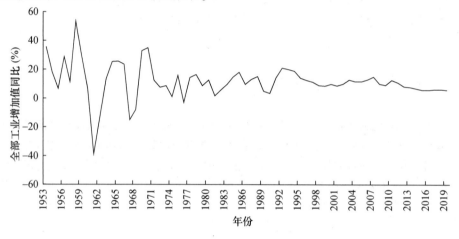
>
> 图12-1　1953—2019年中国工业增加值同比数据
>
> 资料来源:国家统计局。

(二) 政府购买性支出和政府转移性支出

1. 政府购买性支出

政府购买性支出指政府为实现各项政府职能而对不同商品和劳务的购买,具体包括投资性支出与消费性支出两类。投资性支出是政府对不同部门及公共事业的投资拨款,反映了政府资金对生产过程的直接参与;消费性支出是为了满足政府部门进行日常工作运转而进行的支出,如不同政府部门的行政费用。

从经济影响角度来看,政府购买性支出通过影响全社会的商品和劳务的供需,最终影响经济体的就业与生产。在市场化的经济体中,总需求的构成方包括居民、企业和政府,政府购买性支出显然对社会的消费需求有重大影响。同时,政府部门是由许多公务人员组成的,他们本身的消费需求,一定程度上也是通过政府购买性支出实现的。

2. 政府转移性支出

政府转移性支出指政府无偿的单方面货币支付,通常是政府将资金无偿地注入非政府部门。政府在转移性支出的过程中并不能获得对应的收益,只是通过政府的征税和支出行为将经济中一部分个体的收入转移到另一部分个体中。以关税为例,对进口产品征收的进口关税会减少进口企业和国内消费者的收益,但政府会获得这部分税收并进行配置。

从经济影响角度来看,如果这些转移性支出进入了生产领域,则有可能会形成企业的投资需求,往往这些给予企业的转移性支出是针对某些创新行为的,所以接受转移性支出的企业的研发支出可能会增加,从而推动整个社会创新的增加。

二、政府支出的相关理论

在具体的政府支出实践过程中,针对政府支出的学术研究汗牛充栋。一方面,世界各国的政府支出行为提供了许多研究资料;另一方面,经济学家对政府支出的研究为各国政府认清和改革政府支出制度提供了理论支撑。本部分将从三个角度简要介绍政府支出的相关理论,包括公共物品的资源配置理论、政府支出的决定理论,以及政府支出的其他理论。

(一) 公共物品的资源配置理论

相对于传统的资源最优配置理论,政府对财政资金的配置有所不同,主要在于政府支出中所购买的主要产品为公共物品,而不是居民平时经常购买的私人物品。两类物品间存在明显的经济性差异,最终导致针对公共物品的资源最优配置理论的不同。

1. 私人物品和公共物品的界定

私人物品通常指具有消费的排他性和竞争性的物品,其中排他性和竞争性是其区别于公共物品的主要特征。所谓排他性消费,是指如果一个私人物品的消费使用权为特定个人所获得,则可以排除其他人使用该种物品。所谓竞争性消费,是指当某人使用一种物品时,减少了其他人使用该种物品的机会。

从上述两点特征来看,一方面,私人物品的消费者和拥有者可以阻止其他消费者免费使用私人物品;另一方面,如果私人物品的总量给定,那么部分消费者对私人物品的消费增加会减少其他消费者的消费量。日常生活中,我们消费的食物、服装等都属于私人物品,我们购买一块面包后即意味着其他人不能再获得这块面包,同时我们对面包的消费会减少市场上其他人可以购买的面包总量(虽然减少量很小)。

公共物品是指不具备消费的排他性和竞争性的物品和服务。举例来看,国防、基础科学、海岸的灯塔就属于公共物品。对公共物品的使用通常不需要支付一定的对价,同时也不会影响其他人享受这种物品的好处。

通常来说,除了私人物品和公共物品,还存在公共资源和自然垄断这两类物品,前者具有竞争性而没有排他性,例如海洋中的鱼,鱼是有限的,但渔民间并不能阻止彼此的捕捞行为;后者具有排他性而没有竞争性,例如水电供应。

表 12-1　四类产品的划分

		竞争性	
		有	无
排他性	有	私人物品： 食品、服装	自然垄断： 水电供应
	无	公共资源： 海里的鱼	公共物品： 国防、基础科学

2. 私人物品和公共物品的资源配置

竞争性和排他性保证了私人物品的消费不存在外部经济效应，即一个消费者对私人物品的消费不会直接影响到其他消费者的福利。物品使用权和效用的对应明晰让私人物品可以通过市场机制进行资源配置，这种竞争均衡配置也称为瓦尔拉斯（Walras）均衡配置。

但公共物品的非竞争性和非排他性会导致人们可以从公共物品获益但同时避开为公共物品付费，从而导致我们常说的"搭便车"问题，这意味着市场机制难以解决公共物品的供给问题。

由于市场机制难以解决公共物品的供给问题，因此公共物品的供给就需要"市场外部力量"的介入，而在现实经济活动中，这股"市场外部力量"的来源通常是政府。随着社会、经济的不断发展和进步，人们对私人物品的消费持续增加，也带动了对公共物品的需求，这时政府会通过征税等手段获得财政收入，并以政府支出的方式提供公共物品，最终提高国民的社会福利水平。

虽然公共物品通常由政府提供，但其实市场作为微观经济主体在某些情况下也会为消费者提供公共物品。比如说，在商业住宅房地产开发过程中，除住宅本身的建设外，通常会在小区内部规划一系列的公共区域，包括公园建设、绿化用地等，这类基础设施可以称为"局部公共品"。如果房地产开发商对绿化这类公共物品的供给不够重视，那么楼盘售价将很难提高；一般来说，销售业绩出色的房地产公司都十分重视自己小区楼盘的绿化建设。针对公共物品的"搭便车"问题，在小区中可能会体现为拖欠物业费用等行为，但相对于无法确定消费者的公共物品来说，小区绿化的"搭便车"问题无疑更好解决（法律诉讼等手段），从而激发了房地产开发商对公共物品的供给。

虽然市场机制下，部分市场主体会提供一定程度的公共物品，如上文提及的"局部公共品"，但对比于国家整体的公共物品需求，市场本身很难提供至合意水平。

（二）政府支出的决定理论

公共物品的资源配置理论为政府支出的合理性提供了理论支撑，但在财政资金具体使用的过程中，如何进行政府支出决策也很重要，由于个人获得公共物品是以承担税收等成本为代价的，因此个人会对不同的政府支出计划有所偏恶，决策过程的有效与否，决定了政府支出是否能以较低的决策成本实现更优的社会资源配置。本部分将讨论三类不同的政府支出决策理论。

1. 一致通过规则

一致通过规则意味着政府支出的决定需要所有决策者的同意才能获得通过。虽然一致通过规则比较难实现，但是其在经济学研究中发挥着关键的作用。它是唯一能确定满足帕累托条件的公共物品数量的规则。

针对政府支出一致通过规则的研究,瑞典经济学家埃里克·R.林达尔(Erik R. Lindahl)早在20世纪初就设计了"可产生一致通过结果"的选举程序,并得到了著名的"林达尔均衡"(Lindahl Equilibrium)。该均衡认为,如果每个人都按自己获得的公共物品的边际效益,来支付自己应该负担的费用,那么社会上公共物品的供给就会达到最优或高效率的配置。

林达尔均衡虽然能带来资源的高效率配置,但其具体实现是以两个关键前提为基础的。一方面,个人对自己的偏好有很清楚的认识,能够对自身从公共物品上获得的边际效应有明确的估计。另一方面,个人愿意将自身从公共物品上获得的收益公布出来,而不是隐瞒或低报自己的边际收益,从而减少自己应该负担的公共物品成本。显而易见,这两个前提条件都很难实现,并且后者更难实现,这也说明林达尔均衡更偏向一个在现实中难以实现的均衡。

虽然林达尔均衡的两个前提条件难以实现,但仍有不少公共经济学家参与机制设计,希望尽可能地满足该均衡的前提,典型代表有弗农·史密斯(Vernon Smith)的拍卖机制。

> **知识链接**
>
> ### 弗农·史密斯的拍卖机制设计
>
> 美国经济学家弗农·史密斯在20世纪70年代末给出了一种针对政府支出的机制设计。具体的机制设计为:假设一共有n位投票者,投票者i给出一个喊价b_i和公共物品数量G_i,其中b_i是投票者i愿意承担的公共物品的成本份额,G_i是其需要的公共物品数量。最终由投票者i负担的成本将是公共物品总成本与其他$n-1$位投票者的总出价($B_i = \sum_{i \neq j} b_i$)之差。当投票者一致通过其税收价格和公共物品数量时,过程结束。
>
> 不妨看两个人的情形。比方说,小郭和小周对绿化这一公共物品进行拍卖投票,小周(小郭)的"喊价"是他愿意承担的绿化费用,公共物品数量G_i是他们想要的绿化面积。那么小周承担的绿化费用将是两人公共物品数量G_i加总减去小郭承担的部分。当两个人都同意时,过程结束。
>
> 因为这个机制要求除非所有人都同意一个数量和一组税收价格,否则无法提供公共物品,所以该机制设计对投票者诚实说出自己的公共物品偏好有正向激励,即每个投票者会倾向于选择喊出自己真实的公共物品偏好。

2. 多数通过规则

虽然一致通过规则在理想情况下能实现高效率的配置,但考虑到具体实践中,所有投票者都同意一个政府支出方案无疑是十分困难的,由于会耗费大量的时间来协商,最终导致一致通过规则的优势被更高的决策成本抵消。因此,多数通过规则作为一项折中的制度选择,得到了多数政府的认可,并被普遍选为进行政府支出决策的基本规则。但是在多数通过规则具体实施的过程中,其也有自身的缺点和不足,包括可能存在的孔多塞悖论、互投赞成票问题等。

早在18世纪,法国数学家马奎斯·孔多塞(Marquis de Condorcet)就提出了多数通过规则下的孔多塞悖论,指在集体投票的过程中容易出现随着投票顺序的变化,备选方案可能会出现轮流当选的现象。

互投赞成票问题是指在对议案进行投票表决时,为了确保自己提出的议案能够获得通过,投票者会在投票前相互沟通,以自己支持对方的议案为筹码,换取对方支持自己的议案。互投赞成票可能会增加公共物品供给,甚至导致政府支出过度,但如果投票者不相互投赞成票,有许多议案又难以获得通过,最终导致公共物品供给不足。

3. 代议民主制

在国家进行政府支出的决策过程中,直接民主制并不是现代国家的首选,因为当投票者众多且投票频率较高时,直接民主制的决策成本很高。因此,现代国家基本上实行代议民主制,即通过某种方式选出代理人,让他们代表部分国民的利益,并替他们进行投票和提出议案等。

在代议民主制中,代理人为其背后的选民进行投票,如果选民有单峰偏好(即存在最优方案,且更偏好与最优方案相近的方案),代理人为了追求选票最大化会采取中位数选民偏好的方案。但在具体的决策过程中,政治家的目标可能不仅是赢得选票,还存在其他考虑,包括自身偏好、特殊利益集团的影响等,最终导致决策并没有真实地反映选民的偏好。

(三) 政府支出的其他理论

除了上文提到的两类理论,许多经济学家立足于政府支出实践的具体过程,主要关注原有理论没有考虑到的实施政府支出过程中的现象,并进一步归纳、总结和拓展,发现了许多与政府支出相关的理论,本部分将简要介绍三个理论,分别是经典的瓦格纳法则、标尺竞争理论和地方政府支出竞争理论,带领大家一窥政府支出过程中的规律。

1. 瓦格纳法则

德国著名经济学家阿道夫·瓦格纳(Adolf Wagner)在实证研究了多个国家的政府支出资料后,归纳出了著名的瓦格纳法则:随着人均收入水平的提高,政府支出占国民收入的比重将会提高。

瓦格纳法则可以从以下两个方面加以解释:第一,经济发展带来的公共物品需求。随着经济的不断发展,工业化水平不断提高,经济体中人与人之间的关系也更加复杂,由此引发了对公共物品,如司法体系、执法机关等的需求。第二,人口规模增长带来的公共物品需求。经济和技术的发展提高了人口规模的上限,人口居住的密集化需要更多的公共项目来保障居民的日常生活,这将使这些公共项目支出的增长快于GDP的增长。

2. 标尺竞争理论

由于政府支出最终会转化为一个地区的发展成果,因此,选民和更高级别的政府需要对政府支出进行评估,但在具体评估过程中,政府支出和发展成果之间并非严格的对应关系,宏观经济或自然环境的波动都可能影响最终发展成果。标尺竞争理论的诞生就是针对政府支出中的评估问题。具体来说,该理论以其他地区政府的行为表现作为本地区政府绩效的评判标准,从而产生一种标尺效应。

3. 地方政府支出竞争理论

地方政府支出竞争理论强调的是地方政府在经济发展过程中会通过财政手段争取对本地区社会和经济发展有利的稀缺资源,最终表现为不同地方政府展开的政府支出竞争。具体来说,该理论认为,如果资本的跨区域流动性较好而居民的跨区域流动性较差,那么地方政府会通过提供不同的公共物品数量和类别来开展竞争。

第二节 政府支出评估

在政府支出的具体内容中,有一大部分支出带有投资性质,即所谓的公共投资,如基础设施建设、基础科学研发、主持公共工程、经营公用事业等。政府如果不对公共投资进行评估,政府很有可能被持续亏损的公共项目拖累,导致政府收支出现入不敷出的情况。除了与常见投资项目的一致性,公共投资也具有其本身的特点,主要体现为公共投资的受益者更宽泛,通常为整体国民,并且公共投资的产出通常为公共物品。所以,本节将从公共投资项目评估的简介和具体实践展开,谈论政府支出中公共投资的评估问题。

一、公共投资项目评估简介

政府在进行公共投资的过程中,为了实现公共投资项目的收益最大化,需要有专业的评估方法来事先衡量公共投资项目的收益,并在项目实施时进行适当的经营管理。

(一) 公共投资项目评估的概念

公共投资项目评估,是指以实现政府预期目标为基础,衡量该公共投资项目的可行性及成本收益,并与其他可替代方案进行比较,做出符合政府需求的最优选择。

一般来说,对公共投资项目评估的主要关键点为:首先,项目是否能达到政府的预期目标;其次,项目是否具有现实可行性;再次,进行公共投资的成本与收益是否对等;最后,针对同一政策目标,是否存在更优的备选方案。此外,考虑到政府在社会、经济发展过程中需要满足不同的发展要求,如经济增长、提高教育水平和增加医疗保障等不同目标,政府通常需要为不同目标实施对应的公共投资项目,但由于政府资金和动员能力有限,不同目标对应的投资项目也需要考虑优先顺序。

(二) 公共投资项目评估的作用与步骤

"磨刀不误砍柴工",公共投资项目评估能使项目暴露不足,在进行针对性的完善后,项目本身将更加可行化、合理化、最优化,从而为项目最终成功落地提供保障。此外,如何科学和系统地评估公共投资项目也是评估过程的关键,因此,本部分还将进一步讨论公共投资项目评估的不同角度。

1. 公共投资项目评估的作用

公共投资项目评估会在以下几方面为政府进行公共投资提供助力:

第一,提供必要的项目信息。决策者在评估过程中了解到该投资项目的内外部条件、项目规划的合理性,以及在实施后可能出现的各类后果与影响,将有助于决策者对项目实施与否做出更加正确的决定,从而可在一定程度上保证不会出现有"先天不足"的项目蒙混过关。

第二,对实现特定政府目标的各种项目方案坚持优胜劣汰,确保优中选优。评估过程通过会涉及多个项目方案,系统细致的评估有助于决策者对比不同项目,衡量其实施难易、成本高低、收益多寡及目标实现程度等,从多个维度选择项目方案,确保优中选优。

第三,确保政府资金使用效益最大化,保证项目盈利性。政府虽然与常见的市场主体有所不同,但在市场的公共投资过程中,政府总是实施非盈利的公共投资是不现实的。即使盈利不是政府投资的首要目的,公共投资项目也应关注盈利性。对项目进行评估就能为政府决策者提供更多与财务收益相关的信息,从而保证政府不会被过多的亏损项目拖垮资金供应。

第四,评估有助于合理配置各类资源。无论是自然资源还是政府的管理、动员能力,都是有限的。评估的最终目的就是实现稀缺资源在社会中的最优配置,将其配置到相对获利水平更高的经济活动中。

2. 评估框架

常见的评估框架包括商业、财政、经济和福利分配四个方面。其中,商业和财政角度评估属于微观视角,分别关注公共投资项目的货币盈利性,以及公共投资项目对国家财政收支的影响;经济和福利分配角度评估属于宏观视角,分别关注公共投资项目对整体经济发展的总体影响,以及对不同社会群体的社会福利分配效应。

二、公共投资项目评估的分析与实践

不论是私人投资还是公共投资,评估过程中所采用的主要方法普遍为"成本-收益分析法"。但正如上文所述,公共投资项目的评估不仅需要衡量可计算的、财务意义上的成本与收益,而且需要考虑该项目的其他成本和收益,如福利得失、经济长期增长得失等。因此,本部分将从"成本-收益分析法"出发,介绍公共投资不同类型的成本与收益。

(一) 成本-收益分析

在决策者决定是否实施一项公共投资项目前,必须要定量地衡量项目的成本与收益,并依据对应的福利标准来进行决策,由此引出了两个关键问题:第一,使用什么样的标准来进行决策,毫无疑问,公共投资项目的决策标准与私人投资项目有所不同;第二,如何衡量和汇总公共投资项目涉及的商业、财政、经济和福利得失。因此,下文针对这两个问题展开讨论。

1. 决策标准

在各国政府的实践中,公共投资项目所采用的社会福利标准主要有三种,分别是帕累托准则、希克斯—卡尔多准则和政府标准。

帕累托准则是意大利经济学家维弗雷多·帕累托(Vilfredo Pareto)提出的资源最优配置原则。该准则认为:一国经济出现某种变化,如果至少一个国民的收益有所增加,并且其他国民都没有出现损失,那么就意味着国家的福利状态有所改善。但是在具体实践过程中,帕累托准则很难指导一国进行公共投资,因为在投资项目中通常会有一部分国民的利益受损(通常为短期损失),如果一部分国民的收益远大于另一部分的损失,该准则就失去了指导资源配置的意义。

希克斯—卡尔多准则,又被称为"改进的帕累托准则",该准则认为:一国经济出现某种变化,如果整体国民获得的收益可完全弥补遭受的损失,那么就意味着国家的福利状态有所改善。从定义可以看出,希克斯—卡尔多准则的适用范围更广,更能指导政府进行公共投资。

政府标准是指政府按照国民经济发展目标的要求,就公共投资项目对商业、财政、经济、福利等方面的影响所提出的项目评估的准则。

2. 成本与收益的类型

在具体的公共投资评估过程中,通常会出现难以确定的成本与收益,因此,对成本、收益进行简单的划分有助于评估过程的推进。简单来说,公共投资项目的成本(收益),可以分为真实成本(收益)和货币成本(收益)。

公共投资项目的真实成本指该项目的实施需要从全体国民手中获得的经济资源;真实收益则是该公共投资项目给全体国民带来的全部利益。真实收益减去真实成本,可以理解为社会福利的净增长。

公共投资项目的货币成本(收益)是指由于政府主持公共投资项目对现行社会资源配置状况产生影响,导致市场相对价格体系的变动,从而使得一些社会成员的个人福利减少(增加)。

第三节 中国的政府支出实践

虽然在第一节中我们已经按不同标准对政府支出进行了粗略划分,但是在具体的实践过程中,上述分类并不能很好地刻画政府支出的明确用途,仅仅为了解政府支出提供了基础的概念。因此,本节将以中国的政府支出实践为基础,进一步讨论具体种类的政府支出。

一、基础设施建设支出

良好的公共基础设施是一国发展经济、改善民生的重要物质基础,政府作为社会中公共物品的主要供给者,承担着基础设施建设的重要职责。各个国家每年都需要进行大量的基础设施建设投资,以此作为推动经济发展的重要抓手。改革开放以来,我国基础设施建设投资高速增长,其年均增速一度超过20%。

(一) 基础设施建设与经济增长

我国的改革开放历程已经证明,基础设施建设确实对国家经济发展有非常重要的作用。可以设想,在国家基础设施条件非常简陋的情况下,公路、铁路、机场营商的配套设施都无法为市场主体提供必要的支持,企业的经营必将举步维艰,消费者也很难买到心仪的商品与服务,其中设备购置、维修的困难,原材料的运进、产成品的运出困难,甚至将使企业的生产率限制在较低的水平,且难以提高。

我国经济向高质量经济发展转型是大势所趋,此时,基础设施建设依然十分重要。在推进经济"脱虚向实"和高质量发展的当下,同样需要基础设施建设投资保证企业生产率的提高。但是,未来的基础设施建设着力点是否应当做出调整,向新型基础设施建设倾斜,仍有待思考。在政府的基础设施建设项目中最常见的是交通基础设施建设,它们不仅有助于提高企业的生产率,也会在其他方面对企业有所影响。

例如,在我国,位于国道主干线连接的地区以及邻近的地区有更高的出口额增长率,其原因之一在于交通成本的下降。又如,高铁建设对企业创新行为的影响:很多研究发现高铁通车后,沿线城市企业的专利申请与授权数量显著增长,其原因主要在于高铁通车后为当地企业吸引了大量的高技术人才。除上述影响外,交通基础设施建设还会对企业有其他多方面的影响,具体的影响程度及方式如何,仍值得思考。除交通基础设施建设外,政府还会实施其他多种基础设施建设项目,这些项目与交通基础设施建设项目的效果有何不同,对企业的影响如何,也同样值得思考。

> **知识链接**
>
> **中国古代经济发展的"要想富,先修路"**
>
> 我国早在秦朝时期就由政府主持修建了全国性质的官道——秦直道。随后各个朝代,政府都将道路建设作为国家社会、经济发展的重要抓手,隋朝的大运河建设就是典型的政府"修路"工程。以古代经济比较繁荣的宋朝为例,宋朝的商品经济十分繁荣,其中驿道就为宋朝的经济交流发挥了巨大作用。宋朝政府在开展道路建设方面十分积极,据记载,当时陕西与甘肃通往四川青泥驿道的道路不通,宋朝政府就安排当地的官员重开了一条驿道,并且仅仅用了六个月就修建了一条联通陕西与甘肃到四川的驿道,自此,两个省就可以通过这条驿道进入四川了。
>
> 资料来源:张多勇.秦直道研究综论[J].甘肃社会科学,2005(05):192-195。

(二)基础设施建设与财政回应性

财政回应性是指政府的财政活动对"居民"(包括自然人居民和法人居民)公共服务偏好与需求的回应能力。政府对居民的财政回应性越高,就越能提高政府支出的针对性和实际效果。在满足居民对公共物品的需求过程中,基础设施建设一直是关键点。

在我国经济高速发展的过程中,基础设施建设一直是改善民生的重大推手。一方面,住房改造、交通运输、水利电气等方面的基础设施建设从没有停下脚步;另一方面,我国政府还积极推进新型基础设施建设项目,包括以 5G、人工智能、工业互联网、物联网为代表的新型基础设施,不仅为国家经济注入了新动能,还为进一步改善民生创造了条件,体现了较高的财政回应性。

> **案例 12-1**
>
> **从"旧基建"到"新基建"**[①]
>
> 在中国多年的发展过程中,通过为人民提供充足的基础设施来改善民生一直是国家发展的重要举措,交通运输、水利电气等各方面的基础设施建设从未停下脚步。一般来说,传统政府支出中的基础设施建设主要涉及各部门为增加固定资产而进行的建筑、购置和安装工作,例如公路、铁路和各类工业及民用建筑等工程的新建、改建、扩建工程,以及机器设备、车辆船舶的购置安装及与之有关的工作。
>
> 但随着我国经济发展水平的不断提升,经济结构也发生了变化,数字经济在整体经济中的比重越来越高。中国互联网网络信息中心于 2020 年 4 月发布的第 45 次《中国互联网络发展状况统计报告》显示,我国数字经济快速发展,2019 年规模已达 31.3 万亿元,位居

---

① "旧基建"指传统基础设施建设;"新基建"指新型基础设施建设。

世界前列,占国内生产总值的比重达到 34.8%。经济结构转型带来的是社会的一系列变革,传统基础设施建设领域的领头羊"铁公机",即铁路、公路和机场建设,不再是未来基础设施建设的唯一内容,更多与数字经济相关的基础设施建设才是政府支出的未来方向。

我国政府迅速认识到数字经济的历史大势,并积极制定相关发展战略。2020 年 3 月 4 日,中央政治局常务委员会会议强调,要加快推进国家规划已明确的重大工程和基础设施建设,加快 5G 网络、数据中心等新型基础设施建设的进度。同时,央视新闻重申新型基础设施建设的七大领域:5G 基础设施建设、特高压、大数据中心、城际高速铁路和城市轨道交通、新能源汽车充电桩、人工智能、工业互联网。由此,和"旧基建"相对应的"新基建"成为社会关注的热点。

目前,"新基建"在固定资产投资中的占比还比较低,但是从长期来看,"新基建"更具成长性和创新性,与"旧基建"相比,"新基建"更加突出产业转型升级的新方向,无论是人工智能还是物联网,都体现出加快推进产业高端化发展的大趋势,将为我国经济发展和民生改善提供新动能。

资料来源:作者根据公开信息整理。

二、社会保险支出

社会保险支出,又称社会保障支出,是为了维持社会保障制度的运行,保障居民最低生活水准的一种政府支出形式。社会保险支出在政府支出中占据了不小的份额。

(一) 社会保险支出简介

目前,典型的社会保障制度分为三种:国家福利型、自助型与中央公积金型。其中,国家福利型社会保障制度的特点是社会保障资金主要来自税收和社会慈善经费,居民享受近乎免费的医疗等福利;自助型养老保障制度,强调养老保险是个人的私事,国家只能予以部分资助,效率放在第一位,公平放在第二位。中央公积金型指的是按期定额缴纳,保险资金筹集主要靠雇员和雇主缴纳的保险费,国家一般不拨付资金。政府发放的社会保险会影响到居民个体工作的努力程度,进而会影响到未来的经济增长,比如国家福利型社会保障制度。

(二) 我国的社会保险支出

当前,我国的社会保险实行的是现收现付制(Pay-as-you-go),这种方式是将还在工作的居民缴纳的社会保险发放给社会保险金的领取者。政府需要做的工作是保证社会保险金的收支平衡,既不能发放过多的社会保险金,也不能收取过多的社会保险金。

我国已经建立起世界上覆盖人群最多的社会保障制度,但我们还要看到,中国当前存在着日益严重的老龄化趋势、起付线和封顶线设计不合理、社会保险缺口加大等问题,我国社会保障制度还需要进一步地改革与发展。

案例 12-2

人口老龄化与养老保险支出

养老保险是社会保障制度的重要组成部分,是社会保险五大险种中最重要的险种之一。在政府支出的社会保险支出中,养老保险支出也是十分重要的部分,2019年中央社会保险基金支出5 509.94亿元,同比增长了87.4%,主要部分就是机关事业单位和企业职工的基本养老保险。作为社会保险的一种,养老保险有利于减轻老年人的生活负担,并通过跨期储蓄的方式来熨平一生的消费支出,实现收入的跨期使用。正是由于养老保险对改善民生、维护老年人的最低生活水平有重要的作用,各国政府基本都有官方的养老保险计划。在我国的养老保险计划中,企业和个人分别按政策规定的比例缴纳养老保险,达到规定年龄或其他规定情况,就可以按月领取养老保险金。

21世纪是多国人口老龄化问题越来越严重的世纪。以我国为例,截至2019年年末,我国的人口老龄化水平(65岁及以上人口占总人口的比例)已经达到12.6%,远超世界普遍认定老龄化社会的7%的基准线。人口老龄化给养老保险支出带来了新的挑战:一方面,人口老龄化激发了养老保险的需求,更多的老年人需要养老保险金来补贴自己的生活;另一方面,人口老龄化所对应的劳动人口相对数量下降,给养老金的资金来源造成了冲击,导致政府收到的养老保险费越来越少。两者相互作用下,我国部分省市政府的养老保险问题逐渐凸显,有的地区一度出现养老保险金告急。

随着人口老龄化问题的持续发展,预计未来对养老保险金的政策改革还会进一步深入。

三、政府教育支出

政府教育支出是指中央和地方财政部门的财政资金中实际用于教育的费用。教育对于国家或个人来说都是十分重要的议题,我国一向十分重视国民的教育问题,科教兴国战略的提出更是将教育问题提升到了前所未有的高度。虽然我国政府教育支出金额在逐年快速增长,但在具体运用教育支出的过程中,依旧有许多现实问题需要考虑。

在中国扶贫攻坚的当下,基础教育类设施建设有助于从长远角度帮助贫困地区脱贫。此前,我国政府已经在中西部地区推行了大量基础教育类设施建设项目,这将会在此后一段时间内发挥重要作用。未来,仍需要继续深化教育类设施建设项目作为政府微观调节手段的作用,帮助贫困地区实现由"输血"到"造血"的转变。

知识链接

印度尼西亚的教育支出项目与相关研究

印度尼西亚政府自1973年起实施了名为"总统指令"(Presidential Instructions)的计划,该计划中的教育类设施建设项目于1973—1974年、1978—1979年在印度尼西亚全国建设了61 807所小学,这意味着平均每个地区新建约222所小学。学者Duflo的研究①发现这一项目有效提高了印度尼西亚的教育水平,平均来说:儿童受教育年限增加了0.25—0.4年;受影响儿童完成小学的概率增加了12%;工资增加了3%—5.4%;教育回报率增加了6.8%—10.6%。

正如印度经济学家阿玛蒂亚·森(Amartya Sen)所说,贫困的实质是人们创造收入和机会的能力贫困,也就是说,人们缺乏维持正常生活和参与社会活动的可行能力。从这个角度来看,教育培训脱贫是反贫困治理的重要举措。事实上,教育支出项目往往对一个国家的长远发展有极大的帮助,如同中华人民共和国成立后大力推行的"扫盲"运动,帮助大量农民读书识字,使其具备了一定的文化素质,为之后的城市化进程以及消除农村贫困奠定了很好的基础。

四、政府扶贫支出

(一) 信贷扶贫

解决贫困问题,提升社会公平度,实现共同富裕,是全面建成小康社会的攻坚之战。解决贫困问题,关键在于激发贫困人口的自主动能,帮助他们提高自身能力,依靠自身能力实现实质性脱贫。随着脱贫工作的进行,中国的脱贫政策逐渐向"精准扶贫"转型,其目的在于通过更有针对性的政策,帮助不同类型的贫困人口高效脱贫。提高贫困地区贷款比例,帮助贫困人口享受金融产品与金融服务,是"精准扶贫"政策中重要的金融手段。但是,长期以来,贫困人口能够享受的贷款少之又少,严重影响了脱贫工作的进展。

国内学者进一步评估了"精准扶贫"政策的金融扶贫力度②,基于2011年至2017年中国家庭金融调查(CHFS)数据,研究发现"精准扶贫"政策将显著提高贫困人口的获贷情况。具体来说,该"精准扶贫"政策的实施将使贫困户获得农业正规信贷的概率提高1.93%,获得的正规信贷规模提高了20.43%。并且,这一政策的持续性很强,在"精准扶贫"政策实施后的第三年,贫困户获得农业正规信贷的概率将提高3.45%,获得的正规信贷规模将提高34.4%,同时,获得非正规信贷的概率将下降4.08%,获得的非正规信贷规模将下降33.34%。这意味着,"精准扶贫"政策对贫困户有很好的金融支持效果,显示了中央政府更加微观、精准的帮扶政策对微观个人的作用。

(二) 政府转移性支付

能够从本质上帮助个人提高工作能力,是实现整体脱贫的最好选择。但是现实中,由于各种各样的原因(如残疾或患病等),并不可能使每个人都能找到工作。因此,在培训之外,政府必须要向贫困个体实施某些直接性补助,以最直接的"输血"方式救济这些群体。这种给予直接补助的方式在西方经济学研究中被称为转移性支付,其含义是政府直接支付资金给个人。

---

① Duflo E. Schooling and labor market consequences of school construction in Indonesia: Evidence from an unusual policy experiment[J]. American Economic Review, 2001, 91(4): 795-813.
② 尹志超,郭沛瑶,张琳琬."为有源头活水来":精准扶贫对农户信贷的影响[J]. 管理世界, 2020 (2): 9.

转移性支付包括两种类型,分别为实物形式的转移支付和现金形式的转移支付。实物形式的转移支付主要是指政府向贫困个体以发放具体物资的形式给予救济。这种形式在美国有较为广泛的实施,例如美国政府会定期向贫困家庭发放消费券,允许他们持消费券去固定的超市领取规定范围内的消费品。但是这种形式也往往被经济学家认为干预了个人的选择,并不利于提高贫困个体的幸福感。实施直接的实物救济的国家也相对较少(中国并未广泛地实施这种形式)。更多的国家是以现金形式的转移支付对贫困个体进行救济,这种形式主要是指以拨付现金的形式给予贫困个体帮助。它主要包括最低收入保证、负所得税、低工资补贴、最低工资制四种形式。

1. 最低收入保证

保证贫困个体至少可以获得一份最低收入是政府在救济过程中最直接的想法。如果个人的收入低于某个最低水平,就给予他补助,使他的收入达到最低水平。自20世纪90年代开始,中国开始探索建立"最低生活保障制度",截至1999年年底,"低保制度"已经在中国大部分地级市县推广开来,截至2019年年底,大部分省(市、自治区)的"低保标准"已经达到(或超过)600元。

2. 负所得税

负所得税是很多经济学家普遍认同的一种转移性支付方式。它是转移性支付与个人所得税的一种结合,通常使用一个固定的边际税率进行表述,总收入超过阈值的个人需要支付所得税,而总收入低于阈值的个人则需要支付负的所得税(收到补贴)。

可以看出,负所得税可以确保贫困家庭维持最低生活水平,同时又避免了税收影响他们的劳动供给。然而,目前却并没有一个国家采用这种形式。原因可能在于管理难度较大。至少在发展中国家,真实有效地统计每个人的收入水平在短时间内是难以实现的。

3. 低工资补贴

低工资补贴的目标在于,通过对低报酬工作进行补贴,使这些工作变得更具有吸引力。例如英国实施的工薪家庭减免退税(Working Families' Tax Credit,WFTC)政策、美国的劳动所得税退款政策(Earned Income Tax Credit,EITC)。

英国于1971年设立的家庭减免制度在1999年演变为工薪家庭减免退税政策。这一制度使英国超百万人口受益,同时也是一笔巨额花费。WFTC政策规定如果一个家庭中有一个成员的每周工作时长达到了规定标准,但是家庭总收入仍低于规定标准,就会给予该家庭固定数额的补助。同时,还会依据家庭中孩子的数量,给予每个孩子额外的固定数量的补助。该政策规定了家庭中必须有成员进行工作才能获得补助,这样可以较好地避免某些家庭完全不工作而仅仅依靠补贴生活的情况。

美国的劳动所得税退款政策于1975年开始实施,并逐步进行推广。EITC政策已经使得超过20%的美国家庭受益,其花费已经超过了500亿美元。该政策依据家庭的收入是否达到某一标准来发放补贴,同时,补贴的发放依据家庭中孩子的数量而有所不同,孩子数量增加,补贴也会相应增加,没有孩子的家庭能够获得的补贴相比于有孩子的家庭来说要少很多。而中国还没有相应的全国统一的制度给予个人或家庭补贴,这在很大程度上是由于中国人口众多,对于财政系统来说是非常大的负担。

4. 最低工资制

最低工资制是世界上大部分国家都已经实施的一种制度,虽然这种制度会扭曲劳动力市场的供求,但它是解决贫困问题的重要手段之一。

如果某个劳动力市场中的雇主是具有垄断力的企业,那么其凭借更强的谈判力,可能会将工资水平定在竞争性均衡的水平之下。那么此时,将最低工资水平设定在高于垄断工资的水平上就可以增加就业,并且提高工资水平。但是如果竞争性均衡的工资水平的确较低,那么此时再提高最低工资水平,可能就会导致更多人失业并进入贫困状态。

上述四类政策是当前各国政府为了对抗贫困实施的主要转移性支付政策。然而,这些转移性支付是不能交由私人企业实现,而仅能依靠政府实现的。原因在于,贫困问题并不是企业所面临的主要问题,企业依靠成本-收益分析进行的决策往往会导致补贴低于社会所需的最优值。所以,贫困问题往往只能依靠政府力量解决。而在治理贫困时,另一个需要注意的问题是,某些个体可能会通过瞒报、低报收入而获取贫困扶持的指标,以获取一系列的补贴。这是钻脱贫政策的空子,阻碍了脱贫进程。因此,提高管理能力,如实识别贫困家庭也是脱贫路上有待完善之处。

案例 12-3

精 准 扶 贫

在多年的经济发展过程中,我国的脱贫事业取得了空前的成就。从历史数据来看,从 1978 年到 1985 年,按照当时人均收入 200 元的贫困标准,我国总贫困人口从数量 2.5 亿下降到 1.25 亿,成功实现了贫困人口减半的伟大成绩。此后,直到 2010 年,我国实施了多个扶贫攻坚计划和扶贫开发纲要,以年人均收入 200 元的贫困标准计算,截至 2012 年的贫困人口数量比 1985 年减少了 5.6 亿。

随着我国脱贫攻坚事业的不断开展,贫困人口总数逐年下降,以往粗放式的扶贫政策难以彻底解决百姓的贫困问题,这就对政策制定者提出了更高的要求,需要找对政策工具以打好脱贫攻坚的"最后一战"。

"精准扶贫"的重要扶贫思想应运而生,2013 年 11 月,习近平到湖南湘西考察时首次做出了"实事求是、因地制宜、分类指导、精准扶贫"的重要指示。自中共十八大以来,中国共产党和中国政府提出了"确保到 2020 年,中国现行标准下农村贫困人口全部实现脱贫"的目标。此后,中共十九大更是将"防范化解重大风险、精准脱贫和污染防治"列为 2020 年前的三大攻坚战,精准扶贫是全面建设小康社会的重要内容,也是乡村振兴的当务之急。

从数据来看,自中共十八大以来的五年里(2012—2017 年),中国共有 5 564 万人摆脱贫困,这个数字占据了全球脱贫人数的 3/4。随着扶贫工作的持续进行,2020 年我国全面完成脱贫。

五、政府补贴支出

政府补贴支出主要包括各级政府无偿给予国有和私营企业的补助性支出。当前,政府补贴支出不仅仅是为了弥补亏损,在创新驱动发展的时代背景下,如何更好地激励企业开展研发创新越来越为各国政府所重视,它们纷纷出台了一系列政策旨在推动创新行为,政府对企业研发的补贴是其中的重要一环。

案例 12-4

新能源汽车补贴支出

随着我国经济的发展以及人民生活水平的提高，国内乘用车数量出现了大幅增长，能源消耗量不断增加，空气污染程度也日益严重。我国为了实施节能减排战略，加快汽车产业转型升级，采取了适当政策积极进行新能源汽车的推广。电动汽车成为政策支持的最主要方向，国家为了促进电动汽车行业的快速发展，在政策补贴上给予了较大的倾斜。

根据当前情况，国家在电动汽车行业的主要补贴政策包括：(1)为电动汽车整车提供中央补贴；(2)出台对消费者购买符合标准的新能源汽车免征车辆购置税、车船税等财政补贴政策，促进新能源汽车的消费；(3)提供地方财政补贴；(4)对充电桩建设进行补贴；(5)对电池进行补贴；(6)为企业提供研发补贴。

近十几年来，国家对新能源汽车的补贴政策较为频繁，并结合新能源汽车发展的进程调整对应的补贴政策，以扶持产业的健康发展。总的来说，新能源汽车产业发展可划分为产业发展初期(2001—2008年)、产业发展中期(2009—2015年)和产业发展后期(2016年至今)，不同的阶段采用了不同的发展政策，并呈现出不同的特征。在产业发展初期，国家高层和有关部门开始逐步重视发展新能源汽车产业，并将发展新能源汽车产业提上议事日程并纳入产业发展规划，但是还没有出台专门针对新能源汽车产业发展的政府补贴政策，也没有安排相应的政府补贴资金。在产业发展中期，发展新能源汽车产业上升为国家战略，中央和地方财政密集出台大量政府补贴政策，在高强度政府补贴的刺激下，我国新能源汽车产业实现爆发式增长。

六、政府医疗保障支出

政府的医疗补助是保障低收入群体基本身体健康的支出计划，是维护社会公平与公民基本权利的重要手段，这种支出计划在世界各国普遍实施。它涵盖的范围很广，如检查、治疗、住院等费用，并且覆盖了受益者所需承担的部分或全部费用。

医疗保障对每一个人如此重要，因此医疗保障计划成为社会福利制度中重要的一部分。社会保障领域的学者普遍认为，在现代社会中，每个人都应当能够得到基本的医疗服务，若政府不提供保障，而仅仅依靠个人购买医疗保险，那么即便低收入者可以负担得起保险开支，但由于缺乏远见，他们也不会去购买。而一旦其生命健康受到损害，会为整个社会带来极大的损失。

基于医疗保障计划的重要性，我国政府也已出台了一系列补助计划，其中最惠及低收入群体的当属"新农合"(新型农村合作医疗)计划。该计划需要个人缴纳一部分资金，再由政府与集体提供一部分配套资金，作为农民个人的医疗保障资金，在治疗时向医疗机构支付。2019年，"新农合"个人部分的缴费金额为每人每年250元，而政府补助的标准达到了每人每年520元。这一计划有效地帮助了农民群体抵御大病风险。

需要指出的是，这种政府提供的医疗保障往往在个人看来，其价值是低于市场价值的。因此，如果政府将同样的医疗保障折算成现金支付给个人，个人将更愿意把钱花在其他地方，那么每个人在医疗方面的支出将达不到医疗保障提供的标准。因而当个人遭受疾病困扰时，将难以得到同等水平的救治。可见,政府医疗保障计划对个人的重要性。

需要强调的是,政府的医疗保障支出在应对重大突发公共卫生医疗事件时,同样有非常重要的作用。据约翰斯·霍普金斯大学发布的统计数据显示,截至2020年9月底,新冠肺炎疫情已导致全球超过100万人死亡。并且,这一疾病的治疗费用不菲,轻症患者至少需要几万元,重症患者甚至需要上百万元。这对于普通个人来说,往往是难以承担的。为了帮助患者渡过难关,我国政府宣布,在基本医疗保险支付后,个人负担部分将由财政给予补助。这一政策保障了患者的基本利益,也给社会注入了极大的信心。同时,与资本主义国家私人提供医疗服务为主的形式不同,在我国以公立医院为主的医疗体制下,医生与医疗资源在此次疫情中的集中调配,也体现出私营部门无法达到的担当,充分展现出我国的医疗保障制度在与个人互动中的优越性。

第四节 小 结

美国政治家本杰明·富兰克林(Benjamin Franklin)曾说过,税收和死亡是人生无法避免的两件大事。然而,通过税收获取收益并非政府的最终目的。政府以税收为主的财政收入是进行政府支出的基础,通过有计划的政府支出,为选民提供合适的公共资源,保证经济稳定发展才是各国政府收支的最终目标。

国家在政府支出过程中需要进行方方面面的考虑,因为政府支出的性质将决定政府能否适当、有效地履行自身的财政职能,并将对国家经济产生巨大的影响。根据不同的分类标准划分政府支出,其实就是具体研究政府支出目标的倾向性,有助于我们更好地讨论政府支出的目标和作用。此外,政府在谨慎、细致地利用财政资金的过程中,不仅需要对人民的实际需求有深入的了解,也要对政府支出本身的一些经济学理论有所了解,才能使政府支出的使用事半功倍。

财政资金的运用必须要经过严格的评估程序才可以正式实施,对公共投资项目的评估相对于私人投资项目而言,有更多的因素需要考虑,从不同的角度来评估公共投资项目有助于财政资金更合理地利用。

虽然各国的政府支出规模各有差异,但结构上依旧有很高的相似度,主要的政府支出类别在各国政府支出计划中均有所体现。本章就重点介绍了我国政府支出中的基础设施建设支出、社会保险支出、政府教育支出、政府扶贫支出、政府补贴支出、政府医疗保障支出这几大支出类别。在上述内容的讨论中,除相关研究外,还加入了许多我国政府支出相关的案例,希望为深入了解我国政府支出的内涵提供一些帮助。

内容提要

- 在讨论政府支出的过程中,提前了解政府支出的基础概念与相关理论,有利于我们对政府支出有一个比较基础的认识。
- 在具体讨论财政资金的不同支出类别时,我们需要进一步深入讨论特定种类政府支出所对应的支出目标,并结合我国的具体实践分析政府支出的实际效果和有效程度。

关键概念

政府支出	生产性支出	政府购买性支出
公共产品	一致通过规则	孔多塞悖论
瓦格纳法则	标尺竞争理论	地方政府支出竞争理论
公共投资项目评估	真实成本与收益	货币成本与收益
基础设施建设支出	新型基础设施建设	社会保险支出
政府补贴支出	政府教育支出	政府扶贫支出
政府医疗保障支出		

练习题

1. 政府支出的分类标准有哪些？
2. 回顾公共物品的定义，举出更多公共物品的例子。
3. 简要叙述一致通过规则和多数通过规则的利弊。
4. 分别简要叙述瓦格纳法则、标尺竞争理论和地方政府支出竞争理论，并分析其对我国财政政策制定的意义。
5. 寻找一个重要的中国公共投资项目，尝试对其进行评估。
6. 根据对基础设施建设的了解，分析新型基础设施建设为什么是未来基础设施建设的方向。
7. 简要分析社会保险支出，并尝试寻找数据说明近年来社会保险支出的结构性变化。
8. 回顾自己的教育经历，举几个自己接受政府教育支出的例子。
9. 思考其他发展中国家扶贫效果不如中国的原因。
10. 分析中国以往年度的财政预算计划，寻找本章未出现的政府支出类别，并简要分析。

第十三章 政府对经济的规制

当今世界,各国政府在经济中所起的作用十分巨大,而且有越来越大的趋势。政府制定各种经济法规,要求企业和个人遵循;政府负责制定税收制度和税率,从国民处收取赋税;政府的公共开支巨大,既有政府采购性支出,又有各种社会保障项目支出;同时,政府针对公共事业等带有垄断的行业还要制定规制措施;在国际贸易领域,政府也越来越活跃,各国不断有干预国际贸易的政策出台。在这一章中,我们将围绕政府对经济进行干预和规制进行分析,首先说明政府干预经济的理论依据,然后分别论述政府对垄断势力的规制、反托拉斯法、支持价格和限制价格,最后简要介绍政府在国际贸易领域的干预行为。

第一节 政府干预经济的理论依据

政府干预经济如此普遍,那么政府干预经济是否具有理论依据呢?回答是肯定的,市场失灵是最为重要的理论依据。根据前文的介绍,市场是稀缺资源得到有效配置的重要方式。但是市场也存在失灵的情形。例如,垄断企业的存在导致生产不足、负外部性引致社会总体福利受损等。本节将主要从垄断、外部性、公共物品和非对称信息这四个方面来介绍市场失灵产生的原因,进而论证政府干预经济是必要的。

一、垄断势力的存在

如果企业的定价高于其边际成本,则该企业具有垄断定价能力。根据一个行业内垄断企业数量的多少,可以将垄断市场结构划分为完全垄断、寡头垄断和垄断竞争三类。政府对垄断势力的规制主要是针对寡头垄断而言的。

那么,为什么政府要规制垄断势力呢?原因有以下四点:其一,垄断势力的存在使得社会产量低于最优产量,减少了消费者福利;其二,寡头垄断企业相互勾结,组成卡特尔;其三,在位垄断企业通过装备超额生产能力,威胁进入者,造成过度竞争;其四,垄断企业会减少市场竞争,不利于新技术、新产品的生产和发展。

我们在本章第二节要介绍的政府对垄断势力的规制和反托拉斯法,就是政府纠正由于垄断造成的扭曲的一种努力。

二、外部性

经济个体在进行消费和生产时,不但会影响到自己的效用水平,还可能影响他人的福利。

这就是外部性。外部性包括两种类型：一种是虽然经济主体损害他人利益，使得他人乃至社会总成本增加，却不需要为自己的行为付费，例如在没有规制的情况下，工厂向大气中无限制地排放废气就属于这种情况。另一种则相反，经济主体的行动虽然给社会或他人带来了收益，却不能因此而向受益者收费，例如下雪后，主动打扫自家门口雪的人，不能向得到方便的路人收费。第一种外部性称为外部不经济，第二种外部性称为外部经济。

一般来说，外部不经济会造成某种产品的过度供应，造成资源浪费；而外部经济却会造成某种产品的供应不足。

因此，需要政府规制外部不经济的企业，限制其产量；或者明确产权，由企业和遭受外部不经济的消费者交易产权，从而达到社会最优。后者是科斯定理的推论，即只要交易成本为零或者不是很高，这种交易机制会产生社会福利的最大化。在存在外部经济的时候情况则相反，由于外部经济的制造者不能得到成本补偿，该产品供给会出现不足，需要政府补贴。

> **案例 13-1**
>
> ### 电镀污水未经处理排放事件
>
> 2018 年 10 月 26 日至 11 月 21 日，杜某（被告人）在周至县某镇一养殖场内，无证非法经营一家电镀作坊，在进行电镀加工生产的过程中，未经任何处理，直接将大量含有锌污染物的电镀废水通过地漏、连接管排到渗坑后，经引流渠排放至田间大渠。经检测，该电镀作坊废水中所含锌浓度为 208 mg/L，超过国家标准 137.6 倍。
>
> 依照规定，西安铁路运输检察院受理该起跨行政区划环境资源类刑事案件。检察官经审查认为，该电镀作坊生产的废水中含有多种重金属成分，未经处理排放，会对人类生存和生态环境造成巨大危害。该案被告人犯罪事实清楚，证据确凿，且杜某对被指控的犯罪事实和证据均无异议，自愿认罪并接受处罚，符合认罪认罚从宽处理制度的适用条件。
>
> 检察机关严格按照法定程序，告知杜某涉及罪名、量刑以及认罪认罚的法律后果，杜某知悉后，同意承办检察官提出的判处其有期徒刑八个月至十个月，并处罚金 5 000 元的量刑建议，并在值班律师的见证下，签署了《认罪认罚具结书》《认罪认罚告知书》。经审理，认定杜某犯污染环境罪，判处其有期徒刑八个月，并处罚金 5 000 元。
>
> 在该案例中，杜某非法将未经处理的工业废水直接排放到田间大渠，直接污染了农田和水源，因而对于农田经营者来说为外部不经济。如果杜某这一违法行为没有被查获和惩处，他就无须为其排放污水的行为支付任何成本。因此，外部不经济的存在会导致市场失灵，对生态环境、经济社会等造成损害，需要政府的介入。
>
> 资料来源：西安铁路运输检察院。

三、公共物品

由于公共物品消费的非排他性，消费者都想搭便车，不愿意为消费公共物品付出用于提供公共物品所支付的成本。这样一来，如果完全由私人部门提供公共物品，必将会出现供给不足的问题。

公共物品消费非竞争性的特点意味着对公共物品的需求会比较大，公共物品消费非排他性的特点意味着公共物品的供给会不足,这就要求政府来提供公共物品,或者与私人部门合作来共同提供公共物品。我们会在第十九章的公共选择理论部分更加具体地讨论这个问题。

案例 13-2

政策扶持与教育信息化产业发展

教育作为我国历史悠久且体制属性浓厚的行业之一,在2012年之前教学设施、教学场所、教学方式等基本没有太多变革,优质教育资源稀缺,偏远地区教育质量参差不齐,割裂的教育体系对我国可持续发展带来了较大障碍。我国亟须发展普惠教育、公平教育,缩小发达地区和欠发达地区的教育差距,而信息技术作为最理想的载体,引起了大众的共鸣。然而,当时各地教育信息化投入普遍不足,起点几乎为零。

我国的教育体制、教育政策决定了教育行业的发展业态,2012年3月,教育部出台《教育信息化十年发展规划(2011—2020年)》,从国家层面对未来十年的教育信息化工作进行了整体设计和全面部署,为下一阶段教育信息化发展提供了行动纲领。2012年9月,时任国务院副总理刘延东在全国教育信息化工作电视电话会议上提出:"十二五"期间,要以建设好"三通两平台"为抓手,也就是"宽带网络校校通、优质资源班班通、网络学习空间人人通",建设教育资源公共服务平台和教育管理公共服务平台。从"教育信息化基础设施"建设入手,开启了中国教育信息化的变革。

受政策刺激,各类教育信息化企业如雨后春笋般成立,硬件、软件、内容、服务、集成等迅速形成了完善的信息化产业链,2011年6月教育部发布的《教育信息化十年发展规划(2011—2020年)(征求意见稿)》提出,"各级政府在教育经费中按不低于8%的比例列支教育信息化经费",政府刚性支出为教育信息化行业发展提供了坚实基础,支撑起千亿级别的市场空间。在明确的政策指引下,教育信息化基础设施建设取得了显著的成绩,截至2017年年底,"宽带网络校校通"发展迅速,全国中小学互联网接入率为90%、多媒体教室比例为83%;"优质资源班班通"不断普及深化;"网络学习空间人人通"实现跨越式发展;"教育资源公共服务平台"初具规模;"教育管理公共服务平台"全面应用。

政策同样催化了资本市场,在2013—2017年的五年中,超过30家教育信息化企业通过独立上市、借壳、被并购等多种方式登陆A股资本市场,包括立思辰、拓维信息、国新文化、鸿合科技等。

教育信息化基础设施建设虽初见成效,但也面临一个非常严重的问题,即学校把软硬件建设起来之后,教师依然按照原来的方式教学,也未依靠网络平台提升教育水平,因而如何将教育信息化真正应用到教学过程,改革教育思想、凝聚教育共识、强化信息化与教学的融合,成为教育信息化下一阶段的主要方向。2018年4月,教育部发布《教育信息化2.0行动计划》,强调到2022年基本实现"三全两高一大"的发展目标,即教学应用覆盖全体教师、学习应用覆盖全体适龄学生、数字校园建设覆盖全体学校,信息化应用水平和师生信息素养普遍提高,建成"互联网+教育"大平台,推动从教育专用资源向教育大资源转变、从提升师生信息技术应用能力向全面提升其信息素养转变、从融合应用向创新发展转变,努力构建"互联网+"条件下的人才培养新模式、发展基于互联网的教育服务新模式、探索信息化时代教育治理新模式。

《教育信息化2.0行动计划》带来了教育信息化产业发展的大转变,"智慧校园""互动教学""AI+教育"成为主要着力点。产业链各环节的企业开始整体转型,迅速推出相应产品,例如智慧录播硬件服务商国新文化,联手AI龙头企业旷视科技共同推出"AI+录播"产品,集互动录播、表情识别、数据分析、深度学习算法等为一体,便捷性、互动性和应用性都有了大幅提升。

在政策的强有力把控下,教育信息化产业围绕既定轨道沉稳前行,2019年教育信息化市场规模超过3 000亿元,并仍然以6%左右的增速逐年提升,为缩小教育差距、促进教育公平发挥了重要作用。

教育信息化产业具有明显的公共物品性质,完全由市场发挥作用将导致供给短缺的问题,这体现为该案例提到的2012年之前我国各地的教育信息化投入普遍不足。有鉴于此,我国政府相继出台政策和措施,通过直接和间接的各种手段支持教育信息化基础设施建设和相关信息化产业的发展,并取得了明显的成效。

资料来源:作者根据相关资料整理。

四、非对称信息

供给方不完全了解市场的需求信息,需求方不了解产品如何生产等供给信息,这就是所谓的非对称信息,或者叫作信息不对称。在一些市场上,供给方比需求方掌握的信息多,例如,卖手机的企业总比使用手机的消费者更了解手机的性能,也更知道哪款手机的性价比最高以及每款手机的缺点在何处,更知道在何时推出下一款最新型号的手机。在另一些市场上,需求方掌握的信息要多于供给方,例如,在保险市场上,购买健康保险的人,要比提供健康保险保单的人更了解自己的健康状况。

现在通过案例13-3来说明信息不对称的一种情形。

案例13-3

2008年中国奶制品污染事件

2008年中国奶制品污染事件是一起食品安全事故。事故起因是很多食用三鹿集团生产的奶粉的婴儿被发现患有肾结石,随后在其奶粉中发现化工原料三聚氰胺。

根据公布数字,截至2008年9月21日,因食用婴幼儿奶粉而接受门诊治疗咨询且已康复的婴幼儿累计39 965人,正在住院的有12 892人,此前已治愈出院1 579人,死亡4人;另外截至9月25日,香港地区有5人、澳门地区有1人确诊。事件引起各国的高度关注和对乳制品安全的担忧。中国国家质检总局(现国家市场监督管理总局)公布对国内乳制品厂家生产的婴幼儿奶粉的三聚氰胺检验报告后,事件迅速恶化,包括伊利、蒙牛、光明、圣元及雅士利在内的多个厂家的奶粉都检出三聚氰胺。该事件也重创了中国乳制品的信誉,多个国家禁止了中国乳制品进口。9月24日,中国国家质检总局表示事件已得到控制,9月14日以后新生产的酸乳、巴氏杀菌乳、灭菌乳等主要品种的液态奶样本的三聚氰胺抽样检测中均未检出三聚氰胺。2010年9月,中国多地政府下达最后通知:若在2010年9月30日前上缴2008年的问题奶粉,不处罚。2011年中央电视台《每周质量报告》调查发现,仍有7成中国民众不敢买国产奶。

2008年9月17日,中国国家质检总局宣布取消食品业的国家免检制度,所有已生产的产品和印刷在包装上的国家免检标志不再有效。几天后,该局宣布撤销蒙牛、伊利和光明三个品牌液态奶产品的"中国名牌"产品称号。这说明政府已从严格质量检查制度、增加信息透明度等方面来加强政府规制。

败德商家看到了国内奶粉市场上巨大的需求量,为了能够迅速占领市场和追求利益,不惜在奶粉中加入违禁工业品。这一行为严重损害了消费者的权益和婴幼儿的生命安全。该事件的曝光也给国产奶粉品牌蒙上了阴影,国产奶粉的品牌声誉一落千丈。败德商家利用生产者与消费者的信息不对称,以及游说政府为其背书制造高质量产品的假象,从而达到蒙骗消费者的目的。该事件敲响了食品安全的警钟,政府尤其需要加强对由于信息不对称导致的市场问题和现象的规制,尤其是关系到人们生命安全与身体健康的产品。

资料来源:作者根据相关资料整理。

接下来,我们分别从不同的角度介绍政府如何干预经济。

第二节 政府规制的内涵

在这一节中,我们将讨论政府规制的内涵。政府规制可以追溯到19世纪末,但经济学家直到20世纪60年代才开始采用经济学方法来分析政府规制。

一、政府规制概述

政府规制(Government Regulation)是指政府对私人经济部门活动的限制。需要注意的是,政府规制是直接干预私人经济部门的微观经济行为,而非税收等间接的和宏观的经济行为。

政府会建立监督和具体实施政府规制措施的机构。美国作为一个倡导市场经济的国家,其对经济的规制也非常多。例如,美国早在1887年就建立了州际商业委员会,管理和规制铁路运输行业。该委员会成立的背景是当时美国铁路运输业的过度竞争,使铁路票价大幅度下跌,相关公司纷纷亏损甚至破产。在这种情况下,铁路公司主动要求政府对该行业进行价格规制。在1929—1933年的"大萧条"结束之后,美国更多的行业被迫接受政府的规制,被规制最严格的行业是金融业。到20世纪70年代,在交通运输、能源、金融、公用设施等行业,政府规制盛行,其中美国超过1/4的国内生产总值是由被规制行业生产的。

不同的行业受规制的规模和范围各不相同,但所有的规制机构都具有如下两个特点:① 规制机构中进行决策的高级官员都是由政府或议会任命的,而且这些人几乎都在被规制的行业中工作过,具有丰富的工作经验并对行业经济行为有很好的把握。② 每个规制机构都制定出一套有效的控制价格和行业经济活动的规则,这些规则通过与美国的金融、会计制度相结合,易于监督和管理。

在实践中,随着政府对经济规制的加强,一系列问题也随之而来,其中最严重的是规制成本太高,同时大大加重了民众的税务负担,因而受到了公众的批评。所以从20世纪70年代开始,美国开始了一场轰轰烈烈的放松规制(Deregulation)运动。政府规制放松后,许多行业焕发出勃勃生机,例如航空运输业和金融业。

我国政府对经济的规制总体上也遵循由严格到宽松的转变过程。1978年后,我国政府逐步放宽外商投资市场准入。1979年,《中华人民共和国中外合资经营企业法》颁布,确定了外商投资企业的合法经济组织地位。随后出台了更多相关法律法规,为外商投资监管提供了法律依据,保护了外国投资者的权益。外商投资从无到有地逐步发展。1992年,中共十四大宣布建立市场经济体制,这大大提高了外国企业和个人在我国投资的意愿。外商投资准入区域也从东部海岸的城市延伸到中部甚至西部省份。此外,为了提高外商投资质量,我国政府于1995年开始发布《外商投资产业指导目录》(以下简称《目录》)。所有行业被划分为鼓励、允许、限制和禁止四组。该《目录》自1995年首次发布以来,截至2017年更新了7次,鼓励类别由1995年的115个增加到2017年的153个;限制类别从1995年的56个减少到2017年的7个;禁止类别从1995年的10个减少到7个。这表明政府设置的外商投资市场准入不断扩大,并积极引导外资投向中国优先发展的产业。例如,政府鼓励外国投资从劳动密集型产业转向资本和(或)技术密集型产业。同时,我国政府还出台了优惠政策,以鼓励更多的外资进入中西部地区。截至2020年年初,几乎所有的服务业都允许外国投资者进入,但其中一些行业仍然有持股比例的限制。2013年,上海自由贸易试验区成立,开始实施外商投资市场准入负面清单制度,这意味着负面清单以外的行业、领域、业务等,外资皆可进入,这大大放松了政府对外资准入的规制程度。

由此看来,无论是进行规制还是放松规制,都需要一定的经济理论来进行指导。但是经济学家直到20世纪70年代才开始关注政府规制问题。

二、政府规制的经济分析

对政府规制的经济分析始于1971年乔治·J.斯蒂格勒(George J. Stigler)发表的《经济规制理论》这篇文章,从此经济学中成长出一个分支——规制经济学,现在这个学科发展势头很好,主要是与信息经济学等学科交叉,研究政府如何进行最优政治机制的设计。

斯蒂格勒认为,企业要获得利润最大化,可以组成卡特尔联盟,控制市场价格。但是由于卡特尔是一个不稳定的组织,每个成员都有积极性偏离卡特尔协定,如果大家都这么做,就会陷入"囚徒困境"。所以,企业有可能寻求政府规制,通过政府法令使卡特尔协定变得有约束力。但是获得规制不是免费的,需要对政府进行游说,有时还要进行寻租。

经济学家研究表明,受规制商品的价格一般介于完全竞争价格和垄断价格之间。因此,政府规制使垄断行业的消费者和竞争行业的生产者获利。政府倾向于在需求上升时保护消费者,在需求下降时保护生产者。

此外,政府规制的重要领域是自然垄断行业,因为自然垄断行业往往需要巨额的固定投入成本,且是规模递增的,这样的行业内仅有一家企业将实现最大的规模经济效应,且可避免固定成本重复投入带来的浪费。

三、政府规制的主要手段:反垄断

政府对垄断势力规制的历史最为悠久,最早可以追溯到19世纪。世界上第一部反垄断法于1890年诞生于美国,即《谢尔曼反托拉斯法》(或《谢尔曼法》)。这是因为,19世纪80年代末,在石油、烟草、制糖等部门都出现了托拉斯组织。制定反托拉斯法的依据是垄断和妨害竞争的行为会导致资源配置的低效率。现在我们讨论被称为"世纪审判"的微软案,从中学习有关反托拉斯法的内容。

案例 13-4

微软公司案

微软公司于1975年创办,凭借磁盘操作系统、图形作为用户界面的视窗操作系统(Windows)等产品迅猛发展。到1997年11月,微软公司的股票市值已达1 630亿美元,比美国三大汽车公司(通用、克莱斯勒、福特)的资本总和还要多。其Windows系列操作系统在世界PC(个人计算机)市场上的占有率达到90%,而它的Office办公软件则覆盖了世界各地几乎所有的PC。

随着微软的发展,竞争者开始指责并控告其利用操作系统的优势而垄断软件市场。1991年,美国联邦贸易委员会开始调查该案,经过两年的调查,1993年进行表决。参与调查的委员会共计5人,但是其中1人因存在潜在利益关系而不能投票,其他四人的投票结果为2:2,案件陷入僵局。

后来,联邦司法部接手了这个案子。1994年7月,微软公司与联邦司法部达成调解协议,微软公司的Windows操作系统许可证的发放受到了一些限制。例如,在向PC制造商发放即将上市的Windows 95操作系统软件使用许可证时,微软公司不得附加其他条件;禁止微软公司将一种产品的使用许可证与另一种产品的使用许可证搭售。但同时,这个调解裁决又声称:这个条款本身不应被解释为、也不应自然而然地被理解为禁止微软公司发展集成产品。

微软公司充分利用了这一条款。当时,微软公司虽然在PC操作系统软件方面占有绝对优势,但对于刚刚兴起不久的计算机网络特别是互联网的发展未加重视。结果,一批从事网络浏览器软件生产的公司,如网景(Netscape)公司和升阳(Sun)公司纷纷崛起。微软公司于是投入巨资,很快就在1995年11月开发出了自己的网络浏览器——Internet Explorer(IE),并在销售中实际上把它作为PC制造商申请使用Windows 95的条件,配备在操作系统软件中推出。微软公司的这一行动很快使其浏览器市场的主要竞争对手网景公司开发的Navigator浏览器的市场份额从1996年的80%下降为62%,而微软公司的IE浏览器市场份额则从0上升到36%。

联邦司法部以此为证据,认定微软公司不仅做出了"搭售"的不正当商业行为,而且违反了法庭1995年的调解裁决。司法部反托拉斯局局长乔尔·I.克莱因(Joel I. Klein)称这种行为是对垄断权力的一种滥用。1997年10月20日,联邦司法部向哥伦比亚特区联邦地区法院提起民事诉讼,指控微软公司违反1995年的调解裁决,利用其Windows操作系统的垄断地位保护并扩展这种垄断,不正当地要求 PC 制造商安装微软公司的 IE 浏览器,剥夺了用户的选择权。时任联邦司法部部长珍妮特·雷诺(Janet Reno)要求法庭宣布微软公司犯有藐视法庭罪,并判处该公司在违法期间每天 100 万美元的罚款。

在法庭审理期间,微软公司辩称:IE 浏览器与 Windows 操作系统是技术上不能分离的集成产品,是 Windows 操作系统的一种升级,而不是"搭售"。到底二者是集成还是搭售,这个问题涉及复杂的软件技术,法庭因此一时无法裁决。鉴于联邦司法部尚未掌握足够的有关微软公司滥用垄断权力的直接证据,法庭于当年 12 月 17 日以"证据不足"驳回了对微软公司处以罚款的请求,但在一项临时裁决中宣布:禁止微软公司把安装 IE 浏览器作为 PC 制造商申请 Windows 操作系统使用许可证的条件。同时,法庭还宣布成立一个专家小组来对集成与搭售的问题进行研究和取证。

1998 年年初,哥伦比亚特区联邦地区法院法官托马斯·杰克逊(Thomas Jackson)做出正式裁决:微软公司强迫 PC 制造商使用 IE 浏览器,违反了此前与联邦司法部达成的调解协议,因此命令该公司从 Windows 95 操作系统中拆除 IE 浏览器。

微软公司一方面向哥伦比亚特区巡回上诉法院提出上诉,另一方面为了表示"服从"法官命令,将 IE3.0 的软件免费提供给使用 Windows 95 操作系统的 PC 制造商。与此同时,加紧开发新版 IE 浏览器(IE4.0),并将其嵌入当时即将推出的 Windows 98 操作系统,以形成"一体化"的新版 Windows 操作系统。

1998 年 5 月 12 日,鉴于 Windows 98 发售在即,哥伦比亚特区巡回上诉法院做出部分裁定:由于联邦司法部拿不出任何证据证明 Windows 98 不是集成产品,Windows 98 可以免受 1995 年调解协议的影响。6 月 23 日,该法院又对此案做出终审裁决:哥伦比亚特区联邦地区法院对微软公司的禁令不仅在程序上是错误的,而且禁令本身也是错误的;法院不是软件设计师,不应卷入高技术产品的设计。这样,微软公司终于赢得了这场官司。

哥伦比亚特区巡回上诉法院 5 月 12 日做出部分裁定后,输了官司但却决心要让微软认罪的联邦司法部立即做出反应,转而以违反联邦反托拉斯法的罪名重新起诉微软公司。5 月 18 日,联邦司法部与 20 个州联合向哥伦比亚特区联邦地区法院提起诉讼,指控微软公司违反联邦反托拉斯法,要求微软公司终止在 Windows 98 中强行搭售 IE 浏览器的做法,允许 PC 制造商在其产品中安装其他浏览器。

1998 年 10 月,哥伦比亚特区联邦地区法院再次审理该案,并于 1 年后发布了长达 207 页的事实认定书,主要内容是认定微软公司存在不正当竞争事实。近 30 年来,联邦法院处理垄断案件的习惯程序是:先对当事双方进行调解,以期达成调解协议。因此,杰克逊法官于 1999 年 11 月 19 日指定法官理查德·波斯纳(Richard Posner)为此案当事双方的调解人,试图使双方达成一项调解协议。在 4 个多月的调解后,由于双方分歧过大,波斯纳法官于 2000 年 4 月 1 日宣布调解失败,此案重新转回杰克逊法官审理。4 月 3 日,杰克逊法官公布了对此案的法庭结论:微软公司从事了"排他性、反竞争的和掠夺性行动以保持它的垄断权力",企图垄断网络浏览器市场,违反了《谢尔曼法》。2000 年 6 月 7 日,杰克逊法官对微软公司垄断案做出了正式判决:命令微软公司一分为二,其中一个负责生产和销售视窗操作系统软件,另一个生产和销售应用软件等其他产品;90 天后,对微软公司的行为实行某些限制,包括严禁微软公司因 PC 制造商采用其他竞争公司的产品或与其他竞争公司交易而对其进行报复,对视窗操作系统软件实行统一定价,给 PC 制造商以自由采用 Windows 操作系统的权利,禁止微软公司以销售视窗产品为条件来销售网络浏览器等其他产品,禁止微软公司与其潜在的竞争对手达成瓜分市场的协议等。

接到判决后,微软公司并没有服输,立即向美国联邦巡回上诉法院上诉。2001年2月至3月,联邦巡回上诉法院举行了听证会,7位法官全部出席。听证会的结果逐渐对微软公司有利,法官们认为杰克逊法官的判决没有道理,有"公报私仇"之嫌。又由于保守的布什政府上台,缩减了反垄断诉讼的预算,而且美国新任联邦司法部长对于微软公司案也不热心,所以法院不久判决要求微软公司和联邦司法部在庭外调解,并宣布取消将微软公司"一分为二"的判决。到2001年10月底,联邦司法部和微软公司达成谅解协议,要求微软公司放松对其计算机用户的许可限制并向用户提供在Windows操作系统下读写程序所必需的代码。但是,不再对微软公司的反托拉斯诉讼进行追究。至此,持续了3年的世纪大审判告一段落,以微软公司的获胜而告终。

资料来源:胡国成.微软垄断案解析[J].美国研究,2000(03):21-41,有部分删改。

从以上案例分析过程可知,微软公司案在审判过程中一波三折,出现了多次的改判,且每次审判结果不同,这表明美国的反垄断法仍然存在较大的问题,具体体现为对垄断的判别标准不定,尤其是对高科技企业垄断标准的确定更加模糊。因此,微软公司案反映出界定企业是否存在垄断行为需要极大的智慧,既要基于已有不正当竞争的事实对存在垄断行为的企业进行应有的处罚,从而鼓励竞争;同时又不能惩罚过当,因为这反而会抑制大型企业增加研发投入、研发新技术和新产品的积极性。因此,我国需要继续完善反垄断法,促进经济的良性健康发展。

第三节 支持价格和限制价格

在有些条件下,政府为了实现自己的政策目的,会采取价格管制的措施。例如,各国为了保护自己的农业部门不受工业部门的剥削,往往对农产品实行支持价格政策。再比如,1971年,时任美国总统尼克松为了控制日益严重的通货膨胀,采取了限制价格的措施。本节我们将介绍政府的价格规制措施,分析其对生产、消费的影响,并讨论这些措施的福利效应。

一、支持价格(Support Price)

政府为某产品设置一个高于市场出清价格的价格就是支持价格。许多国家的政府都对农业实行支持价格政策。因为农业生产受自然资源和气候的影响很大,产量很不稳定。如果不在丰收之年保证农产品的收购价格,农民的生产积极性就会降低。此外,一旦发生大规模农业歉收的情况,如果同时政府没有足够的粮食储备,就会威胁到国家的安全。

在图13-1中,P^*为市场出清价格,而P_{min}是政府规定的支持价格。此时,消费者的购买量为Q_0,生产者的供给量为Q_1,两者的差额Q_1-Q_0由政府购买。

从图13-1中我们还可以看到,支持价格将造成社会福利的损失。由于实施支持价格,消费者的损失是$P_{min}AEP^*$,生产者的利润增加了$P_{min}DEP^*$,政府的补贴是$ADFB$。所以总的福

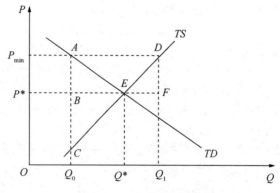

图 13-1 支持价格示意图

利损失是 AEB 和 EDF。

政府设置支持价格的初衷是保护或者促进该行业的发展。但是即使不考虑社会福利的损失,也不一定能够达到政府的初衷。一方面,支持价格使生产者没有积极性去降低生产成本,进行技术革新。另一方面,支持价格导致生产者的过度供给,有可能造成资源耗竭的加速。例如,对农业实行支持价格,可能使农民不顾土地的肥力,盲目扩大生产,从而造成土壤质量的变差。

综上所述,支持价格不是一个效率高的政策。如果政府希望支持一个行业的发展,可以采取其他方式,比如给予企业以生产补贴,这样对价格的扭曲就会减少。

二、支持价格案例分析——最低工资

最低工资是一种支持价格,指法律所规定的雇主付给劳工的最低工资。我国各个省市均制定了月最低工资或者小时最低工资,并不断地进行动态修订。表 13-1 列出了我国各省市的月最低工资标准和小时最低工资标准(截至 2020 年 3 月 31 日)。

表 13-1 最低工资标准

单位:元

地区	月最低工资标准				小时最低工资标准			
	第一档	第二档	第三档	第四档	第一档	第二档	第三档	第四档
北京	2 200				24.0			
天津	2 050				20.8			
河北	1 900	1 790	1 680	1 580	19.0	18.0	17.0	16.0
山西	1 700	1 600	1 500	1 400	18.5	17.4	16.3	15.2
内蒙古	1 760	1 660	1 560	1 460	18.6	17.6	16.5	15.5
辽宁	1 810	1 610	1 480	1 300	18.3	16.3	15.0	13.2
吉林	1 780	1 680	1 580	1 480	17.0	16.0	15.0	14.0
黑龙江	1 680	1 450	1 270		16.0	13.0	12.0	
上海	2 480				22.0			
江苏	2 020	1 830	1 620		18.5	16.5	14.5	
浙江	2 010	1 800	1 660	1 500	18.4	16.5	15.0	13.6

(续表)

地区	月最低工资标准				小时最低工资标准			
	第一档	第二档	第三档	第四档	第一档	第二档	第三档	第四档
安徽	1 550	1 380	1 280	1 180	18.0	16.0	15.0	14.0
福建	1 800	1 720	1 570	1 420	18.5	18.0	16.5	15.0
江西	1 680	1 580	1 470		16.8	15.8	14.7	
山东	1 910	1 730	1 550		19.1	17.3	15.5	
河南	1 900	1 700	1 500		19.0	17.0	15.0	
湖北	1 750	1 500	1 380	1 250	18.0	16.0	14.5	13.0
湖南	1 700	1 540	1 380	1 220	17.0	15.0	13.5	12.5
广东	2 100	1 720	1 550	1 410	20.3	16.4	15.3	14.0
其中:深圳	2 200				20.3			
广西	1 810	1 580	1 430		17.5	15.3	14.0	
海南	1 670	1 570	1 520		15.3	14.4	14.0	
重庆	1 800	1 700			18.0	17.0		
四川	1 780	1 650	1 550		18.7	17.4	16.3	
贵州	1 790	1 670	1 570		18.6	17.5	16.5	
云南	1 670	1 500	1 350		15.0	14.0	13.0	
西藏	1 650				16.0			
陕西	1 800	1 700	1 600		18.0	17.0	16.0	
甘肃	1 620	1 570	1 520	1 470	17.0	16.5	15.9	15.4
青海	1 700				15.2			
宁夏	1 660	1 560	1 480		15.5	14.5	13.5	
新疆	1 820	1 620	1 540	1 460	18.2	16.2	15.4	14.6

注:本表数据时间截至 2020 年 3 月 31 日。各个档次对应省内不同经济发展水平的各个市县。
资料来源:中国人力资源和社会保障部劳动关系司。

根据前文关于支持价格的经济学分析,最低工资标准的实施会提升失业率,尤其是无技能或者低技能劳工的失业率。但是研究发现,在美国,最低工资每提高10%,低技能工人的失业率仅增加1%—2%;在中国,最低工资的适当提高也没有明显增加失业率。因此,最低工资标准的设定和提高对失业率的影响较弱,这在一定程度上可以说明最低工资并没有高出均衡工资太多。

进一步来看,最低工资对失业的低技能工人的总收入和生活会造成什么影响呢?一方面,如果失业的低技能工人能够在较短时间内在其他地方找到工作,由于几乎全部行业的最低工资标准均提高,他们能够从新工作中获取较高的工资,从而一定程度上能弥补失业时期的工资损失,甚至总体上获取比在上一个工作单位更高的工资。另一方面,如果失业的低技能工人无法在短时期内或者长期内找到新工作(低技能工人更常见),则低技能工人由于没有工作,也无法进一步提升其技能,很有可能会陷入长期贫困。

相对于无技能或者低技能工人容易受到最低工资标准的负向冲击,具有较高技能的工人反而可能会从最低工资标准中收益,因为其具有一定的技能水平,企业不会解雇他们;同时他们的工资水平离最低工资标准较近,最低工资标准提升能够直接提升其工资水平。此外,最低工资还将增加企业的成本负担,短期内不利于企业创新。

总的来说,虽然最低工资标准能够在一定程度上保护劳动者的权益,但也可能导致低技能劳动者更加贫困和增加企业成本。所以,政府也在设计一些替代方案或互补方案。例如,政府通过开办职业学校等方式提升低技能工人的技能,从而使他们能够获取技术性更高同时薪资也更高的工作岗位。政府还对雇用低技能工人的企业进行补贴,使得企业能够按照最低工资标准及以上水平支付工资。此外,政府还给予低技能工人直接补贴,这一项政府规制措施能够直接增加工人收入,也不会增加雇主的负担。

三、限制价格(Ceiling Price)

为了限制物价上涨、限制行业发展或者调节自然资源的使用量,政府一般会规定这个行业商品的最高售价,即限制价格。一般来说,限制价格要低于市场出清价格。例如,政府为了防止物价上涨,会对原材料和生产资料的价格进行限制。再比如,政府为了减少企业对于战略性能源或矿藏的使用,会压低这些能源的价格,使开采能源无利可图,从而达到限制能源供给的目的。

图13-2说明了限制价格对市场的影响。P^*为市场均衡价格,而P_{max}是政府规定的限制价格。此时,消费者的意愿购买量为Q_1,生产者的实际供给量为Q_0,这样会导致超额需求Q_1-Q_0,出现短缺经济。短缺经济对经济损害很大,人们必须为获得商品付出额外的排队成本。限制价格还会导致黑市的泛滥,在图13-2中,由于限制价格的实行,造成商品的黑市价格为P_b。

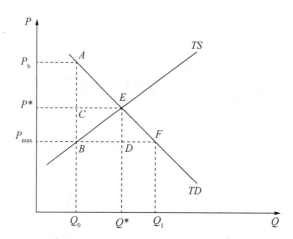

图13-2 限制价格对于市场均衡的影响

类似支持价格的讨论,我们也可以分析限制价格的福利效应。实行限制价格,可以使消费者按照比较低的价格消费产品,因而消费者剩余增加了$P_{max}BEP^*$。但是由于短缺经济,有的消费者无法消费商品,消费者剩余减少了BEA。由于价格规制,生产者剩余减少了$P_{max}BEP^*$。所以,社会福利总损失为BEA。由于造成了短缺经济,限制价格造成的恶果比支持价格还要大。

前面提到限制措施能够被政府用于限制行业发展,这是为什么呢？比如,政府认为现有出租车数量太多,就可以采取这种办法,使开出租车无利可图,甚至亏本,从而迫使许多人退出这个市场。当然,采取价格规制措施所造成的福利损失比其他政策要大得多。

四、限制价格案例分析——房租规制

房租规制是限制价格的一种形式,指法律所允许的房东设定的最高房租价格。房租规制在美国、德国等发达国家的特大城市被广泛应用。该政策的目的是帮助穷人租得起住房。但是该政策也存在不少令人诟病之处。根据前文关于限制价格的经济学原理,我们预期房租规制会导致租赁住房供给减少和对租赁住房需求的增加,结果就是租赁住房的供不应求。此外,房东注意到无法通过提高租金来覆盖上涨的成本时,他们可能不会出资修缮房屋,从而导致租赁市场上的住房质量下降。限制价格还可能会造就灰色地带,即用较为便宜的价格得到租赁住房的人,进而将该住房转手租给其他人。

我国目前尚未大范围地采用房租规制来限制房租,但是房租过高在我国已经成为相当严重的社会经济问题。根据易居房地产研究院公布的《全国 50 城房租收入比研究报告》,2017年 6 月,北京、深圳等一线城市的房租收入比①超过 50%,50 城的平均值为 32%,高出 25% 的警戒线。

近些年来,我国主要城市的房租收入比有所下降,根据链家租赁数据自如数据测算的结果,一线城市房租收入比回落到 30%,二线城市房租收入比一般不超过 25%。这主要得益于我国实行了限制房租不合理上涨的规制措施。例如,集体土地建租赁住房、廉租房、人才租房补贴、公积金支付房租、住房租金抵扣个人所得税、租购同权等。

第四节 政府对国际贸易的干预

下面我们把视角放到国际贸易领域,看看政府在国际贸易领域有哪些规制行为。尽管比较优势理论证明了实行自由贸易,无论是对进口国还是对出口国,都可以提高福利。但是我们看到的是,当今世界,各个国家都实行了不同程度的贸易保护政策。本节首先讨论贸易保护的理论依据,然后讨论几种政府干预国际贸易的手段。

一、政府干预国际贸易的理论依据

自由贸易理论认为,政府对于自由贸易政策的任何干预,无论是关税壁垒,还是进口配额等非关税壁垒,都会造成本国或世界的福利水平下降。但是各国政府在对国际贸易进行干预的时候,仿佛都有充分的理由。我们下面就讨论几种重要的理论。

(一) 保护幼稚工业论

保护幼稚工业论的基本观点是,一国应该对本国新兴的且有发展前途的行业采取征收进口关税、实行进口补贴等保护措施,直到其能与其他国家的同行业进行正面竞争时为止。例如,中国对于汽车行业的保护,就属于这种理论的应用。

---

① 房租收入比是个人租房租金费用与个人可支配收入的比值。

保护幼稚工业论在具体的操作过程中,经常遇到两个困难:

(1) 如何选择被保护的对象?幼稚工业的标准并不是可以量化的、明确的,因而往往被保护的工业不是经济上真正需要得到保护的行业,而是那些善于游说的利益集团所在的行业得到了保护。

(2) 如何选择保护手段?一般而言,给幼稚工业生产补贴的产业政策,要优于限制进口的关税和进口配额的贸易政策。因为产业政策既可以减少社会福利的损失,又可以加速企业成长。限制进口往往会造成推迟先进技术和知识在本国的传播。例如,为了保护本国的电脑行业,就限制进口国外的同类先进产品,最后不但不会使本国企业赶上国外先进企业,而且会加大本国同国外的技术差距。但是,我们必须认识到,保护手段的选择直接牵涉到政府的利益,实行进口关税以限制进口的政策,可以增加政府收入;而实行补贴这样的产业政策,政府必须增加支出,因而政府倾向于采用关税政策。

应该说,保护幼稚工业是十分必要的,尤其是那些关系到国家安全的行业(当然,定义什么是关系到国家安全的工业又是一个问题)。但是,我们必须注意实行这个政策的前提条件是被保护的工业最终能够强大起来,并拥有比较优势。而且,在选择保护手段的时候,政府必须进行通盘考虑,尽量采取恰当的产业政策。

(二) 保护就业论

保护就业论的观点是:通过增加出口、限制进口,可以增加本国的就业量。从微观经济的角度来看,限制了进口,本国企业就可以多销售一定产量的产品,生产就会扩大,就业人数也就增加了。

保护就业论的逻辑在理论上是说得通的,但它是一种静态的理论,没有考虑其他国家对本国贸易保护政策的动态反应。我们知道,任何国家都可以有上述推理,因而都希望出口大于进口,都会采取贸易保护的政策,这岂不是又陷入"囚徒困境"了?

美国一些经济学家的研究表明,美国受保护的纺织品、汽车和钢铁行业,并没有起到增加就业的作用。因此,我们有理由质疑保护就业论是否在现实中成立。

(三) 改善国际收支论

改善国际收支论认为,减少进口和扩大出口,能够减少外汇支出和增加外汇收入。我国以前经常提的"出口创汇"的口号就是这个理论的写照。

外汇储备多,说明一个国家的国际收支情况比较好,对于像中国这样外债比较多的国家,外汇储备多一些也可以保障国家金融安全。但是,用牺牲本国消费者利益的贸易保护政策来增加外汇储备是否值得,就有待商榷了。

我们知道,贸易顺差是指本国的消费水平低于本国的生产水平,本国生产的一部分产品出口到国外,只是换来了国外的货币,可以这样认为,国外只是用一些"纸",就交换了本国的产品。虽然这些钱早晚可以买回同等价值的国外产品,但是贸易的目的绝不是一直增加国外中央银行印的"纸"。所以,追求外汇储备增加的目的本身就值得商榷。

(四) 分享国外垄断企业的利润

这种理论的基本观点是:当进行国际贸易的企业是垄断企业或寡头企业时,这些企业可以把价格定在边际成本之上,获得超额垄断利润。在国际贸易中,进口国的消费者将承担这个垄断价格。因而,进口国政府可以采用关税政策分享国外垄断企业的利润。在一定条件下,本国的福利可以得到提高。

这一政策存在的弊端是牺牲消费者的利益来增加政府的利益,如果政府不能用获得的关税收入补偿消费者,消费者就会受到伤害。

(五) 战略性贸易保护政策

20世纪80年代初,美国学者詹姆斯·布兰德(James Brander)和巴巴拉·斯宾塞(Barbara Spencer)最早提出了战略性贸易保护政策的概念,自此一大批经济学家开始在这个领域拓展,最终发展成为一种新的贸易保护理论。该理论认为,参与国际贸易的厂商在行业内往往构成寡头垄断的市场结构,并且存在规模报酬递增。在此条件下,如果企业通过扩大市场份额增加了产量,就可以降低自己的边际成本,从而进一步扩大市场份额,并在国际竞争中占据有利地位,获得超额利润。也就是说,政府可以通过对本国企业进行补贴,达到分享国外企业利润的目的。

但是,这种理论并不能成为政府干预国际贸易的理由,原因有:① 如果国外的政府也给自己的企业以补贴,即也采取战略性贸易政策,那么两国的企业就又站在了同样的起跑线上,而双方都不能从补贴中获得收益,陷入"囚徒困境"。② 信息的问题。贸易学家证明了,如果本国企业和外国企业在国际市场上进行数量竞争,出口补贴就可以增强本国企业在国际市场的竞争力;如果两国企业进行价格竞争,那么征收出口税对政府来说是最佳选择。然而在实际政策操作中,政府很难观察到企业究竟进行的是数量竞争还是价格竞争,所以有时反而会出现"好心帮倒忙"的情况。

上面回顾了主要的政府干预国际贸易的理论依据,发现这些理论不同程度上都有其合理之处,并且不同的利益集团会强调不同的理论,为自己的寻租行为寻求理论依据。但是我们也论述了各个理论存在的问题或者说操作起来的困难。因而,贸易保护虽然在现实中普遍存在,但我们不能就此认为"存在的就是合理的",也许WTO呼吁的实现自由贸易是人类正确的追求。

二、鼓励出口的政府干预

本小节主要介绍出口补贴、倾销这两类鼓励出口的政府干预措施。

(一) 出口补贴

我们用简单的模型来阐述出口补贴对于贸易"小国"(不能影响商品国际市场价格的国家)生产、消费和福利的影响。

设本国某产品的供给函数为 $P = a + bQ$,需求函数为 $P = c - dQ$。设国际市场上该产品价格为 P_W。如果不存在出口补贴,本国企业将出口 FG 数量的产品,见图13-3。如果本国政府为了鼓励出口,每出口一单位商品,向企业支付 s 的补贴。这样,企业实际面对的出口价格就是 $P_W + s$,出口量如政府所愿,增加至 AB。由于企业出口有利可图,所以它们会将国内价格也抬升至 $P_W + s$。

从图13-3中,我们可以看出,政府实行出口补贴以后,消费者剩余减少 $AIJF$,企业获利增

加 $BIJG$,政府付出补贴 $AEHB$。这样,社会福利总损失为三角形 AEF 和 BGH。

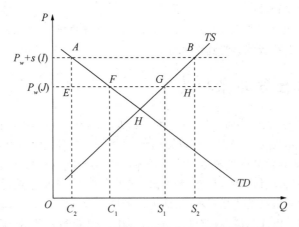

图 13-3　出口补贴对贸易"小国"生产、消费和福利的影响

由此可见,出口补贴会减少本国福利。但是,为什么各国政府都倾向于采取出口补贴呢?主要原因在于本国企业可以从出口补贴中获益,它们常常组织强大的游说力量,对政府决策施加影响。而广大消费者虽然在这个政策中受损,却属于沉默的大多数,所以只能接受这个现实。

值得一提的是,如果在寡头市场结构下考虑出口补贴,则属于战略性贸易保护政策,该政策虽然能将国外利润转移到本国,但是前提条件是对方国家不采取相应的报复措施,但是事实上对方国家往往会采取报复措施,于是双方都会受损。

基于上述原因,在 WTO 的框架下,坚决反对各国政府对本国企业提供各种形式的补贴。如果违反了 WTO 的有关条款,其他成员方有权利对违约成员征收反补贴税。

(二) 倾销(Dumping)

以低于国内市场价格的出口价格在国际市场上销售产品的行为,被称为倾销。

倾销的实现必须具备三个条件:① 出口产品的企业具有垄断力量,可以控制市场价格;② 本国市场与国外市场隔离,不存在不同国家消费者进行套利的可能性;③ 两国对该产品的需求价格弹性不同。进行价格歧视时,垄断者会对高需求弹性的消费者收取低价,对低需求弹性的消费者收取高价。所以倾销要实现,国外消费者对产品的需求弹性必须大于国内消费者的需求弹性。

就倾销国的生产者和被倾销国的消费者而言,倾销是有利的。这是因为,倾销国充分利用两国产品的需求价格弹性差异,确定一个差异化的价格,有利于倾销国企业打入国外市场;被倾销国消费者则能够以更低的价格购买产品,提高消费者效用。

那么,为什么 WTO 反对倾销呢? 主要是担心倾销者通过低价扼杀进口国本地的企业,在进口国取得垄断地位后,再提高销售价格。

三、限制进口的政府干预

本小节主要介绍进口关税、进口配额这两类限制进口的政府干预措施。

(一) 进口关税

如果一件商品的税前价格是 P,假设征收从量税,每单位商品征收税额为 t,则税后价格

变为 $P+t$；如果征收从价税，税率为 t，则税后价格变为 $P(1+t)$。

在图 13-4 中，P_w 为征收关税前产品的国际价格，在这个价格水平下，本国的厂商只能供给 S_1，而本国的消费者需求为 C_1，两者差额即进口数量。本国政府征收进口关税（我们只讨论从量税）以后，进口产品价格变为 P_w+t，这时本国企业产量得以扩张至 S_2，本国消费者的需求也降为 C_2，从而使进口量减少，达到限制进口的目的。

下面我们分析进口关税的福利效应。由于消费者面对的产品售价上升，消费产品的数量也减少，所以消费者剩余减少了 $DHIG$。但是企业可以从征收关税中受益，因为其产量扩大，且产品售价上升，生产者剩余增加了 $AHIB$。国家由于征收关税，财政收入也增加了 $DACF$。但是整个国家的福利损失为三角形 ABC 和 DFG。所以说关税政策给小国福利带来了损失。

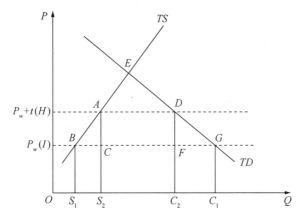

图 13-4　进口关税对进口"小国"生产、消费和福利的影响

但是，征收关税对于大国的影响则不同，因为大国可以左右国际市场上产品的价格。大国征收关税后，减少了对国际市场产品的需求，从而使国际产品价格下降，而不像小国那样不能影响国际市场价格。这样，大国完全有可能让国外企业分担大部分关税，而让本国消费者分担小部分，前提条件是出口国企业的供给曲线弹性比较小。

（二）进口配额（Quota）

进口配额与进口关税一样，是一国用来限制进口的常用贸易政策，不同的是，前者改变数量，后者改变价格。

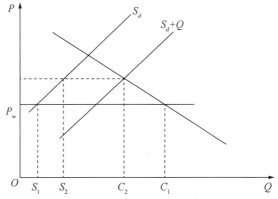

图 13-5　进口配额对贸易的影响

在图 13-5 中，P_w 是没有进口配额限制下产品的国际市场价格。在这个价格下，进口国必须进口 $C_1 - S_1$ 才能满足国内的需求。但现在假设政府规定，进口的配额是 $Q = C_2 - S_2$，于是本国的供给曲线右移至 $S_d + Q$，本国产品价格也上升了。但是本国企业的产量得以扩大，从而从贸易保护政策中获益。

进口配额的福利分析类似于关税，这里不再赘述。进口配额的实施也会损害本国福利。在 WTO 框架要求大幅度削减关税以及当今大部分国家关税税率已经处于较低水平的背景下，进口配额这种非关税壁垒措施被广泛使用。

（三）其他非关税壁垒

除了以上两类限制进口的措施，还有很多其他的非关税壁垒措施。例如技术性贸易壁垒、烦琐的海关手续、歧视性政府购买和国产化程度要求等。

案例 13-5

政府采购中受限制的进口产品

【案情概述】

20××年6月，N 管理处委托 J 招标公司，就"电子识别系统"进行公开招标。6月2日，J 招标公司在中国政府采购网发布招标公告，并同时开始发售招标文件。标书发售期间，共有 8 家供应商购买了招标文件。6月22日投标截止，8 家供应商均按时提交了投标文件。开标仪式结束后，J 招标公司组织了评标工作，由 2 名采购人代表和 5 名随机抽取的专家组成的评标委员会共同完成了评标，23 日 J 招标公司得到采购人的确认后，发布公告，公布 A 公司为中标人。

6月24日，投标人 B 公司向 J 招标公司提出疑问：本项目招标文件中并未标明采购的产品必须为本国产品，B 公司因所投产品中包含进口产品被认定为无效投标。B 公司认为此次评标过程存在不公正现象，评标委员会没有按照招标文件进行评标，影响了中标结果，要求重新评标。J 招标公司回复质疑：进口产品供应商不能参与此项目的评标。根据财政部《关于政府采购进口产品管理有关问题的通知》（财办库〔2008〕248 号）第五条的规定，此项目视为拒绝进口产品参加。B 公司对 J 招标公司质疑答复不满，向财政部门提起投诉。

【调查情况】

本案争议的焦点是，本项目是否允许进口产品参加投标。为此，财政部门调取了本项目的招标文件、投标文件、评标报告及评标录像等材料。调查发现：本项目招标文件中只是列明了拟采购产品的名称、数量、详细技术参数及考核标准，并未规定产品必须为本国产品，也没有明确规定不允许进口产品参加投标。评标录像显示，在评标过程中，评标委员会发现 B 公司的投标产品中包含大量的进口产品，在公证人员的监督下，评标委员会经评议认定，本项目只能采购本国产品，原产地为国外的投标产品均不符合本项目采购需求，因此，在评标报告的"评标结果"中认定 B 公司投标文件为无效投标。

【问题分析与处理情况】

本案反映了政府采购活动中涉及进口产品时经常发生的几个问题。应该说，在本案中，投标人 B 公司、J 招标公司和采购人 N 管理处均存在不当之处：

一是投标人 B 公司投标准备不认真,没有了解政府采购法律规定中最起码的原则。政府采购的一项重要原则就是采购本国产品。除非出现法律规定的特殊情况,一般情况下,必须采购本国货物、工程和服务。招标文件没有标明投标产品必须为本国产品,也不意味着可以用进口产品进行投标,允许进口产品投标须在招标文件中进行明示。本案中 B 公司对政府采购相关规定不熟悉,造成其盲目选用进口产品投标,导致其投标被认定为无效投标,失去了中标的机会。

二是 J 招标公司和采购人 N 管理处编制招标文件不够严谨。招标文件是供应商准备投标、编制投标文件的依据,必须十分清楚、明确,易于理解,这样才能使投标供应商准确领会采购人的需求,并根据自己的实际情况最大限度地提出适于采购需求的投标方案。本项目中,招标公司和采购人没有在招标文件中明示是否允许进口产品参加,虽然这样的做法并不违法,但给投标供应商造成了可以用进口产品投标的误解,导致 B 公司投标无效,某种程度上削弱了本项目的投标竞争,于采购效果无益。

因此,财政部门认为,财政部关于印发《政府采购进口产品管理办法的通知》(财库〔2007〕119 号)第四条规定:"政府采购应当采购本国产品,确需采购进口产品的,实行审核管理。"财政部《关于政府采购进口产品管理有关问题的通知》(财办库〔2008〕248 号)第五条规定:"采购人采购进口产品时,必须在采购活动开始前向财政部门提出申请并获得财政部门审核同意后,才能开展采购活动。在采购活动开始前没有获得财政部门同意而开展采购活动的,视同为拒绝采购进口产品,应当在采购文件中明确作出不允许进口产品参加的规定。未在采购文件中明确规定不允许进口产品参加的,也视为拒绝进口产品参加。"本项目中,采购文件中没有明确规定不允许进口产品参加,应当视为拒绝进口产品参加。本案中,B 公司所投产品中包括进口产品,应当作为无效投标处理,评标委员会的评审并无错误。综上,财政部门驳回了 B 公司的投诉。

资料来源:中国政府采购网。

第五节 小 结

本章围绕政府对经济进行干预和规制做了分析,首先说明了政府干预经济的理论依据,然后分别论述了政府对垄断行业的规制、反托拉斯法、支持价格和限制价格措施,最后简要介绍了政府在国际贸易领域的规制行为;并且对每一部分均给出了相应的案例分析。

政府干预经济的主要理论依据是由垄断、外部性、公共物品、非对称信息存在导致的市场失灵。因此,政府需要在这四个因素发生作用时,对经济进行干预和规制。

政府规制是一种微观经济行为,直接控制私人部门的各种经济活动,因此需要与政府税收这样的间接干预行为区别开来。政府规制的典型措施有:设置支持价格、限制价格,实施数量限制、市场准入限制,发放市场许可证、政府补贴,发起反垄断调查等。

本章第二节具体介绍了政府对垄断势力的规制和反托拉斯法。政府对垄断势力进行规制,往往会设置一个介于完全竞争和垄断之间的价格。这种规制使垄断行业的消费者得益,使竞争行业的生产者获利。政府倾向于在需求上升时保护消费者,在需求下降时保护生产者。本章选取的微软公司案最终以微软公司胜诉而告终。微软公司胜诉具有各方面的原因,其中一个原因是微软公司作为一家高科技公司,对研发进行了高投入,明显促进了技术的进步,改变了人们的工作和生活方式。因此,这种垄断是有益于消费者权益和社会进步的。为此,在对涉嫌垄断的企业进行干预时,需要更多的思考和智慧。

由于第十五章还将单独介绍公共物品和外部性,本章仅在第一节阐述了外部性和公共物品的内涵以及与其相关的政府规制的理论依据,并分别举了一个说明的案例。

支持价格和限制价格是政府规制经济的常用手段,其中支持价格常用于农业,而限制价格常用于垄断行业或资源性行业。两种手段都具有一定的合理性,但是往往会对社会总体福利产生负面影响,需要谨慎使用。

最后,本章具体介绍了政府对国际贸易干预的理论依据以及支持出口和限制进口的贸易政策。

内容提要

- 公共物品具有非排他性和非竞争性的特征,由私人部门供给将导致供给不足,因而需要由政府部门来供给。
- 非对称信息是指市场上的买方和卖方掌握的信息是不对称的。
- 政府为某产品设置一个高于市场出清价格的价格就是支持价格,而为某产品设置一个低于市场出清价格的价格就是限制价格。
- 政府干预国际贸易的理论依据主要有:保护幼稚工业论、保护就业论、改善国际收支论、分享国外垄断企业的利润、战略性贸易保护政策。

关键概念

政府规制	垄断	外部性
公共物品	非对称信息	支持价格
限制价格	反托拉斯法	房租规制
保护幼稚工业论	最低工资	改善国际收支论
保护公平竞争论	保护就业论	战略性贸易保护政策
出口补贴	分享国外垄断企业利润	鼓励出口的产业政策
进口关税	倾销	非关税壁垒
政府购买	进口配额	

练习题

1. 简述政府干预经济的理论依据,并举例说明这些理论依据的正确性和可行性。
2. 简述反对反托拉斯法的理论和实践依据。
3. 假设美国政府对燃气实施价格限制,燃气的供给函数和需求函数分别为:

$$Q^S = 14 + 2P_G + 0.25P_O \quad \text{和} \quad Q^D = -5P_G + 3.75P_O$$

其中：Q^S、Q^D是燃气的供给量和需求量；P_G为燃气价格；P_O为石油价格，且$P_O=8$。假设政府对燃气的最高限价是1，求对燃气的超额需求。

4. 简述贸易保护政策的理论依据。

5. 简述刺激出口的贸易政策。

6. 如果进口关税以从价税的形式征收，用图示分析这一政策对本国生产、消费和福利的影响。

7. 简述最低工资作为支持价格的一种形式的利与弊。

8. 简述房租规制作为限制价格的一种形式的利与弊。

第六篇　市场福利与外部性

第十四章 市场与福利

在之前的章节中,我们讲述了需求曲线和供给曲线的形成,以及两者如何决定市场的均衡价格和数量。我们描述了市场如何对资源进行分配,但还没有讨论这种分配资源的方式是不是好的。换言之,我们已讨论的是实证陈述(Positive Statement),即客观事实,如市场分配资源的机制是什么,但却未讨论提供规范陈述(Normative Statement),即价值判断,如我们应该建立什么样的市场机制,以及这种分配资源的方式好不好。

18世纪,"经济学之父"亚当·斯密在他的著作《国富论》中曾说道:"我们的晚餐不是来自屠夫、酿酒商和面包师的仁慈,而是来自他们对自身利益的关注",那么,这只追求自我利益的"看不见的手"能不能最大化社会福利?在这一章中,我们将一探究竟。

我们在这一章还会讨论:市场分配是不是有效率的?如何衡量社会福利?效率与公平如何取舍?我们尤其在意的是资源的配置如何影响社会福利,以及市场这只"看不见的手"会不会失灵?如果引入政府干预,又会有什么问题?

第一节 市场效率与福利的衡量

我们先来讨论消费者和生产者的福利是如何衡量的。随着福利经济学的发展,衡量福利的方式有许多种。下文介绍的是马歇尔提出的"消费者剩余"和"生产者剩余"的衡量方式。我们在前文中分别讨论过,在这里做一下简单回顾。

一、社会剩余(Social Surplus)

(一)支付意愿和销售意愿

现在我们考虑一个完全竞争市场,这个市场上分别只有5个买家和5个卖家,他们都作为价格的接受者。这个市场仅销售一种武侠小说。由于买家对武侠小说有不同偏好,因而5个买家分别愿意为该小说支付的价格为10元、20元、30元、40元、50元;5个卖家分别为该小说制定的价格为10元、20元、30元、40元、50元。其中,买家为了商品愿意支付的价格称作其支付意愿或保留价格,卖家所制定的卖出产品的价格称作销售意愿。如果商品的市场售价低于保留价格,那么买家就会购买该商品;反之,如果商品的市场售价高于保留价格,买家就不会购买。这样,我们就能画出这个市场的产品供给曲线和需求曲线,如图14-1所示。

此时,我们发现,这个竞争市场上的均衡价格为30元,均衡数量是3本。

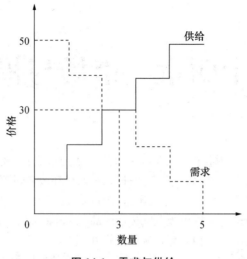

图 14-1 需求与供给

(二) 社会剩余的概念

经济学中常使用消费者剩余和生产者剩余这两个基本概念来衡量消费者和生产者福利。生产者剩余是产品最低供给价格和市场价格之差给生产者带来的额外收益。消费者剩余是保留价格和市场价格之差给消费者带来的额外收益。在图 14-2 中,我们画出了非连续供给和需求下的消费者剩余和生产者剩余。简单而言,消费者剩余 = 买家支付意愿 – 买家所付价格,生产者剩余 = 卖家所获价格 – 卖家销售意愿。社会剩余是生产者剩余和消费者剩余之和,当买家所付价格和卖家所获价格相同时,社会剩余 = 买家支付意愿 – 卖家销售意愿。

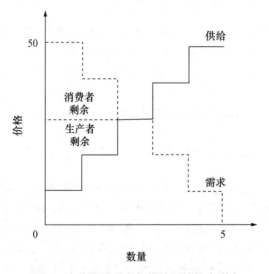

图 14-2 非连续需求与供给下的社会剩余

在完全竞争市场中,当买家和卖家最大化他们的收益时,社会剩余也达到最大化。此时,保留价格较高的买家和销售价格较低的卖家能够达成交易。为什么竞争市场达到均衡时,社会剩余会最大化呢? 我们可以看图 14-3 的演示。如果市场购买量是 1 本武侠小说,而不是 3

本,此时保留价格为30元和售出价格为30元以及保留价格为40元和售出价格为20元的两笔交易就无法达成了,社会剩余会减少。如果市场购买量是4本武侠小说,此时保留价格为20元的买家和售出价格为40元的卖家要强制达成交易,此时会造成社会剩余的减少,因为此时销售价格是超过保留价格的。如果按照销售意愿20元交易,那么生产者福利会受损;如果按照保留价格40元交易,那么消费者福利会受损。

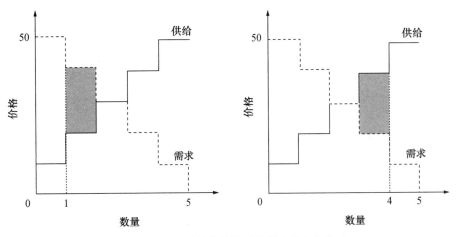

图14-3 限制销售数量后的社会剩余变化

当市场上有无数买家和卖家时,我们可以画出连续的供给曲线和需求曲线,此时均衡数量为Q^*。如图14-4(a),消费者剩余是需求曲线、均衡价格水平线与纵轴围成的三角形,生产者剩余是供给曲线、均衡价格水平线与纵轴围成的三角形。如图14-4(b),在比均衡数量小的位置,如Q_1,销售价格大于支付意愿,仍有交易可以实现,但社会剩余并未被最大化。在比均衡数量大的位置,如Q_2,销售价格小于支付意愿,此时交易会降低社会剩余,已偏离了社会剩余最大化的状态。因此,我们可以推出,在完全竞争市场中,偏离供给曲线和需求曲线交点的配置结果会导致社会剩余的损失,即在供给曲线和需求曲线的交点处,社会剩余达到最大化。

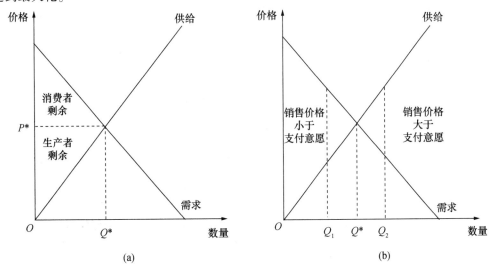

图14-4 连续需求与供给下的社会剩余

二、帕累托效率

我们刚刚讨论了如何让社会剩余最大化,在现实中,我们关注的问题还有如何分配资源,才能使一方受益,但另一方不受损呢?这个概念叫作帕累托效率(Pareto Efficiency),或帕累托最优(Pareto Optimality)。如果在一种资源配置下,我们无法让一方受益,而另一方不受损,这时我们就达到了帕累托效率。在刚才的完全竞争市场均衡中,我们能不能做出帕累托改进,通过变动资源配置方式,使一方受益而另一方不受损呢?经过上面的分析,我们知道,无论我们是减少还是增加均衡数量,都无法做出帕累托改进了。因此,完全竞争市场上的均衡配置达到了帕累托最优。

三、无谓损失

我们还可以用无谓损失(Deadweight Loss)来刻画经济中的无效率状态。无谓损失是指市场未处于最优状态时社会剩余的损失,又称作福利净损失。现在我们仍考虑同样的武侠小说市场,此时,我们有无数的买家和卖家,这时我们可以画出连续的供给曲线和需求曲线,更清晰地刻画出无谓损失的形状。如图14-5所示,帕累托最优状态下市场均衡数量为 Q^*,如果这个市场有数量限制 Q_1,或者价格限制 P_1,此时我们无法达到帕累托最优的市场均衡状态,无谓损失就是图14-5中阴影部分的三角形。此时,在 Q_1 和 Q^* 之间,有一部分本可以达成的交易因为数量或价格限制而不能再达成了,从而造成了市场扭曲和低效率。

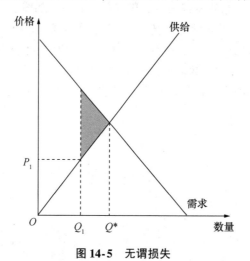

图14-5 无谓损失

到此,我们明白了,在完全竞争市场中,市场这只"看不见的手"发挥了巨大作用,市场均衡就是帕累托最优状态,能够最大化社会总剩余。此时,如果加入价格或数量限制,使市场均衡数量小于帕累托最优状态,就会造成社会总福利的损失和资源配置的扭曲。然而,在现实经济中,价格限制或数量限制仍然存在,一些国家试图使用计划的方式来替代市场管理经济。我们通过下面案例详细讨论这些现实中的经济现象。

案例 14-1

数 量 限 制

纵观世界经济的发展历程,数量限制的身影一直存在。20世纪30年代,世界范围内出现经济萧条,当时日本为纺织品的最大出口国之一①。1955年,美国与日本达成日本纺织品出口美国的自愿出口限制。20世纪50年代,英国开始限制从印度、巴基斯坦等国家和中国香港等地区的进口。在芝加哥大学出版社出版的《中国在世界贸易中日益重要的作用》一书中,Brambilla 等学者在第九章《中国在 MFA 与 ATC 协议下的经验》中提到,1961年,各国就纺织品与服装进口配额限制达成了短期安排协议(Short-Term Arrangement),这个短期协议延长到了整个20世纪60年代与70年代初期。随着发展中国家出口纺织品的能力日益增强,发达国家急需一种系统解决纺织品进口剧增问题的制度安排。1973年,各国在日内瓦签订了《多种纤维协定》(Multifibre Agreement,MFA)。MFA规定了发达国家可为了避免本土市场遭受严重损失,而对从发展中国家进口的纺织品数量进行限制。MFA的签订保护了发达国家的本土纺织业,但同时也推高了本地的纺织品价格。MFA的签订又延续了近三十年的贸易保护主义。直到20世纪90年代的乌拉圭回合谈判之前,纺织品配额的谈判都在 MFA 框架下进行。② 然而,MFA 由于严重违反了关税及贸易总协定(GATT)的非歧视性原则,于1995年被 WTO 的《纺织品与服装协定》(Agreement on Textiles and Clothing,ATC)取代。ATC 将纺织品和服装产品纳入 WTO 规则,规定了其进口配额结束的十年渐进历程。到2005年,WTO框架下的纺织品配额按期终结。然而,中美之间达成备忘录,美国仍然对中国出口的部分纺织品和服装产品实施配额限制,这批配额直到2008年才真正终结。

纺织品配额的逐渐退出也开启了中国纺织品出口的迅速增长。图14-6绘制了世界、美国和中国1992—2018年的纺织品出口价值,以及中国纺织品与服装出口在世界纺织品与服装总出口中所占的份额。从图14-6中可以明显看出,美国纺织品与服装出口增长较慢,而中国纺织品与服装出口则在2001年加入 WTO 后迅速增长,随着纺织品配额的放宽并在2005年终结,中国纺织品出口量增速在2006年达到加入 WTO 以来的顶峰,高达28%。同时,中国纺织品与服装出口占世界该产业出口的份额总体呈上升趋势,从2001年的15%升至2006年的27%,到2018年时高达35%。Kwandelwal 等学者在2013年发表在《美国经济评论》上的文章《贸易自由化与体制改革》(Trade Liberalization and Embedded Institutional Reform)中,以 MFA 为背景,验证了纺织品配额导致的资源配置扭曲现象,并分析了中国在配额终结后纺织品与服装出口的高速增长。

---

① 参考美国农业部 USDA(United States Department of Agriculture)2006年撰文"The World Bids Farewell to the Multifiber Arrangement"。
② 参考世界贸易组织(WTO)官方网站协定相关信息撰文《纺织品:重回主流》及《纺织品监督机构、纺织品和服装协定》。

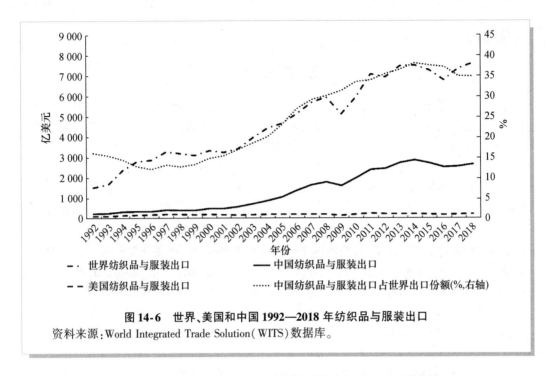

图 14-6　世界、美国和中国 1992—2018 年纺织品与服装出口
资料来源：World Integrated Trade Solution(WITS)数据库。

还有一个著名的数量限制的例子是日本对美国的自愿出口配额限制(Voluntary Export Constraint)。1979 年,石油价格上涨使得美国消费者的汽车偏好从大型车转向小型车。当时,日本在生产小型车上具有明显的成本优势,日本汽车迅速打入美国市场。美国国内汽车企业感受到了严重威胁,要求美国政府对本土汽车工业采取保护措施。因此,美国政府要求日本对其汽车出口进行限制。1981 年,日本和美国签订了《日美汽车贸易协议》,约定 1981—1982 年,日本出口至美国的汽车数量不得超过 168 万辆;1983 年该协议延期,约定 1984—1985 年,这一配额上升到 185 万辆;1985 年,美国不再要求日本继续执行这一协议。①

图 14-7 展示了 1975—2019 年日本汽车工业协会(JAMA)企业出口美国机动车数量的变化。日本汽车工业协会成立于 1967 年,由 14 家日本汽车企业组成,包括丰田、三菱、本田、铃木、马自达等日本主要汽车厂商。② 1984 年,JAMA 成员企业出口美国乘用车数量为 185 万辆,与协议配额数量相同。1985 配额限制放开后,当年 JAMA 企业出口美国乘用车数量增速为 20%,而 1981—1984 年的平均增速仅为 0.5%。其后,日本汽车企业逐渐扩大在美国的汽车制造投资。1985 年,日本 JAMA 成员企业在美国汽车销售量中仅有 12% 是在北美生产的,到 2018 年,这一数值提升到 70%。③

两个数量限制的案例都告诉我们,数量限制可能带来严重的市场资源配置扭曲和低效率。那么,完全依赖市场这只"看不见的手"就一定高效吗？其实,市场也有失灵的时候。我们在最后一节会分析市场为何会失灵。

---

① 参考中华人民共和国商务部 2019 年撰文《自愿出口限制实例:日本汽车出口》。
② 14 家日本汽车企业为大发电机有限公司、日野汽车株式会社、本田汽车有限公司、五十铃汽车有限公司、川崎重工有限公司、马自达汽车株式会社、三菱汽车公司、三菱扶桑卡车巴士公司、日产汽车有限公司、斯巴鲁公司、铃木电机株式会社、丰田汽车公司、优迪卡汽车株式会社、雅马哈汽车有限公司。参考 http://www.jama-english.jp/about/member.html,访问时间:2020 年 4 月。
③ JAMA 提供了 1986 和 2018 年两年的对比数据。参考 https://www.jama.org/japanese-brand-automobile-and-motorcycle-trends-in-japan-the-u-s/,访问时间:2020 年 4 月。

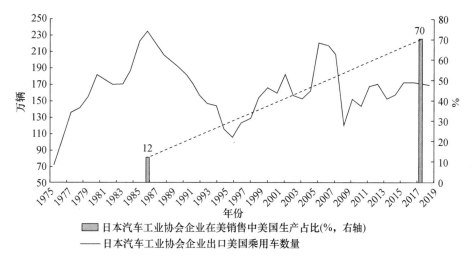

图 14-7　日本汽车工业协会企业出口美国乘用车数量与在美销售中美国生产占比

资料来源：日本汽车工业协会（JAMA），http://jamaserv.jama.or.jp/newdb/eng/index.html，访问时间：2020 年 4 月。

> **案例 14-2**
>
> ## 计划经济与市场经济
>
> 　　纵观各国经济的发展历史，许多国家尝试利用政府这只"有形之手"来替代市场这只"无形之手"。计划经济就是指依靠政府完全计划国家的生产、消费和资源分配的经济体制。依靠市场的价格信号决定资源分配的经济体制，被称作市场经济。那么，是依靠政府还是依靠市场呢？我们用数据来说话。1945 年日本投降后，第二次世界大战终于结束。朝鲜半岛北部由苏联接管，实行计划经济体制，是我们现在所知的朝鲜前身。朝鲜半岛南部则由美国接管，实行市场经济体制，发展为我们现在所知的韩国。①
>
> 　　根据麦迪逊项目数据库，1953 年，韩国与朝鲜的人均真实 GDP 相近，分别为 1 385 美元和 706 美元（按 2011 年固定美元衡量）。20 世纪 60 年代，韩国积极参与国际分工，用出口导向政策取代之前的进口替代政策，同时根据本国比较优势，重点发展劳动力密集型产品。20 世纪 70 年代，韩国将发展重心转移到资本密集型产品。1996 年，韩国人均 GDP 高达 20 042 美元，是 1953 年的 14 倍多，创造了"汉江奇迹"。对比之下，朝鲜始终坚持计划经济，鲜少参与国际分工，经济较为封闭。2015 年，朝鲜人均 GDP 为 1 720 美元，是 1953 年的 2.4 倍；同年，韩国人均 GDP 已高达 35 316 美元，是 1953 年的 25.4 倍。②

　　我国在历史上采用过两种经济体制：计划经济体制与市场经济体制，它们在不同阶段发挥了不同的作用。1949 年，中华人民共和国成立后，我国选择采取计划经济体制，这与当时的时代背景是分不开的。一是马克思主义者认为社会主义将按照需要来生产和分配，将消除商

---

① 1950 年，朝鲜战争爆发。1953 年，朝鲜、韩国以北纬 38 度线为界，签署停战协议。

② https://www.rug.nl/ggdc/historicaldevelopment/maddison/releases/maddison-project-database-2018，访问时间：2020 年 4 月。

品交换。而当时采用计划经济的苏联也曾获得辉煌的经济成就,1950年苏联的人均真实GDP为5 676美元,当时中国的人均GDP仅为757美元。二是中华人民共和国成立初期,我国财力物力有限,希望"集中力量办大事",尽快建立工业基础,因此采取计划经济体制。1953—1957年的"一五"期间,我国经济在苏联帮助下开始恢复,发展重点在重工业建设上。1958年到1977年,我国经历了"大跃进""文化大革命"等运动,国民经济极度衰弱。

1978年12月,邓小平提出"对内改革、对外开放",这是我国历史上的重大决策,也改变了中华人民共和国成立以来近30年的封闭状况。1978年实施改革开放政策后,我国逐渐引入市场经济体制,采取了一系列支持政策,如实行家庭联产承包责任制、对外资开放本地市场、创建经济特区、鼓励企业家创业等。2001年,我国加入WTO,在国际分工中的参与程度越来越高。我国人均真实GDP在2000年为1 768美元,在2018年达到7 752美元,是2000年的4倍多。在改革开放的进程中,我国规模以上工业企业数量从2000年的16万家增加到2018年的近38万家,翻了超过一番。其中,国有企业占比从2000年的26%降低到2018年的0.49%;私营企业占比从2000年的14%上升到2018年的58%。这展现了改革开放后让市场配置资源激发的巨大经济活力。

我国的GDP总量在2010年超过日本,跃居世界第二大经济体。目前,我国的经济发展仍存在许多问题,需要进一步深化改革。2013年,中共十八届三中全会指出:"经济体制改革是全面深化改革的重点,核心问题是处理好政府和市场的关系,使市场在资源配置中起决定性作用和更好发挥政府作用。"2017年,党的十九大报告指出了经济体制改革的思路,即以完善产权制度和要素市场化配置为重点。2020年4月,我国明确了要素市场化配置改革的方向,提出了土地、资本、劳动力、中间品和数据五个重点领域的具体改革措施,包括增强土地管理灵活性、推动户籍改革、健全要素市场机制等内容。2020年5月,习近平总书记指出,"决不能不克服市场的盲目性,也不能回到计划经济的老路上去。要努力将市场的作用和政府的作用结合得更好一些"。[①] 市场和政府配置资源各有优缺点,那么,市场配置的弱点是什么?政府干预的弱点是什么?如何融合市场与政府的优缺点,扬长避短?我们将在本章第二节分享一些启示。

四、效率与公平

在配置资源的过程中,我们需要在效率和公平之间权衡取舍。效率指的是社会从稀缺资源中可以获取的最大收益,公平是指将这些收益在社会成员间平均分配。换句话说,效率关注如何"把饼做大",公平则关注如何"分饼"。在制定经济政策的过程中,效率与公平的目标常常会发生冲突,例如,想追求效率,就可能加剧财富的不平均分配,牺牲公平;而想追求绝对公平,就可能打击经济主体的积极性,从而丧失效率。然而,经济学的原理之一就是人们面临着权衡取舍。我们需要思考经济政策的目标是什么,如果目标是兼顾公平与效率,我们如何达到两者间合适的平衡点。进一步,我们可能会想,用市场的手段能够达到追求效率的目标吗?政府的干预能实现分配的公平吗?在第二节,我们将发现,市场和政府都会失灵。我们还会讨论应对这些市场失灵与政府失灵的可能方向。

---

① 参考新华网2020年撰文《习近平:让市场在资源配置中起决定性作用,不能回到计划经济的老路上去》。

案例 14-3

我国的户籍制度

1953年,在中华人民共和国建立后第一个五年计划实施之初,我国下发了劝止农民进城的指示。当时正处于我国工业化的开端,兴起了一股农民进城的热潮,但那时我国资源十分有限,过多农民进城可能引起粮食、交通、住房等供应不足。在此背景下,国家下发了劝止农民进城的通知。1958年,我国通过相关条例,确立了户籍制度。① 户籍制度使农民无法进城,也难以完全分享工业化的果实。当时我国运用"价格剪刀差"的方式,压低农产品价格,抬高城市工业品价格,使得农村所生产的原料能够以低价被城市的工业企业购进,提升工业企业的利润,大大促进了我国的工业化发展。然而,工业利润的提升实际上是以农业部门的牺牲为代价的。在农业部门做出牺牲的农民却长期在户籍制度的限制下,困于乡村,难以享受城市发展所带来的福利。

随着城乡差距的显现,城市平均工资远高于农村,许多农民选择外出务工。然而,他们虽然在城市生活、工作、交税,但却无法享受城市的保险、教育等资源。在收入方面(见图14-8),2013年,我国城市居民人均可支配收入为26 467元,是农村可支配收入9 430元的2.8倍。2018年,城市居民人均可支配收入是农村的2.7倍,差距变化不大。在医疗方面(见图14-9),1991年,城市新生儿死亡率为1.25‰,农村则高达3.79‰,是城市的3倍。2018年,城市新生儿死亡率为0.22‰,农村为0.47‰,是城市的2倍。在教育方面,Zhang、Li和Xue(2015)表明2005年城市平均教育年限至少比农村多2.5年,同时大部分农村的学生未完成高中或大学教育。农民进城务工后,也出现了"留守儿童"问题,他们的研究也表明,留守儿童的学习时间和学习表现均比城市儿童要差。而"留守老人"无人赡养的问题也引发了广泛的社会关注。② 从收入、医疗、教育、子女老人抚养等方面来看,我国的城乡差距仍然很大。这影响将至少涉及三代人。

图14-8 城乡可支配收入对比

资料来源:国家统计局。

---

① 丛芳芳. 论社会主义和谐社会中的公平与效率——以农民工现象为案例[J]. 农村经济与科技, 2008, 019(011):4-5,8.

② 参考美国有线电视新闻网(CNN)2019年撰文"Isolated and abandoned: the heartbreaking reality of old age in rural China"。

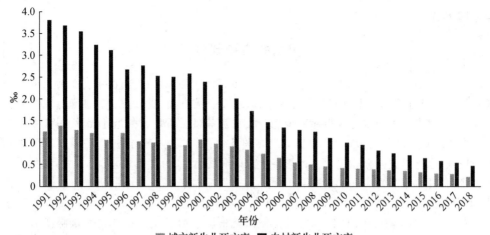

图 14-9 城乡新生儿死亡率对比

资料来源：国家统计局。

伴随着我国户籍制度出现的城乡二元结构问题，它不仅影响了微观主体生活的方方面面，还影响了宏观层面的劳动生产率与福利。户籍制度的初衷是希望以效率优先，先发展经济，以"先富带动后富"。它虽然加速了城市的发展，但是也阻碍了大量劳动力的自由流动，导致严重的资源错配、效率损失和市场扭曲。Tombe 和 Zhu(2019)研究了迁移成本对生产率的影响。他们发现，户籍制度导致的迁移成本巨大，例如，2000 年，从农村到城市的迁移成本相当于一个人的真实收入缩小了 3 倍，省份之间的迁移成本就更大了。他们还发现，2000—2005 年，迁移成本年均下降 18%，这使省份内和省份间的劳动力流动分别增加了 15% 和 82%。农业部门的过剩劳动力流动到非农业部门，带来的劳动生产率提升高达 5%，带来的福利提升更是高达 11%。这告诉我们，迁移成本的下降会带来劳动生产率与福利的提升，这与我国未来的改革方向不谋而合。2020 年，我国要素市场化改革的重要内容之一就是户籍制度改革，推动常住人口户籍制度和城市群积分互通制，放宽城市落户限制。①

历史上，我国对于效率与公平的取舍也从"效率优先、兼顾公平"转变为"兼顾效率与公平"。党的十九大强调"收入分配更合理、更有序"与"在劳动生产率提高的同时实现劳动报酬同步提高"。值得注意的是，十九大报告没有把效率与公平看作分配制度内的关系，而是调整了效率与公平二者之间的关系，因为生产与劳动讲效率高低，分配讲的是公平与合理与否，并不涉及效率高低的问题。②

未来，我们应该如何缩小城乡差距，兼顾公平与效率？这需要我们共同探索和努力。

---

① 参考《经济日报》2020 年撰文《要素市场化配置的重大突破》。
② 参考《光明日报》2017 年撰文《解读十九大报告：中国特色社会主义政治经济学的创新与发展》。

五、福利经济学定理

我们之前分析得出,完全竞争市场的均衡是帕累托最优的,这其实就是福利经济学第一定理。

福利经济学第一定理表明,完全竞争市场能够使贸易利益最大化,换句话说,完全竞争市场达到的均衡必定是帕累托最优的。这说明,市场在完全竞争的条件下可以通过价格有效配置资源。

相反,给定帕累托最优配置,这种配置能否通过完全竞争市场实现呢?这就是福利经济学第二定理。

福利经济学第二定理表明,帕累托最优配置可以通过完全竞争市场从适当的初始配置实现。因此,政府不需要干预市场来实现其政策目标,因为政府的干预会导致市场价格的扭曲进而改变实际决策行为,造成效率损失。然而,我们还要提出一个问题,市场这只"看不见的手"真的能这么完美地运行吗?市场会不会失灵?政府干预又有什么缺点?这是我们下一节要讨论的问题。

案例 14-4

如何衡量福利?

我们在本章讨论了福利衡量的一种方式——社会总剩余。然而,如果让政府以最大化社会总剩余来决定其政策,如何计算社会总剩余又是一个棘手的问题。学术界常常用模型计算消费者剩余或生产者剩余,然而模型计算依赖于许多假设。政策制定者则青睐更加直接的方式,他们常常使用GDP作为福利的衡量指标。在Brynjofsson等学者2019年发表在《美国科学院院报》上的文章《利用线上选择实验测量幸福感的变化》表明,GDP并不是一个衡量福利的好方式,同样,Fleurbaey于2009年发表在《经济学文献杂志》上的文章《超越GDP:寻求衡量社会福利的方法》中讨论了替代GDP衡量福利的方案,但目前还没有找到更好的衡量指标。

福利是什么呢?有的学者认为在福利经济学中,福利应衡量社会的令人满意的功能。Dowding在2009年出版的《牛津大学经济学哲学手册》中《什么是福利且我们如何测量它?》一章中提到,GDP其实并不能反映福利。Kuznets在1934年就提出,一个国家的福利难以从GDP中看出来。用GDP衡量福利的缺点显而易见。例如,GDP仅衡量现在的经济活动规模,却忽视了财富分配、国际收入流动、家庭生产、环境破坏以及许多其他能够衡量福利的因素,如社会关系质量、经济安全感、健康等。随着经济的发展,尤其是信息经济的蓬勃发展,GDP也并不能很好地衡量如百度、微信等免费搜索或通信软件给人们带来的福利提升。

不同学科的学者一直致力于研究如何更好地衡量福利,如有的学者提出构建包含环境保护因素在内的宏观经济指标;经济学的一支则研究社会选择理论,讨论社会决策是否能尊重个人偏好(我们将在第十九章详细介绍);心理学则研究如何衡量快乐。哪一种方式最好,目前学者和政策制定者尚未有定论。我们在此介绍一种综合考量物质与精神体验的福利指标。

人类发展指数(Human Development Index，HDI)是综合考虑健康、教育、生活水平等维度，衡量人类发展关键方面的汇总指标。

健康维度的衡量标准是出生时的预计寿命；教育维度的衡量标准是25岁及以上成人的受教育年限和孩子的预期受教育年限；生活水平的衡量标准是人均国民总收入。人类发展指数使用几何平均值将三个HDI维度的得分汇总为一个综合指标。HDI简化并捕捉了人类发展所需要的重要部分，但它没有反映不平等、贫困、人类安全、赋权等问题。《人类发展报告》提供了其他综合指数，以更好地衡量人类发展、不平等、性别差距和贫困等问题。

图14-10展示了中国、日本、美国、印度的人类发展指数对比，从中可看出各国的HDI均呈上升趋势，且中国近年来的HDI增速明显高于其他三个国家。1980—2017年，HDI从高到低排序为：美国、日本、中国、印度。HDI作为衡量福利的另一个参考指标显示出，中国的发展仍然任重而道远。

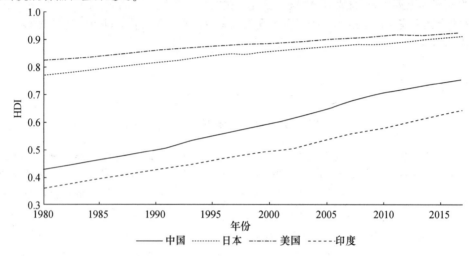

图14-10　HDI的各国对比

资料来源：详见网页 https://ourworldindata.org/human-development-index，访问时间：2020年4月。

第二节　市场与政府

一、市场失灵及其原因

完全竞争市场是理想状态下的市场，有效率并且能够使资源配置达到帕累托最优。但是，完全竞争的假设不一定能在现实经济中满足，此时则容易出现市场失灵。市场失灵是指无法通过市场机制实现资源的最优配置。导致市场失灵的原因包括垄断、非对称信息、公共产品、外部性等。第十三章详细介绍了这四种情况，本章只做简要回顾，并补充部分案例。

(一) 垄断

在完全竞争市场上,均衡价格等于边际成本。而在垄断存在的情况下,均衡价格将高于边际成本。垄断还使均衡产量低于最优产量。此时为了解决效率问题,需要价格以外的手段如政府介入。政府可以通过制定一些反垄断的法律法规,使扭曲的资源配置状况得到一些改善。

案例 14-5

中国的垄断行业

在我国电信、电力、民航、铁路等领域,存在一些垄断行业。[①] 在这些行业中,形成了少数公司,尤其是国有企业寡头垄断的格局。例如在电信行业,随着 2008 年电信业重组,我国电信业形成了中国移动、中国联通、中国电信三家独大的垄断格局。垄断的后果是电信业服务质量提升缓慢,宽带资费贵、速度慢等问题较为普遍,消费者即使投诉,但因为垄断的存在,他们并无其他选择。2018 年 6 月,我国宽带人口普及率为 27.2%,虽然逐年稳步上升,但仍然低于 OECD(经合组织)的平均水平。2018 年 7 月,我国宽带下载速率为 77.6Mbps,在全球排名第 19 位,低于澳大利亚、加拿大、韩国、法国等国家;移动宽带下载速率为 30.3Mbps,在全球更是排到了第 37 位。2018 年第二季度,我国固定宽带单位资费水平在全球有数据来源的 71 个国家中,从低到高排名位于第 42 位,资费水平较高。[②] 从国别对比来看,我国电信业服务质量和水平还有很大的发展空间,为了提质增效需要进一步改革。

对垄断行业的重要改革思路是引入竞争。对电信业而言,也是如此。1994 年,中国联通成立,打破中国电信一家独大的局面。1999 年,中国电信业务进一步拆分为电信、移动和卫星通信,同时,网通、吉通和铁通三家公司获得运营许可。2001 年,中国电信进一步南北分拆,北部十省划分给中国网通。2008 年,经过并购重组,电信业最终形成中国移动、中国联通、中国电信三大运营商。2017 年 8 月,中国联通宣布混合所有制改革方案,引入百度、阿里巴巴、腾讯、京东等 14 家投资者。中国联通虽然不是最早进行混合所有制改革的企业,但是它是首家在集团公司层面进行混合所有制改革的中央企业。[③] 2016 年,中国联通净利润仅为 1.54 亿元,同比下滑 96%;在 2017 年混合所有制改革后,净利润上升到 4.26 亿元,同比增长 176.3%;2018 年,其净利润更是达到 40.81 亿元,同比增长 858%,维持了利润"V 形反弹"的趋势,印证了引入竞争对垄断企业提质增效的作用。

(二) 非对称信息

非对称信息主要有两种:第一是类型被隐藏,一方的真实类型不为另一方所知,比如卖二

[①] 参考人民网 2008 年撰文《中国垄断产业规制改革 30 年》。
[②] 数据来源于中国信通院(CAICT)2018 年发布的《中国宽带发展白皮书(2018 年)》。
[③] http://www.ccidcom.com/yunying/20190809/EkEYAWKSjQhCiaOGF16talm4f9ohc.html,访问时间:2020 年 4 月。

手车的人最了解二手车的真实情况；第二是行为被隐藏，一方所做的行为不为另一方所知，比如买了汽车保险的人更可能不那么细心地去保护汽车，但这一行为保险公司并不了解。前者会导致逆向选择问题，后者会导致道德风险问题。我们在第十八章会详细介绍。

（三）公共物品

由于"搭便车"问题的存在，公共物品的供给总是小于最优供给量，由此出现市场的低效率。公共物品具有非竞争性与非排他性，这意味着如果由市场来提供公共物品，如建设桥梁，人们可能倾向于免费通过桥梁而不交费用，这样会造成巨大亏损，且导致公共物品的供不应求，造成市场失灵。那么这个问题如何解决呢？一个方法就是政府来提供公共物品，并通过征税来弥补这部分支出。

（四）外部性

外部性的存在将会扭曲资源的配置。正外部性的例子有研发、教育、自然保护等。负外部性的例子有汽车尾气、吸烟、空气污染、过度放牧等。外部性的存在意味着在市场经济条件下，经济活动的受益者无须支付成本，或者经济活动的受害者无法得到赔偿。在第十五章中，我们会详细讨论如何解决外部性带来的资源错配问题。

二、政府失灵及其原因

市场的失灵一般要靠政府的干预来解决。然而，政府的干预也会失灵。政府失灵是指政府在对经济干预的过程中，由于自身或客观因素的局限，无法改善经济运行效率的现象。政府失灵的原因包括政府缺乏准确信息、政府干预存在时间滞后性、政府干预能力有限、政府缺乏有效监督机制。

（一）政府缺乏准确信息

政府对经济活动的干预是一个涉及众多经济主体的错综复杂的过程。众多经济主体的准确信息通常难以被政府掌握，缺少可靠的依据来指导政府行为，因此可能导致错误的决策。同时，虽然政府难以掌握众多经济主体的信息，但众多的经济主体却可以观察到政府的行为，因而可能在大众与政府之间的博弈中，众多的经济主体可能占据有利的地位。与之对应，政府可以发挥作用的空间就变得相对较小。

（二）政府干预存在时间滞后性

政府的决策非常缓慢，通常是存在滞后性的。导致政府决策过慢的原因主要在于政府对正在发生的事件的认识过程较慢，决策过程效率低下，政策起效速度较慢等。这种时间滞后体现在行政审批效率的低下、日常工作程序缺乏灵活度、层层请示的制度等，有时也可能是由官员不愿意承担责任而故意拖延程序或不表态导致的。这种时滞可能导致政府政策出台时并不能达成有效解决问题的目的，缺乏时效性。

（三）政府干预能力有限

首先，政府在应对和控制私人市场时，其能力十分有限且反应较为迟钝。政府政策作用于私人市场需要经过很多环节,而预期的作用结果与通常作用的结果大相径庭。甚至,部分政府工作人员可能并不具有决策的能力和素质,"拍脑袋"做决策的后果更是灾难性的。其次,政府部门间缺乏竞争,降低活动成本的压力较小,可能导致干预的社会成本远大于其收益。再次,政府在提供公共物品时,如国防、公路、桥梁等,会赋予部分企业以垄断地位,而具有垄断地位的企业常常欠缺提升产品质量的动力,因为其在市场上的竞争对手很少。最后,政府通过财政支持公共物品的生产,但常常欠缺对成本和收益的有效监督,从而容易造成资源的大量浪费。

案例 14-6

共享单车之殇

共享单车的流行缓解了人们的出行困难,尤其是在"最后一公里"问题上发挥了积极的作用,但同时在部分城市也产生了单车过度投放、企业无序竞争、单车停放混乱的现象,严重影响了社会秩序。为应对这一问题,虽然部分城市的共享单车未达饱和,但包括这些城市在内的至少12个城市宣布禁止新增投放共享单车。一些城市选择扣押违章共享单车,数万辆共享单车被暂置在空地上,形成"单车坟场",造成巨大浪费。而政府在实施扣押政策的过程中也付出了巨大的人力、物力成本。有些城市以"创建全国文明城区"之名,对单车投放"一禁了之"。这种做法实际上可能是"懒政"的表现,或者体现了决策者过于简单化的思考,从长远的角度来看可能会严重阻碍共享单车行业的发展,降低人民的生活福祉。实际上,解决共享单车问题可以尝试的方法还有很多,比如对负外部性产品征收"庇古税"、构建用户信用评级引导文明停车、利用大数据合理建设停车区等。

案例 14-7

建筑设计行业的资质管理制度变革

建筑设计行业的资质管理制度变革也为我们提供了如何解决政府干预在一些领域低效率问题的思路。改革开放之前,建筑设计行业的从业主体一般为国有企事业单位,设计单位少,质量不高。20世纪90年代初,境外设计事务所进入中国内地市场,为了提高国内设计单位与之竞争的能力,建设管理部门计划小规模向民营资本开放,允许成立私营设计事务所并发放设计资质。2001年中国加入WTO后,为全方位与国际接轨,建设管理部门加快了事务所发展的步伐,放开了资质管理的指标限制,结束了指标化的资质审查。虽然资质标准依然较高、审查环节依然较多,但设计院的数量和质量都得到了很大的提高。[①]建筑设计院的数量继续增加,在2008年达到了4 898家,占全国勘察设计行业企业总数14 667家的33.39%,其中国有企业1 786家,外资企业(含港澳台)45家,其余均为民营企

[①] 参考2003年原建设部建市函[2003]257号《关于受理工程勘察、设计企业资质申请等有关问题的通知》。

业,民营设计院的数量占比达到60%以上。① 2008年后,受全球金融危机以及国家房地产调控的影响,建筑设计行业竞争加剧,人员规模小、产值较低的设计院不断退出市场,规模较大的设计院则不断改善经营体制,吸引了大量优秀人才。

2016年12月,设计资质管理的政府干预进一步弱化。根据国务院"弱化企业资质管理,强化个人执业资格管理"的行业改革要求,住房城乡建设部出台了新标准,对无限责任性质的事务所注册人员的数量要求降低至一人,这近乎相当于个人可以执业。这是历史性的突破,正式将市场上存在的一大批以创意、设计方案为主的、无资质但能力强的设计咨询公司纳入了正规行业管理轨道,这其中包括曾获得建筑设计行业最高奖项——普利兹克奖的王澍先生,此前他没有注册建筑师资格,其创立的建筑工作室也没有设计资质。2017年3月,自新资质标准实施以来,建设设计市场一直朝着更加规范化、高质量、充分竞争的方向发展,到目前为止,设计行业已逐渐形成大型国有设计单位、外资设计公司、民营设计单位、个体设计所等四方并存、各有所长、互为补充、同步发展的局面。从行业发展的国际经验来看,设计资质的门槛仍有进一步降低的空间。

建筑设计行业的资质管理制度变革告诉我们,在政府干预较强的时期,如改革开放之前,在仅有国有企业参与的建筑设计市场中,企业数量少且缺少竞争,质量也不高。但在改革开放后,政府在建筑设计行业不断放松资质管制,引入市场竞争,做大了市场,也提高了整体企业的质量。这是其他由于政府干预导致低效率的领域可以借鉴的改革思路。

(四) 政府缺乏有效监督机制

政府决策者与企业决策者一样,是人并不是神,并不能保证其达成经济的最优效果,他们也可能会制定错误的政策。如果缺乏有效的评审、监督和约束机制,不受足够约束的公职人员可能因谋求个人私利,政府可能并没有动力将其干预活动的利润最大化,从而造成政府资产和社会福利的巨大损失。

政府干预还会使寻租活动成为可能,而缺乏有效监督机制将使寻租活动更加猖獗。寻租是指个人或团体对政府施加影响,以争取自身利益,不增加社会福利的活动,例如企业通过贿赂等形式争取政府官员的支持,寻求经营许可或政治庇护,从而获取暴利。② 在监督机制尚未完善的情况下,这种寻租活动更容易发生,导致全社会资源和福利的大量损失,并加剧社会不公平。

寻租活动的例子众多。例如,在出租车行业,有挂靠单位的出租车公司可以得到经营特许权。③ 再如,"红顶中介"利用其政治资源获取暴利。2017年,李克强总理在国务院第一次常务会议中强调,要坚决整治"红顶中介"。"红顶中介"有以下几类:一是审批部门下属的事业单位或主管协会;二是政府机构改制后的企业,但仍存在政府体制惯性;三是与职能部门关联的市场企业,输送灰色利益。一些"红顶中介"通过手续、资质、认证等服务,破坏行政审批改革的效果,严重影响了市场活力。一些政府部门或相关官员既是"裁判员",又是"运动

---

① 参考中国勘察设计协会建筑设计分会2009年10月发布的《中国建筑设计行业年度发展研究报告(2008—2009年度)》。
② 金太军.市场失灵、政府失灵与政府干预[J].中共福建省委党校学报,2002.
③ 余晖.北京出租车业垄断:政府管制失败的经典案例[N].中国经济时报,2002-12-06.

员",助长了腐败和利益输送之风。①

要解决政府失灵的问题,我们需要从多方面着力,例如,政府进一步简政放权、提高政府运行效率,在非战略行业引入民营资本促进竞争,扩大社会对政府的监督,以及加强政府工作的透明化与制度化等。②

第三节 小　　结

在本章中,我们讨论了市场与福利。我们介绍了社会剩余的衡量、帕累托效率的定义、无谓损失的衡量、效率与公平的权衡;阐述了福利经济学定理与如何衡量福利;梳理了市场失灵与政府失灵的表现及其各自的原因。市场失灵发生的原因包括垄断、非对称信息、公共物品、外部性。政府失灵发生的原因包括政府缺乏准确信息、政府干预存在时间滞后性、政府干预能力有限、政府缺乏有效监督机制。

内容提要

- 买家为了商品愿意支付的价格称作其支付意愿或保留价格,卖家愿意卖出产品的价格称作销售意愿。
- 消费者剩余和生产者剩余是经济学中衡量消费者和生产者福利的基本方式之一。生产者剩余是产品最低供给价格和市场价格之差给生产者带来的额外收益。消费者剩余是保留价格和市场价格之差给消费者带来的额外收益。
- 如果在一种资源配置下,我们无法让一方受益,而另一方不受损,这时我们就达到了帕累托效率。
- 我们还可以用无谓损失来刻画经济中的无效率状态。无谓损失是指市场未处于最优状态时社会剩余的损失,又称作福利净损失。
- 市场失灵是指通过市场机制不能实现资源的最优配置。导致市场失灵的原因包括垄断的存在、非对称信息、公共物品、外部性。
- 政府失灵是指政府在对经济干预的过程中,由于自身或客观因素的局限,无法改善经济运行效率的现象。导致政府失灵的原因包括政府缺乏准确信息、政府干预存在时间滞后性、政府干预能力有限、政府缺乏有效监督机制。

关键概念

社会总剩余	效率与公平	市场失灵
消费者剩余	福利经济学	政府失灵
生产者剩余		

---

① 李松.风雷动:中国反腐肃纪全景观察[M].北京:新华出版社,2018.
② 参考搜狐财经2008年报道《王小鲁:既要解决市场失灵,又要解决政府失灵》。

练习题

1. 支付意愿和销售意愿是什么?
2. 无谓损失是什么?现实经济中,什么情况会产生无谓损失?
3. 如何衡量生产者剩余、消费者剩余和社会剩余?
4. 如果我们达到了帕累托效率,是否还能在不损害总体利益的情况下,使有些人的境况变得更好?
5. 解释福利经济学第一定理和第二定理。
6. 市场何时失灵?政府何时失灵?请分别举例。
7. 请解释非对称信息是如何导致市场无效率的。

第十五章 公共部门与外部性

你可能有过这样的经历,如果邻居家的草坪进行了重新修整,尽管你可能没有支付任何成本,但可能因为邻居家的新草坪而获得了效用。类似地,如果你家刚好建在马路旁边,这意味着你的出行较为方便;但是,过往车辆排放的废气以及鸣笛产生的噪声,都可能对你的日常生活造成困扰。可以说,你跟过往的车辆都没有直接的经济关系,但是你为其支付了额外的成本。

在此前章节的分析中,我们一直假设,每个行为人的决策是相互独立的,其与其他行为人的互动只能通过市场来完成。在本章,我们通过引入外部性,考查行为人通过市场以外的机制的互动。在此之后,我们将介绍具有典型外部性特征的公共物品,例如政府修建的道路、义务教育、国防建设等。最后,本文重点讨论公共部门治理中存在的困难和相应的解决措施。

第一节 外 部 性

一、外部性的定义

行为人的行为会对其他个体造成损害或产生利益,但是行为人没有对其他个体受到的损害予以补偿,或没有从其他个体得到的收益中获得报酬,这种现象就称为行为人的行为具有外部性(Externality)。如果是对其他个体造成损害的,则称为负外部性;如果是为其他个体带来收益的,则称为正外部性。外部性的存在将会导致市场失灵问题,此时可能需要政府发挥作用,引导资源的有效配置。

(一) 负外部性

典型负外部性的例子是污染。如果你家附近有一个排放废气的造纸厂,其造成的空气污染可能对你的健康和日常生活造成负面影响。对造纸厂而言,其可以通过购买污染处理设备、采用清洁能源、使用清洁技术等手段来减少污染的排放量,但是这会大大提升造纸厂的生产成本,而减少污染排放的收益却并不由造纸厂独享,在造纸厂附近居住的人们的生活环境会得到提升,从而获得收益。成本和收益的不对称性使得造纸厂主动投资建立废气处理设备的动力并不足,从而导致废气的排放量高于社会最优产量。这正是污染负外部性的体现。

吸烟也是具有负外部性的行为,这是俗称的"二手烟"导致的。研究表明,二手烟对人体的危害甚至比直接吸烟更大。尽管吸烟者吸烟产生的有害气体会对不吸烟的人的健康产生不利的影响,但是不吸烟的人并未因此获得吸烟者的补偿。

飙车是另一种具有严重负外部性的行为。许多追求刺激的年轻人喜欢将摩托车排气管进行改造,使其在快速行驶时发出刺耳的轰鸣声,在夜间甚至白天以极快的速度行驶。从安全隐患角度来看,飙车行为极大提高了交通安全事故的概率,将路上的行人或车辆置于危险环境中;此外,轰鸣的噪声、刺眼的灯光也给周围居民的生活带来了极大的干扰。因此,我国严格禁止驾驶机动车追逐竞赛行为。

案例 15-1

开机动车必须"戴头盔"吗?

如果一个人的行为产生了负面影响,政府或社会需要对这种行为做出强制性限制吗?很多时候对这一问题的回答取决于,这种负面影响是具有负外部性的吗?即这种行为的负面影响是否仅仅影响行为人本人。

驾驶机动车时需要佩戴头盔是很好的例子。理论上来说,人的生命属于自己,戴头盔也是为了保护驾驶人自己。如果一个人不愿戴头盔,不在乎交通事故存在死伤的微小概率,这似乎是他的个人自由——世界上有许多冒险的事情,如跳伞、攀岩,甚至抽烟、喝酒、熬夜加班,这些事情对生命健康带来的威胁,都不亚于开机动车不戴头盔带来的危险。那么,为什么法律要强制要求机动车驾驶人必须戴头盔呢?

从外部性的角度来解释,摩托车速度快,当其时速超过60公里到120公里或更高速度时,如果驾驶人不戴头盔,很有可能因风速过快而影响视线,灰尘、飞虫、沙石、树叶,都有可能冲击驾驶人的头部,容易发生事故危及他人。当存在危及他人安全的可能性时,开机动车不戴头盔就有可能侵犯其他人的权益,所以是存在负外部性的。类似地,为了确保对潜在受伤者的赔偿支付能力,强制摩托车驾驶人缴纳第三方责任险,这也是合理的。

那么,如果只是为了保护驾驶人本身,这种法律规定是有意义的吗?典型的例子是开车必须系安全带。系安全带可以在发生交通事故时对驾驶人形成一定的保护,这一规定本身是出于对驾驶人的安全考虑。那么问题就是,不系安全带会对其他人造成伤害吗?

这一问题是复杂的。一方面,支持系安全带立法的人认为,系安全带不仅在发生交通事故时可以有效保护驾驶人,还可以在正常行车过程中对其驾驶姿势形成一定的约束。当驾驶人保持正确姿势行车时,发生安全事故的可能性会大大降低,因此强制要求系安全带的规定是有正外部性的。另一方面,人具有社会性,对自己的生命负责就是对他人和社会负责,一个人在交通事故中受伤,不仅影响其正常的劳动工作,也会对其家庭或保险公司带来一定的经济压力。从这一角度来看,个人的生命安全对社会也具有外部性影响。

然而,强制规定开车系安全带可能带来的另一影响是,驾驶人认为系安全带能够有效减少交通事故对其带来的伤害,因而在开车时更加不注意安全,以至于系安全带反而提高了交通安全事故的发生率。萨缪尔·佩尔茨曼的相关研究结果表明,在安全带发明之后,交通安全事故的发生次数反而增多了。

资料来源:作者根据相关资料整理。

(二) 正外部性

正外部性的典型例子是教育。一般而言,良好的教育能为一个人带来更好的工作、更高的收入或更好的生活,这是其私人收益的体现;对一个国家或社会而言,高质量的教育具有很强的正外部性。举例来说,地区的犯罪率通常与该地区的受教育水平呈负相关的关系,受教育水平越高,犯罪率越低;此外,使得高技术和生产力更容易在该地区传播和发展,形成扩散效应。不同的企业之间可以通过面对面的交流,相互学习先进的管理经验等,从而提升企业效率和生产率。这些都是教育正外部性的体现。

技术研发也是具有典型正外部性的例子。有一个相关的概念称为"技术外溢",是指当一单位在某一领域取得技术性突破时,这一技术往往也对其他单位具有提升效应。此外,基础性研发的突破往往对应用型研发具有重要的支撑作用,基础性研发属于公共物品,当数学家或物理学家证明了新的定理时,所有人都可以使用这个定理以支持其他的研究。为此,我国在基础性科学研发上投入了大量的资金。

二、外部效应的成本

在存在负外部性时,完全竞争的市场结果将会偏离社会最优,存在过度生产或过度消费。与之相反,具有正外部性的产品,其完全竞争的市场结果与市场最优结果的关系又是怎样的呢?

如图 15-1 所示,假设企业研发一种新药需要投入巨大的科研成本,但是一旦新药被研发出来,社会上的其他企业就可以迅速学习这一配方并仿制相应的产品。此时,给定社会对这种药品的需求曲线是 D,该企业的供给曲线也就是边际成本线为 S,在价格为 P_c 的时候供求达到均衡。但是,由于新药的研发给其他企业带来正外部性,这样实际上整个社会的边际生产成本会比该企业要低,也就是 MSC 曲线会右移。这样,从整个社会来看,最优产量 Q^* 比由市场机制决定的产量 Q_c 要大。因此,在产品存在正外部性的情况下,市场的均衡数量将低于社会最优数量,存在生产或消费的不足。

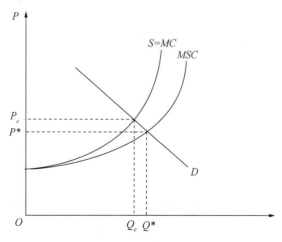

图 15-1 正外部性产品的供求分析

案例 15-2
"我不是药神":为什么新药这么贵?

2018年,电影《我不是药神》在中国上映。这部电影的放映,让跨国医药企业维护天价特效药的经济利益与绝症患者求生欲这一争议话题再度进入了大众视野。

"为什么新药如此昂贵?其实你支付的是第二粒药物的价格,第一粒药物花了几十亿美元呢!"纵观近年全球主要跨国医药企业的研发支出,每种新药都动辄投入几十亿美元甚至更多。以《我不是药神》的原型产品为例:在格列卫被发明之前,如果患者患了慢性粒细胞白血病,只能选择骨髓移植。而骨髓移植配型难,还有副作用,甚至有致命的危险。正是格列卫的出现改变了患者的命运,使其存活率一下提升到了90%。格列卫的研制成功耗时五十年之久,花费了巨额研发成本,凝结了许多科学家智慧的结晶。因此,如果这一技术突破不能为企业带来巨额利润,将是对科学技术创新非常不利的打击,同时也会降低资本的积极性。

"假如我们不尊重药企的知识产权,今后就不会有人继续研发新药",这是医药企业维护自身专利权的常见理由。由于存在巨额的研发成本,各国专利法不得不对药品的研发设置相应的专利权和新药专利保护期限。此外,药品具有更新换代迅速的特点,药品从发明到上市,需要经历漫长的研发和审核,这就导致医药企业更加努力申请延长新药的专利保护期。以美国为例,绝大多数医药企业都会申请延长其新产品的专利保护期,以保障其利益,且其中很大一部分申请将会获得通过。但如果一味延长药品的专利保护期限,这会推高药价,不利于患者的治疗。因此,在医药企业知识产权的保护和患者的利益之间存在着权衡取舍。一方面,要保护知识产权,使得医药企业能够获得一定的利润,从而激励其不断地研发新药物,惠及患者。另一方面,要限制知识产权的保护时间,从而能够尽快降低药品价格,使患者用得起药。

我国自1985年起,就对药品实施了严格的专利保护制度,同时也安排了相适应的专利强制许可制度,旨在实现医药企业利益和患者利益之间的平衡。除此之外,我国将进一步扩大医疗保障体系的覆盖范围,通过集中医保谈判的方式降低药价,在保障医药企业利益的同时,解决老百姓的后顾之忧,实现患有所医。

资料来源:从《我不是药神》说起:为什么新发明的药物会这么贵,https://www.jianshu.com/p/ba197efc6934?from=singlemessage,访问时间:2020年9月。

三、外部性的有关政策

(一) 产权和科斯定理

在负外部性的例子中,假设造纸厂的污染排放使得农田受到了污染,产生了负外部性。如何控制这种负外部性,这需要考虑造纸厂和农民之间谈判的成本。

假设法律没有规定不允许企业排放污染,那么根据"法无禁止即可为"的原则,造纸厂就有排放污染的权利。为说明问题的方便,假设造纸厂与农民之间的谈判是无成本的。此时,农民可以通过支付造纸厂费用要求造纸厂减少污染排放。

如图 15-2 所示,假设造纸厂为控制污染进行减产,产量由 Q_c 变成 Q^*。增加的社会成本在图 15-2 上体现为 $A+B$ 的面积,即农民需要支付给造纸厂的费用。但因为产量从 Q^* 到 Q_c,造纸厂生产者剩余的增量为 $A-C$ 的面积。因此,只要农民支付的费用超过这个值,农民和造纸厂之间就可以达成协议,从而降低污染的排放量。

但是,这是农民们毫无组织的情况。我们考虑农民们有组织的情况。假设农民们要求造纸厂减少产量到 Q^*,此时农民们可以获得消费者剩余 $B+C$。因此,需要为此付费给企业 $B+C$,才能说服企业将产量减少到 Q^*。

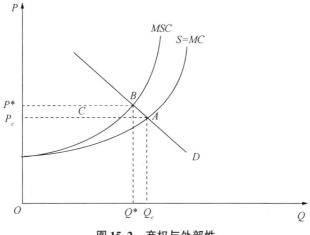

图 15-2 产权与外部性

科斯定理指出,在产权明晰且没有交易成本时,即使在市场存在外部性的情况下,交易双方总能实现有效率的资源配置,而这与初始时的产权分配并没有关系。在上例中,无论初始产权的归属如何,最后的市场均衡产量都将是 Q^*。

尽管在科斯定理成立时,产权的归属并不影响社会产出的效率;但是,产权的归属会影响收益分配。如果造纸厂有排放污染的权利,那么农民需要补偿造纸厂因为减排引致的成本。如果农民有拒绝污染的权利,那么造纸厂需要补偿农民因为受到污染导致的损失。因此,当交易成本为零时,产权仅影响收益的分配,并不影响最终的产量。

案例 15-3

"产权不清,科斯不灵"

《经济学家茶座》曾经刊登过这样两则交通小故事:

第一则故事是公车之间的事故。一辆从工商局出来的单位公车刚好撞上了正在路上行驶的公交车。事故发生后,双方司机报警等待交警部门的处理。但由于事故发生时正值上班高峰,交通事故造成了严重的交通堵塞。但单位公车司机和公交车司机表示,由于车辆归属于单位,只能等待交警处理。一个小时以后,交警赶到现场,事故处理迅速完成,交通堵塞得以缓解。

尽管在这起交通事故中,双方当事人的车辆的产权归属十分清晰,同时肇事责任明确,交易费用较低。那么为什么这一事故的处理却仍然花费了如此长的时间并造成了严重的交通堵塞呢?在回答这个问题之前,我们再来看第二则故事。

第二则故事是私家车之间的事故。一辆捷达轿车和比亚迪轿车发生了"追尾"事故，尽管事故并不严重，但双方依然报警等待交警处理，因此同样造成了严重的交通堵塞。后方车辆的司机在了解事故情况后，表示由于都是私家车，同时事故并不严重，建议双方当事人将车辆移至路边协商，以免影响路况。但双方司机执意等待交警部门。由于交通堵塞较为严重，交警迟迟没有赶到现场。此时，几个身形魁梧的司机要求事故当事人尽快挪走车辆，否则就不客气了。事故当事人见来者不善，便将车辆移至路边，交通堵塞得以缓解。

为什么在公车相撞的案例中，科斯定理没有发挥作用；但是在私家车相撞的案例中，科斯定理的作用得以显现？通过比较这两个案例，我们可以发现，双方车辆的产权界定都非常清晰，交易费用都比较低。但区别在于，公车事故中，车辆的产权归属于公共单位；在私家车事故中，车辆的产权归属于个人。公共单位的财产在法律意义上是明确的，但是在交易过程中却较为模糊。由于公共单位中往往包含多个委托人，决策过程需要层层连接，相对比较缓慢。在此情况下，外部性内部化无法完成。但是在第二个案例中，并不存在委托代理问题，双方当事人完全可以独立决策，此时可以容易地完成外部性内部化。

因此，在应用科斯定理时，不仅要考虑产权在法律上是否明确，还需要考虑产权在事实上是否明确，关键在于是否能够交易。只有产权足够清晰以及交易费用足够低，才能实现有效率的资源配置。

资料来源：聂辉华.经济学家茶座[J].2010(6):57-59,有删改。

（二）庇古税

外部性的存在使得收益和成本的分配存在不对称性，此时政府可以通过征收税收和发放补贴来消除收益和成本分配的不对称性，从而消除外部性的影响。

我们通过负外部性的例子说明政府的作用。如图 15-3 所示，假设政府拥有社会成本的信息，此时政府可以将税率设定为 $\tau = MSC - MC$。征税后，企业的产量下降，表现为供给曲线向上平移，从 S 曲线移动到 $S+\tau$ 曲线，企业的产量随之下降，从 Q_e 变为社会最优产量 Q^*。此时，征收庇古税消除了私人部门成本－收益的不对称性，解决了外部性问题。

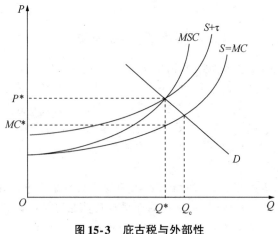

图 15-3 庇古税与外部性

案例 15-4

庇古税与碳排放交易市场

还是造纸厂的例子,我们来看看对污水收取环境税会对造纸厂的盈利产生什么样的影响。由于市场容量的关系,造纸厂每生产 1 吨纸带来的边际收益是递减的。当污染不影响造纸厂收益时,生产污染(也就是排放废水)的边际价格为零,造纸厂因而会选择扩大生产,直到它每生产 1 吨纸的收益不再增加为止,此时造纸厂的利润达到最大。假设政府对生产每吨纸的污水收取 500 元环境税,则污染者基本上会把每吨纸污染的价格视作 500 元,生产它将获取 -500 元的收入。为此,造纸厂将调整其产量,直至每生产 1 吨纸带来的边际收益等于 500 元。一旦超过这个产量,造纸厂的利润将会下降。

这仅仅是污染源只对应一个生产者的情况。假设存在多个污染者,庇古税的引入将如何影响污染排放的分配,并在经济学上达到最优呢?我们用"碳税"和"碳排放交易"的例子来解释这一情况。

为了缓解因温室气体带来的全球升温现象,不少国家通过各种经济手段来控制二氧化碳的排放,其中"碳税"和"碳排放交易"两种手段得到了较为广泛的应用。

碳税是一种典型的庇古税,是基于排放二氧化碳的量征收一定的税。碳排放交易的思路则更接近于科斯定理的产权理论,其通过将碳排放权商品化,通过设定碳排放权从而对碳排放进行总量控制,同时允许对这一权利进行市场交易,实现碳排放权的市场配置。如果某一企业的实际碳排放量高于其碳排放权所允许的排放量,那么其需要购买其他企业的碳排放权,或者提升环保技术、采用清洁能源,否则将会因为超额排放受到惩罚。

从实际执行情况来看,这两种限制污染排放的方式各有优劣:碳税在政策落实上更加简单,但对企业而言其减排激励和技术创新激励更弱;碳排放交易则具有更准确的减排预期,能有效激励企业进行减排技术创新,但是其市场监管机制更加烦琐,尤其对政府市场监管能力提出了新的挑战。

资料来源:第一财经,人行国际司青年课题组,https://www.yicai.com/news/100945950.html,访问时间:2020 年 9 月。

在现实世界中,存在模糊的产权,同时实际的交易成本通常较高,因此有效率的市场均衡往往不能实现。政府一方面可以进一步明确产权界定,另一方面可以通过征税和补贴的方式消除成本收益的不对称性,从而将外部性内部化,实现有效率的市场均衡。

四、物品的分类

非竞争性(Non-rivalry)是指消费者对该物品的消费不会影响其他人对该物品的消费。非排他性(Non-excludability)是指,任何一个消费者消费某物品时,并不会影响其他人同时消费该物品。根据这两个概念,我们可以将所有物品分成以下四种类型。

(1)私人物品(Private Goods)——具有排他性和竞争性。即这种物品同时只能有一个人消费,且消费之后,其他人再消费此物品的能力会受到限制。常见的私人物品如食物。举例而言,香蕉只能由一个人来吃,A 食用了香蕉,B 就无法同时食用该香蕉,这体现的是排他性。此外,A 把香蕉吃完了,B 就无法吃香蕉了,这表现为竞争性。在此前章节的分析中,我们都有隐含的前提假设，即商品是私人物品。

（2）公共物品（Public Goods）——具有非排他性和非竞争性。当你使用公共物品时，并不会减少其他人使用这一物品的机会，以及允许其他人在你使用该物品的同时使用该物品。国防可以认为是公共物品：一方面，个人无法阻止其他公民获得国防带来的效益；另一方面，任何一个人享用国防带来的效益并不会影响其他人获益。除此之外，公共场所的火灾报警器也是常见的公共物品。一旦发生火灾，所有人都会听到报警器的蜂鸣声，因此火灾报警器并不具有排他性。同时，一个人听到报警声并不会减少其他人听到报警声的可能，因此火灾报警器不具有竞争性。

（3）公共资源（Common Resources）——具有竞争性和非排他性。典型的例子是公有的草地。对于牧民来说，到公有的草地上放牧并不需要支付额外的成本，因而不具有排他性；但是一个人在公有的草地上放牧就减少了另一个人的草地使用数量，在草地贫瘠的情况下其竞争性更加明显。野生动物也是一种常见的公共资源，在没有管制的情况下，任何人都可以捕猎野生动物，因此不具有排他性。但是野生动物的数量是有限的，一个人的捕猎会减少其他人可以捕猎的动物数量，因此具有竞争性。类似的公共资源还有拥堵时期的不收费道路、清洁的水资源等。

（4）俱乐部物品（Club Goods）——具有排他性和非竞争性，如电视广播节目。一般而言，阻止一个人观看电视或广播节目是很容易的，如果消费者不进行缴费，就无法接收许多有趣的节目；然而，电视台或广播台在播放节目时，将其表演多覆盖给一个消费者的成本是非常低的，也就是个人的使用并不影响其他人的消费。从这个角度来看，俱乐部物品大多具有自然垄断的特征，如付费的电子游戏、城市的消防服务、手机流量服务等。

案例 15-5

公共道路是不是公共物品？

首先，我们考虑不收费的普通公路。由于这种公共道路不收费，所有满足条件的车辆都可以免费享受其带来的效益，增加一辆车在路上行驶的边际成本接近于零，可见其并不具有排他性。那么，公共道路是否具有"非竞争性"呢？答案是则是不确定的。如果道路比较拥堵，车辆的行驶会使得其他车辆无法行驶，那么此时公共道路具有竞争性；如果车辆较少，车辆的行驶空间非常大，那么此时公共道路就具有非竞争性。因此，公路的非竞争性是不充分的。我们一般将这种物品称为"准公共物品"或"混合物品"。相比"纯公共物品"，这类物品通常只具备"非竞争性"或"非排他性"中的一个特征，另一特征表现为不充分。拥挤时期的道路、政府兴建的公园等都是典型的"准公共物品"。

接下来，我们讨论收费的高速公路。在我国，大多数高速公路由政府相关部门投资建设，其目的是服务社会生产和生活的需要，只在其投资成本未回收之前向过往车辆征收费用。一般而言，一辆车在高速公路上行驶并不影响另一辆车的行驶，因而高速公路具有"非竞争性"，属于准公共物品。近年来，我国高速公路收费站之多引起社会普遍不满。高速公路收费属于过渡性的解决方式，一旦所收的费用足以弥补公路投资额，就应该停止收费，让高速公路重回公共物品范畴。

资料来源：作者根据公开信息整理。

在本章中,我们主要讨论公共物品和公共资源。这两类物品的共同特征是具有非排他性,即消费者不需要为其付出价格。因此,这两类物品具有强烈的外部性特征。

第二节 公 共 物 品

一、"搭便车"问题

公共物品具有非排他性,可以被多个消费者同时消费。因此,此时市场上对该公共物品的总需求是所有消费者需求曲线的纵向加总。如图15-4所示,假设社会上存在两个代表性消费者 A 和 B。D_A 和 D_B 分别代表 A 和 B 的需求曲线。将代表性消费者 A 和代表性消费者 B 的需求曲线纵向加总,可以得到社会的总需求曲线,即曲线 D。此时,社会总需求曲线 D 上的每一点公共物品的数量是确定的,价格则等于代表性消费者 A 和代表性消费者 B 愿意为此支付的价格的总和。供给曲线 S 和需求曲线 D 的交点 E 所对应的产量 Q^* 即为公共物品的最优供给量。

但是,市场结果下,公共物品的提供量小于社会最优供给量。这是因为公共物品的非竞争性导致存在大量的"搭便车"(Free Rider)行为,即如果不付出成本也可以获得产品或服务,这样就会有很多人来免费获取服务,最终使得没有人愿意付费获取服务。此时,政府可以通过征税来提供公共物品以解决"搭便车"的问题,国防就是典型的公共物品。但问题在于,政府并不了解所有的私人信息,无法确定所有消费者的需求和偏好,因此无法准确地确定社会最优产量。

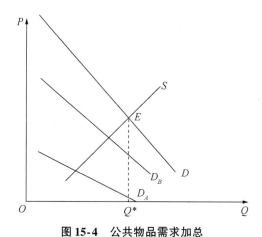

图15-4 公共物品需求加总

案例15-6

现实中的"搭便车"问题

在生活中,我们可能都有过坐别人顺风车的经历:你不需要付出打车或开车的成本,就可以免费享受坐车带来的收益,何乐而不为?类似的例子有很多,比如过节的时候有邻居放烟花，你不需要付出买烟花的成本，就可以享受烟花给你带来的美好体验；小区楼道里的灯坏了，热心的邻居每天打电话催物业来修理，你不用花费时间和精力与物业周旋，就享受到了灯修好带来的效益……在经济学中，我们将某一经济主体不付费而得到某一产品好处的现象称为"搭便车"。公共物品具有明显的外部性，因此"搭便车"现象十分常见。

举例来说，假如你所在的小区有100家住户，小区现决定对楼下街道老化的照明灯进行改造，预计成本是25 000元，因此，分摊到每家住户的费用就是250元。如果这笔钱由每家住户自愿支付，肯定有住户拒绝缴纳这笔费用。原因很简单，一旦所有照明灯都成功更换之后，所有小区住户都能享受到更明亮或更美观的公共环境；也就是说，小区公共领域的照明灯具有明显的外部性，因而是一种典型的公共物品。当有一部分住户盘算着其他住户一定会出这笔钱时，他们便有了"坐享其成"的期待。那么，如何解决公共物品供给上的这种"搭便车"现象呢？

一种解决方式是由集体决策并提供这一公共物品。在现实生活中，我们会发现社区改造的决定通常是由集体投票做出的，在投票的结果决定对公共设施进行改造后，再强制每家住户分摊其费用。类似地，如国防开支、公共治安等公共服务，一般都是由政府来决定其供给，并使用纳税人的钱来买单。需要注意的是，提供公共物品的并不只能是政府部门。比如城市卫生管理、市政设施维护、绿地建设等项目，政府可以将其经营权委托给私人公司；又如公共图书馆等，政府可以通过税收减免、信贷优惠方式来鼓励私人机构、引导社会力量来提供此类公共物品。

资料来源：Freeman R, Liang W, Song R, et al. Willingness to pay for clean air in China[J]. Journal of Environmental Economics and Management, 2019, 94: 188-216.

二、成本-收益分析

前面我们提到，由于"搭便车"现象的存在，私人提供的公共物品数量要少于社会最优量，此时，政府可以通过征税后提供公共物品来解决这一问题。但政府又如何确定其所提供的公共物品的种类和数量呢？

假设政府正在考虑为某条公路安装路灯。政府需要权衡的问题是，安装路灯有哪些好处？需要付出哪些成本？安装哪种照明灯？安装多少？现实中，大多数公共物品的提供采取的是成本-收益分析。

相比私人部门，政府进行的是整个社会层面的成本-收益分析，也就是需要充分考虑公共物品的外部性影响。举例来说，当政府决定是否要修筑一条新的铁路时，不仅要考虑其直接的经济收益和经济成本，还需要考虑其可能对环境生态、居民健康、社会秩序等带来不良影响的间接成本，以及促进文化交流、提高生活水平等间接收益。遗憾的是，通常来说，这些间接成本和间接收益的量化是十分困难的。

> **案例 15-7**
>
> **新鲜的空气"值多少钱"？**
>
> 我们前面提到，空气污染是一种具有严重负外部性的行为，可以通过排污管制、征收污染税等方式来减少污染。那么，假设你是一个城市的治理者，你需要为上述措施制订具体的方案，例如：将污染减少到多少是合适的？应该对排污量征收多少费用？这就需要用到我们上述提到的成本-收益分析。那么，污染的社会成本如何量化？
>
> 我们知道，空气污染会对居民的健康带来严重的威胁；当空气中的悬浮颗粒达到一定程度时，空气能见度将下降，这不仅会给城市的交通带来负面影响，也会严重影响城市居民的心理健康。那么，居民的健康、畅通的交通、身心的愉悦，这些因素的价值是多少？换言之，我们愿意为获得新鲜的空气放弃多少经济收益？
>
> 2020 年发表在 Journal of Political Economy 的一篇文章①，使用空气净化器市场的交易数据，量化了中国居民对干净空气的支付意愿。该文章提出一个重要的评价空气政策的参数——支付意愿。如果人们对干净空气的支付意愿较低，那么意味着当下发展经济的收益大于空气污染的成本，此时的空气政策是最优的；反之，如果人们愿意为此支付高昂的费用，那么意味着当下的空气问题已较为严重，此时的空气政策并不是最优的。文章表明，为减少 1 微克/立方米的 PM10，中国居民的平均支付意愿是一年 1.52 美元，淮河边界居民的平均支付意愿是一年 2.46 美元。同时，家庭收入较高的城市和受过良好教育的人口对空气净化器的需求更大，这表明对这部分人而言，干净的空气是更加"值钱"的。
>
> 当我们知道新鲜空气的"价格"之后，就可以更好地权衡改造排污设备的投入成本，以及直接进行废气排放带来的经济收益。假如城市的所有企业都直接排放其工业废气，可以为企业省下 1 000 万元的环保设备费用；如果其造成的空气污染成本是 1 520 万元，此时政府应加大环保督查力度，制定更加严格的空气污染管理措施。
>
> 资料来源：Freeman R，Liang W，Song R，et al. Willingness to pay for clean air in China[J]. Journal of Environmental Economics and Management，2019，94：188-216.

第三节 公共资源

一、"公地悲剧"问题

前面提到，如果在一片公有的草地上放牧并不需要支付额外的成本，但是每多一位牧民在此地放牧就减少了另一位牧民可使用的草地数量，因而此时的草地是公共资源。公共资源

---

① Koichiro Ito，Shuang Zhang. Willingness to Pay for Clean Air：Evidence from Air Purifier Markets in China[J]，Journal of Political Economy，2020，128(5).

和公共物品具有相同的特征,即不具有排他性;但公共资源相比公共物品,是具有竞争性的,一个人对公共资源的使用,会减少其他人对该公共资源的使用。

首先,由草地上所有牧民加总可得到集体的供给函数和需求函数,两个函数的交点就是这一片草地上的最优放牧数量。然而,对于单个牧民来说,其在草地上的放牧数量取决于其个人的边际供给曲线和边际收益曲线之交点。假设这片草地上单个牧民的边际供给曲线与集体是一致的,那么集体的最优放牧数量就是每位牧民的最优选择。然而,事实果真如此吗?

答案是否定的。这是因为,单个牧民在进行是否多养一只羊的边际决策时,考虑的是自身的利润最大化;也就是说,单个牧民一般是将一只羊的市场价格认为是外生决定的。但是对于所有的牧民而言,羊的数量越多,羊的市场价格会下降;尤其是当许多牧民都做出增加放牧的决定时,迅速增加的产品供给往往使其市场价格下降,这将减少所有牧民面临的社会边际收益。一般而言,社会边际收益的下降要比个人的快,因为我们在计算社会边际收益时,要同时考虑牧民多养一只羊对自身和对其他牧民的负面影响。

个人边际收益高于社会边际收益的结果就是,单个牧民选择的最优放牧数量往往要高于集体的最优放牧数量。在极端情况下,我们假设所有牧民在做决策时都忽略其可能带来的社会负面影响,那么每位牧民都将希望增加放牧的数量,最终使得社会总放牧量远远超过其最优数量。长此以往,由于牧场草地的供给是基本不变的,羊的数量却在与日俱增,最终羊对草的消耗量将会超过草地的自我养护能力,使得草地出现退化、荒漠化等问题,所有牧民的利益都因此遭受巨大损失。

二、"公地悲剧"问题的解决

那么,如何避免"公地悲剧"的出现呢?其解决的基本思路是实现社会边际收益和个人边际收益的一致。回到公共草地的问题。假设这片草地归属该村集体所有,其放牧数量由该村集体决策,从而根据决策的结果,严格限制每位牧民的放牧数量。在这种情况下,只要其限制放牧的规定是有效执行的,那么其结果就是有效的。还有一种解决思路是私有化。假设该草地归某一企业家个人所有,该企业家在计算该草地的最优放牧数量时,整片草地的最优放牧数量就是其个人利润最大化下的最优数量。

"公地悲剧"的另一个例子是风景区的使用。假如所有景区都是毫无保留地对所有游客开放,由于景区承载量本身是有限的,一旦人流量无限制增加,景区的价值对游客来说就是逐渐减少的。节假日的名胜古迹更是如此。我们能做些什么来避免这种问题的发生?其一,我们可以将景区私有化,采用市场化的方式来运营。其二,我们可以继续保留其公有属性但分配进入景区的权力,如必须购买一定价格的门票才能进入景区,或每天限制一定的客流量,先报名者先进入,或采取抽签的方式决定进入景区的名额。

在污染问题中,同样存在着与"公地悲剧"相似的问题,污染企业会发现排放污染物所引致的成本小于进行污染处理或提升技术水平的成本,因此其排放量会高于社会最优的排放量。尽管在上述的景区例子中,可以通过产权私有化的方式来解决"公地悲剧",但对于空气、水等公共资源,无法通过这种方式予以保护。此时需要政府通过法律手段,对企业不符合标准的排污行为予以惩罚,同时通过征收税收或设置排污许可证等方式,迫使企业采用清洁生产技术,降低排污量。

第四节 小 结

内容提要

在本章中,我们介绍了外部性和公共部门。第一节介绍了外部性的概念,并解释了由外部性带来的成本,从中引出解决外部性的有关政策,包括科斯定理和庇古税。然后我们介绍了不同物品的分类,将所有产品分成私人物品、公共物品、公共资源和俱乐部物品。第二节和第三节分别重点介绍了公共物品和公共资源。其中,在"公共物品"一节,我们主要讨论了"搭便车"问题及"成本-收益分析"法;在"公共资源"一节,我们主要讨论了"公地悲剧"问题及其解决思路。

关键概念

- 行为人的行为会对其他个体造成损害或产生收益,但是行为人没有对其他个体受到的损害予以补偿,或没有从其他个体得到的收益中获得报酬,这种现象就称为行为人的行为具有外部性。如果是对其他个体造成损害的,则称为负外部性;如果是为其他个体带来收益的,则称为正外部性。

- 一般而言,具有负外部性的产品,在完全竞争情况下将导致生产或消费的过度;具有正外部性的产品,在完全竞争情况下将导致生产或消费的不足。

- 科斯定理和庇古税是解决外部性问题的两种方式。科斯定理指出,在产权明晰、交易成本为零的情况下,无论产权的归属如何,交易双方都可以通过谈判协商实现有效率的资源配置。庇古税是指政府通过征收税收或给予财政补贴,可以实现均衡的社会最优。

- 根据非排他性和非竞争性的特征,可以将产品分为公共物品、私人物品、公共资源和俱乐部物品。

- "搭便车"问题的常见结果是,公共物品的供给量要少于其社会最优数量。因此,公共物品一般由公共部门来提供。解决"公地悲剧"的基本思路是实现社会边际收益与个人边际收益的一致,包括将公共资源私有化,或由集体决策。

练习题

1. 请举出会产生"搭便车"问题的物品并说明原因。

2. 请解释什么是科斯定理?科斯定理在什么条件下成立,将会对市场均衡结果产生什么影响?

3. 假设一个公共牧场的成本函数是 $C = 5x^2 + 2\,000$,其中 x 是养羊的数量,羊的价格为 $P = 800$ 元。

(1) 请求出在牧场净收益最高时,牧场的羊的数量。

（2）假设牧民的数量为5，他们平均分摊牧场的成本。请求出此时牧场的羊的数量。

4. 假设一个社会仅有小红和小明两个消费者，消费某种公共物品。这种公共物品的生产边际成本为120。小红和小明对该公共物品的需求分别为 $q_A = 100 - p$ 和 $q_B = 200 - p$。

（1）请求出该物品的社会最优产量。

（2）请求出该物品由私人部门生产时的产量。

第七篇　经济学前沿理论

第十六章 博弈论初步

相比于前十五章的各种经济学术语,博弈论显得更为人熟知一些。什么是博弈论?顾名思义,它指下棋的双方互相揣摩对方意图的理论。如果将前十五章的理论概括为优化理论,那么它和博弈论之间有什么区别呢?简单来讲,假设你在玩电子游戏,当你和电脑对战时,你们之间的关系更像是优化理论,因为电脑具备固定的程式,它的行为是完全可预测的。而当你与玩家进行对战时,你们之间的关系则为博弈,因为你需要随时观察对手的行动来形成自己的对策。

博弈论的思想起源于 E. 策墨罗(E. Zermelo)对国际象棋的博弈研究,其逻辑和应用前景逐步吸引了一大批经济学家和数学家。1944 年,博弈论作为一门独立的学科起源于约翰·冯·诺依曼(John Von Neumann)和奥斯卡·摩根斯特恩(Oskar Morgenstern)合著的《对策论与经济行为》一书。随后约翰·纳什(John Nash)明确提出了纳什均衡(Nash Equilibrium)。之后的博弈均衡理论不断在纳什均衡的基础之上进行精炼,从而求解了一个又一个的博弈问题。1994—2007 年,有 6 年的诺贝尔经济学奖授予了研究博弈论及其相关问题的经济学家,足以说明博弈论的重要性。

第一节 基 本 概 念

一、博弈论的定义

博弈论是一种决策理论,它研究多行为主体之间相互作用的多元决策。在博弈论的理论中,决策往往存在一个或多个均衡结果,而这些均衡取决于双方或多方的决策。

二、博弈的基本要素

博弈论的研究以一个博弈为单位,博弈包含参与者、策略、信息集、报酬四个要素,它指多位参与者在各自的信息集下,分别采取策略以获得报酬的互动。接下来,我们将一一探讨这些要素,并结合具体的博弈来说明它们的作用。

(一) 参与者(Players)

博弈的参与者是博弈中的利益主体。博弈的参与者都是理性的,并通过选择行动(或战略)来最大化自己的报酬。需要注意的是,并不是在博弈中出现的所有人都是参与者,只有拥有决策权并承担决策后果的人才是参与者,这一原则在"囚徒困境"中可以体现出来。

(二) 策略(Strategies)

博弈的策略是在给定的信息下,博弈参与者的相机行动方案(Contingent Action Plan)。简单而言,策略规定了博弈的参与者如何行动,而策略空间集合了所有参与者的策略。策略与博弈的分类有关,比如,A 和 B 在外就餐,酒足饭饱后,两者在心里秘密选择是否去结账,一个人的选择不能被另一个人观察到。此时 A 和 B 的策略都是{结账,不结账},即选择结账或者选择不结账。此博弈的策略空间为{(结账,不结账),(不结账,结账),(结账,结账),(不结账,不结账)},即两人的策略互动形成了"A 选择结账、B 选择不结账""A 选择不结账、B 选择结账""A 选择结账、B 选择结账""A 选择不结账、B 选择不结账"四种可能。但 A 的策略不能是{当 B 结账时我不结账,当 B 不结账时我结账},因为在秘密选择的情况下,A 的选择不能以B 的选择为条件,因为他无法观察到 B 的行为。

(三) 信息集(Information Set)

博弈的信息集是参与者博弈规则和其他参与者支付函数的知识集。正如我们在前面介绍的结账案例,信息集的引入打破了博弈论与现实世界的隔阂,使博弈论能更好地描述现实。而信息是博弈论分类的一个重要标准。

(四) 报酬(Pay Off)

1. 报酬函数

报酬函数刻画了在参与者的相互作用下,每一个参与者能获得的收益。所以报酬函数与参与者的策略是息息相关的。这就意味着在一个博弈中,一方的报酬不仅仅取决于自己的策略,还与其他的参与者有关。在本章的大部分案例中,报酬函数常常以一一对应的方式存在,这是因为其离散的策略空间。

2. 报酬的表达方式

两种比较常用的报酬表达方式是标准型表达方式(Normal-form)和扩展型表达方式(Extensive-form)。其中,标准型表达方式也称为矩阵型表达方式(Matrix-form)或策略型表达方式(Strategic-form)。从表达形式来看,标准型表达方式以矩阵为基础,而扩展型表达方式则采用树状图的形式。一般来说,标准型表达方式在表示静态博弈时比较方便,而扩展型表达方式在表示动态博弈时比较方便。

三、博弈论的分类

博弈论的分类有两个关键的因素:信息和时序。其中:信息是指参与双方是否了解对方的行动和报酬;时序是指在博弈进行期间,参与人的行动是否存在时间上的先后顺序。我们不妨仍以结账问题为例,在酒足饭饱之后,A 和 B 都有两个选择:结账和不结账。如果 A 和 B 同时做出决定,那么他们之间进行的博弈被称作静态博弈;如果 A 和 B 先后做出决定,比如 A 先选择是否结账,B 在此之后选择,那么他们之间的博弈被称作动态博弈。

在此基础上,我们将完全信息定义为:两人先后行动时,两人均可获知对方所有的可能策略及其报酬,且后行动者同时知道先行动者选择了什么策略;两人同时行动时,两人同样均可获知对方所有的可能策略及其报酬。相反,当两人的信息集不满足完全信息的条件时,他们的博弈就处于不完全信息之中。

我们可以对博弈进行分类,如表16-1所示。在本章的学习中,我们只探讨完全信息下的博弈。

表16-1 博弈的分类及对应的均衡概念

信息	时序	
	静态	动态
完全信息	完全信息静态博弈 纳什均衡 纳什(1950,1951)	完全信息动态博弈 子博弈精炼纳什均衡 泽尔腾(1965)
不完全信息	不完全信息静态博弈 贝叶斯-纳什均衡 海萨尼(1967—1968)	不完全信息动态博弈 精炼贝叶斯-纳什均衡 泽尔腾(1975) Kreps & Wilson (1982) Fudenberg & Tirole(1991)

资料来源:张维迎.博弈论与信息经济学[M].上海:上海人民出版社,1996。

四、两个经典的博弈

在对博弈的基本要素、分类有了初步了解之后,我们不妨参照两个经典的博弈——囚徒困境和性别之战来巩固一下学习内容。在本小节中,我们将初步探讨博弈均衡解的概念,这是为了帮助我们形成博弈论的经济学直觉。在第二节中,我们将重新刻画博弈论的均衡——纳什均衡,并介绍求解纳什均衡的一般方法。

(一) 囚徒困境

囚徒困境是一个经典博弈,它展现了合作与非合作的两难选择。在囚徒困境中,小黑和小蓝是两名疑犯,他们偷盗了富人家中的财富,正面临检察官的审判。检察官并未掌握完整的证据,只好分别对他们说:"你们将因偷盗罪面临监禁的处罚。但是我现在给你检举揭发的权利,如果你将同伙的犯罪事实坦白交代,你将面临3个月的监禁,否则当你的同伴坦白后,你将面临10年刑期。"而两名疑犯此刻心里清楚,如果两人都不坦白,检察官只能按照治安条例处罚,两人只会面临1年的刑期;而两人都坦白后,都会面临5年的刑期。在权衡利弊后,两人将如何选择?

在分析这个问题之前,我们先认识一下这个博弈中的要素:

(1) 博弈的参与者:小黑和小蓝。需要注意的是,此时警方并非博弈的参与者,因为他没有策略,也不会承担任何后果。

(2) 策略:案例中小黑和小蓝的策略为{坦白,不坦白},而依据两人的策略形成的策略空间为{(坦白,不坦白),(不坦白,不坦白),(不坦白,坦白),(坦白,坦白)}。

(3) 信息集:两人均知道对方面临的选择及报酬函数。

(4) 报酬函数及其表达具体如下：

我们将刑期规范化为年，那么当两人同时坦白时，均获刑 5 年，即获得 -5 的报酬；如果只有一人坦白，坦白者获刑 3 个月，而不坦白者获刑 10 年；若两人都不坦白，则均获得 1 年的刑期。在这种情况下，我们可以用标准型表达方式很方便地将报酬列举出来（见表 16-2），其中，报酬矩阵的第一个数代表左侧参与者的报酬，而第二个数代表上方参与者的报酬，这是一个约定俗成的规矩，我们在本章的其他部分依然沿用这种规则。

表 16-2　"囚徒困境"的标准型表达

		小黑	
		不坦白	坦白
小蓝	不坦白	-1, -1	-10, -0.25
	坦白	-0.25, -10	-5, -5

同样，我们也可以用扩展型表达方式，如图 16-1 所示：

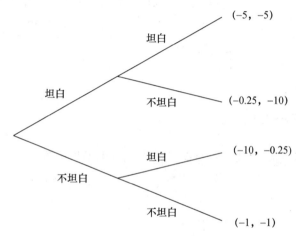

图 16-1　"囚徒困境"的扩展型表达

(5) "囚徒困境"的结果：接下来，我们不妨将自己带入"囚徒困境"，在分析拆解完这个博弈之后，我们到底应该怎么做才能避免坐穿牢底呢？因为我们的对手拥有和我们同等的智慧，简直就是另一个我，所以问题的出发点应该是先揣摩对手的意图。

现在，假设我们是小蓝，而小黑就是我们的对手。在理性分析之后我们发现，无论对手选择什么，我们最好都选择坦白，而与此同时，对手肯定也会做出坦白的选择，此时博弈的均衡结果为：小蓝和小黑均会选择坦白。

（二）性别之战

我们先来看一个例子：小郑和小李是一对热恋中的男女，但是不在同一个城市工作。他们在周末约会，小郑希望去打篮球，小李则想去看电影。如果小李陪小郑去打篮球，则小郑的效用为 2，小李的效用为 1；如果小郑陪小李去看电影，则小李的效用为 2，小郑的效用为 1；如果小郑和小李分别去打篮球和看电影，则二人的效用都为 0。小郑和小李最后是一起去打篮球还是一起去看电影？或者是各奔东西，选择自己喜欢的活动呢？如果你是小郑（小李），你会怎样选择?

(1) 博弈的参与者:小郑和小李。

(2) 策略:要么都去打篮球,要么都去看电影。

(3) 信息集:两人均知道对方的所有策略及报酬函数。

(4) 报酬函数及其表达具体如下(见表16-3):

表16-3 性别之战的标准型表达

		小郑	
		看电影	打篮球
小李	看电影	2,1	0,0
	打篮球	0,0	1,2

(5) 性别之战的结果:采用"囚徒困境"中的思路,小郑的选择是建立在小李选择的基础之上的,当小李选择去打篮球时,小郑选择打篮球比赛的效用为2,选择看电影的效用为0,那么小郑显然会选择打篮球(因为 0<2)。同理,当小李选择去看电影时,小郑也会选择去看电影。同样的逻辑也适用于小李,当小郑选择打篮球时,小李也会选择打篮球;当小郑选择看电影时,小李同样会选择看电影。所以,博弈的均衡结果为{(看电影,看电影),(打篮球,打篮球)},即小郑和小李总会同时选择去打篮球或者看电影,至于谁能在这场选择中占据主动,获得2的效用,就看谁在这场选择中更执着了。

五、中国早期的博弈论思想

在学习完"囚徒困境"和性别之战后,相信大家对博弈的思想有进一步了解了。虽然博弈论作为一门学科率先为西方经济学家所研究,但其思想早已扎根于源远流长的中华文明之中。围棋中的打劫、提子等概念展现了博弈的智慧,所以我们将以《史记》所记载的"田忌赛马"为例,探索我国自古以来的博弈思维。

田忌赛马的故事展现了博弈论的思想。假设又一场赛马中,仍然是三战二胜,双方都可以选择赛马出场的顺序,由于齐威王的赛马略胜一筹,当双方赛马出场的顺序相同时,齐威王依然能够赢得比赛,得到1 000两黄金。这种情况下,如果你是齐威王(田忌),你会怎样来应对呢?双方的赔率变成多少时,这才算是一场公平的赌博?

(1) 博弈的参与者:齐威王与田忌。

(2) 策略:两人的策略分别为{上中下,上下中,中上下,中下上,下上中,下中上},其中,上中下的顺序表示上等马、中等马、下等马的出战顺序。而两人的策略空间有36种可能,即齐威王的每一种选择都对应了田忌的六种可能的选择。

(3) 信息集:两人均知道对方的所有策略及报酬函数。

(4) 报酬函数及其表达具体如下(见表16-4):

表 16-4　田忌赛马博弈中的标准型表达

		田忌					
		上中下	上下中	中上下	中下上	下上中	下中上
齐威王	上中下	1,-1	1,-1	1,-1	1,-1	-1,1	1,-1
	上下中	1,-1	1,-1	1,-1	1,-1	1,-1	-1,1
	中上下	1,-1	-1,1	1,-1	1,-1	1,-1	1,-1
	中下上	-1,1	1,-1	1,-1	1,-1	1,-1	1,-1
	下上中	1,-1	1,-1	1,-1	-1,1	1,-1	1,-1
	下中上	1,-1	1,-1	-1,1	1,-1	1,-1	1,-1

（5）均衡的结果：在博弈论的视角下，我们不妨重新审视一下这个博弈。从田忌的视角来看，齐威王选择"上中下"时，田忌会选择"下上中"，因为只有这样他才能获得 1 的报酬。以此类推，无论齐威王选择什么策略，田忌总是有且只有一个策略能够获得 1 的报酬。那么，从齐威王的视角来看，情况又如何呢？无论田忌选择什么策略，齐威王都有五个策略能够帮助他获得 1 的报酬，赢得这场博弈。但遗憾的是，两者的博弈没有均衡的存在①。因为两者的选择判断永远不会相容，比如，以田忌的判断，他仅会在齐威王选择"中上下"的时候选择"上中下"，但齐威王会给他这个机会吗？显然不会，齐威王的理性判断是，当田忌选择"上中下"的时候，我无论如何都不会选择"中下上"。正因如此，该博弈的均衡始终不会出现。当博弈退化成一个概率游戏时，两者随机选择自己的策略，此时策略空间内仅有 6 个策略组合会出现田忌获胜的结果，而齐威王获胜的策略组合有 30 个，显然齐威王获胜的概率是田忌获胜的 5 倍，所以，当田忌获胜后赢得 1 000 两黄金，齐威王获胜后赢得 200 两黄金时，这才是一场公平的博弈。

话说回来，为什么在历史上田忌反而赢了呢？这是因为齐威王背离了理性人假设，机械地选择一种策略，而田忌又敏锐地观察到齐威王的选择，自然能对症下药，攻无不克。

第二节　纳什均衡及其应用

一、纳什均衡

其实我们在第一节中的分析逻辑中就体现了纳什均衡的思想。博弈的参与者根据其报酬确定要选择的策略，如果参与者们的策略能够相容（即当 B 选择 x 时 A 选择 y，而当 A 选择 y 时 B 选择 x），那么他们的决策就会构成一个博弈的均衡结果，也称纳什均衡。

更为正式地，纳什均衡规定了这样一种策略空间，其中的策略满足：对于参与博弈的每一个人，给定其他人的策略不变，他也没有动机改变自己的策略。特别地，如果某位参与者能够通过改变策略获得更大的报酬，那么我们常认为他存在可获利的偏离。从这个意义上讲，纳

---

① 此处特指纯策略纳什均衡，我们会在第二节的纳什均衡中具体解释这个概念。

什均衡即博弈的所有参与者均不存在可获利偏离的策略集合。

纳什均衡可以分为纯策略纳什均衡和混合策略纳什均衡,接下来,我们将分别介绍这两种纳什均衡及其求解方法。

> **知识链接**
>
> **纳什均衡的发展及均衡的存在性**
>
> 博弈论最初的研究对象是国际象棋和桥牌等竞赛项目,但是冯·诺依曼和摩根斯特恩很快意识到将博弈论应用于经济学领域的重要性。在两人合著的《对策论与经济行为》一书中,他们首先建立了博弈论与经济理论的联系,厘清两者在基本经济问题上的异同后,找出博弈论和经济理论的共同点,从而将博弈论纳入经济行为理论的框架。
>
> 冯·诺依曼和摩根斯特恩认为,研究经济问题的有效途径应当从个体行为以及个体行为之间的互动来入手。这与当时流行的"鲁滨孙经济"——静态分析方法相比,有明显的优越性,可以解决更为普遍的经济问题。他们研究零和博弈和非零和博弈,并把零和博弈作为非零和博弈的特例来处理,从而用非零和博弈来描绘社会经济问题。但是,由于非零和博弈不一定存在解,因而这种描述显得不合时宜。
>
> 纳什则将博弈分为合作博弈和非合作博弈,并把合作博弈作为非合作博弈的特例来处理,从而用非合作博弈来描绘社会经济问题,这不仅更加符合社会现实,而且由于纳什均衡保证了非合作博弈的解一定存在,因而使纳什均衡为以后博弈论的发展奠定了基础。
>
> 还记得我们在"田忌赛马"中的故事吗?我们之所以没有发现均衡的存在,是因为我们把目光局限了纯策略纳什均衡内,而当该均衡不存在时,该博弈一定存在混合策略纳什均衡。
>
> 资料来源:Von Newmann, J., Morgenstern, O. Theory of Games and Economic Behavior [M] (Princeton, NJ: Princeton University Press, 1944).

(一) 纯策略纳什均衡

纯策略纳什均衡是指博弈的每个参与者都以确定为1的概率选择采取某种行动或不采取某种行动的纳什策略集合。根据纳什均衡没有可获利偏离的特征,纳什均衡可以由"画线法"表示如表16-5 所示:

表16-5 "囚徒困境"的标准型表达

		小黑	
		不坦白	坦白
小蓝	不坦白	-1, -1	-10, <u>-0.25</u>
	坦白	<u>-0.25</u>, -10	<u>-5</u>, <u>-5</u>

我们在标准型表达方式中添加了下划线,此时存在两道下划线的策略集合即纳什均衡

解①。添加下划线的逻辑是怎样的呢？我们首先关注第一个数字，即小蓝的报酬，-0.25 表示当小黑选择不坦白时，小蓝最好的策略就是坦白，所以我们在 -0.25 下画一条线；-5 代表当小黑选择坦白时，小蓝最好的策略也是坦白。同理，对报酬矩阵中第二个数字的下划线做同样的处理，当某个报酬矩阵中存在两条下划线时，这证明两人的策略达到了给定对方策略下的最优，不存在可获利的偏离，如表 16-6 所示：

表 16-6 性别之战的标准型表达

		小郑	
		看电影	打篮球
小李	看电影	$\underline{2},\underline{1}$	0,0
	打篮球	0,0	$\underline{1},\underline{2}$

同理可得，我们在性别之战中发现了两个纯策略纳什均衡：选择一起去看电影和选择一起去打篮球。沿用这个逻辑，你能将田忌赛马博弈做类似的处理吗？

（二）混合策略纳什均衡

当参与者以大于 0 且小于 1 的概率选择某项策略时，我们称他采取了混合策略，而存在混合策略的纳什均衡则为混合策略纳什均衡。混合策略纳什均衡的求解方法有两种，我们将通过两个博弈来介绍。

表 16-7 展示了一个小偷和守卫的博弈。小偷可以选择偷或不偷，守卫会选择睡觉与否。如果小偷不去偷窃，他将没有任何收获，获得 0 的收益；如果小偷选择偷窃，他将获得 V（守卫在睡觉）或 $-P$（守卫没有睡觉，人赃并获）的收益。守卫也面临类似的决策。我们将对这个博弈进行分析，解释混合策略纳什均衡解的存在。

表 16-7 小偷和守卫博弈的报酬矩阵

		守卫	
		睡	不睡
小偷	偷	$\underline{V},-D$	$-P,\underline{0}$
	不偷	$0,\underline{S}$	$\underline{0},0$

表 16-7 给出了这个博弈的报酬矩阵。易于分析，双方没有纯策略纳什均衡。

所以我们把小偷和守卫之间的博弈当作一个混合策略博弈问题来分析②。混合策略的均衡可以通过最优化来实现，仍以表 16-7 展示的报酬矩阵为例，假设小偷偷窃的概率为 A，则不偷窃的概率为 $1-A$；假设守卫睡觉的概率为 R，则不睡觉的概率为 $1-R$。小偷和守卫的收益分别为 $VAR-PA(1-R)$ 和 $S(1-A)R-DAR$，在最大化两者的效用后，我们可以得到小偷以 $A=S/(S+D)$ 的概率偷窃，守卫以 $R=P/(P+V)$ 的概率睡觉的混合策略均衡。

我们可以通过逻辑判断来大幅简化计算步骤。

假设小偷偷窃的概率 A 的区间为 $(0,1)$，守卫睡觉的概率 R 的区间也为 $(0,1)$。我们首先站在小偷的角度，给定守卫的混合策略，小偷的策略在偷窃与否之间混合的一个充分必要

---

① 因为本博弈为双方参与的博弈。当博弈存在 n 个参与者时，存在 n 个下划线的策略集合才为纳什均衡解。
② 需要注意的是，混合策略纳什均衡并不仅仅指两者均采取混合策略的情况，只有一方采取混合策略时形成的纳什均衡也是混合策略纳什均衡。这个问题对报酬的取值范围没有规定，讨论起来十分复杂，在之后的点球博弈中我们会更详细地进行分析。

条件是：小偷选择偷窃和不偷窃的报酬都是一样的，即 $VR - P(1-R) = 0$，解得 $R = P/(V + P)$。这是为什么呢？如果小偷选择偷窃的报酬大于不偷窃，那么他肯定会以100%的概率选择偷窃而不是在偷窃与否之间混合；反之亦然。

当我们站在守卫的角度时，可以用同样的方法求得小偷的混合策略。守卫在是否睡觉之间进行混合策略的一个充分必要条件是：守卫选择睡觉和不睡觉的报酬是一样的，即 $-AD + S(1-A) = 0$，解得 $A = S/(S + D)$。

除此之外，要找出所有的混合策略，还需要考虑一人采取纯策略，另一人采取混合策略的可能，这在最大化求解过程中以互补松弛条件体现，在本解法中以逻辑推演实现。显然，当参与者由两位增至三位、四位时，混合策略的求解难度会直线上升。

此处以点球博弈为例。在足球比赛中，经常会遇到罚点球的情况。此时守门员会在罚球者触球的一瞬间判断一个大致的方向出击，作为罚球者来说就是要尽量误导守门员，使守门员判断失误，不会向自己真正的罚球方向出击。表16-8展示了这个博弈：

表16-8　点球博弈的报酬矩阵

		守门员		
		左	中	右
罚球者	左	-1,1	1,-1	1,-1
	中	1,-1	-1,1	1,-1
	右	1,-1	1,-1	-1,1

此时，罚球者和守门员均有左、中和右三种策略可选。接下来，我们借这个博弈来探讨一下混合策略纳什均衡的思路：

当守门员采取混合策略时，他有在两个策略之间进行混合和在三个策略之间进行混合的选择，我们需要分开讨论：

1. 守门员在两个策略之间进行混合

（1）当守门员在向左和居中之间混合时，罚球者最优的选择是向右，因为此时他可以万无一失地进球。但是，当给定罚球者的选择为向右时，守门员会移动到右边以避免罚球者的进球。所以，当守门员在向左和居中之间进行混合时，不存在纳什均衡。

（2）当守门员在向左和向右之间混合时，罚球者最优的选择是居中，因为此时他可以万无一失地进球。但是，当给定罚球者的选择为居中时，守门员会移动到中间以避免罚球者的进球。所以，当守门员在向左和向右之间进行混合时，不存在纳什均衡。

（3）当守门员在居中和向右之间混合时，罚球者最优的选择是向左，因为此时他可以万无一失地进球。但是，当给定罚球者的选择为向左时，守门员会移动到左边以避免罚球者的进球。所以，当守门员在居中和向右之间进行混合时，不存在纳什均衡。

综上，当守门员在两个策略之间进行混合时，不存在纳什均衡。

2. 守门员在三个策略之间进行混合

（1）罚球者采取纯策略时。给定罚球者采取纯策略，守门员必定会放弃混合策略，进而守卫与罚球者相同的方向，因为此时守门员可以获得更大的报酬。所以，当守门员在三个策略间进行混合，而罚球者采取纯策略时，不可能是一个纳什均衡。

（2）罚球者在两个策略之间进行混合时。给定罚球者在两个策略之间进行混合，守门员必定会放弃三个策略的混合;假设罚球者在向左和居中之间进行混合,守门员必定也会在向左和居中之间混合,因为此时他会获得更大的报酬。所以,当守门员在三个策略间进行混合,而罚球者在两个策略之间进行混合时,不可能是一个纳什均衡。

（3）罚球者在三个策略之间进行混合时。借由前面所述,我们可知罚球者在三个策略之间混合的充分必要条件是其在三个策略上的报酬相同,通过这个等式我们可以求出纳什均衡下守门员的混合策略为(1/3,1/3,1/3),意为守门员各以 1/3 的概率选择向左、居中、向右。同理,通过守门员在三个策略上的报酬相同的条件,我们可知纳什均衡下罚球者的混合策略为(1/3,1/3,1/3)。因此,我们就可以求解出这个博弈的混合策略均衡。

总结来看,混合策略均衡需要我们进行更多的逻辑判断,在排除一个又一个不可能的均衡后才能找到答案。原则上讲,我们往往根据某一个参与者的混合策略,将其分类讨论,在每一类中继续探讨另一参与者的策略选择,这好比是树枝上一个又一个的分叉,在罗列完所有的可能后,我们才可以说找出了全部的混合策略纳什均衡。

二、占优均衡

在"囚徒困境"中,虽然两个人的最好选择是都不坦白,各自面临 1 年的刑期。但两人分散决策下的纳什均衡却是都坦白。在这个例子中,双方的决策有一个相同的特色:自身的最优决策不随对方的决策而变化,这被称为占优策略(Dominant Strategy),由占优策略形成的均衡叫作占优均衡(Dominant Strategy Equilibrium)。

对于用报酬矩阵表示的二人静态博弈,通常可以用画线法来找出均衡结果。具体做法如下:选定对手的某个可能的行动,由此选择自己的最优行动,并在报酬下面画线;同理,选定自己的某个可能的行动,据此选择对方的最优行动,并在报酬下面画线;如果某对报酬函数下面都画了线,该报酬函数所对应的行动组合就构成了一个均衡。

下面再举一个例子:在学校,学生学习的刻苦程度最主要通过期末考试的成绩来决定,这就取决于任课老师出试题的难度。如果老师出的试题很难,那么平时听讲认真的学生将得到 85 分的成绩,而平时学习懒散的学生将会不及格,只得到 50 分;如果老师出的试题很容易,那么平时听讲认真的学生将得到 95 分的成绩,而平时学习懒散的学生将会得到 80 分。如果老师出的考题比较容易,由于不用花费太多的时间和精力,所以其付出较低,收益为 −10;如果老师出的考题比较难,老师就要投入更多的时间,其收益就为 −25。表 16-9 展示了这个博弈的报酬矩阵:

表 16-9 考试博弈报酬矩阵

		老师	
		难	易
学生	认真	$\underline{85}$, −25	$\underline{95}$, −10
	懒散	50, −25	80, $\underline{-10}$

按照上面介绍的画线法,老师的占优决策是出容易一些的考题(−25 < −10),如果老师出的考题比较容易,那么学生的最优行动也是平时认真听讲,所以在 95 下面画线。这样在

(95,-10)这对报酬函数下面就同时画了横线,它所对应的行动组合(学生平时认真听讲,老师出容易的考题)就是一个均衡,而且构成一个占优均衡。

占优均衡非常特殊,并不总能存在。例如前面提到的性别之战,按照画线法,在小郑去打篮球的情况下,小李的占优策略是打篮球;在小李去看电影的情况下,小郑的占优策略也是看电影。这样就会出现两个均衡结果:{(都去打篮球),(都去看电影)}。

三、重复剔除严格劣策略

在这个部分中,我们将介绍一种新的方法来判断均衡的存在。在本节的第一部分,我们将每个人在对手策略下做的最优选择下方画线,并以此类推找出纳什均衡,那么反过来想,如果我们一步步地将参与者的最差选择删去,是否也能从另一个方向出发,求解纳什均衡呢?

在此,我们将首先介绍严格劣策略。如果一位参与者存在这么一个策略,这个策略在另一位参与者所有可能的策略下都获得最少的报酬,且报酬严格小于其他策略,那么该策略被称作严格劣策略。通过一步步删除严格劣策略,我们可以得出纳什均衡。

我们以表16-10为例:

表16-10 "囚徒困境"的标准型表达

		小黑	
		不坦白	坦白
小蓝	不坦白	$-1, -1$	$-10, -0.25$
	坦白	$-0.25, -10$	$-5, -5$

先从小黑的立场进行分析:给定小蓝选择坦白,那么自己在不坦白的情况下将被判10年刑期,而在坦白的情况下将被判5年刑期,10年刑期肯定比5年刑期要差,所以,自己不应该选择不坦白;如果小蓝选择不坦白,自己也选择不坦白的话,那么自己将被判1年刑期,而自己选择坦白的话,将被判3个月监禁,1年刑期肯定比3个月监禁要差,所以,小黑的严格劣策略是不坦白,应该从报酬矩阵中剔除。剔除后的报酬矩阵如表16-11所示:

表16-11 一次剔除之后的"囚徒困境"的报酬矩阵

		小黑
		坦白
小蓝	不坦白	$-10, -0.25$
	坦白	$-5, -5$

再从小蓝的角度进行分析,小蓝的严格劣策略是不坦白,也应该从报酬矩阵中剔除。表16-12展示了新的报酬矩阵:

表 16-12　二次剔除之后的"囚徒困境"的报酬矩阵

		小黑
		坦白
小蓝	坦白	−5, −5

最终只剩下一个结果——(坦白,坦白),这正是我们前面通过占优策略得到的结果。这种方法被称作重复剔除严格劣策略,有两个相关的定理:

定理 16.1　在有 n 个参与者的标准型博弈中,重复剔除严格劣策略获得的均衡一定是纳什均衡。

定理 16.2　在有 n 个参与者的标准型博弈中,如果重复剔除严格劣策略只会剩下一个策略组合,那么这个策略组合为该博弈唯一的纳什均衡。

考虑如表 16-13 所示的例子,参与者 1 没有严格劣策略,而对于参与者 2 而言,选择右严格劣于中。所以,我们可以将表 16-13 进一步表示为表 16-14。

表 16-13　可重复剔除的抽象博弈例子的报酬矩阵

		参与者 2		
		左	中	右
参与者 1	上	1,0	1,2	0,1
	下	0,3	0,1	2,0

表 16-14　一次剔除之后的抽象博弈例子的报酬矩阵

		参与者 2	
		左	中
参与者 1	上	1,0	1,2
	下	0,3	0,1

在表 16-14 的报酬矩阵中,对于参与者 1 来说,选择下严格劣于上。所以,博弈报酬矩阵被进一步表示为表 16-15:

表 16-15　二次剔除之后的抽象博弈例子的报酬矩阵

		参与者 2	
		左	中
参与者 1	上	1,0	1,2

在表 16-15 的报酬矩阵中,对于参与者 2 来说,选择左严格劣于中,剔除之后的博弈报酬矩阵如表 16-16 所示:

表 16-16 重复剔除之后的报酬矩阵

		参与者 2
		中
参与者 1	上	1,2

迄今为止,我们已经介绍了四种均衡。它们之间的关系可以用图 16-2 来表示。

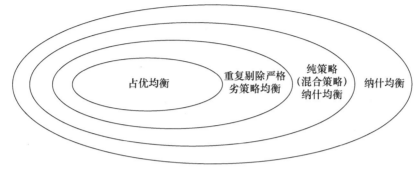

图 16-2　四种均衡的关系

资料来源:张维迎.博弈论与信息经济学[M].上海:上海人民出版社,1996。

四、纳什均衡下的帕累托改进

纳什均衡是社会福利最优的均衡吗?恐怕不是。表 16-17 展示了这种情况。

表 16-17 企业合作博弈的报酬矩阵

		企业 B	
		合作	竞争
企业 A	合作	5,5	2,10
	竞争	10,2	4,4

两个企业之间是进行合作还是展开竞争?从表 16-17 中可看出,它们的纳什均衡为(竞争,竞争),因为竞争是两者的占优策略。但显然,此时两者的报酬没有同时合作时大,所以存在帕累托改进的空间。类似地,我们可以用白酒生产博弈来进一步说明这个问题。

假定 A、B 两个企业都生产白酒,白酒分为高度和低度两种。报酬矩阵如表 16-18 所示:

表 16-18 白酒生产博弈的报酬矩阵

		B 企业	
		高度	低度
A 企业	高度	700,600	<u>800,900</u>
	低度	<u>900,1 000</u>	600,800

表 16-18 展示了白酒生产博弈的报酬矩阵。容易得出,该博弈的纳什均衡为:两个企业均生产高度白酒或均生产低度白酒。这种无序竞争展现了纳什均衡的无效率。如果两个企业分别生产不同的白酒,两者都会获得更高的收益。

图 16-3 展示了一个十字路口博弈。如果两车均不避让,则会产生两败俱伤的结果;如果

只有一方避让,则未避让的一方能够获得最大的收益;如果两方均避让,则两方均会承担一定的时间成本。报酬矩阵如表16-19所示,显然,此时的纳什均衡没有帕累托改进的空间。

双方的报酬矩阵如表16-19所示:

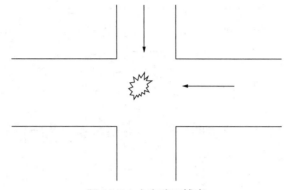

图 16-3 十字路口博弈

表 16-19 十字路口博弈的报酬矩阵

		乙车	
		行驶	等待
甲车	行驶	−10, −10	1, 0
	等待	0, 1	−1, −1

案例 16-1

"万科股权之争"——斗鸡博弈中的非纳什均衡决策

斗鸡博弈(Chicken Game)又称懦夫博弈,它与第一节中的"性别之战"有着截然不同的含义:性别之战展现了博弈双方的合作共赢,而斗鸡博弈则呈现出博弈双方骑虎难下的僵局。斗鸡博弈的报酬矩阵如表16-20所示:

表 16-20 斗鸡博弈的报酬矩阵

		剑客 B	
		出剑	避让
剑客 A	出剑	−4, −4	2, −2
	避让	−2, 2	1, 1

在表16-20所示的斗鸡博弈中,我们模拟了古代两位剑客相遇的场景。俗话说,狭路相逢勇者胜,但遗憾的是,这两位剑客的剑法旗鼓相当。如果两名剑客同时把剑相向,他们会两败俱伤,各获得−4的效用。如果两名剑客能够审时度势,同时做出避让的姿态,那么两人非但不会因此受伤,还会产生惺惺相惜之情,结下深厚的友谊,各获得1的效用。如果两名剑客其一决意出剑,其一选择避让,那么避让的剑客虽然不会受伤,但损失了作为剑客的尊严和名誉,获得−2的效用,而出剑的剑客将会赢得美名,获得2的效用。

斗鸡博弈的纳什均衡是什么呢？当一名剑客选择出剑时，另一名剑客就会选择避让，因为那会让他获得更大的效用。同样地，当一名剑客选择避让时，另一名剑客就会选择出剑。所以，纳什均衡解为(出剑,避让)和(避让,出剑)，也就是说，两名剑客永远不会同时出剑。

按照百度百科的定义，"万科股权之争"是中国A股市场历史上规模最大的一场公司并购与反并购攻防战。这一争斗过程的逻辑思路与经济学中的斗鸡博弈模型相仿，争斗过程中的两个主角——反并购方的万科创始人王石先生和并购方的代表宝能创始人姚振华先生，不断进行决策并执行，伴随着多方力量的介入，最终双方不断"出剑"，形成了"深圳地铁集团取代姚振华控制的宝能系成为万科控股股东、万科创始人及原董事长王石退出"的双输局面，未能形成一方退让的纳什均衡解。我们不妨回顾一下事件的经过。

第一阶段：2015年1月到12月，停牌前的斗争

自2015年1月开始，姚振华抓住万科当时股价较低的有利条件持续不断地增持万科，同时主动通过第三方(冯仑)约谈王石，表明自己争取成为第一大股东的决心以及自己控股后王石可以仍旧是旗手的意向。但是约谈的结果是没有达成合作意向，王石认为后者是"野蛮人"，与万科在业界的形象地位不匹配。两者的交锋正式开始，2015年12月18日万科宣布停牌之前，姚振华控制的宝能系通过连续地追涨买入将持股比例提高到24.26%。而王石在停牌前一日的2015年12月17日公开宣布"不欢迎宝能系成为第一大股东的四个原因"，明确宣布要寻找姚振华以外的合作伙伴进行股权重组。

第二阶段：2015年12月到2016年7月，停牌期间的斗争

停牌之后的几个月，王石又积极努力，找到国资全资控股的深圳地铁集团作为合作伙伴。在王石的操控下，万科拟以定向增发股份的方式支付对价、收购深圳地铁集团作价400亿—600亿元的资产包。但就在随后的2016年3月17日，万科原股东华润集团公开指责万科与深圳地铁集团的合作公告没有经过董事会的讨论及决议通过，接着华润委派的三名董事在2016年6月17日万科召开的审议定向增发收购深圳地铁资产预案的董事会上投下了反对票。姚振华则趁势紧随华润步伐给王石施加压力，在6月23日也发表声明反对万科重组预案。两大股东的同时反对，意味着万科重组预案必将在股东大会上无法得到2/3以上的股东同意而终将流产，被逼之下，一向强硬的王石在2016年6月27日的万科股东大会上，向姚振华表达了歉意，这一阶段以王石的败退而告终。

第三阶段：2016年7月到2016年12月，复牌之后的斗争

万科复牌之后，2016年7月5日宝能系继续增持万科A股股份比例达24.972%，准备第五次举牌。重压之下的王石依旧没有屈服，在2016年7月1日主持召开万科董事否决宝能系提出的召开临时股东大会的议案之后，开始寻求政府力量的介入和帮助。随后在8月21日披露半年报，全面披露了宝能系引发的股权争斗对万科带来的恶劣影响。与此同时，2016年12月3日，证监会主席刘士余、保监会(现银保监会)副主席陈文辉公开发声、指责"野蛮人"姚振华的宝能系；王石努力争取的华润向深圳地铁集团转让所持万科全部股权的计划也得到了中央和深圳两级政府的支持；而在王石的争取下，恒大集团在2016年12月18日之前不断买入万科股份、将持股比例提高到14.07%，作为反对宝能系的筹码。在一系列的组合拳之下，宝能系最重要的资金来源——万能险被监管层掐断，使得宝能系继续增持万科的能力基本丧失，并由于违规经营在舆论上陷入被动局面。

> **第四阶段:2017 年 1 月到 2017 年 6 月,斗争的结束**
> 2017 年 1 月 12 日,华润将 15.31%的股权转让给深圳地铁集团,2 个月之后的 3 月 16 日,恒大集团将其下属企业持有万科 14.07%股权的表决权不可撤销地委托给深圳地铁集团行使,至此,宝能系第一大股东的地位名存实亡。2017 年 6 月,大结局终于出现:6 月 9 日恒大集团与深圳地铁集团的股权交易正式完成,后者以 29.38%的持股比例成为万科第一大股东,并准备主导董事会的重新组建,同时在 6 月 21 日,万科公告不包括王石在内的新一届董事会候选名单,王石本人也宣布自己彻底退出万科。
> 2019 年 12 月,宝能系经过连续减持,已将持股比例降到 5%以下,实现了盈利退出。王石在一系列疑似"内部人控制倾向"的操作之后,也不能为大股东深圳地铁集团所接受,同时,社会舆论也让他万科创始人的王冠蒙尘不少。
>
> 资料来源:万科股权之争,https://baike.baidu.com/item/%E4%B8%87%E7%A7%91%E8%82%A1%A1%E6%9D%83%E4%B9%8B%E4%BA%89,访问时间:2020 年 9 月。

最后,我们给出纳什均衡在经济学中的几个应用。

1. 古诺的寡头竞争模型

安东尼·A.古诺(Antoine A. Cournot)提出古诺竞争,这是最早体现纳什均衡的经济学模型。在古诺竞争下,博弈双方选择自己的产量并依据报酬函数来做出最优反应,两方的最优反应共同决定了均衡的产量。

2. 贝特兰模型

约瑟夫·L.F.贝特兰(Joseph L. F. Bertrand)在 1883 年提出贝特兰模型。在贝特兰模型中,边际成本定价成为均衡解,因为高过边际成本的定价都会促使其对手降价从而占据全部的市场。

3. 公共资源问题

大卫·休谟(David Hume)提出,由于只关注个人福利,公共资源倾向于被过度使用,这也被称为"公地悲剧"。而"公地悲剧"的内涵,则是纳什均衡与福利最优的冲突。

第三节 动态博弈与承诺

一、动态博弈与静态博弈

在本章之前的内容中,我们描述的都是静态博弈。本节我们将学习动态博弈,我们不妨先对两类博弈进行比较。

静态博弈是指博弈的参与者同时做出决策,或在互不知晓的情况下先后决策的一类博弈。在静态博弈中,人们只能先决策,再获知博弈的结果。在结果公布后,不能通过后续的动作影响博弈。

动态博弈是指博弈的参与者相继行动,后行动者可以根据先行动者的行为做出决策的博弈。动态博弈的参与者会根据决策前的所有信息选择最优的行为,就像下棋一样。相较而言,静态博弈就好像和陌生人打交道,更像是一锤子买卖,不必考虑长远利益;而动态博弈更像是和朋友相处,一言一行更为慎重。

二、动态博弈的描述

动态博弈可以以博弈树的形式展示,如图 16-4 所示。我们将不同的参与者用不同的符号来表示,比如圆形和三角形,将不同的选择用不同指向的箭头来表示,如图 16-4 中所示的箭头 1 和箭头 2。在动态博弈中,有子博弈的概念。我们从图 16-4 中任一三角形或任一圆形出发,到整个博弈结束,都可以看作是一个子博弈。

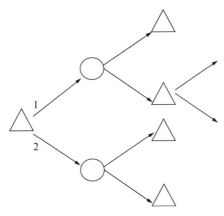

图 16-4 动态博弈树

图 16-5 展示了一个动态博弈,三角形代表女儿,圆形代表父母。博弈开始时,女儿选择嫁或者不嫁给张三,而父母对"嫁张三"持反对意见,并威胁女儿:"如果你嫁给张三,我们就和你断绝关系!"女儿也不甘示弱,提出如果断绝关系,她就要跳楼自杀。父母警告女儿,"如果你跳楼了,我们也不会感到伤心"。双方为了达到自己的目的,互相做出威胁。和静态博弈一样,动态博弈的均衡也会依赖于报酬函数,我们将在本节的下个部分探索动态博弈的解。

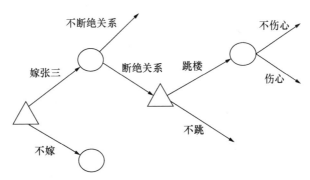

图 16-5 父母与女儿的博弈

三、承诺

图 16-6 展示了两个酒厂之间的动态博弈。在这个博弈中,三角形代表白酒厂商,而圆形

代表啤酒厂商。白酒厂商想进军啤酒行业,开拓啤酒生产线,而啤酒厂商则以扩大产量威胁白酒厂商。在图示的报酬函数中,我们可以用倒推法获得均衡解。给定白酒厂商已经开拓了啤酒生产线,啤酒厂商绝不会扩大产量,因为扩大产量后它的收益为 -1 000,远低于不扩大产量的情况。白酒厂商知道这个信息,就会转头思考自己的行为:如果开拓啤酒生产线,啤酒厂商也不会扩大产量,就能获得 100 的收益;如果不开拓啤酒生产线,只会获得 10 的收益。所以,白酒厂商会坚定地开拓啤酒生产线,而啤酒厂商会保持产量不变,这是该动态博弈的均衡解。

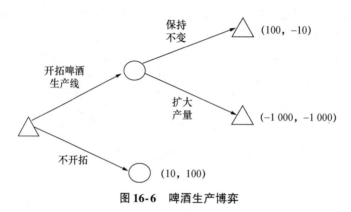

图 16-6　啤酒生产博弈

然而,如果啤酒厂商做出承诺,结果可能不同。承诺是博弈参与者提前决定的,在博弈过程中一以贯之的策略。在图 16-6 所示博弈中,如果啤酒厂商率先开辟一条生产线,率先造成扩大产量的事实,白酒厂商将不会冒险开拓啤酒生产线。此时,由于白酒厂商没有开拓啤酒生产线,啤酒厂商扩大产量的行为可能不会产生 -1 000 这么大的损失,新的均衡就有可能达到。

案例 16-2

武侠小说中的承诺
——引自梁羽生《白发魔女传》

明万历四十三年凉秋,云贵总督卓仲廉卸任归故乡陕北,途经川陕边境时被劫富济贫的绿林女大盗"玉罗刹"练霓裳劫去大部分财产。随行护送的武当弟子耿绍南,因傲慢不逊被削去左手二指,以示惩戒,练霓裳自此与武当派结怨。

但时隔不久,练霓裳与武当派弟子卓一航相遇,一番交手后最终相爱。虽练霓裳与卓一航已互知底细,但两人仍约定此生不渝。一段时日之后,两人恋情为武当所知,武当反逼迫卓一航与练霓裳相斗,致练霓裳重伤,而卓一航返回师门。受伤后,练霓裳回顾往日种种,心灰意冷之下一夜白头。两人在分隔后再无会面,直至白发魔女练霓裳百年寿诞,卓一航门下弟子奉其遗诏送上贺礼。白发魔女始念旧情,掘出卓一航遗体,以待身死之后两人同葬。

为何卓一航与练霓裳至死未见一面？这是一个事关"承诺"的故事。在静态博弈中，是否出现合作的结果往往取决于纳什均衡，而在动态博弈中，参与者往往会以某种承诺促成合作。其中，"胡萝卜加大棒"是指，参与者的策略随对手上一期的策略而变化，如果对手保持合作，那么参与者也选择合作（胡萝卜），如果对手偏离合作，那么参与者也会偏离一次作为惩罚（大棒），不影响之后的合作。"触发策略"（也称"冷酷策略"）是指，参与者绝不姑息任何一次的偏离，当观察到偏离合作时，会马上采取非合作的态度并保持到永久。而练霓裳就采用了"触发策略"，尽管两人情深意厚，但卓一航的背叛让练霓裳伤心欲绝，两人永不见面。

资料来源：白发魔女传，https://baike.baidu.com/item/%E7%99%BD%E5%8F%91%E9%AD%94%E5%A5%B3%E4%BC%A0/35845，访问时间：2020年9月。

第四节 小 结

博弈论研究了博弈的参与者之间相互揣摩对方意图进而做出理性判断的过程。在第一节中，我们从最基础的视角去分析博弈论。首先，相比于传统微观经济理论中的"优化派"，博弈论更着重于策略双方的互动，但两者均在理性人框架下进行，各有异同。博弈论的基本单位是博弈，博弈的四个基本要素分别为参与者、策略、信息集和报酬函数。博弈论的分类基于两个方面：完全信息与不完全信息、同时行动与先后行动。几乎所有的博弈论入门教材都会在博弈论的初级教材中介绍"囚徒困境"和性别之战，本书也不例外，但本书的特色之一在于，我们致力于讲好中国故事。所以我们加入了田忌赛马的博弈论表达，并希望读者在日常的学习中去寻找中国的博弈智慧。

纳什均衡是博弈论中至关重要的概念，其思想贯穿博弈论的各个阶段。在完全信息的静态博弈中，我们从纯策略和混合策略的角度介绍了纳什均衡，相比于特定的博弈案例，求解纳什均衡的方法更为重要。本章介绍了求解的基本逻辑和方法。特别地，纳什均衡只是分散决策下的最优，常常无法达到社会福利的总体最优，存在帕累托改进的空间。在传统微观经济理论中，完全信息静态博弈和纳什均衡常常以寡头垄断和公共物品服务的形式存在，认识到这一点后，我们能在两者之间找到许多联系。

我们在第三节介绍了动态博弈的相关内容，如博弈树。第三节的篇幅较小，这并非因为动态博弈不重要。恰恰相反，高级的博弈理论往往以动态博弈为主，动态博弈的特别之处在于行动的先后性，因此就存在先行动者对后行动者的制约，后行动者的选择权力进一步缩小。当然，后行动者也可以通过承诺来倒逼先行动者的行动，但这种承诺往往具备一定的特征。

内容提要

- 博弈论的四个基本要素为参与者、策略、信息集和报酬函数。在报酬函数的表达式中，我们常将静态博弈以标准型表达式表示，将动态博弈以扩展型表达式表示。
- 纳什均衡策略定义了这样一种策略空间，每位参与者都在给定其他人的策略不变的情况下，选择了最优的策略。

- 求解纯策略纳什均衡一般用画线法,求解混合策略纳什均衡一般以逻辑推导为主。

关键概念

博弈论　　　　　　　报酬函数　　　　　　　策略
信息集　　　　　　　占优均衡　　　　　　　标准型
扩展型　　　　　　　混合策略纳什均衡　　　严格劣策略
纳什均衡　　　　　　动态博弈　　　　　　　纯策略纳什均衡
静态博弈　　　　　　承诺　　　　　　　　　博弈树
参与者

练习题

1. 博弈论的分类有几种?
2. 文中的田忌赛马属于什么博弈?
3. 文中的"囚徒困境"属于什么博弈?
4. 文中的性别之战属于什么博弈?
5. 本章第二节提到了几种均衡,它们之间的关系是什么?
6. 纳什均衡包括哪些类别?
7. 在第二节中我们讨论了白酒生产的博弈问题,请尝试改变白酒生产博弈的报酬函数,构造出占优均衡。
8. 第一节讨论的田忌赛马博弈的均衡结果是什么?
9. 第一节讨论的性别之战博弈的均衡结果是什么?
10. 根据游击战的16字方针:"敌进我退,敌驻我扰,敌疲我打,敌退我追",写出报酬矩阵,并判断是否存在纯策略纳什均衡。
11. 如表16-21所示的报酬矩阵(本题指纯策略纳什均衡):

表16-21　企业甲、乙之间博弈的报酬矩阵

		企业甲	
		H	L
企业乙	H	a,b	e,f
	L	c,d	g,h

当 a、b、c、d、e、f、g、h 满足何种条件时,企业甲和企业乙:
(1) 可以达成占优均衡;
(2) 可以达成纳什均衡;
(3) 不能达成均衡。

12. 在面临潜在的市场进入者时,市场的垄断者可以采取什么措施来阻止进入者,如何做最有效?
13. 根据图16-6中白酒厂商和啤酒厂商的策略,找出可能的均衡状态。当啤酒厂商扩大产量后,均衡状态会发生什么变化?

第十七章 风险理论

当你去商店买东西时,你需要携带的货币以及面对的市场标价,通常具有百分百的确定性,我们将其称为确定性因素;此外,你也需要对一些不确定的东西做出判断,如商品有多大的可能存在假冒伪劣,这些无法确定的东西被称为不确定性因素。确定性因素和不确定性因素均会影响经济主体的决策过程,在一定程度上直接产生了某种经济后果。因此,经济活动的相关决策需要基于这两个因素进行全面考量。由于不确定性因素的存在,经济主体无法确定经济决策带来后果的好坏,因此在决策过程中这些因素会带来一定的风险性。

在前面的章节分析中,我们多假设经济主体是基于确定性因素做出相应的经济决策,而不考虑不确定性因素及其可能带来的风险。但这实际上已经包含了风险性假定,只是更多偏重于讨论确定性因素的影响。在更深入的讨论中,我们认识到,经济决策受到确定性和不确定性因素的共同影响。而在不同的经济环境下,确定性因素和不确定因素也会随之变化,因此经济主体所做出的经济决策可能存在差异。例如在生产和消费中,消费者收入、要素价格、产品价格等确定性因素在决策前能够被认知到并进行考量;而产品质量不合格、产品质量不统一等不确定性因素很难在做出决策之前被认知或者完全确定。基于不确定性因素的特点,本章的分析将讨论经济主体在做出经济决策过程中的不确定性因素及可能出现的相关风险。

第一节 风险的度量

一、不确定性

当你准备好一笔钱要在淘宝平台上买一件衣服时,这件衣服的质量一般是未知的(如尺寸是否标准、材质是否舒适、做工是否精细),因而你购买这件衣服的后果也是不确定的。一般情况下,你购买这件衣服的后果有两种:一种是买到一件质量合格的衣服,尺寸、材质和做工都令你满意;另一种是买到一件质量不合格的衣服。这里,我们为了简单化而假设只有质量合格和不合格两种情况。事实上,可能的后果还有很多。比如说,你购买衣服的这家店铺所出售的产品,有80%的概率是质量合格的,有20%的概率是不合格的,此时你是否购买这件衣服还取决于其质量合格的概率。

信息不对称、不完备是现实经济生活的一个特质,指的是经济主体不可能完全掌握决策过程中的所有信息。因此,经济主体很难判断在这一过程中的所有影响因素及其可能的影响程度。在上述条件下,经济主体所做出决策产生的结果存在不确定性,也存在差异化的结果。这意味着,经济主体所做出的经济决策是唯一的,但由于不确定因素的存在,这一决策带来的经济结果可能存在差异。具体而言,当经济主体在不确定的环境下做出一个经济决策时,该决策既可能带来比预期还好的结果,也可能产生不利于经济主体的结果,还有可能恰好出现与预期相同的结果。对于经济主体在事前不能准确掌握其决策的结果,或者其决策可能产生多种结果的情况,我们将其称为不确定性(Uncertainty)。

二、概率

在不确定性条件下,经济主体做出决策后,其可能发生的后果是多样的。概率(Probability)反映了某种后果发生的可能性的大小。我们以掷骰子为例来理解这一概念:骰子一共有6个面,分别显示1至6点;在掷骰子之前,你可以选择任意一个面押注。假设你选择的是开3点(并且不能选其他面),那么你赢的概率就是1/6;假设你选择了两个面,即要么开3点,要么开5点,那么你赢的概率是2/6,也就是1/3;假设你可以选三个面,那么你就有三种可能获胜的机会,那么你获胜的概率是1/2。

在这一例子中,需要说明的是,概率并不代表经济结果的必然性(即某一事件一定会发生),而仅仅反映某一结果的可能性。以上面的例子作为说明,在最后一种情况下,你赢的概率为1/2,但这并不能代表你玩2局就一定有1局获胜。更极端地说,当你做出经济决策后,即使出现其中的一种经济结果的可能性为99%,也不意味着这一结果一定会发生。这样的例子在日常生活中十分常见,例如,天气预报显示,你居住的地区明日发生降雨的概率为90%,这并不代表该地区明日一定会出现这一气象。在现实经济活动中,人们十分重视自己做出经济决策所产生的结果,因此科学测量经济决策带来的经济结果的概率是非常必要的。一般而言,测量经济结果概率的方法有以下三种:

(1)主观测度法。基于主观感知和认知,经济主体对某种经济结果发生的可能性进行主观测度。例如,邀请50名经济学家和金融从业者,让他们分别判断和预测2025年中国经济增长率高于6%的可能性,并通过加权法得出在该时间区间内中国经济增长率高于6%发生的概率。

(2)客观测度法。借助以往的相关数据,经济主体基于客观判断,对经济决策的某种结果出现的可能性进行测定。例如,2015—2017年,中国的经济增长率在6.8%左右;通过对经济资料进行客观的统计和分析,可以认为2018年中国的经济增长率为6.8%的概率为60%。

(3)理论推算法。基于经济学知识和数学知识,经济主体进行综合考虑,并推理演算出经济决策的某种经济后果出现的可能性。例如,统计学试验表明,在大量的掷骰子试验中,每一面出现的次数基本是相同的,即每一面出现的概率均为1/6。

三、风险

根据以上分析可知,经济主体在做经济决策时需要同时考虑确定性因素和不确定性因素。在这一决策过程中,如果决策者能够测度所有可能经济结果出现的可能性,那么就能够通过一定的推算,估计出其做出这一经济决策是否可能会遭受损失,以及出现损失的可能性,我们将这种可能出现的损失称为风险(Risk)。简单来说,风险包含两个要素:决策造成损失的大小,以及造成损失的可能性。风险越大也就代表经济决策遭受损失的可能性以及损失程度越大。

风险具有以下两个特点:一是风险兼具可预见性和不可预见性。其中,可预见性指的是经济主体通过测度,在一定程度上可以预计经济决策带来的结果;不可预见性指的是经济主体通常又不能完全预计经济结果的发生,包括发生时间、产生方式和影响程度等。二是广泛性,这表明风险广泛地存在于经济主体周边。也就是说,在实际经济和社会发展中,每个经济主体都面临着各种各样的风险。

第二节 风险偏好

一、期望值与方差

(一) 期望值

在做出经济决策时,由于存在不确定性因素,经济主体通常无法直接判断经济结果及其影响。也就是说,虽然经济主体做出的经济决策是唯一的,但其产生的结果存在差异。但是,如果能够判断经济结果出现的概率和影响程度,我们就能测度经济结果的预期影响程度。具体而言,把经济结果的概率作为权重,把影响程度进行加权平均,就可以得到经济决策的期望值(Expected Value)。假设经济主体在不确定的经济环境下做出某一经济决策,而这一经济决策会产生 n 种经济结果,我们令这些结果分别为 $x_1, x_2, \cdots, x_n$,而这些结果出现的概率分别为 $\pi_1, \pi_2, \cdots, \pi_n$。此时,我们可以计算该经济决策的期望值,表达式为:

$$E(X) = \pi_1 x_1 + \pi_2 x_2 + \cdots + \pi_n x_n$$

我们可以举例对这一现象加以说明,当一个企业进行生产决策时,市场供需关系的差异会影响企业的决策选择。假设一个企业需要在以下条件下进行生产选择。在第一种情况下,供需相等的概率为 25%,企业生产能够获取 40 万元利润;在第二种情况下,供不应求的概率为 45%,企业生产能够获取 120 万元利润;在第三种情况下,供大于求的概率为 30%,企业生产将出现亏损,此时获取负 30 万元利润。在上述情况下,则企业生产获取利润的期望值为 $40 \times 25\% + 120 \times 45\% + (-30) \times 30\% = 55$ 万元。此时,企业做出的生产决策将获得大于零的期望值。

(二) 方差

以上例子似乎表明,经济结果的期望值意味着经济决策的好坏。但是,事实上这一说法并不完全正确,我们并不能通过这种方式判断经济决策的对错。同样,我们通过举例来说明这个问题。假设一个经济主体选择拥有一笔闲置资金,可以用于投资。此时,该投资者面临两种投资选择,分别为投资股票或者投资房地产。两种投资方案的经济结果及其出现的概率均不相同。当投资股票时,该经济主体有 30% 的概率获利 250 万元,有 70% 的概率亏损 100 万元。当投资房地产时,该经济主体有 30% 的概率获利 180 万元,有 70% 的概率亏损 70 万元。此时,该经济主体做出不同决策所对应的经济结果的期望值为:$E_1 = 250 \times 30\% + (-100) \times 70\% = 5$ 万元,$E_2 = 180 \times 30\% + (-70) \times 70\% = 5$ 万元。

在这个例子中,两种投资方案可获取的期望收益是相同的,即经济决策的期望值相等。此时,投资者的经济决策就不是由期望值决定了,而是与投资者的风险偏好相关。通常来说,追求风险的投资者更有可能会投资股票;相反,追求稳健的投资者更有可能会投资房地产。通过以上分析,我们知道虽然两种投资方案收益的期望值是一样的,但是它们存在的风险是不同的。相较于投资房地产,投资股票的收益波动较大,表明这种投资方案风险较大。在经济学分析中,方差(Variance)表示各种经济结果偏离经济决策期望值的程度,我们使用这一指标来刻画经济决策的风险。同样,我们假设经济主体在不确定的经济环境下做出某一经济决策,而这一经济决策会产生 n 种经济结果,令这些结果分别为 $x_1, x_2, \cdots, x_n$,而这些结果出现的概率分别为 $\pi_1, \pi_2, \cdots, \pi_n$。此时,可以计算该经济决策的方差,表达式为:

$$V(X) = \pi_1 [x_1 - E(X)]^2 + \pi_2 [x_2 - E(X)]^2 + \cdots + \pi_n [x_n - E(X)]^2$$

在上述例子中,两种投资方案的方差为:$V_1 = (250 - 5)^2 \times 30\% + (-100 - 5)^2 \times 70\% = 25\,725$,$V_2 = (180 - 5)^2 \times 30\% + (-70 - 5)^2 \times 70\% = 13\,125$。

通过简单计算,可以发现投资股票的风险明显更大。我们可以通过分布图进行更直观的解释。图 17-1 为两组正态分布数据的概率密度图,它们反映了期望值和方差的含义。其中,$N(0,1)$ 表示均值为 0,方差为 1 的一组数据;$N(0,1.5)$ 则表示均值为 0,方差为 1.5。如图 17-1 所示,两组数据的均值都为 0,但是方差更大的一组在均值两侧的分布更密,这意味着极端值发生的概率更大。

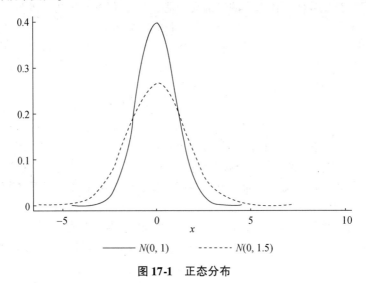

图 17-1　正态分布

二、风险偏好

(一) 期望效用

期望效用的概念与期望值相类似。假设经济主体在不确定的经济环境下做出某一经济决策,而这一经济决策会产生 n 种经济结果,每一种可能的经济结果 x_i 为经济主体带来一定的效用水平 $U(x_i)$,而这些结果出现的概率分别为 $\pi_1, \pi_2, \cdots, \pi_n$。那么,经济主体决策的期望效用函数(Expected Utility Function)就可以表示为:

$$E(U) = \pi_1 U(x_1) + \pi_2 U(x_2) + \cdots + \pi_n U(x_n)$$

该表达式是不确定性理论中经济决策的目标函数,由著名物理学家、数学家冯·诺依曼和著名经济学家摩根斯特恩在 1944 年《博弈论与经济行为》中提出,也称冯·诺依曼-摩根斯坦效用函数,是研究不确定性下投资者决策的基础工具。

我们通过一个简单的例子对期望效用函数进行说明。假设某一经济决策可能出现以下结果:① 发生经济结果 x_1 的概率为50%,对应的效用函数为 $U(x_1) = x_1^2$;② 发生经济结果 x_2 的概率为30%,对应的效用函数为 $U(x_2) = x_2 - x_2^3$;③ 发生经济结果 x_3 的概率为20%,对应的效用函数为 $U(x_3) = x_3^4$。

此时,该经济决策的期望效用函数为:

$$E(U) = 50\% \cdot U(x_1) + 30\% \cdot U(x_2) + 20\% \cdot U(x_3)$$
$$= 50\% \times x_1^2 + 30\% \times (x_2 - x_2^3) + 20\% \times x_3^4。$$

(二) 风险态度

不同的经济主体的个人特征是存在差异的,导致他们对待风险的态度是不同的。这在我们身边有很多的例子,比如绝大多数经济主体偏向于规避风险而追求平稳,但也有经济主体喜欢追求高风险以获取高回报。诚然,经济主体都愿意追求更高的期望效用,但是他们对于风险的偏好却是千差万别的。

参与高风险活动和投保在很大程度上可以刻画经济主体的风险态度,我们利用这两个事件进行举例说明。赌博在日常生活中是十分常见的高风险活动,对赌博的喜欢程度在很大程度上能够反映经济主体的风险偏好,因此它是衡量风险偏好的重要指标。一般而言,赌博通常存在以下几种类型:① 胜负概率相同的公平赌博,其期望收益为0,例如之前提到的掷骰子游戏。② 胜多负少的有利赌博,其期望收益为正,例如赌徒和新手玩德州扑克,往往赌徒会胜多负少。③ 负多胜少的不利赌博,其期望收益为负,比如上述例子中的赌博新手,在与赌徒的较量中往往负多胜少。

另外,是否投保反映了经济主体对风险规避和转移的态度,也是衡量其风险偏好的一个重要指标。投保是指经济主体为了保险起见,向保险机构缴纳保险费用以规避经济决策的损失。在投保后,一旦发生不利于经济主体的经济后果,经济主体将会向保险公司索赔其损失。在一场赌博中,即使是一个赌博爱好者,他依然有可能选择投保来规避风险。

通过上述分析,参与高风险活动和投保是风险偏好的重要评判指标,我们可以结合两者的特征,对经济主体风险偏好的特点进行归纳:

第一类为风险回避者(Risk Evader),他们喜欢制定平稳的经济决策,不求风险利益,偏向于追逐稳定的长期利益。通常而言,他们做出的经济决策期望效用较小,这种决策在成功时能够获得稳定的小额收益,但失败时损失也较小。对他们而言,期望收益是其最关心的指标。此外,这类经济主体通常会主动投保从而规避风险,将风险转移给保险公司。他们追求低风险的经济决策,主要活跃在低风险的经济活动中。总体而言,这类经济主体的个体特征为:规避或转移承担风险,胆子较小。

第二类为风险爱好者(Risk Lover),他们追求刺激的感觉,热衷于追逐高风险及其可能带来的高额风险收益。经济决策成功将获取巨额的收益,但失败也会造成重大的损失。同时,这类风险爱好者通常不投保,而由自己承担相应经济结果的风险。他们追求高风险的经济决策,经常活跃在高风险的经济活动中,如赌场、期货期权市场。总体而言,这类经济主体的个体特征为:热衷于参与高风险活动,喜欢冒险,胆子大。

第三类为风险中立者(Risk Neutral),他们对经济决策的风险持中立态度,不存在明显的偏好和倾向。这意味着,只要有获利的可能性,这类经济主体便会参与到相应的经济活动中。这类经济主体不刻意规避高风险,但也更注重经济结果的期望收益。相类似,他们对投保的态度没有明显差异,既可能参与投保以规避风险,也可能选择不投保,主动承受经济决策的风险。整体而言,他们愿意做出各种类型的经济决策,但相较而言,他们更多活跃在中等风险的经济活动中。

我们必须认识到,作为理性人,经济决策是由经济主体对应的效用函数决定的。由于存在不同的风险偏好类型,不同经济主体对应的效用函数是存在差异的,所以他们会做出截然不同的经济决策。以彩票为例,假设某一经济主体购买了一张彩票,在开奖后他可能赢或输,分别用 x_1 和 x_2 表示,而两种经济结果发生的可能性分别为 π_1 和 π_2。假设消费者在不购买彩票时,其期望效用为 $U(\pi_1 x_1 + \pi_2 x_2)$;而在购买该彩票后,根据假设,消费者的风险期望效用变成 $\pi_1 U(x_1) + \pi_2 U(x_2)$。两者期望效用的不同,在很大程度上能够影响经济主体的决策。下面我们结合作图,对这一问题进行更详细的说明。

如图17-2所示,如果经济主体认为,经济决策在没有风险的情况下的期望效用大于在风险情况下的期望效用,即 $U(\pi_1 x_1 + \pi_2 x_2) > \pi_1 U(x_1) + \pi_2 U(x_2)$,则表明该经济主体为风险回避者,偏向于追求低风险。如图17-2所示,此类消费者效用函数是严格上凸的。

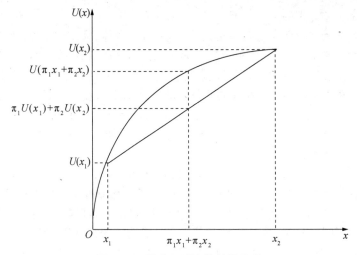

图 17-2　风险回避者的效用函数

如图17-3所示,如果经济主体认为,经济决策在没有风险的情况下的期望效用小于在风险情况下的期望效用,即 $U(\pi_1 x_1 + \pi_2 x_2) < \pi_1 U(x_1) + \pi_2 U(x_2)$,则表明该经济主体为风险爱好者,偏向于追求高风险。如图17-3所示,此类消费者效用函数是严格上凹的。

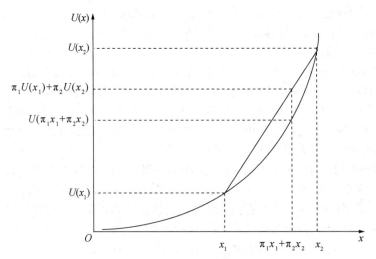

图 17-3　风险爱好者的效用函数

如图17-4所示,如果经济主体认为,经济决策在没有风险情况下的期望效用和在风险情况下的是相同的,即 $U(\pi_1 x_1 + \pi_2 x_2) = \pi_1 U(x_1) + \pi_2 U(x_2)$,则表明该经济主体为风险中立者。如图17-4所示,此类消费者效用函数是一条直线。

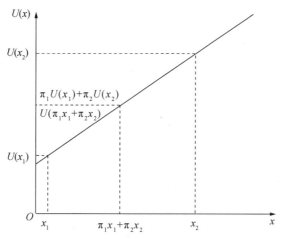

图17-4 风险中立者的效用函数

实际上,绝大多数经济主体更愿意规避风险,是典型的风险回避者。例如,由于信誉和执行效率差异,即使利率相同,相较于公司债券,更多经济主体偏向于购买政府债券。当然,社会中也存在追求投机、冒险的风险爱好者。对风险偏好没有明显差别的风险中立者也广泛存在于现实社会中。此外,某些经济主体的风险偏好会随着经济环境的变化而发生改变。

案例 17-1

你是风险爱好者,还是风险回避者?

在经典的经济学或金融学研究中,我们通常假定经济主体是风险回避者,这一假定符合我们在生活中的直觉。然而,现实生活往往是非常复杂且难以解释的,我们来看下面这一例子。

假设现在你面临 A、B 两个方案:A 方案是以 100% 的概率给你 100 万元现金,B 方案是投一个硬币,正面朝上可以获得 200 万元现金,背面朝上则没有任何奖励。请问:你会选哪一个方案?大多数人凭直觉会选择 A 方案。结合上述知识点,可以知道 A 方案的期望收益是 $E(A) = 100$ 万元,方差 $V(A) = 0$;B 方案的期望收益是 $E(B) = 200 \times 50\% + 0 \times 50\% = 100$ 万元,方差 $V(B) > 0$。因此,风险回避者倾向于选 A 方案,风险爱好者倾向于选 B 方案,风险中立者认为两个方案没有差别。

现在我们调整这两个方案的收益:A 方案是以 100% 的概率需要你赔偿 100 万元现金,B 方案是投一个硬币,正面朝上赔偿 200 万元现金,背面朝上则不需要做出任何赔偿。请问:你还会选择 A 方案吗?此时,A 方案的期望收益是 $E(A) = -100$ 万元,方差是 $V(A) = 0$;B 方案的期望收益是 $E(B) = -200 \times 50\% + 0 \times 50\% = -100$ 万元,方差 $V(B) > 0$。两个方案的期望收益一致,但是风险回避者倾向于选择方差更大的方案 B。

行为经济学对这种现象的解释如下：在面对不同期望效用时，风险偏好会发生变化。大多数人在面对收益时是风险回避者，但在面对损失时又表现为风险爱好者。这是由于在两种选择都可能承担经济决策带来的损失时，这些人的"冒险精神"会被激发。类似的行为有很多，比如对已经亏损的股票怀有希望，总是继续持有而不愿抛售，最后经常发现的是大多数股票越跌越低。这是现实生活中风险偏好复杂性的一个例子。

资料来源：搜狐网，https://www.sohu.com/a/233602904_353770，访问时间：2020年9月。

三、风险溢价

风险溢价（Risk Premium）指的是风险的市场价值，即风险受让者为接受风险而得到的补偿，或者是风险转让者为规避风险而付出的报酬。以前文分析中的风险回避者为例，即 $U(\pi_1 x_1 + \pi_2 x_2) > \pi_1 U(x_1) + \pi_2 U(x_2)$ 的经济主体。试问他们是否愿意支付报酬来规避风险；如果愿意，支付金额应该如何确定？根据风险溢价理论，即经济主体愿意支付的金额正是两种效用差值所代表的货币值。

事实上，保险市场（Insurance Market）就是依据这样的原理建立起来的，以满足部分愿意支付风险溢价的经济主体。具体而言，投保者向保险公司支付一定的保险费，将意外事故的风险转移给保险公司。在某一投保者发生意外事故的情况下，未发生意外事故的投保者就共同分担了发生意外事故的投保者的损失。

风险爱好者又会存在何种形式的风险溢价呢？不同于风险回避者，风险爱好者追求高风险活动。从经济结果的效用来看，如果要说服这些经济主体不参与高风险活动，则需要让他们获得至少与参加高风险活动相同的效用，也就是说至少需要让他们获得 $\pi_1 U(x_1) + \pi_2 U(x_2) - U(\pi_1 x_1 + \pi_2 x_2)$ 的效用。简而言之，这部分支出是为了补偿风险爱好者不参加他们认为有价值的经济活动。

第三节 与风险有关的市场分析

在前两节的分析中，我们了解了一些基本的风险理论知识，本节我们将以此为基础分析一些现实生活中存在的实际问题。

一、赌博市场

赌博是一种常见的社会活动，但由于赌博具有很强的危害性，世界上许多国家都颁布了相应的法律禁止赌博。尽管如此，赌博现象还是广泛存在于现实社会中。经济学也对赌博现象进行了诸多分析，但这仅仅是为了通过定性及定量的分析，了解经济主体在不同情况下的行为及特点。这样的分析能够指导各类经济主体更好地进行经济决策，如何进行投资、储蓄。

翻红心是一种非常流行的赌博方式，我们以此为例进行经济学分析，以总结归纳一些有意义的启示。

（一）翻红心赌博的规则

假定你拥有100元赌资,与其他玩家一起参加翻红心赌博。该赌博规则如下:选取一副扑克牌,打乱顺序,并使其背面朝上。首先由各位玩家下一定数额的赌注,然后随机抽取扑克牌。如果玩家翻出了红心花色的扑克牌,则损失全部赌注;如果玩家翻出了其他花色的扑克牌,则赢取所下赌注的40%。在这种赌博规则下,玩家应做出怎样的赌博决策呢?

我们根据一般认知,假设赌博的目的在于获得更多收益,并且用于更多消费。为了分析方便,假设无论赌博输赢,玩家会把该局赌博后余下来的赌资用来消费棒棒糖,其价格为每支1元。此时,如果玩家在赌博中下注10元并且翻出红心的扑克牌,那么该玩家可以购买90支棒棒糖(剩余90元);如果翻出其他花色的扑克牌,则可以购买104支棒棒糖。在极端情况下,如果玩家下注100元,则赌输后只能购买0支棒棒糖,而赌赢后则可购买140支棒棒糖。当然,玩家也可以不参与赌博,此时可以购买100支棒棒糖。

可见,玩家面临经济决策带来的不同经济结果的权衡:赌输(翻出红心扑克牌)时的棒棒糖消费量 H 和赌赢(翻出其他花色扑克牌)时的棒棒糖消费量 A。换句话说,你下赌注的数量取决于两种情况(输与赢)下棒棒糖的消费量 H 和 A。

（二）概率和期望值

进一步,可以来分析一名玩家在翻红心赌博过程中的输赢概率。因为该赌博通过翻开的扑克牌花色来判断输赢,因此我们只需要知道在翻开扑克牌时,各种花色出现的概率,就能够预测一名玩家在翻红心赌博中获利或损失的概率。

一副扑克牌有红心、梅花、方片、黑桃4种花色的扑克牌各13张。若进行随机抽取,玩家翻出红心扑克牌的概率为1/4。相类似,玩家翻出其他花色扑克牌的概率为1/4。根据游戏规则,在随机抽取扑克牌的情况下,一名玩家在玩翻红心赌博中,输的概率 π_H 为1/4,赢的概率 π_A 为3/4。结合游戏输赢的获利情况,当一名玩家下注为1元时,参与翻红心赌博的期望收益为 $E = (-1) \cdot \pi_A + 0.4 \pi_H = 0.4 \times 3/4 - 1 \times 1/4 = 0.05$ 元。通过计算可以发现玩家参与翻红心赌博的期望收益大于零,说明这是一项有利赌博。换句话说,如果一名玩家参加无穷次翻红心赌博,并且每次下注相同金额,最终一定可以赢得金钱。

（三）公平赌博

以上分析表明,玩家参与这种赌博的期望收益大于0,即玩家在无穷次赌博中一定能获胜。因此,以上设定的翻红心赌博是一种非公平的赌博。在现实生活中,为了保证赌博的公平性,庄家往往会设计一些规则,使参与赌博的玩家在赌博中的期望收益为0。

现在我们来设计一种公平的赌博规则:假定一名玩家参与赌博并且下注1元,翻出红心扑克牌时损失1元。那么当玩家翻出其他花色的扑克牌时,需要获利赢多少才能使这种赌博变成一种公平赌博呢?根据经济学分析,公平的赌博需要让各项结果可能性的期望收益为0,即

令 $\pi_A \cdot A + \pi_H \cdot H = 0.75A + 0.25 \times (-1) = 0$,得到 $A = 1/3 \approx 0.33$ 元。

上式表明,如果一名玩家下注1元,翻出红心扑克牌时输1元,而翻出其他花色的扑克牌时赢0.33元,此时这场赌博的期望收益为0,即变成了一种公平赌博。

案例 17-2

公平赌博的结局会是"公平"的吗?

在我国,赌博是被法律严令禁止的。在一场输赢概率相等的"公平赌博"中,理论上玩到最后庄家和玩家之间是没有输赢的。那么,赌场是通过什么赚钱的呢?现实生活中为什么会有那么多因赌博而倾家荡产的人?

1. 赌徒谬论

赌徒谬论也被称为蒙特卡罗谬论,指的是在随机事件中,经济主体会出现理解偏差,误认为某一随机事件出现的概率与事前概率相关。例如在抛硬币时,如果连续五次出现正面朝上的结果,当事人会以为下一次有更高的概率出现反面朝上的情况;但如果在绝对公平的情况下,下一次出现正反面朝上的概率依然是一样的。这反映在一场公平的赌局中,理论上只要一直"押大"或者"押小",最终你的收支应该是接近平衡的;但在事实中,一旦发现已经连续开了五场"大",赌徒会认为下一场开"小"的可能性会更高,从而影响了其决策。

2. 赌徒输光定理

假设你与赌场进行一场输赢概率相等的"公平赌博",每一局的赌注为1万元。你拥有的初始筹码是10万元,可以至少玩十局;赌场的筹码是1 000万元,至少可以玩1 000局。在这种情况下,即使赌局的输赢概率都是1/2,你也会更早地被淘汰出局。这一过程可以用数学推导来证明:假设赌徒的初始筹码为a,赌场的初始筹码为b,在进行一场公平的对赌时,双方胜负的概率各为50%;每一局的输者要支付给胜者1元,一直到有一方输光所有筹码为止,赌局才结束。这种情况下,我们将任意一方胜出的概率记为P,其中P_i表示在资金为i的情况下赢得所有筹码的概率。当参赌的任意一方手中的筹码为0时,赌局结束,因而$P_0 = 0$。

不难推测,当资金为i时,任意一方在下一局要么赢、要么输,因而其筹码在开局后有50%的概率变成$i+1$,50%的概率变成$i-1$。因此,$P_i = 0.5 P_{i-1} + 0.5 P_{i+1}$。将这一式子左右进行调整,可以得到$P_{i+1} - P_i = P_i - P_{i-1}$。也就是说,$P_{i+1} - P_i = P_i - P_{i-1} = \cdots = P_1 - P_0 = P_1$。

根据$P_{i+1} - P_i = P_1$,可知$P_i = P_1 \cdot i$。将$i = a + b - 1$代入此式,可知$P_{a+b-1} = P_1 \cdot (a+b-1)$。又由于$a+b$是参赌双方所有筹码之和,双方必有一人获胜,因而$P_{a+b-1} + P_1 = 1$。可知$P_1 = \dfrac{1}{a+b}$。

因此,赌徒和赌场的初始筹码为a和b时,其获胜的概率分别为:

$$P_a = P_1 \cdot \frac{1}{a+b} = \frac{a}{a+b}$$

$$P_b = P_1 \cdot \frac{1}{a+b} = \frac{b}{a+b}$$

因此,当一方资本有限,另一方资本无限时,资本无限一方获得所有资本的概率接近100%。在现实中,赌场的资本通常是雄厚的,赌徒拥有的筹码相对而言是微不足道的。因此,即使是在"公平赌博"的情况下,赌徒最终输光所有筹码的概率也是极高的。

资料来源:http://www.360doc.com/content/18/0727/21/11935121_773714318.shtml,访问时间:2020年9月。

二、保险市场

根据以上研究可以发现,风险回避者在经济社会中占了大部分,这类经济主体更愿意选择风险较低的经济决策。然而,实际上诸多不确定性及其对应的风险是客观存在的,不随经济主体的风险偏好而改变。也正是因为风险性这一特征,风险回避者有转移风险的需求。为了迎合这类经济主体的风险规避需求,保险市场开始出现。

(一) 保险市场的基本原理

在现实社会中,经济主体不可避免会碰到一些灾难,而种种意外因素都可能会给人带来损失及危害。尽管这些危害不能完全避免,但通过一些手段,可以尽可能将其降低到可以承受的地步,即使需要付出一定的代价。因此,许多风险回避者通过缴纳一定费用,进而形成一个规模巨大的基金,用以帮助其中部分遭遇意外事故的投保者。这些大型基金由保险公司进行管理,管理者还能够通过合理的投资以保证基金的稳定收益。以上逻辑链便是保险市场形成的基本原理。

根据保险基金运营的方式,保险市场具有以下特点:首先,市场中必须需要存在大量投保者,而他们愿意缴纳少量保险费以转移风险。最终,投保者缴纳的费用共同用以组成保险基金。对于投保者而言,在发生意外事故的情况下,他们拥有向保险公司索赔的权利。其次,一旦发生意外事故,索赔具有强制性,即保险公司必须按签订合同条款进行赔付。最后,保险公司是以营利为目的企业法人,有权将一部分的保险基金合理地投资到其他市场,以获取收益,保证保险基金的正常运转。

根据以上特点,可以发现保险市场的正常运作具有一定的条件,包括:① 保险市场中存在数量很大的投保者,并且发生意外事故的可能性很小。在这种情况下,保险基金才能补偿少量受害人在意外事故中的经济损失。若不具备这一条件,保险基金就会入不敷出,导致保险公司破产,而保险市场也会消失。② 投保者必须是相互独立的个人,这样能够减少投保者之间的相关性,确保意外灾难出现的随机性。否则,若投保者之间不存在独立关系,一场意外事故就可能会产生数量庞大的索赔,导致保险公司因在短期内无法完全赔付,而扰乱保险市场的正常秩序。③ 不存在普遍的合谋和欺诈现象。投保者的欺骗行为会导致保险公司进行非正常的赔付,同样会扰乱保险市场的运作规律。

由保险市场的特点可知,保险市场的正常运作有助于投保者之间的互帮互助。在当今社会,保险市场快速发展,且保障制度也比较完备,保险对象涵盖了现实社会的各方各面。

(二) 公平保险

在了解保险市场的基本原理之后,我们进而讨论公平保险(Fair Insurance)的相关问题。公平保险指的是保险公司期望收益为 0 时的保险。我们通过举例对这一概念进行解释。现在假设某一保险公司对遭受雷击这一意外事故进行相应的规定,保险费率为 r。在投保之后,如果发生雷击这一意外事故,投保者将获得 1 元赔偿;如果没有发生雷击,投保者剩下的金钱为 $1-r$ 元。在这种情况下,保险公司存在一个需要认真考虑的问题,即如何确定保险费率 r,以保证雷击险是一项公平保险。为了方便分析,我们可以假设发生雷击这一意外事故的概率为 π。相应地,可以得到不发生雷击的概率为 $1-\pi$。因此,保险公司的期望收益为 $E(R)=$

$(1-\pi)r+[-\pi(1-r)]=r-\pi$。当 $E(R)=0$ 时,可以得到有 $r=\pi$。这表明当保险费率与雷击事故出现的概率相等时,上述例子中的保险为公平保险。

我们也可以从投保者的角度来分析这个问题。假设投保者一开始拥有的财产金额为 W,在上述情况下,投保者愿意支付多少保险费用来规避可能存在的火灾风险呢?若要让投保者的期望收益为0,需要令投保后的期望效用等于未投保时的期望效用,即 $W(1-r)=\pi \cdot 0 + (1-\pi)W$,也可以得到 $r=\pi$,即投保者愿意支付的保险费率与火灾发生的概率相等。

(三) 非公平保险

显然,在现实生活中,保险市场的运行秩序需要依靠市场中各个保险公司的规律运作,而保险公司的规律运作又是由各项经营成本支撑的,如劳动力成本、市场营销费用。由于保险公司无法准确预测投保者发生意外事故的概率,因此保险公司不会提供完全公平的保险。通常而言,为了正常运营,保险公司提供的保险会保证自己的期望收益大于零,即保证自己在业务运作中拥有大于零的利润。只有这样,保险公司才有足够的资源来支撑除投保者正常索赔以外的各项开支。若要使保险公司的期望收益大于0,则 $r>\pi$,即投保者向保险公司缴纳的保险费率 r 大于损失发生的概率,我们把这样的保险叫作对投保者的不利保险(Unfair Insurance)。

相反,现实中存在一些出现概率很大的意外事故。而对于这些事故的保险,保险公司的期望收益可能为负,即 $E(R)<0, r<\pi$,这样的保险就是对投保者有利的保险。例如,健康状况不同的投保者购买人身保险,保险公司的期望收益是不同的。所以在现实生活中,若投保者想要购买重大疾病险种,保险公司会先对投保者的健康状况做出相应的评估。

从以上例子可以发现,对于投保者而言,非公平保险可以分为两类:有利保险和不利保险,其特点分别是:对于不利保险而言,保险公司的期望收益 $E(R)=r-\pi>0, r>\pi$;对于有利保险而言,保险公司的期望收益 $E(R)=r-\pi<0, r<\pi$。

案例 17-3

消费型保险和返还型保险

假设保险公司推出了两款保险产品:第一款产品需要交50元保险费用,保险期为1年,如果投保人1年内发生意外,则可以获得赔款10万元;如果投保人没发生意外,则原先交的50元保险费用归保险公司所有。我们将这类保险称为消费型保险。第二款产品是返还型保险,需要投保人缴纳2000元保险费用,如果投保人1年内发生意外,则可以获得赔款10万元;如果投保人没发生意外,则1年后将获得原先交的2000元保险费用。你会选择哪一种产品呢?听起来似乎第一种保险需要你投入50元的成本,而第二种保险则不需要。那么,事实上这两种产品的收益如何呢(见图17-5)?

假设小白和小黑分别有2000元,小白花50元购买了消费型保险,剩余的1950元存入银行,年利息率为4%;而小黑将2000元全部购买了返还型保险。1年后,假设双方都没有出现意外,则小白可以获得银行的本息是 $1950 \times (1+4\%)=2028$ 元,小黑则获得保险公司的保险费用返还2000元,此时,2028元>2000元。假设双方都发生了意外,则小白可以获得保险公司赔款10万元,以及银行的本息 $1950 \times (1+4\%)=2028$ 元;小黑则获得保险公司赔款10万元。可以看到,在这一案例中,消费型保险对投保人而言更划算。

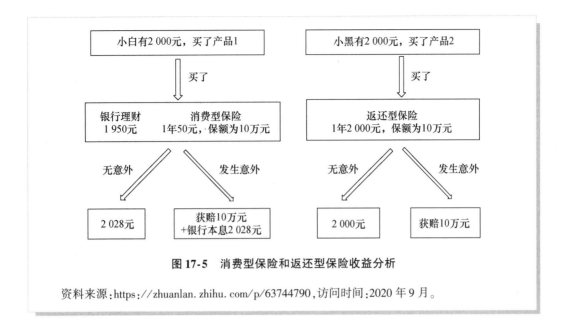

图 17-5 消费型保险和返还型保险收益分析

资料来源：https://zhuanlan.zhihu.com/p/63744790，访问时间：2020 年 9 月。

三、股票市场

（一）股票市场概述

股票市场在经济社会中扮演着重要角色，在融资、资源配置等方面起着重要作用。就企业而言，传统融资方式多是从银行贷款或发行企业债券等。但在发达的资本市场中，企业可以在股票市场中发行股票进行融资。但是，传统融资渠道与股票市场融资的风险存在差异。传统融资方式要求债务企业必须在债务周期内连本带利清偿债务，一旦出现无法偿还问题，企业就可能出现资不抵债的情况，进一步可能会导致企业倒闭。而对于股票市场融资，企业的债务风险得以很大程度地被多元化的投资者分散。

对于投资者而言，他们既可以将全部或部分闲置的资金，以存款的方式存进银行以获取利息，也可以将这些资金用于购买股票，在股票市场中进行投资。一般而言，储蓄是一种比较稳健的投资方法，但预期获利相对较少。而投资股票一方面可以获取股息和红利，另一方面还可能获取因股票价格上涨带来的额外收益。相应地，储蓄的投资风险小于股票的投资风险：一方面，如果企业经营不善，投资者不仅无法获得正常收益，还可能失去原有的股本；另一方面，投资者可能需要承受股票价格下跌造成的损失。

举例而言，假定一名投资者目前拥有 10 万元资金，并且面临以下投资选项：① 全部存入银行；② 全部购买股票；③ 一部分存入银行，其余部分买股票；④ 其他。不同的投资策略对应着不同的期望收益和投资风险。此外，投资股票的情况可能更加复杂。例如，当投资者选择在股市进行投资股票时，也存在不同选择：① 只买一只股票；② 分别购买多只股票。这两个选择也对应着不同的风险及收益，需要投资者对风险和收益进行权衡。

（二）股票收益与风险

由于效用函数可以用以判断消费者的满意程度，因此股票的好坏在一定程度上可以用该股票为其投资者带来的效用来测度。投资者的效用水平需要从多个方面进行衡量,接下来我们简单分析影响股票效用水平的指标。

在不同的市场环境下,股票的风险对应相应的期望收益。根据概率的相关概念,股票的期望收益能够反映股票在不同市场条件下的平均收益。因此,股票的期望收益是衡量效用水平的一个重要因素,效用水平随着期望收益上升而提高。此外,股票收益的方差代表了股票收益的离散程度,刻画了风险的分布趋势,在一定程度上会影响持有者的效用水平。

理论上,股票的期望收益及其方差在很大程度上是股票的两大特征。以风险回避者为例,在股票期望收益方差一定的情况下,他们希望股票期望收益越大越好;同样,在股票期望收益一定时,这类持有者希望方差越小越好。如果用 x_i 代表第 i 种情况出现时股票持有人的收益,π_i 代表相应的概率,则股票的期望收益为 $\mu = \sum_{i=1}^{n} \pi_i x_i$,其中 $\sum_{i=1}^{n} \pi_i = 1$。它体现了该股票未来收益的平均值,也叫平均收益。股票收益的方差为 $V = \sum_{i=1}^{n} (x_i - \mu)^2$,它体现了该股票未来收益的离散程度,反映了风险的大小。

于是,股票持有者的效用函数可以表示为期望收益和方差的函数:$U = U(\mu, V)$。通常来说,股票效用与其期望收益呈正相关,同时,对于风险回避者来说,其股票效用与方差呈负相关;对于风险爱好者来说,其股票效用与方差呈正相关;对于风险中立者而言,其股票效用与方差不相关。

案例 17-4

风险偏好与理财选择

在金融市场中,形形色色的理财产品往往意味着迥异的收益和风险,因此,理财产品的选择不仅要考虑金融市场的波动性,也要考虑投资者的风险偏好特征。投资者的个人背景及特征都会影响其风险偏好。有学者曾经统计过股票市场的投资者特征及风险偏好。具体而言,在 1991—1997 年,该学者将 38 000 个股票交易客户分为四类:单身男性、单身女性、已婚男性和已婚女性,并根据交易数据,计算了相应账户的交易情况。该研究表明:单身男性在股票市场中的年换手率远高于其他类别投资者,数值为 85%,比已婚男性高出 12%;相较于男性,女性账户换手率较低,且这一指标在单身女性和已婚女性组别之间不存在显著差异,分别为 51% 和 53%。此外,在面临市场起伏波动的不同阶段,相同的投资者其风险偏好也会发生较大变化。当出现牛市时,大部分投资者都追逐股票投资而忽视固定收益产品;而当股票市场低迷时,固定收益理财产品屡屡遭到投资者的哄抢。

资料来源:兴业全球基金,https://www.xqfunds.com/info.dohscontentid=88529.htm,访问时间:2020 年 9 月。

(三) 资本资产定价模型

在现实生活中,投资组合是人们经常需要面临的问题,指的是投资者应该如何配置投资资金,将其合理地投资于证券组合。

20 世纪 60 年代,威廉·夏普(William Sharpe)和约翰·林特(John Lindt)分别在哈里·马

科维茨(Harry Markowitz)1952年发表的论文《证券组合选择》中提出的投资组合理论基础上，独立提出了资本资产定价模型(Capital Assets Pricing Model，CAPM)。该模型试图解决的问题为：当每个投资者都按照马科维茨的投资理论进行投资时，证券市场达到均衡时的某种证券的收益率是如何决定的。该模型提出了著名的分离定理，指出不同风险偏好的个体会选择不同的投资策略，其核心在于寻找选择无风险投资和风险投资组合的最优组合。

资本资产套利模型(Arbitrage Pricing Theory Model，APTM)是由斯蒂芬·罗斯(Stephen Ross)建立的。与CAPM相比，APTM需要的假设更少，主要包括：第一，个体的非满足性，也就是说当投资者拥有在不增加风险的前提下增加收益的机会时，每个人都会利用这个机会；第二，证券之间存在关联性，这是一种或多种因素变动对证券之间所产生影响的间接反映。该模型表明，资本资产的收益率是由诸多内部因素和外部因素综合作用的结果，诸如证券组合风险、通货膨胀率等。

第四节 小 结

在本章中，我们介绍了风险理论。第一节探讨了风险的度量，介绍了不确定性、概率与风险的定义。第二节讨论了风险偏好与期望效用，介绍了期望值、方差及期望效用的定义，同时讨论了不同风险偏好者的差别，从中引出风险溢价的概念。第三节分别介绍了赌博市场、保险市场与股票市场三个与风险相关的市场，对各大市场的运行原理和相关理论进行了讨论。

内容提要

- 经济主体在事前不能准确知道其决策的结果，或者其决策可能产生多种结果，我们将其称为不确定性。不确定性是风险产生的根本原因。
- 风险偏好类型不同的经济主体者具有不同的效用函数，不同类型经济主体做出的经济决策也存在较大差异。根据风险偏好特征，我们将经济主体分为风险爱好者、风险回避者和风险中立者。
- 风险溢价反映了风险的市场价值，即风险受让者为转移或规避风险而支付的资金，这也是保险市场建立的基础。
- 股票的期望收益及其方差是股票的两个主要特征。就风险回避者而言，在股票期望收益方差一定的情况下，他们希望股票期望收益越大越好；而在股票期望收益一定时，这类投资者希望方差越小越好。

关键概念

不确定性	概率	股票市场
赌博市场	保险市场	风险偏好
资本资产定价模型	资本资产套利模型	风险溢价
期望	方差	

练习题

1. 假设一个经济主体的效用函数为 $u(w) = \sqrt{w}$。在初始状态下,他拥有 4 美元财富。此外,他还拥有一张彩票,有 1/2 的概率可以获利 12 美元,另外有 1/2 的概率不获利,即收益为 0。在这种情况下,问该经济主体的期望效用为多少?愿意出售彩票的最低价格为多少?

2. 假设一个消费者的效用函数为 $u(w) = -1/w$。该消费者可以参与一次赌博,有 p 概率获利 w_1。相应地,有 $1-p$ 概率获利 w_2。问该消费者需要拥有多少财富,才能使其现有财富水平与参与赌博是相同的?

3. 两种资产的收益的概率分布如表 17-1 所示:

表 17-1 资产 X 和资产 Y 的收益概率分布

资产 X		资产 Y	
概率	收益率	概率	收益率
0.3	−5%	0.2	−7%
0.4	3%	0.6	0%
0.3	15%	0.2	8%

(1) 计算资产 X 和资产 Y 的收益率的均值和方差;
(2) 选择资产 X 还是选择资产 Y?

第十八章 信息经济学与行为经济学

在新古典经济学中,市场中的信息是完备的,企业被看作一个"黑匣子",即一个简单的投入和产出的转换器,在给定投入时可以得到一个确定的产出。信息经济学则打开了企业这个"黑匣子",发现企业中存在着大量的委托-代理关系,这意味着给定一个投入时,却无法得到确定的产出。信息经济学为我们展现了信息不完备的世界,让我们更加接近现实。

新古典经济学家还认为人都是理性的,然而,当我们反思自己,往往并不认为自己能够时时保持理性。我们真的都是"理性人"吗?行为经济学为我们放松了这一假设,带领我们探索非理性的世界。接下来,我们分别介绍信息经济学和行为经济学的主要内容。

第一节 信息经济学

信息经济学的主要研究对象是信息是否完备、是否充分以及是否对称。在经济活动中,经济主体的行为在很大程度上受到信息的影响。通常,外界对一个经济主体的行为是否了解会在很大程度上影响这个经济主体选择的行为。

大量经济主体参与着市场经济活动。在新古典经济学家看来,市场中的信息是完备的,并未考虑信息不对称、不全面的情况,显然这与现实相去甚远。事实上,信息的不完备性正是很多经济活动的基础。信息经济学在这一点上弥补了新古典经济学的不足,在信息不完全、信息不对称的情况下研究市场经济活动。

新古典经济学假定信息完备,其对于生产者和消费者的行为分析也是基于这一假定:作为生产者,要知道生产使用的技术条件、要素质量和价格以及市场上产品的价格;作为消费者,要了解市场上提供的所有产品的价格、质量、性能和用途,还要知道自己的收益情况、偏好和效用。可是在实际的经济生活中无法达到这一假定。在信息不对称和信息不完全的情况下,使用新古典经济学的方法分析经济主体的行为会在很大程度上偏离其实际行为。因此,信息经济学提出:在现实生活中不存在所谓的充分信息,而且在现实生活中搜集信息需要消耗大量的时间、金钱和精力,这些都构成了信息成本。本节主要介绍信息经济学的主要观点和研究的问题。

一、非对称信息

(一) 定义

非对称信息指的是市场交易双方所掌握的信息数量不对等,出现一方多一方少的情况。

当一方拥有另一方不了解的信息时,我们称该方拥有私人信息。

非对称信息主要有两种:一是类型被隐藏,一方的真实类型不为另一方所知,比如卖二手车的人最了解二手车的真实情况;二是行为被隐藏,一方所做的行为不为另一方所知,比如买了汽车保险的人更可能不那么用心去保护汽车。前者会导致逆向选择问题,后者会导致道德风险问题。我们之后详细讨论。

再如,委托-代理关系中的信息不对称很也容易产生道德风险问题。例如在企业的委托-代理关系中,委托人是董事会,代理人是总经理。董事会聘请总经理是希望他用劳动和才能,为企业谋取最大利益。但是对于总经理才能的高低、工作的努力程度以及决策的真实目的,董事会都知之甚少,只有总经理自己知道。这实际上就出现了信息不对称。为了确定合适的报酬以及保证总经理努力工作,董事会需要建立适当的激励制度。我们在之后的小节会具体讨论。

(二) 非对称信息导致的经济后果

(1) 非对称信息可能导致委托-代理问题。由于委托人和代理人的目标不同,代理人不会完全按照委托人的意图行事,以致达不到效率最大化状态。比如在企业中,董事会和总经理的目标不一致,二者的信息不对称可能导致总经理做出的决策不总是效率最优的,最终可能导致市场失灵。

(2) 非对称信息可能会导致要素资源错配,使市场偏离帕累托最优状态。非对称信息的存在使要素市场、产品市场的资源很难实现最有效率的配置,比如在劳动力市场上,由于缺乏规范的信息管理平台,劳动的供求双方信息不对称,导致摩擦性失业,严重时还会导致市场失灵。

(3) 非对称信息可能导致道德风险或逆向选择的出现。一方面,由于信息不对称,占有更多信息的一方为了自身获利,可能利用信息优势来误导、欺骗另一方,导致他人利益受损,由此引发道德风险问题。另一方面,占有更多信息的一方比起另一方更容易选择利于己方的合约,从而导致逆向选择问题。生活中普遍存在的信息不对称现象会给经济带来严重的负面影响,导致效率损失。

> **知识链接**
>
>
>
> **道德风险和逆向选择**
>
> ——名称的由来
>
>
>
> 非对称信息有两种:道德风险和逆向选择(道德风险在部分教科书中也被称作败德行为)。其中,道德风险表示处于信息优势地位的人隐藏自己的**行为**,逆向选择表示处于信息优势地位的人隐藏自己的**类型**。道德风险往往发生在缔约之后,逆向选择往往发生在缔约之前。例如在就业市场中,企业的目的是招募能力强的候选人,但能力大小是只有候选人自己知道的信息,且无法通过表象观察。这时,如果一位能力差的候选人被成功招入,这就是逆向选择。而如果一位能力强的候选人被招入,签订合同并与企业协商确定了岗位应尽的职责,但在随后的工作中该候选人利用公司监督机制的漏洞故意不完成应尽的职责,这就是道德风险。

可以看到,道德风险的出现往往源于信息优势方故意做出损人利己或损人不利己的行为,体现出道德上的问题,所以被称作道德风险。

相较而言,逆向选择名字的由来显得更为巧合。在英文的翻译中,"adverse selection"更贴切的意义为"不利的选择",意为信息劣势方做出不利于自身的选择。但在西方经济学引入中国的过程中,这个词与中文发生了奇妙的化学反应,由它的原意"不利的选择"变成了今天广为人知的"逆向选择"。

资料来源:作者根据相关信息整理。

(三) 非对称信息的解决对策

(1) 通过制度安排可以降低信息的不对称程度,即占有信息较多的一方向占有信息较少的一方提供信息。如信号传递(Signaling)可以帮助我们解决逆向选择问题;而信号甄别(Screening)可以帮助我们解决道德风险问题。

(2) 对于由非对称信息引起的市场失灵,可以依靠政府的力量解决。政府通过对市场进行行政干预,可以使资源配置更接近帕累托最优状态。另外,政府也可以通过制定法律法规来降低道德风险。

知识链接

普遍存在的非对称信息

如正文所述,非对称信息体现了市场主体双方信息地位的差异。由于现实生活中存在市场分隔、地域限制、沟通成本等信息壁垒,非对称信息的现象十分普遍。

假设你身处北京,想从云南的卖家那里购买鲜花饼,这时云南的卖家就在信息上占据了优势地位:一方面你不可能知道它的生产信息(是否符合质检标准、是否具备经营资质等),另一方面发货和货物的退换都很难监督。在这种情况下,一笔双方都十分合意的交易往往难以达成,非对称信息使得市场的运行效率大大降低。

从政府的角度来看,非对称信息也会降低行政资源的使用效率。当一项行政审批的流程、标准无法广为人知时,可能会出现办事人"托关系""走后门"的现象。这样会造成行政事务的复杂化,而复杂化的行政审批又有可能改变办事人的意愿,一次政务服务在百转千回中无疾而终。这会大大降低政府的工作效率,还有可能滋生贪腐现象。

当然,我国政府和市场设计了各种机制来解决这些非对称信息现象引发的问题。淘宝、京东等网络购物平台的设立,通过保证金、购物评价等方式大大缓和了非对称信息带来的市场摩擦。政务平台和政府网站的设立带来了更加透明的政务体系,网上审批、一键报关等网络政务服务凸显了服务型政府的作用。

资料来源:作者根据相关信息整理。

二、逆向选择

(一) 定义

二手车市场是研究逆向选择问题的经典案例。二手车的车况信息往往只由卖方掌握,而对于买方来说则较为隐蔽,难以获取。因此买方的购买决策更多地取决于二手车的外观和价格。在外观相似的情况下,买方会优先选择价格低的汽车,而这些汽车之所以价格低就是因为质量差,因而优先交易的都是质量差的汽车。买方发现成交的汽车质量差后会进一步降低其愿意支付的价格,质量稍好但价格更高的汽车就更不可能成交了。最终,质量好的汽车就会被质量差的汽车驱逐出市场。在理论上,这个二手车市场最终甚至会不复存在。可见,明明二手车市场是有需求与供给的,却因为逆向选择问题而导致交易无法达成,这就是逆向选择对经济可能带来的负面影响与效率损失。

逆向选择现象还会出现在健康保险市场上。购买保险的人更清楚自己的健康状况,但是保险公司难以获得这部分信息。最终购买保险的也更可能是健康状况不太好因而更需要保险的人群。然而,如果保险公司无法甄别投保人的健康状况,制定合理的保险价格,健康状况不好的人群购买了价格较低的保险,就很可能使保险公司赔付概率大大提高,从而导致保险公司亏损;企业亏损之后可能选择不再经营,导致保险市场最终消亡。然而,现实生活中,通过合理的制度设计,我们能够使保险公司甄别投保人的健康状况,这部分会在之后详细讨论。

案例 18-1

柠檬市场

在美国,柠檬市场(Markets for Lemons)表示次品市场或二手车市场。柠檬市场在经济学领域的广为人知,源于 1970 年乔治·A. 阿克尔罗夫(George A. Akerlof)发表的《柠檬市场:质量不确定和市场机制》,该论文奠定了"非对称经济学"的基础,而阿克尔罗夫也借此荣获 2001 年的诺贝尔经济学奖。

当市场上正品与次品共存且只有卖家知道商品的质量信息时,市场最终只会充斥着次品,变成柠檬市场。二手车市场正是柠檬市场的一个典型例子。为了更清楚地说明这个道理,我们不妨假设市场上存在两种商品:正品和次品,它们对买家的效用分别为 100 和 60,而对卖家的效用分别为 90 和 50。对于卖家而言,他可以直接观察到该商品是正品还是次品,但对于买家而言,他只知道市场中正品与次品的比例为 1∶1。那么,在这个例子中,买家只愿意付出 $0.5 \times 100 + 0.5 \times 60 = 80$ 的价格去购买商品,但在此价格下,卖家不会售出正品。长此以往,买家会逐渐修正自己对正品和次品的预期,其愿意支付的价格越来越趋近于 60,卖家持续不断地输出次品,市场上就形成了次品横行的价格和交易体系。

这种次品将正品挤出市场的现象在日常生活中屡见不鲜。更为有趣的是,阿克尔罗夫的经历也在某种程度上体现出柠檬市场的现象。《柠檬市场:质量不确定和市场机制》刚投稿时便被三家权威期刊以"内容浮浅"拒稿,后几经波折才被哈佛大学《经济学季刊》

(Quarterly Journal of Economics)录用,然后作者凭借此论文荣获 2001 年的诺贝尔经济学奖。这不无讽刺地说明:当经济学的研究领域充斥着因循守旧的作品、小心翼翼地为已有文献增加厚度时,新出现的研究方向反而不被买家认可。

资料来源:乔治·A.阿克尔洛夫于 1970 年发表在《经济学季刊》的文章《柠檬市场:质量不确定和市场机制》。

信息不对称是逆向选择产生的主要原因,即交易的一方比另一方知道更多的信息。在双方信息对称的情况下,逆向选择问题就不会发生。在前文提到的二手车市场中,如果买卖双方都清楚地掌握汽车的车况信息,买方就会选择质量和价格都符合自己需求偏好的汽车,而不会优先选择价格低但质量差的汽车。

案例 18-2

二手车市场的现状

如图 18-1 所示,我国二手车市场在 2011 年至 2018 年的平均交易价格保持稳定,这在一定程度上说明了柠檬市场的作用。由于二手车评估体系不健全,消费者在购买二手车时会有一个较低的期望价格,而在较低的价格下,好车难以成交,质量一般或质量较差的车充斥于二手车市场,当市场稳定后,交易价格也就局限在一个较低的水平了。

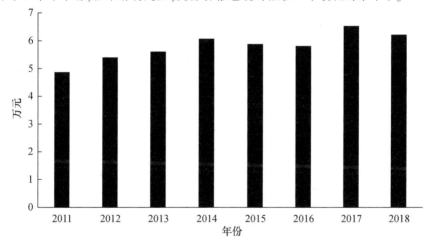

图 18-1 二手车平均交易价格

较低的交易价格抑制了二手车市场上好车的流通,从而阻碍了二手车市场的发展。如图 18-2 所示,虽然我们可以看到二手车的交易量在 2011 年至 2018 年间呈现增长趋势,但二手车交易量仅为新车交易量的 40%—50%。相较而言,美国的二手车交易量高达新车交易量的 3—4 倍,发达国家普遍如此。这说明逆向选择问题大大阻碍了二手车市场的发展,参照美国的行业发展趋势,我国二手车市场的潜力可以达到现有规模的 6—8 倍,信息不对称对市场的影响竟如此巨大!

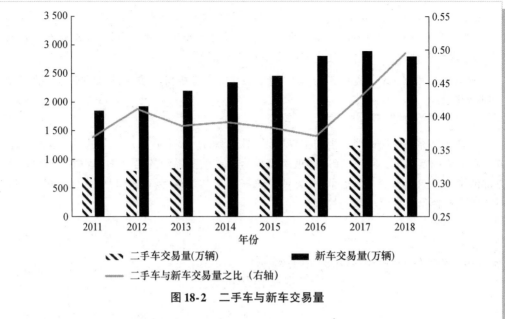

图 18-2 二手车与新车交易量

如何解决二手车市场信息不对称的问题呢？这是我们接下来要讨论的话题。

资料来源：林旭，罗煜林. 近年中国二手车市场数据分析与发展对策研究[J]. 河北农机，2019, 250(04)：111－112.

（二）解决逆向选择问题的办法

1. 信号传递

信号传递是指为了降低信息不对称的程度，占有信息多的一方采取行动，向另一方传递更多的私人信息。

在我们的就业市场中广泛存在逆向选择问题。比如由于信息不对称，雇主可能难以了解雇员的能力高低，这时，文凭可以有效解决这一问题。不同等级和种类的文凭可以作为信号向雇主传递关于能力的重要信息，帮助雇主判断劳动力的效率高低。

2. 信息甄别

信息甄别是指信息弱势的一方可以采取行动，来甄别另一方的类型。例如在二手车市场上，消费者在买车之前可以让技师先检查一下车况再决定是否买车。再如在保险市场上，赔付金额较高的保险通常价格也较高，这样保险公司才可能有利可图。在实际生活中，按保险责任分类，人身保险分为人寿保险、健康保险、意外伤害保险三类，其中：人寿保险包括定期保险、终身保险、两全保险、年金保险。通常，定期保险比终身保险价格更低，但是保险时间有限，降低了保险公司的成本。健康保险包括疾病保险、医疗保险、失能收入损失保险、护理保险。不同的保险类别对应不同的风险类型和赔付方案，高风险者倾向于选择高赔付方案。这样，保险公司就能将消费者根据其风险类型筛选进不同的合约中，使保险公司免于亏损。

保险公司虽然无法直接观察到投保人的类型（是否健康、是否谨慎等），但可以通过投保人的历史（体检报告、事故发生率等）来判断其类型，最终制定差异化的价格来保证自己的利润。

信号传递和信息甄别是私人市场常常采用的克服不对称信息的方式。

3. 政府制定规则促进信息披露

政府能够通过制定规则对市场进行干预,促进信息的披露。例如,为了降低证券市场上的信息不对称程度,约束与规范金融市场参与者的行为,维护市场秩序,世界各国政府都制定了严格的信息披露制度,要求发行者及时、准确地向投资者披露信息;同时,政府还建立了各种监管机构来监督市场参与者行为,如证监会、银保监会等。

值得一提的是,我们在之前的章节中讨论了导致政府失灵的几个原因,因此政府干预及制定规则并不一定会产生理想的结果,也可能造成资源错配,因此需要慎重考虑并仔细设计政策实施的过程。

案例 18-3

为什么越来越多的人选择接受高等教育?
——逆向选择下的信号博弈

随着社会的进步,越来越多的人选择接受更高水平的教育,获得更高的学位。为什么呢?从就业市场的角度来看,当求职者的能力类型无法由企业直接观察得出时,求职者往往会通过一系列的头衔、经历等向企业发出信号,来证明自己是一个有能力的人,企业在接收到这个信号后,会选择是否录用这位求职者。这种"求职者发出信号然后企业做出选择"的现象被称为信号博弈,是序贯博弈的一种类型。

首先,我们从图 18-3 中可以看出,越来越多的人选择了接受高等教育,历年普通高等学校和研究生毕业人数在 2010—2019 年增加了约 34%。

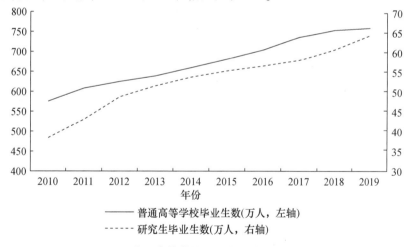

图 18-3 普通高等学校和研究生毕业生人数统计

资料来源:国家统计局。

抛开复杂的数学计算,我们不难想到这样一个逻辑:企业在面临拥有高教育水平和低教育水平的两类群体时,它会做出三种纯策略的选择,分别是"只选择高教育水平的人""只选择低教育水平的人"和"同时选择高教育水平和低教育水平的人"。那么在现实的就业市场中,企业的选择是什么呢?有一份数据可以告诉我们答案:

在 2019 年 5 月至 11 月,在 51Job 网站上有超过 72% 的岗位要求应聘者具备高等教育及以上的学历,其比例最高在 2019 年 11 月达到了 78%(见图 18-4),岗位样本数在 12 万到 23 万之间波动。

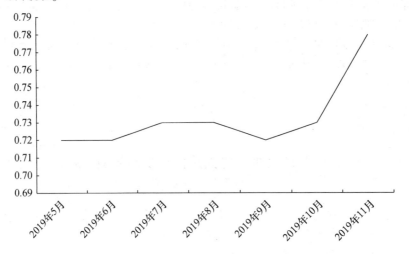

图 18-4 要求具备高等教育及以上学历的岗位比例

资料来源:Chuan He, Karsten Mau& Mingzhi Xu. Trade Shocks and Firms Hiring Decisions: Evidence from Vacancy Postings of Chinese Firms in the Trade War. Working paper, 2020。

所以,在企业具有明显"招聘高教育水平的人"偏好的情况下,人们选择接受更高水平教育的行为也就不难理解了。然而,越来越多的人接受高等教育,是不是也会推高企业招聘的要求呢?要了解企业招聘要求与人们选择受教育水平之间的因果关系,我们还需要学习经济学中更多的因果推断方法。

资料来源:作者根据相关信息整理。

三、道德风险

(一) 定义

道德风险是指一方的行为不为另一方所知,但是会损害另一方的利益。以汽车保险市场为例,一个人在买了一辆汽车后会担心其汽车有被盗的风险。假如此人没有为汽车购买保险,他就会非常小心谨慎,采取各种措施防止汽车被盗。如果此人购买了保险,他就不会那么用心地去保护汽车,因为汽车被盗后他会得到保险公司的全额赔偿,结果汽车被盗的概率就增加了,保险公司理赔的概率也相应增加了。同样的情况也会出现在家庭财产保险市场上,一个人在购买家庭财产保险之前,其财产被盗的损失都由他自己承担,他就会通过安装防盗门来保护其财产,但是在购买保险之后,由于保险公司会为其承担损失,他的防范意识就会有所下降,其被盗的概率因此增加,保险公司理赔的概率也相应增加了。

道德风险会破坏市场的运行机制,严重时还会威胁到企业的生存,导致相应的市场不复存在。保险市场的存在与否极易受到道德风险的影响,因为保险市场的本质是大量投保人缴纳的保险费用被投放到发生小概率事件的人身上。随着投保者道德风险的增加,投保事件发生的概率也随之增加,保险公司为了维持利润,将被迫增加投保者的保险费用,但是在保险公司增加保险费用之后,只有道德风险更高的人会继续投保,迫使保险公司继续增加保险费用,如此形成了一个恶性循环,等到保险费用高到一定程度后,就可能不再有人投保,保险公司无法生存,保险市场也将不复存在。

信息不对称是道德风险产生的根本原因。假定信息都是对称的,在家庭财产保险市场上,保险费率的收取标准就可以是投保者对其财产的保护程度;在企业家市场上,总经理报酬的制定标准即为他工作的努力程度,这样就避免了总经理即使没有努力,也能因为宏观经济状况良好而得到高额报酬。

(二) 解决道德风险的对策

1. 信息甄别

在保险市场中,信息甄别可以让信息劣势方识别更可能做出高风险行为的人,并对这类人收取更高的保险费用。比如,对消防设施不完备的单位收取更高的保险费用;在汽车保险中,对未违反过交通规则的人收取较低的保险费用,而对一定时期内违反过交通规则的人收取更高的保险费用。

2. 风险共担

通过制度设计使双方分担成本,从而对个人进行约束,降低道德风险。我们先考虑由一方承担全部风险的极端情况,即保险公司提供全额保险和不提供保险。我们会发现在这两种情况下都会产生不利影响。如果保险公司提供全额保险,会使投保者疏于保护,产生道德风险,且投保者受到损失时,他可能会夸大损失以获得更多赔偿。如果保险公司不提供保险,将没有人投保,保险市场将不复存在。同时,大量的风险回避者没有风险转移的渠道,同样不利于市场经济的运行。因此,我们可以将风险分摊给交易的双方,以降低道德风险。

比如在汽车保险市场上,保险公司和投保者共同分担风险,保险公司只对被盗汽车进行部分赔偿,这样有利于督促投保者主动提高防范意识,增强保护力度,从而降低道德风险。

案例 18-4

为什么保险公司能控制风险?
——从效用到风险

"保险公司能够转移人们的风险,而风险的转移会带来社会福利的增加"这句话几乎是所有人的共识,但它背后隐藏了怎样的逻辑呢?在微观经济学的世界中,我们可以从效用及其性质出发,给出答案。

居民往往是风险回避的。在传统的微观经济学中,居民的效用函数往往是凹函数,而凹函数具备风险回避的性质。在图 18-5 中,纵轴表示居民的效用,横轴表示居民的财富,效用是财富的凹函数(凹向横轴)。P 点恰好是线段 AB 的中点,表示 P 点的财富水平是 A、B 两点的平均值。财富为 P 的人拥有 P' 的效用,可以看到,P' 点代表的效用水平显然大

于线段 $A'B'$ 的中点代表的效用水平 K'。所以,相比于以 1/2 的概率分别获得财富水平 A、B,居民更希望获得 $\frac{1}{2}A+\frac{1}{2}B$ 的财富,这就是风险回避。

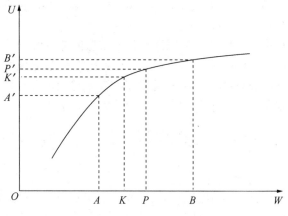

图 18-5 居民效用函数

保险公司是风险中立的,这是由于企业的目标函数不再是效用,而是利润。相较而言,居民的财富是其效用的影响因素,而企业的利润构成其效用本身。

在风险从风险回避者转移到风险中立者的过程中,社会福利会增加。

如图 18-5 所示,K' 是 A' 和 B' 的中点,即

$$K' = \frac{1}{2}A' + \frac{1}{2}B'$$

当居民面临不确定性时,他会以 1/2 的概率获得 A 的财富水平,以 1/2 的概率获得 B 的财富水平。那么,此时他的期望效用为 K'。

如果该居民能够确定地获得 K 的财富水平,他就可以达到 K' 的效用水平。我们不妨假设保险公司将居民面临的不确定性完全转嫁,然后给予居民 K 的财富水平。此时,居民的期望效用水平是不变的。

那么,保险公司呢?它会以 1/2 的概率分别获得 A、B 的财富水平,但是只支出了 K 的财富。保险公司的收益为:

$$\frac{1}{2}A + \frac{1}{2}B - K = P - K > 0$$

在这种情况下,居民利益没有受损,保险公司也获得正的收益,可见社会总体福利是增加的。

资料来源:作者根据相关信息整理。

3. 激励机制

委托-代理关系中常常会产生道德风险。此时,我们可以通过设定合理的激励机制来解决这个问题。这是一个经典的经济学问题,我们在下一部分详述。

四、激励机制设计

(一) 委托-代理关系

委托-代理关系很容易产生道德风险。通常情况下,在企业内部,一些人会受到另一些人的委托,在被赋予一定权利的情况下开展工作,这些人就叫作代理人,另外那些委托他们进行管理的人就叫作委托人。委托人和代理人之间的关系称为委托-代理关系。委托-代理问题是指委托人和代理人之间产生利益冲突。

> **知识链接**
>
> **股份制企业内部的委托人与代理人**
>
> 股份制企业因其股权结构分散,委托人和代理人之间难以达成对称信息,往往存在很大的委托-代理问题。在讨论委托-代理问题之前,我们先了解一下当今股份制企业内部的委托人和代理人的头衔和结构。
>
> 委托人主要指股东,其具有参与股东会议并表决、选举董事和监事等权利,是公司的所有者,其权力大小取决于其持有股份的多少。
>
> 代理人分为(但不限于)以下几类:
>
> 首席信息官(Chief Information Officer,CIO):负责企业信息结构、信息技术及相关业务的高级人员。
>
> 首席执行官(Chief Executive Officer,CEO):企业内最高行政人员,又称行政总裁、总经理。
>
> 首席财务官(Chief Finance Officer,CFO):制定资金、财务制度及其有效监督机制的高级人员。
>
> 首席运营官(Chief Operating Officer,COO):制定长期战略并辅助 CEO 工作的高级人员。
>
> 首席营销官(Chief Marketing Officer,CMO):对企业市场战略和布局进行协调控制的高级人员,又称营销总监。

(二) 委托-代理问题产生的原因

委托-代理问题产生的原因主要有以下两类:

(1) 委托人和代理人之间追求的目标不一致。由于委托人和代理人追求的目标利益不同,双方在寻求自身的利益最大化时,就不免产生矛盾。如果两者目标一致,就不会发生此类问题。此时,二者的效用函数一致,在共同目标的驱使下,代理人一定会努力工作,委托人也不需要对代理人是否努力进行监督。

(2) 委托人和代理人之间存在信息不对称。委托人对于代理人的努力程度和具备的才能知之甚少,为了确保代理人工作勤勉,委托人可能需要对代理人的行为进行监督。同时,代理人的工作成果不能完全反映其努力程度,因为其他客观因素也会对代理人的工作成果产生影响。比如在经济环境大好的时候,代理人就可能不需要花费很多努力就能取得丰硕的工作成果。

委托人对代理人的监督行为会产生大量代理成本,即委托人监督代理人时所花费的时间和精力。委托-代理问题的实质,就是代理人利用信息不对称来实现个人利益的最大化,由此产生了道德风险,损害了委托人的利益。比如,在董事会和总经理的委托-代理关系中,总经理为了增加个人在职期间的业绩,可能不计成本地扩大业务规模,进而损害了公司的利益。

(三) 委托-代理问题的解决

激励机制是解决委托-代理问题的一个好方法。激励机制设计的原则有两个:第一,代理人愿意工作,即代理人工作的效用大于不工作的效用;第二,代理人令委托人满意的努力程度等于代理人效用最大化的努力程度。

为了降低道德风险,可以根据委托人和代理人的不同风险偏好,设立合适的激励和约束机制以满足他们的要求,使委托人和代理人共担风险。比如,如果委托人偏好规避风险,代理人偏好追求风险,则可以采取租赁、风险承包的方式;如果委托人偏好追求风险,代理人偏好规避风险,则可以采用年薪制的方式;如果委托人和代理人都偏好规避风险,这时要采用分担风险的方式。

在现实生活中,除了采用物质激励,实施亲情、信任等情感方面的激励也可以很好地解决这一问题。中国古话所讲的"士为知己者死",就是利用情感激励使代理人与委托人的目标保持一致。

第二节　行为经济学

传统经济学理论的核心假设之一——"理性经济人"假设真的合理吗? 我们做决定时真的会最大化自己的效用吗? 人的感受又如何在经济学中体现呢? 接下来,我们将讨论行为经济学对传统经济学理论发起的挑战。

一、行为经济学的发展背景与主要内容

(一) 发展背景

近年来,行为经济学在丹尼尔·卡尼曼(Daniel Kahneman)、罗伯特·希勒(Robert Shiller)、理查德·泰勒(Richard Tyler)等学者[①]的推动下逐渐兴起,但它并不是一个新的概念。亚当·斯密在1759年发表的《道德情操论》中便提出了行为经济学中的自我控制(Self-control)问题,他将自我控制解释为"激情"和"公正的旁观者"之间的挣扎或冲突。20 世纪 70 年代初期,芝加哥大学的一批学者为经济学引入了"理性预期"(Rational Expectation),他们认

---

① 卡尼曼、希勒、泰勒均为行为经济学领域的知名教授,分别于 2002 年、2013 年、2017 年获得诺贝尔经济学奖。卡尼曼和托维尔斯基共同提出的前景理论为行为经济学研究奠定了基础;希勒则是行为金融学的重要创始人;泰勒提出了著名的心理账户理论。

为每个从事经济活动的人所采取的经济行为都是力图用最小的代价获取最大的经济利益。

然而,随着经济学理论的不断发展,越来越多的经济学家认为"理性经济人"假设只存在于理想状态下,现实生活中的人们更多表现为"有限理性",这导致传统经济学理论无法解释人们由于非理性的偏好、信念和决策而产生的行为偏差。例如,泰勒等学者发现在美国和中国的股票市场中存在显著的过度交易现象,即人们倾向于频繁地交易但这种行为反而会降低投资收益,这种非理性的过度交易行为无法用传统经济学理论来解释[1]。此外,2008年的金融危机及2000年的互联网泡沫等事件,都是违反理性人及有效市场假设的一些现象,这使经济学家们意识到市场其实并不那么有效,人也并不那么理性。行为经济学就是在对理性人和非理性人的争论中产生并发展的,它通过研究人们非理性的经济行为,去探讨背后的原因并用行为经济理论加以解释。

除了研究假设的区别,行为经济学的另一个突出的特点是其较多地使用了行为实验的研究方法。新古典主义经济学的研究,一般而言,多依赖于实证数据,相对较少使用实验证据。无论是对产业或财政政策的分析,还是对劳动力市场或国际贸易格局的研究,新古典主义经济学常常立足于"已经发生的现象",通过理解过往经济活动的数据,来预测未来趋势、提供政策建议。近年来,也有越来越多的经济学文章使用随机试验(Randomized Controlled Trial, RCT)的方法。2019年诺贝尔经济学奖便颁给了三位使用RCT方法的学者,以表彰他们"在减轻全球贫困方面的实验性做法"。他们分别是阿比吉特·班纳吉(Abhijit Banerjee)、埃斯特·迪弗洛(Esther Duflo)和迈克尔·克雷默(Michael Kremer),但该方法在经济学家中引起了争议。[2] 新古典主义经济学的研究方法常常被类比为天文学:通过观察天体自然发生的运动(或人类自发的经济活动)来进行理论的推演;而不像物理、化学或生物学科那样,在实验室里操纵研究对象(天体运动或经济现象),以证明或证伪理论模型。然而,实验对理解人类经济活动也有独特的作用。例如,传统的实证研究往往很难说清计量模型揭示的到底是相关性还是因果关系,因而对预测未来趋势或提供政策建议都带来了相当大的挑战。而在好的实验室或田野调查中,研究者可以对决策环境进行高精度的控制,排除干扰因素,并且能够比较当只有某个条件发生变化而其他所有条件都保持不变的情况下,决策者行为选择的变化,这对确立变量之间的因果关系具有十分重要的优势。

(二) 主要内容

新古典主义经济学中,理性的决策者在资源禀赋一定的前提条件下做出的最优选择是基于其效用函数的最大化,如式(18-1)所示。其中,决策者个人偏好(效用函数)的假设条件为:偏好不随时间改变;效用仅受自身收益的影响,且与其决策习惯无关。但是,一些心理学和经济学的实验对这些假设提出了挑战。一系列实验发现决策者的行为并不随时间一致,他们对风险的态度受到其决策框架和参照点的影响,他们的行为经常违反理性预期假设,如存在高估自身能力及带有情绪地进行决策等现象。

行为经济学中有很多理论可以解释以上这些"非理性"现象,总结起来大致可分为三类:

---

[1] 如Bondt and Thaler (1994)、Statman, Thorley and Vorkink (2003)及Glaser and Weber (2003)均提出股票市场中投资人"过度参与之谜"无法用传统经济学理论加以解释。

[2] 2015年诺贝尔经济学奖得主安格斯·迪顿(Angus Deaton)指出RCT方法具有样本小、因果关系难以判断、可移植性问题等。林毅夫教授在《新结构经济学》也指出,RCT方法尽管对特定的微观发展项目颇有帮助,但通常并不能帮助我们填补最需要了解的知识空白,它们的研究对象更多的是容易看到的话题。参考:http://documents.worldbank.org/curated/en/923091468150302607/pdf/WPS5197CHINESE.pdf.

一是非标准偏好(Nonstandard Preference),主要包括参照依赖、时间偏好和社会偏好等理论;二是非标准信念(Nonstandard Belief),主要包括过度自信、小数定理和投影偏差等理论;三是非标准决策(Nonstandard Decision Making),主要包括框架效应、有限注意偏差和羊群效应等理论。

这三类理论对新古典经济学发起的挑战可以在效用函数中得到明确的体现。我们再次回顾一下个体在进行决策时面临的问题。假设个体 i 在 $t=0$ 时,最大化期望效用,即

$$\max_{x_i^t \in X_i} \sum_{t=0}^{\infty} \delta^t \sum_{s_t \in S_t} p(s_t) U(x_i^t \mid s_t) \tag{18-1}$$

其中:$U(x_i^t|s_t)$ 为未来第 t 期状态 s_t 下,个体 i 的效用函数;$p(s_t)$ 代表状态 s_t 发生的概率,对状态空间中所有可能的状态进行求和,可以得到第 t 期的期望效用;δ 代表贴现率,对未来无穷多期的期望效用进行贴现,即可得到未来期望效用的现值。理性个体应当最大化这一现值,从而找到最优决策。

基于这一框架,上述讨论的非理性行为,就体现在对这一最优化问题不同程度的偏离。非标准偏好是指效用函数 $U(\cdot)$ 或跨期替代率 δ 偏离经典假设;非标准信念是指个体对于不同状态的主观概率 $\tilde{p}(s_t)$ 不等于实际的概率 $p(s_t)$;非标准决策是指个体在进行决策时,并非严格地按照期望效用最大化的求解方式,而是应用更直观简单的启发式思维。

接下来,我们分别具体讨论这三种对于理性模型的偏差,会如何导致个体做出非理性决策,并介绍相关的案例与证据。当然,随着行为经济学理论及实验研究的不断发展,还有一些新的理论会被人们不断发现并加以完善。

二、非标准偏好

新古典主义经济学理论中消费者个人偏好的假设条件为:不随时间改变、仅受自身收益的影响,并且与其决策习惯无关。本小节中,非标准偏好的三个发现,即参照依赖、时间偏好和社会偏好,对这些假设条件提出了挑战。接下来就介绍这三个发现的相关理论及案例。

(一) 参照依赖

参照依赖(Reference Dependence)是指人们对风险的偏好,可能不仅基于风险本身,还会建立在比较的基础上。

前景理论(Prospect Theory)是最常用来解释参照依赖的理论之一,它包含以下几个基本概念:① 人们会把自己获得的收益和损失与某个参照点进行对比;② 人们虽然希望获得收益,但更加害怕损失,即厌恶损失;③ 当收益或损失离参照点越远时,人们获得的边际效用递减,即敏感度递减。

例如,假设你上班迟到了,按照单位规定交100元罚款,但这次考勤人员让你在以下两种方案中做出选择:① 罚款50元;② 抛硬币决定罚款额,如果是正面,则不用交罚款;如果是反面,则交100元罚款。你会如何选择?与此同时,单位计划奖励从未迟到过的职工,作为受奖励的职工,你也有两种选择:① 奖励50元;② 抛硬币决定奖励额,如果是正面,则奖励100元;如果是反面,则没有奖励。你又会如何选择?

相信大家心里都有了自己的答案。实验表明,在第一种情境下,大部分人会选择抛硬币,如果运气好就可以免交罚款;但在第二种情境下,大部分人会选择接受奖励50元,而不愿意冒险让自己什么奖励都没有。前景理论告诉我们,人们会依赖与某个参照点的对比做出选择,一单位

损失对人们的伤害往往高于一单位收益带给人们的喜悦。我们可以用一个简单的效用函数来解释这个理论。假设我们的效用与损失、收益的关系如图18-6所示。OA 和 OC 分别代表一单位收益和一单位损失，此时对应的效用点分别为 B 点和 D 点，也即，一单位收益对应的效用为 OF，一单位损失对应的效用为 OE。因为效用随损失下降的幅度比效用随收益上升的幅度在靠近 O 点时更大，即使之后曲线趋缓，最终 OE 仍然大于 OF。这也意味着一单位损失带来的效用减少大于一单位收益带来的效用增加。在这种效用函数下，就产生了前景理论所说的"一单位损失带来的伤害高于一单位收益带来的喜悦"，换言之，人们对损失更加敏感。

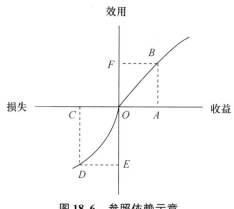

图18-6 参照依赖示意

知识链接

股票溢价之谜

梅赫拉等学者在1985年发表在《货币经济学杂志》的文章《股价溢价之谜》中写道，1889—1978年美国股市的平均历史收益率为6.98%，平均无风险历史收益率仅为0.90%，平均股权溢价为6.18%。对于这个股权溢价，比较直观的解释可能是股票投资者承受额外的风险而要求相应的补偿，但梅赫拉等学者用传统的资产定价模型加以实证检验发现，如果结合观测到的美国消费增长数据，用传统模型预测到的股票超额收益率仅为0.35%，这与6.18%差距较大，故无法用传统的经济模型来有效地解释。

泰勒等学者在1995年发表在《经济学季刊》上的文章《短视的损失厌恶和股权溢价之谜》中提到，前景理论模型可以解释这种不理性的投资现象。他们认为投资人都有厌恶损失的特点，投资人根据投资组合的投资收益而不是整体资产水平来度量效用。投资人会每年定期评估其股票投资组合的收益，但由于衡量股票投资表现的时间窗口较短，从每个时间窗口来看，债券的投资收益要比股票稳定很多，投资人因厌恶损失产生过度的风险厌恶，导致其选择减少股票的投资甚至不投资股票，这种现象被称为"短视的损失厌恶"。

（二）时间偏好

根据新古典主义经济学标准效用函数式(18-1)的基本假设，理性人的消费在时间上具有一致性（平滑消费），即决策者在不同的时间点对未来计划具有相同的偏好，任意两个时间段之间的贴现率与决策者的效用无关。但是，泰勒等学者所做的关于跨期选择的实验挑战了这一假设①,实验发现决策者近期的贴现率比将来的贴现率更高。

设想一下,如果你有两个选择:要么立刻获得 100 元,要么 1 年以后获得 120 元,你会如何选择? 实验证明,相当数量的读者会选择立刻获得 100 元。

让我们再认真想象一下,如果你面对的是另外两个选择:要么 5 年后获得 100 元,要么 6 年后获得 120 元,你又会怎么选? 这时,相当数量的读者会选择 6 年后获得 120 元的选项。

事实上,以上两个情境中的选择并没有本质区别,每个情境中两个选项的差别都涉及在 1 年后多获得 20 元。然而人们的选择随着时间的推移(当下还是 5 年后)发生了显著的变化,违背了新古典主义经济学所假设的跨期偏好的一致性。

泰勒通过实验发现,在当下获得 15 美元与 1 个月后获得 20 美元,以及 10 年后获得 100 美元,对于决策者的效用影响是一样的。然而,1 个月后获得 20 美元对应的是 345% 的年贴现率,10 年后获得 100 美元则对应的是 19% 的年贴现率,这表明决策者在不同的时点具有不同的偏好,这就涉及我们下面要讲的概念。

当下享乐偏好(Present Bias)是指消费者的偏好是跨期不一致的,相对于未来的效用,人们会给当下的效用赋予更高的贴现率。

自我控制理论是指在现实生活中,人们是倾向于当下享乐的,相比延迟满足更倾向于即时满足。

案例 18-5

为什么总也去不了健身房?②

在健身房中,健身合同一般分为定期会员和一次性会员。定期会员每月会员费为 80 美元(一个月之内无须再付钱),一次性会员费用为 10 美元。如果人是理性的,选择定期会员的人必须相信:在每月去健身房的预期次数下,平均每次费用应小于一次性会员的费用。然而,通过实验发现,选择定期会员的客户每月仅去健身房 4.4 次,也就是平均每次费用为 17 美元,大于一次性费用 10 美元,这个现象无法用理性人模型来解释。

根据自我控制理论,决策者在事前进行决策时,他认为多去健身房锻炼是理性的选择,能使得一个月内去健身房的边际成本远远小于 10 美元。但是当他真正要去健身房时,可能有更有趣的娱乐活动使他不想去健身,这让其赋予了过多的权重在当下的成本,实际减少了去健身房的次数。这也就是为什么许多客户即使购买了健身房的年卡,一年也去不了几次健身房。

类似的逻辑还可以用于解释为什么人们有"拖延症"。在当下享乐偏好的作用下,离截止日期太远的工作,对人们而言需要付出的成本(如娱乐时间)可能实在太高了。

资料来源:Della Vigna 等学者 2006 年发表在《美国经济评论》的文章《花钱就是为了不去健身房》(Paying not to go to the gym)。

---

① Thaler(1981), Loewenstein and Drazen Prelec(1992), Shane Frederick, Loewenstein and Ted O'Donoghue(2002) 发现了同样的结论。

② 健身合同的实验数据详见 Della Vigna and Malmendier(2006)。

（三）社会偏好

根据新古典主义经济学标准效用函数式(18-1)的基本假设，效用函数只受决策者收益的影响，换言之，决策者仅仅考虑自己的得失，是"自私"的理性人。近年来，罗伯特·福赛斯（Robert Forsythe）等学者通过诸多实验证明了人们做出决策并不只看自身收益，而是表现出利他主义和追求公平等行为特质，这些都是行为经济学中的社会偏好（Social Preference）现象。①

> **知识链接**
>
> ### 最后通牒博弈
>
> 最后通牒博弈（Ultimatum Game）在1982年由威纳·古斯（Werner Guth）等人设计，之后在众多实验环境中被无数次重复，一直到今天仍然被广泛研究。它之所以重要，是因为其实验结果与基于"理性人"的假设形成了鲜明的对立，为社会偏好的存在提供了强有力的证据。这个博弈包括两个角色：分配方和接受方，这两人互不认识，被随机分到一组，都匿名参加博弈。博弈开始，分配方获得10元钱，她可以把这笔钱全部归为己有，也可以分一部分给对方；对方如果选择接受，则按照分配方的方案来划分这笔钱；如果选择不接受，则双方都得不到钱。
>
> 资料来源：学者Manfred Milinski于2013年发表在《美国科学院院报》的文章《大猩猩在最后通牒博弈中公平竞争》（Chimps play fair in the ultimatum game）。

基于博弈理论，这个博弈可以用"倒推法"来求解。一方面，如果接受方"理性"地最大化自身利益，他会认为获得一分钱也比一无所获要好，因此接受方应接受任何分配方案。另一方面，如果分配方也最大化自己的利益，并且预期到了接受方的"理性"，他会分配给自己的搭档最低可能的数额。

然而，实验的结果和均衡的预测大相径庭。实验中，60%—80%的分配方选择了与接受方均分这笔钱（即将40%—50%分给接受方），很少有人选择独吞（仅有不到3%的分配方选择将低于20%的钱分配给对方）；同时接受方也并非接受任何分配方案，事实上，分配越不公平，接受方拒绝的概率越高，当分配比例低于20%时，接受方以约50%的概率拒绝分配方案。这些实验结果极其稳定，无论分配的是10美元还是100美元，实验对象是小孩还是老人，信奉或不信奉宗教，说什么语言、处于什么文化，分配方和接受方是否匿名、是否受到"名誉"等长期因素的影响等，你能想到的所有可能解释几乎都被一一检验过了。

那么，为什么接受方会拒绝不公平的分配方案呢？在众多检验之后，一个可能的解释是"不患寡而患不均"。接受方的行为除了被自身利益驱动，同时还会受对不公平的厌恶这类情绪的影响。接受方的行为是在这两种相反影响下的最优解。

那么，为什么分配方会均分财富呢？一个可能是，他在分配钱时考虑了对方对不公平的反感，预期到不公平的方案会被拒绝，因此公平分配可能就是这一预期下的最优选择。在这

---

① 福赛斯等（1994）通过设计独裁者博弈实验发现了人们具有社会偏好。

个假设下,分配方自己对公平也许并没有偏好,其选择完全是因为害怕接受方的拒绝而导致分文不剩。另一个可能是也许分配方和接受方一样,都具有对公平的偏好、对不公平的回避,一定程度上也促成了其选择更加公平的方案。这两种假说并不互相排斥,著名的独裁者博弈(Dictator Game)被用来检验后一个假说。

卡尼曼等人于1986年进行了第一个独裁者博弈的实验。该博弈去掉了最后通牒中接受方的选择,因此分配方(独裁者)完全按照自己的意愿来分配10元钱,而不需要考虑对方可能的策略性回应。根据标准效用函数的假设,仅受私利驱动的决策者将会保留全部10元钱,但是福赛斯等学者发现,有60%参加实验的人给对方分配了一定金额的钱。这说明了最后通牒博弈里所观察到的公平分配的确可能来源于对接受方策略性回应的考量。这也间接说明了利他行为的存在。现实生活中,这种利他主义倾向常常用来解释人们的慈善募捐等行为。

除了对他人福利的关心(纯粹利他),有时候利他行为还可能出于不那么纯粹的原因,比如"做好事"的快感,通过做好事来维持自身内在的或者社会外在的良好形象。下面一个例子就说明了这一点。

案例 18-6

捐赠是来自利他主义还是因为社会压力?

上面我们提到,在现实生活中人们具有一定的利他主义,这通常可以解释人们的捐赠行为。但是也有学者[①]提出,捐赠不完全是由利他主义导致,有时候是因为社会压力,因为在某些情况下,人们不捐赠反而会给他们带来更多成本。在一个竞选募捐的实验中,他们通过设计实验组和对照组来区分利他主义和社会压力。在实验组中,募捐人员会在前一天通过发传单的方式告知居民第二天有上门募捐的活动;在对照组中则没有提前告知居民上门募捐的时间。实验结果显示,与对照组相比,实验组中的居民向募捐人员敞开大门的比例低10%—25%。这说明在对照组中,有一小部分居民的捐款并非完全来自利他主义,研究学者把这种现象定义为社会压力。

社会偏好的模型除了讨论他人收益(或社会公平),还包括对互惠效应的研究,所谓"投之以木桃,报之以琼瑶",居民是否在乎某个人的收益,取决于这个人之前的行为。与纯粹利他的假说不同,居民并不在乎是否所有人都公平地得到了收益,而仅仅在乎施惠方的收益。互惠行为的一个重要的例子是信任和被信任。信任被认为是众多商业行为的基础,也是社会市场化发展的关键因素,实证研究也表明一个国家经济水平的高低也同人民信任程度呈正相关。

资料来源:Della Vigna 等学者2012年发表在《经济学季刊》上的文章《对慈善捐赠中利他主义与社会压力的测试》。

---

① Della Vigna, List and Malmendier(2009)为区分利他主义和社会压力进行了一系列竞选募捐实验。

案例 18-7

你有多信任对方?

凯文·麦克凯(Kevin McCabe)等人于1995年设计了一个简单而优美的博弈来研究人与人之间的信任。该博弈包括两个角色:投资方和被投资方。这两人互不认识,被随机分到一组,都匿名参加博弈。博弈开始时,投资方获得10元本金,他可以把这笔钱全部归为己有,也可以投资一部分给对方。如果他投资了 X 元,则对方将获得 $3X$ 元的总收入。被投资方需要决定返还多少元给投资者:如果被投资方把 $3X$ 元全部归为己有,那么投资方的收益为 $(10-X)$ 元;如果被投资方偿还 X 元的投资金额,则投资方的收益为10元;如果被投资方在 X 元之外还支付一定的红利给投资方,则投资方的收益会超过10元本金。这个博弈中,被投资方面临所谓的道德风险,没有任何约束条件规定被投资方一定要偿还投资方,被投资方可以在最大化自身效用的同时,损害投资方的利益。因此对于投资方而言,投资是一种有风险的行为,投资的数量被视为对陌生人信任程度的一种度量;而被投资方返还的数量被视为对于可信任程度的测量。

麦克凯等人的实验结果表明,在单轮信任博弈中,多数投资方选择投资约50%的本金;被投资方偿还了约95%的投资金额,较少返还红利。在现实社会中,信任的达成往往还依赖一系列其他因素,例如人际交流、对名誉的考量等。信任博弈的结果表明,即便去除了这些促进信任的因素,纯粹的信任仍然存在,以及信任的确达到了互惠的效果。

有些研究者认为人与人之间的信任在经济发展过程中发挥了重要作用。同时,信任和是否值得被信任与一个国家市场化的程度有关,高市场化国家的人民更倾向于信任陌生人,也更值得被信任。20世纪90年代巴肯(Buchan)等人预测,在市场化程度较低的中国,信任也相对较为罕见。他们的实验对象涵盖了美国、日本、韩国和中国的被试。有趣的是,与他们的预测相悖,在各种实验条件下中国被试的信任和可信任程度都是最高的,日本被试的信任和可信任程度最低。

以上所说的信任博弈里研究的是直接互惠关系,然而在人类的社会和经济活动中常常还存在间接互惠,比如传统社会中往往默认当被投资方无法偿还投资时,其亲属应该进行返还。巴肯等人利用信任博弈探索了人与人之间的间接互惠行为。他们的实验分成三种情境:第一,双人博弈,和前面描述的信任博弈一样,该博弈测量直接互惠,作为基线;第二,四人博弈,包括2个投资方(A,B)和2个被投资方(甲,乙),其中A选择对甲的投资,B选择对乙的投资,之后甲选择对B的返还,而乙选择对A的返还;第三,群体博弈,一群投资方和被投资方同时参加博弈,投资和返还的对象随机决定。实验表明,在双人直接互惠的情境下,平均60%的本金被用于投资;在间接互惠的情境下,信任依然存在:在四人和群体情境中,投资的数量分别为48%和39%,间接的程度的确会对行为选择有一定影响,但不会完全消除互惠行为。

资料来源:Kevin McCabe等学者1995年发表在《博弈与经济行为》中的文章《信任、互惠和社会历史》(Trust, reciprocity, and social history)。

三、非标准信念

在现实生活中,人们更多表现出非标准的信念,具体表现在过度自信、小数定理、投影偏差和认知层级等方面。

(一) 过度自信

过度自信(Over Confidence)是指人们常常会高估自己的能力。过度自信一般有三种表现形式:一是高估自己判断的准确度;二是高估自己的绝对成绩;三是高估自己的成绩在和他人相比中的排序。

乐观偏差(Optimism Bias),即个人更倾向于认为自身的处境比实际处境要好。实验发现[1],大多数人认为他们会遭遇车祸的概率要显著低于基于客观数据统计的车祸概率,他们明显低估了遭受负面事件的绝对和相对(相对于其他人)的概率。再如,博·考吉尔(Bo Cowgill)等学者[2]发现谷歌的正式员工对公司也存在乐观偏差。

自利偏差(Self-serving Bias),即每当一个应由双方或多方决定的问题出现分歧意见时,个人更倾向于朝着利己的方向去理解信息,做出有偏差的判断。自利偏差的现象常见于法律和公共政策领域。如鲁文斯坦(Loewenstein)等学者通过法律诉讼研究发现,在面对相同的证据事实时,被分配为原告或被告角色的双方会根据各自的角色立场对相同的证据事实给出不同的结论。虽然双方均获得了关于案件的对等信息,但与被告角色相比,原告角色更容易对判决结果持乐观的估计。此外,自利偏差最大的人最不可能获得有利的审判结果。可见,自利偏差会在一定程度上影响法律诉讼中信息披露的流程设计,进而影响法律纠纷的解决率。

知识链接

金融市场中的过度交易

行为金融学者泰伦斯·奥迪安(Terrance Odean)通过对一家证券经纪公司1万名个人投资者的追踪研究,发现个人投资者的交易频率过高,产生了高额的交易手续费。同时,投资者卖出的股票往往后续表现比买入的股票更好。两方面因素导致投资者的过度交易产生了高昂的成本,使得投资者遭受损失。他认为,过度交易的原因在于投资者对于自己所掌握的有关公司信息的精度存在过度自信,即认为自己掌握了比市场更好的信息,因此认为股票的价值被高估或低估,进而进行交易。但实际上,大多数个人投资者掌握的信息已经被市场价格反映,因此交易股票并不会为投资者带来更高的收益,反而为经纪公司带去了丰厚的手续费收入。后续的研究还发现[3],不同性别间过度自信的程度存在显著差异,男性投资者的交易量比女性投资者高45%,但更频繁的交易并没有为男性投资者带来超额收益。

资料来源:泰伦斯·奥迪安1999年发表在《美国经济评论》的文章《投资者过度交易了吗?》。

---

[1] 详见 Dejoy(1989)。

[2] Bo Cowgill, Justin Wolfer and Eric Zitzewitz(2008)通过谷歌公司内部设置的虚拟货币市场,研究谷歌公司普通员工的乐观偏差。他们发现,公司内部有一个"问题市场",每个问题对应着多个答案。如果问题的答案是正确的,那么这个答案就价值1个谷歌虚拟货币Gooble,否则价值为0。他们通过观察对谷歌公司抱有乐观态度的债券的价格与平均债券价格的对比,判断员工是否存在乐观偏差。

[3] 详见 Odean(1999)、Brad M. Barber and Odean(2001)及高铭等(2017)。

（二）小数定理

在统计学中，大数定理的定义是：样本均值在观测值足够多的时候，趋向于原变量的期望值。小数定理（Law of Small Samples）是指人们通常会错误地认为，在小样本中的样本均值也会服从大数定理，接近于样本的期望值。

小数定理产生的两种常见谬误如下：

（1）赌徒谬误：一个赌徒投掷硬币，如果正面朝上，则赢1元；如果反面朝上，则输1元。当他投出三个反面后，坚信下一次会赢，故而继续参与赌博，因为他相信下一次结果会接近于期望值，但实际上他可能会因为继续玩而输得更多，这就是赌徒谬误。

（2）热手谬误：一个赌徒投掷硬币，如果正面朝上，则赢1元；如果反面朝上，则输1元。当赌徒连续投出五个正面后，他会觉得在正常情况下（大数定理）不会出现连续赢五把的情况，今天他一定是有一只"热手"给自己带来好运，使自己赢的概率大于50%。因此，他会继续参加赌博。他的好运会持续吗？实际上，他可能会因为继续赌博使自己的收益减少，这就是热手谬误。

（三）投影偏差

投影偏差（Projection Bias）是指人们常常利用自己现在的偏好预测未来偏好的一种行为偏差，高估了未来效用与当下效用的相似度，低估了未来状态的改变。

Read & Van Leeuwen（1998）的实验说明了投影偏差的存在。在实验中，老板让办公室的员工们随机分为两组，预订一周以后的小吃，小吃有高热量和低热量两种。两组员工预订的时间不同：第一组预订时间为下午下班前（大部分员工都有饥饿感），78%的员工选择了高热量小吃；第二组预订时间为午饭后（没有饥饿感），只有42%的员工选择高热量小吃。实验结果表明，办公室的员工无意中将自己现在的状态投影到了未来，从而给未来做出了与现在判断相似的选择，投影偏差使员工在预测未来偏好时不够理性。

> **案例18-8**
>
> **报志愿和天气有关吗？**
>
> 先给大家提一个问题：是阴天更适合在教室里学习，还是晴天更适合在教室里学习？
>
> 西蒙森（Simonsohn）曾经做了一个调查，他让一个大学里的学生选择"是阴天更适合在教室里学习，还是晴天更适合在教室里学习"，结果显示超过70%的学生选择"阴天更适合在教室里学习"。
>
> 再问一个问题：在报考大学之前，去一所大学参观时的天气会影响报考选择吗？假设这所大学的学术氛围很好，但体育活动是它的弱项。

对于一个理性的考生而言,报考一所大学不应该与他参观大学时是阴天还是晴天有关系。但是,如果这个考生有投影偏差,当他去参观这所学校时恰逢阴天,他可能会将参观时的感受投射到未来,即觉得自己未来四年可能处于希望学习的状态,那么,他会更加注重考量这所学校的学术氛围,即倾向于选择这所大学。相反,当他去参观这所学校时是晴天,就会觉得自己未来四年希望有更好的体育活动环境,那么他会更加注重考量这所学校的体育运动氛围,即不倾向于选择这所体育资源处于弱势的大学。

对于以上假设,西蒙森使用一所大学的参观和申请数据进行实验,在排除参观者已知天气并主动选择参观学校时的天气的情形后,实验结果证实了上述假设,投影偏差也成为学者解释上述现象常见的理论。

资料来源:西蒙森 2010 年发表在《(英国)经济学杂志》的文章《天气对报考大学的影响》。

(四) 认知层级

另一种信念偏差来自人际互动时对他人所采用的策略判断的偏差,称为认知层级 (Cognitive Hierarchy) 偏差。博弈中,一个玩家所采取的策略取决于他认为其他玩家会采取什么样的策略。一般的均衡理论往往假设参加博弈的玩家能准确地猜测其他玩家的策略,还能猜测别人对自己的猜测,以及别人关于自己对其的猜测等。然而,在真实的博弈情境中,普通的参与者很难做到这样精准的预测,因此博弈实验中观察到的行为模式也常偏离均衡的预测。

案例 18-9

从凯恩斯选美博弈到 P 选美博弈

这个著名的博弈是凯恩斯于 1936 年在著作《就业、利息和货币通论》中提出的,用以类比金融市场的价格波动。他构想了一个杂志社举办的选美比赛,与一般选美比赛不同,读者需要选择他们认为最受欢迎的面孔(即选择他们觉得其他人会选择的面孔)。凯恩斯指出,在这一过程中,人们并不会选择他们认为最美的面孔,而是除了会猜测人群中的平均看法,还可能会涉及第三、第四甚至更高层级的推断。类似地,在股票市场中,人们对股价的判断并非来自他们自身对该股票的估值,而是来自他们觉得大众对股票的估值,以及大众觉得一般人对股票的估值等。

凯恩斯的想法后来被发展成为所谓的 P 选美博弈,其中 P 表示概率。想象一下:在课堂上玩一个游戏,老师让每个同学分别在纸上写一个 0 到 100 以内的整数,谁写的数字更接近全班同学所写数字均值的 2/3(这里 $P = 2/3$,也可以取其他值),谁就获胜;如果多人获胜,则通过掷硬币来决定胜负。如果你是班级一员,你会怎么写?

你会写 100 吗?当然不会,因为所有人均值的 2/3 必然是个小于 100 的数。事实上,你也不应该写任何大于 67 的数字,因为如果所有人都写了 100,均值的 2/3 就是 67,这使得写超过 67 的数字没有赢的可能;如果大家和你一样聪明,也想到了这一点,那么更加聪明的你不应该写任何大于 45 的数字(67 的 2/3);在理性人的假设下,这个逻辑可以不断迭代下去,最优的数字不应该超过 45 的 2/3,以及 45 的 2/3 的 2/3,以及 45 的 2/3 的 2/3 的 2/3……因此,你应该写的数字是 0;而且,每个人都写 0 是这个游戏的纳什均衡。在该均衡中,每个人都正确推断出了他人的策略(写 0),并做出最优的回应(也写 0),任何偏离 0 的答案都会使得这个玩家单方面收益受损。

可是,你真的会写 0 吗?行为经济学家曾经登报实验,收到了大量的回信数据,这一结果表明,普通的报纸读者几乎没有人选择 0,约 10% 的人选择了 22,约 8% 的人选择了 33,其他人的选择类似于均匀分布。这一结果极其明显地偏离了纳什均衡。偏离的原因可能在于:第一,人们未必会像前面描述的那样进行层层迭代,这种迭代耗费认知资源,往往很费力("有限理性");第二,这种迭代还需要玩家假设所有其他玩家也能进行一样的推理,具有类似的理性程度和认知资源,而现实中人们即便自己能够进行层层推理,也不确定其他人是否也会采取相同的行为模式(例如前面提到的过度自信偏差)。

事实上,在博弈论的研究者之间玩这个游戏,得到的结果比普通人更加接近纳什均衡。这些人习惯于进行策略性选择考量,也知道其他参与者都拥有这一特点,因此,他们选 0 的比例高达 20%,选择 0 到 10 之间数字的比例也远远高于普通的报纸读者。

广义而言,P 选美博弈属于所谓的优势可解博弈(Dominance Solvable Game),其含义是,这类博弈可以通过层层迭代来消除不可能获胜的策略。要理解这个概念,首先需要定义一下所谓的"被占优"策略:如果不论其他玩家如何选择,某个选项 x 肯定不是你的最优策略,x 就被称为"被占优"的策略。换言之,存在另一个策略 y,无论其他人的选择是什么,其带给你的收益总是高于 x。例如,P 选美博弈中,67—100 的这些数字就是"被占优"策略。如果一个博弈游戏中存在"被占优"策略,那么该参与者一定不应该选择该策略 x,因为他至少应该选择 y 来提升收益。同时,其他聪明的玩家也应该能预测你对"被占优"策略的规避。在类似 P 选美的博弈中,一个"被占优"策略消除之后,其他原先并非"被占优"的选项变成了"被占优"策略(例如,消除了 67—100 的数字以后,45—67 的数字变成了"被占优")。所谓的优势可解博弈就是指,我们可以通过层层迭代(消除 45—66,消除 30—45,20—30……)最后到达唯一均衡的一类博弈。就像 P 选美博弈所展示的那样,人们对他人行为的推理未必准确,这使得均衡的预测常常偏离了日常人们真实的行为选择。

在 P 选美博弈中,一个人采用的认知层级较低,有可能有两个原因:第一,自身的认知资源或者经验有限,无法使用高层级的推断;第二,认为他人的认知层级较低,因此只需要使用稍高一点的层级对应。斯洛尼姆(Slonim)通过实验对这两种可能进行了检验。他使被试重复参与了多次 P 选美博弈,并获知结果。这些被试由此可以增加经验,事实上,通过重复学习的过程,人们的选择越来越接近于 0。之后,斯洛尼姆让经验丰富的被试和一些"菜鸟"被试一起进行 P 选美博弈。有趣的是,这些人有策略地使用了自己的经验,他们和"菜鸟"一起时,会选择较大的数字;而与有经验的被试一起时,会选择较小的数字,这说明了对认知层级的灵活使用。

资料来源:凯恩斯.就业、利息和货币通论[M].北京:商务印书馆,1999。

四、非标准决策

本小节主要讨论行为经济学中非标准决策的几种经典理论及案例。在这一小节中,即使效用函数没有偏离新古典主义经济学的标准模型,个人决策者也可能不是根据效用最大化的方法寻找自己的最优决策,而是采用其他更简单、直接的方法,即所谓的启发式思维方法。

(一)框架效应

标准模型假设个人偏好仅受自身收益的影响,即个人在面对同一问题的几个不同描述方式时,应该表现出相同的偏好。但是,在心理学中存在一种框架效应(Framing Effect),即对同一事物或问题不一样的描述会导致不同的结果。框架效应也可以应用到经济学中,具体表现为:当消费者感觉某一价格带来的更多是"损失"而不是"收益"时,他们就会对价格更加敏感。

在一些实例中,框架效应可以通过参照依赖的效用函数来解释,即对同一个问题的不同描述,可能改变了决策者的参考点,进而改变决策者的效用判断与最终的决策。

> **案例 18-10**
>
> **去哪里加油?**
>
> 在加油站 A,每升汽油的价格为 5.6 元,但如果以现金的方式付款可以得到每升 0.6 元的折扣;在加油站 B,每升汽油的价格为 5.0 元,但如果以信用卡的方式付款则每升要多付 0.6 元。显然,从任何一个加油站购买汽油的经济成本是一样的。但更多人会选择去加油站 A 加油。这是因为,从加油站 A 购买汽油带来的心理上的不适比要低于从加油站 B 购买汽油带来的心理上的不适。消费者会将加油站 A 与某种"收益"(有折扣)联系在一起,而将加油站 B 与某种"损失"(要加价)联系在一起。在加油站 A,消费者可能将 5.6 元作为参考点;在加油站 B,消费者可能将 5 元作为参考点。如果消费者有损失厌恶,则前者的效用水平将更高,因此对他们而言,加油站 A 的吸引力更大。
>
> 资料来源:作者根据相关信息整理。

在另一些实例中,即使不改变决策者的参考点,信息的不同呈现方式也会改变决策方式。

> **案例 18-11**
>
> **以色列的基金披露**
>
> 以色列于 2010 年发布了一项监管政策,规定养老保险基金在月度报告中不得披露短期历史收益,只能报告最近一年或以上的历史收益,而在此之前,这些基金会在月度报告中披露上个月的历史收益。但即使披露的方式改变了,投资者依然可以通过每月报告的

长期历史收益自行反推出上月收益,因此信息含量其实没有发生变化。但研究发现①,不再披露短期收益之后,投资者投资基金的决策对于短期历史收益的敏感性显著降低。

资料来源:https://www.oecd.org/finance/private-pensions/49498122.pdf,访问时间:2020年9月。

人们在心理上有不同的"账户",在这些不同的"心理账户"中,同样多的收益或损失所呈现的价格敏感程度不同。这也称作"心理账户"理论。请看下面几个例子。

案例 18-12

"丰巢"该不该收费?

2020年5月初,丰巢快递提出对用户的收费方案,快递入柜后如果12小时没有被用户取走,将对用户收取一定的存储费用。该方案一发布便引起一阵舆论哗然,社区居民纷纷表示不满。引发这种不满的一个重要原因在于,之前快递用户从丰巢快递柜中取包裹是完全免费的。依据心理账户理论,这相当于为本来就拥有的权益付费,由此导致价格敏感。

资料来源:参考《小康杂志》2020年刊文《丰巢收费争议风波之后 快递柜究竟该不该收费?》。

案例 18-13

沉没成本真的沉没了吗?

如果你在公共汽车站已经整整等了半个小时,请问:你是会继续等下去,还是会选择其他交通工具?基于新古典主义经济学理论,之前的半个小时是"沉没成本",在最大化自己效用的时候,应该考虑的是继续等车的成本和收益,而沉没成本不应该被计入其中。然而,实际生活中,我们往往觉得"都已经等了那么久了"。一种可能是我们把过往的成本和收益也计入心理账户,使得我们很难在决策中规避沉没成本的影响。

再如,一家人花了800元买了篮球票想去看一场60公里以外的球赛。尽管球赛当天下了非常大的雪,可是他们还是决定去看比赛,因为钱已经花了。可是,如果这几张球票是免费赠送的,他们很有可能不会去看比赛。

资料来源:作者根据相关信息整理。

---

① 详见 Shaton, Maya O. The display of information and household investment behavior. FEDS Working Paper No. 2017-043。

案例 18-14

如何提高居民储蓄率？

在美国，居民储蓄率低是一个重要的社会问题。而如今中国的青年人也不喜欢存钱。如何才能提高这些人的养老金存款，以便他们退休后的生活得到更多保障？几位经济学家设计了一个方案：当人们就职某单位时，单位就直接把工资的一部分（例如5%或10%），存到他的养老账户里去。这5%或10%是默认的且会每月直接存到养老金账户，而不是让员工自己去选择。这样做的结果是很多人不会主动改变养老金的缴纳方式，他们在未来很多年也会按照5%、10%的比例去存。泰勒等人设计的提高储蓄率的这一有效方法，包括中国在内的很多国家的企业都在使用。

资料来源：https://www.ubs.com/microsites/nobel-perspectives/en/laureates/richard-thaler.html，访问时间：2020年9月。

（二）有限注意偏差

传统经济学理论认为市场是有效的，即所有的信息都应包含在价格中。但是在实际生活中，人的注意力在认知过程中是一种稀缺资源。个体在面临多信息或多任务时的注意力是有限的，对某些信息投入更多的关注将导致对其他信息关注力的下降，这也将影响我们决策时对价格或信息的判断。在行为经济学中，我们称这种现象为有限注意（Limit Attention）偏差。

有限注意偏差是如何影响人们判断的呢？一般有以下几种情况：

第一，近期发生的事情可能会影响人们的判断。在同等条件下，最近发生的事情容易被想起来，人们决策时可能会受此方面过多的影响。例如，衣服和鞋子每年都会推出各种各样的新款来吸引人们的关注，虽然新款的价格与经典款式相差不大，但人们更倾向于去购买新款的衣服或鞋子，即使其质量和耐用性可能还不如那些经典款式。

第二，媒体报道会对人们的注意力产生影响。媒体报道的突发事件等会引起人们的注意，比较容易被人们想起，从而导致人们高估相关事件发生的概率。例如，近几年P2P（互联网借贷）特别火，经常有媒体报道。中国有家上市公司利用人的有限注意偏差，把公司的名字由多伦股份改成了"匹凸匹"[1]，读音和P2P一样，成功地引起了大家的关注，结果公司股价连续多个涨停，但实际上这个公司业绩平平且与P2P业务没有任何关系。

第三，不显眼的信息不容易引起人们的注意。例如，大家使用手机或电脑程序时可能会注意到，商家会在一个默认选项上打钩，然后把字体调小，它可能希望在你没有注意到的情况下，同意它服务协议里不合理的条款。

---

[1] 参考上海证券报2015年撰文《多伦股份改叫匹凸匹 三无式更名遭上交所问询》。

> **知识链接**
>
> ### 股票投资的对冲策略
>
> 在股票市场中,有些公开信息可能非常重要,但因为大家注意力有限而被绝大多数人忽略,导致这些信息没有被及时地反映到股票价格里,从而使有些股票被高估或低估。经济学家大卫·赫舒拉发(David Hirshleifer)等人利用人们的有限注意偏差设计了一个股票投资策略:上市公司每个季度会披露其财务报表,但很少有人会专门关注其中的一个指标——研发效率,因为单单这一个指标很不显眼,而且看到这个指标也很难判断这家公司的研发效率在行业内处于什么水平。赫舒拉发等人根据每单位研发费用所产生的专利数量来衡量公司的研发效率,买入研发效率较高的股票,卖空研发效率较低的股票,并每年对这个组合进行动态调整。这个对冲策略考虑的是如果一个公司研发效率很高,那么它将来的收益率、盈利都会比较高。但是,如果人们忽略了这个信息,则股价将被低估;相反,如果人们关注这个指标,则股价将被高估。实践证明这个策略是很有效的,平均每年的超额收益率大概在5%左右。甚至在2008年美国金融危机时,虽然整个股市跌了将近20%,但实行这个策略所获取的收益率仍能达到10%以上。
>
> 资料来源:大卫·赫舒拉发2015年发表在《金融经济学年鉴》的文章《金融行为学》。

(三)羊群效应

见过羊群的读者可能会发现一个有趣的现象:在羊群中总有一只领头羊,它往哪里走,羊群就跟着它往哪里走,不管它是否能找到可口的青草。1934年,凯恩斯首次提及羊群效应的类似概念,但并没有给出明确的定义。凯恩斯认为,美国股票市场动荡的原因之一在于一些莫名的情绪而引发的从众行为。

在经济学中,羊群效应(Herding Effect)是指在现实生活中人们的决策并不十分理性,他们的行为常受到他人的影响,或者过度依赖于舆论信息,从而产生模仿他人的行为,然而这种行为不一定是其效用最大化下的理性选择。

> **案例 18-15**
>
> ### P2P 中的羊群效应
>
> 近几年,P2P模式在中国风靡一时,它作为传统投融资渠道的一种补充,利用互联网为投融资双方提高了资金匹配与转移的效率,降低了交易成本,并且由于风险补偿可以使投资人获得比传统投资理财更吸引人的收益率。当一些聪明的投资人发现这一新兴的投资市场后,越来越多的人抱着赚取更多收益的愿望在各类P2P平台进行投资。但是,由于一部分P2P平台的运作模式不规范甚至存在违法行为,陆续出现投资违约、平台跑路等现象,给很多投资人造成了经济损失。出现这种现象是由于投资人的决策可能仅仅是模仿他人的投资行为,而不是在充分分析各类信息及风险后做出的理性投资决策。
>
> 在金融市场中,羊群效应产生的原因有以下几点:

(1) 信息不对称。例如,在股票市场中,机构投资者与企业高管总是比中小投资者掌握更多企业的内部信息。互联网时代虽然带给我们大量的信息,但由于这些信息的有效性不确定,我们很多时候并不知道如何甄别有效信息。于是投资者往往会忽视自身拥有的信息,试图通过对他人投资行为的观察来推测股票市场的实际情况,从而产生羊群效应,这会使金融市场的有效性显著降低。

(2) 损失厌恶。例如,很多基金经理或分析师为避免投资失败而选择跟随一些知名基金经理的投资策略。经济学家格雷厄姆(Graham)通过实验发现,声誉较高但能力较低的分析师所呈现的羊群效应更为显著。另外,由于基金行业报酬制度的规定,如果投资经理的绩效低于市场平均水平,其报酬将受到影响,这使得很多基金经理产生了模仿其他同行的动机。

(3) 非理性决策。决策者认为投资活动中信息挖掘的边际成本远大于其边际收益,所以依据其他投资者的行为进行投资才是最优的决策。

资料来源:格雷厄姆于1999年发表在《金融杂志》的文章《股票评论中的羊群效应:理论和证据》。

案例 18-16

中国农村经济发展中的羊群效应

自实行改革以来,中国农村的经济飞速发展。但是在这一发展进程中,由于片面追求短期经济效益及政绩等,曾经出现了一些盲目跟风的羊群效应现象:一是部分地区在农村技术引进方面成果显著,有效地带动了当地农村经济的发展,然而很多地区不考虑本地技术应用水平、人才培养状况等,盲目跟风投入大量资金并引进先进技术,后期却由于缺乏高素质劳动力、管理不善等,导致农业基础设施利用率较低,大多时候设备处于闲置状态甚至是已经损坏。二是跟风投资造成农产品供过于求。由于部分地区缺乏整体市场规划,仅追求短期经济效益,造成农民跟风种植大量同质农产品,这使得相应市场在不景气时农产品大量积压,农民的经济利益受损。三是很多地区的农村产业结构趋同,缺乏差异化发展。一涉及提高种植业经济效益,就提倡增加经济作物比重,使得种植同质化现象严重;一涉及农村资源开发,就搞农村休闲旅游或农家乐,使得市场供过于求。如果不能从产业可持续发展及区域市场供需的角度来思考和规划农村经济的发展道路,就会出现产业结构不合理、资源浪费等现象。

资料来源:作者根据相关信息整理。

(四) 协作中的推理与凸显效应

除个体决策以外,启发式决策也出现在人际博弈中。一个常见的情况是当一个博弈情境包含了多个均衡,人们需要在众多通向均衡的行为之间进行选择时,就需要一定的人际协作来达成某个均衡。预测哪个均衡会被实现是博弈理论研究中的一大难题,特别是当缺乏人际交流或公共信号时。虽然数学模型很难给出精确的预测,然而现实情况下,人们往往可以很有效地达成某个均衡。行为经济学家推测,一种可能是人们使用了某种启发式策略来相互协作,以达成有利于双方的均衡。

> **案例 18-17**
>
> **性 别 之 战**
>
> 第十六章中,我们第一次接触了性别之战。性别之战在行为经济学中也有重要启示,让我们再来回顾一下类似的博弈。
>
> 一对夫妇要决定怎么度过周末,丈夫比较喜欢看球赛,而妻子比较喜欢听音乐会,同时他们都觉得一起度过周末比各干各的更好。他们的收益矩阵如表 18-1 所示:
>
> 表 18-1 收益矩阵
>
> | | | 妻子 ||
> | --- | --- | --- | --- |
> | | | 看球 | 听音乐会 |
> | 丈夫 | 看球 | (3,1) | (0,0) |
> | | 听音乐会 | (0,0) | (1,3) |
>
> 这里存在多个均衡(看球,看球),(听音乐会,听音乐会),以及一个混合策略均衡,每个玩家以 3/4 的概率选自己喜欢的那项活动。并且,每个玩家各有更加偏爱的结果,混合策略均衡是双方都不喜欢的结果(因为该混合策略下,不能达成协作的概率将高达 62.5%,每个人的期望收益只有 0.75)。
>
> 实验表明,该博弈中人们达成某个均衡的概率很低。库珀(Cooper)等人的研究结果表明,在高达 59% 的情况下,人们最后的收益为(0,0),接近混合策略纳什均衡的预测。你也许会说,这个例子非常极端,协作之所以困难是因为双方无法交流。一旦允许交流,这对夫妇的协作应该就不再是难题。这种看法有不全面的地方。
>
> 实验表明,如果允许单边交流,协作的概率的确会大大提高,但只会有 4% 的玩家最后会得到(0,0)的结果;毫不意外,均衡的结果会偏向有发言权的那一方,高达 96% 的情况下都达成了对其有利的结果。
>
> 然而,交流也并非越多越好。如果允许双边交流,(0,0)出现的概率将降到 42% 的水平上,(3,1)和(1,3)这样的均衡出现的概率分别为 30% 和 28%,这说明交流未能使双方达到有效的协作。
>
> 资料来源:Russell 等学者 1989 年发表在《兰德经济学杂志》的文章《性别之战中的沟通》。

第三节 小 结

在对微观经济世界的探索中,我们一步一步从抽象世界进入到更为现实的领域。本章第一节讨论了信息经济学。非对称信息为我们补上了重要的一环。根据隐藏的信息不同,我们将其分为道德风险和逆向选择两类。保险市场同时涉及逆向选择和道德风险问题,在这种情况下保险公司不会提供全额保险,而是设计风险共担和区别对待的制度来避免投保人的恶意行为。类似地,委托-代理问题涉及道德风险问题,由于委托人与代理人的目标不一致,在信息不对称时,代理人的行为可能与委托人利益产生冲突,在这种情况下,委托人往往会通过设计共同利益导向的激励制度来避免这种行为。

第二节介绍了行为经济学中较为典型的三类发现及一些具体的行为偏差理论,从全新的视角出发阐释新古典经济学无法解释的一些现象,为其提供了有益补充。我们具体讨论了非标准偏好、非标准信念和非标准决策。行为经济学对非理性行为的研究,为人们更深刻地认知理性与非理性的行为机制提供了帮助,同时也进一步促进了经济学理论的蓬勃发展。

内容提要

- 道德风险是指一方的行为不为另一方所知,但是会损害另一方的利益。
- 当交易的一方知道交易商品或该方的隐藏特征,并可以根据这个私人信息决定是否参与交易时,逆向选择问题就产生了。
- 信号传递是指为了降低信息不对称的程度,占有信息多的一方向占有信息少的一方提供更多的私人信息。它可以用来应对逆向选择问题。
- 信息甄别是指信息弱势的一方可以选择制定不同的合约,来甄别另一方的类型。它可以用来应对道德风险问题。
- 风险共担是指通过制度设计使双方分担成本,从而对个人进行约束,降低道德风险。
- 委托-代理关系很容易产生道德风险。通常情况下,在企业内部,一些人要受到另一些人的委托,在拥有一定权利的情况下开展工作,这些人就叫作代理人,另外那些委托他们管理的人就叫作委托人。委托人和代理人之间的关系称为委托-代理关系。委托-代理问题指的是委托人和代理人之间产生利益冲突。
- 委托人可以科学地设立一些激励和约束机制来降低道德风险,使委托人、代理人共担风险。
- 行为经济学是在对理性人和非理性人的争论中产生并发展的,它通过研究人们非理性的经济行为,去探讨背后的原因并用行为经济学理论加以解释。
- 行为经济学中解释"非理性"现象的理论大致可分为三类:一是非标准偏好,主要包括参照依赖、时间偏好和社会偏好等理论;二是非标准信念,主要包括过度自信、小数定理和投影偏差等理论;三是非标准决策,主要包括框架效应、有限注意偏差和羊群效应等理论。

关键概念

非对称信息	道德风险	逆向选择
信号传递	信息筛选	风险共担
委托-代理问题	行为经济学	非标准偏好
非标准信念	非标准决策	

练习题

1. 新古典主义经济学家关于市场信息的观点是什么?
2. 信息经济学派关于市场信息的观点是什么?行为经济学与新古典主义经济学的差异在哪里?

3. 举例说明由于信息不对称会出现哪些效率损失的现象？如何解决这些问题？

4. 在没有政府干预的情况下，保险市场为什么有可能出现逆向选择问题？

5. 行为经济学与传统经济学理论的差异在哪里？

6. 许多网站都提供会员试用服务，首月免费，但如果次月不退订会自动从银行账户扣除会员费。许多消费者试用之后没有退订，但首月之后的使用频率很低，许多人在第三个月退订。这可能反映了消费者怎样的行为偏差？

7. 现在很多购物网站会推出打折促销活动。但我们仔细观察会发现，许多活动期间的促销与平时的折扣没有变化，或是提前涨价再打折，折后价格同平日并没有差别。但消费者在这些活动期间会更多地消费，这可能反映了消费者怎样的行为偏差？

第十九章 新制度经济学和公共选择理论

在经济生活中,公共物品和外部性问题不能简单依靠市场的力量来解决,这是由自由市场中分散决策的局限性所决定的。那么,如何解决这些资源配置的无效率?如果引入第三方力量(如政府、工会等)是必要的,那么我们希望第三方的着力点在哪里?特别地,除公共物品和外部性之外,还有哪些因素会导致市场失灵?本章主要介绍的两个理论将会给出各自的答案。相似的是,这些理论的提出都借鉴了其他社会科学,体现了经济学与其他社会科学的融合,这也是本章要介绍的内容。

第一节 新制度经济学与科斯革命

一、初步认识新制度经济学

(一) 新制度经济学的定义

新制度经济学(The New Institutional Economics)是以科斯的两篇文章为基础发展起来的,一篇是他发表于1937年的《企业的性质》,另一篇是他发表于1960年的《社会成本问题》。科斯也凭借该理论于1991年获得了诺贝尔经济学奖。因此,有人将新制度经济学的产生概括为"科斯革命"。

按照科斯的定义,新制度经济学是利用正统经济理论(新古典主义经济学)去分析制度的构成和运行,并发现这些制度在经济体系运行中的地位和作用的经济学。有趣的是,尽管科斯对新制度经济学做了规范的定义,但"新制度经济学"这一概念却是由奥利弗·威廉姆森(Oliver Williamson)提出的。

(二) 新制度经济学是一场革命

制度分析是新制度经济学带给经济学界的一场革命。在以要素、技术、偏好为代表的新古典主义经济学中,人的偏好决定了产品的需求和要素的供给,生产的技术决定了产品的供给和要素的需求,这看起来是没有遗漏的闭环。但制度呢?它明明在现实世界中起到了十分重要的作用,为什么被排除在经济学之外?新制度经济学家给出了这样的解释:在新制度经济学产生之前,经济学家们由于自身的无能人为地忽略了难以量化分析的部分,而新制度经济学家把它捡了起来。

新制度经济学是更贴近现实世界的经济学。新古典主义经济理论假设人们完全理性,即绝对正确。新制度经济学则包含了人们犯错的可能,它研究企业与市场的边界,把企业"拟人化"。新古典主义经济学将企业抽象为一个简单的生产函数。新制度经济学则把产权的变化考虑在经济运行的机制之内,相当于将新古典主义经济理论的外生变量内生化,而新古典主义经济学对此没有太多讨论。

二、新制度经济学的内容

(一) 新制度经济学的研究内容[①]

新制度经济学到底在讲什么?我们可以大致从微观、中观、宏观三个领域进行分析。

微观领域主要关注六个问题。第一,在不同的制度下,人的行为会如何变化?第二,交易成本如何测量?第三,产权的规定如何影响效率?第四,契约,也就是合同,表现出什么特征?第五,企业的本质是什么?如何治理企业?第六,人与人之间的交往及互惠互利的关系是如何实现的?可以看到的是,新古典主义经济学多讨论经济变量 A 会产生什么样的经济结果 B,而新制度经济学则另辟蹊径,讨论 A 如何通过制度的渠道 C 来影响 B。

在中观领域,新制度经济学讨论集体行动与制度选择问题。亚当·斯密"看不见的手"告诉我们,个人分散决策能达到社会的最优。但这往往只具备理论意义,在现实中,如何通过制度安排求得集体行动的最优呢?

在宏观领域,新制度经济学关注制度与国家理论。国家是制度的集合,它决定了地区内的产权结构、经济效益等。从国家的层面来看,其起源、演变与发挥作用的方式至关重要。

(二) 科斯革命的存在性

科斯革命的存在性在学术界广受争议。其原因在于虽然新制度经济学是在科斯的研究上发展起来的,但是科斯从未在公开场合回应新制度经济学带来的争议,甚至科斯定理都是其他学者从科斯的两篇论文中提炼得出的,没有得到科斯本人的官方回应。虽然新制度经济学经过几十年的发展早已站稳脚跟,但其发展根源"科斯革命"仍备受质疑,许多人认为科斯革命不足以称作革命,但另一部分人极力拥护"科斯革命"的说法,因为它引领经济学走向了与其他社会科学的交叉。

无论如何,科斯及其代表的新制度经济学促进了经济理论的发展,掀起了经济学与其他社会科学相互借鉴、相互融合的浪潮。

第二节 新制度经济学理论

一、产权

产权的概念与法学密切相关,所以对它的探讨与其他经济学概念的方式不同。但明确产权的概念对新制度经济学至关重要,就好比在讨论资本时,新古典经济学赋予它增值的特性;

[①] 本部分观点引自卢现祥,朱巧玲. 新制度经济学(第二版)[M]. 北京:北京大学出版社,2012。

在讨论市场结构时,我们探讨自由竞争和寡头竞争的区别,进而将其模型化。只有明确其概念,才能在新制度经济学中加以抽象,从而将其纳入经济学体系。

(一)定义

科斯将产权描述为人对物所拥有的权力——所有权派生出的一系列权利;阿尔钦(Alchian)将产权描述为一个社会所强制实施的选择一种经济品使用的权利,是人们由于对物的使用所引起的相互认可的行为关系。在后者的定义中,产权成为一种关系,物是中介。

(二)经济功能

产权在资源不稀缺的环境里是不起作用的,但现实恰恰相反,相比于人的欲望,我们生活在一个资源十分稀缺的环境。产权规定了资源的安排方式,从而决定了每个人在决策时的选择,进而影响经济的绩效。

保罗·萨缪尔森(Paul Samuelson)在20世纪中叶曾认为南美是经济发展最有潜力的地方,因为那里劳动力和自然资源十分丰富,即生产要素十分优越。但历史给他开了一个不大不小的玩笑,在第二次世界大战后,经济发展最快的地方反而是欧洲和东南亚地区。一个可能的原因是,南美一些国家的政治不稳定,政府比较腐败,未能形成合理的产权制度。

1. 约束和激励功能

新制度经济学的一个重要特征就是强调了产权、激励和经济行为的内在联系。良好的产权界定能够使人们的财产得到有效保护,使他们放心地安排消费和储蓄。相较而言,糟糕的产权保护使人们不敢保留过多的储蓄,而低储蓄率对经济增长的负面效应十分巨大,所以,良好的产权安排会激励经济的增长。约束作用其实就是一种负向激励,产权的归属不仅界定了利益的分配,还划分了责任和赔偿的义务。比如,一条无人看护的公共道路极易损坏,但如果国家给基层工作人员安排道路的部分产权,基层工作人员一方面可从社会对道路的养护中获益,另一方面则承担起对道路的看管保护责任。如此一来,产权既扩大了资源合理利用的激励,又形成了资源自我保护的约束,体现了其经济功能的重要方面。

2. 外部性内部化

外部性内部化是产权经济功能的重要方面。比如,造纸厂在生产时会产生大量废气污染环境,而环境污染造成的生活成本由附近居民承担。如果产权没有得到明确的分配,就没有人能够限制工厂的排污行为,工厂生产的经济效益会被空气污染的治理成本部分抵消。这时,明确新鲜空气的产权,即明确工厂承担治理空气的成本会对经济总体效益有提高作用。这样一来,工厂生产带来的外部性问题——空气污染就被内部化了。

特别地,微观经济理论中还有一类解决外部性的办法:庇古税。新制度经济学家是反对庇古税的,因为征税本身就会带来效率损失。在新制度经济学家的眼中,明晰产权且允许产权的自由交易后,外部性问题就会由市场机制自发解决。本小节的第四部分将会以一个例子来说明这个问题。

(三)产权的分类

根据归属的不同,产权可分为以下三类:
(1)私有产权:私人占有的产权,可以互相交易。
(2)共有产权:集体所有的产权,这类产权一般不可分割,所以在集体内部不可交易。但共有产权之间是可以交易的,比如在取得共有产权的主要主体同意后,两个共有产权之间的交易是允许的。

(3) 国有产权:"不论是我的还是你的,本质上都是国家的",国有产权是受国家正常的政治程序安排的权利,当政治程序决定某些人无法享有产权时,这项权利就会被回收。在国有产权下,个人只是国家的代理人,享受权利的使用,而国家是权利的所有者,可以对权利和成果进行分配。国有产权具有严重的委托-代理问题:一是由于代表国家做出选择的个人,可能受政治利益或经济利益的影响偏离正常的选择;二是由于国有产权的监督和激励成本过高,难以建立有效的监督机制。

(四) 产权的属性

产权有不同的分类,自然具有不同的属性。它的属性规定了产权发挥作用的方式,及其与其他权利的区分。

1. 排他性

排他性意味着产权的所有者不仅排他性地从一项资产中获益,而且还要独自承担该资产带来的成本。它是所有者自主权的前提,也是该资产发挥激励和约束作用的前提条件。从这个角度来讲,当产权的排他性不足时,外部性就会产生,因为资产的所有者并不会承担该资产带来的所有收益和成本。

2. 可分割性

产权的可分割性意味着产权的所有者可以暂时将部分产权授予他人来获得收益,比如果园的所有者允许他人付费采摘,猎场的所有者允许付费狩猎等。可分割性增强了资产运用的灵活性,从而增加了经济效率。而且它给委托-代理模式提供了可能,所有者雇用具备专业知识的经理人打理资产,并承担部分的收益与成本。

3. 可转让性(可处置性)

价格作为市场交换的信号,促进了交换行为的发生。资产也是如此,当资产具备可转让性时,它就拥有了价格,从而流入市场,在市场机制下发挥资源配置的作用。比如房子的出租和出售体现了房屋产权的暂时转让和永久转让。从经济学的思维来讲,当一项资产不具备可转让性时,资产数量越多,边际效用越低,其价值也越低。

4. 安全性

产权的安全性是排他性的保证。虽然产权在权利意义上具备排他性,但仍需要现实中的保护。如果农民在耕地中的作物可以被肆意采摘,鱼塘的鱼苗不能得到合法的保护,排他性的意义便无从谈起。

知识链接

我国的产权交易市场

顾名思义,产权交易市场指进行产权交易的市场。交易品类有产权转让、企业增资、资产转让、金融资产交易、环境权益交易、技术产权交易、文化产权交易、农村产权交易、其他公共资源交易等12个大类。近年来,产权交易市场发展迅速,2013年累计成交金额为2.47亿元,这个数字在2017年就达到了23.73亿元,实现了近10倍的增长。

> 自 1988 年我国首个产权交易机构在武汉成立以来,我国产权交易市场的发展可大致划分为三个阶段:
> - 探索起步阶段(1988—2000):伴随着我国国有企业改革的全面推进,国有产权的交易促进了产权交易市场的发展。1999 年年底,我国产权交易机构已达 210 多家。
> - 规范发展阶段(2001—2012):2001 年 4 月,尉健行同志提出,要健全产权市场,在制度上遏制腐败。2003 年 12 月 31 日,国务院国资委和财政部印发《企业国有产权转让管理暂行办法》,首次以国家部委政令对国有产权交易提出规范要求。自此,各省(直辖市、自治区)相继出台产权交易政策。
> - 升级发展阶段(2012 至今):中共十八大以来,国务院对产权交易提出若干新规。2017 年的十九大报告中,完善产权制度和要素市场化配置成为重点。总的来看,产权市场进入资本市场定位的发展新阶段。
>
> 资料来源:前瞻产业研究院,《中国产权交易机构发展模式与投资战略规划分析报告》。

二、交易成本

交易成本是交易的成本,是市场活动和经济运行的成本。

我们可以从两个方面认识交易成本的作用:一方面,它能够保证经济的有序运行;另一方面,它能够促使企业成立以降低交易成本。

三、制度

制度是一种规则安排,它具有降低交易成本的作用。制度分为两类:正式制度指国家法律、合同等成文的规定,其执行以某种强制力为保障;而非正式制度是指理想信念、道德观念、风俗习惯等不成文的规定,其具有自发性、非强制性和持续性,在制度发展演进的过程中与正式制度相互转化、相互作用。

制度是产权界定的基础,清晰的产权界定可以降低交易成本,从而保障经济的平稳运行。在本节的第四部分,我们将介绍科斯定理,进一步介绍清晰产权的作用。

四、科斯定理

在新制度经济学的发展中,有三个版本的科斯定理广为人知,它们的差异在于对交易成本的衡量。

科斯定理Ⅰ:如果交易成本为零且产权可以自由交易,无论产权的初始归属如何,资源配置总能达到最优的状态。这种思想将产权视作与劳动力、资本同样的生产要素,从而说明了自由竞争市场的有效性。

科斯定理Ⅱ:交易成本为正时,产权的初始分配会影响资源的最终配置。

科斯定理Ⅲ:交易成本为正时,清晰界定的产权有助于交易成本的降低,从而达到更有效率的资源配置。

如何理解科斯定理？让我们举一个小小的例子①。

如图 19-1 所示，假设某企业的生产会污染空气，曲线 DD 代表每单位污染的空气给企业带来的边际收益，而曲线 MC 代表每单位污染的空气带来的边际成本，这个社会成本由附近的居民承担。当产权的交易被禁止时，我们可以做如下分析：

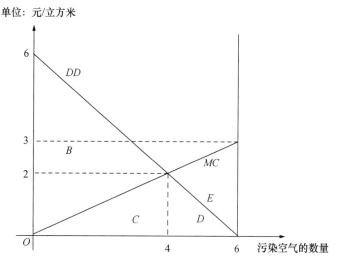

图 19-1　企业生产的边际收益与边际成本

当企业拥有自由生产的权利时，它会生产到边际收益为 0 处，即污染空气 6 单位，此时企业的收益为曲线 DD 与横轴、纵轴围成的面积，大小为 18；居民承担的污染空气的成本为曲线 MC 与横轴、右侧纵轴围成的面积，大小为 9，经济的总福利为 18 − 9 = 9。

当居民拥有享受新鲜空气的权利时，他们会禁止企业的生产，因为那只会给他们带来负的效用。相似地，此时居民和企业的收益都是 0，经济的总福利也为 0。

（科斯定理Ⅰ） 当产权的交易自由进行且交易成本为 0 时，参考图 19-2，我们可得：

当居民拥有呼吸新鲜空气的权利时，均衡点为曲线 MC 和曲线 DD 的交点。居民承担了区域 D 所示的成本，得到了来自企业 C + D 大小的支付，其净收益为 4。企业得到了 A + B + C + D 的收益，承担了支付给居民的 C + D 的成本，其净收益为 8。此时经济的总福利为 12，大于产权无法自由交易时的情形。

如果企业拥有污染空气的权利，两者协商的均衡点仍为曲线 MC 和曲线 DD 的交点。此时居民会以每立方米新鲜空气 2 元的价格购买 2 单位的新鲜空气，付出的成本为 F + C + D，其净收益为 − 8。企业得到了 A + B + C + D + F + G 的净收益，为 20。此时经济的总福利为 12，与居民拥有权利时相同。

（科斯定理Ⅱ） 假设污染空气这项权利的交易是有成本的，每立方米空气的交易成本为 1.5 元，此时，产权的归属会影响社会总福利的大小。

如果居民享有呼吸新鲜空气的权利，企业就要主动向居民购买污染空气的指标，此时交易成本由企业承担，如图 19-3 所示。

---

① 卢现祥，朱巧玲. 新制度经济学（第二版）[M]. 北京：北京大学出版社，2012。

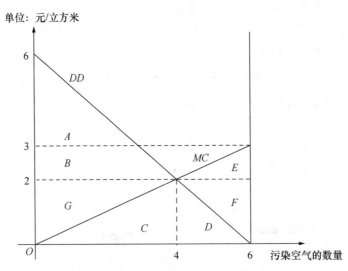

图 19-2　产权自由交易下的企业生产

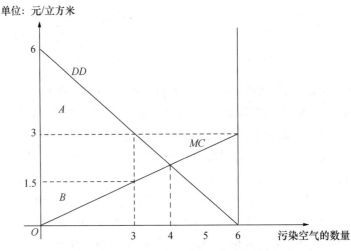

图 19-3　企业负担交易成本的产权分割

企业作为空气污染指标的需求方,对每单位污染空气的需求由曲线 DD 刻画。居民是空气污染指标的供给方,供给曲线为 MC。因为交易成本由企业承担,所以它会选择 3 单位的空气污染指标,此时需求价格恰好比供给价格大 1.5 元。显然,企业的净收益为 A,即 4.5;居民的净收益为 B,即 2.25。所以社会总福利为 6.75。

如果企业享有污染空气的权利,居民就要承担交易成本,此时如图 19-4 所示。

相似地,此时居民会选择购买 1 单位的新鲜空气,即承担 5 单位的空气污染。我们可以将曲线 MC 看作居民对新鲜空气的需求,而曲线 DD 为企业对新鲜空气的供给,此时新鲜空气的需求价格恰好等于供给价格加上 1.5 元。此时居民的净损失为 E + D + F + G + H + I,为 8.75,即净收益为 -8.75;企业的净收益为 A + B + C + D + E + H + I,为 18.5。所以社会总福利为 9.75,显然大于居民拥有产权时的福利水平。

(科斯定理Ⅲ)在前面的分析中我们知道,当企业拥有产权时,社会总福利较高,这说明了

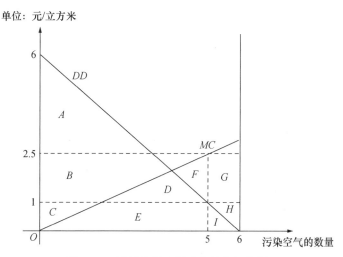

图 19-4　居民负担交易成本的产权分割

合理的产权明晰对社会总福利的促进作用。为什么会这样呢？交易成本的出现会使拥有权利的人面临更少的妥协，因为它的对手要更费力地发起谈判。在图 19-3 中，当居民拥有权利时，交易成本为 4.5；而在图 19-4 中，当企业拥有权利时，交易成本仅为 1.5，正是因为节约了交易成本，企业的权利才显示出了福利意义上的更优。

第三节　公共选择理论

一、初步认识公共选择理论

公共选择理论是研究非市场决策的经济学理论，它以经济学方法解决政治学问题，如选民理论、投票等。在公共选择理论中，我们将政治人和经济人看作一类人。

二、进行公共选择的原因

我们知道，人生来便具有某种局限性。所以，分散决策的无效率促使第三方力量——政府的形成，并由此派生出政府有关的理论——公共选择理论。在本部分，我们将逐一探讨导致分散决策无效率的原因，这建立在我们前 18 章的微观经济理论之上。

（一）囚徒困境

根据第十六章的囚徒困境案例，我们将其改写成企业合作博弈，如表 19-1 所示。

表 19-1　企业合作博弈

		企业 B	
		合作	竞争
企业 A	合作	(5,5)	(2,10)
	竞争	(10,2)	(4,4)

此时，两企业的纳什均衡为互相竞争，双方各获得 4 的报酬。但显然该博弈存在互相改进的空间，如果政府采取某种激励措施，促使两企业合作，否则便会惩罚竞争的企业。此时囚徒困境便会不攻自破。

（二）公共物品

我们常以"草场放牧"的例子来说明公共资源的过度使用，如表 19-2 所示。

表 19-2　公共资源博弈

		牧民 B	
		共同决策	独立决策
牧民 A	共同决策	(5,5)	(2,10)
	独立决策	(10,2)	(4,4)

在表 19-2 中，当两位牧民决定共同决策时，他们会各得到 5 的报酬，此时放牧数量的边际收益恰好等于草场损耗的边际成本。但若两位牧民分散决策，他们会分别决定各自的放牧数量，均衡时的放牧数量远远超出草场的承载量，两人必须额外支付一笔费用来修复草场，如此一来，两人各获得 4 的报酬。但在没有政府力量介入的情况下，牧民们会自发地联合起来吗？显然不会，因为双方的共同决策并不是该博弈的纳什均衡，在任何一位牧民表达合作意愿时，另一位牧民都有激励偏离到"以邻为壑"的选择来获得 10 的报酬。所以，在这种情况下，公共资源在市场中会被过度使用，存在帕累托改进的空间。

除公共资源利用的问题外，我们将视角投向另一个问题——公共物品的购买，并以此说明，公共资源常因边际成本较低被过度利用，而公共物品却因为价格过高而购买不足。

假设 A 和 B 都需要购买一台留声机，留声机带给二人的边际效用为 5，但留声机的价格为 7。在分散决策中，两人都不会购买它，因为它的价格远高于各自的边际效用。在合作决策中，两人会共同购买这台留声机并各自分担 3.5 的成本。这个例子和公园、道路的修建道理相似，如果没有政府的存在，个人的分散决策不足以承担这些公共设施的建设，经济的发展也会受到制约。

（三）外部性

外部性是指交易双方的行为对不参与交易的第三者产生影响的现象。我们在前面的章节中提到，外部性的解决方法之一是外部性内部化。外部性内部化一般有两个途径：庇古税和产权，但这两者都需要政府的存在。

（四）产权与交易成本

公共选择理论对产权和交易成本问题也有介绍。艾沃齐恩和卡伦(1981)[①]举了一个三方协商的例子,对科斯定理提出了挑战。该例子的核心观点在于,当两个排污工厂和一个居民同盟相互协商时,拥有产权的一方会无视另一方的诉求,即排污厂拥有产权时会肆意排污。居民拥有产权时则会明令禁止污染。这都无法实现帕累托。

第四节　公共选择理论的定理

由于前文提及的几个原因,公共选择理论开始批判地看待市场的经济效率,并逐步发展为对以政府为代表的政治体制和政治问题进行分析的理论。在本节中,我们会介绍公共选择理论的三个重要定理,是对资本主义民主制度的反思。

一、孔多塞投票悖论

在大多数资本主义社会中,政府的决策由民众的投票产生,而投票得出的结果往往被认为是最公平的,能够代表大多数人的利益。但在18世纪,法国政治学家马奎斯·孔多塞(Marquis de Condorcet)发现了投票制度的问题所在:投票结果往往并非是社会中大多数人想要的结果。

我们以一个选举的例子来探讨这个问题。假设你的班级正在选举班长,在三位候选人发言后,每个人都有权利选出他心目中当班长的三位人选。表19-3展示了投票结果。

表19-3　班长竞选的投票结果

	投票人1(35%)	投票人2(45%)	投票人3(20%)
第一人选	小张	小黑	小蓝
第二人选	小黑	小蓝	小张
第三人选	小蓝	小张	小黑

假设全班同学可以分为三种类型,即投票人1、投票人2、投票人3,占全班同学的比例分别为35%、45%和20%,他们对三位候选人的态度如表19-3所示[②]。以投票人1为例,他的态度为:我最希望小张获得班长的位置,如果小张落选,那么我认为小黑将是继他之后最合适的人选,同理,排除掉小张、小黑的话,我认为小蓝是班长的最佳人选。因为投票偏好的不同,我们采取两两比较的方式来得出符合班级同学最佳利益的选择。首先,将小张和小黑进行比较,投票人1和投票人3均认为小张是比小黑更合适的人选,这部分同学占比55%,所以选择小张、排除小黑是符合多数原则的。然后,我们将小张和小蓝进行比较,同理,小蓝是比小张更为合适的人选。综上所述,我们应当选举小蓝作为班长。

---

① Varouj A. Aivazian and Jeffrey L. Callen(1981), The Coase Theorem and the Empty Core, The Journal of Law and Economics, 24:1, 175-181.
② 当投票人类型大于3,且票选的人数也大于3时,投票悖论将变得更易产生。

可是故事还远未结束,小蓝当选的充分且必要条件是,他在多数人心中的地位是最高的。我们还没有将小蓝和小黑相比较呢!出乎意料的是,投票人1和投票人2都认为小黑比小蓝更适合班长的位置。这样一来,事情陷入了死循环,我们竟然从投票结果中得到了:小张 > 小黑 > 小蓝 > 小张的结论!

这时,结果会怎样产生呢?不难想象,三位候选人被两两比较的顺序决定了票选的结果。此时就产生了孔多塞投票悖论:当 A 与 B 比较时,A > B;当 B 与 C 比较时,B > C;当 A 与 C 比较时,C > A。我们无法得到客观公正的结果。

这个问题应当如何解决呢?一种方法就是让每位投票者给出候选人在心中的权重。例如投票人1认为他有50%的意愿选择小张,30%的意愿选择小黑,20%的意愿选择小蓝。这样一来,我们可以通过简单的加权平均来解决这个排序问题。另一种方法就是简化投票流程,我们可以让每位投票人选出他们心中最适合的人选,而不是给每位候选人排序。但我们可以从中体会的是,这两种方法都没有从根本上解决投票悖论,只是找到了权宜之计。第一种方法体现的量化思想并不能准确地被人们把握,人们在形成权重的时候极易受到环境的影响而产生偏差,而且将每个人意愿加权的方式也不符合基本的经济学直觉。第二种方法相当于忽略了人们的第二意愿、第三意愿,这种结果无法反映投票人的完整想法,很难选出所谓的社会最优结果。

投票悖论说明了什么呢?资本主义社会中的民主总是力图展现所有人的根本意愿,但这种意愿很难直接地反映出一个确切的投票结果。即使一项民意选举得出了真实确切的结果,它往往也是以部分人的牺牲为代价的,真正的民主或许并不存在。

二、阿罗不可能定理

在投票悖论产生后,无数人试图找到一个能够解决投票悖论的方法,让-查理·德·波达(Jean-Charles de Borda)就是其中之一。波达计数法要求投票人将其选择偏好从低到高赋予1、2、3……的分值,通过分数加总来判断谁更符合民意。这和我们在第一部分中探讨的权重配比法有异曲同工之处。这种方法常被运用在体育比赛中,他们将不同的分值赋给每项赛事的第一名到第八名,参与多项赛事的运动员可以以此计算自己的职业生涯得分,并登记排行。

但不得不说,波达计数法并非是完美的投票体系。那么,什么是完美的投票体系呢?1951年美国经济学家肯尼斯·阿罗(Kenneth Arrow)定义了一个完美的投票体系:

(1) 一致同意性:如果所有人都认为 A 比 B 好,那么最终的投票结果应该是 A 大于 B。

(2) 传递性:如果 A 大于 B,B 大于 C,那么 A 应该大于 C。

(3) 不相关选项独立性:A 和 B 之间的大小关系不应该受到第三者的影响。比如,如果选项为 A、B,A 大于 B,那么选项为 A、B、C 时,A 也应该大于 B。

(4) 不存在独裁者:当除投票人1之外,所有人都认为 A 比 B 好时,投票人1不能因为自己倾向于 B 而使投票结果转向 B。

从公共选择理论的视角来看,阿罗定义了一个"完美"得不存在的投票体系。这是因为,阿罗"完美"投票体系的流行在某种程度上是因为阿罗的另一个论断:满足上述性质的投票体系不存在,即阿罗不可能定理。阿罗不可能定理的证明不会在本书中涉及,它的难度远远超出经济学原理的范畴。但我们从中可以获知的是,真正反映民意的完美投票体系或许并不存在,这又回到了我们在上一部分中的那句话,"真正的民主或许并不存在"。

案例 19-1

经济学的系统性偏见：大众总是正确的吗？

在现代理论研究中，经济学家几乎无一例外地反对人们存在系统性偏见这一观点。几乎每一个正式的模型都假定，无论个体存在怎样的局限性，平均而言，他们总能做出正确的决策。加里·贝克尔（Gary Becker）所推崇的方法，现在已经成为标准。

"我很难相信，绝大多数选民对于像配额和关税这样长期实行的政策的后果，会存在系统性愚见。我宁可相信选民们是有无偏见预期的，至少对于那些长期实行的政策是如此。他们可能会高估或低估某些政策的净损失，但平均而言，他们会有一个正确的判断。"

试图介绍系统性偏见的文章需要冒"出局"的风险。在《政治经济学期刊》的一篇名作中，斯蒂芬·科特（Stephen Coate）和斯蒂芬·莫里斯（Stephen Morris）对一些经济学家试图把关于选民"对政策后果存在偏见"，而且"可能始终错误"的"不合理假定"引进经济学研究的举动表示出了担忧。与之类似，丹尼·罗德里克（Dani Rodrik）痛惜道："不幸的消息是，无论是否公开，更多情况下是暗示，习惯于将政治行为体假定为缺乏远见或非理性的做法，始终存在着。"其表达的意思是：这些卓越的社会科学家们要求他们的同事们，无论是在事实上还是在字面上，都举双手赞同禁用非理性假定。

所幸，在其学科范围之外，经济学家的批评并没有得到太多的关注。丹尼尔·卡尼曼（Daniel Kahneman）、阿莫斯·特沃斯基（Amos Tversky）等心理学家发现，人类在很多方面都容易存在偏见。例如，人们总是高估某些新鲜刺激、记忆深刻的事件的发生概率，如空难。其他研究证明，超过50%的人在对个人品行的评价中，将自己置于中上水平。很多经济学家借助于心理学研究成果，涉足心理学和经济学的交叉学科领域。

这些研究成果证实，系统性错误的确存在。这为我们认识人类理解力的脆弱性提供了强有力的证据。

所以选民偏见是确实存在的。这说明了什么？即使忽略了投票体系的"不完美"，选民依然远没有人们所想象的那样优秀。

资料来源：布赖恩·卡普兰.理性选民的神话：为何民主制度选择不良政策[M].刘艳红，译.上海：上海人民出版社，2010.

三、中间选民理论

中间选民理论是指当所有投票人都具有唯一一个最偏好的结果，且与该结果越接近的方案越易被投票人接受时，在少数服从多数的规则下，投票选举的结果就是中间选民偏好的结果。

何为中间选民？将投票人的偏好从低到高排列，偏好位于中间位置的投票人即中间选民。例如，在某岗位的民主投票期间，该部门恰好有一项政策经费的讨论，两位候选人 A 和 B 分别就此发表自己的看法。依照中间选民理论的假定，100 位投票人分别认为经费应该为 1，2，3……100，那么此时候选人的观点应该是什么呢？假设 A 宣布，他当选后政策经费将是 75，那么 B 就会宣布一个略低于 75 的经费水平,如此一来,A 赢得了 25% 的选票(投票经费意愿≥75 的那部分人),但 B 赢得了 75% 的选票(投票意愿<75 的那部分人),显然 B 会当选,所以 A 不会选择 75。按照这个逻辑,任何不等于 50 的经费水平都不会从两位候选人口中宣布,否则他将会被另一位候选人赢走多余 50% 的选票,进而落选。最终的政策经费应为 50,恰好是中间选民的最优偏好,这就是中间选民理论的含义。

案例 19-2

从中间选民理论看中美贸易争端

自 2018 年年初美国率先单方面提高对中国进口商品的关税,到 2020 年 1 月 15 日中美双方共同签署《中华人民共和国政府和美利坚合众国政府经济贸易协议》(简称为中美第一阶段经贸协议),面对美国反复无常的态度,我国在关税问题上不断主动地进行友好的磋商,最终在中美贸易头上悬而未决的那道乌云上拨开了一丝曙光。

作为一个一直以来自我标榜民主的国家,为什么美国要坚持贸易战呢?许多经济学家发表了学术论文、政府报告、工作论文来说明贸易战对双方的危害,为什么美国仍紧紧抱住所谓的"实体清单"不放,将中国那些物美价廉的商品挡在国门之外呢?2020 年 5 月 22 日,美国仍表示准备将奇虎 360、哈尔滨工业大学、北京计算科学研究中心等中国企业、学校、研究中心列入"实体清单",禁止它们从美国购买零部件。

中间选民理论可以从政治的角度给出一些启示。在中间选民理论中,一国的政策将由那些中间选民决定,美国也不例外。在图 19-5 中,我们可以看到,在 2000 年至 2016 年间,美国经历了平均关税的下降和基尼系数的增加。基尼系数表示一国的收入不平等现象,对美国的中间选民来讲,收入不平等的加剧意味着他们自身收入的相对下降,普通人很难理解贸易给他们带来的福利增加,但却能很直观地制造贸易加剧了不平等现象的假象。如此一来,中间选民自然就有排除自由贸易的倾向。

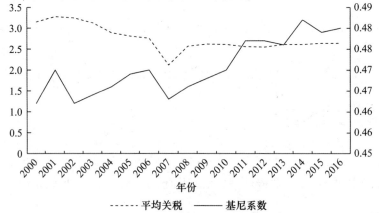

图 19-5 美国平均关税与国内不平等现象

资料来源:孙乐天. 美国国内不平等程度与其进口关税的相关性研究[J]. 产业与科技论坛,2019,018(006):98-99。

第五节 经济学向其他社会科学的渗透

现代经济学发展的特征之一就是跨学科的融合，人们开始思考经济学的边界到底在哪里，如何用经济学方法研究其他学科领域的问题？或者以其他范式思考经济学问题？例如：

（1）经济社会学。它是经济学与社会学的交叉学科，是一门以社会学视角观察和解释经济现象与制度的交叉学科。其早期的理论建立在卡尔·马克思（Karl Marx）、马克斯·韦伯（Max Webber）等人的研究基础之上，其中，马克思在《资本论》中提出经济基础与上层建筑的关系，揭示了生产力与生产关系的相互作用，从而阐释了资本主义必将灭亡的社会规律。韦伯在《经济与社会》中以社会学为基础，将经济现象、市场要素融入其中，将经济行为与社会行为进行共同阐释。

（2）行为经济学。它是经济学与心理学的交叉学科，是通过修改传统经济学中关于人的理性、效用最大化、完全信息等的假设，探索人在现实世界经济行为的学科。2000—2005年，至少有三位诺贝尔经济学奖获得者——乔治·阿克尔洛夫（George Akerlof）、弗农·史密斯（Vernon Smith）、托马斯·谢林（Thomas Schelling）以其在"行为经济学"的贡献而获奖，而在此之前的40多年，行为经济学一直静静地躺在经济学研究的边缘地带。

行为经济学的研究给经济学注入了许多更为现实的分析框架，由卡尼曼和阿莫斯提出的前景理论极大地丰富了经济学的期望效用理论，阐释了许多原本无法解释的经济现象。

（3）公共选择理论和经济政治学。它们是经济学与政治学的交叉，两者的区别在于研究范式和研究问题的选择。经济学与政治学本就是一对双生子，经济学中的市场和政府、公平与效率、公共物品与国家治理等问题，都具有非常鲜明的政治特色。总而言之，经济学与政治学并不是孤岛般的存在，要理解真实世界的发展规律，二者的结合必不可少。

（4）数理经济学。数理经济学是经济学与数学的交叉学科。在当今经济学研究中，有效的结论离不开严谨的数学证明。经济学与数学的交叉早已挣脱数理经济学的局限，计量经济学、运筹学等为经济学的发展提供了非常重要的工具支持。用数学逻辑证明经济学逻辑，能帮助我们更好地理解经济运行的内在机制。

（5）经济伦理学。它是哲学与经济学的交叉学科，共同汲取经济学与伦理学的研究方法开展研究。

除此之外，经济学本就隐含了一定的哲学意味，正是由于"最大多数人的最大多数幸福"作为理论支撑，各种效用与剩余的衡量才能被人认可。经济学越贴近真实世界，其内涵的价值判断和主观意愿越反映出一种哲学的思辨，这在具体的理论和实证研究中也有所体现。

第六节 小 结

新制度经济学是由无数经济学家在科斯的研究基础上总结提出的。它引入了"制度"这个要素并将其视作经济运行的核心，它与旧制度经济学的不同之处在于其吸纳了新古典主义经济理论。但由于科斯定理始终没有得到科斯本人的公开回应,"科斯革命"的存在与否备受争议。

但不可否认的是,产权、交易成本和制度,为传统的经济学领域注入了十分有价值的理念和方法。产权是法学的概念,其特有的经济功能——激励与约束功能和外部性内部化使它在经济学领域占据了一席之地。产权的属性划分揭示了产权的现实意义,以及产权为什么会对经济发展产生影响。交易成本规定了市场和企业的边界,解释了为什么在有效运行的市场中会有企业的存在。在科斯定理中,我们常将其抽象化为产权交易的费用。制度变迁的发生伴随着社会进步,又反过来促进了经济效益的提高。虽然人们对科斯定理仍议论纷纷,但其基本的内涵在几十年的发展中演化为三个部分,我们在第二节做了一一介绍并结合案例进行了说明。

公共选择理论以经济学研究范式研究政治学问题。为什么经济学家们会将目光由市场转向政治?因为市场失灵的存在,社会福利的最优并不能在分散决策中体现,我们需要一个拥有强制力的机构来实现集体决策,这是政府之于经济的意义。在引入了以政府为代表的政治制度后,我们依然需要进一步探索:什么样的政治制度才是好的?民主与效率能否共存?投票作为资本主义民主的最直接方式,是否总是符合最广大人民的根本利益?关于最后一个问题,我们在第四节进行了简单的讨论。

第四节的讨论集中在投票理论,孔多塞投票悖论说明了投票体系的固有劣势,它有时并不能真实地反映广大民意。那是否存在能够"完美"规避孔多塞悖论的投票体系呢?很遗憾,阿罗虽然规定了这种"完美"的投票体系,但随即证明了它的不存在性。如果摒弃这种"完美",其实还有一些投票体系能够避免孔多塞悖论,第四节的波达计数法就是一例,但它在某种程度上是以牺牲投票结果的准确性为代价的。中间选民理论实际上规定了另一种投票体系,在这种投票体系之下我们得到了可以预测的最终投票结果:中间选民的偏好会战胜其他人,成为最终的选举结果。我们不妨批判地想,中间选民理论所规定的投票体系,会存在孔多塞悖论吗?

随着经济学研究的不断深入和世界在变革中不断地融合,经济学研究的发展越来越离不开与其他学科的交流,在本章的第五节,我们简要介绍了经济学与其他社会学科、自然学科的交叉,呈现了经济学发展的外延规律。

内容提要

- 虽然历史上有两种新制度经济学,现在所提及的新制度经济学多指以科斯为代表的理论。
- 科斯定理的三个版本围绕交易成本、产权及其可交易性展开。
- 公共选择理论是用经济学思维对政治选举、国家机器、党派竞争等政治行为进行分析的理论。它对于提高经济效益是十分有必要的,因为政治制度能够弥补市场失灵的现象。
- 孔多塞投票悖论、阿罗不可能定理、中间选民理论都是对投票体系的思考,也是对资本主义民主制度的思考。

关键概念

新制度经济学	科斯定理	波达计数法
共有产权	公共选择理论	产权

国有产权	中间选民理论	制度变迁
制度	私有产权	阿罗不可能定理
孔多塞投票悖论	交易成本	

练习题

1. 简述以科斯为代表的新制度经济学兴起的历史背景和发展进程。

2. 以科斯为代表的新制度经济学的主要特点有哪些？

3. 以科斯为代表的新制度经济学在哪些方面与旧制度经济学派有所区分？这样的理论变化能称得上一场所谓的"科斯革命"吗？

4. 试解释以科斯为代表的新制度经济学中最核心的两个概念：产权和交易成本。分别说明它们的意义、经济功能和分类。

5. 产权的界定对于市场经济具有什么样的作用？简述科斯定理的论证。是否可以得到这样的结论：由于不可能清晰界定产权，社会主义公有制下的市场经济是先天不足的，是一场扭曲经济规律的徒劳改良。

6. 新制度经济学的一个重大意义在于它促进了经济学的分析方法向社会生活其他方面、其他学科的渗透，并形成了一些交叉学科，试举例说明。

7. （拓展题）考察如下的外部性例子：

假设一个由两个单位构成的经济：一家造纸厂，生产的同时排放污水；一家渔业公司，受污染而有经济损失。造纸厂生产自己的利润最大化产量 x，产品的市场价格为 p，成本函数为 $c(x)$，利润为 $\pi = px - c(x)$，但对渔业公司造成 $e(x)$ 的损失。如果造纸厂不考虑生产的社会成本，即对渔业公司造成的污染，仍按利润最大化的原则进行生产，它的最优产量 x^* 将不是社会最优的产量。

假设交易成本为零，且政府无权干涉造纸厂的行为，如果排污权属于造纸厂，则渔业公司支付补贴给造纸厂，让其产量减少，最终双方谈判达到的最优产量为 x_1^*，渔业公司支付的补贴为 m_1；如果排污权属于渔业公司，则造纸厂将给予渔业公司赔偿，双方谈判达到的最优产量为 x_2^*，造纸厂支付的赔偿为 m_2。要求证明 $x_1^* = x_2^*$，并给出 m_1 和 m_2 的表达式，说明结果的含义。

8. 试讨论在中间选民理论规定的投票人偏好下，孔多塞投票悖论能否产生？

教辅申请说明

北京大学出版社本着"教材优先、学术为本"的出版宗旨,竭诚为广大高等院校师生服务。为更有针对性地提供服务,请您按照以下步骤通过**微信**提交教辅申请,我们会在1~2个工作日内将配套教辅资料发送到您的邮箱。

◎扫描下方二维码,或直接微信搜索公众号"北京大学经管书苑",进行关注;

◎点击菜单栏"在线申请"—"教辅申请",出现如右下界面:

◎将表格上的信息填写准确、完整后,点击提交;

◎信息核对无误后,教辅资源会及时发送给您;
如果填写有问题,工作人员会同您联系。

温馨提示:如果您不使用微信,则可以通过以下联系方式(任选其一),将您的姓名、院校、邮箱及教材使用信息反馈给我们,工作人员会同您进一步联系。

联系方式:

北京大学出版社经济与管理图书事业部
通信地址:北京市海淀区成府路205号,100871
电子邮箱:em@pup.cn
电　　话:010-62767312 /62757146
微　　信:北京大学经管书苑(pupembook)
网　　址:www.pup.cn